www.ingramcontent.com/pod-product-compliance
Lightning Source LLC
LaVergne TN
LVHW081534070526
838199LV00006B/359
9798869140715

ספר

חיים הנצחיים

מאת

פרידלינג, צבי הירש

ועתה נדפס מחדש

publish your sefer.com

באלטימור - ניו יארק

שנת תשפ"ד

Published by:

PublishYourSefer.com, a service of Shaftek Enterprises, LLC
Baltimore, Maryland
Email: reprints@publishyoursefer.com
Website: www.publishyoursefer.com/reprints/

Original available as a free download at **www.hebrewbooks.org/36410**

Original ID: HB-36410, Printing Code: HC-7x10-SPARK
Title ID: 41004 - Edition ID: 153919 - Request ID: 168425
This title was processed on: 2024-01-29T02:35:01Z

עמיעש"ן

ספר

חיים הנצחיים

כשמו כן הוא.

בו מלוקט ונאסף כעמיר גורנה מש"ס ופוסקים מראשון שבראשונים עד אחרון שבאחרונים ומספרי' שונים למיניהם את כל הדינים במה שיש להבנים לעשות לכבד הורם לאחר מותם שבהם לחיים הנצחיים יבאו אותם כמו כל דיני קבורה. כלליהן ופרטיהם וכוונתיהם, וקדיש. והלימוד (שבהם כ"ב פרקים משניות באותיות א"ב והתפילות וכוונות לכל), עמדת מצבה. יאהרצייט, הדלקת נרות ביאהרצייט. תענית ותיקון ביאהרצייט. השתטחות על קברים וכל התפילות על קברי אבות וצדיקים ולער"ה ולעיה"כ ולשארי עניני החיים, הזכרת נשמות ועניני תחיית המתים ובלע המות לנצח:

אין דעם ספר איז צוזאמען געזאמאלט אין צוזאמענגעקליבען פון ש"ס ופוסקים ראשונים ואחרונים אין פון אללע ספרים אללע דינים ולמודים ותפילות וואס קינדער דארפען טוהן פאר זייערע עלטערין נאך זייער פטירה וויא אללע דינים פון קבורה. אללע דינים פון בעגלייטונג צים בית החיים. אללע דינים פון קדיש. אללע דינים פין יאהרצייט. אללע פרקים משניות פון א' ביז ת' וואס מען דארף לערנין דאס ערשטע יאהר און אין דעם יאהרצייטאג. מיט א יודישער איבערזעצונג אויף יעדין ווארט פון משניות. אללע דינים פון

שטעלין א מצבה. אללע דינים פון גיין אויף קבר אבות מיט אללע תפילות צו
זאגען אויף די קברים פון עלטערען ברידער שוועסטער א. א. וו. אין פאר
א חולה לערב ר"ה ולעיוה"כ, אללע דינים פון הזכרות נשמות.

און נאך פיל פיל דינים פון אזעלכע ענינים.

ונחלק לח"י סימנים ושס"ה סעיפים.

שתוכן כל סימן מבואר בשער השני.

ונלוה בסופו דרוש הספד בשם „זכרון עולם" וקונטרס בשם „יקרא דשכבי" בענין קבלת מצות קבורה מחברה קדושה:

שאספתי ולקטתי לקוטי בתר לקוטי ביגיעה רבה בעזהשי"ת:

הק' צבי הירש במוה"ר דוב בעריל ז"ל פרידלינג
אב"ד דק"ק ביסקוביץ והגליל יע"א
בעל המחבר הספרים „רץ כצבי" ב"ח. וספר „קיום העולם" ח"א.
והעורך והמו"ל המאסף הרבני „הבאר" ד' פעמים בשנה

ובהשתדלות והוצאות ידידי הרב הגאון המפורסם וכו' ר' שלום יצחק לעוויטאן שליט"א אבד"ק אוסלא. נעתק הספר בשפה המדוברת יודיש למטה בכל עמוד בשם סוכת שלום

בבית הדפוס של האחים וויינבערג בבילגורייא
skład. w druk. Braci Wajnberg Bilgoraj z, lub, (poland)

Printed in Poland

Wydawnictwo
Rabin, H. Friedling, Biskupice, z. Lub., Poland.

DRUK. H. PIMENT WARSZAWA, [illegible]RAKOWSKA 4

נמ׳עש״ו

ספר

חיים הנצחיים

כשמו כן הוא.

בו מלוקט ונאסף כעמור גרנה את כל החיובים שמוטל על הבנים לכב ד הורם לאחר מותם. הנמצאים בש״ס דפוסקים ראשונים ואהרונים ומספרים שונים א׳ מהם לא נעדר:

ונחלק לח״י סימנים שס״ה סעיפים.

שזה תוכן כל סימן וסימן.

ותוכן כל סעיף וסעיף מבואר במפתח הנמצא בראש הספר.

שאספתי ולקטתי לקוטי בתר לקוטי ביגיעה רבה בעזהשי״ת:

הק׳ צבי הירש במוה״ר דוב בעריל ז״ל פרידלינג

אב״ד דק״ק ביסקוביץ והגליל יע״א

בעל המחבר הספרים „רץ כצבי״ ב״ח. „וקיום העולם״ ח״א.

והעורך והמו״ל המאסף הרבני „הבאר״ ד׳ פעמים בשנה

Seifor „CHAIM HANICCHIEM“

Szczyc Pomięci Rodzicow Pośmierci

Wydawnictwo Rabin H. Friedling w Biskupice z. Lub. (Poalland)

Printeb in Poland

הודעה גלוי'

שבכל מקום שנמצא בספריי שם עכו"ם אוי גוי וכל כינויהם קאי רק על העובדים כוכבים ומזלות אש או כים ומשתחוים לשמש או לירח וכדומה ואינם מאמינים בהשגחת הבורא כאשר כמה פעמים כתיב בפירוש עכו"ם והן הן פירושם. אבל ח"ו על האומות שאנחנו דרים תחתיהם וחוסים בצלם אדרבא מחויבים אנו להתפלל בשלומה של מלכות ובשלום המדינה כאשר הזהרנו בחז"ל (אבות פ"ג) הוי מתפלל בשלומה של מלכות וכן כתיב (ירמי' כ"ט) דרשו את שלום העיר אשר הגליתי אתכם שמה והתפללו בעדה אל ה' (ועי' שו"ת שו"מ מהדו"ת סי').

וכמו כן הננו באזהרה ללאו יצאה

לכל אחבנ"י ולמולי"ס ומדפיסים ספרים חדשים וישנים שלא ירעו ולא ישחיתו להשיג גבולי להדפיס ספריי שנית הן כולה הן מקצתה הן בעברית והן ביודיש לבד והן בעברית מיודיש בלתי רשותי לבא בשדה אחר אשר אין להם שחר וחוקי המדינה יר"ה ויופיע יודיע. ולהשומעים תבא עליהם ברכת טוב ויעלו על במתי הצלחה וברכה וכט"ס.

המחבר.

הסכמות ומכתבי תהלה מגדולי גאוני וצדיקי הדור שליט"א

(ונדפסו על סדר זמנם כפי אשר באו לידי ובלא שום תוארי' מראש בכדי שלא אפגום בכבוד מי מהם)

ב"ה יום כ"א כסליו תרפ"ח ווארשא:

אתקינא סהודתא כי שמתי עין על הקורעקטין שנשלחו לידי מהספרים „רץ כצבי" „קיום העולם" „וחיים הנצחיים" מאת גיסי אהובי הרב הגאון המפורסם חו"פ איש אשכולות רב פעלים לזכות את הרבים מוכתר בתהלות תשבחות וכו' כש"ת מוהר"ר צבי הירש שליט"א פרידלינג אבד"ק ביסקוביץ, וראיתי כי דבריו נבנו על אדני השכל הישר ובנוים מאבני צדק. אבני נזר מ:וססות. ותוכם רצוף ספוני טמוני תוה"ק ופנינים יקרים להשקות מיין הרקח ועסיס רמונים, קובץ דינים והלכות קביעות. דבר דבור על אופניו תורה היא וגם פירושה. ממשבצות זהב לבושה במוסר ומדות וכל דברי שבקדושה, חורז מתורה לנביאים ומנביאים לכתובים ולדברי חז"ל בש"ס בבלי ירושלמי ומדרשים. ילקו' וכו' ובחפצו לזכות ג"כ את הפשוטי עם ובית יעקב הדפיס במיוחד ספריו גם בשפה המדוברת, ולאשר ד"ת מעות כונסות והוצאות טובא הוויין, לכן בודאי יתפתחו נגדו שערי דמעות. במפתחות העזרה, ובעהשי"ת ירחם עלינו ונושע תשועת עולמים. ולטוב לנו כל הימים. עד יובל למורת שי, ויצא חוטר מגזע ישי כצפיית גיסו אוהבו בלונ"ח

צבי יחזקאל מיכלזאהן בועד הרבנים דפה ווארשא.

ב"ה בענדין יע"א.

הנני בזה להסכים על הדפסת הספרים היקרים המאירים כספירים שבשם „רץ כצבי קיום העולם חיים הנצחיים" אשר טרח ויגע ומצא וחברם כבוד ש"ב אהובי הרב הגה"צ המזכה את הרבים בחבוריו הטובים המפורסים ר' צבי הירש פרידלינג שליט"א האבד"ק ביסקוביץ והגליל ואבקש מאחב"י ומיודעי ומכירי לקבל הספרים היקרים הללו שבהם תבוא אי"ה ברכה לביתכם ותתברכו בכט"ס המבקש למען כבוד התורה ולומדי' —

חנוך צבי ה:הן לעווין

אבדק"ק בענדין והגליל

ב"ה ט"ז טבת תרפ"ח פעה"ק ירושלים ת"ו:

שלום וישע רב למע"כ הרב הגאון המפורסם בחיבוריו לטובה כש"ת מוה"ר צבי הירש פרידלינג שליט"א אבדק"ק ביסקוביץ אחד"ש כת"ר שליט"א.

ראיתי את הקונטרס „רץ כצבי" וכו' לקוטים טובים לכבוד התורה ולומדי' וכאשר בזמן הזה אשר כבוד התורה ירד פלאים בעוה"ר ואפס עצור ועזוב ועמא דארעא אזלא ומדלדלא באין דואג ומבקש לכבוד התורה ולמוסרים נפשו עלי' נחוץ וראוי מאד לאמץ ברכים כושלות ולהשריש את אהבת התורה וערכה הגדול בעיני ההמון להשיב עטרה ליושנה לכבד את השוקדים בתורה על כל פני אחיהם תמכין דאורייתא ויפה עשה כת"ר בזה שבמקום גדולתו שמה הראה ענותנותו לשום גם את הדברים הנשגבים האלה העומדים ברומו של עולם בפי ההמון בהשפה המדוברת שפת לועז ובהיות תמהאי גברא גבר בגוברין כת"ר שליט"א במאסף הבאר הנני בטוח שגם הקונטרסים האלה „רץ כצבי" וכו' יהיו ראוים לאספם ומחברם ואף ידי תכון את כת"ר שליט"א בהוצאת מחשבתו זו לפועל, ואבקש מאת כל אלה אשר כבוד התורה יקר בעיניהם לעזור לו בזה ולהביא ברכה על ביתם.

ואעפ"י שאין דרכי לצאת בהסכמות נענתי, לכת"ר שליט"א בזה מפני הכבוד והנני חותם בברכה מרובה לו ולכל אשר לו. המחכה לישועה קרובה.

יוסף חיים זאננענפעלד רב ואב"ד למקהלות אשכנזים בעיה"ק ירושלים.

הסכמות ומכתבי תהלה

על הספרים „רץ כצבי" „קיום העולם" „חיים הנצחיים"

ב"ה י"ז טבת שנת „בתפארת" לפ"ק קלוואריא.

יעזור ויגן ויושיע ד' הטוב לכבוד ידי"ע עמו וידי"נ הרב הגאון הנשגב מזכה את הרבים בחיבוריו היקרים כו' כש"ת מוה"ר צבי הירש פרידלינג שליט"א אבד"ק ביסקוביץ והגליל. שלום לו ולהחונים על דגלו ונר ד' עליו בהלו.

לעשות רצון צדיק הנני במכתבי זה למלא בקשתו להיות נמנה לדבר מצוה ולבוא בהסכמה על הספרים שזכה לאדפוסי אדרא הנקובים בשמותם „רץ כצבי" „וקיום העולם" „וחיים הנצחיים" אשר בלי ספק יביאו תועלת להעיר לבות בני ישראל לתורה ולתעודה. אוצר כל כלי חמדה. וחזקה על גברא רבא כמ"ב שכל דבריו הנאמרים בחיבוריו כולם נאמרי' בהשכל ודעת כאשר נוכחנו להכירו מן הקודמים כי רב חילו לאורייתא. ודינגרמא דעשיראה אשר לא חשתי להשיב לו עד כה כי חשבתי הסכמתי אך למותר להיות כי כבר איתמחי גברא ואיתמחי ספריו המלאים אמרי נועם לחיזוק הדת והאמונה ודבר בעתו מה טוב כי עת לעשות היא לד'. בשעה שהפרו תורה. ובימינו אלה אשר מרבים המהרסים והמשחיתים להרעיל את צאן קדשים בספרים חיצונים כופרים בכל העקרים לא עת לחשות ועלינו להרבות לעומתם חיבורים קדושים להאיר את עיני הקיראים בם ולהמשיך אותם ולבותם לאבינו שבשמים ואם אנו מחשים ומצאנו עון ומהרב טוב הצפון בעד כתר"ה ע"י זה יזכה להגדיל כבוד התורה ולחזק את האמונה בקרב עם בני ישראל. לאשרו ולתפארתו ובלי אפונה כי יקפצו זבינו על ספרי דמר שליט"א ויברכוהו טובים ויקבל בזה גם את ברכתי כי יצליחהו ה' בכל אשר יפנה וקרנו ירום בכבוד ככל או"נ ונפש ידידו מוקירו ומכבדו מברכו גם בחג שמח וכשר:

זעליג ראובן בענגים אבד"ק קלוואריא מחבר ספר לפלגות ראובן.

ב"ה ג' לחודש ניסן תרפ"ח בעה"ק ירושלים

הנה ח:ום ראיתי מעשה ידיו של צדיק ונשגב הגאון המפורסם. רב: פעלים לתורה וליראת שמים וכו' מוה"ר צבי הירש פרידלינג שליט"א מזאמאשטש (כעת הרב אבד"ק ביסקוביץ והגליל) אשר מאיר עיני חכמים בפרדס התורה בהוצאת הבאר ומתורה דילי' הרבה לעשות ספרים יקרים וקדושים בשם „רץ כצבי" „וקיום העולם" „וחיים הנצחיים" וראיתי בעלים למבחן ששלח לי. כי טוב טעמו והדברים מאירים באור דעת לחזק ידים רפות לחבב את התורה ולומדי' ולעורר לבבות נרדמים להתחזק בעץ החיים ולגדל את בניהם לתלמוד תורה ויראת ד' לחיים. ואמינא לפעלא טבא יישר חילי' דהאי גברא רבא ויקירא. ויאיר אורו על פני דורו, ויציץ נזרו. לזכות את הרבים כאשר אם לבבו הישר לכל מחזיקי ידיו ותומכי כבודו, ויהי נועם ד' עליהם ויזכו לראות באור ד' בשובו אל נוהו וישמח ישראל בעושיו בבאם לציון גואל בב"א. ולאות אמו"צ באעה"ח יום הנ"ל פעה"ק ירושלים:

אברהם יצחק הכהן קוק

הרב הראשי לא"י ואב"ד בירושלים עיה"ק.

ב"ה. קעשנוב (באסראביע ראמעניע).

הספרים „רץ כצבי" „קיום העולם" „וחיים הנצחיים" להרה"ג המפורס' מו"ה צבי הירש נ"י פרידלינג אוצרים בתוכם הון יקר הלא ההון הנצחי אשר על כל חובבי לרכשו בזריזות:

יהודא ליב צירלסאהן אב"ד דק"ק קעשנוב.

ב"ה.

גם אני מן המסכימים על הדפסת שני חיבורים נפלאים הנקראים „רץ כצבי" ו„קיום העולם" אשר חיבר מחו' הרב הגאון המפורסם וכו' כקש"ת מו"ה צבי הירש שליט"א האבד"ק ביסקוביץ והוא גברא דאיתמחי ויצא כבר מוניטין שלו ואבקש מנדיבי אחבנ"י לסייע מכספם ולתמוך ביד הרה"ג הנ"ל. בעה"ת

אלימלך הכהן רובינשטיין הרב מראחאב וכעת בירושלים עה"ק.

הסכמות ומכתבי תהלה

ב"ה טארקא יע"א.

כבוד ידידי הרב הגאון המאור הגדול, שבח עוז ומגדל, סו"ע הרים, נודע בשערים, צדיק וישר, מהולל ומאושר דובר צחות, מוכתר בתשבחות, כש"ת מ"ה צבי הירש פרידלינג שליטא אבד"ק ביסקוביץ והגליל:

אור המאיר, בחיבוריו „הבאר"

מכתבו הנכבד הגיעני עם עלים ותרופה, פירי' וענפה מחבוריו המשובחים בשלשה ספרים נפתחים, „רץ כצבי" „קיום העולם" „וחיים הנצחיים", וכת"ר רץ כצבי וגבור כארי אסוף בחנפיו, תפוחי זהב במשכיות כסף דבר על אפניו, להוקיר כבוד חכמים, ושרים ותמימים וגם ידו יסדה היכל ואולם, בקיום העולם בדרך חינוך הבנים, לטעיות בקרבם נטע, נאמנים, פרחי מגבנים ועצי בושם רעננים בתורת חסד על לשונו והלך דבש בנינים לקבוץ כל חמודות, בשלימות התורה והמדות. במראה טוב יראו, כמראיתם וישבאו, גדיים נעשו תיישים, חכמי חרשים, משמחי אלקים ואנשים, אם איתן מושבים לא ירא סער חיים הנצחיים, לעורר את כל תקיצהו, רוח ד' תחל לפעמהו, כי הימים באים, נדים ונעים, חמדותיו, ותאותיו, ינשאו מעליו עביו ורדידו, ובמה יתראה לפני כסא כבודו? לזאת ישכיל אל לבו בעודו באבו, כי לא נברא לעצמו, בעד כתפו ישכמו. אשר עליו למלא עטיניו חלב רק ישרש נטיעותיו ענפיו ודליותיו, להשקות עריגת מטעו ואת תעלותיו, אז יעלה אבר כנשרים, וקרנו ירום. וכה הגדיל כת"ר לעשות חסד, עד הטפחות ממסד, לערוך בינינים, ולקבץ כעמיד גורנם, מספרי ראשונים ואחרונים, בעניני' קדיש ויאה"צ וכבוד הורים אחרי חיותם וכאו"א, ישכילו זאת יבינו לאחריתם, כי כפתם תהא רעננה לתורה ואמונה, בכל מדה נכונה. עדי יקיצו שוכני עפר וירננו, בבוא גואלנו בירושלים נוה שאנן.

בהר הלבנון:

אליכם אישים אקרא, בקול קורא, לכבוד התורה, קחו נא את ספרי דבי רב הגאון המחבר שליט"א, הביאו עולות מחים, ברכה אל בתיכם, ונדיבי עם יחזקו על ידו, כי לא יכשל בלכתו וצעדו, ילבש עוז. איש מקבצאל ורב פעלים, וגבר חולים יזל מים מדליו זכים וטהורים, מהבאר חפרוה שרים, ישקה מים מתורת עדרים, ובדעת ימלא חדרים, בין יושבי שערים, שערי ציון המצוינים בהלכה, כי שם ד' את הברכה, חיים ושלום, עד העולם;

ולחיבת הקודש ספריו היקרים הננו להשיבו על אתיר בדבר השאלה, במי שא"א לו לומר קדיש על או"א, אם יוכלל שכור איש אחד שיאמר קדיש בשליחותו והנה ד"פ, ומבואר בב"י ובטויו"ד סי' ת"ג, ובדרכי משה שם סי' שע"ו אות ט' ונו"ב תנינא או"ח סי' ח'. ובתשו' חת"ס יו"ד ס' שמ"ה כ' דמנהג קדיש לא נמצא ברמ"א ובמג"א סי' קל"ב, ובאמת המג"א שם כ' דמשמע מדברי הב"י שמוטב לבנו לשכור אחד לומר קדיש במקומו משיאמר אחד בחנם ובמחה"ש שם כ' משום אסיא במגן וכו' וכ"ת מביא מתש"י יד יצחק דאמרינן בזה ששא"כ, וכבר דבר בזה הגאון מהרא"ז מרגליות ז"ל במטה אפרים בדק"י שער ב' אות ט' ובאלף למטה שם, ועו"י חתם סופר וא"ה סי' קס"ד ובספרי משנת אליעזר מהד"ת סי' כ"א, ושו"ר בתשו"ב מהר"מ שיק או"ח סי' נ"ב מש"כ בזה"ו, וכתבתי מזה בתשובה להרב הגדול בתורה וביראה מו"ר בעריל קימעל נ"י מוצד"ק בקניהגיטש על מה שהעיר מדברי הכ"ם פ"ה מאיסורי מזבח ה"ח וי"ל ואיכמ"ל בז"ה:

ומ"ש כת"ר בענין שמחויב כ"א להשתדל בקבורת אביו ולמשא המטה על כתיפו וכו' כמדומה לי כ' בס' יש נוהלין כ' היפך מזה הנה הס' י"נ אין כעת"י, אולם הדבר מבואר ברמ"א יו"ד סי' שנ"ח ולוקחים האבלים והקרובים המטה על כתפיהם וכ"ה בד"מ שם והוא ממהרי"ל ה' שמחות כשנפטרה אשת מהריסג"ל הי' בעלה הולך בראש והי' נושא המטה ובנו עמו וכו' והנה זה נאחז בסבך המגיע לכתפים ועי' או"ח סימן ע"א, ובבית שאול להגאון מהריש נטנזאהן ז"ל במשניות ברכות פ"א בשם המקובלים שלא ישא המטה מי שאינו טובל לקריו' והרבה בענינים אלו המשתרגים לענפים ושרשים רבים ולרפיון כחי באתי כעת בקצירת אמרים וד' ירחם וקרן התורה ירים. והננו ידידו דו"ש הדר"ג תורתו הקודמת לחכמתו ברוב אהבה וברכה נשגבה מצפה לישועה ולרפואה קרובה:

אליעזר סג"ל מישעל האב"ד פה"ק טורקא והגליל בעהמח"ס משנת אליעזר מהד"ק ומהדב"ת:

הסכמות ומכתבי תהלה

על הספרים רץ כצבי קיום העולם חיים הנצחיים

ב"ה, ווארשא יצ"ו:

כבוד חתני יקירי הרה"ג המפורסם וכו' כש"ת מוה"ר צבי הירש פרידלינג שליט"א אבדק"ק ביסקוביץ אחדש"ה וש"ת.. ואשר דרשת ממני ליתן לך גם הסכמתי. על הספרים רץ כצבי קיום העולם חיים הנצחיים שאתה מוציא לאור כעת בעזהש"י הנה גם אתה ידעת שאין דרכי ליתן הסכמות ובפרט אחר שראיתי שרוב גדולי דורינו שליט"א מהללים ומשבחים ומפארים את הספרים הללו וכולם עונים ואומרים שיביאו תועלת גדול לבני ישראל א"כ מה לך עוד להסכמתי אבל אתן לך את ברכתי שתצליח במעשיך ותזכה להיות תמיד ממזכי את הרבים שיהי' זכות הרבים תלוי בך ותזכה לראות בנים וב"ב עוסקים בתורה ובמצות כנפשך ונפש חותנך דו"ש והצלחתך.

יהושע עזיאל בלאמ"ו זצ"ל ממארקשוב

ב"ה אוכטראווצא יצ"ו:

כבוד הרב הגדול חריף ובקי צמ"ס שלשלת היוחסין וכו' מוהר"ר צבי הירש פרידלינג שיחי' האבד"ק ביסקוביץ. מוציא כעת לאור חבורים נכבדים מיוסדים לחיזוק הדת וחינוך הבנים, והי' תועלת מרובה למשוך הלבבות ואהבת תוה"ק ולומדי'. בכן הנני מסכים עמו להדפיס. ואבקש לסייע לו בזה.

יחזקאל הלוי בלאאמו"ר מאור הגולה זצקלל"ה הכ"מ החופ"ק אסטראווצא.

ב"ה באלטימארי (אמעריקא).

הנה למותר היא להרבות דברים ולתאר את גודל הנחיצות של הדברים כאלה המדברים בכבדות אודות חינוך הבנים אשר הוא מהדברים העומדים ברומו של עולם הדת והיהדות וביחוד הספרים של הרב הגאון הצדיק המפורסם לשם ולתהלה מוה"ר צבי הירש פרידלינג שליט"א אב"ד דק"ק ביסקוביץ והגליל אשר כבר יצא לו מוניטין בספריו היקרים ובודאי יהי' בזה למזכה את הרבים לקרב לב ישראל לאביהם שבשמים אי לזאת אמינא לפעלא טבא ויישר ויהי רצון שיזכהו ד' לברך על המוגמר:

שמרי' הלוי הורוויץ רב דבלטימארי בעהמ"ח דרשות מהר"ש.

בעזהשי"ת קארטשוב יע"א.

ה"ה הרה"ג המפורסם וכו' מוה"ר צבי הירש פרידלינג שליט"א אבד"ק ביסקוביץ והגליל כבר אתמחי גברי במרץ מפעליו ביתר שאת וביתר עוז בהוצאת המאסף „הבאר" אשר יחלקם ביעקב ויפיצם בישראל להנאות בהם כל מעריצי התורה וחובבי', ועתה יהגה לבו להוציא לאור כמה ספרים בדרוש ואגדה רבי התועלת בעתים הללו, לכן גם ידי תכון עמו. ויתנהו ה' על במתי ההצלחה להפיץ מעינותיו חוצה להרוות הצמאים לדבר ה' וישכיל בכל מעשיו להגדיל תורה ויאדיר:

שאול ידידי' אלעזר בהרה"ק מהר"י זצק"ל ממאָדזיץ אבד"ק קארטשוב והגליל.

לוח המפתחות

סימן א.

מדבר בענין שצריך לבחור מקום לקבר הוריו, ובחיוב לכל איש שיהי' הקרקע קנוי לו בכסף. ובו ו' סעיפים.

בסעיף הא. שצריך שיהי' קרקע הקבר קנוי לו בכסף, והטעם לזה.

בסעיף הב. דניחא לו למת שיקנו לו קרקע אחוזתו, ומקור מוצא לזה מספרים שונים.

בסעיף ג. פירוש בדברי מד"ר (פ' חיי שרה), וענין האריכות בתורה במשא ומתן שהי' לאאע"ה עם עפרון בקניית מערת המכפלה, ועוד אריכות דברים בזה.

בסעיף ד. ה. מהנ"ל.

בסעיף ו. המדובר על הנ"ל בשו"ת חת"ס.

סימן ב.

מענין אם לומר קדיש קודם הקבורה כשמת מוטל בשבת או ביו"ט, ועוד איזה ענינים שיש לאונן להתנהג קודם הקבורה. ובו י' סעיפים.

בסעיף א. בענין קדיש בשבת ויו"ט קודם הקבורה.

בסעיף ב. במקומות שניתן דת שלא לקבור עד שיעבור מ"ח שעות. אעפ"כ לא נפטרו מדין אניגות.

בסעיף ג. במקום שנושאין המת מעיר לעיר, וחילוקי דינים בין אם המקום קרוב, או רחוק.

בסעיף ד. ה. בענין אם שמוהו המת לארון ומסרוהו לכתפים. ובפרט

אינהאלט

סימן א. אז מ'ברויכט אויסקלויבען א חשוב ארט קובר צו זיין זיינע עלטערין, אין ס'איז א חוב אז די קרקע זאל זיין געקויפט פער געלד איינגעטיילט אין זעקס סעיפים.

א) דער טעם וואָס מ'ברויכט צו קויפען דיא קרקע הקבר פער געלד.

ב) דאס צופרידענהייט פון מת אז מ'זאל איהם קויפען אַ קבר, אין ס'איז אָנגעוויזען אין וועלכע ספרים ס'וויזרד גירעדט וועגין דעם.

ג) אַ פשט אין מדרש רבה פ' חיי שרה, אין דאָס ענין וואָס די תורה איז מאריך אינם ערצעהלונג וועלכעס ס'האָט זיך געהאַנדעלט צווישען אברהם אבינו מיט עפרון בן צחר, וועגין די מערת המכפלה.

ד. ה. ו.) דאס אויבענדערמאַנטע, אין אויך וואָס ס'ווירד גירעדט פון דעם ענין אין בעוויסטען ספר חתם סופר.

סימן ב. אין דעם סימן ווערד גיברענגט דער דין צו מ'ברויכט זאגען קדיש איידער דער מת קומט צו קבורה, אז דער מת איז גישטארבען שבת אדער יו"ט, אייגעטיילט אין צעהן סעיפים.

א) וועגין קדיש פער די קבורה אום שבת ויו"ט.

ב. ג.) וועגין די ערטער וואָס עס איז פערבאָטען פון דיא רעגירונג קובר צו זיין ביז אַכט פערציג שעה פון דער מיתה, פונדעסטוועגין איז חל דאָס אנינות, אויך אַלע דינים וואָס זענין נוהג אין די ערטער. וואָס מ'טראָגט דעם מת אין אַצווייטער שטאָדט קובר צו זיין.

ד. ה.) דינים פון תפלין לייגען אויב מ'האָט שוין דעם מת מטהר גיוועזין אין אריינגעלייגט אין ארון אין איבערגיגעבין צו דער חברה קדושה, אויך אויב

ובפרט כשיום הקבורה מרוחק מיום המיתה ד' או ה' ימים, אם חייב להניח תפילין ואיך הדין בתפלין ובתפלה ביום שניתן לקבורה.

בסעיף ו. אונן לענין בדיקת וביטול וביעור חמץ, ומת בע"ש זמן תפלת מנחה, אם חייבים להתפלל מנחה.

בסעיף ז. ח. ט. אונן בשבת וביו"ט, ולא נקבר המת עד למחר אם חייב בהבדלה, ובשמע"צ או בש"ת בלילה אם האונן חייב בקידוש.

בסעיף יוד. דיוכל האונן להתפלל בליל יו"ט. וגם מי שמת לו מת שחרית בר"ה ולא יקברו אותו עד אחר התפלה.

סימן ג.

מדבר מענין שהבנים צריכים לעסוק בקבורת הוריו ולנשאם על כתפם, ובו ו' סעיפים.

בסעיף הא. שנייחא גדולה לאב בעת שבניו עוסקים בקבורתו, וגם הוא זכות והנאה לבן, ומנהגן של ישראל להקפיד על זה. ונלמד מצואת יעקב אבינו ע"ה לבניו.

בסעיף ב. שבהיות הבן עומד על אביו בעת פטירתו זה יהי' חסד האב עם הבן, והבן עם האב, ואין ספק שיש למת תענוג בהיות קרוביו החיים בעת סילק נשמתו. וענין ירושה.

בסעיף ג. ד שחייבים ללוות המת, והמנהג המקומות, שמתחלה לוקחים האבלים והקרובים המטה על כתפיהם ואחר כך שאר העם.

בסעיף ה. שלא ישא המטה מי שאינו טובל לקריו. וכחות הטומאה שנבראו מהוצאת ז"ל הם בניו, ואינם מתפרדין לאחר מיתתו, והתיקון לזה, ומנהג הקדמונים שהיו מחרימין בשופר ששום אחד מבניו לא ישיאו אותו.

בסעיף ו. גודל המצוה של החברה קדישא המתעסקים במת. וגם החברה קדושה בעצמם בשעה שמטהרים את המת מחויבים לתת ללבם גודל הענין, שהם השובים בעיני פמליא של מעלה ככהנים המקריבים

אינהאלט

אויב ט'איז אבגערוקט דריי פיער טעג פון פון יום המיתה ביז'ן יום הקבורה, אויך די דינים פון יום הקבורה.

ו. ז. ח. ט.) א אונן וועגין בדיקת חמץ, וועגין קידוש והבדלה.

סימן ג. דא ווירד גירעדט אז קינדער דארפען עוסק זיין אין דער קבורה פון זייערע עלטערן, אין טראגען דיא מטה אויף זייערע אקסלין, איינגעטיילט אין זעקס סעיפים.

א) אן דאס צופרידענהייט פון די עלטערין איז זעהר גרויס, אז די קינדער זענין זיך מתעסק אין זעהר קבורה. אויך איז דאס א גרויסער זכות פער די קינדער אין ס'איז א מנהג פון יאהרען לאנג מקפיד צו זיין אויף דעם.

ב) אן דיא קינדער שטעהן בייא זייערע עלטערען אין דער צייט פון זעהר פטירה. ווירד דאס אנגערופען אין דיא ספרים הקדושים א חסד פונם טאטין צום זוהן און פונ'ם זוהן צום טאטין. אין דער מת האט תענוג אז זיינע לעבעדיגע קרובים שטעהן בייא איהם בייא יציאת נשמה. אין דאס בעדייטונג פון ירושה.

ג' ד.) אן יעדער מענש וועלכעס עהר זעהט דורך גיין א לוי' פון א מת, איז ער מחויב בעלייטען דעם מת. אין ס'איז א מנהג אין טהייל שטעדט. אז דאס ערשטע טראגין די קרובים די מטה מיט'ן מת נאכהער אנדערע מענשין.

ה) אן ס'איז זער גלייך א מענש וועלכער איז אומריין פון א טומאת קרי ר"ל זאל

המקריבים זבחי רצון במזבח, לכפר בהם עון זרע ישראל. ואותם המכניסים את המת בקברו דומה כמו שגונזים ספר תורה ולוחות או שברי לוחות, ולעשות הכל כמ"ש בס' מעבר יבק. וע"ז הוריהם מתפללים עליהם תמיד בעולם העליון. ע"כ הבנים וגם הח"ק יתעסקו בזה לש"ש ובהרהור תשובה כי זה מדברים העומדים ברומו של עולם:

סימן ד.

מענין שראוי ונכון לבכות על פטירת הוריו. או אדם כשר. וגם מענין נפל שמת שמחויבים למולו ולשום לו שם. ובו ה' סעיפים:

בסעיף הא', א' מהטעמים שאסור אפי' לעני לעשות מלאכה בשבעה ימי אבילות כדי להרבות מזמורים ותחנונים על מתו, ויתן צדקה:

בסעיף הב'. מעשה באחד שמת לו בן ולא הוריד עליו דמעות. זו מדה רעה והוא מדת אכזריות ודרך הפילוסיפים, אלא ראוי להתאבל על מעשיו, והבוכה על קרוביו ומכ"ש על אדם כשר זו מדת חסידים ונביאים, ומ"מ אין ראוי להקשות יותר מדאי:

בסעיף ג. יש אריכות דברים על מאמר הגמרא כל המוריד דמעות על אדם כשר הקב"ה סופרן ומניחן בבית גנזיו:

בסעיף ד'. בענין תינוק נפל שמת מלין אותו וקוראים לו שם שירחמוהו

איינהאלט

זאל נישט טראָגין דיא מטה ביז ער וועט זיך פריער טובל זיין.

ו) דא ווירד אין פנים הספר ארומגערעדט באריכות די גרויסקייט פון די מצוה פון די חברה קדושה, וועלכע זענין זיך מתעסק מיט'ן מת, בעזונדערס ווירד ארומגירעדט אז דיא מענשין פון די חברה בשעת זייא זענין עוסק אין דער טהרה ברויכען וויסען אז דאָס איז פון די גאָר הויכע זאכען. דאָס איז גלייך ביים אויבערשטען ווי די כהנים וואָס האָבין מקריב גיוועזין קרבנות אויף דעם מזבח. אין דער צייט פון בית המקדש, אין דיא דאָזיגע וואָס לעגין אריין דעם מת אין קבר איז גלייך וויא זייא בעהאלטען א ספר תורה אָדער לוחות, אין מ'ברויכט צו טהון אלס אזוי ווי ס'איז געשריבען אין ספר מעבר יבק אין אז מ'טהוט אזוי זענין די עלטערין תמיד מתפלל אויף יענער וועלט פאר זייערע קינדער אין פאר די מתעסקים.

סימן ד. רעדט וועגין דעם, אז מ'ברויכט אין ס'איז ריכטיג

צו וויינען אויף דעם שטארבען פון זיינע עלטערן אדער אויף א פטירה פון א אדם כשר, אויך ווירד גירעדט וועגין א נפל וואס איז געשטארבען אז מ'ברויכט עם מלה צו זיין, אין צו געבין א נאמען, איינגעטיילט אין פינף סעיפים.

א) איינס פון די טעמים וואָס אפילו אנ'ארומאן טאָהר אויך נישט טהוען קיין מלאכה אין די זיבען טעג פון אבילות צוליב דעם צו זאָגען מעהר מזמורים אין תפלות אין צו געבין צדקה פאר דעם מת.

ב) עס ווירד גיברענגט א מעשה וועלכעס האָט פאסירט מיט איינעם וואָס זיין זוהן איז געשטאָרבען ר"ל, אין האָט נישט איהם בעוויינט, אז דאָס איז א שלעכטע מדה, נור א מענש ברויכט טרויערן

אויף

שירחמוהו מן השמים ויחי׳ בתחיית המתים, גם לתנוקת קוראין להם שם:

בסעיף ה׳. אם קברו התינוק תוך שמונה ימים בלתי נימול, מותר לפתוח הקבר ולמולו בצור, ואין מלין ביו״ט שני של גליות, ומי שלא נימול מחמת חולה ומת לאחר ל׳ יום מלין אותו ביו״ט ב׳, ונפל בתוך ל׳ יום שצריכים ג׳ בנ״א ללותו, ולענין קבורת נפל ביו״ט שני של גליות:

סימן ה.

מענין צידוק הדין אחר הפטירה והליכה לבית הקברות. ובניגוב הידים, ובו ז׳ סעיפים:

בסעיף הא׳. דמנהג נכון שיאמרו צידוק הדין בשעת יציאת נשמה וכשמגיע לדיין אמת קורע ומברך ברוך דיין אמת בשם ומלכות, ושאין לומר צידוק הדין בימים שאין מספידין בהם ושאין אומרים בהם תחנון:

בסעיף ב. שבן י״ב חודש אומרים עליו צ״ה וקדיש:

בסעיף ג. בו נתבאר טעם שמעמידין המת ג״פ קודם שאומרים צד״ה. ובימים שאין אומרים צד״ה א״צ להעמיד אותו:

בסעיף ד. ה. שמעמידים עם הנפטר ז׳ פעמים, והעומדים עם המת יכוונו בכל פעם, להבריח מעליו הרוחות:

בסעיף ו. שאחר הקבורה צריך כל אחד לומר פסוק והוא רחום ג״פ. ושבזה מקילים מעליו כח המלקות מחיבוט הקבר:

בסעיף

אינהאלט

אויף זיינע מעשים, אין ס׳איז א מדת חסידים צו וויינען אויף זיינע קרובים, אין נאך מעהר אויף א צדיק. נור פון דעסטוועגין ברויכט מען נישט וויינען צו פיל.

ג. ד) עם ווירד געירעדט וו. גין א נפל וואס ס׳איז געשטארבען, ברויכט מען מלה זיין, אין מ׳גיט איהם א נאמען אז כדי מ׳זאל זיך אוף איהם מרחם זיין אין הימעל אז ס׳זאל אויפשטיין צו תחיית המתים, א נפל נקבה גיט מען איר אויך א נאמען.

ה) וועגין א נפל וואס מ׳האט פערגעסין מלה צו זיין, צו עפענין דאס קבר מלה צו זיין, אין דעם דין פון מלה זיין אום צווייטען טאג יו״ט, אין צו מ׳מעג מל זיין א קינד וואס ס׳איז שלאף געוועזין פער יו״ט אין ס׳איז געשטארבען אום יו״ט.

סימן ה. דא ווירד ארומגירעדט וועגין צידוק הדין נאך א נפטר אין ס׳פירען דעם נפטר אויף דעם בית הקברות אין ס׳וואשין זיך די הענד. אין זיבען סעיפים.

א) עם ווירד גירעדט אז ס׳איז א ריכטיגער מנהג צו זאגען צידוק הדין בשעת יציאת נשמה, אין דיא דינים פון קריעה אין די ברכה פון ברוך דיין אמת. אויך אז אין די טעג וואס מ׳זאגט נישט קיין תחנון זאגט מען נישט קיין צד״ה.

ב) אז אויף א קינד פון צוועלף חדשים זאגט מען צדה״ד.

ג) דער טעם וואס איידער מ׳זאגט צידוק הדין שטעלט מען זיך מיט דעם נפטר דריי מאהל אויך אין די טעג וואס מ׳זאגט נישט קיין צד״ה ברויכט מען זיך נישט אבצושטעלין.

ד. ה.) אז מ׳שטעלט זיך מיט דעם נפטר זיבען מאהל. אין די וואס שטעלין זיך מיט דעם נפטר זאלין מכוון זיין יעדעס מאהל, אוועק צו טרייבען פון איהם די רוחות רעות ר״ל.

דא

בסעיף ז. בו נמצא כל הסדר של צידוק הדין מתחלה ועד סוף:

סימן ו.

בו מדבר בעניני הקבורה. והמזמור תהלים מ"ט. והקדיש הראשון שאחר הקבורה. וניגוב ידים. ומה שיש לומר להנהנים מן הצדקה שמניחים הנפטרים ובו ד' סעיפים:

בסעיף הא'. אם יש בן של הנפטר אצל הקבורה, ומובא בו ג"כ כל המזמור תהלים קאפיטל מ"ט למנצח וכו' שמעו זאת כל העמים, וכל נוסח הקדיש הראשון שאומרים אחר הקבורה:

בסעיף הב. שיש לומר אחר שנקבר ז"פ ויהי נועם וכו' (עי' בפנים) ושמקפידין שלא ליקח המרא מיד חבירו כשקוברים אלא זורקן לארץ, ואח"כ לוקחים אותה:

בסעיף ג. שלא לנגב הידים במפה, אחר הרחיצה, ויש דיעה להיפוך:

בסעיף ד. תפלה לאותו הנהנים מן הצדקות שמניחים הנפטרים לומר אותה בעד הנפטרים, ונוסח הקדיש שאומרים בילד קטן שמת ר"ל:

סימן ז.

מענין האמירת קדיש. ובו ס"ו סעיפים:

בסעיף א. יבואר שנוהגין לומר על אב ואם קדיש בתרא ולהפטיר בנביא

אינהאלט

ז. ז.) דא ווירד גירעדט אז נאָך דיא קבורה ברויכט יעדער זאָגען דעט פסוק והוא רחום דריי מאָהל, אז דער מיט מאַכט מען גריגגער דעם שוועהרין עונש פון חיבוט הקבר. אויך ווירד גיברענגט אין סעיף יוד דער גאַנצער סדר פון צידוק הדין (געפינטעלט) פון אָנהויב ביזן סוף:

סימן ו. די ענינים ביי דער קבורה. אין דאס קאפיטל תהלים מ"ט, אין דעם ערשטין קדיש נאך דער קבורה (געפינמעלט), אין דאס וואשין זיך די הענד, אין א תפלה וואס ס'זאלין זאגען די דאזיגע וועלכע געניסען פון צדקה וואס דער נפטר האט איבער גילאזט, אויך דער נוסח פון קדיש וואס מ'זאגט ביי א ילד קטן ז"ל:

א) דער דין אז ס'געפינט זיך א קינד פונם נפטר ביי דער קבורה, אין ס'ווירד גיברענגט דאָס גאַנצע קפיטל תהלים מ"ט, אין דער גאַנצער נוסח פון ערשטען קדיש וואָס מ' זאָגט נאָך די קבורה.

ב) אין מ'ברויכט צו זאָגען נאָך די קבורה זיבען מאָהל ויהי נועם (זעה בפנים הספר) אויך איז מען מקפיד נישט צו נעמין דעם רידעל איינער פון צווייטענס האַנד ארויס.

ג) דא ווירד גירעדט וועגין וואַשין זיך די הענד ווען מ'גייט צרוק פון בית הקברות, אין וועגין אָבווישען זיך די הענד מיט א האַנדטוך איז דאָ דערינען פערשידענע דיעות.

ד) פער די מענטשין וועלכע געניסען פון א צדקה פון א נפטר, געפונט זיך אין דעם סוף אַן עקסטרע תפלה זיי זאָלען זאָגען לטובת הנפטר:

סימן ז. דא ווירד ארומגערעדט אלע דינים, אין דער גאנצער ענין פון קדיש זאגען, אין

בנביא ולהתפלל ערבית במוצאי שבתות, וכשהבן מתפלל ומקדש ה׳ ברבים פודה את אביו ואמו מן הגהינם, ומקור להמנהג שאומרים בנים של מת לומר קדיש כל י״ב חודש:

בסעיף הב. מביא מעשה נפלאה משל״ה בשם הזוהר חדש, בתלמוד חכם א׳ שהי׳ הולך בהרי אררט וכו׳ עי׳ בפנים כל הענין באריכות והוא סיפור נפלא, ונלמד מזה שהבן יכול ע״י תורתו להעלות את אביו אפי׳ הוא רשע מגהינם לגן עדן:

בסעיף הג. שביו״ד מביא בשם מדרשות לומר קדיש של אב ואם ולהפטיר בנביא וכל הנ״ל, ואם אביו חי אינו יכול למחות לבנו שלא יאמר קדיש על אמו:

בסעיף ד. שמי שיכול לירד לפני התיבה מועיל יותר מקדיש יתום שלא נתקן אלא לקטנים, ומי שאין בו כח להתפלל כל התפלה יתפלל עכ״פ למנצח ובא לציון, כי בזה מזכה למת ביותר:

בסעיף ה. מביא מס׳ החיים ענין קדיש ותועלת שלו:

בסעיף ו. בשם סדה״י הטעם שאומרים קדיש, משום שבעניית אמן בכל כחו מצננים הגהינם שעה וחצי:

בסעיף ז. שרבים נוהגין לצוות לבניהם לומר ח׳ קדישים ביום:

בסעיף ח. מבואר בבאה״ט שכשם שטוב למעט בברכות כך טוב למעט בקדישים, ודי בקדיש א׳. ובליל הושענא רבה ואור ליום א׳ של שבועות די לומר שנים קדישים ותו לא:

בסעיף

אינהאלט

די גרויסע טובה וואס א קינד טוהט זיינע עלטערן, מיט זיין קדיש אין אלע דינים פון קדיש זאגען, איינגע-טיילט אין זעקס אין זעכציג סעיפים:

א) מען איז זיך נוהג צו זאָגען קדיש פער זיין פאָטער אין מוטער אויך צו זיין עולה למפטיר אין צו דאַבינ׳ן מעריב אלע שבת-צונאַכטס. אין אז דער זוהן דאַבינט ברבים לייזט ער אויס זיינע עלטערין פון גהינם. אין ס׳איז אָנגעוויזען דער מקור צו דעם מנהג אז די קינדער זאָלין זאָגען קדיש נאָך זייערע עלטערין צוועלף חדשים, אין אויף פערשידענע מדרשים וועגין דעם ענין:

ב) דא ווירד גיבּרענגט זעהר אווינדערליכע מעשה, מיט אַ תלמוד חכם וועלכער איז געגאַנגען אויף די בערג אראָרט, האָט עהר גיהערט זער אַ ביטער געשריי, וזעה פון דעם גאַנצען אינהאַלט פון דעם סיפור בפנים אין פון דעם סיפור ווירד ארויסגילערינט אַז אַ זוהן קען דורך זיין תורה אין מעשים טובים מעלה זיין זיין פאָטער אַפילו ער איז אַ רשע פון גהינם לגן עדן:

ג) אין יורה דעה ווירד גיברענגט פון מדרשים צו זאָגען קדיש פער פאָטער אין מוטער אין עולה צו זיין מפטיר אין אַלס דאָס אויבענדערמאַנטע, אויך אַז דער פאָטער קען נישט וועהרין זיין זוהן צו זאָגען קדיש נאָך זיין מוטטער.

ד) ווערהר ס׳קען דאַבנין פער דעם עמוד איז נאָך פיהל בעסער פון קדיש אין ווער ס׳פיהלט זיך שוואַך אין כח אָדער ער קען נישט דאַבנין פער דעם עמוד זאָל ער אַמ׳ווייניגסטענס דאַבנין פער׳ן עמוד למנצח ובא לציון דען דער מיט טהוט עהר זעהר אַ גרויסע טובה צו זיינע עלטערין:

ה. ו.) עם שטייט אין סדר היום אַז מיט דעם ענטפערין אָמן מיטן גאַנצען כח נאָכן קדיש קיהלט מען דאָס גהינם אנדער האַלבען שעה, אויך אין ספר החיים ווערט פיהל אַרומגירעדט דעם גאַנצין ענין.

אין

בסעיף ט יוד. שאם איחר היתום א״ע לבא לביהכ״נ ואחר מתפלל לפני העמוד תפלת שמו״ע בלחש, נכון הי׳ שיעמוד היתום להתפלל חזרת התפלה כי אין קפידא במה שעמד אחר לפני העמוד בלחש, ואם איחר האבל לבא לביהכ״נ ואין לו שהות להתפלל קודם שיגיעו הצבור לסדר קדושה יכול האבל לירד לפני התיבה ולומר סדר קדושה עם קדיש תתקבל הגם שהוא גמר התפלה והוא עדיין לא התפלל אין לחוש שיאמרנה מי שירצה:

בסעיף יא. שלא לחטוף הקדישים או התפלה ממי ששייך לו הקדיש או התפלה ע״פ דין, כי בזה החטיפה, לא הועיל כלום:

בסעיף י״ב. דין אם ג׳ או ד׳ בני אדם אומרים קדיש ביחד ואחד מקדים לחבירו עם מי לענות אמן?

בסעיף יג. דין אם בני בנים יכולים לומר קדיש בשביל זקינם, ואם שוים לשאר אבילים או לא. ואין לחלק בין בני בנים מן הבן או מן הבת:

בסעיף יד. טו. אם אביו ואמו חיים אין לומר קדיש יתום דוקא אבל קדיש דרבנן יכול לומר, ובשם ס׳ פחד יצחק דגם קדיש יתום הנהיג לומר על זקינו וזקנתו, כי לא נחש ביעקב:

בסעיף טז. דאם העונה סיים לומר עד דאמירן בעלמא קודם, שש״ץ סיים שמי׳ דקודשא ברוך הוא צריך לענות אמן אצל סיום הש״ץ בשמי׳ דקוב״ה, והי׳ אמנים הם:

בסעיף יז. שעיקר הזכי׳ לאבותיו באמירת הקדיש אינו באמירה שלו כי אם במה שהוא מזכה הציבור שעונים אחריו, ועוד בענין תועלת אמירת הקדיש:

בסעיף

אינהאלט

אין אויך דאס בעדייטונג פון קדיש:

ז. ח.) אין עס איז פערהאנדען חילוקי דינים אין ענין פון קדיש זאגען צו מ׳ברויכט זאגען מעהר קדישים אדער ממעט צו זיין אין קדישים:

ט. יוד.) דינים אויב אן אבל האט פער־שפעטיגט צו קימען אין שוהל ווען א צווייטער האט שוין געדאבינט פער׳ן עמוד די שטיללע שמונה עשרה. אוך צו קען ער זאגען סדר קדושה מיט קדיש פער זיין דאבנין:

יא) נישט צו רייסען זיך אין צו צו חאפען קדיש אדער א תפלה פון א יתום וואס קימט איהם ע״פ דין צו דאבנין אדער זאגען קדיש:

יב) דער דין פון דריי אדער פיער אבילים זאגען צוזאמען קדיש אין איינער איז זיך מקדים פער דעם צווייטען נאך וועלכען ברויכט מען ענטפערן אמן:

יג) דער דין צו אייניקלעך קענין זאגען קדיש פאר זייער זיידין אדער באבען, אין צו זענין זיי גלייך צו אנדערע אבילים, אין אז עס איז נישט קיין אונטערשיעד צו אייניקליך פון א זוהן צו פון א טאכטער:

יד. טו.) דינים צו אייניקליך וועלכע זאגען קדיש פער זייער זיידען אדער באבין אין זייערע עלטערין לעבין צו קענין זייא גור זאגין קדיש דרבנן אדער זייא קענין זאגען קדיש יתום אויך.

טז) אויב דער וואס זאגט נאך אמן האט פריערט אויסגעלאזט ביז דאמירן בעלמא, אין דער שליח ציבור האלט ערשט בייא שמי׳ דקודשא ברוך הוא, ברויכט עהר דא ענטפערן אמן נאך דעם שליח ציבור, דען מיט דעם אמן ווערט נשלם די פינף מאל אמן וואס מען ברויכט צו ענטפערין:

יז.) אין נישט בלויז דאס זאגען קדיש איז די זכי׳ פער זיינע עלטערין, נור

מיט

בסעיף יח. באם הקטן שאינו בן י"ג שנה אומר קדיש לאחר התפלה, צריכים לדקדק שגם הש"ץ יאמר קדיש לאחר התפלה:

בסעיף יט. שאין לבת דין בקדיש משום פריצותא:

בסעיף כ. דין אם יאמר כל אבל קדיש לבדו או יאמרו כולם בבת אחת:

בסעיף כא. כב. דהאומר קדיש שאינו שייך לו, עולה לנשמת מי ששייך לו, וכשם שאסור לעבור נגד המתפלל כך אסור לעבור נגד האומר קדיש עד דאמירן בעלמא ואמרו אמן:

בסעיף כג. טעם להמנהג מי שיש לו יא"צ בשבוע זאת מתחיל לומר קדיש מערבית של שבת:

בסעיף כד. שיש תועלת גדולה לקדיש שאחר עלינו להנפטרים:

בסעיף כה. כו. בו יבוארו הרבה טעמים למה שאומרים קדיש בלשון ארמית, וטעם למה נתקן הזוהר בלשון ארמית:

בסעיף כז. טעם למה נקרא קדיש דרבנן:

בסעיף כח. בו יתבאר כמה כריעות ישנן בקדיש שהם של חובה וכמה כריעות של רשות:

בסעיף כט. בשם פרמ"ג שהמנהג להתעטף בטלית לומר קדיש יתום:

בסעיף ל. דנוהגין בבגדי שחווים כל י"ב חודש:

בסעיף לא. כשאומרים קדיש אם צריכים הקהל לעמוד וחלוקי דינים בזה:

בסעיף

אינהאלט

מיט דעם וואס עהר איז מזכה דאס ציבור צו ענטפערין אמן נאך זיין קדיש דאס איז די זכי'. אויך ווירד נאך ארומגירעדט באריכות אינ'ם ענין פון קדיש:

יח.) אז א יתום וועלכער איז נאך נישט אלט קיין דרייצעהן יאהר זאגט קדיש לאחר התפלה, אין ס'איז גישטא איין יתום א גדול וואס זאל זאגען קדיש, ברויכט דער שליח ציבור מדקדק זיין אז ער זאל אויך זאגען קדיש לאחר התפלה:

יט.) אז א טאכטער האט נישט קיין שום שייכות אין אנגיהעריגקייט צו קדיש:

כ.) אז עס געפינט זיך אין שוהל עטליכע אבלים צו זאלין זייא זאגען קדיש איינציגווייז אדער אלע צוזאממען.

כא. כב.) אז איינער זאגט קדיש וואס ע"פ דין גיהערט נישט צו איהם, דאן איז דער קדיש עולה פער דעם נפטר וואס גיהערט זיך אן מיטן קדיש, אויך טאר מען נישט דורכגיין אנטקעגין דעם וואס זאגט קדיש ביז דאמירן בעלמא ואמרו אמן:

כג.) דא ווירד גיברענגט דער טעם פונ'ם יודישען מנהג אז וועהר ס'האט יארצייט אין דיזע וואך, הויבט עהר אן זאגען קדיש בייא תפלת ערבית של שבת:

כד.) אז דער קדיש נאך עלינו האט פער די נפטרים א גרויסע בעדייטונג:

כה. כו.) דא ווירד ארומגירעדט פיל טעמים צו וואס מ'זאגט קדיש אויף תרגום לשון, אויך א טעם פער וואס מ'האט מתקן גיוועזין דעם זוהר בלשון תרגום:

כז.) דא ווירד ערקלערט דער טעם וואס מ'רופט קדיש דרבנן:

כח.) דא ווירד ערקלערט וויפיל מאהל מ'ברויכט זיך איינבייגען ע"פ דין ביים קדיש זאגען.

כט. ל. לא.) עס איז פער האנדען ערטער וואס דארט איז א מנהג זיך איינהילען אין א טלית בייא קדיש יתום אויך צו דאס קהל ברויכט שטיין אין דער צייט וואס מ'זאגט קדיש יתום:

אז

בסעיף לב. שהעונה איש״ר העיקר שיוציא ויבטא התיבה כולה:

בסעיף לג. שלא נמצא דבר להגין מפני המזיקין כאמירת קדיש אחר מזמורי תהלים:

בסעיף לד. שבמקומות שהמנהג שאם אין שם אבל, אומרים סתם בעה״ב דביהכ״נ קדיש יתום, ואם נמצא שם אבל א׳ לאחר י״א חודש על או״א יכול ג״כ לומר קדיש ואין בזה משום בזיון אבותיו כי הכל אומרים שם קדיש אפי׳ דלאו אבל:

בסעיף לה. שאם למד עם בן בנו, יאמר עליו בן בנו קדיש בשוה כמו שאר אבלים, ושאם הבן השכיר א׳ לומר קדיש עבור אביו בשעה שאין לו פנאי כגון שנסע למרחקים, יש לו לזה זכות לקדיש כמו שאר האבילים:

בסעיף לו. לז. שהמניח בני בנים ואת, טוב שהאח יאמר קדיש, ובענין קדיש דרבנן באריכות כל דיניו:

בסעיף לח. בענין המנהג לומר תיבת טובים בקדיש דרבנן:

בסעיף לט. מ. בענין המנהג שאין אומרים קדיש ותפלה רק י״א חדשים, ושמפסיקין לומר קדיש יום אחד קודם:

בסעיף מא. מב. בענין קדיש אחר קריאת התורה, ושבכל המצות שעושים הבנים עושים נ״ר לנשמת אבותיהם, ובזה מבואר בפנים הרבה אריכות דברים מאוד, וקצת ענין גהינם, ולדקדק בשעת תפלה לומר התיבות ככתיבתן ובנקודתן בלי שבוש:

בסעיף מג. אודות מנהגים שונים בענין הקדיש:

בסעיף

אינהאלט

לב.) **אז** איבערהויפט איז ארויסצורעדין אמן יהא שמי׳ רבא שארף די ווערטער, אין דאס איז די כוונה פון די חז״ל וואס האבען געזאגט אז דער וואס ענטפערט איש״ר מיט׳ן גאנצען כח, איז זעהר גרויס:

לג) **אז** קדיש נאך מזמורי תהלים איז די בעסטע בעשוצינג צום נפטר פון די מזיקין:

לד. לה.) **אז** אויף די ערטער וואס ס׳איז א מנהג אז עס איז נישטא אין שוהל א יתום צו זאגען קדיש, זאגען די מענטשען פון שוהל קדיש יתום אייבער נאכן צווייטין קען א יתום וואס איז שוין נאך עלף חדשים פון זיינע עלטערין אויך זאגין קדיש. אויך אז א זיידע האט גילערינט מיט זיין אייניקעל, זאל דאס אייניקעל זאגען קדיש גלייך ווי אלע אבלים. אין אז א געדינגינער דורך א יתום צו זאגען קדיש אין דער צייט ווען דער יתום איז א וועק געפארען האט דער געדינגענער א זכות צום קדיש גלייך וויא אלע אבלים:

לו. לז, לח.) **אז** א נפטר האט איבער געלאזט אייניקלך אין א ברודער ווער ס׳זאל זאגען קדיש, אין דאס גאנצע ענין פון קדיש דרבנן [באריכות]:

לט.מ) **דער** ענין פון דעם מנהג אז א יתום זאגט נור קדיש צו ער דאבינט פאר׳ן עמוד נור עלף חדשים, אויך אז מ׳הערט אויף צו זאגען קדיש איין טאג דאפויער:

מא. מב.) **דער** ענין פון קדיש נאך קריאת התורה. אין אויך מיט אלע מצות וואס די קינדער טהוען פערשאפען זייא א נחת רוח פער די נשמות פון זייערע עלטערין. אויך ווירד א ביסעל ארומגירעדט דאס ענין גהינם, אין אז מ׳ברויכט אכטונג צו געבין בשעת התפלה ארויס צו זאגען אלע ווערטער שארף מיט די נקודות פונקטליך אן גרייזען.

מג.) **אין** די פערשידענע מנהגים פון קדיש:

דא

לוח המפתחות

בסעיף מד. מה. כל דיני קדיש בתוך שבעה ומת ברגל לענין קדיש, ואם יש בביהכ"נ בן שבעה ויא"צ, באריכות, ודין כשבא בן שבעה לביהכ"נ בשבת:

בסעיף מו. דין בן ז' ובן גדול בשבת כשבאים לביהכ"נ, ואם יש גם יא"צ בביהכ"נ:

בסעיף מז. מח. דיני יא"צ ובן שלשים, ואם יש הרבה יא"צ בביהכ"נ:

בסעיף מט. אם יש שני אבלים שוים, או הרבה אבלים שוים בביהכ"נ:

בסעיף נ. דיני תושב ואורח, כל דיניהם באריכות:

בסעיף נא. נב. נג. דיני אורח בן שלשים ותושב בתוך שנה. יא"צ תושב ובן שלשים אורח, אורח בתוך השנה:

בסעיף נד. במה יש לו דין תושב:

בסעיף נה. דין מאחד שמתפלל תמיד בבית תפלה אחד ובא לבית תפלה אחרת לומר שם קדיש:

בסעיף נו. דין אבל לפני התיבה בשבת וביו"ט:

בסעיף נז. דין שנים ששוים בדין קדיש, ושניהם יכולים להתפלל לפני התיבה ומרוצים לקהל בשוה:

בסעיף נח. דין שמי שהוא אבל על אביו ואמו ביחד, אין לו זכות בתפלות וקדישים יותר משאר אבל:

בסעיף נט. בו יבואר מתי מפסיקין לומר קדיש, ומאימתי מונים הי"א חודש שאומרים קדיש אם מיום המיתה או מיום הקבורה, ואם היתה שנה מעוברת:

בסעיף

א י נ ה א ל ט

מד. מה.) **דא** קימט באריכות אלע דינים פון א מת אום יו"ט וועגין קדיש. אין אויב ס' איז דא אין שוהל א בן שבעה אין איינער וואס האט יארצייט. אויך דער דין אז א יתום א בן שבעה קומט שבת אין שוהל אריין:

מו.) **דער** דין פון א יתום קטן אין דער שבעה אין א יתום גדול אין דער שבעה קימען שבת אין שוהל אריין, אין ס' איז אויך דא א יארצייט אין שוהל:

מז. מח.) **דינים** פון א יתום אין די שלושים אין איינער אדער עטלי- כינע וואס האבען יא"צ, זענין צוזאמען אין שוהל וועגין קדיש זאגען:

מט. נ.) **דינים** אויב צוויי אדער מעהר אבלים גלייכע צוזאמען אין שוהל, אין דינים פון אנ'אבל א שטאטי- שער אין אנ'אבל א פרעמדער [אורח] צוזאמען.

נא. נב. נג. נד.) **דינים** פון אנ'אורח אין די שלשים אין דער תושב נאך שלשים. אין אויך וואס הייסט תושב:

נה.) **דער** דין אז איינער דאבינט תמיד אין איין שוהל, אין עהר קומט זאגען קדיש אין א צווייטער שוהל:

נו.) **דער** דין פון אנ'אבל צו דאבנין פער'ן עמוד אום שבת אדער אום יו"ט:

נז.) **דער** דין פון קדיש ביי צוויי גלייכע אבלים אין זיי קענין אויך דאבנין פערן עמוד, אין זעניןביידע מרוצה לקהל:

נח.) **אז** איינער וואס ער איז אנ'אבל אויף פאטער און מוטער צוזאממען האט עהר נישט מעהר זכות אין דעם קדיש צו זאגען אין דאבנין פאר'ן עמוד מעהר פון אנדערע אבלים:

נט.) **דער** דין ווען מ'ברויכט אויפהערען צו זאגען קדיש, אין פון ווען אהן מ'רעכינט די עלף חדשים פון קדיש זאגען. אויך אויב עס איז אנ'עבור יאהר:

דער

בסעיף ס. דין מה לעשות אם יש הרבה אבלים בבת אחת שלא יבואו לידי קטטות:

בסעיף סא. בו יבואר כל הדינים בענין אבל להתפלל לפני התיבה בשבת וביו"ט, ובימים נוראים, ודיני מוחזק להתפלל לפני התיבה בימים נוראים, ודין אבל לפני התיבה בימים שאומרים הלל:

בסעיף סב. אם יכולים לשכור מי שיאמר קדיש בעדו, וחילוקי דינים בזכותי הנשכר, ובענין איש חלש ואינו יכול להתפלל ביא"צ לפני העמוד ושכר לו איש אחד להתפלל בעדו:

בסעיף סג. מעשה נורא שהי' בומינינו זה במדינתנו זה זמן לא כביר בענין אמירת קדיש:

בסעיף סד. ביאור ענין לשונות והשבחים שיש בהקדיש:

בסעיף סה. בשם הרה"ק הרבי מפרשיסחא טעם שאומרים קדיש יתגדל על הנפטר:

בסעיף סו. הטעם שאומרים קדיש על הצדיקים גמורים, וראוי לתלמידים לומר קדיש על הרב. ונוסח קדיש תתקבל, ונוסח קדיש דרבנן:

סימן ח.

מענין הלימוד בימי אבלו ובימי היארצייט, והתפלות והכוונות, וגם בעת נתינות צדקה לטובת הנפטר ובו י"ד סעיפים:

בסעיף הא. שטוב ללמוד משניות בעד הנשמה וכל ענין הלימוד הזה וסגולתו ורמזיו וכל המנהגים בלימוד הזה:

בסעיף

איינהאלט

ס. סא.) דער דין אז ס'איז דא עטליכע אבלים אין שוהל וואס צו טהוען אז זייא זאלין זיך נישט קריגען איבער דעם קדיש. אין אללע דינים פון אן'אבל צו דאבנין פאר'ן עמוד אין די ימים נוראים אויב ער האט א חזקה צו דאבנין ימים נוראים, אין אן'אבל אין די טעג וואס מ'זאגט הלל:

סב.) צו מען קען דינגען פער זיך איינים ער זאל זאגען פער איהם קדיש אדער דאבנין פער'ן עמוד:

סג.) אזעהר מורא'דיגע מעשה וואס ס'האט פאסירט אין אונזערע צייטען, אין דעם ענין פון דעם קדיש:

סד.) אין דעם סעיף ווירד ערקלערט דאס איינטיילונג פון די לשונות אין שבחים אינם קדיש:

סה.) א טעם פון רבין הרה"ק מפרשיסחא וואס מ'זאגט קדיש יתגדל אויף א נפטר:

סו.) דעם טעם וואס מען זאגט קדיש אויף די גרויסע צדיקים, אין עס איז ריכטיג אז תלמידים זאלען זאגען קדיש נאך זעהר רבי'ן אויך ווירד געבראנגט דער גאנצער נוסח פון קדיש אין פון קדיש דרבנן, אין זעהר פיהל וויכטיגע בעדייטונ-גען אין ערקלערונגען אין דעם גאנצען ענין פון קדיש:

סימן ח. דא ווערד גירעדט דער גאנצער ענין פון לערנין אין דער צייט פון אבילות, אין אויך אין די טעג פון דער יארצייט, אין דין כוונות פון לערנין אין פון דער צייט וואס מ'גיט צדקה פאר דער טובה פון נפטר, איינגעטיילט אין פירצען סעיפים:

א.) אין ס'איז זעהר גיט צולערנין משניות לטובת דער נשמה, אין דאס גאנצע ענין פון דעם לימוד, אין די סגולות אין די אנווייזונגען אין רמזים אין אלע מנהגים אין דעם לימוד:

דא

בסעיף הב. בו מבואר כל הכוונות שיש לכוון בשעת לימוד משניות פרק ז׳ דמקוואות:

בסעיף הג. בו מדבר מענין נוסח תפלה המובא בספרים לומר קודם לימוד המשניות ומה שאדם למד כבר אינו יכול למכור:

בסעיף הד. נוסח היה״ר לומר קודם הלימוד:

בסעיף ה. שיש שלומדים גמרא בעד נשמות הנפטרים וכוונתם ודעתם בזה. ונוסח תפלה לומר קודם הלימוד הגמרא:

בסעיף ו. נוסח תפלה מירושלים שיוכל לאומרה ג״כ בשבת וביו״ט קודם הלימוד:

בסעיף ז. שיש תועלת גדול במה שנודבים ונותנים צדקה בעד נשמת הנפטרים וכו׳ אם הבן מקדיש בעד אבותיו:

בסעיף ח. שנכון לומר קודם נתינת הצדקה תפלה קטנה, ונוסחתה. וגם תפלה זאת יכולים לומר לאחר לימוד משניות:

בסעיף ט. כשנותנים הצדקה לעניים צריכים להודיעם שיתפללו בעד נשמת הנפטרים, ושטוב לומר ביום הזה תהלים בתמניא אפי:

בסעיף יוד. הכוונות שצריכים לכוון בשעת נתינת הצדקה:

בסעיף יא. שנוהגים ללמוד איזה מזמורי תהלים ולומר בתמניא אפי סדר שמו של הנפטרו. ושנכון המנהג שהראב״ד

אינהאלט

ב.) דא ווערד ערקלעהרט אלע כוונות וואס מ׳ברויכט מכוין צו זיין בשעת דעם לערנין משניות דעם זיבענטען פרק אין מסכת מקואות:

ג.) דא ווערד גירעדט דאס ענין פון דעם נוסח תפלה וואס ווערד דערמאנט אין אלע ספרים צו זאגען פאר דעם לימוד משניות אויך ווערד גירעדט, צו א מענטש קען פערקויפען דאס וואס ער האט שוין לאנג גילערינט:

ד.) דער נוסח פון יהי רצון צו זאגען פאר דעם לערנין משניות:

ה.) אז ס׳איז פערהאנדען מענשין וואס לערנין גמרא לטובת די נשמות פון נפטרים, אין די כוונה דערפון, אין אויך דער נוסח תפלה צוזאגען פאר דעם לערנען גמרא:

ו.) א נוסח תפלה פון ירושלים צו זאגען אום שבת אין אום יום טוב פאר׳ן לערנין:

ז.) אז די נדבות וואס מ׳גיט פאר די נשמות פון די נפטרים איז זעהר וויכטיג אין א גרויסע טובה פאר זייערע נשמות, ובפרט אז א זוהן איז מנדב פאר זיינע עלטערין איז דאס א גרויסע טובה:

ח.) דא ווערד גיברענגט אז בעת דעם צדקה געבין פאר א נפטר איז ריכטיג אז מ׳זאל פריער זאגען א תפלה קטנה, אויך ווירד גיברענגט דער נוסח פון דער תפלה, אויך די תפלה קען מען זאגען נאכ׳ן לערנין משניות:

ט.) צו די מענטשן וואס מ׳גיט זיי די צדקה לטובת הנפטר, ברויכט מען זיי מודיע צו זיין, אז זייא זאלין מתפלל זיין לטובת הנפטרים, אויך איז גלייך צוזאגען אין דעם טאג תהלים אין דעם קפיטל אשרי תמימי:

יוד.) די כוונות וואס מ׳ברויכט מכוון זיין בשעת דעם צדקה געבין:

יא.) איך איז א מנהג דעם טאג צולערנין עטליכינע מזמורים תהלים אין צו זאגען אינ׳ם קפיטל אשרי תמימי [תמניא אפי] כסדר מיט די אותיות דעם נאמען פון דעם נפטר, אין ס׳איז זעהר גלייך

שהראב"ד אומר קדיש בכל יום אחר אמירת תהלים בעד הנשמות שמתו בכל שנה ושנה, ומזמורי תהלים שאומרים למנוחת הנפש:

בסעיף יב. סדר הפסוקים מתמניא אפי לומר לעליית נשמת הנפטרים, והלימודים שלומדים בשבעת ימי האבלות:

בסעיף יג. הלימודים והתנהגות לאבל כל י"ב חודש ושאין אומרים קדיש דרבנן רק על התורה שבע"פ:

בסעיף יד. בגוף הענין אמירת קדיש אחר לימוד או דרוש ומראה מקום לזה, ושיש לומר קודם הלימוד התפלה הכתובה בסעיף ד' בפנים. וגם מובא פה בפנים ללמוד על אביו ואמו וקרוביו עכ"פ בכל מוצאי ש"ק כל י"ב חודש וביארצייט בערב קודם המנחה, את הפרק כ"ד ממסכת כלים שלשה תריסין הם, ואת הפרק ז' ממסכת מקואות יש מעלין את המקוה. ואחר כל אלה נדפס בפנים כ"ב פרקים משניות כסדר א. ב. כדי שיוכל כל אדם ללמוד משניות סדר שם של הנפטר. ואלו הם הפרקים כסדר האלף-בית. אות א) אין עומדין, (מסכת ברכות. אות ב) במה בהמה יוצאה (מסכת שבת ה). אות ג) גיד הנשה, (מסכת חולין ז'). אות ד) דם הנדה, (מסכת נדה). אות ה) היה קורא בתורה, (ברכות פ"ב. אות ו) ואלו דברים מתעשרין (דמאי פ"ב). אות ז) זיעת בתים (מכשירין פ"א), אות ח) חבית שנשברה שבת

אינהאלט

גלייך דער מנהג אז דער רב פון שטאָדט זאָל זאָגען קדיש נאָכ'ן תהלים זאָגען יעדען טאָג לטובת הנשמות וואָס זענען געשטאָרבען אין יעדען יאָהר, ס'ווערד אויך גיברענגט די קאַפּיטליך תהלים וואָס מ'זאָגט למנוחת הנפש

יב.) דא איז אויסגישטעלט דער סדר פון די פסוקים פון קפיטל אשרי תמימי צו זאָגען מעלה צו זיין די נשמות פון די נפטרים, אויך די דינים וואָס מ'לערינט אין די זיבען ימי אבילות:

יג.) דאם אויפפיהרונג פון אַנאבל אויך די לימודים פאר אַנ'אבל אין די גאַנצע צוועלף חדשים, און אויף אַ וועסערע לימודים מ'ברויכט צו זאָגען קדיש דרבנן:

יד.) דא איז אַרומגירעדט דער גאַנצער ענין פון זאָגען קדיש נאָכן לערנין צו נאָך אַ דרשה, און דאָס אָנוויי-זונג דעם מקור וויא דאָס איז גיברענגט אין די ספרים און אַז מ'ברויכט זאָגען די תפלה וואָס שטעהט אין דעם סימן אין סעיף ד' פעו"ן לערנין. אויך ווירד גיברענגט אין דעם סעיף אַז פאר זיינע קרובים ובפרט פאר זיינע עלטערין אם-וויניגסטענס יעדען שבת-צונאַכטס די גאַנצע צוועלף חדשים און אין אַ יאָהרצייט פאַרענאַכט פאַר מנחה, צו לערנין דעם פרק משניות כ"ד אין די מסכת כלים. אין דעם פרק משניות פרק ז' יש מעלין את המקוה אין די מסכת מקואות, וועלכעס די ביידע פרקים זענין דאָ געדריקט אין דעם סימן ח' מיט עברי טייטש נאָכהער איז ווייטער דאָ געדריקט צוויא אונד צוואַנציג פרקים משניות לויטן אלף-בית. אַז כדי יעדער מענטש זאָל דאָ האָבען אלע אותיות פון א וואָסער נאָמען ער וועט נור בעדאַרפ'ן באַלד געדריקט מיט עברי טייטש, אַז ער זאָל נישט ברויכען צו זוכען, צום ביישפיעל איינער וואָס זיין פאָטער האָט געהייסען ד"ב, ברויכט עהר לערנין די פרקים וועלכע זייא הויבען זיך אָהן מיט די אותיות וואָס דוב לייגט זיך אויס ד. הייסט אַ ד) און אַ ו) און אַ ב) ברויכט ער זוכען דעם פרק דם הנדה אין דעם פרק ואלו דברים אין דעם פרק במה בהמה יוצאה און אַזוי אין כסדר אַ וואָסער נאָמען איינער ברויכט

(שבת פ' כב), אות ט) טרף בקלפי (יומא פ"ד), אות יוד) יום הכפורים (יומא פ"ח). אות כ) כל הכלים (שבת פי"ז), אות ל) לולב הגזול (סוכה פג). אות מ) מי שהחשיך, שבת (פכ"ד), אות נ) נוטל אדם (שבת פכ"א), אות ס) סוכה שהיא גבוהה (סוכה פ"א). אות ע) ערבי פסחים (פסחים פ"י), אות פ') פירות חוצה לארץ (חלה פ"ב), אות צ') צלוחית (פרה פ"ט), אות ק) קונם יין (נדרים פ"ח), אות ר) רבי אליעזר (שבת פ"כ), אות ש) שואל אדם (שבת פכ"ג, אות ת) תפלת השחר (ברכות פ"ו), ובסופו מובא ג"כ משניות מאותיות נשמה, ונוסח תפלה על הנפטר אחר הלימוד:

סימן ט.

מענין העמדת המצבה. ובו יוד סעיפים:

בסעיף הא. נתבאר טעם למנהג שמעמידין מצבה לנפטר, ומאין נובעים הדברים האלו, וטעם למה נקרא מצבה:

בסעיף הב. מבאר מאמר חז"ל מותר המת בונין לו נפש על קברו:

בסעיף הג, ד. מביא בשם האריז"ל שהעמדת המצבה הוא צורך גדול. ושהוא תיקון לנפש:

בסעיף ה. כתב שהציון לקברי הצדיקים יועיל לצורך החיים:

בסעיף ו. למה מסיימין ומציינין מקום הקבר:

בסעיף ז. שהמנהג פשוט ברוב המקומות שאין עומדין מצבה עד לאחר י"ב חודש:

ח. שנכון שלא לחקוק על המצבה שבחים יתרים:

ט. יוד. שהכותב על המצבה מספר שנות העכו"ם לחשבונם, עובר על איסור דאורייתא

איינהאלט

ברויכט ער זוכען די פרקים וואס הויבען זיך דאס ערשטע אות מיט די אותיות וואס דער נאמען לייגט זיך אויס. אויב דער נאמען לייגט זיך אויס מיט פיער אותיות ברויכט ער לערנין פיער פרקים משניות כסדר מיט די אותיות אזוי וויא זיי שטעה'ן אין דעם נאמען. אוך ווירד גיברענגט צום סוף משניות וואס לייגען זיך אויס דיא אותיות נשמה, אין א תפלה פער דעם נפטר נאכן לערנין:

סימן ט. דא ווערד ארומגירעדט דער גאנצער ענין פון שטעלין א מצבה, איינגעטיילט אין צעהן סעיפים:

א.) **אין** דעם סעיף ווערד ערקלערט א טעם צו דעם מנהג וואס מ'שטעלט א מצבה פאר א נפטר אין א טעם פערוואס דאס הייסט מצבה:

ב.) **אנ'ערקלערונג** אין דעם מאמר פון דער גמרא אז דאס געלד וואס מ'האט צוזאמענגענומען לצרכי קבורה פאר א'ארימען נפטר, אין סאיז נאך איבערגעבליבען בויעט מען פאר איהם א מצבה אויף זיין קבר:

ג.) ד.) **אז** דאס שטעלין א מצבה האט אגרויסע בעדייטונג אין דאס איז א תיקון צו דער נשמה:

ה.) **אז** די מצבה וואס מ'שטעלט פאר די קברי הצידיקים איז אויך א טובה פאר די לעבענדיגע:

ו.) **דער** טעם צום מנהג פון אנצייכנען ארום דעם קבר:

ז.) **אז** דער מנהג איז צו שטעלין א מצבה ערשט נאכ'ן יאהר:

ח.) **אז** מ'זאל נישט שטעלין אויף דער מצבה קיין גרעסערע שבחים ווי דער נפטר האט באמת גהאט:

ט.) **אז** מ'איז עובר אויף אנ'איסור דאורייתא צו שרייבען אויף דער מצבה די דאטום אין יאהר לויט'ן רעכנונג פון די עובדי-כוכבים:

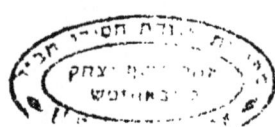

דאורייתא, ובענין אם לכתוב לשון המדינה על המצבה:

סימן י.

מענין היארצייט. ובו ט׳ סעיפים:

בסעיף הא. שהמנהג בכל העולם לעשות יארצייט על פטירת אביו ואמו, והטעמים לזה:

בסעיף הב. דבכל יום היארצייט של נפש, צריכין לעשות תיקונים והוא בבחינת תחיית המתים:

בסעיף הג. אימתי לחשוב היארצייטין, כגון אם מת אביו ביום ראשון דר״ח כסליו שנחשב ליום ל׳ של חשון העבר. אז אם השנה ראשונה שאחריו חשון חל חסר ואינו רק כ״ט יום אז נקבע היא״צ שלו בכ״ט, ועי׳ בפנים פרטי דינים בזה. ולענין שנה פשוטה ושנה מעוברת:

בסעיף ד׳. ביאור על מאמר הכתוב ולא יומתו אבות על בנים:

בסעיף ה׳. שצאצאי האדם יכולים להעלות את נשמתו ממדרגה למדרגה:

בסעיף ו׳. ז. עוד מענין קביעות היא״צ, ובענין אם נתרחק יום הקבורה מהמיתה ג׳ ימים מָתַי לעשות היָארצייט:

בסעיף ח. במי שיש לו ספק ושכח מָתי היא״צ של אביו אם בכ״א בחודש או בכ״ג בחודש, וכל הדינים בענינים אלו:

בסעיף

איינהאלט

יוד.) **צו** מ׳מעג שרייבען אויף דער מצבה די לאנד שפראכען נישט לשון הקודש:

סימן י. אין דעם סימן ווערד ערקלערט דער ענין פון יארצייט. איינגעטיילט אין ניין סעיפים:

א.) **אז** ס׳איז א מנהג אויף דער גאנצער וועלט צו מאכען יארצייט אויף די פטירה פון זיינע עלטערין, אין דער טעם פון דעם:

ב.) **אז** אין דעם טאג פון דער יארצייט ברויך דאס נפש פון דעם נפטר א תיקון. איז דאס איז בבחינת תחיית המתים:

ג.) **וויא** אזוי צורעכענען די יארצייט, צום ביישפיעל דער יום המיתה איז געוועזין אין ערשטען טאג אין חודש כסליו, דאס הייסט דער דרייסיגסטער טאג פון איבערגעגאנגענעם חודש חשון אין אויב דאס צווייטע יאהר איז נור דער חודש חשון געוועזין ניין אין צוואנציג טאג, וויא אזוי זאל מען זיך נוהג זיין מיט דער יארצייט. אין אויך דער דין פון יארצייט אין אנעיבור יאהר ווען די יארצייט געפאלט אין חודש אדר:

ד.) **א׳נערקלערונג** אויף דעם מאמר פון פסוק ולא יומתו אבות על בנים, ד. ה. אז די עלטערין זאלין נישט געטייט ווערין אויף די קינדער:

ה.) **אז** די קינדער פונ׳ם מענטש קענין מעלה זיין דעם מענש פון מדריגה צו מדריגה:

ו. ז.) **נאך** ווערד גירעדט אין דעם סעיף אין דעם ענין פון יארצייט, אויך ווען צומאכין יא״צ אז דער יום הקבורה איז געוועזין ווייט פון יום המיתה דריי טאג:

ח.) **אלע** דינים פון א מענש וואס האט פערגעסין אין ס׳איז איהם אצווייפעל ווען ס׳איז די יארצייט פון זיין פאטער אדער מוטער:

דער

בסעיף ט. במי שאומר קדיש בתוך י"ב חודש על אמו ובחוה"מ פסח הגיע יום היא"צ של אביו אם רשאי להתפלל לפני התיבה כדרך שהוא מתפלל תמיד לפני התיבה ביום היא"צ של אביו:

סימן יא.

מענין השבת שקודם היארצייט ובו ח' סעיפים:

בסעיף הא. שמי שיש לו יארצייט בשבת או בשבוע שאחריו עולה לתורה בשבת למפטיר בנביא:

בסעיף הב. בשם ספר מעשה אברהם ביארצייט שחל בשבת המנהג לקרות הפטרה בשבת הקודם:

בסעיף הג. לענין אם נמצא בתוך השבוע שתהי' יא"צ לשני בני אדם. לאחד ביום א' ולאחד ביום ב' מה לעשות לענין עלייתו לתורה למפטיר בשבת שלפניו אם שוים או שייך דין קדימה:

בסעיף ד. טעם למנהג דמי שיש לו יא"צ בתוך השבוע, שמתפלל מוסף לפני התיבה בשבת שלפניו:

בסעיף ה. ו. ג"כ מהנ"ל, וגם מתפללים מעריב במוצש"ק, והספרדים אומרים גם קדיש בשב"ק, ועוד מובא בזה מנהגים שונים:

בסעיף ז. בשם האזולאי, שאם יש יא"צ לשני בני אדם בשבוע אחת, אחד על אביו, ואחד על אמו, הדין כן, שהיא"צ של אביו הוא קודם למפטיר, ומי שנפטר אביו, הוא תמיד קודם לומר הפטרה ואין שייך בזה חזקה לבעל היא"צ על אמו:

בסעיף

אינהאלט

ט) דער דין פון אַ מענש וואָס זאָגט קדיש נאָך זיין מוטער וואָס איז אין דעם יאָר געשטאָרבען, און חול המועד פסח האָט ער יאָרצייט נאָך זיין פאָטער, צו מעג ער דאַוונין פאַרן עמוד צוליעב די יאָ"צ פון פאָטער ווייל ער האָט אַ מנהג צו דאַוונין פאַר'ן עמוד ווען עהר האָט יאָ"צ. און אָנאָבל טאָהר דאָך נישט חוה"מ דאַוונין פאַרן עמוד:

סימן יא. דער ענין פון שבת פאַר די יאָרצייט, איינגעטיילט אין אכט סעיפים:

א) דאַ ווערד גירעדט אַז ווען ס'האָט יאָרצייט אום שבת אָדער אין מיטען וואָך ברויכט עהר שבת עולה לתורה זיין, און ס'איז אַ מנהג עולה צו זיין צו מפטיר:

ב) אַז אַ יאָרצייט קומט אויס אום שבת איז דער מנהג עולה לתורה צו זיין דעם פריערדיגען שבת:

ג) אויב צוויי מענטשען האָבען יאָרצייט אין איין וואָך, איינער זונטאג און איינער מאָנטאג, וואָס מ'זאָל טהוען אום שבת הקודם מיט דעם עולה לתורה זיין צו מפטיר:

ד) אַ טעם צו דעם מנהג אַז ווער עס האָט יאָרצייט, אין מיטען וואָך דאַוונט עהר דעם שבת פריער פער דעם עמוד תפלת מוסף:

ה. ו.) אַז ס'איז אויך אַ מנהג צו דאַוונין דעם שבת-צונאַכטס דאַפויער תפלת מעריב פאַרן עמוד, די ספרדים זאָגען אויך קדיש אין דעם שבת הקודם, און ס'איז נאָך דאָ פערשידענע מנהגים:

ז) אַז צוויי מענטשען האָבען יאָרצייט אין איין וואָך, איינער פער זיין פאָטער און איינער פאַר זיין מוטטער, איז דער מנהג אַז דער וואָס האָט יאָרצייט פון פאָטער דער בעדאַרף עולה לתורה זיין צו מפטיר, און אַז אַ יאָרצייט פון פאָטער איז

תמיד

בסעיף ח. שאם חל היארצייט באמצע שבוע יש לומר תפלת אל מלא רחמים בשבת שלפניו אף כשחל היארצייט ביום ב׳:

סימן יב.

מענין הדלקת הנרות ביום היארצייט.
ובו ט״ו סעיפים:

בסעיף א. ב, בו נתבאר שנוהגין להדליק נר ביום היארצייט זכר לנשכת המת ורמזים וטעמים בזה:

בסעיף ג. שאין משתמשין ביארצייט נרות. כמו נר של מצוה, ואסור להדליק ממנו אף שאר נרות:

בסעיף ד. אם אחד שכח להדליק נר יארצייט מה יעשה:

בס״ף ה. מי שיש לו יארצייט בשבת ושכח להדליק אין לומר בשבת לעכו״ם להדליק, ובי״ן השמשות מותר לומר לעכו״ם להדליק:

בסעיף ו. לענין אם להדליק בעצמו ביו״ט נר יארצייט, וכיצד יתנהג ביא״צ שחל להיות ביו״ט אחר שבת:

בסעיף ז. איזה נרות מדליקין לנר יאר״צ, וטעמים לזה:

בסעיף ח. ואם להדליק יאר״צ בנר של גאז או עלעקטרי:

בסעיף ט. שמדקדקים ליקח נר חדש:

בסעיף יוד. מי שיש לו יאר״צ בחודש אדר כיצד יתנהג בהדלקה כשחל שנה מעוברת:
בסעיף

אינהאלט

תמיד פריער, אין ס׳איז נישט פערהאַנדען קיין חזקה ביי מפטיר צו דעם בעל היאר־צייט פון די מוטער:

ח) אז ס׳קימט אויס יאָהרצייט אין מיט׳ן וואָך, זאָגט מען אום שבת פריער די תפלה אל מלא רחמים, אפילו ווען די יאָרצייט קומט אויס מאָנטאג אָדער דאָנערשטיג:

סימן יב. דער ענין פון אנצינדען ליכט אין טאג פון דער יארצייט, איינגעטיילט אין פינפצעהן סעיפים:

א. ב.) אין די סעיפים ווירד גירעדט אז ס׳ איז אַ מנהג אָנצוצינדען אַ ליכט אין טאָג פון דער יאָרצ״ט אין די כוונות אין די טעמים פון דעם:

ג) אז אַ יאָרצייט ליכט טאָר מען נישט ניצען אַזוי ווי מצוה ליכט, אין מ׳טאָר נישט דערפון אָנצינדען אַנדערע ליכט:

ד) אויב איינער האָט פערגעסין אָנצוצינדען אַיאָרצייט ליכט וואָס ער זאָל טוהן:

ה) אויב איינער וואָס ער האָט יאָרצייט אום שבת האָט פערגעסין אָנצוצינדען אַ יאָרצייט ליכט, טאָר מען נישט זאָגען אַ עובד-כוכבים ער זאָל אָנצינדען, אויב ער האָט זיך דערמאַנט ע״ש בין השמשות מעג מען יאָ הייסין אָנצינדען:

ו.) דער דין פון אָנצינדען אַיאָרצייט ליכט אום יום טוב, אין ווען יום טוב געפאַלט נאָך שבת:

ז. ח.) וואסערע ליכט מ׳צינדט אָהן צו אַ יאָרצייט אין די טעמים דערפין, אין צו מ׳מעג אָנצינדען אַ יאָרצייט אין אַ ליכט פון גאַז אָדער עלעקטרי:

ט) אז עס איז מנהג מדקדק צו זיין צו נעמין אַ ליכט, וועלכעס עס האָט נאָך נישט קיינמאָהל גיברענט:

יוד) ווערער עס האָט יאָרצייט אום חודש אדר, וויא אַזוי זאָל מען זיך פיהרען מיט אָנצינדען אַ יאָרצייט ליכט ווען עס איז אַנעיבור יאָהר:
אז

בסעיף יא. שאין לכבות נר יאר"צ אפי' כשהנר גדול ודלוק לאחר היא"צ זמן מה לתוך הלילה:
בסעיף יב. שאין לברך במוצש"ק בורא מאורי האש על נר יא"צ:
בסעיף יג. יד. מנהג החתם סופר בענין הדלקת נרות ליא"צ, ומעשה נורא בענין זה:
בסעיף טו. מבאר באריכות הענין והטעם של נר מצוה, ענין גדול מאוד ואם לחייב הבעל להדליק נר יא"צ תמיד על אשתו ר"ל:

סימן יג.

מענין התנהגות ביום היא"צ ובשאר הענינים, ובו כ' סעיפים:

בסעיף הא. כשמזכיר ביום היא"צ את אביו או אמו שצריך לומר הריני כפרת משכבו:
בסעיף הב. שאם חל היא"צ בשבת או ביו"ט אין ללבוש טלית המיוחד לשבת:
בסעיף הג. חילוקי דיעות אם מותר לאכול בסעודה בלילה, שביום מחר תהי' היא"צ:
בסעיף ד. שאין לאכול בלילה זאת יותר מהרגיל לאכול בכל לילות:
בסעיף ה. דין איך להתנהג בקידוש לבנה בלילה אחר תענית של יארצייט:
בסעיף ו. דין מי שיש לו יא"צ על אביו או אמו ונעשה אונן ר"ל בו ביום לענין קדיש והליכה לביהכ"נ:
בסעיף ז. דין מי שיש לו יא"צ בתוך ז' ימי אבילות ואינו יכול לאסוף מנין בביתו לומר קדיש:
בסעיף

אינהאלט

יא) אז מ'זאָל נישט אויסלעשין קיין יאָרצייט ליכט ווען ס'ברענט זיך נאָך אריין אין דער נאַכט וואָס איז נאָך דעם טאָג פון דער יאָרצייט:
יב) אז עס איז נישט גלייך צוא מאַכען אום שבת-צונאַכטס אַ בורא מאורי האש איבער אַ יאָרצייט ליכט:
יג, יד) דא ווערד גיברענגט דער מנהג פון דעם בעוויסטען גאון דער מחבר פון ספר חתם סופר, וועגין אָנצינדען יאָרצייט ליכט אויף זעהר אַ ווינדערבאַרע ערצעלונג וואָס האָט פאַסירט אין דעם ענין פון יאָ"צ ליכט:
טו.) דא ווערד באַריכות אַרומגירעדט וואָס איז דער ענין אין דער טעם פון אָנצינדען אַ מצוה ליכט. אין דאָס גאַנצע בעדייטונג פון דעם, זעהר אַ וויכטיגער ענין אויך צו אַמאַן איז מחייב אָנציצינדען אַיאָרצייט ליכט נאָך זיין פערשטאָרבענע פרוי ר"ל:

סימן יג. דאס אויפפיהרונג אין יא"צ טאג אין פארשידענע ענינים, אייגעטיילט אין צוואַנציג סעיפים:

א.) אויב אַז מ'דערמאַנט זיינע עלטערין אין יאָ"צ טאָג ברויכט מען זאָגען הריני כפרת משכבו. ד. ה. אַז איך נעם אויף מיר דעם עונש פון די עלטערין:
ב.) אז די יאָ"צ געפאַלט שבת אָדער יום טוב בעדאַרף מען נישט אָנטוהען קיין שבת'דיגין טלית:
ג.) אז די נאַכט וואָס מ'האָט יאָ"צ טאָג מען נישט גיין אויף קיין חתונה סעודה:
ד.) אז די נאַכט פון די יאָ"צ טאָג מען נישט עסין אַ בעסערע סעודה מעהר פון אלע נעכט:
ה.) דער דין פון קידוש לבנה אין דער נאַכט וואָס נאָכ'ן תענית פון דער יאָ"צ:
דער

בסעיף ח. מי שדרכו להתפלל לפני העמוד ביום היה"צ אין מדקדקים אם מחמת איזה סיבה אינו מתפלל, אעפ"י שלא התנה מעיקרא:

בסעיף ט. שאין למחות במי שהוא כבד פה להתפלל לפני התיבה כשיש לו יארצייט, ומכ"ש אם הוא בן גדולים:

בסעיף יוד. שאינו נוהג ביום היא"צ שינוי מקום כמו ביב"ח:

בסעיף יא. שיש חילוקי דיעות אם להזכיר המת בשם האב לבד או ג"כ בשם אמו:

בסעיף יב. אם היא"צ חל בחול ביום קריאת התורה מחויב לעלות לתורה, וכל דינים מהמחויבים לעלות לתורה ומי גדחה מפני מי:

בסעיף יג. שני חיובים שוים איך נוהגין:

בסעיף יד. בדין חזן המתפלל בשכר בבית הכ"נסת אחת אם יש לו באותו ביהכ"נ דין תושב:

בסעיף טו. בדין אבל שיש לו יא"צ בשבת אם עולה לתורה:

בסעיף טז. קורא תגר על החוטאים שביום היא"צ באים לביהכ"נ להתפלל ומניחים תפילין ואח"כ חוזרין לסורם:

בסעיף יז. בדין מי שראו אותו עדים שנטבע בנהר מתי לעשות היא"צ:

בסעיף

אינהאלט

ו.) דער דין פון קדיש אין דער יאָ"צ אַז עֶהר איז דעם זעלבּין טאָג געוואָרען אָנ'אונן, אין צו מ'מעג גיין אין שוהל אַריין:

ז.) אַז איינער זיצט שבעה ר"ל אין האָט יאָ"צ אין האָט נישט אין דער היים קיין מנין צוזאָגען קדיש, טאָר עֶהר נישט גיין אין שוהל אַריין:

ח.) איינער וואָס איז זיך נוהג ווען ער האָט יאָהרצייט צוא דאַבענין פאַר דעם עמוד, אין ס'האָט זיך אַ מאָהל געטראָפין אַז עהר איז שוואַך אין קען נישט דאַבנין פאַר'ן עמוד בעדאַרף עהר זיך נישט מתיר נדר צו זיין:

ט.) אַן אַשטאַמלער וואָס האָט יאָ"צ וויל דאַבנין פאַר'ן עמוד זאָל מען איהם נישט שטערין, ובפרט אַז עהר איז אַ בן גדולים:

יוד.) אַז אין יאָ"צ טאָג בּרויכט מען נישט משנה זיין אין שוהל דאָס שטענדיגע אָרט זיינס אַזוי ווי אַן אָבל:

יא.) אַז ס'זענין פאַרהאַנדען פערשידענע דיעות אין דערמאַנין דעם נאָמען פון נפטר נאָכ'ן לערנין, צו נור צו דערמאַנען דעם נפטר בּלויז מיט זיין פאָטערס נאָמען אָדער אויך מיט די מוטערס נאָמען:

יב.) אַז וועהר ס'האָט יאָ"צ אין אַ טאָג פון קריאת התורה, איז עהר מחויב עולה לתורה צו זיין אוף אַלע דינים וועהר ס'איז אַ חיוב עולה לתורה צו זיין אין וועלכער חיוב איז פריער:

יג.) וויא אַזוי מ'איז זיך נוהג מיט צוויי גלייכע חיובים:

יד.) ווענ'ן אַ חזן וואָס נעמט געצאָהלט פאַר דאַבנין צו האָט עהר אין דער שוהל דעם דין פון אַ תושב:

טו.) דער דין אַז אַנ'אָבל האָט יאָ"צ אום שבת צו מעג ער עולה לתורה זיין:

טז) די דאָזיגע וואָס נור יאָ"צ קומען זיי דאַבנין אין לייגען תפלין אין אַ גאַנץ יאָהר נישט זענין זייא גורם שלעכטץ פאַר זייערע עלטערין:

יז.) דער דין אַז איינער איז ר"ל דערטרינקען געוואָרען נאָכהער האָט מען איהם געפינען ווען בּרויכט מען מאַכין יאָרצייט:

ווער

בסעיף יח. דין מי שנסתלק בין השמשות מתי לעשות הי״צ:

בסעיף יט. בדין מי שהתפלל ערבית בעוד היום גדול ואח״כ מת אביו בעוד היום גדול מתי לעשות היא״צ:

בסעיף כ. מי שאינו יודע היום שמת בו אביו מתי יעשה היא״צ:

סימן יד.

סדר הלימוד ביום היא״צ. ובו י״ז סעיפים:

בסעיף הא. הלימוד שלומדים ביום היא״צ, ומנהג הספרדים מספר יוסף תהלות ענין נכון:

בסעיף הב. כל נוסח התפלה קודם הלימוד:

בסעיף ג ד. ה. ו. ז. ח. ט. מסודר סדר הלימודים ליא״צ בתורה, ובנביאים, ובכתובים, משלי, ומשניות, ובאיזו מסכתות מהגמרא. והלימודים בזוהר:

בסעיף יוד. שילמדו אדרא רבא או זוטא, ושילמד כל התהלים ובסוף כל ספר לומר התפלה ותקרא לשבוים דרור ואח״כ יאמר התפלה בעד הנפטר ונוסח זאת, התפלה בזה הסעיף, ויאמר קדיש אחר כל ספר:

בסעיף יא. נוסח תפלה לומר אחר כל הלימודים הנ״ל בעד הנפטר:

בסעיף יב. שראוי ונכון להזכיר מעשים הטובים של הורם ביום היא״צ ועוד הרבה מנהגים בסעיף

אינהלט

יח.) ווערהר ס׳איז נפטר געווארען בין השמשות, ד. ה. צווישען טאג און נאכט ווען צומאכען יא״צ:

י.) ווען איינער האט געדאבינט מעריב ווען ס׳איז נאך גיוועזין טאג נאכהער איז זיין פאטער געשטארבען ווען ס׳איז נאך גיוועזין טאג ווען צומאכען יא״צ:

כ.) ווערהר ס׳ווייסט נישט דעם טאג וואס דער פאטער איז געשטארבען ווען זאל יעהר מאכין יא״צ:

סימן יד. דעם סדר הלימוד אין דעם יא״צ טאג איינג׳טיילט אין זיבעצען סעיפים:

א) דא ווירד גיבערענגט די לימודים פון יא״צ טאג. און דער מנהג פון די ספרדיים:

ב) דער גאנצער נוסח פון דער תפלה וואס מ׳זאגט פאר׳ן לערנין:

ג. ד. ה. ו. ז. ח. ט.) אין די סעיפים איז אויס גישטעלט דער סדר פון לימודים צו א יא״צ אין תורה אויסגישטעלט מקובל פון ספרים אויך לימודים אין נביאים, אין כתובים אין א וואסערע משניות און אויך עטליכע דפים גמרא פון פערשידענע מסכתות אליין זעהר גרויסע ענינים מיט טיפע בעדייטונגען. אויך איז אנגעוויזען לימודים לטובת הנפטר אין ספר הזהר:

יוד) אויך צו לערנין אין דער יא״צ ספר אדרא רבא אדער אדרא זוטא נאכהער צו לערנין גאנץ תהלים און אט ענדע פון יעדער ספר תהלים צו זאגען די תפלה ותקרא לשבויים דרור נאכדעם צו זאגען א תפלה לטובת הנפטר וועלכעס זיא איז געדריקט אין דעם סעיף. און צו זאגען קדיש נאך יעדער ספר:

יא) א נוסח תפלה צו זאגען נאך די אלע אויבענדערמאנטע לימודים לטובת הנפטר:

יב) אין ס׳איז גלייך אין דעם טאג פון דער יא״צ צו דערציילען די מעשים טובים וואס זיינע עלטערין האבען געטאהן, און נאך פיהל מנהגים:

בסעיף יג. מאמר מבעש"ט זצוק"ל על המנהג להתענות ביום היא"צ, ואריכות דברים בזה ופירוש בפסוק אז נדברו יראי ה' איש אל רעהו:

בסעיף יד. פירוש על מאמר חז"ל וכתר שם טוב עולה על גביהן:

בסעיף טו. פירוש על מאמר חז"ל „כשם שהקרבנות מכפרים כך מיתת צדיקים מכפרת:

בסעיף טז. שסגולה גדולה לכל ענינים לדבר ולהזכיר שמות הצדיקים:

בסעיף יז. מספר הבאר שדבר גדול הוא הסיפורי צדיקים, ומאמר בשם הרה"ק ר' מענדעלע רומאַנאָווער זצוקלל"ה:

סימן טו.

מענין התענית ונתינת תיקון ביום היארצ"ט, ובו ל' סעיפים:

בסעיף הא. מבואר שמקור לתענית יא"צ הוא ממסכת שבועות ומובא בכמה וכמה ספרים:

בסעיף ב. שגם דוד התענה על שאול ועל יונתן ואבנר, ומכ"ש בן על אביו:

בסעיף ג. שיש לתענית הזה הרבה דינים (עי' בפנים), לענין הימים שא"א תחנון:

בסעיף ד. אם אירע לו ברית מילה של בנו בתענית יא"צ:

בסעיף ה. אם הוא סנדק או מוהל ביום תענית יא"צ שאין להשלים התענית:

בסעיף ו. שבפדיון הבן האב והכהן לא ישלימו:

בסעיף

אינהאלט

יג) א מאמר פון בעל שם טוב ז"ל אויף דעם וואָס ס'איז אַ מנהג צו פאַסטען אינ'ם יא"צ טאָג אין עס איז אויך פערטייטשט דער פסוק אָז נדברו יראי ה' איש אל רעהו:

יד) ערקלערט דעם מאמר פון די חכמים, וכתר שם טוב עולה על גביהן:

טו) ערקלערונג אויף דעם מאמר פון די גמרא אַז אַזוי ווי קרבנות זענין מכפר אַזוי אויף די מיתה פון צדיקים זענין מכפר:

טז) אין עס איז אַ גרויסע סגולה צו אַלע ענינים, צו רעדין און צו דערמאַנין נעהמין פון צדיקים:

יז) דא ווירד גיברענגט פון ספר „הבאר" אַז עס איז זעהר אַ גרויסע זאַך צו דערציילען מעשיות פון צדיקים, אויך אַ מאמר פון הרה"ק ר' מענדאַלע רומאנאָווער:

סימן טו. דא ווירד גירעדט וועגין תענית און תיקון געבין דעם יא"צ טאָג. איינגעטיילט אין דרייסיג סעיפים:

א) עס איז ערקלערט אַז דער מקור פון דעם תענית יא"צ איז אין די גמרא שבועות. און עהר ווירד אויך גיברענגט אין פיהל ספרים:

ב) און דוד המלך האָט גיפאַסט אויף שאול המלך און יהונתן און אבנר, ובפרט אַ זוהן אויפן פאָטער ברויכט אַ וודאי צו פאַסטען:

ג) און אין דעם תענית זענען פערהאַנדען פיהל דינים וועלכעס מ'ברויכט זייא צו וויסען, און דער דין פון דעם תענית אין די טעג וואָס מ'זאָגט נישט קיין תחנון:

ד) און אַ בעל ברית וואָס האָט יאָרצייט בעדאַרף דעם טאָג נישט פאַסטין:

ה) און דער סנדק און דער מוהל האָבען דעם טאָג יא"צ. דאַרפען זיי נישט משלים זיין דעםתענית:

ו) און אַ כהן צו דער פאָטער האָבין יא"צ און

בסעיף ז. דין חתן בשבעת ימי המשתה לענין תענית יארצייט:

בסעיף ח. שאסור לאכול ביום היא״צ על סעודת סיום:

בסעיף ט. דין עוברות ומניקות לענין תענית יא״צ:

בסעיף יוד. דין אם שכח ואכל, ולענין אמירת עניגו:

בסעיף יא. דין אם בירך על דבר מאכל ועד שלא אכל נזכר שהיום תענית:

בסעיף יב. אם חל היא״צ הראשון בע״ש א״צ להשלים והרבה דינים בזה:

בסעיף יג. דין אם מתענין יום המיתה או ביום הקבורה ועוד חילוקים בזה:

בסעיף יד. מי שמת בשנת עיבור באחד משני אדרים מתי יתענה:

בסעיף טו. אם מת אביו בחודש אדר דשנה פשוטה נחלקו הפוסקים אם יעשה התענית בשנה מעוברת באדר ראשון או באדר שני:

בסעיף טז. מי שמסופק אם מת אביו באדר ראשון או שני מתי יתענה:

בסעיף יז. דין מי שהי׳ נוהג כמה שנים להתענות ביום היא״צ ואח״כ שכח באיזה יום:

בסעיף יח. דין מי שרגיל להתענות ביום היא״צ ורגיל להתענות בעשי״ת ואירע לו יא״צ בעשי״ת:

בסעיף

אינהאלט

אין טאָג פון פדיון הבן ברויכען זייא נישט משלים זיין:

ז) **דער** דין פון א חתן אין דין שבעת ימי המשתה אין דעם ענין פון תענית יאָ״צ:

ח.) **אז** מ׳טאָר נישט עסין אויף א סעודת סיום אין דעם יאָ״צ טאָג:

ט.) **דער** דין פון פרויען וועלכע זענין מעוברת אָדער מניקות ד. ה. זויגענדיגע. וועגין דעם תענית פון דער יאָרצייט:

יוד.) **דער** דין אויב ער האָט פערגעסין אז עהר האָט היינט א תענית אין עהר האָט גיגעסין אין וועגען זאָגען ביי די שמונה עשרה עניגו:

יא.) **דער** דין אויב עהר האָט געמאַכט א ברכה עפּיס איבער אנ׳עסינוואַרג אין איידער ער האָט גיגעסין האָט עהר זיך דערמאַנט אז ס׳איז היינט תענית:

יב.) **אז** די ערשטע יאָר״צ איז געפאַלען פרייטאָג ברויכט מען נישט משלים זיין דעם תענית, אין נאָך פיל דינים אין דעם ענין:

יג.) **צום׳פאסט** אים יום המיתה צו אום יום הקבורה:

יד.) **ווען** איינער איז געשטאָרבען אין א עיבור יאָהר אין איינים פון די צוויי אָדר׳ס, צו אין אָדר א׳ צו אין אָדר ב׳ ווען ברויכט מען צו פאַסטין:

טו.) **אויב** דער פאָטער איז געשטאָרבען אין א געוויינטליך יאָהר (נישט קיין עיבור יאָהר) אים חודש אָדר, נאַכהער ווען ס׳איז א עיבור יאָהר איז דערינען א מחלוקת הפוסקים ווען דער תענית זאָל זיין צו אין אָדער ראשון צו אין אָדר שני:

טז.) **וועמין** ס׳איז א ספק. צו דער פאָטער איז געשטאָרבען אין אָדר א׳ צו אין אדר ב׳, ווען זאָל עהר פאַסטען:

יז.) **דער** דין פון איינים וואָס האָט זיך נוהג גיוועזין תמיד צו פאַסטען אינ׳ם טאָג וואָס דער פאָטער איז געשטאָרבען, נאַכהער האָט ער פערגעסין וועלכין טאָג:

יח.) **דער** דין ווער ס׳האָט א מנהג צו פאַסטען אַלע טעג פון עשרת ימי תשובה, אין ס׳איז איהם אויסגעקומען דער תענית יא״צ אין עשרת ימי תשובה:

אז

בסעיף יט. שתענית זה הוא מכ"ו תעניתים שצריך אדם להתענות בכל שנה ומה שמרמזים בזה:

בסעיף כ. דין מי שהוא אדם חלוש ואינו יכול להתענות מה יעשה:

בסעיף כא. דין אם א' מצוה לבניו שלא להתענות ביא"צ שלו אם מחוייבים לקיים הצוואה:

בסעיף כב. מעשה מגאון אחד שציותה עליו אמו שלא יתענה ביא"צ שלה, ונהג לעשות סיום ביום היא"צ:

בסעיף כג. מביא מעשה פלא מאוד, ושמזה נלמד שהבן עם אביו אחד הוא ויש להתענות ביום הי"א"צ שלו:

בסעיף כד. בענין חילוקי מנהגים בתענית.

בסעיף כה. בענין חלישות כח לענין התענית והמנהג שעושין סעודת מריעים ללומדי תורה ושנותנין יי"ש ומיני מתיקה להמתפללים במנין שלו:

בסעיף כו. מספרי הבאר, ממה שנשתרבב המנהג שאפי' עני שבישראל נותן תיקון ביום היא"צ, ומאמר מהרה"ק השפאלע זיידע, ומאמר מהר"ק ר' יחזקאל מקאזמער:

בסעיף כז. סיפור מהה"ק ר' צבי מזידיטשוב זי"ע פעם אחת את היא"צ של אמו:

בסעיף כח. במה שנוהגין לחלק תיקון ביום היא"צ:

בסעיף כט. ג"כ מענין הנ"ל:

בסעיף ל. בדבר המנהג לומר לבעל היא"צ ברכת מז"ט, ובענין המנהג של הכאת הָמָן בקריאת המגילה:

בסעיף

אינהאלט

יט.) אז דער תענית יאָ"צ איז פון די זעקס און צוואָנציג תעניתים וואָס אַ מענטש ברויך פאַסטען יעדען יאָהר און אויף וואָס די תעניתים זענין מרמז:

כ.) דער דין וועהר ס'איז אַ שוואַכער מענטש, און קען נישט פאַסטין וואָס זאָל עהר טהוען:

כא.) איבר איינער האָט צוואָה געלאזט זיינע קינדער זיי זאָלין נישט פאַסטען אין זיין יאָרצייט צו זעגען זיי מחויב צו האָרכען דיא צוואָה:

כב.) א מעשה פון אַ גאון וואָס די מוטער האָט איהם אָנגעזאָגט אז ר'זאָל נישט פאַסטין אין איר יאָ"צ האָט עהר זיך נוהג גיוועזין צומאַכען אַלע יאָהר אַ סיום מסכתא אין דעם טאָג:

כג.) וועהר אַ ווינדערליכע מעשה, און פון דעם לערינט מען זיך ארויס אז אַ פאָטער און זוהן זענין איינס, און מ'ברויכט פאַסטין זיין יא"צ:

כד.) אין דעם ענין פון פארשידענע דיעות וועגין תענית:

כה.) וועגין די שוואַכע דורות, און דער מנהג וואָס מ'מאַכט אַ סעודה פאַר גוטע פריינד, און מ'גיט בראָנפען מיט לעקעך צו די אַלע וואָס האָבען גידאַבינט מיט זיין מנין:

כו.) פון ספר הבאר פון וואַנין ס'דערנעמט זיך דער מנהג אַפילו אַ'נאָרומאַן גיט תיקון אין יאָ"צ טאָג, און אַ מאַמר פון שפאָלער זיידע, און פון הה"ק ר' יחזקאל מקאָזמיר:

כז.) א'נערצהעלונג פון הה"ק ר' הירש'אלי זידיטשובער וואָס ער האָט פערגעסין איינמאָהל דעם יאָ"צ טאָג פון זיין מוטער:

כח. כט.) וועגין דעם מנהג צו טהיילין תיקון אינם יאָ"צ טאָג:

ל.) וועגין דעם מנהג צו בעגריסען צום בעל היאָרצייט מיט די ווערטער מזל טוב, און וועגין דעם מנהג פון קלאַפען המן'ען ביי דיא מגילה לייענען:

וועהר

סימן מז.

מענין ההשתטחות על הקברים ובו מ׳ סעיפים:

בסעיף הא. מאין נובע המקור לילך על הקבר ביום היא״צ:

בסעיף הב. טעם שרגילין ללכת לבית הקברות בתענית מספר מהרי״ל:

בסעיף הג. שיש הנאה למתים שאוהביהם הולכים על קבריהם ומבקשין על נשמתן טובה, וגם מתפללים על החיים, מספר חסידים:

בסעיף ד. שיש רמז בפמ״ג לבקש מאת הנפש שימליץ טוב בעדינו:

בסעיף ה. טעם למנהג שהולכים על קברי מתים להתפלל כשיש שום צער ר״ל:

בסעיף ו. נוסח יהי רצון שאומרים כשהולכין על הקבר ושאסור להשען על המצבה:

בסעיף ז. שע״י תפלת המתים מתקיימים החיים, ושהנפש שומעת בצער החיים ומו״יע לרוח ורוח לנשמה:

בסעיף ח. שכמה פעמים היו הולכים על קברי התנאים:

בסעיף ט. שג׳ שמות יש לנפש האדם ובאיזה אופן הם בעולם העליון:

בסעיף יוד. שההשתטחות על קברי הצדיקים לא כל הימים שוים, והיותר מובחרים בער״ח ובט״ו לחודש:

בסעיף יא. מבאר מאמר חז״ל קשה רמה למת כמחט בבשר החי:

בסעיף

א י נ ה א ל ט

סימן מז. וועגין גיין אויפ'ן בית החיים בכלל אויך אין דעם יארצייט טאג, איינגעטיילט אין פיערציג סעיפים:

א) **פון** וואנין איז דער מקור צו גיין זיך משתטח זיין אויף די קברים אין יא״צ טאג:

ב) **דער** טעם פון גיין אויפ'ן בית הקברות אינם טאג פון א תענית.

ג) **אז** די מתים זענען צו פריעדען פון דעם וואס זייערע פריינד גייען אויף זייערע קברים אין בעהטין גוטס פער זייער נשמה, אין די מתים בעהטין פער די לעבענדיגע:

ד) **עס** איז אנגעוויזען אין ספר פרי מגדים צו בעהטין פון די נשמות זאלין זיין פער אונז גוטע מליצים:

ה) **דער** טעם פון מנהג צו גיין אויף קברי מתים מתפלל צו זיין אין א עת צרה ר״ל:

ו) **דער** נוסח פון יהי רצון צו זאגען ווען מ'גייט אויף דעם קבר, אין אויך אז מ'טאר זיך נישט אנלעהנען אויף א מצבה:

ז) **אז** דורך די תפלות פון די מתים, האבען די לעבעדיגע א קיום, אין אויך אז דאס נפש הערט דעם צער פון די לעבעדיגע אין גיט דאס איבער ביז צו דער נשמה:

ח) **אז** פערצייטענס איז מען געגאנגען אויף די קברים פון די תנאים.

ט) **אז** דער מענשליכער נפש האט דריי נעהמין, אין אויף א וואסער אופן זיי זענען בעולם העליון:

יוד) **אז** דאס משתטח זיין זיך אויף די קברים פון צדיקים איז נישט אלע צייטען גלייך אין די בעסטע צייט צו דעם איז אלע ערב ראש חודש אין אויך אום פינפצען טאג אין חודש:

יא) **דא** ווירד ערקלערט דער מאמר פון די גמרא אז עס איז שוועהר ווערים צום מת אזוי וויא א נאדיל שטעכט צין א לעבעדיגען מענש:

דער

בסעיף יב. מנהג שנוהגין לבקש מחילה בקבר למדבר על שוכני עפר לפני העדה:

בסעיף יג. בענין הנענועים שמנענעים עצמן הצדיקים בשעה שאומרים שירות ותשבחות ובעסקם בתורה, ואלמלי ניתן רשות לעין לראות הי' רואה בליל מוצאי שבתות כדיוקנאות על הקברים, ומנהג שהולכים ערב. ר"ה להתפלל על הקברות:

בסעיף יד שהמתים מדיינים זה עם זה אחר מיתתן לפני שופט צדק:

בסעיף טו. המנהג שהולכים על קברי אבית להתפלל ביום שמת בו אביו או אמו:

בסעיף טז. כשבאים על קברי אבות טוב לבקש מהמתים השוכנים סביב לקברי אבותיו שיודיעו לאבותיו שבא בנם או בתם ובקשו על כך וכך, וענין קברי צדיקים:

בסעיף יז. בענין המבוכה בין המון עם שמי שלא הי' על קברי אבותיו עשרים שנה אסור לבוא על קברי אבותיו. שאינו כן:

בסעיף יח. סיפור מהה"ק ר"ח מצאנז. בענין הנ"ל:

בסעיף יט. שראוי להתפלל וליתן צדקה בעד נשמתם:

בסעיף כ. טעם המנהג שתולשין עשב ומשימים על המצבה:

בסעיף כא. שמשימים יד על הקבר:

בסעיף כב. שישים דוקא יד שמאלו על הקבר ולא יד ימינו, ואיזה פסוקים שצריכים לומר. ומה שיש לכוין בפסוקים אלו:

בסעיף כג. ענין שימת היד על הקבר ענין גדול מאוד:

בסעיף

א י נ ה א ל ט

יב) דער מנהג וואס מ'איז זיך נוהג צו בעהטין מחילה ביים קבר פאר אנ'עדה יודען:

יג) דער ענין וואס די צדיקים שאקלען זיך ביים דאבנין צו ביים לערנין, אין ווען א מענטש האט רשות צו זעהן וואלט עהר גיזעהן אלע שבת-צונאכטס אויף די קברים זעהר ווינדערבארע אין גרויסע זאכען, אין עס איז א מנהג צו גיין ערב ראש השנה מתפלל צו זיין אויפ'ן בית קברות:

יד) אז די מתים צווישען זיך האבען אויך דין תורות בעולם העליון, אויב איינער האט דעם צווייטען אנעולה געטוען.

טו) אז עס איז א מנהג צו גיין אויף קבר אבות מתפלל צו זיין:

טז) אז מ'קימט אויף קבר אבות, איז גלייך צו בעהטין פון די מתים וועלכע ליגען ארום ביים קבר פון זיינע אבות, אז זייא זאלען מודיע זיין צו זיירע אבות אז עס איז געקומען זעהר זוהן אדער טאכטער, אין האבין גיבעטין די אין די זאך. אין דער ענין פון קברי צדיקים:

יז) וועגין דעם ענין וואס עס איז פער-שפרייט צווישען דעם המון עם אז ווער עס איז נישט גיוועזין צוואנציג יאהר אויף קבר אבות זאל עהר נישט גיין שוין קיינמאהל אויף קבר אבות:

יח) פון צאנזער רבין ז"ל אין דעם ענין:

יט) אז עס איז גלייך אין ריכטיג מתפלל צו זיין אין צו געבין צדקה פער די נשמות:

כ) א טעם צום מנהג אויס צורייסען גראז ארויפצולייגען אויף דעם קבר:

כא) ארויפצולייגען די הענד אויפן קבר.

כב.) דא איז ערקלעהרט אז נור דוקא די לינקע האנד ארויפצולעגען אויף דעם קבר, נישט די רעכטע האנד, אין א וואסערע פסוקים מ'ברויכט צו זאגען, אין א וואסרע כוונות מכוון צו זיין ביים זאגין די פסוקים:

כג.) דער ענין פון ארויפלייגען די האנד אופען

בסעיף כד. שנזהרים שלא לאכול קודם הליכה לבית הקברות, ושיש נוהגין לטעום קודם וטעמים בזה:

בסעיף כה. איך הדין לענין כהנים בקבר אבות:

בסעיף כו. כז. שאין לילך על קבר א' שני פעמים ביום א' ונשים נדות לא יכנסו לבית החיים עד שיטבלו:

בסעיף כח. לבקש מהשכנים שבסמוך לקברות אבותם בנוסח הנדפס בסעיף זה:

בסעיף כט. שצריך הזמנה מאתמול בשעת מנוחה אצל מי שהולך להשתטח:

בסעיף ל. שדרך הגדולים לעיין בספרי המחברים ביא"צ שלהם:

בסעיף לא. שביום היא"צ יש להנשמה השפעה גדולה:

בסעיף לב. בענין הרואה קברי ישראל, והקורא כתב על גבי מצבה:

בסעיף לג. מעשה מהמחבר הקדוש בעל ישמח משה, שרוצים המתים לשכור פרוטה עבור טובת נשמתם:

בסעיף לד. מעשה מהה"ק מנעסכיז ומהה"ק המגיד מטריסק זצל"ה:

בסעיף לה. כשהולכים על קברי צדיקים לפעמים מרויחים שנשמת צדיק אחד מתחבר אליו ומוסיף בתורה ובמע"ט, ומעשה בשם האריז"ל, מעשה נפלא מאוד:

בסעיף

אינהאלט

אויפן קבר, זעהר א וויכטיגע ענין:

כד.) אז מ'איז נזהר נישט צו עסן פאַרין גיין אויף דעם בית הקברות, און אז טהייל מענטשין זענין זיך נוהג פריער טועם צו זין, און די טעמים פון דעם:

כה.) ווי אזוי איז דער דין פון כהנים מיט קבר אָבות:

כו. כז.) נישט צו גיין אויף איין קבר צווייא מאהל אין איין טאָג, און אז פרויען וועלכע זענין נדות זאָלין נישט אַריינגיין אויפ'ן בית החיים ביז זיי וועלין זיך טובלי'ן:

כח.) צו בעהטי'ן פון די שכנים וואָס ליגען נאָהנט צום קבר פון זייערע עלטערן מיט דעם נוסח וועלכער איז דאָ געדריקט אין דעם סעיף:

כט.) ס'איז פערהאַנדען א דיעה, אז מ'בעדאַרף א הזמנה פון נעכטין ביי תפלת מנחה ווי ער וועט זיך מאָרגען משתטח זיין:

ל.) אז די גדולי הרבנים האָבען זיך געפיהרט אויב ס'איז געווען א יאָרצייט פון א מחבר האָבען זיי דעם טאָג מעיין געווען אין דעם ספר פון דעם מחבר:

לא.) אז אינ'ם יאָרצייט טאָג האָט די נשמה א גרויסע השפעה:

לב.) דער דין אז איינער זעהט די יודישע קברים, און איינער וואָס לייענט דאָס כתב וואָס איז אָנגעשריבן אויף די מצבה:

לג.) א מעשה פון דעם מחבר פון ספר ישמח משה אז די מתים ווילען מ'זאָל געבין צדקה לטובת זייער נשמה:

לד.) א מעשה פון הרבי הקדוש פון נעסכיז און פון הרבי הקדוש דער מגיד פון טריסק ז"ל:

לה.) אז מ'גייט אויף די קברים פון צדיקים פאַרדינט מען א מאָהל אז א נשמה פון א צדיק באַהעפט זיך צו איהם, און דאַדורך מעהרט מען נאָך אין תורה און מעשים טובים, און א מעשה פון האריז"ל זעהר א ווינדערליכע מעשה:

פון

בסעיף לו. בשם הרה"ק מוהרר"מ מטשערנאביל שבעת שהי' על קברי הצדיקים הריח ריח ג"ע:

בסעיף לז. שסגולה בדוקה ומנוסה לכל מי שהוא בצרה ר"ל שילך להתפלל על קברי צדיקים והרבה ראיות לזה:

בסעיף לח. מעשה נפלא בענין הנ"ל:

בסעיף לט. מה שאומרים כשהולכים להשתטח על קברי צדיקים:

בסעיף מ. הרבה ענינים מענין קברי צדיקים, ועתה נעתק כל סדר התפלות מלקוטי צבי ומענה לשון לומר אותם על בית החיים:

א) תפלה מה שאומרים על קבר האב:

ב) תפלה מה שאומרים על קבר האם:

ג) תפלה מה שאומרים על קבר האב או אם כשיש לו יאה"צ:

ד) תפלה מה שאומרים על קבר האח:

ה) תפלה מה שאומרים על קבר האחות:

ו) תפלה מה שמתפלל בעבור החולה בבית החיים:

ז) תפלה מה שמתפלל על קברי הצדיקים:

ח) תפלה מה שמתפללים שיהי' לו בנים:

ט) תפלה מה שמתפללים על קברי אבות בער"ה וביעה"כ:

י) תפלה מה שמתפללים בערב יוהכ"פ בבית החיים לכל חי:

יא) תפלה מה שאומרים כשרוצה לילך מבית החיים:

בסעיף

אינהאלט

לו.) פון רבין פון טשערנאָביל ווערד גיברענגט אַז אין דער צייט וואָס עהר איז גיוועזין אויף די קברים פון צדיקים האָט עהר גישמעקט אַ ריח פון גן עדן:

לז.) אַז ס'איז אַ זיכערע סגולה בדוק ומנוסה צו וועלכען מענטש ער איז אין אַ עת צרה רחמנא ליצלן, דאָס ער זאָל גיין אויף די קברים פון צדיקים מתפלל צו זיין אין פיל אַנווייזונגע צו דעם:

לח.) אַ ווינדערליכע מעשה אין דעם זעלבען ענין:

לט.) וואָס מ'ברויכט צו זאָגען אַז מ'גייט מתפלל זיין אויף די קברי צדיקים:

מ.) פיל ענינים אין דעם ענין פון קברי צדיקים. אין נאָכהער איז אויף דאָ גידרוקט אין דעם סעיף דער סדר פון אַלע תפלות וואָס זענין פערהאַנדען אין לקוטי צבי אין אין דעם מענה לשון וואָס מ'זאָגט אויפ'ן בית החיים:

א) וואָס מען זאָגט אויף זיין פאָטער'ס קבר יעדין צייט:

ב) וואָס מען זאָגט אויף זיין מוטטער'ס קבר יעדין צייט:

ג) וואָס מען זאָגט ווען מען האָט יאָהר צייט נאָך אַ פאָטער אָדער אַ מוטער:

ד) וואָס מען זאָגט אויף אַ ברודער'ס קבר:

ה) וואָס מען זאָגט אויף אַ שוועסטער'ס קבר:

ו) אַ תפלה ווען מען איז מתפלל פאַר אַ שלאָפען:

ז) וואָס מען איז מתפלל אויף קברים פון צדיקים:

ח) אַ תפלה. ווען איינער וויל בעטין ער זאָל האָבין קינדער:

ט) דיא תפלה איז מען מתפלל ערב ראש השנה אין ערב יום הכפורים אויף דעם בית החיים:

י) אַ תפלה וואָס מען איז מתפלל ערב יום הכפורים אויף דעם בית החיים:

יא) אַ תפלה וואָס מען זאָגט ווען מען גייט אַוועק פון דעם בית החיים:

וואס

יב) תפלה כשמבקשים מחילה המתים :

סימן יז

מענין הזכרת נשמות. ובו יוד סעיפים:
בסעיף הא. שיש מקימות נוהגין להזכיר נשמות בכל שבת ושבת אחר קה"ת על המתים שנפטרו בשבוע העברה, ושבמדינתינו נוהגין לומר אל מלא רחמים בשבת אחר קה"ת במנחה בעד המתים שיהי' יארצייט שלהם בשבוע הבאה, ואחר קה"ת דשחרית בשבת אומרים אב הרחמים בעד הנשמות שנהרגו על קדושת השם :
בסעיף ב. דין באיזה שבתות אין אומרים אב הרחמים ואין מוכירין נשמות ואפי' נשמות של היארצייטין בשבוע הבאה :
בסעיף ג. דין משבתות של ימי הספירה ושבתות של בין המצרים לענין אב הרחמים בשבתות מאלו שמברכים בו ר"ח, ולענין נשמות המתים של יארצייטין בשבוע הבאה, הרבה דינים בענין זה :
בסעיף ד. אם חל תשעה באב בשבת לענין אב הרחמים :
בסעיף ה. המתפללים בבית אבל בשבת שבתוך השבעה לענין אב הרחמים וצדקתך צדק :
בסעיף ו. המועדים שמזכירים בהם נשמות בתפלת „יזכור" ביום אחרון של פסח, יום ב' דשבועות, ביום הכיפורים, בשמיני עצרת :
בסעיף ז. שאם מזכירים נשמת הנפטר לברכה מוציאים נשמתו מדינה של גהינם ולכן מזכירים נשמות ביוהכ"פ :
בסעיף

א י נ ה א ל ט

יב) וואס מען זאָגט ווען מען בעט דעם מת מחילה :

סימן יז. דער ענין פון מוכיר נשמות זיין, איינגעטיילט אין צעהן סעיפים:

א) **אז** ס'איז פערהאַנדען פאַרשידענע מנהגים אין דעם ענין פון מזכיר נשמות לויט דעם מנהג פון פערשידענע ערטער, אין ביי אונז איז אַ מנהג אַז ווען ס'האָט יאָרצייט אין די צוקונפטיגע וואָך מאַכט עהר שבת ביי תפלה מנחה נאָך קריאַת התורה אַ אל מלא רחמים פאַר דעם נפטר, אויך איז אַ מנהג אַז אַלע שבת בייא תפלת שחרית נאָך קריאַת התורה זאָגט מען אָב הרחמים פאַר די נשמות וואָס זענען געטייט געוואָרען אויף קידוש השם :
ב.) **דער** דין אין וועלכע שבתים מ'זאָגט נישט אָב הרחמים אין מ'זאָגט נישט אל מלא הרחמים שבת ביי מנחה פאַר דער יאָ"צ וואָס ווען זיין די וואָך :
ג.) **דער** דין פון אַ שבת וועלכער איז אין די ספירה טעג, אָדער אין די טעג וואָס זענין פון שבעה עשר בתמוז ביז תשעה באָב אין מ'האָט אין דעם שבת געבענטש ראש חודש ווי איז דער דין וועגין זאָגען אָב הרחמים אין מזכיר נשמות זיין די יאָרצייט פון צוקונפטיגע וואָך :
ד.) **אויב** ס'איז אויסגעקומען תשעה באָב אים שבת וויא איז דער דין וועגין אָב הרחמים :
ה.) **די** וואָס דאַווינען ביי אַן'אָבל אין דעם שבת וואָס איז אין די שבעה ווי איז דער דין וועגין זאָגען אָב הרחמים אין צדקתך צדק :
ו.) **דא** זענין אויסגירעכינט די טעג וואָס מ'איז אין זיי מזכיר נשמות מיט דער תפלה „יזכור" אין דאָס זענין זייא, דער לעצטער טאָג פסח, דער צווייטער טאָג שבועות, יום כפור, אים שמיני עצרת:
ז.) **אויב** מ'איז מזכיר אַ נשמה פון אַ נפטר צו גוטען ציהט מען אויס די נשמה

בסעיף ח. שיש חילוקי דיעות לענין הזכרת נשמות בשנה הראשונה:
בסעיף ט. עוד מענין הנ"ל:
בסעיף יוד. בענין הנ"ל לענין לעשות מעשה להלכה, שבשנה הראשונה תהיינה ההזכרת נשמות בלי שמם בפרטות:

סימן יח.

מענין בלע המות לנצח, ובו יוד סעיפים:
בסעיף הא. מענין בלע המית לנצח ותחיית המתים:
בסעיף הב. בענין התחייה וקיבוץ גליות, ומדבר מענין ארץ חדשה והתחייה ושכולם יעידון שה' אחד ושמו אחד:
בסעיף ג. שמי שלא מת עד ין עד דור התחייה יפול לשעה קלה לעכל זוהמת הנחש, וכולם יקומו מיד, וצור אריכות דברים בזה:
בסעיף ד. שהמצות שאינו יכול לקיימם בעוה"ז כמו קרבנות וכדומה צריכים להתגלגל עוד הפעם:
בסעיף ה. ו. לענין איך שיהי' לעתיד איש בגוף, ונפש חי לעולם:
בסעיף ז. כתב שבתחיית המתים יהי' זוכרים כל מה שעברו בזה העולם:
בסעיף ח. ביאור על מאמר חז"ל מי יגלה עפר מעיניך, ושהצדיקים חיים לעולם וא"צ רק לגילוי עפר:
בסעיף

איגהאלט

נשמה פון די דינים פון גהינם, אין איבער דעם איז מען מזכיר נשמות אום יום כיפור:
ח.) אין ס'איז פערהאנדען פארשידענע דיעות אין דעם ענין פון מזכיר נשמות זיין אין דעם ערשטען יאהר:
ט) נאך פון דעם זעלבין ענין:
יוד) דא ווערד אויסגעפיהרט דער דין ווי אזוי צו טוהן אין דעם ענין, אז אין דעם ערשטין יאהר זאל מען מזכיר זיין פאר דעם נפטר, נאר נישט ארויס רעדין בפרטות דעם נאמען פון דעם נפטר:

סימן יח. דער ענין פון בלע המות לנצח דאס הייסט אז ס'וועט זיין די גאולה, אין תחיית המתים אין דאס שטערבליכקייט וועט וויך אוים לאזען אויף אייביג, איינגעטיילט אין צעהן סעיפים:

א.) דער ענין פון בלע המות לנצח אין אז די מתים וועלין לעבעדיג ווערין:
ב.) דער ענין פון תחיית המתים אויך פון צוזאמענגעמין די גלות פערטריבענע, אין אז אלע מענטשין וועלין עדות זאגען אז ה' אחד ושמו אחד:
ג.) אין די דאזיגע ווען לעבין אין דעם דור פון תחיית המתים ווען זיי פאלען אויף אקליינע צייט אוועקצוווארפען די זוהמא פון נחש פון סטרא-אחרא. אין נאכהער ווען זיי באלד אויפשטיין, אין ס'איז פיל ארומגירעדט אין דעם ענין:
ד.) אז די מענטשין וואס האבין נאך נישט מקיים גיוועזין אלע מצות ווען נאך א מאהל מגולגל ווערין:
ה. ו.) אנ'ערקלערונג ווי אזוי ס'וועט זיין נאך תחיית המתים יעדער מענטש אין א מענשליכען גוף, אין דער נפש וועט לעבין אייביג:
ז.) אז נאך תחיית המתים ווען די מענטשין גידענקין אלעס וואס ס'איז איבער זיי דורך געגאנגען אויף דער וועלט:
ח.) אנ'ערקלעהרונג אויף דעם מאמר פון די גמרא מי יגלה עפר מעיניך, אין אז די צדיקים לעבין אייביג

הקדמה

ישמח האב ותגל האם בגן עדן בבניהם שהניחו אחריהם לשמור דרך ה׳ שעל ידם הם נחשבים כאלו הם חיים בחיים הנצחיים כמו שכתב אצל אברהם אע״ה למען אשר יצוה את בניו ואת ביתו אחריו ושמרו דרך ה׳ לעשות צדקה ומשפט למען הביא ה׳ על אברהם את אשר דיבר עליו ופרש״י ללמדנו שכל המעמיד בן צדיק כאלו לא מת שע״י הקדיש והתפילות והלימודים שאומרים ושלומדים הם מעלים נשמת אביהם לגן עדן כדאיתא בספרים הקדושים בזוהר חדש ומדרש הנעלם ועוד (עי׳ בפנים הספר בסימן ז׳ אריכות דברים בזה) מהמעשה הנפלא בתלמוד חכם שהי׳ הולך בהרי אררט ושמע קול צוהה קול מר שצוה וי וי. עד שראה אדם ושאלו מאן את וא״ל יהודא חייבא ר״ל רשע אנא ודנין אותי זה כמה שנים על עבירות גדולות שעשיתי בעודני בחיים ושאלו מה שמך והשיב ששמו לא נודע לי כי הרשעים שוכחים שמם ע״ד שם רשעים ירקב אבל מ״מ מודיע לו מקום מושבו שהי׳ בגליל בעיר פלוני ושם אשתו והלך אותו החכם לעירו ושאל אחריו והשיבו איך שהי׳ רשע גמור שלא הניח עבירה שלא עבר ובן קטן הניח אחריך והוא ג״כ רשע כאביו ולקח אותו החכם בנו עמו לביתו ורצה ללמוד עמו א׳ ב׳ ולא היה

רוצה

אמרי צבי

פארווארט

די א עלטערין פרייצען זיך אין גן עדן מיט דעם וואס לאזין איבער קינדער וואס גייען אין יודישען דרך ווייל דורך זייערען קדיש וואס זאגען פאר זיי קדיש האבען זייא אגרויסע עליות נשמה וויא דיא ספרים שרייבען פין דעם פיהל (זעה בפנים הספר הלזה בסימן ז׳) וויא קדיש ותפלת ולימודים זענין מציל האבות מדינו של גיהנם און דעם לעצטער צייט זעהן מיר דאס בעוה״ז זענען פערהאן מענטשען וואס זעהן קיין מאהל נים קיין גרעסערס אדער העכערס ווי זייער געדאנק קען עס בעגרייפון, אבוואהל עס טרעפט ביי זייא זעלבסט פיהל מאהל פאסירענגען. וועלכע זענין העכר פון זייער פערשטאנד. אין ניט בעגרייפליך פאר זייא מיט טריקענעם שכל זיכען זייא ווי ווייט מעגליך עס צי פערגלייכין מיט דער נאטור. אין ווילען אלעס גלייבען אז עס קומט נאר פון דער נאטור מיט איהרע פאסירענגען גלייבען זיי שוין ניט אז עס איז דא אהעכערע וואס הייסט מעלה מן הטבע. וויא השארת הנפש תחית המתים אין ד. ז. ווען דיא מענטשין זאלען אבער בעטראכטען דיא וועלט מיט איהרע ברואים דיא לעבעדיגע אין ניט לעבעדיגע קאנין זייא פון דעם אליין ארויס זעהן ווי דיא נאטור זעלבסט איז פערהילט אין ליגט אין דער איבעו נאטור. אין השגחת הבורא ב״ה זאלען דיא מענטשין בעטראכטען דיא זינן וואס איז העכער פאר די ערד 20 מיליאן מייל. די לבנה איז איין פיפציגסטהייל פון כדור הארץ. עס איז דא שטערין וועלכע זענין ווייט פון דער ערד זעכציג טויזענד מאהל אזוי פיהל וויא דיא זיגען פון דער ערד. עס איז דא שטערען וואס זענין גרויס טויזענדער מייהל וויא דער גאנצער ערד קיגיל. זאלען דיא מענטשין בעטראכטען. דער ערד קוגיל אין אלע כדורים הענגין אין אויך זיי דרייען ארים איינע דיא אנדערע אין לויפין אהן א אבהאלט. דיא זוהן דיא לבנה. דיא שטערין ברענגין זייערע אבגישטעלטע ניטצען. אין בעלייכטען אין זייער אבגישטעלטע צייט. יעדען טאג גלייך. דיא ערד איז אגעגרייטער טיש. אלעס וואס פאדערט פאר דעם מענטשין. זיא האט אין זיך פערשידענע מעטאלין קיפער. אייזין. זילבער גאלד גאר איידילשטיינער אין א. ז. וו. זאלען די מענטשין בעטראכטען. אז אלעס וואס עס פאדערט זיך פאר דער וועלט מעהר איז פון דער זאך דא מעהר קיפפער איז דא וועניג זילבער גאלד

נאר

הקדמה

רצה לקבל והתענה אותו החכם ג׳ פעמים ארבעים יום התפלל עד שהי׳ הנער התחיל לקבל הלך הנער ממדריגה למדריגה עד שהלך וגדול בתורה עד שנסמך. אח״כ בא אותו אביו של הנער בחלום לאותו החכם ופניו הבהיק מאוד כשמש בצהרים בתקופת ותמוז מזיו השכינה שורה עליו וחרד החכם ההוא מאוד ואמר מי אתה ואמר ליה אשריך מה טוב חלקך ומה טוב גורלך שזכיתיני והביאתנו לכל הכבוד ע״י בני כי ידעתי שהתענית ק״כ ימים הי׳ מועיל אודות שעוונותי הי׳ כ״כ גדולים שבאו שדים ומחבלים והיו מכסין המוח של בני שלא לקבל שלא יהי׳ לי זכות כי לפעמים עונות האבות גורמים שאין לבניהם לב להבין בתורה ובאו שדים ומניחים ידיהם על המוח שלא יקבל אלא כאשר נהרגתי ע״י עכו״ם לא המתינו מי׳ אלא בחץ הכוני והייתי חי עודנו שני ימים ומכח יסורים גדולים הו׳הרתי

אמרי צבי

נאָך ווייניגער. איידילשטיינער גאָר ווייניג וואָס דער געברויך איז מעהר קימט אָהן גרינגער. וואָס עס פאָדערט מעהר ווי אַלעס. פלייצט דאָס אַללעס פון גאַנצען ערד קוגיל אָהן אויר קען מען ניט לעבין איין רגע איזט דער אויר פיהל אין אַלע זאַכען אימעדים אין עס בעקימט עס גאָר זָהן שים מיה דיא געוויקסען וואָס דיא ערד גיט אַרויס. וואַקסט יעדער מין נאָך איהר אָרדנינג. דיא געוויקס וואָס דאַרף מעֶהר דיא זוהן האָט זיא ווייניגער בלעטער איהר צי פאַרשטעלין. אין וועֶלכע עס דאַרף מער שאָטין האָט זיא מעהר בלעטער. די בלימען וואָס דאַרפין דיא זוהן קערין זיי זיך צו דער זוהן זאָללען דיא מענטשין בעטראַכטען. אַלע תבואות צב״ש ווייץ. קאָרין. געֶרשטין. ליגט דאָס מעֶהרסטע אין אַפלעווע. וויא אין אַשיידיל. בעת דער טויא קומט אָהן עפינען זייא די מיילער אַז דער טויא גייט אָב מאַכין זייא צוריק צו. זאָללען דיא מענטשען בעטראַכטען דיא ווינדערליכקייט.

פערהאַנען. איזט געפאָרט זכר ונקבה. דאָס קלענסטע גרעזעלע מיז האָבען זיין פאָר. דער ווינד ברענגט זייא אַלע צי זאַמען. אָפט פאָרט ער זיי צוזאַמען פון הינדערטער מיילין. עס איז פערקאַן אָבער אַזעלכע וואָס דער ווינד שאָדעט זייא גאָר ברענגט זיי צו זאַמען. דיא פליג. ער נעמט צי דיא זאָמען פין איין געוויקס אין ברענגט זיא אַריין אין אַ צווייטער אין דער פליג ווערט דאָרט פערפלאָנטערט ביז ער טהיט אָב זיין אַרבייט. זאָללען דיא מענטשין נאָר בעטראַכטען. דיא בריאים וואָס געפינען זיך אויף דער ערד אינד אין ים. דעם שיינעם אָרדנינג וויא יעדער בריה איז געבאָרין מיט איהר נאַטור צום ניטץ פאַר דער וועלט. דיא יעלי סלע (שטיינבאַק) אין איהר איז אַריין גיגעבן דיא טבע פיינד צי האָבען איהרע אייניגע קינדער. צי דער צייט ווען זיא דארף דאָס קינד געבאָהרין גייט זיא אַרויף אויף אַהויכען אָרט כדי דעם קינד אַראָפ צי וואַרפין. פינקט צי דער אייגינער צייט

חז אַלעס ווָס איז אויף זנֶר וועֶלטקינגב דער אָדלער אין נעמט דאָס קינד אויף

הקדמה

הרהרתי בתשובה כי הי׳ לי זכות כי כאשר הייתי משומד הצלתי איזה יהודים מהריגה ועתה בכל פעם ופעם שעלה בני למעלה הי׳ מקילין בדיני וכאשר הי׳ בני בר מצוה ועלה לתורה וקידוש שמו של השי״ת ברבים ואמר ברכו את ד׳ העלינו מגיהנם והי׳ נקרא הבן ההוא הפקולי ר״ל שגיהנם נקרא פלילי ע״ד פקו פלילה ור״ש הפקולי שסידר הברכות לפני ר״ג ביבנה הי׳ ממשפחתו יעו״ש שסיים שממעשה הזה יוכל ללמוד מה זה שהי׳ רשע גמור מ״מ הבן ע״י תורתו היצולו מגיהנם והכניס לג״ע וכו׳ ולאשר שאין צדיק בארץ אשר יעשה טוב שמורא לא ועלה על ראשו מעונשו של גיהנם חוב גדול וקדוש מוטל על הבנים ולמי שמקבלים

אמרי צבי

אויף זיינע פליגלען. פערהאַן אַ בריה וואָס הייסט אילה קען זיא ניט געבאָהרין אליין דאָס קינד. פונקט צי דער צייט קימט אַ שלאַנג אין בייסט איהר איין אין דעם אָרט אין זיא געבאָהרט דאָס קינד. ווען דער שלאַנג זאָל קימען מיט איין רגע פריער אָדער שפעטער וואָלט זיא גאָר ניט געהאָלפין. אין דיא פיהרינג פון דיא שטראָך פויגיל, וואָס גייען ווינטער אַוועק. אין די ווארימע לענדער זימער קימען זיי צוריק אין דיא קאַלטע לענדער אין טרעפין פינקט זייער פריהרדיגען אָרט. זיער קלאַפער שלאַנג וועלכער געפינט זיך

אין אַמעריקאַ אין אַפריקא ער איז אַזוי אַ מין מזיק. אַז צייט דרייא מיניט שטאַרבט מען פון זיין גיפט ווען ער בייסט וועמען. דער פאַר איז זיין טבע. אַז ווען מען איז ניט ווייט פון איהם. הייבט ער אָהן צי קלינגען. מען זאָל וויסען פון איהם זיך אויסבעהאַלטען. זאָללען נאָר דיא מענטשין בעטראַכטען. ווי אַלע ברואים וואָס געפינען זיך אין ים. זענין עהנליך צי די ברואים פון דער יבשה עס איז פאַר אינז צי פיהל צי בעשרייבען וועגען אַלעס. נאָר מיר וועלען ברענגין וועגען

זע מיינע זעהר וויכטיגע ווערטער אין זעלכע אויפקלערונגען אין דער הקדמה פון מיין ספר „קיום העולם" חלק ראשון (בלקוטי צבי שם) וואָס דאָרט שרייב איך אויך וועגען אזעלכע ענינים.

הקדמה

שמקבלם עליהם להיות במקום בן לאותן שלא הניחו בנים. ר"ל) לומר קדיש וללמוד ולעשות דברים בעד נשמת הנפטרים לכפר על נפשם כמבואר בספרי פ' שופטים כפר לעמך ישראל אלו החיים אשר פדית אלו המתים מלמד שהמתים צריכים כפרה וכן אמרו בהוריות (דף ו') ובכריתות (דף כ"ו) כפר לעמך ישראל אשר פדית ראוי כפרה זו שתכפר על יוצא מצרים ועי' ב"י או"ח סי' תרכ"א בשם מרדכי דמה שהורגלו לדור צדקה ביוה"כ עבור המתים יש ראי' מספרי הנ"ל והדרכי משה מביא בשם מהרי"ו לכך נקרא יוה"כ לשון רבים לחיים ולמתים (ועי' שו"ת נהרי אפרסמון חו"מ סוס"י ה') וכ"כ הלבוש מה שנהגו לפסוק צדקה בעד המתים וכו' לפי ששבת הוא יום מנוחה יום שגם המתים נוחים בו ואינם נדונים ראוים להזכירם למנוחה ולברכה ולהתפלל עליהם עיי"ש ועי' במג"א שם סק"ו וכ"כ בס' ילקוט סופר פ' שופטים בשם רוקח מה שפוסקים צדקה עבור המתים ביוה"כ יש להם אסמכתא שכתוב בסוף פ' תצוה הכיפורים אחת בשנה יכפר וסמוך לי' ונתנו איש כופר נפשו לה' ומה מועיל למת שהחי נותן צדקה בעבורו אלא ה' בוחן לבות החיים והמתים אם אותו המת בחיים הי' נותן צדקה וכו' והחי יכול לבקש להקל דין המת כדוד על אבשלום (סוטה יו"ד) כר"מ על אחר (חגיגה ט"ו) ונותנים צדקה לכבוד המתים שהצדיקים מליצים על צאציהם עכ"ל ועי' בס' חסידים (סי' תתשע"א) מש"כ איך יכול המעשה לכפר על מי שלא עשאה בחייו והא חטאת שמתו בעלי' למיתה אזלא שאין כפרה לאחר

אמרי צבי

איין מין ד"ה דעם וואלפיש. פון וועלכין מען בעקימט דיא פיש טראן. ער איז לאנג הינדערט איילין. אין בריים פיפציג איילין. זיין קאפף איז אדריטיל פון קערפער. דיא מויל איז גרויס נאך דעם קערפער נאך. אזויא א מין בריה קען דאך איינשלינגען פון דיא ברואים וועלכע זענין אין ים. דער פאר איז בעשאפין דיא בריים פון זיין האלדז נאר וויא איער פינגער. זאללען נאר די מענטשין בטראכטן די חכמה פון ביבער איז איננאטירליך צו פערשטעהן זייא בויען אויס פאר זיך בנינים וויא דיא גרעסטע אינזשענירין אין מעכאניקער. פריער קלויבען זייא זיך ציזאמען אויסזיכען א פאסיגען פלאץ בייא איין טייך. ארים טייך מאכין זייא א שליז (דאמבע). נאך דעם רעכענונג ווי וויים דער וואסער קאן אויספליסען. עס קען אויס קימען אמאהל ביז 100 איילין דיא לענג דיא ארבייט ווערט געמאכט ריכטיג וויא מיר מענטשין מאכין א דאמבע פון דער זייט שליז בויען זייא זיך נאכהער אויס הייזער. דיא גרויס פון דיא גרויס פון דיא הייזער איז נאך זייער פאמיליע. דיא הייזער ווערין געבויט מיט אללע פערגעניגען וויא בייא אינז מענטשין בויעט מען. אינטער דיא הייזער ווערין געמאכט קעלערין. דיא ערד דעקין זייא אויס מיט גראז. זייא וואהנען גאר זויבער. זאללען נאר דיא מענטשין בעטראכטען דיא ארדנינג וואס פיהרט זיך בייא דיא מוראשקיס זייא גרייטין אהן זייער שפייז זיממער אויף דעם ווינטער. אין בעהאלטען דאס מיט גרויס חכמה זייא גלעבען מיט א גרויסען ארדנינג עס ווערט בייא זייא געפירט אין דעם ארט וויא א מלוכה. זאלען דיא מענטשין בעטראכטען דיא פיהרינג פון דיא בינען זייא בויען שטענדיג זייערע וואינגען אלע אין איין פארמע אין איין גלייכע מאס א זעקס קאנטיגע שטיבעלע בכדי עס זאל אין גאנצען שטח קיין ליידיגע פלאץ ניט בלייבען. זייא בויען זיך אויס הייזער אויף דעם ווינטער. ווען אויך זייא האבען נאך דעם ווינטער ניט גיזעהן אין בכלל פיהרט זיך בייא זייא מיט גרויס ארדנינג. עס איז וועגען דיא

ביהגען

הקדמה

לאחר מיתה כי בחכלי מיתה כבר אדם נתכפרו לו עונותיו. אלא כך אמר הקב"ה ברא מזכא אבא וכו' מכאן תקנו שנודרים צדקה שייטיב לאותן שכבר מתו ואיתא במכילתא (פ' בשלח) עלתה תפלתן של אבותינו שהי' שוכבים כטל על הארץ וכן מועיל למתים שהחיים מתפללים עליהם או הצדקה שנותנים עליהם וצדקה תציל ממות שבזה העולם וממרת שלעתיד עיי"ש (ועי' במטה אפרים סי' תרכ"א סק"א ובקצה המטה שם הנדמ"ח.) ועי' ש"ס מנחות (דף נ"א) בכה"ג שמת ולא מינו כהן אחר תחתיו מנחתו קריבה משל יורשי שנאמר תחתיו מבניו יעשה אותה שפסקו הרמב"ם ז"ל והוסיף בלשונו הבנים מביאים מנחתר לכפרת אביהם עי"ש ועי' בהקדמה פרשת מרדכי לס' תולדות יצחק שכ' לפרש נר ד' נשמת אדם חפש כל חדרי בטן שפרי הבטן יוצאי צאצאי אדם הן הם המעלים את נשמתר ממדריגה למדריגה במעלות קדושים וטהורים בזוהר הרקיע מזהירים ויאמר שנשמת אדם הוא הנפקד ביד ה' לפקוד לה כצדקתה הנה הוא הופש כל חדרי בטן שהקב"ה חופש ובודק בחדרי בטנו אשר הניח אחריו לברכה וכו' ובזה י"ל מה שנאמר ולא ימתו אבות על בנים כלומר כי האבות לא ימותו מיתת הנפש ע"י הבנים שיצילו את האבות. ולפי שלאו כל אדם זוכר ויודע הדק היטב מכל החיובים והדינים והלימודים והתפילות והבקשות שיש עליו ללמוד ולשמור ולעשות לעליות נשמת הנפטרים הנמצאים מפוזרים בחז"ל ובש"ע ובספרים הקדושים הראשונים ואחרונים.

לזאת לרב התועלת ולזכות הרבים לקטתי לקוטי בתר לקוטי כמעט כל הדינים ומנהגים

אמרי צבי

ביהנען זעהר פיהל בעשריבען ווינדער איבער ווינדער וויא עס ערקלערין דיא נאטור פארשער. אויך דער יונגער שפין ניט גילערינט שפינט ער דעם נעטץ אין דעם זעלבען פארמאט פון זיינע עלטערין. זאללען נאר דיא מענטשין בעטראכטען. ווי דיא הינדעליך פערשטעהן באלד צי פיקען אויף דעם טיש זיכין ברעקליך עסין. דיא קאטשקע (עפטיל) פערשטעהט באלד צי שוויממען. אללע ברואים טרעפין באלד וויא זייא ווערין געבאהרין דאס ארט וויא זיי טויג, אבער דער געבאהרינער קינד טרעפט ניט באלד אליין אהן דיא מוטער. דער עכבר פיהלט זעלבסט אין ווייסט ווען צי אנטלויפין פאר דער קאץ. דיא שאף פאר דעם וואלף. ווען אויך קיינער זאגט זייא ניט. דיא טויב היט איהר פאר הייליג וויא מיט חופה וקדושין אויך איז פערהאנדין ברואים טויזינדער מאהל קלענער וויא א מילב. אין זיי האבען אללע אינערליכע אין אויסערליכע אברים. וויא דיא גרעסטע בריות וויא

עס איז ידוע פון דיא חכמי התלמוד אין צי דיא נאטור פארשער. דאס אפילו דער אויער איז אויך פיהל מיט ברואים (מיקראבין) זאללען נאר דיא מענטשין בעטראכטען דיא ארבייט פון מוח. עס איז אבעהאלטינע חכמה. עס איז גאר ניטא קיין וועג וויא אזויא צי דערגיין עס איז גאר ניט צי פערשטעהן וואס מיט איהם איז. וויא אזויא דאס פיהלט. וויא אזויא דאס הערט. ווער שפילט דארט דיא ראלע ווער איז דער איך וואס וואהנט אין מוח. ווי ענטהאלט זיך דאס אלעס וואס דער מענטש זעהט אין הערט. אין טראכט דורך אין זיין גאנצען לעבען מען זאל פרעגין דיא פילאזאפין. דיא נאטור פארשער. אין דער צייט וואס פאלט ארויף דעם מענטש אגעדאנק וואס טוהט דאן דער מוח. דער מארך. דיא אדערליך דיא נערווין. דיא רויגין קייקעליך פון וועלכע דיא מארך בעשטעהט. וועלין זייא געוויס ניט ווילענדיג ענטפערין מיר ווייסין ניט. זאללען נאר דיא מענטשין בעטראכטען

די"א

ומנהגים *) והתפילות והלימודים הנמצאים בש"ס ופוסקים ובספרים שונים למיניהם מראשונים ואחרונים ומסודרים כולם בסדר נכון דבור ודבור בסימן בפני עצמו וכלליהן ופרט הן נסניפים בפ"ע שיהי' בנקל לכל אחד למצא מבוקשו על מקומו וגבולו ללמוד לשמור ולעשות לעליות נשמת הוריו נ"ע ולקיים מכבדו בחייו ומכבדו במותו שעי"ז יזכה לאריכות ימים ושנים טובים כמו שהבטיחה תוה"ק כבד את אביך ואמך למען יאריכו ימיך ולמען יטיב לך על האדמה אשר ה' אלקיך נותן לך (דברים ה') כי ידוע מדרך האדם כמו בכל הדברים שהם ברשותם מתרשלים ואינם מחבבים כראוי רק כשמאבד הדבר אזי מתגבר אצלו הגעגועים אליו כן ג"כ אצל כיבוד אב ואם לא רבים יחכמו לחבב המצוה היקרה הזאת בעת שהוריהם בחיים רק לאחר פרידתם מהם מתחילים להרגיש

---

*) ומצאתי פה מקום ל"ן להעיר ולדבר שהגם שיודע אנכי בעצמי עצמות שאין בהם מות שעדיין לא מצאתי ידי חובתי ולא גמרתי המלאכה השייכים לענינים הללו רק בפי שידי הי' משגת מהספרים שהי' באוצר ספריי אך אם יש דברים שהבאתי כספרי בשם נהגו שיש מקומות שאין המנהג כן. או יש מנהגים שלא הבאתי בספרי או הבאתי דינים שהם כנגד המנהג המקום שח"ו לשנות מנהג מקומו אחר שמנהג ישראל תורה הוא ועי' בש"ע יו"ד (סי' שע"ו) ועי' ירושלמי (ב"מ פ"ז) וירושלמי יבמות (ריש פי"ב) שיש מנהג שמבטל לפעמים הלכה מפורשת וכן בירושלמי פאה (פ"ז הלכה ה') בשעה שהלכה היתה רופפת בידי החכמים סמכו על המנהג וכן בש"ס דילן פסחים ס"ז איתא פוק חזי מה עמא דבר וכבר יצאתי בסופר מארך ובכותכות הגסא דמיתבא דעתא בענין שאסור לשנות מנהג בהקדמת ספרי קיום העולם ח"א ועי' עוד בס' שדי חמד מערכת מ' כלל ל"ז ול"ח. ובקהלת יעקב ח"ב אות פל"ח בשם הריב"ש ובהרמ"א חו"מ סי' שנ"א ובפרי חדש מנהג איסור סי' יו"ד ובשאלתות ויקהל סי' ס"ו וברשד"ם יו"ד סי' קצ"ג ובשו"ת זכר יהוסף או"ח סי' ב' ובפרי חדש או"ח סי' תצ"ו ובשו"ת מהרי"ק סי' ט' ובריב"ש סי' קי"א וברשב"ש סי' כ"ה ובהקדמה להמאירי בספרו מגן אבות ובשו"ת הרא"ש כלל כ"ו סי' א' סק"ה ועוד.

אמרי צבי

דיא קראַפט פון מוח וויא קינסטעליך דאָס ארבייט וויא אַזוי מען פערגעסט אַזאַך. אין וויא אַזוי מיט גרויס אָנשטרענגינג דער מאַנט מען זיך. פון וואַנעין שעפט מען דאָס נייע רעיונות. וויא אַזוי פאַלט צי אַ רעיון וואָס מען האָט קיין מאָהל ניט גידענקט. וויא צב"ש איינער פערפאַסט זיך עפיס צי ריידען אויף אַ טעמא אָנד אין מיטען פאַרטראַג פאַלט איהם גאָר איין גאַנץ אַנדערש צי ערקלערין וועלכעס ער האָט גאָר דערפין ניט גיהערט אין גיזעהן זאָללען נאָר דיא מענטשין בעטראַכטען דיא גאַנצע בריאה דיא וועלט מיט איהר נאַטור. יעדער בעשעפניש לעבעדיגע אין ניט לעבעדיגע פעשטעהט מען נאָר דעם כח וועלכע מיר זעהן דאָס זייא אַרבייטען. אין דער וועלט. אָבער וויא אַזוי עס אַרבייט יעדער זאַך דאָס קען מען בשום אופן ניט פערשטעהן. זאָללען נאָר דיא מענטשין בעטראַכטען דעם גאַנג פון לעבען אין טוידט פון אַלע שפראָצינגען וויא אַזוי דאָס איז. וויפיהל מען האָט שוין דערגאַנגען דיא חכמה וואָס אין דעם קערפער געפינט זיך אין צום גרינד דיא זאַך דער גייט מען ניט בשום אופן. ווען דיא מענטשין האָבען זיך ערינסט פערטראַכט אין איינגיקלערט אין אַללעס וויא מיר האָבען געשריבען איז קיין צווייפעל ניט דאָס זייא פרעגין זיך זעלבסט. וויא קימט דאָס אַזאַ אָרדנינג אין דער זוהן לבנה. שטערין

שנתסרו להם . האוהבים הנאמנים אשר מסרו נפשם עליהם ולב יודע מרות נפשו שלא יצא ידי חובת מצוה יקרה הלזה אף חלק . אחד מאלף ומתגברים געגועי אליהם ולבם שומעים מוסר כליותיו ואומרים בלבו לו היינו זוכה לראותם כעת בחיים אזי בכל כוחינו הייגו רצים לכבדם ולהוקירם ולא חשכתי נפשי בכל עמל אשר יגיע מזה נחת רוח להם ובמעשיהם ובלימודיהם ובמחשבות טובות הללו שיעשה כעת עבורם יחשב והשי״ת כמעשה כמחז״ל מחשבה טובה הקב״ה מצרף למעשה ויהי׳ הוכיח סופו על תחילתו שמחשבתו יש לך קיום ועוז שהקב״ה מצרפה למעשה אם הי׳ אבותיהם בחיים היו מכבדים כדין וכדת כי בלימודם ובתפלתם ובהתנהגתם בדרך התורה שיקבלו עליהם מעתה יכבדו הוריהם יותר מכל הכבודים כמחז״ל שהכבוד הנבחר מכל הכיבודים הוא שילכו הבנים בדרך טובה וישמרו ארחות צדיקים שבזמן שהבנים הולכים בדרך טובה והם נוחים לה׳ ולבריות נזכרים אבותיהם

אמרי צבי

שטערין איגד ווער טרייבט זייא נאָכאַנאַד ? אין בכלל אין גאַנצען כדור הארץ מיט אַלעם וואָס אין איהר געפינט זיך וואָס עס איז אַלעס איינגעאָרדענט מיט אַ סדר ווער רעגירט מיט דעם אַלעס ? ווער זאָגט דיא בלום זיא זאָל זיך קעהרין צי דער זוהן ? ווער הייסט דיא פלעווע עפינין אין פערמאַכין די מויל ? ווער שיקט דעם ווינד ? ווער פערפלאָנטערט דיא פליג ? וויא קימט דאָס פינקט צו דער צייט דער אָדלער צום שטיינבאַק ? וויא פערזאָמט דאָס ניט דער שלאַנג איין רגע זיין צייט ? ווער ווייזט דער שטרויס פויגעל איהר פריערדיגע דירה ? דער קלאַפער שלאַנג זיכט דאָך מזיק צי זיין לסוף אַז ער דערנענטערט זיך זאָל ער אָנהייבען צי קלינגען כדי מען זאָל וויסין פון איהם צו ענטלויפין ? וויא אַזויא איז דאָס אַפיש פין הינדערט איילין דיא לענג זאָל זיין האַלדז זיין נאָר וויא פיער פינגער גרויס ? ווער לערינט דעם ביבער. דיא ביהנען . צי בויען ריכטיג זייערע פאַלאַצען ? ווער לערינט דעם שפין צי וועבין ? פון וואַנען טרעפט דיא הינדעל צו זיכען איהר שפייז ? פון וואַנען טרעפין אַלע סאָרט בריאים וויא בהמות אין אַנדערע זעלבסט צי זייגען ? פאר וואָס טרעפט ניט דער מענשליכער קינד ? ווער זאָגט דעם עכבר . דיא שאָף צי היטען זיך פון זייער מזיק ווען זייא קאָנין איהם נאָך ניט ? ווער לערינט דעם מוראַשין חכמה אין יושר ? ווער לערינט דיא טויב זיא זאָל איהר פאָר היטען ? וויא אַזויא ליגט דאָס אין אַקלענרע בעשעפניש וויא אַ מילב אברים ווי בייא דער גרעסטער בריאה ? וויא אַזויא בעקימען בכלל אַלע בריאים ביז דעם קלענסטען ווערמיל זייער שפייז מיט דער מאָס איגד צי דער צייט ? ווער מאַכט שפראָצין אין פערוועלקין אין ברענגט ווידער דעם טוה אַלע פריה מאָרגען ? א. א. וו.

אין עס בלייבט פאַר זייא קיין אַנדערין אַנטוואָרט וויא מען פערשטייט נישט אין עס איז נישט בעגרייפליך דער גאַנצער גאַנג פון דער נאַטאָר אין נאָר אין נאָר דער בורא ומנהיג פיהרט מיט אַלעם אָהן וואָס בייא איהם איז גלייך נאַטאָר צי איבער נאַטאָר (אין אַזוי וויא דיא ספרים שרייבען בראשית ברא אלקי״ם דאָס וואָרט אלקי״ם בעטרעפט דאָס זעלבע וואָס „הטבע״ דער בורא עולם האָט בעשאַפען דיא וועלט טאַקי מיט אַ נאַטאָר „הטבע״ „אָבער ביי איהם איז אַלעס איינס נאַטאָר אין איבער נאַטאָר) אין מיזען קומין צים גלייבען אַזוי ווי מען קאָן נישט פערשטיין דיא וועלט וואָס מען זעהט מיט דיא אויגין קאָן מען שוין גלויבען אַז עס איז דאָה נאָך אַוועלט וועלכע מען זעהט נישט אין אַזוי וויא אויף דער וועלט גייט נישט

אבותיהם לברכה בשבילם בעוה"ז שהכל אומרים אשרי שזה ילד אשרי שזה גדל ושכרם כפול בעוה"ב בשביל בנם העומד במקומם לעשות נחת רוח ליוצרו וכ"כ בזוה"ק (סוף פ' בחקותי) בן יכבד אב כד"א כבד את אביך ואת אמך ואוקמוה במיכלא ומשתיא ובכלא חאי בחייו דאתיהיב ביה בתר דמית אי תימא הא פטור הוא לאו הכי דאע"ג דמית אתחייב ביקריה יותר דכתיב כבד את אביך דאי ההוא ברא אזיל באורח תקלא ודאי מבזה הוא ודאי עביד לו קלנא ואי ההוא ברא אזיל באורח מישור ותקין עובדוי ודאי דא אוקיר לאבוי אוקיר לו בהאי עלמא גבי בני נשא אוקיר לו בההוא עלמא גבי קב"ה וקב"ה חייס עליו ואותיב לי' בכורסיא דיקריה ודאי וכו' עיי"ש ויתקיימו בהם למען יאריכו ימיך ולמען יטב לך. ואת הוריהם וקרוביהם יביאו עי"ז **לחיים הנצחיים** אשר בעבור זה כניתי את הספר הלזה בשם „חיים הנצחיים" ואביע תפלה לאל נורא עלולה. על בריה שפילה כמוני חרס את חרסי האדמה נבער מדעת ומזימה משתי את כל כלי לא אמצא מאומה לא תורה ולא עבודה. ויאחזוני חיל ורעדה. ופלצות יאחזני במורה. מאימת יום הדין הגדול והנורא. שבהעלותי על לבי נשבר רוחי בקרבי. אומר לנפשי מה אשוב שולחי דבר. שאני לא גמור ולא סבר. ובמה אדע לזכות נפשי על חטאי אשר עבר. בפרט שעדיין לא זכיתי לראות ממני גבר. שאת הספרים „רק כצבי קיום העולם" „חיים הנצחיים" שזכיתי ב"ה לחבר ולהו"ל לזכות הרבים שבהם הראיתי לדעת מגודל החיוב שמוטל על כל אחד ואחד להיות **רק כצבי לעשות רצון אביך שבשמים** (אבות פ"ה) לכבד ולהוקר ולתמוך התלמידי חכמים ולומדי תורה כי את ד' אלקיך תירא לרבות ת"ח (פסחים כ"ב קידושין נ"ב ב"ק מ"א בכורות ו') שעי"ז שיתקיימו דרחום רבנן הוי לי' בנן רבנן ויבאהו לקיים מה שהראיתי לדעת בספרי קיום העולם מגודל החיוב לגדל בנים רק לתורה ויראת שמים ויזכו לגדל בנים לתורה שיהי' „קיום העולם" שאין העולם

אמרי צבי

נישט אלעם גלייך אזוי אויך דארט געפינט דאס נישט אללעמען איז גלייך רשעים ווערין געשטראפט אין צדיקים נעמין שכר. אין אזוי וויא מען קאן נישט פערשטיין דיא חכמה וויא אזוי עס ארבייט זיך בייא יעדין מענטש אין מח וועלכע מען זעהט יעדין מינוט אין רגע איהר ארבייט. קאן מען שוין גלייבען אין העכערע סארט חכמה וועלכע ווערט געשיקט אין מוח וויא רוח הקודש אין נבואה אין אמונת צדיקים שפועלים ישועות. אין אז מען קאן נישט פערשטיין ווי אזוי דער שפראצונג שטארבט אין לעבט אויף וואס מיר זעהן אז עס אזוי. קאן מען שוין גאנץ גיט גלויבען אין תחית המתים וועלכע וועט אי"ה זיין צו דער צייט פון רצון הבורא ב"ה (עי' בס' חמדת ישראל) אין מען דארף גלייבען אין עונשו של גיהנם כנ"ל וואס איז אין דעם ביכולת פון יעדין קינד ער זאל זיינע עלטערין פון דעם מציל זיין. אין דרובער איז א חוב קדוש אויף דיא קינדער אדער וואס נעמען זיך אינטער קדיש צו זאגען פאר איינעם וואס איז געשטארבען אהנע קינדער ר"ל. זייא זאלען לערנען אין געבן צדקה אין אנדערע מעשים טובים טהון לטובת דער נשמה פון נפטר. אזוי ווי עס שטייט אין רוקח. אז מען גיט צדקה לטובת דער נשמה רעכינט השי"ת גלייך ווי דער נפטר אליין וואלט דאס גיגעבען וייל ווען ער זאל גיוועזען לעבען וואלט ער דאך אליין ג׳געבען. אין איינער וואס וויל טהון א מצוה נאר עס טרעפט איהם אנאונס דאס ער קען זיא נישט טהון רעכינט איהם השי"ת גלייך ווי ער וואלט זיא געטהון. אויך איז אגרויסע טובה פאר דעם נפטר

אז

העולם מתקיימת אלא בשביל הבל תינוקת שב״ר (שבת קי״ט) שעי״ז אותן שגדלם לתורה יביאיהם „להחיים הנצחיים״ כמאמרם ז״ל מצוה גוררת מצוה שייכות ספרי „רץ כצבי״ לספרי „קיום העולם״ וספרי „קיום העולם״ לספרי „חיים הנצחיים״ ודו״ק. יחשב השי״ת עבורי כקרבנות המתכפרים לבעליהם עבור חטאתם וכמש״כ מדת״ל בשם רז״ל בזוהר באדרא וז״ל בזמן שבית המקדש קיים כשאדם קרבן מתכפר לו ועתה שאין ביהמ״ק קיים כשאדם כותב בספר מה איזה חידוש כתיבה הזו עולה במקום קרבן ועי׳ בזוה״ק פ׳ בלק די ר״ב ע״א ז״ל סמכו אקרא עולה וחטאה לא שאלת אז אמרתי הנה באתי במגילת ספר כתיב וכ״ש אם יעלה על מזבח הדפוס דזה יותר מתקיימת מן הכתיבה דהו״ל כאלו קרבן ע״ג המזבח ריח ניחוח לד׳ עיי״ש (ועי׳ בהקדמה לספרי „קיום העולם״ שהבאתי שם הרבה מזה שזה תיקון גדול גם להוצאת ז״ל ר״ל ועוד. וגם כמש״כ בס׳ ציון (דרוש ט׳) להגאון הנוב״י זצ״ל וז״ל בפ״ב מסנהדרין (דף י״ט) דרשו רז״ל תולדות אהרן ומשה כל המלמד לבן חבירו מעלה עליו הכתוב כאלו ילדו ואפשר רמז בן עזאי כשאמרו לו עתה נאה דורש ואין נאה מקיים והשיב להם נפשי בתורה ותשובתו עי״ז קיים פרי׳ ורבי׳ עי״ז התורה שילמוד לאחרים ודומה כאלו בנ ם והנה כל המצוה אדם מקיים בעוה״ז אבל כשמת נעשה חפשי מן המצות כי אי לעשותן וכו׳ ואפי׳ תולדות שאדם מוליד בתלמודי׳ פוסק ממנו בשעת מיתתו דשוב ללמוד עמם אבל אם זכה מאת ד׳ לחבר איזה חיבר והחיבר נתיסד ע״ד אמת וצדק פי דרכה של תורה איש הזה אינו פוסק מלהוליד תולדות גם אחר מותו שלא פסק תלמודים הלומדים מתוך ספרו וזה נרמז בפסוק זה ספר תולדות אדם שעי״ז הספר חיבר בו מתקיים לדורו דורות תולדות אדם עיי״ש. והגם שלא חדשתי בשלושה הנ״ל כ״כ חידושים ופלפולים עמוקים רק לקטתי לקוטי בתר לקוטי עם קצת נופך ואיזה

אמרי

אז מען בעט דאָס השי״ת זאָל פון איהם אָבטהון דיא שווערע שטראָף אין גיהנם. אַזוֹי וויא דיא גמרא ברענגט ביי דוד המלך ע״ה דאָס ער האָט גיבעטען אויף אַבשלום׳ן און אין זיין תפלה איז ער ניצול געוואָרען פון עונש אין גיהנם. אָבער דער עיקר טובה פאַר דעם נפטר איז אַז זיינע קינדער גייען אין גיטען וועג. אַזוֹי ווי דער פרשת מרדכי טייטש דעם פסוק נר ה׳ נשמת אדם, דיא נשמה פון מענטש ווען זיא קומט צוריק אַז השי״ת זאָל זי פערלייכטען אויף יענער וועלט דאָס זיא זאָל ראוי זיין נהנה צו זיין מזיו השכינה דאַמאָלסט חופש כל חדרי בטן. זיכט ער נאָך זיינע קינדער אין וועלכען וועג זייא גייען. אין וואָס פאַר אַערצוהינג ער האָט זיי גיגעבען אין אויב זייא גייען אין

גיטען וועג ווערען דיא נשמות זייערע עלטערען נתעלה אין גן עדן. וויל נישט יעדער מענטש גידענקט אַלע דינים אין מנהגים טובים אין תפילות ובקשות וועלכעס ער דאַרף צו זאָגען לטובת זיינע עלטערען וויל זייא זענען צושפרייט אין פיעל ספרים הקדושים. בפרט נישט יעדער מענטש האָט דיא אַלע ספרים. דריבער האָבען מיר צוזאַמען גענומען אַלע דינים נחוצים. אין מנהגים טובים. אין תפילות ובקשות. וועלכע ווערען גיברענגט אין ספרים יקר המציאות. אין מסדר גיוועזען מיט זייער אַנאָרגינעלען סידור. דאָס יעדען זאַך זאָל מען באַלד געפינען אין סימן און אין סעיף. כדי עס זאָל יעדער מענטש זיין גרינג צו לערנען אין טוהן דיא אַלע נויטיגע זאַכען ער זאָל

הקדמה

מש"כ בסה"ק פלא יועץ וז"ל כמה טובה עשו לנו בעלי אסיפות רבותינו הק' אשר בכל דור ודו"ד זכו וזיכו את הרבים זכות הרבים תלוי בהם אלמלא הם נשתכחו תורה מישראל בדורות אלו אשר טרדות הזמן רבו עלינו ואין הפנאי מסכים ללמוד ספרים הרבה אין קץ ימי ה"א זה אשר תשיג ידו להיות כל הספרים נמצאים אצלו וכו' וכן יעשה בכל דור ודור איש ואיש אשר חננו ה' דעת ישתדל להועיל לרבים ויעשה אסיפות כיד ד' הטובה עליו מקיצורי דינים מתוכחת מוסר מכללים והקדמות לדרושים וכו' ואין לך חסד גדול מזה שהוא חסד רוחני בנפש ואליהם המזכים את הרבים וזכות הרבים תלוי בהם ולא יחושו ללעג השאננים האומרים מה הועיל זה בתקנתו לשנות לנו את היודיע ומפו' בספרים אין זה כי אם ללקט כסף וליטול את השם לעצמו שחובר ספרים. כי הבל יפצה פיהם כי בודאי ספרים אלו הם טובים ומועלים יותר מכל חיבורי הפלפולים והחריפות אשר רובם מתעפרים בעפר ואין דורש אחריהם עיי"ש בדברים הקדושים והנעימים באורך. ויוסף לי ה' חיים וברכה חסד וחנינה לזכות, לזש"ק עם זוגתי הרבנית הצדקת מרת יהודית תחי' (בת ב"ק הרב הצה"ק המפורסים ציס"ע מרן יהושיע עזיאל שליט"א אדמו"ר ממארקשוב החונה בווארשא. ולהרבנית הצדקת אשת חיל מרת דבורה שתחי') בזה השנה. ולהיות „בריא אלים" „ובריא עדיף" ללמוד תוה"ק במנוחה שלוה שקטנה ורעננה. עד זקנה ושיבה ברוב טובה. בזכות אבותי הקדושים אוהבי התורה ויראה. שמסרו נפשם רוחם ונשמתם לראות בנים וב"ב זרע ברוכי השם הוגי דעה בדרך ישרה. עדי ביאת גואל צדק במהרה. כעתירת נפש נענה ורוח. נשברה. המצפה לתשועת ד' כהרף עין.

הק' **צבי הירש פרידלינג** אב"ד ביסקובוץ והגליל יע"א בעהמ"ח הספרים „רץ כצבי וקיום העולם" והעורך והמו"ל המאסף הרבני „הבאר" (והיו"ל ד' פעמים

אמרי צבי

זאל קענען מקיים זיין כיבוד אב ואם אפילו לאחר פטירתם. אזוי וויא דיא גמרא זאגט מען איז מחויב ערליך האלטען פאטער אין מוטער ביים לעבען אין אויך לאחר פטירתם אין אפילו דער וואס האט ביים לעבען נישט ערליך געהאלטען דיא עלטערען נאכדעם האט ער געוויסענביסען אין זיינע עלטערען זאלען יעצט לעבען וואלט ער זיי אויף די הענד געטראגען. וייל ער דערקענט הערשט דאס זיי זענען גיוועזען זיינע אמת'ע פריינד אין ער בענקט נאך זייא. אין דרובער אויב ער וועט פון היינט אהן גיין בדרך הישר אין וועט לערנען דיא אלע לימודים וועלכע מיר ברענגען אין דעם ספר אין זאגען דיא תפילות ובקשות וועט ער דערמיט מקיים זיין כיבוד במותם אין השי"ת וועט אננעמען זיין חרטה אין מוחל זיין אויף זיינע פרוהערדיגע פעהלער וייל מיט זיינע גוטע

מעשים אין לערנען איז ער מכבד זיינע עלטערען מיט דיא גרעסטע כיבודים אין ברענגט זייא צו דעם אייביגען לעבען. דרובער האבען מיר דאס ספר אנאמען גיגעבען „חיים הנצחיים".

אין נעמענדיג אין אכט דאס עס געפינט זיך פיהל מענטשין וואס ווילען וואס אין ספר געפינט זיך דאס דורכצילערנין אין מקיים צי זיין נאר זייא קאנין עס לײדער נישט ערייכין ציליעב זייער אינוויסענהייט אין דער לשון קודש שפראך אין אזוי ווי דאס ספר „חיים הנצחיים" מוז אומבעדינגג זיך געפינין אין יעדין יודיש הויז האבע איך מיט דער מאטעריעלישער מיטהילף לטייע להוצאות הדפוס פון ידידי ורעי הרב הגאון הגדול הרודף צדקה וחסד וכו' מוה"ר שלום יצחק לעוויטאן שליט"א האבד"ק אוסלו (נערוועגען) געלאסט דאס ספר איבערזעצען

אויף

הקדמה

פעמים בשנה) בלא"א הר"ר דוב בעריל זלה"ה פרידל'נג מזאמושטץ עיר חדשה ול[illegible]
מורתי הצדקת והמיוחסת מרת חיה פריידא שתחי' לאויט"א נכדה של הרב הצדיק הקדוש
ההי"ג המפורסים בשמו ר' צבי הירש טאמעשובר מקאצק זצלה"ה ולמעלה בקודש מגזע
עמודי עולם הרמ"א ומהרש"ל ומהר"י מינץ ומהר"ם פאדווא ועד מלכות בית דוד זי"ע
ועכי"א. כמבואר בהקדמת ספרי רץ כצבי ח"א. חתן הרב הצה"ק המפורסים ציסו"ע מרן ר'
יהושע עזיאל שליט"א אדמו"ר ממארקשוב החונה בווארשא. בן כ"ק האי סבא קדישא הרב
הקדוש המפורסם בעולם בעבודתו הקדושה רבן של ישראל רבינו ר' אברהם משה
זצקלה"ה אדמו"ר ממארקשוב (הממלא מקום קדוש של הרב האי גאון הקדוש ראש
גולת אריאל אביר הרועים אור ישראל המקובל אלהי שר התורה רבינו ר' צדוק הכהן
מלובלין זצוקללה"ה) ונכד הגה"ק מאור הגולה איש אלקים פועל ישועות המקובל אלקי
מרנא ורבנא ר' עוזיאל מייזליש זצוקללה"ה בעהמח"ס תפארת שלמה ותפארת הצבי. עץ
הדעת טוב. תפארת עזיאל. ומנורה הטהורה שהי' מגזע הב"ח והרמ"א ומהר"ם מלובלין
עד רש"י הקדוש וכו' ... זי"ע ועכי"א.

אמרי צבי

אויף דער זשארגאנישער שפראך בכדי
יעדין זאל מיטן נאמין „סוכת שלום"
להזכיר שם ידידי הרב הנ"ל שעיקר
סיעייבו הי' לזה) פערשטיין אין וויסען
אזוי מקיים צי זיין מכבדו במותו פון
זיינע עלטערין אין וויא אזוי צי היטען
זיך מיט אלע דינים ומנהגים וואס ליגט
אויף עהם אללעס קינד צי טיהן לטובת
זייער פערשטארבינע אבות צי ברענגין
זייא לחיים הנצחיים והשי"ת יחשוב לנו
הזכות הרבים לבנות ג"א כהם לראות זש"ק
בקרב עם זוגתי הרבנית הצדקת מרת
יהודית שתחי' לאויט"א (שמצד אבי'
הי"ה הרב הצה"ק המפורסים מרן ר'
יהושיע עזיאל שליט"א אדמו"ר ממארקשוב

הוא נכדה של הגאה"ק איש אלקים שר
התורה רבינו ר' עזיאל מייזילש זצוקללה"ת
בעל המנורה הטהורה ועוד שהי' נכד
הב"ח והרמ"א ומהר"ם מלובלין עד
רש"י הקדוש זיע"א ומצד אמה הרבנית
הצדקת אשת חיל מרת חנה דבורה שתחי'
הוא נכדה הרב הגאון וכו' ר' אביש
אבד"ק חעלמא זצללה"ה ולהרב הגה"צ
ר' שמשון אבד"ק קונצק ולמעלה בקודש
זי"ע ועכי"א) וואס זיא האט אויך פיל
מיטגעהאלפין צו דעם העתקת הזשארגאן
הנ"ל ולזכות לאריכות ימים ושנים טובים
ולכט"ס אכי"ר:

כדברי הק' צבי הירש בן חיה
פריידא המחבר.

דברים אח־ים.

מהרב הגאון המפורסם הרודף צדקה וחסד מוה"ר שלום יצחק שליט"א לעווייטאן האבד"ק אוסלו נארוועגען שבסייעתו להוצאות הדפוס נעתק הספר ג"ב במיוחד עם העתקת הזשארגאן למטה בכל עמוד בשם „סוכת שלום".

בעזה"שי"ת.

הנה הובא בספרים הקדושים. וג"כ הס' „ילקוט יוסף" העתיק זאת מענין „חיבוט הקבר". מעונש גוף המת הנקבר שבעלי המקובלים והמוסר האריכו הרבה בעונש זה *) ואמרו כי אחרי קבורת האדם באים מלאכים ומעמיקים הקרקע תחתיו כמלא קומתו ומעמידים אותו שם על רגליו. ונותנים בו רוחו ונשמתו. והובטין אותו במקלות של ברזל. עד שאבריו ועצמותיו מתפרקין ומשברין את עיניו (ספר הכונת דף נ"ה ע"ב.) ואוי לו למי שאינו חושב בצער של חיבוט הקבר (שבט מוסר פרק ד') והוא קשה מגיהנם דאפילו גמולי' חלב ויונקי שדים נדונים בו. ובין גיהנם אינו רק מעשרים שנה ומעלה. (יסוד התשובה פרק י"ד) סיבה וטעם להביטות הללו הוא. כדי להפריד הקליפות שנדבקו באדם ע"י עוונותיו (דרושי גורי האר"י). ועוד. לפי ששואלים אותו על שמו. והוא אינו יודע להשיב. כי נשכח ממנו (ראשית חכמה. שער היראה. פרק י"ב) והשל"ה הק' זצ"ל כתב סגולה שלא ישכח אדם את שמו. לומר בסיום תפלת שמ"ע קודם יהי' לרצון פסוק א' מתנ"ך המתחיל באות ראשון משמו. ומסיים באות אחריו משמו. וטעם ששואלין את שמו. משום דמבואר בסה"ק דע"י חטאים מאבדין אות א' משמו (עיין ילקוט חדש ענין יהושיע אות כ"ב) ע"כ מנסים בזה ושואלים לו בשמו. ואם הוא רשע אינו יכול להגיד ומחייבי' בדין (דעת חכמה). וע"כ צריכי' ליזהר ליתן שם אף לילד קטן שמת אחר הלידה. – אמנם לא כל אדם סובל חיבוט הקבר. ויש הרבה דברים המצילים מזה. כמו כן הנקבר בערב שבת משעה חמישית ביום ואילך (ס' הכוונת דף נ"ו ע"ב) ויש אומרים דדוקא הדר בא"י שנקבר בערב שבת בההיא שעתא אינו סובל חיבוט הקבר (מעבר יבק חלק שפתי רננות. פרק מ"ב). וכל מי שאוהב את הצדקות והתוכחות. וגומל חסדים. ומכניס אורחים ומתפלל תפלתו בכוונה. אפילו דירתו בחו"ל אינו רואה דין חיבוט הקבר (ספר חסידים סי' ל"ב) ומי שיש בידו כל אלו. אעפ"י שלא הי' ת"ח עכ"ז ניצול מחיבוט הקבר (מדרש תלפיות) והמקיים סעודת ד' בשבת „מלוה מלכה" ניצול מחיבוט הקבר (פדה את אברהם. מער' ש' א"ת ד' וכנפי יונה ח"ב סי' ג') ולכן אף מי שהוא שבע ונפשו קצה באכילה ושתי' מ"מ צריך לדחוק א"ע לאכול סעודה זו. למען ינצל מחיבוט הקבר (סגולת ישראל אות ל"ג) ומהר"י עמדין זצ"ל תיקן כן בזמר למוצאי

שבת

---

*) הס' חסד לאברהם (מעין ה' נהר ה') מביא בענין חבוט הקבר. א) מביאין לו כל מימות בעולם ומשליכין אותו לתוך אותם הימים המארריי. השני). נחל גפרית סובב אותו ויוצא אש ומשלהבת אותו. וחמב"ר וירא פר' נ"א מביא על הפסוק ימטר אל וגו' אש וגפרית וגו'. א"ר יודן מפני מה אדם מריח ריח גפרית ונפשו סולדת עליו (נשרף ונבהל מפניו) למה. שהיא יודעת שהיא נדונית בה לעתיד לבא. ש"י. ג) מלאכים מכים אותו ושוברים גופו ומנתחים אותו אברים אברים. ד) שורה עליו חושך ואפילה כאפילת מצרים ה) משקין אותו מי ראש ולענה עד שמחזירים נשמתו אליו כדי לסבול עונשו וצערו פעם אחר פעם. ו) מת מצער המכות ויחזור וחי וחוזר ומת. ז) בא מלאך חבלה ויחביש ראשו. ח) מעמיקים קברו עד קצבי הרים ומגביהים אותו עולה ויורד. ט) הקבר דוחק כתליה זה עם זה. והוא באמצע. עד שנובע הדם מבין צפרניו. יוד) משליכים אותו לשחת מלאים קוצים וברקנים, וכל נחשים ועקרבים נושכים אותו בקרבו. הרחמן הוא יצילנו מכל רע.

דברים אחדים

שבת אתקינו סעודת' וגו' והושיענו מצער חבה"ק (יעב"ץ בהקדמ') ומי שהי' לומד הלילה וניעור. כמו בליל שבועות והושע"ר. ניצול ג"כ מחובה"ק כמבואר בתפלה שאומרים בגמר התיקון:

ראינו מזה. דאָס קײן מענש דאַרף ניט פאַרגעסין פון די אַלע מיטלען וואָס ראַטירן פון די שרעקליכע יסורים פון „חיבוט הקבר" אין ווען עס קומט די צײט אַז מענש דאַרף זיך שײדין פון די וועלט. זעט ער. אַז אויסער תורה ומצות דאָס ער האָט עוסק גיוועןְ בתענוגי עולם הזה. איז אַלעס הבל ווי שלמה המלך ע"ה סוף דבר. ווען עס קומט דיא ענדע פון מענשינס לעבין הכל נשמע. דאָס ווערט יעדין גיהערט, דאָס ער אַנערקענט אַז אלעס וואָס ער האָט די צײט פערבראַכט תורה ובלא מצות, איז גיוועןְ פון איהם אַגרויסען פערזעהן, אין יעדערער זאָגט זײַן הויז פאַמיליע. און זײַנע גיטע פרײַנד נור „את אלקים ירא ואת מצותיו שמור" דאָס איז דער תכלית פון יעדין מענטשין ווײַל „כי זה כל האדם" יעדער ערקענט דאַן ווי נאַריש איז דער מענש. ווען ער פערברענגט זײַן צײַט אין דברים מה בכך. אין בפרט ווי הגאון הקדוש האלשיך זצ"ל זאָגט דעם גידאַנק ווי עס בעוויסט. האָט דער עוויגער באַשאַפין אין מענשין רמ"ח אברים. ד"ה צווײ הינדערט מיט אַכט אין פערציג גלידער. אין שס"ה גידין. דרײ הינדערט פינף זעכציג אָדערין:

אין צוליב דעם. האָט דער עוויגער אונז אָן גיזאָגט רמ"ח מצות עשה. אין שס"ה לא תעשה. פינקט אַנטקעגין די גלידער. אין אָדערין פון מענשין. ווען ער טוט **איז מקיים אַ מצות עשה. הײליגט ער.** און ער גיט אַגײַסטליכען חיות אַעוויגע לעבט האַפט אין דעם גליד וואָס דאָס איז אַנטקעגין די מצוה. אין ווען ער היט זיך פון ניט עובר זײַן קײַן עבירה גיט דער מענש אַעוויגין גײַסטליכען לעבין. אין אָדער וואָס איז אַנטקעגין די לא תעשה. אין ווען אַ מענש איז חס ושלום אַ עבירה אָדער ער איז ניט מקײם אַ מצוה. דאַן איז דער מענש אַפעלער האַפטיגער אין דעם אבר וואָס דאָס איז אַנטקעגין די מצוה איז רעכט ווען אַמענש איז נאַכלעסיגט אין זײַן לעבין. אין איז ניט מקײם די תורה ומצות, קומט ער אַגרויסער בעל מום. אָן אַסאַך גלידער... עס טרעפט פיל מאָל. אַז מענשין לאָמיר פאַר טרײַבין די צײַט. אין די ווינטערדיגע גרויסע אָוועגטין. אָדער אין גרויסע זימער דיגע טעג. פונקט ווי די צײַט וואָלט גיוועןְ אויף זײַ אַגרויסער אַגרויסע משא. אין דאָס קען מען זאָגין וואָס דוד המלך ע"ה זאָגט אין ספר תהלים האיש". ווער הײסט מענש. החפץ חיים. וואָס לעבין וויל. בײַ אים איז די צײַט קײַן לאַסט. אַז מען זאָל דאַרפין איר פאַר טרײַבין אין נאַרישקײַטין. נור בײַ אים אוהב ימים. ער האָט ליב די צײַט בײַ אים איז די צײַט ניט צו לאַנג. אַז מען זוכין מיטלען אין נאַרישקײַטין איר צו פאַרטרײַבען... נור ער שטרעבט לראות זײַן צײַט ווען ער האָט עטוואָס רוה פון זײַן גישעפט. פון זײַן מלאָכה. זעהט ער פערברענגען אין די תורה הקדושה. וואָס זי ווערט אָן גירופען „טוב" ווי דער זאָגט „כי לקח טוב נתתי לכם" אַנדערע חכמות. אַנדערע תענוגים קען מען מײנען זײַ זענען אויך טוב. אָבער דאָס איז אַטעות, אַנדערע פערגיניגענד איז פערמאַסקירטע פאַלשע גוטעס. וואָס אַ מענש קען דאַדורך ווערין אים גליקליך. און פערלירען וועלטין. אָבער די ריכטיגע „טוב" וואָס איז באמת אַ גליק פאַר דעם מענשין. איז די תורה הקדושה. וואָס דאדורך איז ער גליקליך אויף דיזע וועלט. און לעולם הבא.

דברים אחדים

דלכן צריכין אנו להכיר טובה לידי"נ הרב הגאון הגדול המפורסם לתפארת צדיק ישרים ויראת ד' היא אוצרו הטוב. כקש"ת מוהר"ר צבי הירש פרידלינג שליט"א. הגאבד"ק ביסקוביץ והגליל יצ"ו אשר העמיס עליו הטורח הגדול הזה. לזכות הרבים ולחבר הספר הנחמד הזה. וואס די הייליגע מאמרי חז"ל, און די הייליגע רעיונות המובא בספר הקדוש הזה. בודאי כל אחד ואחד יזכה עי"ז „לחיים הנצחיים". אין יעדערער וועט זיך דורך דעם ריכטיג עראינערין ניט צו פערגעסין זיין תכלית. אז ער אליין זאל אן ווענדין אלע מעגליכקייטין צו זוכה זיין „לחיים הנצחיים". אין דורך דעם הייליגען ספר מזכה זיין זיינע עלטערין. און קרובים „לחיים הנצחיים". ואני נותן תודה להשם יתברך. שזכני ליקח חלק בהמצוה רבה. ולהיות לאחי עזר להוציא הספר הקדוש זה לאור עולם. ולזכות הרבים. וגם לימים הבאים עלינו לטובה יזכני ד' מאוצר מתנת חנם. שאזכה להיות ממזכי את הרבים. ולהרים קרן תורתנו. עמנו וארצנו הקדושה.

שלום יצחק באאמו"ר דוד בן ציון זצ"ל **לעוויטאן**. אבד"ק **אוסלו** בירת נארוועגין יצ"ו. מלפנים האבד"ק מאיישאד ליטא יצ"א, המח"ס „דברי שלום" וס' „ילקוט הדרוש" על תנ"ך. וקונטרס „סוכת ש"י".

סימן א

מענין שצריך לבחור מקום לקבר הוריו ובחיוב לכל איש שיהי' הקרקע קנוי לו בכסף וכו י' סעיפים.

א) **בספר** החיים (פרק שמיני) כתב שצריך כל אדם אפילו עני שבישראל שיהי' הקרקע שהוא קבר בתוכו קנוי לו בכסף. והטעם לפי שאין רשות לשום משחית להוציא את האדם מרשותו ולא נקרא רשותו אלא א"כ אותו הקרקע קנוי לו ולכך לא רצה אברהם במערה רק בכסף מלא יע"ש מש"כ בזה:

ב) **באמרי** נועם (שבמע"י פרק ל"ד) כתב בזה"ל ונייחא למת שיקנו לו קרקע אחוזתו כאשר נראה בהרבה מקומות מדברי רבותינו ולכן מפנין אותו אפילו מקבר מכובד לבזוי אם הי' בתוך שדהו כדאמרינן בירושלמי ופסקו הרמב"ם בפרק י"ד יע"ש:

בספר ג"א בהקדמה הביא לפרש דברי המדרש רבה (פ' חיי שרה) א"ר אלעזר כמה דיו מושפכות כמה קולמוסין משתברין כדי לכתב עשרה פעמים בני חת ללמדך שכל מי שמברר מקחו של צדיק כאלו קיים עשרת הדברות והיא כי מה שהאריכה תורה במשא ומתן שהי' לאברהם עם עפרון בקניית מערת המכפלה ובפרטיה היא כי אברהם השתדל מזה לנטוע בלב העמים פנה גדולה מפנות הדת שהיא האמונה בהשארת הנפש אחר המות ובגדול העתיד שיהי' בין לנפש בין לגוף כי גם הגופים ישיני אדמת עפר יקיצי ביום הדין הגדול אלה לחיי עולם ואלה לדראון עולם ועתידים צדיקים שיעמדו בלבושיהן היינו בגופים הגשמיים שהי' לבושים בהם בחיים הראשונים ועי"כ צריך להכין לגוף המת מקום שם קבר במקום נבחר ובין בני משפחתו ואנשים צדיקים ואין קוברין רשע אצל צדיק כמו שהי' במעשה דאלישע וימת אלישע ויקברוהו וגדודי מואב יבואו בארץ וגו' ויהי' הם קוברים איש והנה ראו את הגדוד וישליכו את האיש בקבר אלישע וילך ויגע האיש בעצמות אלישע ויחי ויקם על רגליו (מ"ב י"ג) ואחז"ל על רגליו קם אבל לביתו לא הלך

סוכת שלום

סימן א, דאה ווערט געשמיסט וועגין דעם אז מען דארף זעהן אוים צו קלויבען אחשוב ארט קובר צו זיין זייגע עלטערען אין נישט קארגין דרויף קיין געלט. אין עס איז אחיוב דאם די קרקע זאל זיין דוקא געקייפט פאר געלט דאם איז איינגעטיילט אין יוד סעיפים:

א) **אין** ספר החיים ווערט גיברענגט דאס יעדען מענטש אפילו דער גרעסטער ארימאן איז גלייך ער זאל זיך קויפען אקרקע אויף אקבר פאר געלט. ווייל קיין שום משחית האט נישט קיין רשות דעם מענטש ארויס צוא נעמען פון זיין רשות אין זיין הייסט נישט נאהר אז ער בעצאלט געלט. דערפאר האט אברהם אבינו נישט געוואלט נעמין דיא מערת המכפלה במתנה נאהר ער האט בעצאלט וויפיעל עפרן האט זיך אויסגעבאטען:

ב) **דער** אמרי נועם שרייבט דאס אין ירושלמי ווערט גיברענגט דאס עס איז אגרויסע נייחא דעם מת אז ער איז בעגראבען אין זיין אייגענס אקבר אין אין דרובער מעג מען איבער טראגען דעם מת אפילו פון אשענער קבר אין נישט קיין שעהנס אויב דאס צווייטע איז אין זיין פעלד. דערמיט זאגען דיא הייליגע ספרים פשט אין מדרש. ר' אלעזר זאגט פערוואס שרייבט דיא תורה צעהן מאהל בני חת. ווייל זייא האבען געהאלפען אברהם אבינו קויפען

הלך רק מת שם ברחוק מאלישע בכדי שלא יקבר אצל אלישע וכל זה הי׳ כדבר זר לבני חת שחשבו כי מתים בל יחי׳ ואין עוד דין וחשבון בשאול והקבורה אינה צריכה רק לפי שעה משום בזיון החיים ומשום הסרחון ואח״כ הי׳ מפנים הקבר וע״י מעשה זו שהי׳ בפרסום ואברהם נתן בעד המערה הון רב נתיסד אצלם האמונה שברר להם שהשלמים אין להם מן העוה״ז אלא ד׳ אמות של קבורה וכל חלקם בעוה״ז המה מהבל יחד וע״ז אמר גר ותושב אנכי שהוא מכוון עם מ״ש כי גר אנכי עמך תושב ככל אבותי כי חיי העוה״ז הם חיי הגר שאל מקומו שואף אזרח הוא שם וע״כ תנו לי אחוזת קבר ומה שאקברה מתי הוא רק מלפני אבל באמת לא תחשב לקבורה רק כמו שגונז דבר יקר באוצר להיות שמור למועד ידוע אשר יוציאהו משם ובני חת אשר לא האמינו בזה היה די להם הקבורה לפי שעה ואמרו במבחר קברינו קבור למה לך אחוזת קבר ? לכן הוסיף לבקש דוקא מערת המכפלה שהי׳ בית ועליה והוא ציון ומשל להיות האדם בעוה״ז במערה השפלה שיש על גבה עליה היא העולם העליון וגם אחרי המות ינוח הגוף על משכבותיו והרוח תחופף עליו מלמעלה בגן עדן התחתון (כמש״כ בס׳ שירי הנפש בפ׳ אחות לנו קטנה) והמערה הזאת היא בקצה השדה שהיא סוף האדם וסוף כל מעשהו בשדה וכל יגיעו ועמלו והודיע כי יקנה זאת בכסף מלא כי כל חפיצים לא ישוו אל ההשארה הזאת אשר היא אחרית האדם ותוקותיו וכבר ביאר בזוהר כי ארבע מאות שקל כסף ששקל אברהם אבינו היו רמז לת׳

סוכת שלום

קויפען די׳א מערת המכפלה. איז גלייך וויא זייא וואלטען מקיים גיוועזען דיא עשרת הדברות. דיא זאך איז אנפערשטענדליך וויא אזוי קומט דאס צוא דיא עשרת הדברות, נאהר מען דארף וויסען דאס אין דאמאלסדיגער צייט פון געצינדינערייא האט מען נישט געגלייבט אין שכר ועונש זייא האבען גירעכינט אז דער מענטש נאכ׳ן טויט איז גלייך וויא אנאנדער בעשעפעניש. וואס ווערט פערפוילט אויף אייביג. אין דאס בעגראבען איז נאהר דער טויטער זאל נישט מיט זיין געשטאנק פערפעסען די׳א לופט. דרובער דארף מען ביים לעבען נאכגעבין זיך אלע תאות אין נאך דעם טויט איז קיין אונטערשייד ווי מען בעגראבט, אברהם האט געוואלט בעקאנט מאכען אז דער מענטש דארף יאה אבגעבען דין וחשבון אויף זיינע מעשים, אין ער ווערט בעלוינט דערפאר וויא ער האט זיך פערדינט, דיא וועלט איז נישט הפקר. אין אז עס וועט זיין תחיית המתים. דרובער האט ער בעזאגט. גר ותושב, איך בין היינט אויף דער וועלט נאהר א גר. הערשט אויף יענער וועלט נאך תחיית המתים וועל זיין אתושב. אין דאס בעגראבען איז נאהר מלפני פאר מיר דאס בייא מיין לעבין וועט זיא זיין בעגראבען, אבער עס וועט קומען תחיית המתים וועט זיא אויף שטיין אין דעם זעלבען גוף, דרובער איז דער מת נישט וויניגער געאכט נאך דעם טויט, אין מען דארף איהם אנייחא טאהן ער זאל רוהען אין אנאייגענעם קבר. צווישען זיין פאמיליע אין צדיקים. אין מען טאהר נישט בעגראבען א רשע לעבען א צדיק, אזוי יותא מיר געפינען בייא דעם נביא אלישע דאס דורך אצופאל האט מען אריין געווארפען ארשע אין זיין קבר, האט זיין זכות גורם גיוועזען דער רשע זאל לעבעדיג ווערען אין אביסעל אוועק גייען פון זיין קבר אין נאכהער איז ער צוריק טויט געפאלען, ער זאל נישט ליגען לעבען דעם נביא. דרובער האט אברהם דוקא געוואלט קויפען, אין פאר פיעל געלט, וויל אמענטש ווארפט דאך נישט ארויס אזוי פיעל געלט אומזוסט.

וועלען

לתי עלמין דכציפין שורש לעתיד בשכר עמלו תחת השמש (כמש״כ מה רב טובך אשר צפנת ליראיך) וכל זה בירר אברהם בעת המקח הזה ולמד ודרש להקים פנות האמונה וסדר המקח הזה דומה כעשרת הדברות שבררו האמונה והשכר והעונש:

ד) בס׳ ברכת נפש (תהלים ק״ד) פי׳ תוסף רוחם וכו׳ ואל עפרם ישובון ולא כתיב ואל עפר כמו בפ׳ בראשית ואל עפר תשוב לרמז לחז״ל, נמצא צדיק קבר בקבר שאינו שלו. יע״ש:

ה) בס׳ שדי חמד ה׳ אבילות (אות קס״ה) כתב מנהג בכל תפוצת ישראל ליקח עכ״פ דבר מה בעד אחוזת קבר אף מעני בישראל וכו׳ יעיי״ש:

ו) בשו״ת ח״ס חחו״מ סי׳ ע׳ כתב והנה מש״כ כ״ת דאין פתיחת הקבר בלא דמים מנהג ישראל תורה היא וקדמונינו הנהיגו כן שלא יהי׳ צדיק קבור בקבר שאינו שלו וכו׳. מ״מ אנ[...] יעלה יותר מהשער הראוי והקצוב מימי[...] קדם או שיקבצו להם לפי המקום והזמן[...] גזלא ארעא נינהו ואם לא ישמעו ויאזינ[...] ויהי׳ כמוכס העומד מאליו וא״א לכופב[...] מפני

סוכת שלום

וועלען זייא פערשטיין אז דער עיקר איז יענע וועלט אין אז נאהר צוא דעם דארף זיין דעם מענטש׳ס שטרעבונג ער זאל מיט זיינע מעשים זוכה זיין צו קומען צווישען די צדיקים. נאך זיין אבלעבען. דרובער האט ער דערמאנט וויא די מערת המכפלה פאר וועלכער ער צאהלט אזוי פיעל געפינט זיך, בקצה שדהו. דאס הייסט דער עק פון מענטש איז ער זאל בעגראבען זיין אין פעלד. אין וויא זיא זעהט אויס מכפלה אגעטאפעלטע, אקעלער פאר דעם גוף אין דער אויבער טייל, אקעגען דער נשמה וואס גייט אין גן עדן אריין דעמיט האט ער אריינגעברענגט אין די בני חת דיא ריכטיגע אמונה אין שכר ועונש. אין השארת הנפש ממילא דארף מען דאך גייען אין השי״ת וועג כדי זוכה זיין צוא אלעם גוטען אויף יענער וועלט. וואס דאס איז דיא כוונה פון השי״ת אין דיא עשרת הדברות:

ד) און ספר ברכת נפש ווערט געברענגט פון דעם וואס שטייט ואל „עפרם" תשובי אין עס שטייט ניט אזוי וויא אין פרשת בראשית ואל עפר תשוב דאס הייס[...] זאלסט צוריק קערען צוא דער ערד נאר ע[...] שטייט ואל עפרם דאס הייסט צוא זייער ערד, דאס זענען דיא חכמים מרמז אז דער צדיק ווערט בעגראבען או[...] דיא ערד וואס דיא ערד איז גיג[...] זיין:

ה) און ספר שדי חמד ווערט געברענג[...] אז עס איז אמנהג ישראל צו[...] נעמען וויפיל עס זאל נישט זיין עפינ[...] געלד פאר דעם ארט פון קבר אפילו פו[...] א ארימאן יודין אויך:

ו) און שו״ת ח״ס ווערט אויך געברענג[...] אז עס איז א מנהג ישראל תורה צוא נעמין געלד פאר׳ן ארט בכדי ז[...]ע נפטר זאל נישט ווערען נקבר אין א קב[...] וואס איז נישט זיין, נאר אויב דיא חבר[...] קדושה וועלען זיך הייסען געבען מעה וויא עס געהערט צוא זיין כפי דעם יכול[...] פון דיא מענטשין אבער מצהר וויא ע[...] איז פערהאנען אמנהג. זאה פאלט דע[...] חיוב

מפני אלימותם ע״כ אין כאן חברה לקמורת מתים והוטל הקבורה על כל בני העיר זאסורים במלאכה עד שמצאו מקום שם קבור ומותר ומצוה להמציא מקום קבורות במק״א ולחבר חברה אחרת ואין רשות באלו למחות בעושי מצוה יע״ש וכו׳ :

סימן ב .

מענין אם לומר קדיש קודם הקבורה כשמת מוטל בשבת או יו״ט וגם בעוד איזה ענינים שיש לאונן להתנהג קודם הקבורה וכו י״ ספיפים :

*) בענין קדיש בשבת ויו״ט קודם הקבורה בט״ז סי׳ שע״ו סק״ד שכ׳ מי שמת בשבת או ביו״ט וא״א לקברו בו ביום יאמר קדיש תיכף אחר מיתה אבל בחול אין לעשות כן ובקיצור של״ה כ׳ דאם יש בן קטן שאין שייך בו אנינות יוכל לילך אפילו בחול לביהכ״נ לומר קדיש ועי׳ מ״ש בנקה״כ שם כיון דטעם הקדיש הוא שפודה את אביו מגיהנם א״כ כל שלא נקבר אין בו דין גיהנם כ׳ בית״ל יהודא שם א״כ לא יאמרו קדיש בשבת ויו״ט כלל דהא אין בו דין גיהנם אלא ודאי דיש טעם אחר ולכן אומרים קדיש בשבת ה״ה

סוכת שלום

חיוב אויף דער גאנצער שטאָדט זייא זאָלין זיך משתדל זיין דעָם נפטר מקבר צוא זיין און זייא טאָרין נישט טוהן קיין שום מלאכה ביז זייא זענין איהם מקבר במק״א אין מאכעָן אנאדעָרע חברה קדושה אין יענעָ טאָרין נישט זיי ווערין :

סימן ב׳. אין דיזען סימן ווערט גיברענגט דעם דין צוא מען ברויכט צוא זאגען קדיש איידער דער מת קומט צוא קבורה. דהיינו אז דער מת איז געשטאָרבען שבת אדער יו״ט איינגעשטילט אין י׳ סעיפים :

א שַׁבָּת דיו״ט וואָס מען קעָן נישט קובר זיין צוא מען זאָל זאָגעָן קדיש א דעָר דעָר מת איז בעָגראָבעָן געוואָהרעָן איז דאָה אגרויס מחלוקת אין דיא פוסקים דעָר זוהר הקדוש זאָגט דאָס מען זאָל נישט זאָגען קיין קדיש ביז נאָך דער קבורה ווייל דער קדיש העלפט אויסצולייזען דעם נפטר פון דין אין גיהנם. אָבעָר דעָר ט״ז פסק׳נט דאָס שבת ויו״ט וואָס מען איז נישט קובר זאָל מען תיכף זאָגעָן קדיש אין דער קיצור של״ה שרייבט נאָך מעהר דאָס אפילו און דעָר וואָכעָנס

אויב

ה"ה כאן וכן ראיתי בכמה קהלות ומדינות שנוהגים כהט"ז ועוד שכתב בהגהת מנהגים בהדיא דיכול לומר קדיש ע"ש ובחדושי הגרשוני שם כ' בשם הזוהר שאין מקום לקדיש עד אחר דאטמר גופא בארעא עיי"ש:

ב) **במקום** שניתן הדת שלא לקבור מיד עד שיעבור מ"ח שעות אעפ"כ לא נפטרו מדין אנינות כיון שיש להם להכין תכריכין ולחתוך נסרים לכן חל מיד אנינות (פ"ת סי' שמ"א ס"ק כ"ב בשם שו"ת נו"ב תנינא חיו"ד סי' רי"א):

ג) **מקום** שנושאין המת מעיר לעיר אם מקום קרוב הוא הוי כאלו מוטל לפניו אבל אם הוא מקום רחוק כגון מהלך ב' ימים מותר בבשר ויין וכ"ש שחייבים במצות (שם):

ד) **נראה** דאם טהרו אותו ושמוהו בארון ומסרוהו לכתפים חייב להניח תפילין ג"כ ובפרט כשיום המיתה מרוחק מיום הקבורה ד' או ה' ימים או יותר כי אז יש לצרף דעת רש"י דזה מיקרי סתימת הגולל כיון דאפשר דגם במקום שקרוביו הולכים בעת קבורה מהני מסירה ונוהג אבילות לחומרא אבל ביום ראשון אסור להניח תפילין, ומ"מ ז' ימי אבילות לא יתחילו עד שיסתום הגולל בקבר, (ועי' פתחי תשובה שם), וילך לביהכ"נ לומר קדיש משום כבוד המת (עי' ט"ז או"ח סי' ע"א סק"ב):

ה) **עוד** נראה דביום שניתן לקבורה אין לו להניח תפילין ולהתפלל ולאחר הקבורה אם לא עבר זמנה דהיינו עד חצות היום יניח תפילין בלא ברכה ויכסה אותם ויתפלל שחרית: (עי' פ"ת סי' שפ"ח וחכמת אדם כלל קמ"ח סעי' ז').

ו) **אונן** אור י"ד פטור ממצות בדיקה אבל

סוכת שלום

אויב עס איז דאָה אַקליַינער יתום וואָס ביַי איהם גיַיט ניט אָהן דער דין פון אנינות מעג ער גיַיען באַלד נאָך פאַר דער קבורה אין שוהל אַריַין זאָגען קדיש דער מנהג איז אָבער אַזוי וויא דער ט"ז דאָס נאָהר אום שבת ויו"ט זאָגט מען קדיש פאַר דער קבורה:

) **דאָרט** וויא עס איז פערבאָטען פון דער רעגירונג קובר צוא זיַין ביז אַכט אין פערציג שעה. פונדעסטוועגען איז חל דער דין אנינות באַלד, וויַיל מען דאַרף אַז גריַיטען תכריכים אין ברעטער אויף אַנאָרון:

ג) **אויב** מען טראָגט דעם מת אין אַצוויַיטע שטאָדט קובר צוא זיַין, אויב עס איז נאָהנט ביז צוויַיא טאָג גאַנג איז באַלד חל דער דין אנינות, אין אויב ניט צוויַיא טאָג איז נישט חל דער דין אנינות:

ד) **פון** דיא פוסקים ווייזט אויס אז תיכף וויא מען האָט דעם מת מטהר גיוועזען און אַריַין געליַיגט אין אָרון אין איבער גיגעבען צוא דיא טרעגער פון דער חברה קדישא. דאַרף דער אבל שוין ליַיגען תפילין בפרט ווען עס דויערט דער ווען פיער אָדער פינף טעג. אין ער דאַרף באַלד אָנהיַיבען קדיש צוא זאָגען. אָבער דיא זיבען ימי אבלות הייבען זיך הערשט אָהן נאָך דער קבורה. וויבאַלד דיא קבורה קומט פאָהר דעם ערשטען טאָג, טאָהר ער נישט ליַיגען קיין תפילין:

ה) **אזוי** א מת וואָס מען טראָגט איהם אין אַצוויַיטע שטאָדט אַריין טאָהר דער אבל נישט דאַווינען אין ליַיגען קיין תפילין דעם יום הקבורה. אין אויב מען האָט איהם קובר גיוועזען פאַר אַהאַלבען טאָג. זאָל ער לייגען תפילין אָהן אַברכה אין זיַיא פערדעקען, אין דאַווינען שחרית:

ו) **אַנאָנן** איז ערב פסח פטור פון בדיקת חמץ אָבער אויסרוימען

אבל לבטל ולבער החמץ בע"פ חייב דבתשובה מאהבה כתב דיכול ליתן לאחר לבדוק ואותו אחר יכול לברך ועי' כרם שלמה ס' שמ"א מת בערב שבת עת מנחה בענין שא"א לקברו קודם שבת יתפלל מנחה של ערב שבת כיון דלא מצי לקברו עתה לא טריד וחייב להתפלל (יד אליהו ס' ט"ז):

ז) **אונן** ביו"ט ולא יכול לקברו עד אחר יו"ט למחרתו וא"כ בלילה לא הי' יכול להבדיל שהי' פטור מפני אנינות יבדיל ביום אחר הקבורה (יעב"ץ וכן הוא בחידושים וביאורים להגאון מו"ה אפרים זלמן מרגליות):

ח) **ועי'** מרדכי מ"ק הלכות אונן וז"ל מי שמת לו מת בשבת ולא נקבר עד למחר לא יבדיל במו"ש ונראה להר"ס שמותר לאכול בלא הבדלה דאמרינן פ' מי שמתו, מי שמתו מוטל לפניו פטור מכל מצות האמורות בתורה ואמר עלה בירושלמי כל הפטור מן הדבר ועושהו נקרא הדיוט וביום המחרת לאחר שנקבר מתו אסור לאכול עד שיבדיל:

ט) **בשו"ת** יוסף דעת ח"ב ס' שמ"א כתב על דברי הט"ז שם סק"ג והש"ך סק"ט דבשמיני עצרת בלילה וכן בש"ת לדידן דהוי ספק שמיני בודאי מותר לקדש בלילה שהרי בלילה אתרבי לשמחה יתירה ע"ש ועיין מ"א ס' תקמ"ח סק"ח אונן בשבת או ביו"ט אם א"צ לעסוק בצרכי המת כגון במקום שיש חבורה והקרובים סומכים עליהם בענין הקבורת המת חייבים בכל המצות (פתחי תשובה ס' שמ"א ס"ק ט"ז. בשם ישועות יעקב או"ת ס' ע"א סק"ד):

יוד) **ועי'** חדושי הגהות מהגאון מו"ה ברוך פרענקיל ס' תקכ"ו דלפי מש"כ המ"א ס' תקמ"ח סק"ח דבליל יו"ט יוכל האונן להתפלל הוריתו במי שמת לו מת שחרית בר"ה הואיל ובודאי לא יקברו עד אחר יציאת ביהכ"נ שהאבל יתפלל כדרכו ובפרט כי בלא"ה דעת הרבה פוסקים שמותר להחמיר ע"ע ע"כ (ועיין מ"א ס' תקכ"ו ס"ק כ"א וס' ת"ר צ"ו ס"ק ט"ז):

סוכת שלום

עס פון שטיב אין מבטל זיין איז ער מחויב אויך אויב ער מאכט אשליח קען דער שליח בודק זיין מיט אברכה פרייטיג שפעט פאר נאכט דאס מען קען שוין נישט קובר זיין איז מען מחויב צוא דאווינען מנחה:

יא) **אום** יו"ט וואס מען קען שוין נישט קובר זיין. הייסט עס ביא נאכט מוצאי יו"ט אנאונן אין טאהר נישט מאכען הבדלה, הערשט בייא טאג נאך דער קבורה:

יב) **דער** מרדכי ברענגט דאס אבוואהל מען טאהר נישט עסען אהן הבדלה אויב איינער שטארבט אום שבת הייסט דאך דער זוהן מוצאי שבת אנאנון אין טאהר קיין הבדלה נישט מאכען מעג ער ביי נאכט עסען אהן הבדלה. אבער בייא טאג נאך דער קבורה טאר ער נישט עסין ביז ער מאכט הבדלה:

יג) **אום** שמיני עצרת אדער שמחת תורה ביינאכט מעג דער אונן קידוש מאכען. ווייל דער יו"ט דארף צוא זיין מיט גרויס שמחה מער וויא אלע יו"ט, שבת אין יו"ט וויא עס איז דאה אחברה קדישא וואס דער אונן איז זיך אויף זייא סומך אין אלע צורכי הקבורה. פסקענט דער מג"א דאס ער איז מחויב בכל המצות, אין אפילו ער דארף יאה עוסק זיין בצורכי המת, פינדעסטוועגען יו"ט בייא נאכט וואס דעמאלסט איז נישט דער זמן קבורה מעג ער דאווינען, אין דרובער האט דער גאון ר"ב פרענקיל געפסקענט דאס ראש השנה אין דערפריא, מעג אויך דער אונן דאווינען ווייל מען איז דאך נישט קובר ביז מען גייט ארויס פון שוהל:

סימן

סימן ג

מענין שהבנים צריכים לעסוק בקבורת הוריו ולנשאם על כתפם (וט ג׳ סעיפים)

א) בס׳ אמרי נועם שבמעבר יבק (פרק כ״ח) מביא ממה שאמר הכתוב באברהם יצחק ויעקב כי קברו אותם בניהם גראה כי נייחא גדולה יהי׳ לאב בעת שבניו יעסקו בקבורתו וגם כן ודאי יהי׳ זכות והנאה לבן בחייו ובמותו ולא לחנם מנהגן של ישראל להקפיד על זה קפידה גדולה ומחולי יעקב וצואת בניו ופרטי קבורתו והמלוים אותו והאבל כבד שעשו בעבורו מזה יש להשכיל לדרוש ולהבין כמה פרטים בבקור חולים ובהלואת המת וקבורתו ובכיתו ואבלותם עליו ובעסיקת הבן בצרכי קבורת אביו משם יהי׳ לבן זכות אבות ואור מתנוצץ לו ממנו וכו׳ וכו׳ :

ב) עוד כ׳ שם וז״ל זכינו בזה לדעת שבהיות הבן. עומד על אביו בעת פטירתו זה יהי׳ חסד האב עם הבן והבן עם האב, האב מנחיל לבן העוה״ז הגשמי למעשה המצות וזה יהי׳ סוד המנהג הברכה מאב לבן בפרט בשעת מיתה כדאמרו בגל מדו אתה מוצא שהצדיקים מברכין לבניהן בשעת מיתתן (ומה שנוהגין לסלק והקרובים מחדר הגוסס הוא דוקא, כדי שלא לצערו בהרמת קולם כי אז עת לחשות מבכי שלא להטריד כוונת הזוכה לקדש עצמו אז כטרפים ועי׳ בס׳ אגרא דכלה (ואתחנן) ובס׳ בני יששכר ח׳ ניסן מאמר י״בן אבל אם הי׳ יכולים לעמוד על עמדם בלא צלויי קול אין ספק שיש תענוג למת בהיות קרוביו החיים שם בעת סילק נשמתו כמו שמענג מקריבוהי ומרחימוהו הנזכר בזוהר פ׳ ויחי (בטעה״מ בשם האמרי נועם פכ״ד) יע״ש) ובירושה המנחיל לו מעמידו על רגליו וסבותיו לכוין

סוכת שלום

סימן ג׳ ווערד גירעד אז קינדער דארפין עוסק זיין אין דער קבורה פין זייערע עלטערין אין טראגען דיא מיטה אויף זייערע אקסלין איינגעטיילט אין ג׳ סעיפים.

א) אין ספר מעבר יבק. חלק אמרי נועם ווערט גיברענגט, אז עס איז אגרויסע טובה פאר דעם מת ווען זיינע קינדער זענין זיך מתעסק אין זיין לוי׳ אין צורכי קבורה, אין עס איז אויך א גרויסער זכות אין א טובה פאר די קינדער, ביי זייער לעבין אין אויך נאך זייער טויט, ווייל דער מיט ווערט זיי דערמאנט דער זכות פון זייערע עלטערין אין זייער קדושה בלייבט רוהען אויף זייערע קינדער, דרובער איז מען זיך נוהג בכל תפוצות ישראל אפילו צוווארטין איבער נאכט אויף די קינדער פון מת, די זאך קען מען זיך אב לערנין פון אינזערע הייליגע אבות אין איבער הויפט יעקב וואס ער האט מקפיד גיוועזין אפילו ווי אזוי די קינדער זאלין טראגין יעדער אין זיין זייט :

ב) נאך שרייבט דער מעבר יבק, אז ווייל די צדיקים בענטשין זייערע קינדער פאר זייער טויט. זעהט מען אז דאמאלסט איז די ריכטיגע צייט דאס דער פאטער זאל איבער גצבין זיין כח דעם זוהן הן אין עניני עוה״ז. הן אין עניני מעשים טובים, ער זאל זיך קענין אויף פיהרען בדרך הישר, אין דער מיט הייבט דער זוהן אויף דעם פאטער אין די עולמות העליונים. אין ער בעקרייגט איהם צווישען די צדיקים אין גן עדן, אין דרובער האט יעקב מקפיד גיוועזין דאס זיינע קינדער זאלין אלעס טוהן אזוי ווי ער האט זיי מסדר גיוועזין אין זיין צוואה.

אין

לכוין מעשיו לתקון גבוה שלכך נקרא המסון יקום והבן מעלה האב על שכמו למעלה עטרה להתעטר בעולם העליון במעשיו הטובים, וזהו. וזה צוואת יעקב לבניו בנשיאת מטתו ומנהג התלמודים הנושאין מיטת רבן:

ג) **עוד** כתב שם ולהיות נשיאת המת על הכתף לעטר אותו בעולם העליון במעשיו הטובים כנזכר בזה גבון למה צריך לעמוד בפני המת העובר ולמה הוא בר נדיו למי שאינו מלוה המת כשרואה אותו עובר לפחות ד׳ אמות כדפסק מהרר״י קארו בסוף סי׳ שס״א וגם זכינו לטעם המנהג המקומות שלוקחים האבלים והקרובים המטה על כתפיהם ואחר כך שאר העם כאשר כתב המגי׳ בסי׳ שנ״ז וע״ש עוד מעניינים הלזה:

ד) **ברמ״א** יו״ד סי׳ שנ״ח ולוקחים האבלים והקרובים המטה על כתפיהם וכ״ה בד״מ שם והוא ממהרי״ל ה׳ שמחות כשנפטרה אשת מהר״י סג״ל הי׳ בעלה הרב הולך בראש והי׳ נושא המטה ובנו עמו וכו׳:

ה) **ועי׳** או״ח סי׳ ע״ד בבית שאול להגאון מהרי״ש נאטענזאהן ז״ל במשניות ברכות פ״א בשם המקובלים שלא ישא המטה מי שאינו טובל לקריו. ועי׳ בס׳ יש נוחלין שבס׳ השל״ה הקדוש כתב וז״ל ובספר טעמי המצות חיבור חשוב להחכם ר׳ מנחם הבבלי ז״ל מצאתי שכ׳ וז״ל בענין קרי בשערי אשר סביבו מתעטפים שם כוחות הטומאה ומשם נבראים רוחות רעות ב״מ ואחרי מיתתו אינם מתפרדין. ומלווין אותו כי הם בניו ואין לו צער גדול מזה ונתיקוני להקיפו עשרה טבולי יום להריצו אל הבור ע״כ, ובהג״ה שם ואם בחייו מחרים בשופר עם ת״ח ששום אחד מבניו לא ישואו יותר טוב ע״כ:

ו) **ועל** הבנים לשום שבעה עינים ותשעה קבין מוח על האנשים המתעסקים ומטהרים את הורם הנקראים חברה קדושה או „גומל חסד של אמת״ שיהי׳ כהללו שיתנו לבבם על הדברים הגדולים הללו ושידעו שבזמן שהם עומדים על הספסל לטהר את המת ולעשות צורכיו הנם חשובים ודומים בעיני פמליא של מעלה כסגל כהנית מחנה אלקים המעלים עולות מחים ומקריבים זבחי רצון במזרח לכפר בהם עון שה פזורה ישראל חטאת צאן קדשים כמבואר בחז״ל (עיין ש״ס חגיגה י״ב ובמד״ר שמות פל״א סי׳ י׳ ופנ״א סי׳ ג׳ ובמד״ר במדבר פי״ב סי׳ י״ב ובתנחומא ויקהל סי׳ ט׳ פקודי סי׳ ב׳ תנדב״א זוטא פ״ב וזוה״ק תרומה קמ״ג וקנ״ט. ועי׳ בפי׳ הראב״ד ז״ל לס׳ יצירה פ״ד מ״ג ומצודת דוד להרדב״ז ז״ל מצוה שט״ז ש״נ שע״א שע״ח ובכד הקמח אות א׳ אבל א. וב. ובאלשך תהלים ס״ח ה׳ ובמחיר יין להרמ״א ז״ל פ״ב י״ד ובשיעור קימה לרמ״ק ז״ל סי׳ פ״ג דף פ׳ ובמקראי קודש ח״ב פט״ו. ובעוללית אפרים מאמר תקל״ז ותקמ״ו.) ושיהי׳ אותן שיבינו

סכות שלום

אין אויך אז עס איז זייער א גרויסע זאך דיא קינדער אליין זאלין טראגען די מטה:

ג) **און** נאך שרייבט ער דארט. אז ווייל דאס וואס דיא קינדער טראגען איז א טובה פאר דעם מת, און אויך פאר דיא לעבעדיגע. איז דער מנהג דאס פריהער טראגען דיא קינדער דיא מטה אין דער נאך אנדערע קרובים. אין העրשט דער נאך פרעמדע מענטשין, אין פון דעם וואס דיא צדיקים האבין מקפיד געווען אז עס זאל זיין אגרויסער עולם ביי דער לוי׳ וויא דיא גמרא ברענגט. ביי רבינו הקדוש. קען מען פערשטיין דעם דין אין שו״ע דאס וואס מען טרעפט גייען א לוי׳ מיז מען מיט גייען לפחות פיער איילין. אין דער וואס גייט נישט מיט איז אין חרם ר״ל ווייל ער איז דער מיט מונע אגרויסע טובה פון דעם נפטר. ווייל אין זכות

שיבינו כי בהורי' יהם את המת בקברו אשר יתצבו לו יחשבו בעיניו שמכניסין וגונזים ספר תורה לוחות או שברי לוחות לארון והיכל הקודש כמו שמצינו בחז"ל (עי' בש"ס מו"ק דף כ"ה. ומגילה כ"ו. ומכות כ"ב. וסוטה מ"ט. וסנהדרין ס"ח ק"א. כתובות ק"ד ובמד"ר שיה"ש פ"א סי' ג' ובזוה"ק בראשית ל"ז וירא צ"ט בשלח נ"ו ותרומה קל"ו ויקהל ר' שמיני מ' אחרי ע"א,) ולהשגיח שיצשו הכל עפמש"כ במעבר יבק וש"ס ועי"ז שהוריהם יבאו לבית עולמם בקדושה ובטהרה כדת של תורה שפתותיהם דובבות ומתפללות עליהם תמיד מלפני מלך עליון כמש"כ בס' חסידים היודיע:

סימן ד

מענין שראוי ונכון לבכות על פטירת הוריו או אדם כשר וגם מענין נפל שמת שמחייבים למולו ולשום לו שם (וכו ה סעיפים):

א) בס' מעבר יבק (באמרי נועם פל"ז) כתב דאחד מהטעמים שאסרו אפי' לעני לעשות מלאכה בהם כדי להרבות מזמורים והשכבות ותחנונים ובכי' על מתו ובפרט בג' ימי הבכי וכו' וכן יעשה עד סוף השלשים והמשכיל יוסף כרצונו ברוחב לבו ובפרט על אביו ואמו עד תשלם השנה ויתן צדקה לכפרת נפשם:

ב) בספר משפט צדק על תהלים מביא שבשו"ת רבינו הרדב"ז ז"ל נשאל על אחד שמת לו בן ולא הוריד עליו דמעות אם זו מדה טובה אם לאו והשיב הגאון הנ"ל וז"ל זו מדה רעה מורה על קושי הלב ורוע תכונת הנפש והוא מידת אכזריות והיא דרך הפילוסופים וכו' אלא ראוי להתאונן ולקונן

סוכת שלום

זכות פון דיא מענטשין וואס גייען מיט דער לוי' און זענין זיך מצער אויף דעם מת. ווערט אין הימל דער מאנט זיינע זכיות: כדי מען זאל מתפלל, זיין און וויינין אויף דעם מת:

ב) און תהלים משפט צדק ווערט גיברענגט אז דעם רדב"ז האט מען גיפרעגט וועגין א מענטש וואס איז איהם געשטארבין א קרוב און ער האט גאהר נישט געוויינט צוא דאס איז א גוטע מדה, האט ער גיענטפערט אז דאס איז זייער א שלעכטע מדה, עס ווייזט דאס דער מענטש איז אנ'אכזר. אין גלייבט אין דיא שיטת הפילוסיפין, וועלכע אכטען נישט דעם מענטש'ס לעבין. און נאך דער צו אז זייא זענען אויף גיוועזען ערליכע לייט אזוי האבין זיך נוהג גיוועזען אינזערע עלטערין בייא אברהם שטייט ער איז געקומען צוא בעקלאגען שרה'ן און זיא צוא

סימן [illegible] ווערט גערעד אז מען בראכט וויינען אויף דער פטורה פון דיא עלטערין אבער פאמליע או סתם אדם כשר ווי אויך וועגין אז אקליין קינד אנפל שטארבט ר"ל בראכט מען מלה זיין און א נאמען געבען איינגעטיילט אין [illegible] סעיפים.

א) אין ספר מעבר יבק ווערט געברענגט דאס דער טעם וואס מען טאר ניט טוהן קיין מלאכה אין דיא שבעה. ובפרט אין דיא ערשטע דרייא טעג. איז

ולקונן וגם להתאבל על מעשיו שנאמר מה יתאונן אדם חי גבר על חטאיו והבוכה ומתאבל ומוריד דמעות על קרוביו ומכ״ש על אדם כשר זו מדת חסידים ונביאים ואנשי מעשה ומורה על טהרת נפשו והכנעת לבבו לפני קונו ית׳ ויתאונן על חטאיו ויתאבל על מעשיו אשר היו לזה סיבה וכו׳ באאע״ה כתיב לספוד לשרה ולבכוכה וכן יעקב ודוד ע״ה ורבים כאלה אין מספר ועיין בספר תורת אדם להרמב״ן ז״ל ותמצא בזה מה שיש בו די ומ״מ אין ראוי להקשות יותר מדאי ע״ש וכ״כ בספר הישר לר״ת כי א׳ מהסמנים אשר נשמתו של אדם לא טובה היא אם אינו משים אל לבו בהעדר א׳ מבנ״י ר״ל ולהיפוך אם משים לב ודואג אז סי׳ מובהק שנשמתו הוא טובה ע״ש באורך :

ג) בס׳ אורח ישרים הביא מליצה נאה, לפרש דברי חז״ל שבת ק״ה דאמר ר״ש בן פזי אמר ריב״ל משום בר קפרא כל המוריד דמעות על אדם כשר הקב״ה סופרן ומניחן בבית גנזיו וכו׳ תניא מפני מה בניו ובנותיו של אדם מתים כשהם קטנים כדי שיבכה ויתאבל על אדם כשר כדי שיבכה צרבינא שקלי מיני׳ אלא מפני שלא בכה, והתאבל על אדם כשר וכו׳ שיש להבין מדוע עוד צריך להקב״ה לספרן זכי לא הוה יכול לגנזם בבית גנזיו בלא מספר, הוא רק מאשר כי לא כל הדמעות הם בעבור הנספד, כי כאשר יעמוד הספדן ליספוד על הנפטר אם הספדן הוא איש חכם וכאשר רואה פי דבריו לא פעלו על לב שומציהם לרכך את לבבם כי יזלו מים מה הוא עושה. יחול הוא אז לעורר תאניה ואניה על העת הלא טובה. ויציע לפני קהל הנאספים מצרות שונות אשר תקראינה בכל יום. כמה אנשים אשר יסבלו חרפת רעב וכפן ועולליהם מבקשים לחם ואין, ועוד דברים כאלה, בטח נמצאו אז בקהל הנאספים כמה אנשים אשר בביתם אין לחם ואין שמלה. והדברים האלה יגיעו עד נפשם . ובזכרם את מצבם הרע והם ירימו את קולם, בבכי וצעקה על דאגת הפרנסה, ואח״כ יזכור צרה אחרת ממיתת הילדים הקטנים ר״ל כמה יונקי שדים ועוללים שלא טעמו עוד טעם חטא הלכו מעולמם בשנה ההיא, והיה בזכור את בניהם בטח נמצאו שם ג״כ אנשים נגוע האסון הזה כי נלקחו מאתם פרי בטנם מחמדי נפשם, ירימו את קולם בבכיה, ועוד ממקרים שונים כאלה ר״ל אשר יקרה תמיד, ובעת כי יחם לבם על צרת נפשם, אך אז ירים כשופר קולו ויעורר קינים הגה והי ויזכור מעלת הנפטר וההדר המגיע ממיתתו. ואך אז בתומם יתעוררו לבביה ג״כ על הנפטר, ע״כ על הקב״ה

סוכת שלום

צו בעווייגין. אין אזוי געפינען מיר ביי יעקב אין ביי דוד, אין אזוי שטייט אין ספר הישר לר״ת אז אין דעם דערקענט מען אז דער מענטש איז פערדארבען, אויב עס בערוהט איהם נישט ווען ער הערט אז אנ׳ערליכער יוד איז נפטר געוואהרין, אין דער וואס איז זיך שטארק מצער דרוני איז א סימן דאס ער האט א גיטע נשמה פון דעסט וועגין זאל ער זיך נישט מצער זיין לענגער ווי די חכמים האבין עהייסען אזוי ווי דער דין איז אין שלחן ערוך :

ג) דער א״י שרייבט דער טעם וואס קליינע קינדער שטארבין ר״ל וייל זייערע פאטערס האבין נישט געווייגט אויף דעם טויט פון א צדיק וייל ווען צדיקים זענין אין דור איז זייער פטירה מכפר אויף די זינד פון דור, אין אז עס איז נישטא קיין צדיקים, איז דער טויט פון קליינע קינדער מכפר, דרובער אז א צדיק איז נפטר גיווארין אין דער מענטש וויינט נישט דרויף הייסט אז ער רעכינט איהם נישט פאר א צדיק קען דאס אויף

תקב"ה לספרן מה הנה הדמעות אשר נזלו בעבור אדם הרב, ומה הנה הדמעות אשר ירדו בעבור צרת הפרנסה והבנים וכדומה. יען כי לא כל הדמעות ירדו על דבר הנפטר ולהבין מדוע זה יגיע העונש כי ישפוך ה' חמתו על הבנים הקטנים בעבור האבות שלא בכו על אדם כשר, הוא ע"פ מאמרם ז"ל בזמן שהצדיקים בדור נתפסים על עון הדור אין צדיקים בדור תינוקות של בית רבן נתפסים על הדור ע"כ כשמת אדם כשר ובכה והתאבל עליו הלא מוחלין לו על עונותיו. א"כ ממילא נשארו בניו בחיים, אבל אם לא בכה על הצדיק א"כ מחזיק הוא אותו לאינו אדם כשר ואינו נתפס עליו, ע"כ בניו הקטנים המה נתפסים על עונותיו, ובאמת גם הס"ד שאמר מתחלה כדי שיבכה על אדם כשר הוא יען כי במות אדם כשר הלא מעוררים עליו הספד, ע"כ מתו בניו הקטנים מקודם כדי בעת שיזכור את מיתת בניו ויבכה עליהם ובעת כי יחם לבבו נקל יהיה לו עוד להוריד דמעות גם על האדם הכשר הזה שנפטר: ולהלן בסי' ח"י בהספיד על אמי זקנתי הצדקת המיוחסת הצנועה מרת שיינדיל הינדא ע"ה שנפטרה ביום כ"ח לחודש טבת תרע"ט בזאמושטץ ע"ח הבאתי בענין זה שצריך לבכות משל נחמד:

ד) **באם** תינוק נפל מת מלין אותו, משימים לו שם שירחמוהו מן השמים ויחי' בתחיית המתים כמבואר בסי' רס"ג ושנ"ג וגם לתינוקת נותנים לה שם ומש"כ בש"ע לזכר הוא בצירי ולא בקמץ. ובספר שדי חמד אות כ"ב כתב שו"ת השיב משה קבלתי דבלא שם נעשה מן התינוק חצון ומשמשי הח"ק אין בקיאים בזה וצריך להשגיח ע"ז ולהודיעם ואם לא קראו לו שם קודם קבורה יקראו לו שם אחר קבורה שו"ת מאיר נתיבים סי' ס"ז:

ה) **ואם** קברו התינוק תוך שמונה ימים בלתי נימול בצור מותר לפתוח הקבר ולמולו בצור עי' פ"ת סי' רס"ג סקי"א ואין מלין אותו אפי' ביו"ט שני של גליות לאפיקו מי שלא נימול מחמת חולה ומת לאחר ל"י מלין אותו ביו"ט ב' עי' מג"א סי' תקכ"ו סק"כ ובטעה"ם ח"ב מביא בשם ס' אחד דמה שמשמע (קידושין פ') כשמוציאין לקבורה תינוק נפל בתוך ל"י דצריכים ג' בנ"א ללותו כתב באור זרוע הלכה תכ"ב וז"ל ואומר אני יצחק המחבר דמיירי בקטן ישכלו לו חדשיו ע"כ ולענין קבורת נפל ביו"ט שני של גליות עי' מג"א שם. ומה שיש לומר בעת שילד קטן מת תמצא בסימן ו':

סוכת שלום

ד) **אַנֵפֶל** אַ זכר איז מען מלה אין מען גיט איהם אַ נאָמין פאַר דער קבורה, אויף אַ נקיבה דאַרף מען אַנאָמין געבין אַז נישט ווערט דערפין אַ מזיק ר"ל. אַז מען האָט נישט קיין נאָמין גיגעבין פאַר'ן קובר אויף איהם נישט מכפר זיין, אין דרובער שטאַרבען זיינע קליינע קינדער ר"ל:
זיין זאָל מען דער נאָך אַנאָמין געבין:

ה) **אַנֵפֶל** וואָס מען האָט פערגעסין מלה צו זיין מעג מען עפינען דאָס קבר אין מלה זיין. אום יו"ט שני טאָהר מען נישט מלה זיין, אָבער אַ קינד וואָס מען האָט נישט מלה גיוועזין ווייל עס איז שלאַף גיוועזין מעג מען מלה זיין אין יו"ט ב':

סימן ה

מענין צדיק הדין אחר הפטירה והליכו לביה"ק ובניגב הידים (וכו י' סעיפים).

א) **כתב** בס' חכמת אדם דמנהג הנכון הוא שיאמרו צדיק הדין בעת יציאת נשמתו וכשיגיע לדיין אמת קורע ומברך ברוך דיין אמת בשם ומלכות כל מצטער עליו ובספר אשל אברהם סי' רכ"ד כתב בשם הטור סי' שע"ו דהאבל מברך דיין אמת אחר הקבורה ובספר שבלי לקט ס' י"ג כתב וז"ל מצאתי בשם רבינו שלמה ז"ל מנהג לומר צידוק הדין בשעת יציאת נשמה וממתינין לכבוד הדבר ואומרים אותו בחצר בית הקברות או על פי המערה בשלום תשכב פ"א קברו מת בחו"מ ולא רצו לומר עליו צידוק הדין ולא קדיש שהקדיש אינו בא אלא בשביל הפסוקים של צידוק הדין ועמד רבי ואמר עליו צידוק הדין וקדיש שאין זה לא הספד ולא קינה ואין כאן חילול מועד אלא הוא הודאה וקבלת דין שמים כו' כו' וצידוק הדין כל שבעת ימי אבלתו מצות אמירתיו ובשם רבינו ישעי' כ' שדחה דבריו וכ' שאין נכון לאומרו לפי שיש בו כמה דברים של עג"ב וכולו הוא מלא דברים המעציבים לבו של אדם ולהזכיר לו יום המיתה והלכך אין לאומרו בשום יום שאמרו חכמים שאסור להספיד בו וכן כשמביאין המת לבית הקברות אומרים צדוק הדין, אך אם נקבר בלילה וכן בימים שאין אומרים חנון אין אומרים צדוק הדין ולא קדיש בביה"ק (עי' באה"ט סי' שע"ו סק"ג בשם או"ח ועי' בסנהדרין שאין אומרים כל ימי ניסן וצ"צ וצדוק הדין כי והוא רחום ותחנון וציים וצדוק הדין לעולם שוין הם):

בן

סוכת שלום.

סימן ה' עס ווערד גירעד וועגין צידוק הדין נאך הנפטר אין דאס פיהרען דעם מת אויף דעם בית הקברות אין דאס וואשען זיך די הענד איינגעטיילט אין **י'** סעיפים

א) **אין** דעם ספר חכמת אדם שטייט דאָס דער ריכטיגער מנהג איז צוא זאָגען צידוק הדין תיכף ביא יציאת נשמה, אין קומענדיג צוא ברוך דיין האמת מאַכען אַברכה מיט שם ומלכות אין יעדער וואָס איז זיך מצער איז קורע, אָבער דער אשל אברהם ברענגט פין טוש"ע אז דער אבל זאָגט דיא ברכה דיין האמת נאָך דער קבורה: אין שבלי לקט שרייבט דער ר' שלמה ז"ל דער מנהג איז טאַקע תיכף ביא יציאת נשמה צוא זאָגען דיא ברכה דיין אמת נאָהר לכבוד דעם נפטר וואַרט מען ביז צוא דער קבורה, נאָך שרייבט ער וועגען חומ"ס, אייגמאָהל האָט מען קובר געוועזען אום חוה"מ אין מען האָט נישט געזאָגט קיין צידוק הדין אין קדיש, האָט רבינו שלמה ז"ל אליין געזאָגט ווייל ער האָט געזאָגט אז דאָס איז נאָהר קבלת דין שמים אין נישט קיין הספד, איז דערמיט נישט קיין חילול יו"ט. אין אויך שרייבט ער אז צידוק הדין דארף מען זאָגען גאַנצע שבעה, אָבער רבינו ישעי' ז"ל האָט געאַסערט צוא זאָגען צידוק הדין אין דיא טעג וואָס מען טאָהר נישט מספיד זיין, אָדער מען זאָגט נישט קיין תחנון, אָדער דיא קבורה קומט ארויס ביא נאַכט, אין ספר המנהגים ווערט גיברענגט אז גאַנץ חודש ניסן זאָגט מען נישט קיין צידוק הדין, ווייל תחנון, והוא רחום צו"צ, אין צידוק הדין זענען גלייך ווען מען זאָגט קיין תחנון נישט זאָגט מען דיא אלע זאַכען נישט:

דער

ב) **בן** י"ב חודש אומרים עליו צ"ה וקדיש (יעב"ץ):

ג) **טעם** שמעמידין המת ג' פעמים קודם שאומרים עליו צידוק הדין כדי להבריח רוחות הטומאה הרוצים להחזיק בו שלא להכניס עמו לקבורה וכמשמעמידי' אותו הולכים להם ובימים שאין בהם צידוק הדין א"צ להעמיד אותו כי ביום זה אין כ"כ כוחות טומאות מצויות (שפתי כהן סי' שנ"ח ס"ק ד'):

ד) **ובספר** מעבר יבק שפת אמת פ' ל"א כתב בשם נימוקי יוסף סוף פ' המוכר פירות שמעמידי' אותו ז' פעמים כנגד שבעה דברים שהעולם נפסקין מהם כדכתיב זרע וקציר קור וחום קיץ וחורף יום ולילה לא ישבותו יום ולילה נחשבים אחד לומר כי החי יתן אל לבו כי העולם וכל עניניו הבל ואשרי מי שעמלו בתורה ובמע"ט:

ה) **ובשפתי** רננות פט"ו כתב דבכל זמן שעומדים הנושאים את המת עם הארגז להחליף יכוונו להבריח מעליו ומסביביו הרוחות כי בכל עמידה הרוחות פורחים ואולי שאין להם רשות רק להלוך לא לעמוד כמו שהמזיק אין לו רשות לזוז ממקומו ואולי הרוחות נקראים פורחות על זה כדכתיב ונפשותיכן לפורחות:

ו) **ובס'** מעבר יבק הנ"ל (פי"ח) כתב כשנושאין אותו לקבר אומרים שיר של פגעים ואחר הקבירה יאמר כל אחד פסוק והוא רחום ג"פ וזהו ג"ח גדול למת להחליש ראשי המשחית ואם יאמרוהו כל הקהל ג"פ בקול הנה מה טוב שהם ל"ט תיבו"ת כנודע ובזה מקילים מעליו כח המלקות מחיבוט הקבר ושאר דינים ואח"כ

סוכת שלום

ב) **דער** יעב"ץ שרייבט אז אויף אקינד פון צוועליף חדשים זאגט מען צדוק הדין אין קדיש:

ג) **דער** ש"כ שרייבט. דעם טעם וואס מען שטעלט זיך אב דרייא מאהל אויף דעם ביה"ק מיט דער מטה איידער מען זאגט צידוק הדין. כדי דיא כוחות הטומאה זאלען אוועק גייען, אבער אטאג וואס מען זאגט נישט קיין צידוק הדין דארף מען זיך נישט אב שטעלין וויל דאמאלסט האבען דיא כוחות הטומאה קיין שליטה נישט:

ד) **און** ספר מעבר יבק ווערט געברענגט אז מען שטעלט זיך אב זיבען מאהל, צוא דער מאנען זיך אין דיא זיבען צייטען וואס גייען איבער דעם מענטשס לעבען זייען, אין שניידין, קעלט אין היץ זוממער אין ווינטער טאג אין נאכט, טאג אין נאכט ווערט גירעכינט איינס פון וועלכע דער נפטר האט זיך שוין געשיידט פון זייא. אין אויך יעדער מענשט איז אהנגעברייט דער צו:

ה) **אין** דעם ספר שפתי רננות ווערט גיברענגט דאס בייא דעם גאנצען וועג ביז צום ביה"ק ווען דיא נושאים שטעלען זיך אב איבער צוא בייטען אדער גלאט אב צוא רוהען זאלען זייא אין זונען האבען צוא מאכען אנטלויפען · דיא מזיקין פון דעם מת, וויל זייא הייסען דרובער פורחות, דאס זייא האבען נישט קיין רשות צוא שטייען נאהר מיט צוא פליהען אין בייא יעדען מאהל אב שטעלען אז מען האט אין זינען זייא צוא מאכען אנטלופען מוזען זייא פון דארט אנטלויפען:

ו) **און** ספר מעבר יבק ווערט גיברענגט אז מען טהוט אגרויסע טובה דעם מת אז אלע וואס זענען בייא דער לוי' זאגען נאך דער קבורה דרייא מאהל והוא רחום. וואס דרונען איז דאה ניין און דרייסיג ווערטער דער מיט ווערט ער ניצול פון דיא מלקות פון חיבוט הקבר, אין דער נאך זאל מען זאגען וסר עונך וחטאתך תכופר. אויך איז גלייך ווען מען טראגט איהם אין קבר אריין צוא זאגען יושב בסתר:

ואח"כ יאמר וסר עונך וחטאתך תכופר :

*) נוסח הצדוק הדין .

הַצּוּר תָּמִים פָּעֳלוֹ כִּי כָל דְּרָכָיו מִשְׁפָּט אֵל אֱמוּנָה וְאֵין עָוֶל צַדִּיק וְיָשָׁר הוּא: הַצּוּר תָּמִים בְּכָל פּוֹעַל. מִי יֹאמַר לוֹ מַה תִּפְעָל. הַשַּׁלִּיט בְּמַטָּה וּבְמַעַל, מֵמִית וּמְחַיֶּה מוֹרִיד שְׁאוֹל וַיָּעַל: הַצּוּר תָּמִים בְּכָל מַעֲשֶׂה. מִי יֹאמַר לוֹ מַה תַּעֲשֶׂה, הָאוֹמֵר וְעוֹשֶׂה חֶסֶד חִנָּם לָנוּ תַעֲשֶׂה. וּבִזְכוּת הַנֶּעֱקַד כְּשֶׂה. הַקְשִׁיבָה וַעֲשֵׂה. צַדִּיק בְּכָל דְּרָכָיו: הַצּוּר תָּמִים, אֶרֶךְ אַפַּיִם וּמָלֵא רַחֲמִים, חֲמוֹל נָא וְחוּס עַל אָבוֹת וּבָנִים כִּי לְךָ אָדוֹן הַסְּלִיחוֹת וְהָרַחֲמִים: צַדִּיק אַתָּה יהוה לְהָמִית וּלְהַחֲיוֹת אֲשֶׁר בְּיָדְךָ פִּקְדוֹן כָּל רוּחוֹת, חָלִילָה לְּךָ זִכְרוֹנֵנוּ לִמְחוֹת, וְיִהְיוּ נָא עֵינֶיךָ בְּרַחֲמִים עָלֵינוּ פְּקוּחוֹת, כִּי לְךָ אָדוֹן הָרַחֲמִים וְהַסְּלִיחוֹת: אָדָם אִם בֶּן שָׁנָה יחיה

סוכת שלום

הַצּוּר דעֶר שטאַרקעֶר גאָט : תמים . גאַנץ זעֶנעֶן : פעלו . זײַנעֶ מעשים : כי כל דרכיו . ווײַל זײַנעֶ אַלעֶ וועֶגען זעֶנעֶן : משפט . מיט ריכט : אל אמונה . דעֶר בעֶגלײבטעֶר גאָט : ואין עול . אין עֶר טהוט נישט קײן אומרעֶכט : צדיק וישר הוא . עֶר איז בראַוו אין רעֶכטפאַרטיג : הצור תמים בכל פועל . עֶר איז גאַנץ שטאַרק אין אַלע זײַנעֶ וועֶרק : מי יאמר לו . אין ווער קעֶן איהם אַ דיעה זאָגעֶן : מה תפעל . וואָס טיסטו . עֶס איז נישטאָ קײן גרעֶסעֶרעֶר פאַר איהם : השליט במטה ובמעל . עֶר געוועֶלטיגט אונטעֶן אויף דעֶר וועלט. אין אויוועֶן אויף יעֶנעֶר וועֶלט : ממית ומחיה מוריד שאול ויעל . עֶר טײט אין מאַכט ווידעֶר לעֶבעֶדיג. עֶר מאַכט נידערעֶן אין קבר אַרײן אין עֶר וועֶט צוריק דערפין אויפברענגעֶן : הצור תמים בכל מעשה . דעֶר גאַנץ שטאַרקעֶר גאָט אין אַלעֶם וואָס ווערט געֶטאָהן : מי יאמר לו מה תעשה . וועֶר קעֶן איהם זאָגעֶן וואָס טוסטו : האומר ועושה . עֶר זאָגט אין טהוט : חסד חנם לנו תעשה . דיא זאָלסט אונז טהון אַנאומזינסטיגעֶן געֶנאָד : ובזכות הנעקד כשה . אין זכות פון יצחק אבינו וועֶלכעֶר איז געֶבינדעֶן געֶוואָרעֶן פאַר דיר וויא אַשאָף : הקשיבה ועשה זאָלסטו אינזעֶר תפלה פעֶרנעֶמעֶן אין אונזעֶר בקשה טהון : צדיק בכל דרכיו . עֶר איז בראַוו אין אַלעֶ זײַנעֶ וועֶגעֶן : הצור תמים . דעֶר גאַנץ שטאַרקעֶר : ארך אפים ומלא רחמים . עֶר דעֶרלעֶנגעֶרט דעֶם צאָרעֶן אין איז פיהל מיט דעֶרבאַרעֶמקײט . חמול נא וחוס על אבות ובנים . עֶרבאַרעם אין לײטזעֶליג פאָטעֶר אין קינדעֶר : כי לך אדון הסליחות והרחמים , ווײל צוא דיר איז דיא העֶרשאַפט פון פאַרגעֶבונג אין דעֶרבאַרמונג : צדיק אתה יי להמית ולהחיות. בראַוו ביסטו גאָט צוא טײטעֶן. אין ווידעֶר לעֶבעֶדיג צוא מאַכעֶן : אשר בידך פקדון כל רוחות . וואָס אין דײן רשות איז דאָס בעֶהעֶלטעֶניש פון אַלעֶ גײסטעֶר : חלילת לך זכרונינו למחות . פעֶרמײדעֶן זאָל דײן רחמנות אינזעֶר אַנדעֶנקעֶן אָב צוא מעֶקעֶן : ויהיו נא עיניך עלינו ברחמים פקוחות . אין דײנעֶ אויגעֶן זאָלעֶן אויף אונז קוקעֶן מיט רחמים : כי לך אדון הרחמים והסליחות. ווײל דיא ביסט דעֶר האַר פון רחמנות אין פאַרגעֶבונג : אדם אם בן שנה יחיה . דעֶר מעֶנטש וואָס איז אײן יאָהר אַלט . או אלף שנים יחיה . אָדעֶר עֶר זאָל אפילו טױזינד יאָהר לעֶבעֶן : מה יתרון לו . וואָס אַ מעלה האָט עֶר דערמיט : כלא היה יהיה . עֶר שטאַרבט אין איז גלײך וויא עֶר וואָלט גאָהר

יִחְיֶה. אוֹ אֶלֶף שָׁנִים יִחְיֶה, מַה יִּתְרוֹן
לוֹ כְּלֹא הָיָה יִהְיֶה. בָּרוּךְ דַּיַּן הָאֱמֶת
מֵמִית וּמְחַיֶּה: בָּרוּךְ הוּא כִּי אֱמֶת
דִּינוֹ, וּמְשׁוֹטֵט הַכֹּל בְּעֵינוֹ, וּמְשַׁלֵּם
לְאָדָם חֶשְׁבּוֹנוֹ וְדִינוֹ. וְהַכֹּל לִשְׁמוֹ
הוֹדָיָה יִתֵּנוּ. יָדַעְנוּ יהוה כִּי צֶדֶק
מִשְׁפָּטֶיךָ: תִּצְדַּק בְּדָבְרֶךָ, וְתִזְכֶּה
בְּשָׁפְטֶךָ, וְאֵין לְהַרְהֵר אַחַר מִדַּת
שָׁפְטֶךָ. צַדִּיק אַתָּה יהוה וְיָשָׁר מִשְׁפָּטֶיךָ:

דַּיַּן אֱמֶת, שׁוֹפֵט צֶדֶק וֶאֱמֶת. בָּרוּךְ
דַּיַּן הָאֱמֶת, שֶׁכָּל מִשְׁפָּטָיו צֶדֶק
וֶאֱמֶת: נֶפֶשׁ כָּל חַי בְּיָדֶךָ, צֶדֶק מָלְאָה
יְמִינְךָ וְיָדֶךָ, רַחֵם עַל פְּלֵיטַת צֹאן
יָדֶךָ, וְתֹאמַר לַמַּלְאָךְ הֶרֶף יָדֶךָ: גְּדוֹל
הָעֵצָה וְרַב הָעֲלִילִיָּה: אֲשֶׁר עֵינֶיךָ פְּקֻחוֹת
עַל כָּל דַּרְכֵי בְּנֵי אָדָם: לָתֵת לְאִישׁ
כִּדְרָכָיו וְכִפְרִי מַעֲלָלָיו: לְהַגִּיד כִּי יָשָׁר
יהוה צוּרִי וְלֹא עַוְלָתָה בּוֹ: יהוה נָתַן

ויהוה

סוכת שלום

באָהר נישט גיוועזען: ברוך דיין האמת ממית ומחיה. געלויבט איז דער אמת'דיגער ריכטער וועלכער טייט אין מאַכט צוריק לעבעדיג: ברוך הוא כי אמת דינו. געלויבט איז ער ווייל זיין ריכטען איז אמת: ומשוטט הכל בעינו. אין זיין אויג שוועבט איבער אלעס: ומשלם לאדם חשבונו ודינו. אין ער בעצאָלט דעם מענטש זיין פערדינטען רעכינעק אין זיין ריכט: והכל לשמו הודיה יתנו. אין אלע גיבען אלויב צוא זיין נאָמען: ידענו יי כי צדק משפטיך, מיר ווייסען גאָט דאָס דיינע ריכטען זענען ריכטיג: תצדק בדבריך ותזכה בשפטיך. דיינע רייד זענען ריכטיג אין דיין ריכט איז ריכטיג: ואין להרהר אחר מדת שפטיך. אין מען טאָהר נישט נאָך קלערען נאָך דיין מאָס פין דיין געריכט: צדיק אתה יי וישר משפטיך. דיא גאָט ביסט בראַוו אין רעכטפאַרטיג זענען דיינע ריכט: דיין אמת. אמת'דיגער ריכטער: שופט וצדק אמת. אמת'דיגער אין גערעכטער ריכטער: ברוך דיין האמת. געלויבט איז דער אמת'דיגער ריכטער: שכל משפטיו צדק ואמת. וואָס אלע זיינע ריכטען זענען גערעכט אין וואַהר: נפש כל חי בידך. דער גייסט פון אלע לעבעדיגע איז און אין דיין האַנד: צדק מלאה ימינך וידך. דיין רעכטע האַנד איז פיהל מיט גערעכטיגקייט. רחם על פליטת צאן ידך, דערבאַרעם זיך אויף דעם איבער בלייבונג פון דיא יודען וועלכע ווערען גערופען צאן ידי: ותאמר למלך הרף ידך. אין זאָלסט זאָגען צום מלאך המות ער זאָל אָבלאָזען זיין האַנד פון אונז: גדול העצה ורב העלילה. דיא גרויסער ראַטגעבער אין האַר פון אלע ווערק. אשר עיניך פקוחות על כל דרכי בני אדם. וואָס דיינע אויגען בעאַבאַכטען אלע וועגען פון דיא מענטשען: לתת לאיש כדרכיו וכפרי מעלליו. צוא געבען יעדין מענטש וויא זיינע וועגען. אין אַזוי וויא דיא פרוכט פון זיינע ווערק: להגיד כי ישר יי צורי. צוא זאָגען דאָס השי"ת איז רעכטפאַרטיג ער איז מיין שטאַרקער: ולא עולתה בו, אין עס איז אין איהם קיין אומרעכט נישט פער האַנדין: יי נתן יי לקח. גאָט האָט גיגעבען אין ער האָט צוריק גענומען: יהי שם יי מבורך. זאָל השי"ת נאָמען זיין געלויבט: והוא רחום. אין ער איז דערבאַרמיג: יכפר עון. ער זאָל אָבווישען אונזערע זינד: ולא ישחית. אין זאָל נישט פערדאַרבין: והרבה. אין ער זאָל מעהרין: להשיב אפו. אומצוקערען זיין צאָרען: ולא יעיר כל חמתו. אין ער זאָל נישט אינגאַנצען אויפוועקען זיין גרימצאָרען:

יַיהוה לָקַח: יְהִי שֵׁם יהוה מְבוֹרָךְ: וְהוּא רַחוּם יְכַפֵּר עָוֹן וְלֹא יַשְׁחִית וְהִרְבָּה. לְהָשִׁיב אַפּוֹ וְלֹא יָעִיר כָּל חֲמָתוֹ.

ובימים שאין אומרים תחנה א"א צ"ה רק ד' קאפטיל תהלים הראשונים.

[1] **הוראה** קצר ישראל צריך לברך ברכה זו תיכף בבואו שמה רחוק ד' אמות מן הקברים כשהמקום נקי סביביו וכן בתשעה באב כשיוצאין לביה"ק לאחר הקינות צריך לברך ברכה זו אם לא ראה את הקברים שלשים יום: וזהו

בָּרוּךְ אַתָּה יְהוה אֱלֹהֵינוּ מֶלֶךְ הָעוֹלָם אֲשֶׁר יָצַר אֶתְכֶם בַּדִּין וְזָן וְכִלְכֵּל אֶתְכֶם בַּדִּין וְהֵמִית אֶתְכֶם בַּדִּין: וְיוֹדֵעַ מִסְפַּר כֻּלְּכֶם בַּדִּין וְעָתִיד לְהַחֲזִיר (נ"א לחזור) וּלְהַחֲיוֹתְכֶם בַּדִּין: בָּרוּךְ אַתָּה יהוה מְחַיֵּה הַמֵּתִים:

ואח"כ אומרים אתה גבור עד להחיות מתים

וְעַל כָּל זֶה אֲנַחְנוּ חַיָּבִים לְהוֹדוֹת לְךָ וּלְיַחֵד אֶת שִׁמְךָ הַגָּדוֹל הַגִּבּוֹר וְהַנּוֹרָא: אֵין כְּעֶרְכְּךָ יְיָ אֱלֹהֵינוּ בָּעוֹלָם הַזֶּה. וְאֵין זוּלָתְךָ מַלְכֵּנוּ לְחַיֵּי הָעוֹלָם הַבָּא. אֶפֶס בִּלְתְּךָ גּוֹאֲלֵנוּ לִימוֹת הַמָּשִׁיחַ. וְאֵין דּוֹמֶה לְךָ מוֹשִׁיעֵנוּ לִתְחִיַּת הַמֵּתִים:

ועל קבר עכו"ם אומר בושה אמכם וגו' ואם חצר וראה אותו דבר מתוך שלשים.

סוכת שלום

[1] **דער** וואָס גייט אויפן ביה"ק קומענדיג אין דיא פיער איילען פון דיא קברים אויב דאָס אָרט איז ריין דאָס מען מעג מאַכען דאָרט אַ ברכה: צוא אום תשעה באב וואָס דער מנהג איז גאָך דיא קינות צוא גיין אויפן ביה"ק אויב ער איז נישט געוועזען דרייסיג טעג פרוהער אויפן ביה"ק זאָל ער זאָגען דיזע ברכה:

בָּרוּךְ. געלויבט: אתה. ביסטו: ה' אלקינו. גאָט אונזער גאָט: מלך. קעניג: העולם. פון דער וועלט. אשר. וואָס: יצר: ער האָט בעשאַפען: אתכם. אייך: בדין. מיט ריכט: ודן. אין ער ריכטעט: וכלכל. אין ער האָט געשפייזט: אתכם. אייך: בדין. מיט ריכט: והמית אתכם בדין. אין ער האָט אייך געטייט מיט ריכט: ויודע. אין ער ווייסט: מספר. דיא צאָהל: כולכם. פון אייך אלע: בדין. מיט ריכט: ועתיד. אין ער איז אָנגעבריים: להחזיר. צוריק צוא קערען: ולהחיותכם. און אייך ווידער לעבעדיג צוא מאַכען: בדין. מיט ריכט: ברוך געלויבט: אתה. ביסטו: ה'. גאָט: מחיה. וואָס מאַכט לעבעדיג: המתים. דיא טויטע: אין נאַכהער זאָגט מען אתה גבור. ביז להחיות מתים. געפינט זיך אין שמונה עשרה: אויף נישט יודישע קברים זאָגט מען דעם פסוק בושה אמכם, אין אויב מען זעהט דיא זעלבע קברים אין דיא דרייסיג טאָג דארף מען נישט מאַכען קיין ברכה אָבער ווען מען זעהט אַנאַנדער בית הקברות אָדער אין דעם, זעלבען אין צוא געקומען נייע צווייא קברים מאַכט מען יאָה דיא ברכה אין אַפילו אום שבת וואָס מען זאָגט נים קיין צדוק הדין דארף מען אויף

שלשים יום אינו חוזר ומברך ועי׳ בבאה״ט שם סק״ט שכ׳ דאם ראה קברות אחר צריך לברך וכן הביא השערי תשובה בשם ברכי יוסף ועוד זאת שאם נתחדש ח״ו ב׳ קברים תוך ל׳ יום נמי יברך ע״ש. וכתב בשו״ת יהודא ועלה חיו״ד סי׳ שע״א דגם בשבת אף שאין בו צדוק הדין אם רואה קבר ישראל מברכי׳ הברכה אשר יצר אתכם בדין (ועי׳ בשדי חמד אס״ד מערכת ברכות אות י״ד) :

ו) באשל אברהם או״ח (סי׳ רכ״ד) כתב על מה שאמחז״ל דהקורא כתב בולט שע״ג מציבה קשה לשכחה יש לומר אהבה רבה עד וליחדך באהבה וממגל מאוד לשכחה יע״ש :

סימן ז

מעניני הקבורה והמזמור תהלים מ״ט והקדיש הראשון שאחר הקבורה. וניגוב ידים. ומה שיש לומר להנהנים מן הצדקה שמונחים הנפטרים וכו ״ד סעיפים .

א) אם יש יתום בעת הקבורה אזי לאחר הקבורה אם הוא יום מרחיקין ד׳ אמות מהקברות ואומרים את המזמר תהלים למנצח וגו׳ :

לַמְנַצֵּחַ לִבְנֵי קֹרַח מִזְמוֹר: שִׁמְעוּ זֹאת כָּל הָעַמִּים הַאֲזִינוּ כָּל יֹשְׁבֵי חָלֶד: גַּם בְּנֵי אָדָם גַּם בְּנֵי אִישׁ יַחַד עָשִׁיר וְאֶבְיוֹן: פִּי יְדַבֵּר חָכְמוֹת וְהָגוּת לִבִּי

סוכת שלום

אויך צוא מאכען דיא אויוועגדערמאַנטע ברכה :

ו) ווענין לייענען דיא אויפשריפט פון אַ מצבה, דער וואָס לייגט דיא אויפשריפט וואָס איז אויס געשלאָגען אויף אַמצבה. פערגעסט דאָס לערנען, אַסגולה דערצו איז צוא זאָגען אהבה רבה ביז וליחדך באהבה :

סימן ז די ענינים ביי דער קבורה.

והקפיטעל תהלים אין דעם ערשטען קדיש נאך דער קבורה אין דאם וואשין זיך דיא הענד אין דאם זאגען וועלכע געניסען פון צדקה וואס דער נפטר האט איבער געלאזט.

איינגעטיילט אין ד סעיפים :

א) אויב עס איז דאָה אַקינד פון דעם נפטר ביי דער קבורה, אין דיא קבורה איז גיענדיגט ווען עס איז נאָך טאָג דערווייטערט מען זיך פיער איילען פון דיא קברים אין מען זאָגט דעם ממור מ״ט פון תהלים, אין נאָכדעם זאָגען דאָס קאַפיטעל. זאָגט דער יתום דעם קדיש : לַמְנַצֵּחַ . צוא שטאַרקען : לבני קרח . האָבען פערפאַסט דיא קינדער פון קרח : מזמור , אַגעזאַנג : שמעו . הערט : זאת . דאָס דאָזיגע : כל העמים . אַלע פעלקער : האזינו . פערנעמט : כל יושבי חלד . אַלע בעזיצער פון דער טריקעניש : גם בני אדם . אויך דיא קינדער פון אברהם וואָס ווערט גערופען אדם הגדול : גם בני איש . אויך אַנדער׳ רעליגיאַנען גענאָסען וועלכע רעכינען אַלעס דיא קינדער פון נח וואָס ווער גערופען איש צדיק : יחד עשיר ואביון אַלע אָרים אין רייך. הערט. ווייל : פי מיין מויהל : ידבר . טהוט ריידען : חכמות קלוגשאפט

לִבִּי תְבוּנוֹת: אַטֶּה לְמָשָׁל אָזְנִי אֶפְתַּח
בְּכִנּוֹר חִידָתִי: לָמָּה אִירָא בִּימֵי רָע
עֲוֹן עֲקֵבַי יְסֻבֵּנִי הַבֹּטְחִים עַל חֵילָם
וּבְרֹב עָשְׁרָם יִתְהַלָּלוּ: אָח לֹא פָדֹה
יִפְדֶּה אִישׁ לֹא יִתֵּן לֵאלֹהִים כָּפְרוֹ.
וְיֵקַר פִּדְיוֹן נַפְשָׁם וְחָדַל לְעוֹלָם. וִיחִי
עוֹד לָנֶצַח לֹא יִרְאֶה הַשָּׁחַת. כִּי יִרְאֶה
חֲכָמִים יָמוּתוּ יַחַד כְּסִיל וָבַעַר יֹאבֵדוּ
וְעָזְבוּ לַאֲחֵרִים חֵילָם. קִרְבָּם בָּתֵּימוֹ
לְעוֹלָם מִשְׁכְּנֹתָם לְדֹר וָדֹר קָרְאוּ
בִשְׁמוֹתָם עֲלֵי אֲדָמוֹת. וְאָדָם בִּיקָר בַּל
יָלִין נִמְשַׁל כַּבְּהֵמוֹת נִדְמוּ. זֶה דַרְכָּם
כֵּסֶל לָמוֹ וְאַחֲרֵיהֶם בְּפִיהֶם יִרְצוּ סֶלָה.
כַּצֹּאן לִשְׁאוֹל שַׁתּוּ מָוֶת יִרְעֵם וַיִּרְדּוּ
בם

סוכת שלום

קלוגשאפט: והגות לבי. אין מיין הארץ
טראכט: תבונות. פערשטאנדיגקייט: אטה.
איך וועל בייגען: למשל. צום ביישפיל:
אזני. מיין אויער: אפתח. איך וועל
עפינען: בכנור. מיט גליסטיגקייט גלייך
וויא צוא הערען שפילען א פידעל: חידתי.
מיין רעטעניש: למה. פאר וואס: אירא.
האב איך מורא: בימי רע. אין דער
שלעכטער צייט: עון עקבי. דיא זינד וואס
איז בייא מיר גרינג וויא אטריט צוא
געבען: יסבני. טהוט מיך ארום רינגלען:
הבוטחים. דיא וואס פאר זיכערען זיך:
על חילם. אויף זייער רייכטהום: יתהללו.
לויבען זייא זיך זעלבסט: אח. אברודער
אפילו: לא פדה יפדה. קען דעם צווייטען
ברודער נישט אויסלייזען: איש. אפילו
דער מענטש פאר זיך זעלבסט: לא יתן.
קען נישט געבין: לאלקים. צוא גאט:
בצרו. ער זאל איהם זיין זינד אבווישען
אהן תשובה: ויקר. אין עס זאל ביי איהם
טייער זיין: פדיון דאס אויסלייזונג: נפשם.
פון זייער נפש: וחדל. אין ער זאל זיך
דערמאנען איהם צוא שטראפען: לעולם.
אויף אייביג: ויחי. אין ער זאל לעבען.
עוד לנצח, וועט דאס דען זיין אויף
אייביג: לא יראה, ער וועט דען נישט
זעהן: השחת. דאס גיהנום: כי יראה.
ווייל מען זעהט דאך: חכמים ימותו.
קלוגע שטארבען: יחד, פינדעסט וועגען
זענען זייא בייננאנד מיט דיא לעבידיגע,
ווייל מען זאגט נאך זייערע גיטע ווערטער
גלייך וויא זייא וואלטען גילעבט: כסיל
ובער, אבער דער נאר אין לעהרער
מענטש: יאבדו, זייא ווערען גענצליך
פערלוירען: ועזבו לאחרים חילם, אפילו
זייא זענען רייך לאזען זייא עס איבער צוא
אנדערע: קרבם, זייערע אינערליכע
געדאנקען: בתימו, דאס זייערע הייזער:
לעולם, וועלען זיין אייביג: משכנותם,
זייער רוהענג: לדור ודור, וועט זיין צוא
קינד'ס קינדער: קראו, זייא רופען אהן.
בשמותם, מיט זייערע נעמען: עלי אדמות,
אויף זייערע גיטער: ואדם, אבער דער
אמת איז אז דער מענטש: ביקר, מיט
זיין רייכטהים: בל ילין, אויב ער נעכטיגט
נישט דערמיט, דאס הייסט ער זעהט נישט
קיין גוטס צוא טהון ביים לעבין: נמשל
כבהמות נדמו. איז ער גלייך צוא דיא
שטומע בהמות: זה דרכם, דיזע וועג צום
טויט: כסל למו. איז צוא זייא אהאפענונג:
ואחריהם, אין דיא קינדר וואס בלייבען
נאך זייא: בפיהם, מיט זייערע מיילער:
ירצו סלה, זאלען זייא בעוויליגס מאכען
ביים רבוש"ע וואס לעבט אייביג מיט זייער
קדיש זאגען: כצאן, אזוי וויא דיא שאף:
לשאול שתו, ווערען זייא אויך געטהון אין
קבר אריין: מות ירעם. דער טויט טהוט
זייא צוא ברעכען: וירדו בם, אין עס טיען
אין זייא גיוועלטיגען: ישרים, דיא
רעכטפארטיגע: לבוקר, זייא צוא פעדערין:
וצורם, אין זייער שטארקייט איז: לבלות,
צוא פארלענדין: שאול, דעם קבר: מזבל,
פון

בָּם יְשָׁרִים לַבֹּקֶר וְצוּרָם לְבַלּוֹת שְׁאוֹל מִזְּבֻל לוֹ: אַךְ אֱלֹהִים יִפְדֶּה נַפְשִׁי מִיַּד שְׁאוֹל כִּי יִקָּחֵנִי סֶלָה. אַל תִּירָא כִּי יַעֲשִׁר אִישׁ כִּי יִרְבֶּה כְּבוֹד בֵּיתוֹ. כִּי לֹא בְמוֹתוֹ יִקַּח הַכֹּל לֹא יֵרֵד אַחֲרָיו כְּבוֹדוֹ. כִּי נַפְשׁוֹ בְּחַיָּיו יְבָרֵךְ וְיוֹדֻךָ כִּי תֵיטִיב לָךְ. תָּבוֹא עַד דּוֹר אֲבוֹתָיו עַד נֵצַח לֹא יִרְאוּ אוֹר. אָדָם בִּיקָר וְלֹא יָבִין נִמְשַׁל כַּבְּהֵמוֹת נִדְמוּ:

ואחר שאמרו למנצח היתום אומר קדיש זה והקהל אומרים עמו עד ונקריב (יו"ד סי' שמ"ו):

יִתְגַּדַּל וְיִתְקַדַּשׁ שְׁמֵיהּ רַבָּא. בְּעָלְמָא דְהוּא עָתִיד לְאִתְחַדָּתָא וּלְאַחֲיָאה מֵתַיָּא וּלְאַסָּקָא לְחַיֵּי עָלְמָא. וּלְמִבְנֵי קַרְתָּא דִירוּשְׁלֵם וּלְשַׁכְלֵל הֵיכְלֵיהּ

בגוה

סובת שלום

פון צו זיין אוואָהנונג: לו, צוא איהם אָבער זייערע קינדער מיט זייער נישט יודיש פיהרונג קענען זייא גאָהר נישט העלפען: אך, נייערט: אלקים: דער וואָס גייט אין גאָט'ס וועג: יפדה נפשי, ער וועט גאָהר אויסלייזען מיין גייסט: מיד שאול, פון אָרטיגען קבר: כי יקחנו, ער וועט מיר קויפען: סלה, עוויג, נאָך מיר קדיש צוא זאָגען אין יאָרצייט היטען: אל תירא, דרובער זאָלסטו נישט פאָרכטען אין זאָרגען: כי יעשיר איש, אז זעהסט אמענטש רייך ווערען: כי ירבה כבוד ביתו, דאָס דער פראָכט פון זיין הויז מערט זיך, ווייל נישט דאָס איז דער עיקר: כי לא במותו, ווייל דאַמאָלסט ווען ער שטאַרבט: יקח הכל, נעמט ער נישט אינגאַנצען מיט זיך: לא ירד, עס וועט נישט נידערען: אחריו, נאך איהם: כבודו, זיין פראָכט: כי, נייערט: נפשו, זיין גייסט: בחיו, אויב ער האָט אין זינען געהאַט בייא זיין לעבין: יברך, ער זאָל איהם לויבען אין זאָרגען פאַר איהם: ויודך, נאָהר דאַמאָלסט וועט מען דיך לויבען: כי, אז: תיטיב לך, דיא וועסט דיר אַליין גיטס טהון, אָדער נישט דיא זאָלסט אַנדערע דיין מאַיאָנטעק איבער לאָזען, אין פאַר אַ קליינקייט זייא זאָלען דיר דינגען אַ קדיש זאָגען אין יאָרצייט היטער אין בעסטין פאַל: תבא, ווייל ווען דיא וועסט קימען: עד דור, בין דעם וואהנונג: אבותיו, פון זיינע עלטערען פון דעם רשע וואָס האָבין איהם איבער געלאָזט זייערע מאַיאָנטקעס אין געהאָפט דאָס זיין קדיש, אָדער דער געדינגענער, וועט זייא העלפען אויף יענער וועלט. וועסטו זעהן אז זייא זענען אין דעם פינסטערען גיהנם: עד נצח, אין בין עוויג: לא יראו אור. וועלען זייא קיין ליכט נישט זעהן ווייל זייערע קינדער האָבען פון זייא אונגאַנצען פערגעסען: אדם, דער מענטש: ביקר, וועלכער קען קומען מיט טייערקייט אויף יענער וועלט דורך זיין גוטס טהון פון זיין מאַיאָנטעק: ולא יבין, אין ער וויל דאָס נישט פערשטיין: נמשל, איז ער גלייך: כבהמות נדמו, וויא דיא שטימע בהמות:

יִתְגַּדַּל. עס זאָל געגרייסט ווערען: ויתקדש, עס זאָל געהיילעגט ווערען: שמיה רבא, זיין גרויסער נאָמען: בעלמא. אין דער וועלט: דהוא עתיד, וואָס עס איז אָנגעברייט: לאתחדתא. צוא בעניען: ולאחיא מתיא, לעבעדיג צוא מאַכין דיא טויטע: ולאסקא. אין אויף צוא ברענגען זייא: לחיי עלמא. צוא דיא עוויגע וועלט: ולמבני, אין צוא בויען: קרתא דירושלים, די שטאָט ירושלים: ולשכלל, אין צוא ריכטען: היכליה, זיין פלאַץ: בגוה. אין איהר דאָס מיינט מען דעם בית המקדש: ולמעקר. אויס צוא רייסען: פולחנא, דיא דינסט: נוכראה,

דאָס

בְּגַוֵּהּ וּלְמֶעֱקַר פּוּלְחָנָא נוּכְרָאָה מֵאַרְעָא וּלְאַתָבָא פּוּלְחָנָא דִשְׁמַיָּא לְאַתְרֵיהּ וְיַמְלִיךְ קוּדְשָׁא בְּרִיךְ הוּא בְּמַלְכוּתֵיהּ וִיקָרֵיהּ בְּחַיֵּיכוֹן וּבְיוֹמֵיכוֹן וּבְחַיֵּי דְכָל בֵּית יִשְׂרָאֵל בַּעֲגָלָא וּבִזְמַן קָרִיב וְאִמְרוּ אָמֵן. יְהֵא שְׁמֵהּ רַבָּא מְבָרַךְ לְעָלַם וּלְעָלְמֵי עָלְמַיָּא. יִתְבָּרַךְ וְיִשְׁתַּבַּח וְיִתְפָּאַר וְיִתְרוֹמַם וְיִתְנַשֵּׂא וְיִתְהַדָּר וְיִתְעַלֶּה וְיִתְהַלָּל שְׁמֵהּ דְקוּדְשָׁא בְּרִיךְ הוּא לְעֵילָּא (כעשי"ת וּלְעֵילָּא מִכָּל) מִן כָּל בִּרְכָתָא וְשִׁירָתָא תֻּשְׁבְּחָתָא וְנֶחָמָתָא דַאֲמִירָן בְּעָלְמָא וְאִמְרוּ אָמֵן:

עַל יִשְׂרָאֵל וְעַל רַבָּנָן: וְעַל תַּלְמִידֵיהוֹן וְעַל כָּל תַּלְמִידֵי תַלְמִידֵיהוֹן וְעַל כָּל מַאן דְעָסְקִין בְּאוֹרַיְתָא. דִי בְּאַתְרָא הָדֵין וְדִי בְּכָל אֲתַר וַאֲתַר: יְהֵא לְהוֹן וּלְכוֹן שְׁלָמָא רַבָּא חִנָּא וְחִסְדָּא וְרַחֲמֵי וְחַיֵּיא אֲרִיכֵי וּמְזוֹנֵי רְוִיחֵי וּפוּרְקָנָא מִן קֳדָם אֲבוּהוֹן דִיא בִשְׁמַיָּא וְאַרְעָא וְאִמְרוּ אָמֵן.

יְהֵא שְׁלָמָא רַבָּא מִן שְׁמַיָּא וְחַיִּים עָלֵינוּ וְעַל כָּל יִשְׂרָאֵל וְאִמְרוּ אָמֵן:
עוֹשֶׂה שָׁלוֹם בִּמְרוֹמָיו הוּא יַעֲשֶׂה שָׁלוֹם עָלֵינוּ וְעַל כָּל יִשְׂרָאֵל וְאִמְרוּ אָמֵן:

סוכת שלום

דאָס פרעמדע. מארעא, פון דער וועלט: ולאתבא, אין ווידער צוא קערין: פולחנא, דיא דינסט: דשמיא, פון הימעל: לאתריה. אויף זיין אָרט: וימליך, עס וועט קיניגען קוב"ה, דער אויבעשטער: במלכותיה. מיט זיין קענעגרייך: ויקריה, מיט זיין עהרע: בחייכון, אין אייערס לעבן: וביומיכון, אין אייערע טעג: ובחייא, אין דעם לעבין: דכל בית ישראל, פון אלע יודען: בעגלא, באלד: ובזמן קריב, אין אנאָנטע צייט: ואמרו אמן, אין ענטפערט אמן: יהא, עס זאָל זיין: שמיה רבא, זיין גרויסער נאָמען: מברך, געלויבט: לעלם ועלמי עלמיא, אויף עוויג אין עוויג: (כן תא"י בפסוק ה' ימלוך לעולם ועד ובס' נפה"ח שער א' בדברי על עולמות אבי"ע עי"ש): יתברך, עס זאָל זיין געלויבט: וישתבח, עס זאָל גערימט ווערין: ויתפאר, עס זאָל געצירט ווערען: ויתרומם, הויכגעלויבט ווערין: ויתנשא, הויכדעהויבען ווערען: ויתהדר, בעשיינט ווערען: ויתעלה, הויכדעהויבען: ויתהלל, געלויבט: שמיה, דער נאָמין: דקודשא, פון זיין הייליגען: בריך הוא, געלויבט איז ער: לעילא, העכער: מכל ברכתא. פון אלע לויבינג: ושירתא, אין געזאנג: תושבחתא, ריהמינג: ונחמתא, אין טרייסט: דאמירן, וואָס עס ווערט געזאָגט: בעלמא, אין דער וועלט: ואמרו אמן. אין ענטפערט אמן: על ישראל, אויף דיא יודען: ועל רבנן, אין אויף דיא גרויסע לייט: ועל תלמידיהון, אין אויף זייערע תלמידים: ועל כל מאן דעסקין באוריתא, אין אויף אלע וועלכע לערנען תורה: די באתרא הדין, און אויף אלע וועלכע זענען דאָ אויף דעם אָרט: ודי בכל אתר ואתר. אין דיא וועלכע זייא געפינען זיך אין זייערע ערטער: יהא, עס זאָל זיין: להון, צוא זייא: ולכון, אין צוא אייך: שלמא רבא, אגרויסער שלום: חנא, חן: וחסדא, אין גענאדע: ורחמי, אין ערבארעמקייט: וחיי אריכי, אין לאנג לעבען: ומזוני רויחא, אין פרייע פרנסה: ופורקנא. אין אויסלייזיניג: מן קדם אבוהון, פון פאָטער: די בשמיא, וואָס אין הימעל: וארעא, אין אויף דער ערד: ואמרו אָמן: יהא. עס זאָל זיין פיעל פריעד. פון גאָט וואָס אין הימעל. אין אגוט לעבען אויף אונז. אין אויף אלע יודין. אין זאָגט אָמן.

ווען

ב) ועי' ט"ז סי' שע"ו סק"ג שכתב בשם רש"ל שיש לומר אחר שנקבר ז"פ ויהי נועם דהיינו בפעם אחד עד מלת כי ומלת כי בכלל ובפעם הב' עד כי מלאכיו ובג' עד כי מלאכיו יצוה ובד' עד יצוה לך ובה' עד לך לשמרך ובו' עד לשמרך בכל ובז' עד בכל דרכיך ויש בו סוד וכתוב בלבוש שגם הוא נהג כן, ומקפידין שלא ליקח המרא או חצונא מיד חבירו כשקוברים אלא זורקן לארץ ואח"כ לוקחים:

ג) ובענין הרחיצת ידים שאח"כ כתב במעבר יבק שפתי רננות פי"ט שטוב שלא לנגב ידיו במפה כי בזה מראה שאינו מסיח דעתו מן האבל ואינו משליך אחר גוו זכרון יום המות. ובספר עקרי הד"ט סי' ל"ה אות ט' כתב שראה רבותיו מהר"י בריאל והריב"ק שהי' מקנחין אותן וכן הי' נוהג כמותן:

ד) כתב בספר חסידים סימן רמ"א רמ"ב ובספר מעבר יבק דהנהגים מן חצדקות שמניחים הנפטרים יאמר זה בעת הנאתם לכפרת נפשם של נפטר והוא רחום יכפר עון בזאת ההנאה שמהנים אותנו בעד נפש (פב"פ) וחטאתו תכפר (לנקיבה יאמר בלשון נקיבה) לנפשו תשכב בשלום ותנוח בטוב על גורל הצדיקים בטוב שמטיבים להם בעוה"ב ורוחו תרגיע בחלק הטובים בגן עדן ונשמתו תתעדן בטוב הצפון ותדבק בצרור החיים את ד' אלקינו עם כל שאר הצדיקים שבגן עדן (שם בקצת הוספה):

סוכת שלום

ב) דער ט"ז ברענגט פון רש"ל וועגען דאס נאך דער קבורה זאל מען זאגען זיבען מאהל ויהי נועם כו' יושב בסתר אויף דעם סדר. דאס ערשטע מאהל ביז כי, אין דאס צווייטע מאהל ביז מלאכיו דאס דריטע ביז יצוה. דאס פערטע ביז לך. דאס פינפטע ביז לשמרך. דאס זעקסטע ביז בכל. דאס זיבענטע מאהל ביז דרכיך אין דעם סדר איז דאה אגרויסער סוד צוא פערטרייבען דיא אומרייגע כוחות פון דעם מת. אין דער לבוש שרייבט דאס ער אליין האט זיך אזוי נוהג גיוועזען. אין אויך איז מען מקפיד אז מען פערשיד דאס קבר זאל איין מענטש ניט נעמין פון דעם צווייטען דעם רידעל נאר ער זאל איהם אוועק ווארפען און דער נאך זאל דער צווייטער מענטש נעמין דיא לאפאטייא:

ג) ווענען וואשען דיא הענד צוריק גייענדיג פון א לויה איז דאה דיעות צוא מען זאל זיך אבווישען דיא הענד. דער מעבר יבק זאגט עס איז גלייכער נישט אב צואווישען ער זאל נישט ווייזען דאס ער מאכט זיך נישט פון אבילות. אבער דער עיקרי הד"ט שרייבט דאס ער האט גיזעהן זיינע רבים וועלכע זענען גיוועזען גדולי עולם דאס זיי האבען זיך יאה אבגעווישט היא הענד. אין ער איז זיך אויך אזוי נוהג:

ד) ווענען פליכט פון דיא וואס גענוסען פון דער צדקה וואס דער נפטר האט איבער געלאזט. אין ספר חסידים ווערט גיברענגט דאס מענטשען וועלכע געניסען פון צדקה וואס אנפטר האט איבער געלאזט זאלען בייא זייער הנאה האבען געדענקען דעם נפטר צוא גיטען. אין זאגען והוא רחום יכפר עון. (אויב דער נפטר איז א נקיבה זאגט מען בלשון נקיבה). זיין גייסט זאל רוהען צווישען אלע גייסטער פון דיא צדיקים. (אנקיבה. זאגט מען צדקניות.) אין ליכטיגען גן עדן. אין פערגעניגען האבען דערבארמיגער זאל פערגעבען דיא זינד פון דעם נפטר. אין זכות וואס ער האט אינז גרויסען גוטעס געטוהן:

בעת שילד קטן מת יש לומר זה .

רחמנא דריחם על אבהתנא צדיקיא הוא ירחם על נשמתא דעולימא הדין ויעול יתיה בגינתא דעדן להשתעשע בהדי צדיקא ויהי כפרה על אבוהי ועל אמיה כקרבן דמתקבל ברעוא קדם מרא עלמא. וימחול חובנא ויתן לנו בנין דכרין דיחיון ויהון עסקין באורייתא. ויעדי מנן ומכל עמיה בית ישראל צרה ויגון ואנחה ונאמר אמן.

סימן ז.

מענין האמירת קדיש (וכו ס״ו ספיפים).

א) ביורה דעה סי׳ שע״ו ס״ד הביא המדרש וזוהר ותנא דבי אליהו ועוד וז״ל נהגו לומר על אב ואם קדיש בתרא ולהפטיר בנביא ולהתפלל ערבית במוצאי שבתות שהוא הזמן שחוזרין הנשמות לגיהנם וכשהבן מתפלל ומקדש ברבים אל ד׳ ב״ה פודה את אביו ואמו מן הגיהנם עכ״ל וכ׳ ע״ז הגאון בס׳ עטרת זקנים וז״ל בריב״ש סימן קט״ו איתא בטעם הקדוש בשם ארחות חיים על מה שנמצא באגדה פעם אחת פגע רבי פלוני במת אחד שהי׳ מקושש עצים ונושא על כתיפיו אמר לו בני למה לך (כל זה) אמר לו רבי כה משפטי כל הימים להביא אש של גיהנם להיות נדון בזה אמר לו ואין מי שיכול להצילך מן העער (הגדול הזה) אמר לו אין מי שיצילני אם לא שיאמר בני קדיש או יפטיר בנביא לכבוד ד׳ בעבורי ואם יעשה כן ידעתי כי זכותו תעמוד אלי ויגן בעדי ויבא ר׳ פלוני ויגד זה לבנו של מת ויעש ככל אשר אמר. לימים נגלה (המת) אל החכם הנזכר פעם אחרת ואמר לו תנות דעתך שהנחת את

סוכת שלום

ווען א קליין קינד שטארבט ר״ל זאגט מען דאס. דער דערבארמיגער גאט וואס האט זיך דערבארמט אויף אונזערע עלטערין דיא צדיקים זאל ער זיך דערבארימען איבער דער נשמה פון דעם קינד. אין ער זאל איהם אריין נעמין אין גן עדן אריין. צוא פערגעניגענען זיך מיט דיא צדיקים אין זיין טויט זאל זיין אכפרה אויף זיינע פאטער אין מוטער אזוי וויא א קרבן וואס ווערט אנגענומען פאר השי״ת אין ער זאל מוחל זיין אונזערע זינד, אין ער זאל אונז געבין קינדער זכרים צום לעבין. אין זייא זאלען זיצען און לערנין, אין ער זאל אבטהאן פון אונז אין פון אלע יודען אלע צרות אין יגון ואנחה, אין זאגט אמן :

סימן ז׳, וועגין דעם גאנצין ענין פון קדיש זאגען און די גרויסע טובה וואס א קינד טוהט זיינע עלטערין מיט זיין קדיש אין אללע דינים פון קדיש זאגען איינגעטיילט אין זעקס אין זעכציג סעיפ׳ים

א) און מדרש תנחומא ווערט גיברענגט אווינדערליכע מעשה. ר׳ עקיבא איז געגאנגען אויף אביה״ק. האט ער גיזעהן א מענטש האט געטראגען אגרויסע משא האלץ אין איז דערמיט געלאפען וויא אפערד האט ער גוזר גיוועזען ער זאל זיך אבשטעלען אין איהם גיפרעגט ווער ביסטו וואס ארביסט אזוי שווער, ביסטו אנארימאן וועל איך דיר געבען גענוג געלד זאלסט נישט דארפען אזוי שווער ארבייטען, ביסטו אקנעכט בייא א אומדערבארמיגען הער וועל איך דיר אויסלייזען און פרייא מאכען דער מענטש האט אשטארקען זיפץ געטאהן אין גבעבעטען ר׳ עקיבא ער זאל אים לאזען גיין וויל

את דעתי וע"ז פשט המנהג לומר בני של מת קדיש בתרא כל י"ב חודש (וצי' לקמן שאין אומרין רק קדיש רק י"א חדשים פחות יום אחד) וגם להפטיר בנביא ויש מתפלל בכל מוצאי שבת תפלת ערבית לפי שבאותה שעה חוזרין הפושעים לגיהנם ששבתו בשבת ואפשר שיגן עליהם זכות אותה תפלה וכן יהי' רצון. עכ"ל הריב"ש ז"ל, וכן איתא בכל בו בשינוי הנוסחא כאשר סגרתי בחצי לבנה, והריב"ש כ' שנוסחא זו אינו בגמרא ואולי בספרי הרבות או בתנחומא. ומשמע שגם להרב ארחות חיים נעלם מקור ההגדה שכתב רק שנמצא אגדה שפגע רבי פלוני מטעם שלא ידע שם החכם וכינה אותו בשם פלוני אלמוני, אמנם במנורת המאור נר א' כלל א' ח"ב פ"א כ' מעשה זו עם מקורה באריכות וז"ל ותו גרסינן במס' כלה פרק ר' יהודה. רע"ק נפיק לההוא אתרא אשכחיה לההוא גברא דהוי דרי טונא רבה (במס' כלה ליתא תי' רבה) על כתפיה (אתפ) ולא הוי מצי לסגויי והוה צווח ואתאנח. א"ל מאי עבידתך אנור דלא שבקינא איסורא דלא עבידנא בהאי עלמא ועכשיו איכא נטורין עילוון ממינין (ליתא תי' ממונין) ולא שבקן לי דאנוח א"ל רע"ק שבקית ברא א"ל בחייך דלא תשהיין (לא תשלין) דדחילנא ממלאכי דנהר לי בפולשי (בפולסי) דנורא ואמרין לי אמאי לא תיתי בפריע א"ל אמור לי מה דקא מנחת (דקא נחיתך) א"ל שבקת איתתא מעברתא אזיל רע"ק ועאש בההוא מדינתא אמר להו אתתא דפלניא היכא (ברי' דפלניא היכא לי) אמרו לו יעקר זכרו דההוא שחיק עצמות (א"ל) אמאי א"ל דההוא ליסטים הוי ואכיל אינשי ומצטער לברייתא, ולא עוד אלא שבא על נערה המאורסה ביו"כ אזל לביתי' אשכח איתתיה מעוברתא נטרת עד דילדה אזיל מהלי' לכי גדל אוקמי בבהכ"נ לברוכי בקהלא. לזמן (ליוניין) אזל רע"ק לההוא אתרא אתחזיא לי' אמר תנוח דעתך שהנחת את דעתי עכ"ל ומביא עוד סיפור זה בשם התנחומא פ' נח שהאיש הזה שראה

סוכת שלום

חז"ל ער קען נישט שטיין, האט ר' עקיבא איהם גיפרעגט. ביסטו אמענטש אדער אמזיק, האט ער געזאגט ער איז אטויטער ווערלכען מען משפט פאר זיינע עבירות דאס אלע טאג מוז ער ברענגען אזוי פיעל האלץ אין מען פערברענט איהם דערמיט, האט ר' עקיבא גיפרעגט פערוואס ער ווערט אזוי שווער געמשפט. האט ער געזאגט דאס ער איז גיוועזען א בעאמטער פון פאדאטעק. האט ער בייא דיא רייכע נישט גענומען, אין דיא ארימע לייט האט ער געפאניגט ביז זייא זענען געשטארבען, אין ער איז געקומען צו אנערה המאורסה אום יום כפור, האט ר' עקיבא גיפרעגט, האסטו גיהערט פון דיינע ממונים צוא דיא קענסט עפיס האבען א תיקון, האט ער געזאגט איך בעט אייך האלט מיך נישט אויף, מיינע ממונים זאלען אויף מיר נישט בייז ווערען, איך האב נישט קיין תיקון, נאהר איינמאהל האב איך גיהערט דאס אויב איך זאל האבען א זוהן ער זאל דאווינען בצבור אין זאגען ברכו. את ה' המבורך וואלט מען מיך בעפרייט פון דעם משפט אבער איך האב נישט קיין זוהן, אמת מיין פרוי איז געבליבען נאך מיין טויט מעוברת אבער ווער ווייסט צוא זיא האט געהאט איונגעל, אין אפילו אויב יאה, ווער וועט מיט איהם לערנען תורה, ר' עקיבא האט איהם גיפרעגט וויא ער הייסט. אין וויא זיין פרוי הייסט אין פון וועלכער שטאדט ער איז, אין ר' עקיבא איז אזוי געגאנגען פון שטאדט צוא שטאדט ביז ער איז געקומען אין דער שטאדט אריין אין האט זיך גיפרעגט וויא דער מענטש וואהנט. האבען איהם מענטשען געזאגט זיינע ביינער זאלען צו ריבען ווערען אין גיהנם. האט ער

שראה אותו הי' פחמי והיה גבאי המס ונשא פנים לעשירים והרג את העניים ובעל נערה המאורסה ביוה"כ וידע שתקונו הוא שבנו יאמר ברכו את ה' המבורך. וגם שם האיש הי' עקיבא ושם אשתו שושמירה ושם עירו אלדוקא, ור"ע צם ארבעים יום שיקבל הבן של זה תורה ויצא בת קול ואמר ע"ז אתה מתענה ואמר הן עד שלמדו אלפא ביתא ברהמ"ז וק"ש ותפלה והעמידו להתפלל ואמר ברכו וניצל אביו מן הפורענות ובא אותו האיש בחלום לרע"ק ואמר לו תנוח דעתך בג"ע שהצלתני מדינה של גיהנם. מיד פתח רע"ק ואמר ה' שמך לעולם ה' זכרך לדור ודור. והגר"א ז"ל ביו"ד שם כתב שמאמר זה אינו בתנחומא ולא במס' כלה שלנו כידוע שחסר מהם בדפוס עכ"ל אמנם נמצא המאמר במס' כלה אשר הדפיס הר"נ קורנאל בחמשה קונ' שלו וכפי השינוים שסגרתי בחצי לבנה ומובא ג"כ סיפור זה במדרש עשרת הדברות בשינוים הרבה, ולפי הנו' כאן לא נזכר קדיש כלל רק ברכו (עיין בשו"ת בנין ציון סי' קכ"ב) אמנם נמצא עוד מדרשות אשר ציינם בשו"ע שם ע"ש, ובאו"ז הלכות שבת ס"ו מצאתי שמזכיר מעשה זאת בשינוים אחרים ושם נזכר גם קדיש ופלא שהשמיע הש"ע ענין אמירת ברכו. ואולי כיון שהמנהג שהאומר ברכו הוא הפורס על שמע ומתפלל הוא בכלל התפלה. אמנם המנהג בארץ הקדושה שהאומר קדיש אחר התפלה אומר ברכו עוד הפעם בימי החול כדאי בשו"ע או"ח סי' קל"ג בכלל הקדיש בתרא, ומאגדה זו רואים איך החיוב להשתדל עבור תקנת נשמת המתים שהשתדל רע"ק לתקן נפש איש ליסטים וכן תיבת יהי רצון שמסיים הרב ארחות חיים מורה על גודל החיוב הזה, וע"ז פתח רע"ק ה' זכרך לדור ודור ע"ד המדרש שהביא רבינו ז"ל במבוא בלשון מצוה לדורות שצריך האדם להזכיר ולקדש שם ה' לדור ודור אף לאחר מותו כמו שנאמר באברהם למען אשר יצוה את בניו ואת ביתו אחריו. (וזה הובא באריכות בס' סגולת ישראל מערכת"ק) :

ב) **בקיצור** של"ה מביא מזוהר חדש ובמדרש הנעלם כמעשה הנ"ל בנוסח אחר והוא בתלמוד חכם אחד שהי'

סוכת שלום

ער גיפרעגט אויף זיין פרוי האָבען זיא געזאָגט איהר נאָמען זאָל אויך אויסגימעקט ווערען פון דער וועלט. האָט ער גיפרעגט צוא עס איז דאָה פון איהם אַ קינד. האָבען זייא געזאָגט אַ זוהן. ער איז אפילו נישט במאַלט. האָט איהם ר' עקיבא געמאַלעט אין געוואָלט איהם לערנען א' ב' אָבער ער האָט נישט איבער גענומען האָט ר' עקיבא געפאַסט פערציג טעג ביז עס איז ארויס געגאַנגען אַ בת קול דיא פאַסט צוליב דעם האָט ער גיענטפערט יאָה, האָט ער שוין איבער גענומען, ר' עקיבא האָט אזוי לאַנג מיט איהם גילערינט ביז ער האָט שוין גיקענט דאַווינען בציבור האָט איהם ר' עקיבא גיברענגט אין שוהל אריין אין גישטעלט איהם דאַווינען אלעס שליח ציבור, און אין דער צייט וואָס ער האָט געזאָגט ברכו את ה' המבורך, האָט מען דעם פאָטער בעפרייעט פון דעם גיהנם אין ער געקומען צום חלום ר' עקיבאַ'ן און גדאַנקט וואָס ער האָט איהם מציל גיוועזען פון גיהנם, אין דער פריא האָט ר' עקיבא געדרשנט דעם פסוק ה' זכרך לדור דור, דאָס הייסט אַז מען דאַרף דערמאַנען השי"ת נאָמען אפי' נאָך דעם וואָס דער מענטש שטאַרבט. דרובער זאָל ער זעהן זיינע קינדער זאָלען נאָך איהם קדיש זאָגען אין הייליגען השי"ת נאָמען ברבים העלפט ער אין אלע נויטען :

ב) **דער** קיצור של"ה ברענגט דיא זעלבע מעשה אביסעל אנדערש. אתלמוד

שהי' הולך בהרי אררט ושמע קול צוחה קול מר שצוח וי וי עד שראה אדם אחד ושאלו מאן את וא"ל יהודא חייבא ר"ל רשע אנא ודנין אותי זה כמה שנים על עבירות גדולות שעשיתי בעודני בחיים ושאלו מה שמו והשיב ששמו לא נודע לי כי הרשעים שוכחים שמם ע"ד שם רשעים ירקב אבל מ"מ מודיע לו מקום מושבו שהי' בגליל עליון בעיר פלוני ושם אשתו והלך אותו החכם לעירו ושאל אחריו והשיבו איך שהי' רשע גמור שלא הניח עבירה שלא עבר ובן קטן הניח אחריו והוא ג"כ רשע כאביו ולקח אותו החכם בנו עמו לביתו ורצה ללמוד עמו א' ב' ולא היה רוצה לקבל והתענה אותו החכם ג' פעמים ארבעים יום, התפלל עד שהי' הנער התחיל לקבל הלך הנער ממדריגה למדריגה עד שהלך וגדול בתורה עד שנסמך. אח"כ בא אותו אביו של הנער בחלום לאותו החכם ופניו הבהיק מאוד כשמש בצהרים בתקופת תמוז מזיו השכינה שזרח עליו וחרד החכם ההוא מאוד ואמר מי אתה ואמר ליה אשריך מה טוב חלקך ומה טוב גורלך שזיכיתני והביאתני לכל הכבוד ע"י בני כי ידעתי שהתענית ק"כ ימים הי' מועיל אודות שעונותי היו כ"כ גדולים שבאו שדים ומחבלים והיו מכסין המוח של בני שלא לקבל שלא יהי' לי זכות כי לפעמים עונות האבות גורמים שאין לבניהם לב להבין בתורה ובאו שדים ומניחים ידיהם על המוח שלא יקבל אלא כאשר נהרגתי ע"י עכו"ם לא המתינו מיד אלא בחץ הכוני והייתי חי עודנו שני ימים ומכת יסורים גדולים הרהרתי בתשובה כי חי' לי זכות כי כאשר הייתי משומד

סוכת שלום

חכם איז אמאהל געגאנגען אין געגענד פון דיא הרי אררט, האט ער גיהערט שרייען זייער ביטערליך דערווייל האט ער דערזעהן דעם וואס האט אזוי געשריגען האט ער איהם גיפרעגט ווער ער איז, האט ער גיענטפערט דאס ער איז א יוד. ביים לעבין איז ער גיוועזען אגרויסער רשע און יעצט נאך דעם טויט משפט מען איהם מיט שרעקליכע יסורים, האט דער תלמוד חכם איהם גיפרעגט וויא ער הייסט. האט ער געזאגט דאס ער ווייסט נישט, ווייל דיא רשעים גידענקין נישט זייער נאמען נאך דעם וויא זייא שטארבען, נאהר ער קען איהם זאגען וויא זיין ווייב הייסט און אין וועלכער שטאדט זיא וואהנט. איז דער חכם אהין געגאנגען, אין זיך נאך גיפרעגט אויף זיין ווייב אין אויף זיין קינד, האבען דיא מענטשען גיזאגט דאס זיין פאטער איז גיוועזען אגרויסער רשע ער האט קיין איין עבירה נישט פערפעהלט צוא טהון, אין דער זוהן איז אויך נישט בעסער איז דער חכם א הין געגאנגען, אין האט אהנגעהויבען צוא ווירקען אויף דעם קינד דאס עם זאל אהנהייבען לערנען אבער דאס יונגעל האט בשום אופ'ן נישט מקבל גיוועזען, האט דער חכם געפאסט דרייא מאהל צוא פע-ציג טאג, אין גיבעטין דאס השי"ת זאל געבין דעם קינד שכל צוא פערשטיין דברי תורה, האט דאס קינד שוין אהנגעהויבען צוא פערשטיין. אין דער חכם האט דערמיט גילערינט ביז ער איז געווארען אגרויסער תלמוד חכם אין מען האט איהם געמאכט פאר ארבי, דאמאלסט איז דער טויטער געקומען דעם חכם צוא חלום אין זיין פנים האט געשאהנט פון לויטערקייט פון דער שכינה אזוי וויא דיא זינען אין מיטען טאג תמוז צייט האט דער חכם זיך פאר איהם דערשראקען אין איהם גיפרעגט ווער ער איז, האט ער איהם געזאגט. אין בין דער וואס האסט מיך דאמאלסט געטראפען ביטערליך שרייען ביי דיא הרי אררט, וואהל איז דיין חלק דאס דיא האסט מיך גיברענגט צוא אזוי אגרויסע מדריגה דורך דער תורת אין

משומד הצלתי איזה יהודים מהריגה ועתה בכל פעם ופעם שעלה בני למעלה הי' מקילין בדיני וכאשר הי' בני בר מצוה ועלה לתורה וקידוש שמו של השי"ת ברבים ואמר ברכו את ד' העליני מגיהנם והי' נקרא הבן ההוא הפקולי ר"ל שגיהנם נקרא פלולי ע"ד פקו פלילה ור"ש הפקולי שסידר הברכות לפני ר"ג ביבנה הי' ממשפחתו יעיי"ש, (וסיים שממעשה הזה יוכל ללמוד מה זה שהי' רשע גמור מ"מ הבן ע"י תורתו היצילו מגיהנם והכניסו לג"ע עאכ"כ מי שאינו כך ומגדל בניו לת"ת שיהי' לו זכות שאין לו שיעור וערך) :

ג) **ביורה** דעה (סי' שע"ו) וז"ל ונמצא במדרשות לומר קדיש על אב (כל בו וריב"ש בשם תנחומא וספרי ובחיי בשם מסכתת כלה וב"י בשם הזהר ובא"ז בשם תנא דבי אליהו רבה) על כן נהגו לומר על אב ואם קדיש בתרא י"ב חודש וכן נהגו להפטיר בנביא ולהתפלל ערבית במוצאי שבתות שהוא הזמן שחוזרין הנשמות לגיהנם וכשהבן מתפלל ומקדש ברבים פודה אביו ואמו מן הגיהנם (כל בו בשם הגהות) ונהגו לומר קדיש על האם אע"פ שהאב חי עדיין אינו בידו למחות לבנו שלא יאמר קדיש על אמו :

ד) **בס'** „סוכת שלום" כלל א' כתב וז"ל מי שיכול לירד לפני התיבה מועיל יותר מקדיש יתום שלא נתקן אלא לקטנים עכ"ל וכתב ע"ז בפי' עטרת זקנים

סוכת שלום

אין דורף מיינע גרויסע עבירות זענען געקומען דיא משחיתים וואס זענען פון דיא עבירות בעשאפען געווארען אין פערשטעלט דעם מוח פון מיין זוהן כדי איך זאל קיין זכות נישט האבען פון זיין תורה. ווייל אבער איך בין נישט געשטארבען מיט קיין געוועהנליכען ט.יט. נאהר גוים האבען מיך געשאסען אין איך האב מיך געמוטשעט צוויא טעג אין האב געהאט . גרויסע יסורים אין פון פיהל גרויסע יסורים האב איך געטראכט תשובה צוא טהון , אין אויך ווען איך האב גילעבט האב איך מציל גיוועזין עטליכע יודען פון טויט, האב איך געהאט אזכי' דיא זאלסט מיך טרעפין אין זאלסט מיט מיר זיך בעמיהען, אין אלע מאהל וואס מיין זוהן האט געשטייגט אין לערנען האט מען מיר גרינגער געמאכט די יסורים אין וויא ער איז אלט געווארען דרייצען יאהר אין ער האט עולה לתורה גיוועזען אין געזאגט ברכו את ה' המבורך האט מען מיך ארויס געלאזט פון גיהנם, אין דער זוהן איז גערופען געווארען הפקולי: דאס הייסט געמשפטער אין פייער אויף דער מעשה וואס ער האט זיין פאטער מציל גיוועזען פון גיהנם פון איהם איז ארויס געקומען דער תנא ר"ש הפקולי. דערפין לערינט זיך דער קיצור של"ה ארויס וויא גרויס עס איז דער שכר פון אמענטש וואס ער איז מגדל זיינע קינדער צוא לערנען תורה אין גייען אין השי"ת וועג דאס זייא זענען איהם מזכה אויף יענער וועלט צו זיין מיט דיא צדיקים אין גן עדן :

ג) **אין** שו"ע ווערט גיברענגט עס איז אמנהג דאס אזוהן זאגט קדיש אויף פאטער אין מוטער. אין איז עולה לתורה צייא מפטיר, אין דאווינט מעריב שבת צוא נאכט ווייל דאמאלסט גייען צוריק דייא נשמות פון דיא רשעים און גיהנם אריין, אין אז דער זוהן זאגט קדיש אין דאווינט בציבור לייזט ער אויס זיינע עלטערען פון גיהנם. דער מנהג איז אויב דייא מוטער איז געשטארבען אפילו דער פאטער לעבט נאך זאגט דער זוהן קדיש אין דער פאטער קען איהם נישט פער ווערין :

ד) **אין** סוכת שלום ווערט גיברענגט

וקנים וז"ל ובי"ש נוחלין בהקדמתו בהג"ה מהמחבר כתב שהקדיש אינה תפלה' שיתפלל הבן על האב לפני ד' שיעלהו משאול מטה אלא זכות ומצוה הוא למת כשבנו מקדש השי"ת ברבים והקהל יענו אחריו אמן יהא שמיה רבה ולפי שאין כל האנשים נכונים ומזומנים לומר כל התפלה וקדיש וברכו בכל עת ולא כל אדם יודע נגן בתוך קהל ועדה תקנו חכמים הראשונים דבר השוה לכל שיאמרו לכל הפחות זה הקדיש בתרא שהוא דבר קל וכל אדם יודע אפילו נער קטן אבל ודאי כל איש אשר נשאו לבו בחכמה אפי' במחצית יתפלל על הרוב מנחה וערבית ושחרית שכל עוד אשר יוסיף להתפלל ולהרבות באמירת הקדיש ניחא טפי לנפשות המתים אפי' אין לו קול ערב מ"מ יעמוד בציבור ויתפלל לפני העמוד (אם דעת הציבור נוחה הימנו) ולא יבוש ואשר אין בו כח ודעת להתפלל כל התפלה יתפלל עכ"פ למנצח ובא לציון כי בזה מזכה אביו המת ביתר עוז וביותר שאת משיאמר קדיש גרידא ועיין מ"א סימן נ"ג ס"ק כ"ד וכונתו שלא נתקן לחיוב לענין לדחות לאחר רק קדיש כי התפלה תלוי בדעת הציבור נוחה הימנו אבל אם דה"צ נוחה הימנו הזכות התפלה הוא יותר עכ"ל לשון הגאון בפי' ע"ז:

ה) **בס'** החיים אחיו של מהר"ל מפראג ח"ב פ"ח כתב ענין קדיש ותועלת שלו כבר מצינו רמז בתורה והוא מת שאמר בלעם תמות נפשי מות ישרים ר"ת שלו י'הא ש'מיה ר'בה מ'ברך ועיקר הטעם נראה לפי שאין מיתה בלא חטא ורובם מתים בשביל עון חילול השם שלא יכופר אותו עון עד ימותון וכשהקב"ה נפרע מן החוטא אז שמו של הקב"ה נתקדש שנאמר ונשפטתי וגו' ואח"כ והתגדלתי והתקדשתי ולכן עומד הבן של החוטא הזה שמת ואומר לפני התיבה יתגדל ויתקדש כלומר מתנחם אני על מיתת אבי הואיל ושמו של אבי שבשמים

סוכת שלום

אז דער עיקר טובה פאר דעם נפטר איז דאס זיינע קינדער זאלין דאווינען בציבור פארין עמוד. אין דעם קדיש האט מען נאר מתקן גיווען פאר קליינע קינדער וועלכע טארין נישט זיין קיין שלוחי ציבור. אין דער ספר יש נוחלין שרייבט אז דער קדיש איז נישט קיין תפלה וועלכע די קינדער זאלין בעטין אז זייערע עלטערין זאלין ניצול ווערען פון גיהנם, נאר עס איז א זכות פאר זיי דאס זייערע קינדער זענין מקדש השי"ת נאמין ברבים. אין דער ציבור ענטפערט נאך זיי אמן יהא שמי' רבא, אין ווייל נישט יעדער מענטש איז פעהיג צו דאווינען בציבור אלעס שליח ציבור. האבין די חכמים מתקן גיווען דעם קדיש, וואס דאס הייסט די מעגליכקייט צו זאגען אפילו א קינד, אבער יעדער מענטש וואס איז פעהיג צו זיין א שליח ציבור, אין דער ציבור איז צו פרידען פון זיין דאווינען דארף ער זעהן דורך אוס צו דאווינען. פאר דעם עמוד אפי' ער האט נישט קיין שעהן קול. ווי באלד דאס ציבור בעשטייט נאר דאס ער זאל דאווינען זאל ער זיך נישט שעמין. ווייל מיט דעם דאווינען טהוט ער זיינע עלטערין פיעל מעהר טובה ווי מיט דעם בלויזען קדיש זאגען. אין אפילו א שוואכער וועלכער קאן נישט דאווינען דאס גאנצע דאווינען פאר'ן עמוד זאל ער דאווינען פון אשרי ובא לציון:

ה) **אין** ספר החיים ווערט גיברענגט. דאס עס איז דאה אין דער תורה א רמז אויף דעם זאגין קדיש. אין פ' בלק תמות נפשי מות ישרים. דאס ווארט ישרי"ם איז ראשי תיבות י'הא ש'מיה ר'בא מ'ברך. דאס קען מען פערשטיין מיט דעם מאמר פון די חז"ל דאס קיין מענטש שטארבט נישט אויב ער פערזינדיגט זיך נישט דאס עס קומט איהם דער טויט. אין מערסטענטייל, איז דער גורם חילול השם ר"ל, וועלכעס אפילו

שבשמים מתגדל ומתקדש ע״י מיתתו ומיד נתכפר עון חילול השי״ת שעשה וזה דוגמת הנדונים בב״ד שהוצרוכי בני משפחתו לבא ולומר לב״ד יפה דנתם להורות שאין בלבם על הב״ד כלום וזהו ג״כ מה שמסיים בחייכון וביומיכון כו׳ כלומר אתם בית ישראל הזהרו במעשיכם שלא תגרמו מיתה לנפשיכם רק תחי׳ ביראת ד׳ יתברך עכ״ל:

ו) **בסדה״י** כתב הטעם שאומרים קדיש משום שבעניית אמן בכל כוחו ממשיך כח הטהרה ומצננים גיהנם שעה וחצי שעה (ומבריח) כח הטומאה שלא ישלוט באביו או באמו באותו זמן אלא אדרבא מביאין אותו לגן עדן:

ז) **ובשיורי** ברכה סי׳ שע״ו כתב וז״ל רבים נהגו לצוות לבניהם לומר ח׳ קדישים ביום משום מ״ש בזוהר הקדוש דהקדיש מועיל לשעתא ופלגא ולהכי יאמרו ח׳ קדישים להציל לי״ב שעות אמנם רבינו מהרח״ו זצ״ל גלה סודו שכוונת שעתא ופלגא אינו כפשוטו אלא מדריגת בגיהנם שנקראת שעתא ופלגא:

ח) **ובבאה״ט** א״ח סי׳ נ״ה בשם כנה״ג כשם שטוב למעט בברכות כך טוב למעט בקדישים ובספר פחד יצחק כתב ופה פירארא ראיתי שערוריה שמרבים קדישים בישיבות ללא צורך אבל בישיבתי לא הנחתי מעולם לומר אלא קדיש א׳ ובליל הושענא רבה ואור ליום א׳ של שבועות שנים ותו לא: ובספר

סוכת שלום

אפילו דער מענטש טהוט תשובה האָט ער קיין כפרה נישט ביז ער שטאַרבט ווייל דאַמאָלסט זאָגט זיין זוהן קדיש. יתגדל ויתקדש שמי׳ רבא. דאָס הייסט ער אַנערקענט דאָס גערעכטיקייט פון השי״ת משפט איבער זיינע עלטערין וועלכע האָבין מחלל גיוועזין השי״ת נאָמין, דער מיט ווערט השי״ת זיין נאָמין צוריק געהייליגט דאָס איז זייער כפרה אין וואָרענט אויך אַנדערע, בחייכון וביומיכון, דאָס הייסט ביי אייער לעבין זאָלט איר אייך היטען פון חילול השם כדי איר זאָלט ח״ו נישט מחויב ווערין קיין טויט. אין אַזוי פלעגט אויך מחויב צו זיין די משפחה פון אַ זעלכע וואָס די סנהדרין האָבין איהם מחייב מיתה גיוועזין צו קומין צום בי״ד אין אַנערקענין זייער גירעכטין משפט איבער זייער קרוב:

ו) **און** ספר סדר היום ווערט גיברענגט. דאָס מיט דעם וואָס מען זאָגט נאָך אמן אַזוי ווי עס דאַרף צו זיין ווערט אָבגעאקוהלט דאָס גיהנם אין וועלכען דעם יתומס עלטערין ווערין געמשפט אויף אַנדערהאַלבין שעה. אין די כוחות הטומאה האָבין דאַמאָלסס אויף זיי קיין שליטה נישט. נאָר אַדרבה זייא זענין נאָך זוכה צו קומין אין גן עדן אריין:

ז) **און** ס׳ שיורי ברכה ווערט גיברענגט דאָס אַ טייל מענטשין לאָזין צוואה זייערע קינדער זאָלין אַלע טאָג זאָגען אַכט קדישים. זייער כוונה איז אַזוי ווי איר האָבין פריהער געשריבין דאָס דער קדיש פויעלט מציל צו זיין אַנדערהאַלבין שעה פון גיהנם קומט אויס אַז מיט אַכט קדישים וועלין זיי ניצול ווערין אַ גאַנצע טאָג. (בייא נאַכט משפט מען נישט ווייל גיוועהנליך טהוט דאָך דער מענטש דאַמאָלסט קיין עבירות נישט. אַזוי ווי עס ווערט גיברענגט אין דער גמרא אין שבת). אָבער די מקובלים האָבין ערקלערט אַז דאָס מיינט מען נאָר אַזוי איין עונש וועלכער הייסט „שעתא ופלגא״ פון דעם איז דער זכות פון קדיש מציל:

ח) **און** באר היטב ווערט גיברענגט, אַזוי ווי דער דין איז אין שו״ע, דאָס עס איז גלייכער נישט צו מאַכין קיין סאַך ברכות, ווען זיי זענין נישט נויטיג, אַזוי איז דאָס זעלבע ביי קדישים איז גלייכער נישט צו זאָגין קיין סאַך קדישים.

ט) ובספר אשל אברהם להרב הצדיק ... הקדוש מבוטשאטש זצוק"ל סי' נ"ג כתב דאם היתום מתעכב לפעמים ומתפלל אחר והוא בא בזמן שאפשר לו לילך להתפלל בציבור כגון בין תפלה דלחש לחזרה שנכון הי' שיעמוד אז כי אין קפידא במה שעמד אחר לפני העמוד בלחש וכן בשירה חדשה הי' נכון שיעמוד הוא רק שאין נוהגין לשנות המתפלל בין לחש לחזרה או קודם שירה חדשה ע"ש:

י) ובספר פחד יצחק אות ק' כתב דאם אירע שאיחר האבל לבא לביהכ"נ ואין לו שעות להתפלל קודם שיגיע הציבור לסדרי קדושה יכול האבל לירד לפני התיבה ולומר סדר קדושה עם קדיש תתקבל הגם שהיא גמר התפלה והוא עדיין לא התפלל. אין לחוש שיאמרנה מי שירצה כי סדר הקדושה מצוה בפני עצמה היא ובשבתות וביו"ט ממתינים לאומרה עד קודם תפלת מנחה ונוסח צלותהון משמע כלל תפלותיהן של ישראל והאומרו זריז ונשכר הגם שאיחר לבא לביהכ"נ:

יא) בספר אשל אברהם סי' נ"ג כתב דבחטיפת קדישים לא הועיל כלום החוטף כי אמירתו שייכת למי שראוי על פי הנכון וכן בתפלה כשהבן הי' שם אם אמרה אחר שייך ממילא התפלה של אחר כאלו הבן (ועי' פתחי תשובה סי' שע"ו סק"ז שכ' ג"כ כן בשם הג' שב יעקב):

יב) ובשו"ת הלכות קטנות ה"ב סי' מ"ת כתב שנשאל לפעמים אומרים ג' וד' בני אדם קדיש ביחד ואחד מקדים לחבירו עם מי יענה איש"ר והשיב אם באים כא' תוך כ"ד של חבירו יענה עם הראשון ואם יש הפסק ביניהם יענה אחר כאו"א ועיין בשו"ת דברי אגרת סי' ז' שבמדינתו תיקן שכל האבלים יאמרו כולם קדיש ביחד ע"ש טעמו ונימוקו ועיין פתחי תשובה

סוכת שלום

אין דער מחבר פון פחד יצחק האָט אײנגעפירט אין זײן ישיבה. קײנער זאָל נישט זאָגין מעהר ווי אײן קדיש, אין די נאכט פון שבועות. און הושענא רבה צווײ קדישים:

ט) און ספר אשל אברהם ווערט גיברענגט ווי גרויס דער חיוב פון יתום איז צו דאַווינען פאַרען עמוד דאָס אויב ער האָט פערשפעטיגט און איז געקומען צו שירה חדשה אָדער אפילו נאָך שטילע שמונה עשרה זאָל ער צו גײן און זאָגין הויכע שמונה עשרה פאַר'ן עמוד, נאָר ווײל בײ אינז דאַווינט מען אַ סאַך מאָהל בציבור און ער קען דאַווינען פאַר'ן עמוד מיט אַנדער מנין איז מען זיך נישט נוהג צו צו גײען ווען אַן אַנדער האָט געזאָגט שטילע שמונה עשרה פאַר'ן עמוד:

י) און ספר פחד יצחק ווערט גיברענגט, דאָס אויב דער יתום האָט פערשפעטיגט און איז געקומען נאָך שמונה עשרה מעג ער צו גײן זאָגין אשרי ובא לציון און אַלע קדישים אַפילו ער האָט נאָך נישט געדאַווינט דאָס אָנהײב דאַווינען ווײל די קדושה פון ובא לציון איז אַבעזונדערע מצוה, און אַ ראיה דערצו וואָס שבת און יום טוב זאָגט מען הערשט ובא לציון צו מנחה:

יא) און ספר אשל אברהם ווערט גיברענגט דאָס מען זאָל זיך נישט אַרומרײסין בײ די קדישים אָדער דאַווינין פאַר'ן עמוד ווײל דער וואָס חאַפט אויס דעם קדיש אָדער דאָס דאַווינין פון דעם וואָס קומט איהם עפ"י דין פויעלט דערמיט גאָר נישט ווײל אין זיממעל ווערט דער זכות גירעכינט צו דעם מענטש'ס עלטערין וואס איהם קומט דאָס עפ"י דין:

יב) דער יעבץ שרײבט עס איז זײער גיט דער מנהג פון די ספרדים דאָס אַלע זאָגין צו זאַמען קדיש פערשפאָרט מען דאָס אַרומרײסעניש און דינים וועלכע

תשובה סימן שע"ו ס"ק ו' ובסידור יעבץ כתב מה טוב וישר מנהג הספרדים בזה שאם רבים המה כלם זוכים בו ואומרים אותו כאחד ובטלה מחלוקת וטורח דיני דינים שא"ל שורש ועיקר:

יג) **בספר** מטה משה בשם מהרי"ק שרש ל' כ' דבני בנים יכולין ג"כ לומר קדיש בשביל זקינם אך אינם שוים לשאר אבילים אלא האומר בשביל אביו ואמו יאמר שנים והם יאמרו אחד וכן יחזור חלילה ע"כ ומשמע דאין לחלק בין בני בנים מן הבן או מן הבת (עולת תמיד סימן קל"ב ס"ק י"א):

יד) **ובספר** בית לחם יהודא סי' שע"ו כתב בשם תשובת רמ"א דאם אין לו בן ראוי ליתן לבן בנו והיינו הבן של המת אומר קדיש א' והבן הבן על אביו זקינו או זקנתו יאמר קדיש א' ואין חילוק בין בני בנים מן הבן או מן הבת ובלבד שתתרצה אמו לזה שיאמר קדיש על אביה או על חמיה ע"כ. ועיין פ"ת שם סק"ה בשם תשובת אבן השהם דאם אביו ואמו חייב אין לומר קדיש יתום דוקא אבל קדיש דרבנן יכול לומר:

טו) **בספר** פחד יצחק אות ק' כתב וז"ל ונוהגים לומר קדיש על זקינו וזקנתו מהאם שלא עזבו בנים זכרים בחיי אביו ואמו וכן הנהגתי לבני לומר קדיש לזקנתי בחיי אביו ואמו כי לא נחש ביעקב ובשם באר שבע כתב דעניית אמן יהא שמיה גדולה מענין קדושה ומודים (קדי"ש ודיני"ו ע"ש):

טז) **בש"ע** האריז"ל כתב דאם העונת מסיים לומר עד דאמירן בעלמא קודם שש"ץ יאמר שמיה דקודשא ב"ה

סוכת שלום

וועלכע זענען דאָ ביי דעם ענין ווער עס איז מער חיוב, וועלכע זענען זייער צוויישפּעלהאפטע, אין ספר הלכות קטנות ווערט גיברענגט דאָס אויב מען הערט ערליכע מענטשן זאָגען קדיש אויב זיי זאָגין די ווערטער גלייך אָדער תוך כדי דיבור. דאָס הייסט אזוי ווייניג הפסק וואס מען קען נאָר דריי ווערטער זאָגען. זאָל מען נאָך זאָגין אָמן יהא שמי' רבא. נאָר נאָך דעם ערשטין. אָבער ווען עס איז דאָה א גרעסערער הפסק דאַרף מען נאָך זאָגען נאָך יעדין איינציגען בעזונדער:

יג) **דאָרט** ווי מען זאָגט קדיש נאָר דער וואָס איז מעהר חיוב, שרייבט דער ספר מטה משה, דאָס אייניקלעך סאי פון א זוהן סאי פון א טאָכטער זענין אויך חיובים צו זאָגין קדיש נאָך זייער זיידין אָדער באָבין. נאָר די קינדער קומט צוויי קדישים. און די אייניקלעך זאָגין נאָך איין קדיש אזוי כסדר:

יד) **אָבער** אין תשובת רמ"א ווערט גיברענגט דאָס עס איז נישט קיין חילוק פון א זוהן אָדער אייניקעל נאָר עס קומט זיי גלייכע קדישים. נאָר עס ווענדט זיך צו די עלטערין ערלויבען איהם צו זאָגען קדיש נאָכין זיידין אָדער באָבין. אין דער אבן השהם ברענגט דאָס אויב די עלטערין לעבין זאָל זייער קינד נישט זאָגען קיין קדיש יתום אויף דעם זיידען אָדער באָבין, אָדער רבנן קדיש מעג ער יאָה זאָגען:

טו) **דער** ספר פחד יצחק שרייבט עס איז א מנהג דאָס אייניקעל זאָגט קדיש אויף זיינע זיידע באָבע פון דער מוטער אפילו זיינע עלטערין לעבין. און ער אליין האָט געהייסין זיין זוהן זאָגען קדיש נאָך זיין מוטער'ס מוטער. נאָך שרייבט ער פאַר דעם'ס באר שבע דאָס נאָך זאָגען אָמן יהא שמי' רבא איז אגרעסערע מצוה ווי קדושה און מודים צו זאָגין:

טז) **און** ש"ע ווערט גיברענגט אין נאָמין פון האריז"ל, אז מען זאָגט נאָך מיט

דעם

ב"ה צריך לענות אמן פעם אחרת ובזה הם ה' אמנים ואלו הם יתגדל ויתקדש שמיה רבא אמן ראשון ויקרב משיחיה אמן שני אמן יהא שמיה רבא אמן ג' דאמירן בעלמא אמן רביעי שמיה דקב"מ אמן ה':

יז) **בשושן** עדות (סוף פ"ב דעידיות) כתב וז"ל עיקר הזכי' שמזכה אבותיו בזה אינה באמירה שלו [בפרט אם איננו מבין כי אם במה שהוא מזכה הצבור שעונים אחריו וע"י שנעשה הוא סרסור לציבור מזכה אבותיו וזהו ג"כ הטעם שעוברים לפני התיבה ויש אומרים דאין קדיש מציל או"א רק על שלא ענו אמן, ומה שעונים הצבור איהש"ר אחר היתום אינו מציל רק מעונש על שלא ענה אמן אבל רבים ס"ל דקדיש מציל מכל עונשים, [זולת באם הי' האב מבעט באמירת קדיש. עיי' שו"ת אבן השוהם סימן מ"ב ובשו"ת כת"ס יו"ד ח"ג סי' קע"א]. גם הוא למגן וצנה בעד יסורי' ועונשי' הראוי לבא על הנשמה ולהוריד עלי' שפע קדושה ולהרחיק הקליפות שלא יהי' להם יניקה מנשמתו, כי ע"י אמירת קדיש. שהקדושה מתעלה הקליפה משתברות ונכנעות:

יח) **בס'** בית יהודא (סי' כ"ב) קורא תגר למנהג שנהגו ברוב העולם שהקטנים אומרים קדיש של תפלות על או"א דהוי מנהג בטעות דקטן, אפי' הגיע לחינוך לא יכול להוציא אחרים במצות דרבנן, משום דלא אתי תרי דרבנן ומסי' חד דרבנן. וכדי לקיים מנהגן של ישראל צריך הש"ץ לדקדק בזה ולומר גם הוא קדיש עמו יעו"ש:

יט) **בס'** מקורי מנהגים מביא דאין לבת בקדיש

סוכת שלום

דעם וואס זאגט קדיש איז דאמירן בעלמא. אין מען זאגט געשווינדער אז דער וואס זאגט דעם קדיש האלט הערשט ביי ברוך הוא, זאל מען זאגין אויף דעם ארט פון ברוך הוא אמן, דער מיט וועט זיין פינף מאהל אמן. דער ערשטער ביי יתגדל ויתקדש שמיה רבא, דער צווייטער ביי ויקרב משיחי', דער דריטער אמן יהא שמי' רבא. נאך דאמירן בעלמא. דער פונפטער ביי ברוך הוא:

יז) **דער** ס' שושן עדות, שרייבט אז נישט דאס קדיש זאגין פועלט נאר דאס וואס ער איז מזכה מענטשין זאלין נאך זאגען, דער מיט איז ער זוכה פאר זיינע עלטערין אויך, אין דאס זעלבע איז מיט דעם דאווינען פאר'ן עמוד וויל ער איז מזכה דעם ציבור צו זאגען קדושה אין ברכו, נאך מעהר שרייבט ער דאס עס איז דאה דיעות אז דער קדיש איז נאר מציל זיינע עלטערין פון דעם עונש וואס זיי האבין נישט נאך געזאגט קיין אמן. אין דער זוהן ברענגט דער צו דאס פיהל מענטשין זאגען נאך אמן אין יהא שמי' רבא איז דאס מציל זיינע עלטערין פון זייער עונש. אבער אסאך דיעות איז דאה דאס דער קדיש איז מציל פון אלע עונשים אין פערטרייבט די מלאכי חבלה זאלין קיין שליטה נישט האבען צו דער נשמה, וויל מיט דעם קדיש איז ער אויף זיינע עלטערין מוסיף קדושה. אין אז די קדושה ווערט אויף זיי גימערט אנטלויפט די טומאה אליין:

יח) **דער** ספר בית יהודא שרייבט אז עס איז אגרויסער טעות וואס מען איז זיך סומך אויף דעם וואס קינדער נאך נישט קיין בר מצוה זאגען קדיש ביי תפילה. וויל דערמיט איז מען נישט יוצא אין דארט ווי א קטן זאגט אליין ביי די תפילה קדיש זאל דער חזן בעזינדער זאגען קדיש. אין מען מוז דרויף גיט אכטונג געבין:

יט) **דער** ספר מקורי מנהגים שרייבט דאס א נקבה זאל נישט זאגען קיין קדיש. אין חאטשו אנ'אשה איז געבאטין אויף קידוש השם, דארף מען

מורא

קדיש. לא דין ולא דת ואין זה אלא שטות והוא כהותא ואטלולא. ואף שהאשה מצוות על קידוש השם והי' סברא דגם בבת יש תועלת ונחת רוח לנפש כי זרעו היא מ"מ יש לחוש לפריצותא, [וע' צפנת פענח אות מ"ון וכן כתב בחו"י סימן רכ"ב (ובכנ"י כתב שאם רוצה לעשות מנין בביתה שתאמר שם הרשות בידה):

כ) **בשו"ת** בנין ציון ח"א סימן קכ"ב שהאריך בענין אם יאמר כל אחד קדיש לבדו. ובס' דברי אמת להנגיד מו' מענדל שטיינהארט זל"ה סימן ז' כתב דמוטב לומר כל האבלים יחד. וכן מבואר בס' כף החיים (אות ל"ב) ואפי' אם קולו של אחד נמוך מאחרים ולא נשמע כל כך, והגם דבעי למימר „ואמרו אמן" ולית מן דשמע וענה ל"ה. כיון שיש אחרים עמו שאומרי' בקול רם והוא מכוון לסיים עמהם כשעונין הקהל אמן חוזרת על כולם, כמו שמצינו באו"ח סי' ק"ל גם ברכת כהנים דלסיים בהדי דעני צבורא אמן, ע"ש:

כא) **בשו"ת** מהר"ם שיק או"ח סי' נ"ג שכתב ליישב הא דמורגל בפי כל דמי שאומר קדיש שאינו שייך לו לא הועיל לעצמו דעולה לנשמת מי ששייך לו, דמ"ש מהחוטף ברכה מחבירו שצריך לשלם לו עשרה זהו' ע"ש:

כב) **בתשו'** כ"י לר"י מולכו (סי' קל"ה, כתב דכשם שאסור לעבור נגד המתפלל כך אסור לעבור נגד האומר קדיש עד דאמירן בעלמא ואמרו אמן. (וכ"כ בספר עבודת הקודש קשר גידול סי' ח' אות ה'):

כג) **ומבואר** בשער הגלגולים דאחר פטירת האדם נשמתו עולה תמיד ממדרגה למדרגה אפי' אחר כמה שנים. וא"כ אפשר שבאותו שנה ביום שנפטר בו אביו יש לו עלייה למדרגה היותר

סוכת שלום

מורא האבין עס זאל נישט ברענגען צו קיין עבירה אז זיא וועט זאגען צווישען מענער קדיש:

כ) **און** שאלות ותשובות בנין ציון שמיסט ער א סאך וועגען דעם צו יעדין איינציגער זאל זאגען בעזונדער קדיש אדער אלע בעזאמען, נאר אין אנדערע פוסקים ווערט אויסגעפיהרט דאס עס איז גלייכער אלע זאלין זאגען צו זאמען. אין אפילו איינער זאגט שטיל דאס מען הערט נישט זיין ואמרו אמן, קען מען נאך זאגין אמן אויף דעם סמך וואס מען הערט פון אנדערע וואס זאגען הויך, אין זיי ענדיגען דאך אלע צו זאמען:

כא) **און** ספר שו"ת מהר"ם שיק פערענטפערט ער דאס וואס עס ווערט גיברענגט אויב איינער דאווינט פאר'ן עמוד אדער זאגט קדיש, דארט ווי דער מנהג איז אז נאר די גרעסערע חיובים זאלין זאגען קדיש, אין איהם קומט עפ"י דין נישט צו זאגען ווערט די מצוה גירעכינט פאר דעם וואס קימט איהם די מצוה עפ"י דין, פער וואס זאל דאס אנדערשט זיין ווי ביים בענטשין צו אן אנדערע ברכה דאס דער דין איז ווער עס האט דעם צווייטען אויס דארף דער פאר צו בעצאהלין צעהן גילדען אבער די מצוה איז זיין:

כב) **און** ספר עבודת הקודש ווערט גיברענגט אזוי ווי דער דין איז דאס מען טאהר נישט א דורך גיין פאר א זעלכען וואס שטעהט שמונה עשרה. איז דער אייגענער דין דער וואס זאגט קדיש טאהר מען אויך דורך איהם נישט א דורך גיין ביז ער זאגט דאמירן בעלמא ואמרו אמן:

כג) **און** שער הגלגולים ווערט גיברענגט דאס די וואך וואס מען האט יארצייט איז גלייך צו זאגען פרייטיג צו נאכט קדיש נאך עלינו. ווייל יעדין יאהר אין

היותר עליונה וע"כ מתחילים לומר קדיש מערבית של שבת שהוא זמן עליית הנשמות לג"ע העליון. כדי שיהי' לו סיוע לעלות. וכדי שישאר במדריגה היותר עליונה הראוי' לו לעלות ביום פטירתו ולא ירד בשביל הג' או הד' ימים, ומטעם זה יש נוהגים לומר קדיש בתרא של קודם עלינו לשבח בכל ערבית של שבת על נשמת אביו או אמו אפי' אחר כמה שנים ואפי' אין לו יאה"צ באותו שבוע כדי שיהי' סיוע לנפטר לעלות בליל שבת לג"ע העליון עם עליית הנשמות עכ"ד:

כד) **בס'** חיי אדם (ה' יו"ט כלל פ"ה) כ' בביאור עלינו שהוא שבח הגדול שתיקון יהושע (שלא עשני כגוי הארצות ר"ת גימטרי' נשמה) ויראה שם דמושך שמך **שפיר** הקדיש שאומרי' אח"כ בעד הנשמות ודו"ק:

כה) **טעם א)** שאומרים קדיש בלשון ארמית לפי שהיו רגילין לומר קדיש אחר הדרשה ושם היו עמי הארצות ולא היו מבינים כולם לשון הקודש לכך תקנוהו בלשון תרגום שיהי' הכל מבינים שזה הי' לשונם כי לפי הטעם שלא יבינו המלאכים ויהי' מתקנאים בנו קשה שהרי יש כמה תפילות יפות שהם בלשון עברי (תוס' ברכות דף ג' ע"א בד"ה ועונין):

עוד טעם ב) לפי שבימיהם גזרו אויביהם שלא יאמר קדיש והנהיגו לאומרו בלשון ארמי שלא יכירו בו. ואף שבטלו הגזירה לא רצו לחחזיר הדבר ליושנה כדי שלא ישתכחו הנסים והנפלאות, (א"ר סי' נ"ו סק"ה), עוד טעם שאומרים קדיש בלשון ארמית שלא יקטרגו המלאכים על שמתפללים על הגאולה, (כל בו), כתב אבודרהם אל יקשה בעיניך מה שתקנו לומר יתברך וישתבח ויתפאר כו' בלשון הקודש כי השבח לא היו יכולין לשנות ללשון תרגום ע"ש:

עוד טעם ג) שאומרים קדיש בלשון ארמי כדי שלא ירגישו מלאכי השרת ששמו של הקב"ה חסר שמא יחריבו את העולם לכך אנו אומרים יהא שמיה רבא מברך בלשון ארמי. כדי שלא

סוכת שלום

אין דעם טאג פון דער יארצייט האט די נשמה אן עלי' אגרעסערע מדריגה. אין דרובער פועלט דער קדיש פרייטיג צו נאכט וואס דאמאלסט איז דער זמן וואס דיא נשמות גייען אויף אין העכערע מדריגות, דאס די נשמה זאל שוין פערבלייבען אין דער העכערי מדריגה אין זאל נישט דארפין צוריק צו גיין צוליב די עטליכע טעג ביז דער יאר צייט. אין דרובער זענין זיך טייל מענטשין נוהג דאס זיי זאגען קדיש אין ברכו אלע פרייטיג צו נאכט פאר עלינו. אפי' א סאך יאהרין נאך זייער עלטערינס פטירה, אין אפי' ווען זיי האבען נישט קיין יאהר צייט. ווייל דאמאלסט איז דער זמן וואס די נשמות האבען אנ'עלי', און אין זכות פון דעם קדיש האבין זייער עלטערין געהאט א מעגליכקייט עולה צו זיין אין גן עדן העליון ארייון:

כד) **אין** ספר חיי אדם ווערט ערקלערט ווי ווייט עס פועלט דער קדיש נאך עלינו פאר די נשמות פון די נפטרים, אין אז די ראשי תיבות פון די ווערטער ש'לא ע'שני כ'גויי ה'ארצות, בעטרעפען אזוי ווי דאס ווארט נשמה:

כה) **פאר** וואס האט מען מתקן געוועזין דעם קדיש אויף תרגום לשון:

איין טעם איז, ווייל דעם קדיש האט מען מתקן געוועזין אין בבל וואס דארט איז געוועזין די אומגאנגס שפראך תרגום לשון. אין די פראסטע מענטשין וועלכע זענין געקומין הערען די דרשה, האבען גישט

שלא ידעו ולא יבינו כי אין מבינין אלא לשון הקודש, אבל ישתבח ויתפאר שהוא שבח אומרים בלשון הקודש שאם יבינו אין בכך כלום ששבח הוא זה, ומה שמתפללין על הגאולה כי בהא תליא מילתא (ליקוטי הפרדס):

כו) **עוד** טעם ד) כי הסגולה הוא להכניע הקליפות בלשונם ממש. סידר של"ה בשם הזוהר פ' תרומה וכתב מהרמ"ק שמזה למדנו טעם למה נתקן הזוהר בלשון ארמי:

כז) **טעם** דנקרא קדיש דרבנן, לפי שהוא תחנה ובקשה על רבנן, (א"ר סימן קנ"ה ס"ק א'):

עוד טעם דנקרא קדיש דרבנן כיון שלא נתקן אלא על תורה שבע"פ שהוא לימוד דרבנן, (שם):

כח) **איתא** באבודרהם שבקדיש יש ארבעה כריעות של חובה ואחת של רשות, יתגדל ויתקדש כורע, בעגלה בזמן קרוב כורע, יתברך וישתבח כורע, שמיה דקודשא ברוך הוא כורע, אבל בעושה שלום כריעה שלם רשות הוא:

כט) **בפרמ"ג** או"ח סי' נ"ח סק"א המנהג להתעטף בטלית לומר קדיש יתום משום כבוד הציבור. (וע"ש סי' קל"ב סק"ב):

כתב

סוכת שלום

נישט פערשטאַנען קיין לשון הקודש דרובער האָט מען מתקן גיוועזין דעם קדיש נאָך דער דרשה אויף תרגום לשון כדי די פּראָסטע מענטשין זאָלין אויך פערשטיין:

נאָך אַטעם איז, ווייל עס איז דאַמאָלסט גיוועזין אַ גזירה אַז מען זאָל נישט זאָגען קיין קדיש, האָט מען דאָס מתקן גיוועזין אויף תרגום, די שונאים זאָלין נישט פערשטיין. אין חאָטשו דער נאָך איז די גזירה בטל געוואָרין. האָט מען איבער געלאָזט אויף דער זעלבער שפּראַך כדי מען זאָל גידענקין די נסים פון השי"ת:

נאָך אַטעם איז כדי די מלאכים זאָלין נישט מקטרג זיין דאָס מיר בעטין אויף דער גאולה. אין מיר טוען נישט קיין תשובה:

דער אבודרהם שרייבט דאָס וואָס מען האָט מתקן גיוועזין צו זאָגען יתברך וישתבח ויתפאר, אויף לשון הקודש ווייל דעם שבח האָט מען נישט געטאָרט משנה זיין אויף תרגום:

נאָך אַטעם איז כדי די מלאכים זאָלין נישט הערין דאָס השי"ת נאָמין איז חסר דורך אינזערע זינד. וועלין זיי חרוב מאַכין די וועלט. אין דרובער זאָגט מען יהא שמי' רבא אויף תרגום לשון אז די מלאָכים זאָלין נישט פערשטיין. אָבער יתברך וישתבח וואָס דאָס איז אַ לויב צו השי"ת מעג מען זאָגען אויף לשון הקודש:

כו) **נאָך** אַטעם איז, ווייל דעם קדיש זאָגט מען צו פערטרייבען די קליפות פון דעם נפטר, דרובער איז דער צו מסוגל תרגום לשון. אין דאָס איז אויך דער טעם וואָס דער זוהר הקדוש איז געמאַכט געוואָרען אויף תרגום לשון:

כז) **אַטעם** פאַר וואָס מען רופט רבנן קדיש. ווייל דאָס איז אַ תפלה אויף די רבנן, נאָך אַטעם איז. ווייל דער קדיש ווערט געזאָגט נאָך דעם לערנין תורה שבעל פה. וואָס דאָס איז אַ לימוד פון די רבנן:

כח) **דער** אבודרהם שרייבט, דאָס מען דאַרף זיך ביי דעם קדיש זאָגען צו בייגען פיער מאָהל, דאָס ערשטע מאָהל ביי יתגדל ויתקדש, דאָס צווייטע. ביי בעגלא ובזמן קריב, דאָס דריטע, ביי יתברך וישתבח, דאָס פירטע ביי יא שמי' דקודשא בריך הוא, אָבער ביי עושה שלום איז נישט קיין חוב. נאָר ווי מען וויל:

כט) **דער** פרי מגדים שרייבט דאָס עס איז

ל) **כתב** הפרמ"ג או"ח סי' תקמ"ז ול"ז מלשון הב"י משמע דבגדי שחורים נוהג כל י"ב חודש וכשכלו י"ב חודש אז מסירים דזה רק אבילות ול"ש גיהנם כמו בקדיש, וראיתי מסירים שחורים ג"כ בי"א חודש ע"כ:

לא) **כתב** בס' עולת תמיד ס' נ"ה סק"א וז"ל בדרשות מהרי"ל כתב שלא הי' עומד לא לקדיש ולא לברכו אך כל קדיש שתפסו מעומד הי' נשאר עומד עד שסיים איש"ר ע"כ. ובאמת דבריו תמוהים דמשמע דאם לא תפסו מעומד אפי' לישר לא הי' עומד וא"ג ע"ש, ובש"ע האריז"ל כתב שהי' נוהג בכל קדיש שלאחר העמידה. בשחרית. ומנחה. וערבית. הי' נשאר מעומד ע"ש:

לב) **בספר** תפלה לדוד כתב יהא שמיה רבה בכל כחו י"ל גם בלחש רק שהדיבור הוא בכח בהמבטא כן שמעתי:

לג) **בס'** שיורי ברכה יו"ד סי' שע"ו סעי' ד' בשם ספר ויקהל משה דפוס פיורדא יש מעשה נורא מענין רוח אחד ושם נאמר שלא יש דבר להגין מפני המזיקין כהאמירת קדיש על מזמורי תהלים

סוכת שלום

איז א גלייכער מנהג אנצוטהון א טלית צו קדיש יתום. ווייל עס איז אזוי א כבוד הציבור מעהר:

ל) **נאך** ברענגט דער פרי מגדים, אז די וואס זענין זיך נוהג צו גייען שווארצע מלבושים אויף א סימן אבילות. מעגען גייען גאנצע צוועלף חדשים. ווייל נאר קדיש וואס מען זאגט כדי מציל צו זיין די עלטערין פון עונש אין גיהנם טאר מען נישט זאגען מעהר ווי עלף חדשים, כדי ער זאל נישט האלטען זיינע עלטערין פאר רשעים וועלכע ווערען געמשפט גאנצע צוועלף חדשים אין גיהנם, אבער שווארצע מלבושים וואס דאס איז נאר א סימן אבילות. מען מעג גייען גאנצע צוועלף חדשים, פונדעסט וועגין איז דער מנהג דאס שווארצע מלבושים טראגט מען אויך נישט מעהר ווי עלף חדשים:

לא) **דער** ספר עולת תמיד שרייבט. דאס דער מהרי"ל פלעגט זיך נישט אויף צו שטעלין צו קדיש אדער ברכו, ווי באלד ער איז געשטאנין. אין מען האט אהנגהויבין צו זאגען קדיש האט ער זיך שוין נישט גיזעצט ביז מען האט גיענדיגט יהא שמי' רבא. אבער דער עולת תמיד איז דערצו נישט מסכים, נאר צו יהא שמי' רבא דארף מען זיך אויף שטעלין אפילו ווען מען זיצט ביים אנהייב קדיש. אין דער אריז"ל פלעגט זיך נוהג זיין דאס ביי יעדין קדיש נאך א תפילה וואס מען זאגט שטעהענדיג פלעגט ער צו שטעהן ביים גאנצען קדיש:

לב) **אין** ספר תפלה לדוד ווערט גיברענגט אז דאס וואס די חכמים האבין אזוי פיהל געלויבט דעם וואס זאגט נאך יהא שמי' רבא מיט דעם גאנצען כח, מיינט מען נישט ער זאל הויך שרייען נאר ער זאל ארויס זאגין מיט דעם גאנצין מויל שארף ער זאל נישט פערפעלין קיין אות ווי דער שטייגער איז דער וואס זאגט נישט שארף ארויס די ווערטער:

לג) **און** ספר ויקהל משה איז גערדיקט אגרויסע מעשה פון איינעם וואס איז אין איהר אריין א דיבוק ר"ל, שרייבט דער מחבר. דארט דאס דער דיבוק האט מגלה גיוועזין דאס עס איז נישטא קיין שום זאך וועלכע זאל אזוי פיהל העלפען דעם נפטר אין מציל זיין פון דעם גיהנם ווי דאס קדיש זאגען נאך דעם לערנין תהלים, דרובער איז גלייך עלטערין זאלין צוואה לאזין זייערי קינדער, זיי זאלין דאס ערשטי יאהר נאך זייער פטירה לערנין אלע טאג עטליכע קאפיטליך תהלים אין זאגין נאך דעם לערנין קדיש:

און

תהלים, ולכן יש להנהיג לבנים על אבותם שילמדו בכל יום מהשנה קצת מזמורים ויאמרו קדיש:

לד) **במקום** שנהגו שאם אין אבל לומר קדיש יתום יאמרוהו זה אח״ז בעל הבתים אחרים ויש שם מי שמת או״א שכבר עברו י״א חודש מ״מ יוכל לאמרו גם הוא כשאר העם ואין זה בזיון לאו״א שיחזיקם רשעים באמרו קדיש אחר יא״ח עי׳ עיקרי הד״ש סי׳ ל״ו סעי׳ כ״ז:

לה) **בספר** פחד יצחק כתב דאם למד עם בן בנו יאמר קדיש כמו שאר אבלים בשוה, ועי׳ מטה אפרים שער ד׳ סעי׳ ט׳ דמי שמת ויש לו בן וצריך לנסוע למרחקים שלא יוכל לומר קדיש בעונתו ישוכר איש א׳ במקומו שיאמר קדיש אחר אביו או אמו, אין שאר האבלים יכולים לדחותו כיון שאומר בשליחות הבן, וסיים ומ״מ נראה שיש לעשות ג״כ פשר שלא יאמר רק חלק שליש ע״ש:

לו) **בעקרי** הד״ט סי׳ ל״ו סעי׳ י״ט כתב המניח אחריו בני בנים ואח טוב שהאח יאמר קדיש בשבילו שהוא מהמתאבלים עליו:

לז) **בענין** קדיש דרבנן עי׳ מ״א סי׳ נ״ד סק״ג וז״ל בליקוטי פרדס כתב כשהציבור אומרים פסוק או משנה צ״ל קדיש לפיכך אומרים קדיש אחר פסוקי דזמרה ואף אחר משנה כגון במה מדליקין, ואומר בסיומן אר״א אר״ח דהיינו כקריאת התורה כדי לקדש, שאין מקדישין אלא בסיום הפסוק או דרשת הפסוק עכ״ל, וכן מנהג כל ישראל לומר אחר פרקים ואין כאלהינו

סוכת שלום

לד) **אין** ספר עיקרי הד״ט, ווערט גיברענגט אז עס איז דאָה ערטער וואָס אויב עס איז נישטאָ קיין יתום, זאָגען די בעלי בתים קדיש איינער נאָכין אַדערען. ווי באַלד עס איז צווישען דעם עולם דאָה איינער וואָס ער האָט שוין געזאָגט עלף חדשים קדיש נאָך זיינע עלטערין, מעג ער אויך זאָגין קדיש. אין עס הייסט נישט קיין בזיון פאַר די עלטערין, דאָס ער האַלט זיי פאַר רשעים וועלכי ווערען געמשפט צוועלף חדשים אין גיהנם, אין דרובער מיז ער זאָגען קדיש זיי מציל צו זיין, ווייל אַלע ווייסען דאָך דעם אמת:

לה) **אין** ספר פחד יצחק ווערט גיברענגט, אויב אַ זיידע לערינט מיט זיין אייניקעל אין ער שטאַרבט אָהן זוהן, קען דאָס אייניקעל זאָגען קדיש גלייך ווי אַ זעלכער וואָס זאָגט נאָך אַ פאָטער. אין שער אפרים ווערט זיך מעהר געזאָגט דאָס איינער וואָס זיין פאָטער אָדער מוטער איז געשטאָרבין. אין ער מיז אַוועק פאָרען אין אַ ווייט אָרט וועלכעס ער וועט נישט קענין זאָגען קיין קדיש, דרובער דינגט ער איינעם ער זאָל זאָגען קדיש, האָט דער געדינגענער מענטש דעם אייגענעם זכות צו די קדישים גלייך ווי דער זוהן אַליין, נאָר פינדעסטוועגען כדי עס זאָל קיין מחלוקת נישט זיין דאַרף מען מאַכין אַ פשרה, דער געדינגענער זאָל נאָר זאָגען אַ דריטיל פון אַלע קדישים. אין די אבילים צוויי דריטעל:

לו) **אין** ספר עיקרי הד״ט ווערט גיברענגט, דאָס איינער וואָס שטאַרבט, אין לאָזט נישט איבער קיין זוהן נאָר אייניקליך, אין ברודער, איז גלייכער דער ברודער זאָל נאָך איהם קדיש זאָגען ווייל ער איז דאָך אַן׳אבל נאָך איהם. איידער די אייניקליך:

לז) **דער** מגן אברהם שרייבט אַז דער עיקר קדיש איז געמאַכט צו זאָגען נאָך לערנין פסוקים פון תנ״ך, אָדער דעם דרש פון די פסוקים, דריבער זאָגט מען נאָך דעם פרק במה מדליקין אר״א

כאלהינו ובמה מדליקין הגדת ר״א א״כ, גם כשלומדין משניות י״ל הגדה אחריו כדי לומר קדיש (מה שנקרא קדיש דרבנן) ע״ש ועי׳ מחצית השקל שם ועי׳ פ״מ שם דבענין קדיש אחר תנ״ך אומרים קדיש שלם בלא תתקבל, ויאמר לכל הפחות שלש פסוקים, ולאחר הגדה קדיש דרבנן ואחר הלכה יאמרו רחב״ע וכדומה ע״ש ובמהרי״ל כ׳ כשלא סיים המסכתא בפסוקים הי׳ מהר״ש אומר אמר ר׳ אלעזר א״ר חנינא תלמידי חכמים כו׳ כדי לומר קדיש על הפסוקים:

לח) **באשל** אברהם סי׳ קכ״ז כ׳ וז״ל מה שקצת נוהגים לומר תיבת טובים רק בקדיש דרבנן, היינו מבחי׳ אין טוב אלא תורה הק׳ וכן תתקבל כו׳ י״ל ששייך בו בחי׳ טובים, מבחי׳ טובים דודיך מיין, ואימתי אני אהובה כשישמע קול תחנוני כו׳ ואני נוהג שלא לשנות רק לומר טובים בכל הקדישים בבחי׳ אוצרו הטוב השמים, ומצד שבחי׳ זבולון טפל לישכר ע״י זה כל עם בני ישראל שוים לטובה לקבל שפע טוב תורה הק׳ עושה שלום במרומיו כו׳ הוא בבחי׳ עשיה ברכה לבלי די ברבות הטובה:

לט) **כתב** הרמ״א ביו״ד סי׳ שע״ו שנהגו שאין אומרים קדיש ותפלה רק י״א חדשים כדי שלא יעשו אביהם ואמם רשעים כי משפט רשע י״ב חודש (ועי׳ הרעב״ט סוף פ״ב דעדיות משפט רשעים י״ב חדש שנאמר והי׳ מדי חודש בחודשו כשיבא חודש באותו החודש שמת בו יצא מגיהנם ויבא להשתחות לפני ה׳ יע״ש):

מ) **כתב** ביוסף דעת סי׳ ש׳ סעי׳ ד׳ נהגו שמפסיקין לומר קדיש יום אחד קודם היינו אם היא״צ עד״מ בח׳ אדר וז׳ שבט יהי׳ ביום ב׳ יאמר עוד קדיש ביום ב׳ ז׳ שבט במנחה וערב יום ג׳ לא יאמר עוד (ועיין קס״ב שכתב בשם שו״ת):

בספר

סוכת שלום

אר״ח, אין נאך פרקי אבות רחב״ע, אין אז מען לערינט משניות זאל מען נאכין לערנין זאגין א מאמר אגדתא וועלכעס איז דא דרונגען א דרש פון פסוקים. אין דער מחצית השקל זאגט דאס נאך לערנין תנ״ך זאגט מען גאנץ קדיש אהן תתקבל, אין נאך לערנין אגדתא, זאגט מען רבנן קדיש מיט תתקבל. אין נאך גמרא אויב עס ענדיגט זיך נישט מיט קיין דרש פון פסוקים דארף מען זאגען אר״א אר״ח:

לח) **דער** אשל אברהם שרייבט, טייל מענטשין זענין זיך נוהג צו זאגין וחיים טובים נאר אין רבנן קדיש ווייל דער עיקר טוב איז די תורה, אין דרובער זאגען זיי נאר נאך דעם לערנען, אבער איך בין מיך נוהג צו זאגען אין אלע קדישים וחיים טובים ווייל אלע יודין שטיצען דאך די בני תורה וועלכע נויטיגען זיך אין שטיצע, האבין זיי א חלק אין זייער תורה. אין דרובער געניסין זיי פון דעם גוט׳ס פון דער תורה:

לט) **דער** רמ״א שרייבט עס איז א מנהג, צו דאווינען אין קדיש צו זאגין נאר עלף חדשים, ווייל די רשעים ווערין געמשפט צוועלף חדשים אין גיהנם אין אז ער וועט זאגען גאנצע צוועלף חדשים, וועט ער דער מיט ווייזין דאס זיינע עלטערין זענין גיוועזין רשעים אין ווערין דארט געמשפט צוועלף חדשים:

מ) **אין** ספר יוסף דעת ווערט געברענגט, דאס מען זאל קיין גאנצע עלף חדשים אויך נישט זאגען, נאר ווי באלד די יארצייט איז אכט טאג אין אדר. אין ער הערט דאך אויף קדיש זאגען מיט א חדש פריהער, זאל ער דעם זיבעטין טאג אין שבט נאך מנחה אויף הערין קדיש זאגען. דאס הייסט מעריב וועלכעס עס גיהערט שוין צום אכטען טאג זאל ער

שוין

סא) **בספר** שדי חמד אות קס"ג בתב ג"כ בשם שו"ת אגודת אזוב דקדיש שאחר קריאת התורה הוא נוהג לאומרו לזכות נשמת מי שמגיע לו הקדיש עפ"י הדין האמיתי ע"ש ולמד כן מתשו' הרשב"ץ ח"ג ס' קע"א דאין קדיש זה שייך להש"ץ או להקורא בתורה דוקא כ"א לאבילים:

סב) **בס'** סוכת שלום כתב וז"ל איברא במשנת חסידים נמצא קצת תברא לזה שכתב במס' שארית ערבית פ"ד דין ב' ג' וז"ל ואח"כ יאמר קדיש בתרא והוא הנקרא קדיש יתום כי יתום האומרו בכל השנה שמתו בו אביו או אמו וביום מיתתם בכל שנה בכל הג' תפילות מועיל להם, ועניית אמן יהש"ר מצלת הרשעים מן הגהינם אם נדונו שם על שלא חששו לענות אמן, כיצד שבעה מדורות יש בו ושמונה הם כי התחתון הנקרא ארץ עיפתה שבו דנין לחוטא באמן כאמור. הוא כפל בחושך והשנים הוא חשוב וכו' (דברי קדשו נסמכים על איוב יו"ד ט"ו כ"א כ"ב אם רשעתי אצלי לי וגו' בטרם אללי אלך ולא אשיב וגו' ארץ עיפתה כמו אופל וגו') אבל על עוונות שעליהם דנין בשאר המדורות אין עניית קדיש מצלת עכ"ל ולדבריו נכון לחפש תקנה להציל מכל מדורי גהינם, אך יש עוד מדריגה שלישית אשר קרוב הדבר שפועל יותר, והוא מה שהביא הלחם הפנים בקו"א סי' שע"ו וז"ל והס' יש נוחלין כתב האב יצוה לבניו להחזיק באיזה מצוה ואם מקיימין נחשב יותר מן הקדיש, וא"כ אפי' בת יש לו תקנה זו. וה"ה לבן בנו או לבן בתו יצוה צואה להחזיק באיזה מצוה ומסיים שם ה"ה דבכל מצוה יחזיק עכ"ל, והכל מחויב דמצוה בפועל יותר ממצוה שאינה רק בפה ובפרט בזמנינו שאין הש"ץ מוציא וכל אחד מתפלל עמו, לכן יש להרחיק טעות רבים שחושבים רק בירידה לפני התיבה או בקדיש עושים נ"ר לנשמת אבותיהם ונכנסין במחלוקת עבור זה. ואת אשר בידם לעשות עדיף יותר ובלי מחלוקה, יש ללמדם שיותר נכון להדר בעת האבילות ובימי היא"צ אחר מצות בפועל בכל האפשרות ג"כ וזהו העיקר ופשיטא שאם אפשר לחפש אחר מצוה בפועל שיהיה גם מצוה דרבים ודאי יהדר לזכות בזה ובזה מוציא אבותיו מכל מדורי גהינם לא לבד מהשמיני או השביעי. ועדיין יש מדריגה הרביעית המועילה

סוכת שלום

שוין נישט זאָגען קיין קדיש:

סא) **און** שדי חמד ווערט געברענגט אז דער מחבר פון אגודת אזוב פלעגט צו זאָגען דעם חצי קדיש נאָכ'ן לייענין מיט דער כוונה אז דער יתום וואָס עפ"י דין קומט איהם דער קדיש זאָלין זיינע עלטערינס נשמה האָבין דעם זכות פון דעם קדיש, ווייל דער קדיש קומט נישט צום חזן אָדער בעל קורא נאָר צו די אבילים:

סב) **און** ספר משנת חסידים ווערט געברענגט דאָס דער קדיש איז נאָר מציל פון דעם עונש וואָס די נשמה ווערט געמשפט ווייל זי איז נישט ביים לעבין בזהר געוועזין אין נאָך זאָגען אמן. אין יהא שמי' רבא, אזוי ווי עס דאַרף צו זיין. דען עס זענען דאָה זיבען חדרים אין גיהנם און אין דעם זיבעטין חדר וועלכעס ווערט גערופען ארץ עפלתה איז אַ טאָפיל פינסטערניש מעהר ווי אין אַלע חדרים, דרובער ווערט דאָס גירעכינט פאַר צוויי, אין דאָרט ווערין געמשפט די וואָס זענען ביי זייער לעבין נישט בזהר געוועזין אין נאָך זאָגען אמן אין דערמיט וואָס זייערע קינדער זאָגען קדיש אין ברענגען אַנדערע מענטשען צו דער מצוה נאָך צו זאָגען אמן ווערין די עלטערין ניצול פון דעם עונש, אָבער מען

המועילה יותר לזכות הנשמות להוציאן מכל המדורי גיהנם ולהאיר להם נתיב גם לילך בדרך המלך אל הג"ע והוא לימוד תוה"ק בעד נשמתן ע"ש דבריו המתוקים באריכות, ובס' מ"ג כתב וז"ל מבואר שיש ששה מדרגות להעלות הנשמות ע"י החיים א' באמירת קדיש יתום (וקדיש דרבנן), ב' לירד לפני התיבה, וגם אלו השנים טובים הם ופוק חזו מה עמא דבר. אך למודעי שהוא בכלל גמלת חסד אם אפשר למנוע פעמים רבות אנשים אשר אין להם קול וחיתוך הדיבור ואפ"ה יורדים לפני התיבה ומבלבלים הציבור, ולפעמים נמי בתענית שיש גם לומר סליחות והנשים הצדקניות אינן יודעת מאומה ע"י בעל היא"צ שמתפלל. שזה האיש ודאי לא לבד שאינו מועיל להנשמה כאשר רצונו הוא אלא כמועל בהקדש ומבייש הנשמה שעל ידה נסתעף החטא הזה ע"כ כל ירא ד' אשר יש לו מבוא להסיע בלי עשות מחלוקת את האיש ההוא יגדל שכרו מן השמים וגם בישובים יורדים בעלי היא"צ לפני התיבה גם בשבת ויו"ט ומי ימחה בידו הלא הוא בעל הבית ולפעמים גם נכבד ומבלבל כל התפלה ולפעמים גם בא לחירוף וגידוף ע"י השבושים וצירוף התיבות צועקים בקול אשר קדשנו במצוצי"ו משרצי"ם ואשר משרצי"ו וכהנה רבות הוי ואבוי לזכות כזה מבנים לאבות ואין זה בכלל מה דאי' בילקוט שה"ש ב' אמר ר"א אפי' עם הארץ שקורין לאהבה איבה כגון ואהבת ואמרת אמר הקב"ה ודגלו עלי אהבה ודילוגו עלי אהבה, זה שייך בינו לבין קונו אם בינו לבין עצמו אבל חס מלהעלות על הדעת לירד לפני הציבור [אמר המלקט עיין בס"ח סי' ח"י חסופין הלא מבואר באו"ח סי' כ"ג סעי' י"ב אין ממנין מי שקורא לאלפין עינין וכתב המג"א ה"ה נמי למי שקורא לחית ה' אלא אם כולם מדברים כך .וכו' ואין לומר דשם מיירי מש"ץ קבוע אבל באקראי לית לן בה זהו ליתא דהא מבואר במקור הדין במגלה (כ"ד ע"ב) אין מורידין לפני התיבה לא אנשי בית שאן וכו' מפני שקורין לאלפין עינין משמע דאף באקראי אסור. אלא ודאי להאומרים

סוכת שלום

מען דארף דאך זעהן זיין מעלה צו זיי פון די אנדערע חדרים. פון גיהנם, אין צו ברענגין זיי אין גן עדן אריין. בפרט איז דער קדיש אין דאס דאווינען פאר'ן עמוד איז נישט קיין זיכערע זכות, ווייל פיעל מאהל קומט ארויס מחלוקתען ביים דאווינען אדער קדיש זאגען. ווי אלע חיובים זאגען צו זאמין קדיש, אין אפילו עס איז נישטא קיין מחלוקת, אויב א זעלכער וואס זאגט נישט ניט קיין עברי. אדער ער האט נישט קיין שארפען אויסשפראך, צו אפילו דער וואס זאגט יאה גיט די ווערטער נאר ער האט א שטיל קול. אין ער גייט צו דאווינען פאר'ן עמוד בפרט אום תענית וואס מען זאגט סליחות, אין דער ציבור הערט נישט ווי ער האלט, אין דרובער ווערין זיי צו מישט ביים דאווינען איינער זאגט אויף דעם קאפיטעל אין דער צווייטער דאס אנדערע קאפיטיל, איז ער מיט זיין דאווינען נישט מזכה די עלטערין נאר אדרבה ער איז זיי גורם א גרויסע בושה, אין א עונש וואס צוליב זיי איז דאס דאווינען פון ציבור צו מישט געווארען, אדער געווארען א מחלוקת אין בית התפלה. אין דרובער איז דאה אן'עצה מוכה צו זיין זיינע עלטערין אז פאר זייער פטירה זאלין זיי צוואה לאזען זייערע קינדער דאס זיי זאלין אב היטען א מצוה מיט אלע זייערע קרעפטין אין דער זכות זאל זיין פאר די עלטערינ'ס וועגען, דאס איז אפילו מעגליך ווען מען לאזט ח"ו נישט איבער קיין זוהן זאלין קדיש זאגען אין מען לאזט איבער א טאכטער אדער אייניקלעך, אין מען לאזט זיי איבער אזוי

להאומרים שיבושים יש לכל ממונה ולכל לומדי תורה לתת להאיש ההוא עצה טובה שלא יחייב את אבותיו בירידתו לפני התיבה אמנם אף לאותן שיודעים בטוב לה"ק אלא שאין קולם נשמע גם הוא יהי' זהיר בנפשו שלא לירד לפני התיבה בבהכ"נ גדולה ואם ירצה ילך אצל וב"ל, אבל העיקר הוא שיש לפניהם עצה לעשות כהמדרגה שלישית לעסוק תמורת זו במצוה ביום הזה הן בימי האבילות והן ביא"צ וזה עדיף מירידה לפני התיבה, והטעות הוא יען שחושבים רבים שאין שום מבוא רק לומר קדיש, ולירד לפני התיבה, ועי"ז עושין העיקר לטפל והטפל לעיקר, לכן לדעתי מי שיכול לפרסם הדברים הנאמרים כאן מזכה רבים, שיש עד השלושים עסק מצוה. רביעית ללמוד תורה ולפחות משניות ואם אפשר בגמרא ופוסקים בו ביום ודאי אשרי לו דאז מעלה הנשמה בלימוד הלכה פסוקה לגמרי יועצ"ס ללמוד משניות עם המפרשים המרמזים מיד ההלכה פסוקה. והחמישית להתחכם שילמוד בכנופיא בעשרה, והששית עוד יותר אם יהי' לימוד עשרה מיד אחר תפלת השחר ואחר מנחה עם הלילה אשריכם ואשרי יולדתכם העדה הקדושה דסוכת שלם יע"א ולכל הנוהגים כן בשאר קהלות קדושות, ואומרים גם קדיש דרבנן אחר הלימוד דאם חטא הנפטר במניעת אמן או אמן חטופה ואמן יתומה ואמן קטיפה שמבואר האיסור בש"ע או"ח סי' קמ"ד סעיף ה' והעונש ע"ז שבהעו"ז אמר בן עזאי ברכות מ"ז ומי שלא קבל עונשו בעוה"ז מגיע לבא למדורי השביעית שבגיהנם. שבקדיש זה ובפרט שאומרים גם משנה שלהי מכות דר' חנינא בן עקשיא שיהי' גם דברי אגדה אשר על יהא שמי' רבא דבתר אגדתא אוקים עלמא כדאיתא בסוטה מ"ט ע"א

סוכת שלום

אזוי א צוואה אויב זיי היטען זייער צוואה פילט דאס פער די עלטערין מעהר ווי קדיש אדער דאווינען, בפרט אויב עס קומט דורך דעם דאווינען ארויס מחלוקת. אבער דער מענטש איז נישט ראוי צו דאווינען ווי מיר האבין אויבען געשריבין, אין וואהל איז דעם מענטש וועלכער אויב ער זעהט עס קומט צו מחלוקתען ביים דאווינען אדער קדיש זאגען, גיט ער די אבילים די עצה זיי זאלין טהון א מצוה בפרט אזוי א מצוה וואס זיי זענין דערמיט מזכה הרבים דער מיט טהוט ער א גרויסע טובה דעם נפטר אין וועט האבין א גרויסען שכר. אין וועיל מיר ווילען ברענגען, נאך עצות ווי אזוי די קינדער קענען א טובה טהון זייערע עלטערין. וועלען מיר בקיצור איבער שמיסען דיא זאכין וואס מיר האבין אויבען געשריבען אין דערויף מוסיף זיין נאר עצות, עס איז פערהאנדין זעקס זאכען וועלכעס קינדער זאלין טהון כדי מציל צו זיין זייערע עלטערין פון גיהנם אין זיי ברענגען אין גן עדן אריין א) דאס ערשטע איז צו זאגען קדיש. דאס קען יעדער קינד אפילו נאך נישט קיין בר מצוה אין אפילו שבת ויו"ט. ב) דאס צווייטע איז צוא דאווינען פאר'ן עמוד. דאס קען נאר א בר מצוה, און אין א טייל איז דער מנהג אז נאר א זעלכער וואס האט שוין חתונה געהאט, אבער א בחור דאווינט נישט בציבור פאר'ן עמוד. אין אויך טאהר מען נישט ווען מען איז אנ'אבל ר"ל דאווינען ר"ח, שבת, ויו"ט, נאר דאמאלסט ווען מען האט יארצייט מעג מען דאווינען פאר'ן עמוד. אין די אויבען דערמאנטע צייטען, איבער די צוויי זאכען קענען נאר טהון מאנספערזאהן וועלכע קענען גיט עברי אין האבען א הויך אין א ריינע אויספראך, אין ווען עס מאכט זיך דערביי קיין מחלוקת נישט אויך זענען זיי דער מיט מציל זייערע עלטערין

ע"א בזה יתכפר הנפטר ונפטר מעונש גיהנם מדורי בתרא ובלימוד נתעלה מכל מדורות, ומזמן לזמן בזכות הלכה הזאת כמה פעמים יבא עד שעולה לגן עדן למעלה למעלה עכ"ל הקדוש:

מג) והנה דיני הקדיש רבים הם ומנהגים שונים יש בזה ואיננו שוה בכל מקום נהרא ונהרא ופשטא ועי' מג"א או"ח סי' קל"ב ובשו"ת כנסת יחזקאל ובס' זמור לאברהם ובסידור דרך החיים ויעב"ץ

סוכת שלום

עלטערין נאָר פון דעם עונש וואָס זיי, האָבען ביי זייער לעבין נישט נאָך געזאָגט אמן יהא שמי' רבא אזוי ווי דער דין איז. אויך וואָס מען משפט אויף דעם זיבעטין מדור פון גיהנם. אָבער פון אנדערע עבירות, וואָס מען משפט פאַר זיי אין די זעקס מדורות איז דער קדיש מיט דעם דאַווינען בלויז נישט מציל, נאָר מען דאַרף דערצו די דריטע זאַך, ג) די דריטע זאַך וועלכעס די קינדער זאָלין טהון זיי זאָלין דער מיט מציל זיין זייערע עלטערין פון געמשפט ווערען אין גיהנם איז, דאָס די עלטערין איידער זיי שטאַרבען זאָלין צוואה לאָזען דאָס זייערע קינדער זאָלין מקיים זיין אַגעוויסע מצוה מיט אַלע זייערע קרעפטין אין זיי זאָלין בייא דער מצוה נישט קוקען אויף קיין שום מניעה נאָר זיי זאָלין די מצוה מקיים זיין מיט מסירת נפש. כדי מזכה צו זיין זיינע עלטערין דער מיט. אָבער זיי דאַרפען אין אַלע מצות אויך געהיטען זיין. נישט פערלאָזען זיך בלויז אויף דער מצוה, דאָס קען טהון אַפילו דער וואָס לאָזט ח"ו נישט איבער קיין זוהן קען ער זיין טאָכטער אזוי אַ צוואה לאָזען, אָדער די איינקליך, אין זעלבסט פערשטענדליך דאָס עס איז מיגליך די זאַך אין אַלע צייטען אויס צופיהרען אין אַפילו דער נפטר האָט נישט אַזוי אַ צוואה געלאָזט מעגען די קינדער זעלבסט אויף זיך נעמין אַ מצוה כדי זייערע עלטערין מזכה צו זיין, אין די מצוה איז זיי מציל פון אַלע עונשים פון גיהנם, בפרט נאָך אויב דאָס איז אַ מצוה וואָס ער איז דער מיט מזכה הרבים: ד) די פיערטע עצה איז צו לערנין די גאַנצע צוועלף חדשים לפחות משניות מיט די מפורשים וואָס ברענגין צו ווי די הלכה בלייבט, בפרט אויב מען האָט די מעגליכקייט צו לערנען גמרא, אין באַלד צו צי לערנין אין שו"ע דעם דין. איז אַ וודאי זייער גוט ווייל מיט דעם לערנין הלכה פסוקה איז ער מעלה זיינע עלטערין לגמרי פון גיהנם, ה) די פינפטע זאַך איז צו לערנין צו זאַמין מיט אַ מנין, ו) די זעקסטע זאַך איז, אַז דאָס לערנין זאָל זיין באַלד נאָך דעם דאַווינען שחרית. אין נאָך מנחה ביז נאַכט. אין דער נאָך צו זאָגען רבנן קדיש, דאָס איז אַ טובה אויב די עלטערין זענען נישט נזהר גיוועזין אין זאָגען אמן יהא שמי' רבא אזוי ווי דער דין איז, אין זיי ווערין געמשפט דער פאַר אין זיבעטין מדור פון גיהנם. ווערין זיי ניצול אין זכות פון דעם קדיש אין בפרט אויב ער וועט צו לערנען די משנה פון ר' חנינא בן עקשיא, אין בזכות דעם קדיש איז ער זיי מעלה פון דעם זיבעטין מדור פון גיהנם, אין בייא דעם לערנין די הלכה פסוקה איז ער זיי מעלה פון די רעשט מדורות פון גיהנם, אין בפרט אויב זיי טיען אַ מצוה בפועל מיט וועלכער ער איז מזכה הרבים איז ער זיי מציל פון אַלע מדורי גיהנם נישט בלויז פון דעם זיבעטין, אין ער איז זיי מעלה אין גן עדן אריין:

מג) יעצט וועלין מיר שטעלין די דינים פון די וואָס זענין מעהר חיוב קדיש צו זאָגען אין דאַווינען פאַר'ן עמוד. בקיצור צו זאַמען געקליבען פון די גדולי

הפוסקים

דיעב"ץ גם בשו"ת ריב"ם שניטוף הביא בהתחלת הס' בשם הגאון ר"נ אדלער זצ"ל מלוקט כל דיני קדיש ואני אעתיק פה בסוף איזה דינים הנחוצים ביותר בקצירת אומר:

מד) **בתוך** שבעה בין שהוא קטן בין גדול, בין תושב בין אורח יש לו כל הקדישים ודוחה כל האבלים, ואפי' פגע הרגל תוך שבעה המבטל גזירת שבעה וכן לאחר שבעה שמבטל גזירת שלשים, לענין קדיש אינו מבטל וכן לא אמרינן לענין קדיש מקצת היום ככולו, ואפילו במנחה של יום השביעי יש לו כל הקדישים, ומונין שבעה ושלשים מיום הקבורה, ואע"פ שאבל לא שמע מיד ונוהג אח"כ שבעה ימי אבל, מ"מ לענין קדיש אין לו דין שבעה וכן אם מת ברגל מונין לענין קדיש מיום הקבורה:

מה) **אם** יש בבהכ"נ גם יא"צ, אזי אם הבן שבעה הוא קטן שהולך כל ימי הז' לבכה"נ יש להיא"צ קדיש א' ואם יש הרבה יא"צ יש לכל אחד קדיש א' ואפי' אם הקטן שהוא בן ז' ידחה לגמרי, ואם יש בן שלשים יש לו ג"כ קדיש א' אבל אם יש הרבה בני שלשים אין הקטן בן שבעה נדחה מחמתן לגמרי. ואם הוא גדול שאינו הולך כל השבעה לבהכ"נ אע"פ שמתפלל בביתו במנין מ"מ כשבא בשבת לבהכ"נ אומר כל הקדישים ואם יש שם יא"צ אומר ג"כ כל הקדישים מלבד קדיש אחד יטילו עליו גורל ואף כשנתבטל ממנו השבעה ע"י הרגל או שמת אביו ברגל, אזי יש לו דין קטן כיון שיכול לילך לבהכ"נ בכל יום:

בן

סוכת שלום

הפוסקים. אין פון שאלות ותשובות ריב"ם שנייטוך וועלכער ברענגט פון גאון ר' נתן אדלער זכרונו לברכה:

מד) **אין** דער שבעה איז דער אבל, אפילו א קטן אדער א אורח. דער גרעסטער חיוב אין עס קומט איהם אלע קדישים. אין אפילו עס איז יו"ט וואס עס גייט נישט אהן דער דין פון שבעה, פון דעסט וועגען ביי דעם דין פון קדיש הייסט ער דער גרעסטער חיוב, אין מען זאגט אויך נישט דער ביי מקצת היום ככולו. נאר דער אבל איז דער איינציגער חיוב אפילו דעם זיבעטין טאג ביי מנחה אין עס קומט איהם אלע קדישים, דער זעלבער דין איז אויך ביי די שלשים, אין מען רעכינט די שבעה אין די שלשים פון דעם יום הקבורה אפילו דער אבל האט נישט באלד גיהערט אין ער זיצט הערשט שבעה שפעטער אדער ער איז געשטארבען אום יום טוב אין ער זיצט הערשט שבעה נאך יום טוב. פינדעסט וועגען האט ער נישט דעם דין פון שבעה א קיינען קדיש זאגען:

מה) **אויב** עס איז דאה אין בית מדרש איינער וואס האט יא"צ אין, איינער וואס איז אין שלשים אין איין אבל אין דער שבעה א קטן. אדער אפילו אגרויסע נאר די עלטערין זענען געשטארבין אום יו"ט גיים דאך א גדול אויך אין בית המדרש אריין קדיש זאגען קומט דעם וואס האט יא"צ איין קדיש, אין דעם וואס איז אין די שלשים אויך איין קדיש, אבער ווען עס איז דאה א סאך יא"צ אין א זעלכע וואס זענין אין די שלשים דאס אויב מען וועט יעדין איינעם געבין א קדיש וועט פאר דעם אבל גאר נישט בלייבין איז אזוי דער דין דאס די יא"צ קומט יעדען א קדיש, אפילו דעם אבל וועט גאר נישט בלייבין, אבער די וואס זענין אין די שלשים מוזען צווישען זיך ווארפען א גורל אין זיי קענען נישט דעם אבל אין גאנצען מדחה זיין, אין א גדול וואס זיצט שבעה אין דער היים אפילו ער האט געהאט אין דער היים א מנין אין געזאגט קדיש, אז ער קומט דעם ערשטען טאג אין בית מדרש

אריין

מו) **בן** ד' קטן בן ד' גדול בשבת כשבא לבהכ"נ שוים בקדישים. ואם יש גם יא"צ הוא נדחה מחמת הגדול. ולכן יש להגדול קדיש א' יותר מן הקטן דהיינו הקדיש שהיה צריך הקטן לתת להיא"צ:

מז) **יא"צ** וכן בן שלשים קודמין לשאר אבלים שהם בתוך השנה.

ומ"מ יש להם לתת גם להם איזה קדישים. ויש לנהוג שקדיש דרבנן וגם הקדיש שלאחר עלינו יהיה להיא"צ או לבן שלשים ושאר הקדישים לשאר האבלים אם ישנו כמנין הקדישים:

מח) **יא"צ** ובן שלשים, היכא דאיכא רווחא בן שלשים קודם ואין להיא"צ רק קדיש א'. ואם יש הרבה יא"צ, יש לכל א' קדיש א' ואע"פ שהבן שלשים ידחה לגמרי משום שהוא יאמר למחר והיא"צ אם לא יאמר היום יעבר זמנו:

מט) **אם** יש שני אבלים שוים, יטילו גורל ביניהם, ומי שעלה לו הגורל לומר ערבית יש לשני כנגד זה קדיש א' שחרית בלא גורל ועל הקדיש הג' מטילים גורל, וכן אם ישנם הרבה ג"כ מטילין גורל ומי שעלה לו הגורל לא יבא עוד בתוך הגורל עד שיאמרו כולם:

נ) **התושב** קודם לאורח (אם אינו תוך שבעה) יא"צ תושב ויא"צ אורח

סוכת שלום

אריין קומט איהם אלע קדישים אין אפילו עס איז דאָה אַ יא"צ, וואַרפט מען אַ גורל אויף איין קדיש, אין די רעשט זאָגט דער אבל, צייטען אויב עס איז געוועזין ערב יו"ט האָט דאָך יו"ט איבער גענומין אין מבטל געוועזין די שבעה, אָדער אום יו"ט גייט ער דאָך אין בית המדרש אַריין. האָט דער אבל דאמאָלסט אַדין אַזוי ווי אַ קטן וואָס מיר האָבען געשריבען אין אָנהייב סעיף:

מו) **אַ קָטָן** אין דער שבעה אין אַ גדול דעם ערשטין מאָהל וואָס ער קומט אין בית מדרש אַריין זענין גלייכע חיובים נאָר ווי בּאַלד עס איז דאָה אַ יא"צ אויף אין דער יא"צ ווערט דאָך נאָר נדחה מחמת דעם גדול דרובער קימט איהם מעהר אַ קדיש ווי דעם קטן וואָרין ער וואָלט דאָך געוועזען געמוזט דעם קדיש זאָגען געבען דעם בעל יא"צ:

מז) **דער** וואָס האָט יא"צ אין דער וואָס איז אין די שלשים זענין פריהעדיגע חיובים ווי די אַבלים אין יאָהר, פינדעסטוועגען דאַרף מען זיי אויך געבין קדישים, אַגלייכע זאַך איז די וואָס האָבין יא"צ אָדער זענען אין די שלשים זאָלין זאָגען רבנן קדיש אין דעם קדיש נאָך עלינו, אין די רעשט קדישים אויב עס איז דאָה אַזוי פיהל אבילים ווי קדישים זאָגט יעדירער איין קדיש. אין אויב נישט זאָגט דער יא"צ אויך די רעשט קדישים אין די אבילים נאָר איינציגע קדישים:

מח) **אַ יא"צ** אין א בן שלשים, איז דער בן שלשים מעהר חיוב. אין דעם יא"צ קומט נאָר איין קדיש, אָבער אַז עס איז דאָה אַ סאַך יא"צ, קומט די יא"צ יעדין איין קדיש. אַפילו עס וועט פאַר דעם בן שלשים גאָר נישט בלייבין, ווייל ער וועט דאָך קענען מאָרגען זאָגען אין דער יא"צ נישט:

מט) **אויב** עס איז דאָה צוויי גלייכע חיובים דאַרפען זיי מאַכען אַ גורל אין דער וואָס איז זוכה בגורל האָט דער צווייטער אַזוי פיהל קדישים נאָכדעם אָהן אַ גורל, אין אַזוי אויב עס איז פערהאַנדען אַ סאַך חיובים גלייכע אין מען וואַרפט אַ גורל איז דער וואָס האָט שוין איינמאָהל זוכה בגורל געוועזען לייגט מען איהם שוין נישט אַריין אין גורל ביז אַלע זאָגען אַזוי פיהל קדישים ווי ער:

נ) **אַתוֹשָׁב** איז מעהר חיוב ווי אַ אורח אויב דער אורח איז נישט אין

אורח אין להאורח כלום, בן שלשים תושב או תוך השנה תושב ויא"צ אורח יש להאורח קדיש א' ואם יש יא"צ תושב ובן שלשים תושב ויא"צ אורח יש ג"כ להאורח קדיש א' ואינו יכול יא"צ התושב לומר לו אני קודם כי יאמר לאו מדידך קא שקילנא אלא מבן שלשים, ויאמר היא"צ תושב קדיש ראשון ויא"צ אורח קדיש ב' ובן שלשים ק' ג':

נא) **אורח** בן שלשים ותושב תוך השנה שוים:

נב) **יא"צ** תושב ובן שלשים אורח. יאמר התושב קדיש ראשון והשני והאורח השלישי:

נג) **אורח** בתוך השנה יש לו קדיש א' בתוך אבלים תושבים שבתוך השנה:

יד) **תושב** נקרא לענין זה כל שיש לו כאן דירת קבע אע"פ שאינו פורע מס או שהוא פורע כאן מס אע"פ שאינו דר כאן, ומי שבא לכאן ממקום אחר לומר קדיש אחר אביו ואמו שהיו דרים כאן אע"פ שהמה היו תושבים כאן מ"מ כיון שבן הזה אינו דר כאן ואינו פורע כאן מס אין לו דין תושב בעה"ב שמחזיק מלמד או משרת אם הם פנויים נקראים כאן תושבים. אבל אם יש להם נשים במקום אחר הרי הן כאן כאורחים. והלומד בישיבת וכן מלמד המושכר לכמה בע"ב. אע"פ שיש להם נשים במקום אחר דינם כאן כתושבים. המגדל יתום בביתו אפי' בשכר אם אין לו לא אב ולא אם יש לו כאן דין תושב, אבל אם יש לו אב או אם במקום אחר אפי' מגדלו בתורת צדקה יש לו דין אורח:

מי

סוכת שלום

אין דער שבעה. איא"צ א תושב אין א אורח האט יא"צ קומען אלע קדישים דעם תושב. אבער א בן שלשים אדער אין יאר א תושב. אין א יא"צ א אורח קומט דעם אורח איין קדיש. א יא"צ אין א בן שלשים תושבים אין א יא"צ א אורח, קומט דעם יא"צ אורח אויך איין קדיש אין דער יא"צ תושב קען נישט זאגען דאס ער איז מעהר חיוב, ווייל דער אורח קען זאגען איך נעם נישט פון דיין חלק נאהר פון בן שלשים, אין דער יא"צ תושב זאגט דעם ערשטען קדיש און דער יא"צ אורח דעם צווייטען קדיש אין דער בן שלשים דעם דריטען קדיש:

נא) **א** אורח וואס איז אין דיא שלשים אין א תושב אין יאר זענען ביידע גלייכע חיובים:

נב) **א יא"צ** א תושב אין א בן שלשים א אורח קומט דעם תושב דיא ערשטע צווייא קדישים אין דעם אורח דעם דריטען קדיש:

נג) **א** אורח אין יאהר. אין אסאך תושבים אין יאהר, קומט דעם אורח אויך איין קדיש:

נד) **אתושב** א קייגען דעם דין פון קדיש ווערט גירעכינט דער וואס האט אין דער שטאדט אשטענדיג וואהנארט אפילו ער צאהלט נישט קיין פאדאטקעס אין דער שטאדט, אדער ער צאהלט פאדאטקעס, אפילו ער וואהנט נישט אין דער שטאדט שטענדיג, אבער איינער וואס זיינע עלטערין זענען גיוועזען תושבים אין דער שטאדט, אין ער וואהנט נישט דארט אין צאהלט נישט קיין פאדאטעק, אפילו ער וויל דאה זאגען קדיש אגעוויסע צייט האט ער נישט דעם דין וויא א תושב. א משרת אדער א מלמד וואס איז ביא איין שטאדט בעל הבית. אויב זייא זענען פרייא לעדיג הייסען זייא תושבים, אבער אז זייא האבען ערגיץ אנדערש פרויען הייסען זייא אורחים. אבער ישיבה יונגעלייט אין א מלמד וואס איז ביי עטליכע

בעלי

נה) מי שמתפלל בבהכ"נ תמיד או בבהמ"ד אם בא לומר קדיש בבהכ"נ האחרת האבלים שבשם יכולין לדחותו ואפי' הוא בתוך שבעה דגרע מאורח. כי האורח אין לו מקום להתפלל ולומר קדיש וזה יש לו:

נו) נוהגין שאין אבל מתפלל לפני התיבה בשבת ויו"ט (ובמקומנו גם בר"ה) אך אם גם קודם האבלות היה דרכו להתפלל בשבת וי"ט וליכא דעדיף גם בזמן האבלות יתפלל (שע"ת בשם תשובת מאיר נתיבים ס' פ'):

נז) שנים ששוים בדין קדיש ושניהם יכולים להתפלל לפני התיבה ומרוצים בשוה לקהל. יטילו גורל שאחד יתפלל עד אשרי ובא לציון. והשני יתפלל אשרי ובא לציון, ואם אחד אינו יכול להתפלל לפני התיבה או שאינו מרוצה לקהל והתפלל השני לא הפסיד זה שהתפלל זכותו בקדישים. ומ"מ יש לו לוותר להניח הקדיש למי שלא התפלל. ומכ"ש לקטנים:

נח) מי שהוא אבל על אביו וגם על אמו. מ"מ אין לו זכות יותר בתפילות וקדישים משאר אבל, משום דזכרון אחד עולה

סוכת שלום

בעלי בתים, האָבען א דין וויא תושבים, אפילו זייא האָבען ווייבער אין א צווייטע שטאָדט, איינער וואָס האָדעוועט אויף א יתום, אפילו פאַר געלט. נאָהר דער יתום האָט נישט קיין פאָטער אין מוטער, האָט ער אַדין וויא אַתושב, אָבער אז ער האָט אַפאָטער אָדער אַמוטער. אין אַצווייטע שטאָדט אפילו ער האָדעוועט איהם אומזונסט האָט ער אַדין וויא א אורח:

נה) דער וואָס דאַווינט אין איין בית מדרש. אין ער גייט קדיש זאָגען אין אַ אַנדער בית מדרש אַריין קענען דיא אבילים פון דעם בית מדרש איהם מדחה זיין אפילו ער איז און דער שבעה. ער איז ערגער וויא א אורח פון אַפרעמדע שטאָדט ווייל דער פרעמדער האָט דאָך נישט זיין בית המדרש דאָה, און ער קען דאָך גייען קדיש זאָגען אין דעם בית המדרש וויא ער דאַווינט אין לעריגט:

נו) דער מנהג איז דאָס א אבל דאַווינט נישט פאַרן עמוד שבת אין יו"ט אפי' ר"ה. נאָהר אויב ער פלעגט פריהער איידער ער איז געוואָרען אַ אבל צוא דאַווינען שבת אין יו"ט פאַרן עמוד אין עס איז נישטאָ קיין בעסערער בעל תפילה. מעג ער דאַווינען:

נז) צוויא אבילים, וועלכע זענען גלייכע חיובים, אין קענען ביידע דאַווינען פאַרן עמוד, זענען ביידע מרוצה לקהל. זאָלען זייא וואַרפען אַ גורל. וועלכער זאָל דאַווינען ביז אשרי ובא לציון. אין וועלכער פון אשרי ובא לציון אין אויב איינער קען נישט דאַווינען פאַרן עמוד האָטשע דער צחייטער דאַווינט פון דעסט וועגען האָט דער וואָס דאַווינט עפ"י דין נישט ווינציגער זכות קדיש צוא זאָגען וויא דער וואָס דאַווינט נישט, נאָר עפ"י יושר דאַרף ער דעם צווייטען צוא לאָזען דיא קדישים. בפרט אַ קטן וואָס דאָס וואָס ער דאַווינט נישט. איז ער נישט שולדיג. אין אַז ער וועט גרויס ווערען וועט ער אויך קענען דאַווינען פאַרן עמוד דאַרף דער וואָס דאַווינט אַוודאי איהם מוחל זיין דיא קדישים:

נח) אזעלכער וואָס איז אַ אבל אויף פאָטר אין מוטער איז נישט מעהר חיוב, פון איינעם וואָס איז אַנאָבל אויף דעם פאָטער אַליין אָדער דיא מוטער אַליין, ווייל דער איינענער קדיש איז אַטובה פאַר זייא ביידע:

דער

עולה לכאן ולכאן (כנ"י וע' נוב"ת ס' ח') :

נט) **בענין** שאין אומרים קדיש רק י"א חדשים כנ"ל יעשה באופן זה שאם מת ביו"ד לחודש שבט פוסק לומר ט' טבת וביו"ד טבת לא יאמר דהא הוי יום א' בחדש י"ב ויום א' בחדש חשוב חדש והוי כאילו אמר י"ב חדש. ולענין זה מונים מיום הקבורה לא מיום המיתה שאם נקבר י"א שבט אזי פוסק ביו"ד טבת כי המשפט אינו מתחיל עד לאחר הקבורה (פרמ"ג בס' נועם מגדים) ואם היתה שנה מעוברת פוסק ט' (או יו"ד) כסליו ויום זה שהוא פוסק בו יש לו כל הקדישים רק ליא"צ שייך קדיש א' וכן לבן שלשים ואם יש כמה מהיא"צ או בני שלשים נדחה הוא מפניהם לגמרי מי שיודע באביו ואמו שהיו רשעים מאותן שנידונן י"ב חדש ראוי ומחוייב שיאמר קדיש י"ב חדש :

ס) **כש"ש** הרבה אבלים ר"ל אזי כדי שלא יבא לידי קטטות ומריבות נוהגין בהרבה מקומות שאומרים ב' או ג' ביחד (פת"ש בשם חומת ירושלים) :

סא) **ובענין** שאין אבל מתפלל לפני התיבה שבת ויו"ט (כמש"כ לעיל בסי' נ"ו) ועי' בט"ז בסי' שע"ו סק"ב שכתב בשם הב"ח דבימים נוראים אם האבל הגון ולא נמצא כמוהו הוא קודם להתפלל אפי' תוך ל' על אביו ועל אמו ולא כיש מקפידים, ובספר אורחות חיים ס' תקפ"א אות ז' כתב בשם שו"ת ריב"ם שנייטוף ס' מ"א שמי שהיה מוחזק להתפלל בימים נוראים בר"ה ויוכ"פ. ונעשה אבל ב"מ על אביו והוא בתוך י"ג חדש דמותר להתפלל בימים נוראים לפני התיבה. ועי' מהרי"ל דבק"ק פראנקפורט אין אבל יורד לפני

סוכת שלום

נט) **דער** מנהג איז דאָס מען זאָגט נישט קיין קדיש מעהר ווי עלף חדשים. אין דרובער דער וואָס איז צו קבורה געקומען צעהן טאָג אין שבט דאַרף זיין זוהן זאָגען קדיש נאָר ביז איין טאָג אין טבת, ווייל דער קדיש איז דרויף מציל צו זיין פון דעם עונש אין גיהנם אין דער עונש הייבט זיך הערשט אָהן נאָך דער קבורה, און אין אַ עיבור יאָר הערט מען אויף מיט אַ חדש פריהער דאָס הייסט צעהן טאָג אין כסליו. אין דעם לעצטען טאָג וואָס מען הערט אויף קדיש צוזאָגען איז ער דער גרעסטער חיוב פון אנדערע אבילים און עס קומט איהם אַלע קדישים, נאָר אויב עס איז דאָהּ אַ יא"צ אָדער אַ בן שלשים קומט זיי אויך איין קדיש. אָבער אז עס איז דאָהּ אַ סאַך יא"צ אָדער בני שלשים ווערט דער וואָס הערט אויף קדיש צו זאָגען אין גאַנצען נדחה, אין זיי זאָגען צו איינציגע קדישים. איינער וואָס ווייסט בעווּוּס דאָס זיינע עלטערין זענען געוועזן אַזעלכע רשעים וועלכע ווערין געמשפט צוועלף חדשים אין גיהנם, איז ער מחויב צו זאָגען גאַנצע צוועלף חדשים קדיש :

ס) **אויב** עס איז דאָהּ אַ סאַך אבילים ר"ל שרייבט דער חומות ירושלים דאָס עס איז גלייכער אַז אַלע זאָלין זאָגען צו זאַמען קדיש איידער צו קריגען זיך אין איינצוגיין אין די פעשידענע דינים וואָס זענען דאָהּ דערביי :

סא) **דער** ב"ח שרייבט דאָס ימים נוראים וואָס מען דאַרף האָבען אַ בעל תפילה הגון, אין נישט יעדער מענטש קען דאַמאָלסט די ניגונים הנהוגים. אין דער אבל איז אַ הגון מעג ער דאווינען פאַר'ן עמוד אַפילו אין די שלשים אין אַזוי שרייבט אויך דעם ריב"ם שנייטוך. דאָס דער וואָס איז אַ מוחזק אַלע יאָהר צו דאווינען ימים נוראים. אין איז געוואָרען אַנ'אבל ר"ל מעג דאווינען ימים נוראים פאַר'ן עמוד, אין מהרי"ל ווערט גיברענגט דאָס אַנ'אבל זאָל נישט דאווינען פרייטיג פאַרע

לפני התיבה ביום שאומרים בו הלל אפי׳ למנחה שלפני אותו יום וכן בע״ש אין מתפלל מנחה:

סב) ובענין אם יוכל לשכור למי שיאמר קדיש או שיתפלל לפני העמוד בעדו יש לעיין בשו״ת יד יצחק ח״ג סימן ע״ה שכתב במי שהיה לו יא״צ אך הוא חלש ואינו יכול להתפלל בעצמו ולירד לפני התיבה, ושכר לו איש אחר להתפלל עבורו, אז אמרי׳ שלוחו כמותו והוי כבעל היא״צ עצמו ויכול לדחות אבל ל״ע וכששליחו מתפלל והוא אומר אמן כמוציא מפיו דמי ומה שמחליש החת״ס בחיו״ד ס׳ שמ״ה כח השכיר נגד אחרים זה דוקא כשהוא עצמו אינו בר חיובא ע״ש אבל כשהשליח בא מכח הבן שפיר אלים כחו וז״ב ועיי׳ שו״ת פרי השדה ח״ב ס׳ ז׳ אך צריך ליזהר זה השכיר שאומר קדיש שיאמר בבקר קודם התפלה שכל הקדישים שהוא אומר בזה היום תהיו לעילוי נר״ן של פלוני וכו׳:

סג) ובשלהי הענין הנ״ל אעתיק מעשה נורא מה שהי׳ בזמנינו זה לא כביר במדינ׳ינו פולין בשנת תרס״ח (שהי׳ נדפס גם במכ״ע, וכן מביא מזה בס׳ ילק״י חלק יו״ד סי׳ קצ״ד וגם אני שמעתי שרב אחד סיפר זה המעשה שיודע אצל מי הי׳ זאת ודל״ב) באיש אחד ששבק לן חיים ואחר עבור איזה ימים בא בחלום לבן הרב דשם ושאל אותו מדוע לא תאמר עבורי קדיש הלא אנכי אביך והי׳ בעיניו כשחוק בלילה השני בא עוד הפעם ואמר הלא אתה בני. ולא השגיח ג״כ ואמר החלומות שוא ידברו. בלילה השלישי בא עוד הפעם ואמר לו שבאם לא יאמר קדיש אז מרה תהי׳ אחריתו ויקץ והנה חלום ויספר המאורע לאביו ענה לו הרב לא תירא, ולא תחת לך אכל בשמחה לחמך בלילה הרביעי הנה בעל החלומות בא עוד הפעם לבן הרב בחזקה מדוע לא תאמר קדיש עבורי אם עוד תמריא את פי אדנך אותך בחנק ויתחלחל מאוד ויספר

שנית

סוכת שלום

פארע נאכט קיין מנחה, אויף אזוי׳ א טאג וואס מען זאגט הלל זאל ער נישט דאווינען א טאג פריהער קיין מנחה פאר׳ן עמוד:

סב) איינער וואס קען נישט זאגען אליין קיין קדיש אדער דאווינען פאר׳ן עמוד אין ער דינגט א מענטש ער זאל זאגען פאר איהם קדיש אדער דאווינען האט ער דעם זעלבין דין ווי דער וואס האט איהם געדינגען אין איז דוחה די קלענערע חיובים, נאר ער דארף צו זאגען אין דער פריא פאר׳ן דאווינען אז די אלע קדישים וואס ער זאגט זאלין זיין לטובת דער נשמה פון דעם נפטר:

סג) און כדי צו וויזען ווי גרויס די טובה פון די נפטרים איז מיט דעם וואס מען זאגט נאך זיי קדיש, וועלען מיר דאה ברענגין א ווינדערליכע געשיכטע וואס איז פאר געקומין אין יאהר תרנ״ח אין פוילען:

עם איז איינער געשטארבין. אין ווי עס ארובער עטליכע טעג נאך דער קבורה איז ער געקומין צו חלום דער דארטיגען רב׳ס זוהן, אין איהם געזאגט זאלסט וויסין דאס איך בין דיין פאטער אין די זאלסט נאך מיר קדיש זאגען אין דער פריא האט זיך דער בחור גאר נישט געמאכט דערפון. די צווייטע נאכט איז ער ווייטער געקומען דעם בחור צו חלום אין האט זיך געבייזערט דין ביסט דאך מיין זוהן פער וואס זאגסטו נאך מיר קיין קדיש נישט, אין ער האט זיך ווידער נישט געמאכט דערפין, די דריטע נאכט איז ער ווידער געקומען אין זיך גיט געבייזערט אויף איהם, אין געזאגט די זאלסט אנהייבען קדיש זאגען אז נישט וועסטו האבען א ביטערען סוף. דער בחור האט זיך א ביסעל איבער געשראקען, און אין דער פריא האט ער דערציילט דעם

פאטער

שנית לאביו הרב את חלמותיו אז קרא הרב את אשת האיש ושאל את פיה לומר מדוע הדבר הזה אשר בעלך בא לבני בחלום שיאמר קדיש עבורו אז ענתה לאמר את חטאי אני מזכיר היום הנה אשתך הרבנית נתנה לי זה כשלשים שנה את בנה הקטן להניק ולי הי׳ ג״כ בן קטן, ויהי אינו אלא צרה, בלילה שכבתי על בן הרבנית ואמיתהו בשגגה ויראתי מאד מפני הרבנית ובשביל הפחד שהי׳ לי לקחתי את בני ונתתי אותו להרבנות חלף בנה ותגדלהו והי׳ לה לבן ע״כ הצדק את בעלי המנות שמבקש כי בנו יאמר קדיש עבורו. מן המעשה הזה יש לראות כי הקדיש לא דבר קטן הוא והוא דבר שהמתים דורשים מן החיים (ועי׳ עוד מעשה נורא מהגאון הקדוש בעל גור אריׄ עה״ת בס׳ פאר מקדושים אין הוציא יקר מזולל טהור מטמאן:

סד) **ונ״ש־ה** לשונות של הלל יש בהקדיש כנגד עשר ספירות ועשר מאמרות שבהן ברא הקב״ה העולם וכנגד עשרת הדברות היינו. יתגדל. ויתקדש. ויתברך. וישתבח, ויתפאר. ויתרומם. ויתנשא ויתהדר ויתעלה ויתהלל. ומה שמפסיקין בין שנים הראשונים לשמונה האחרונים כ׳ בשבילי הלקט בשם גאון הטעם מפני שהעשרה שבחים הם כנגד עשרת הדברות ושנים הראשונים מפי הגבורה שמענו וכשאר מפי משרע״ה, (אליהו רבה סי׳ נ״ו וכ״ה ברוקח סי׳ ש״כ ועי׳ בנתיבות עולם נתיב העבודה פרק י״ב):

בספר

סוכת שלום

פאָטער, דער פאָטער האָט איהם אויסגירעדט אז דאָס איז נאָר אַ חלום אין ער זאָל גאָר נישט שרעקען. אָבער די פירטע נאַכט איז דער נפטר נאך אַ מאָהל געקומען אין האָט געזאָגט דאָס אויב ער וועט נישט זאָגען נאָך איהם קיין קדיש וועט ער איהם דערוואָרגען. דער בחור איז שטאַרק איבער געשראָקען געוואָרען אין האָט די זאַך דערציילט דעם רב וועלכען ער האָט ביז היינט געהאַלטען פאַר אַ פאָטער, דער רב האָט געשיקט רופען דאָס ווייב פון דעם נפטר, אין האָט זי גיפרעגט אפשר ווייסט זי וואָס דאָס קען זיין וואָס איהר מאַן קומט צו זיין זוהן ער זאָל נאָך איהם קדיש זאָגען. האָט זי דעם רב דערציילט דעם אמת דאָס איינמאָהל האָט איהר די רביצי׳ן גיגעבען אַ קינד צו זייגען אין ביי נאַכט אין שלאָף האָט זי דאָס קינט דערדרישט, אין וויל זי האָט מורא געהאַט פאַר דער רביצי׳ן האָט זי זיך נישט וויסענדיג געמאַכט אין האָט דער רביצי׳ן אַ וועק גיגעבען איהר קינד, אין דאָס איז טאַקע דער בחור וועלכען דעם רב רעכינט פאַר זיינעם. דרובער איז איהר מאַן גירעכט וואָס ער וויל דער בחור זאָל נאָך איהם קדיש זאָגען, פון דער מעשה קען מען זעהן ווי ווייט עס איז נוגע די נפטרים דאָס קדיש זאָגען אין זיי פאָדערען עס:

סד) **און** קדיש איז פערהאַנען צעהן לשונות, פון לויב, א) יתגדל. ב) ויתקדש. ג) יתברך. ד) וישתבח, ה) ויתפאר, ו) ויתרומם, ז) ויתנשא. ח) ויתהדר, ט) ויתעלה, י) ויתהלל, דאָס איז כנגד די עשר ספירות, אין כנגד די עשרה מאמרות וואָס מיט זיי איז די וועלט בעשאַפען געוואָהרען, דעם טעם וואָס עס איז דאָה אַ הפסק צווישען די ערשטע צוויי אין די לעצטע אַכט לשונות פון לויב, שרייבען די ראשונים ווייל עס איז כנגד די עשרת הדברות. אין די ערשטע צוויי האָבען די יודין גיהערט אין פערשטאַנען פון השי״ת אליין, אָבער די לעצטע אַכט דברות האָבען זיי נאָר פערשטאַנען ווען משה האָט דאָס זיי גיגעבין צו פערשטיין:

דער

סה) **בספר** צפחת השמן (מגיסי הגאון המובהק המפורסם בעולם וכו׳ ר׳ צבי יחזקאל מיכלזאהן שליט״א הגאב״ד מפלונסק שכעת בועד הרבנים דווארשא) דף ס״ו ע״ב. הביא בשם הרה״ק הרבי ר׳ בונם מפרשיסחא זצ״ל בהא דאומרים קדיש יתגדל וכו׳ אחר הנפטר להיות .כמלך בו״ד אם נחסרו לו איזה אנשי חיל מקורפס שלם אם איו ניכר החסרון. ורק באם נחסרו למאות ולאלפים אם לוקחים אנשי הצבא חדשים למלאו את הקורפוס ולהשלימו לא כן במרום כ״כ ניכר מיתת ישראל א׳ רמ״ל עד שאומרים יתגדל וכו׳ היינו שיחזור ויתגדל מלכותו ית״ש כי נראה כחסור ח״ו כאמרם ז״ל חביבין ישראל והבן ודפח״ח:

סו) **בספר** מדרש אליהו דרוש ה׳ כתב הטעם שאומרים קדיש על

סיבת שלום

סה) **דער** רבי ר׳ שמעלקי האָט געזאָגט דעם טעם וואָס מען זאָגט נאָר נאָך א נפטר יתגדל, עס זאָל געגרייסט ווערין השי״ת נאָמען. מען דארף דאָך שטענדיג לויבען אין גרייסען זיין הייליגען נאָמין, נאָר דאָס איז צו ווייזען ווי געליבט די יודען זענען ביי השי״ת, דען א מלך בשר ודם אויב עס ווערט אויסגעהארגיט איין זעלנער מאכט ער דאָך זיך גאָר נישט דערפין, אין ער האלט זיך אזוי גרויס ווי פרוהער, אָבער ביי השי״ת אז איין יוד שטארבט רעכינט ער זיך מיט איהם גלייך ווי עס פעהלט צו צי זיינע דינער אין הייסט בעטען אז זיין נאָמען זאָל צוריק געגרייסט ווערען, ווייל ער רעכינט אינז ווי קינדער אין א פאָטער וואָס שטארבט ביי איהם ח״ו אפילו איין קינד ח״ו איז ער זיך זייער מצער:

סו) **און** מדרש אליהו ווערט גיברענגט דער טעם וואָס מען זאָגט קדיש אפילו אויף צדיקים גמורים וועלכע זענען געוויס נישט אין גיהנם ווייל דורך דעם קדיש זענען זייא זוכה צוא אגרעסערע מדריגה אין גן עדן. דרובער איז גלייך דאָס אויך תלמידים זאָלען זאָגען קדיש נאָך זייער רבי׳ן, ווייל מיט דעם קדיש זיבען זייא עולה צוא אהעכערע מדריגה אין גן עדן:

יקרת הקדיש:

קיין זאך איז נאָך ניט אזוי אָנגענומען געוואָרען בייא יודען וויא דער ענין פון קדיש. יעדער יוד ווינשט זיך א קדיש צוא לאָזען. לאָזט איינער איבער א גוטען קדיש זענען איהם אלע מקנא, דער וועלכער לאָזט ניט איבער קיין קדיש געפינט זיך גאָהר איבעריג אויף דער וועלט, אפילו דער וואָס האָט טעכטער און האָט ניט קיין זוהן האָט אויך א אום צופרידען לעבען. עס פעהלט איהם א קדיש:

דיא ליבע פון עלטערען צוא קינדער איז דאָך אונבעגרענצט. ווער רעדט עלטערען זאָלען דיא קינדער פערדרוס פערשאפען דאָס געוויס ניט. דאָך צום טאָג פון שטארבען רופט מען ארויס דעם זוהן טעלעגראפיש און עלטערען שעטצען זיך גליקלעך און שטארבען רוהיג מיט דעם וואָס זייא האָבען זוכה געווען אז דער זוהן וועט דעם ערשטען קדיש ביים קבר זאָגען:

דאָס אלעס זעהען מיר ניט נאָהר בייא דיא פרימערע קלאַס אפילו בייא דיא פרייע אויך. אָט דער זעלבער וועלכער ערלויב זיך צוא שפעטען פון אנדערע זאכען וואָס הייליג איז, דער וויל אויך איבער לאָזען א קדיש, דיא לייט וועלכע אבטלויפען

פל הצדיקים גמורים אע"פ שאין נכנסים בגיהנם משום שעם הקדיש עולה בג"ע למדריגה יותר גדולה ולכן ראוי כתלמידים לומר קדיש על הרב ואינה נראה שזה מחזיקו לרשע חלילה משום שגם בהיותו בג"ע עולה עם הקדיש למדריגה יותר גדולה בג"ע :

יקרת הקדיש

אנטלויפצן פון שוהל א גאנץ יאהר דאך אין יאהר פון אבילות און צום יאהר צייט קומען זייא אין שוהל :

צוא הזכרת נשמות איז דיא שוהל פיל געפאקט אייך בייא דיא פרויען. מיר מוזען אלזא מודה זיין אז דאס איז נאהר ארויין געגעבען א געטליכען קראפט יאונסטיקט) צוא שאפען א עוויגען גלויבען אין עוויגקייט צוא וויסען אז דער מענטש איז ניט קיין בהמה, געשטארבען, בעגראבען אין כסור, ניין! עס איז דא נאך א וועלט ווי שלמה המלך עה"ש זאגט (והרוח תשוב אל אלקים) דאס הייסט די נשמה וועט זיך ווידער קערען צו איהר ארט פון וואנען זי איז געקומען :

פון די נאטור זעלבסט קאן מען דאס פארשטעהן. אין די נאטור ליגט. אז א מת ווערט פארגעסען. עלטערין פון קינדער, קינדער פון עלטערין. ווען אויף א איינציגער גזראטנער קינד שטארבט ביי עלטערין פריער שפעטער ווערט אויף פארגעסען, דאס איז נאר ווייל די הארץ זאגט איהם אז זיין קינד איז ניט פארלארען ער איז נאר ענטשלאפען געוואהרען, ער ליגט אין א ליטארגעשען שלאף ביז א צייט, ווי מיר זאגען אין שמונה עשרה „ומקיים אמונתו לישני עפר" גאט וועט ערפולען זיין פאזיכערונג צו די שלאפינע אין דער ערד :

דער תפארת ישראל אין דרוש אור החיים שרייבט ליגער ברודער ווילסט זעהן תחית המתים וועל איך דיר וויזען. בעטראכט דעם ווארעם מיט דעם נאמען „רויפע" זי לעבט איינינע וואכען זי קריכט אין בעוועגט זיך אין ענג, מיט א צייט האפט איהר קרעמפפען. ... זי וועבט אויס ארום זיך א הייזעל ווי פון וואל, און זי ווערט אינעווייניג פערהארטיוועט איהר הייזעל ווערט איהר קבר, אין דא"ט ליגט זי הי א טויטע פינף אדער זעקס וואכען. איך האב זעלבסט גיעפינט די הייזעל אין די זעקס וואכען און האב געפינען אינעווייניג א שטיקעל שמוץ ווי פאר עיפוש'ת. נאכהער נאך די זעקס וואכען לעבט זי אב און פיקט אויס דעם שאלעכץ און עס געהט ארויס א נייע בריה מיט בלעגע פליגלען מיט דעם נאמען שמעטערלינג, לעבעדיג פרערליך און פליהט ארום :

אזוי איז מיט דיר מענטש די ביסט א „רויפע" אין קבר, פון דארט וועט דיר דיין ערבארימיגער פאטער אויסלייזען ווי ער האט זעלבסט געזאגט (כי אני ה' בפתחי קברותיכם) איך גאט אין דען צייט פון עפענען אייערע קברים :

און אזוי ווי די נשמה לעבט נאך איהר טויט אויך, מיז זי דאך שפייז האבען דאס הייסט חיות מיט וואס צו לעבען איהר שפייז איז דאס וואס דער מענטש גרייט זיך אן דא אויף דער וועלט. ווי די גמרא זאגט (מי שטרח בע"ש יאכל בשבת) דער וועלכער עס גרייט זיך אן פרייטיג האט צו עסען שבת די וועלט הייסט ערב שבת ווייל דא קאן מען זיך אנגרייטען, יענע וועלט הייסט שבת ווייל דארט קאן מען זיך ניט אנגרייטען. איז נאר דער וואס גרייט זיך צו מיט תורה ומצות און מעשים טובים אויף דער וועלט נעמט ער שכר אויף יענע וועלט :

אבער ווער האט דאס אזוי פיהל מעשים טובים אז פון די ביסעל צייט וואס ער לעבט אויף דער וועלט זאל איהם נאך איבערבלייבען עס זאל גענוג

זיין

יִתְגַּדַּל וְיִתְקַדַּשׁ שְׁמֵהּ רַבָּא בְּעָלְמָא דִּיא בְרָא כִרְעוּתֵיהּ. וְיַמְלִיךְ מַלְכוּתֵיהּ וְיַצְמַח פּוּרְקָנֵיהּ וִיקָרֵיב מְשִׁיחֵיהּ בְּחַיֵּיכוֹן וּבְיוֹמֵיכוֹן וּבְחַיֵּי דְכָל

סוכת שלום

זיין אויף יענע וועלט אויך איז די עצה אז דער זאהן מיט זיין תורה מיט זיינע מעשים טובים זאל זיינע עלטערין פאריכטין ווי די גמרא זאגט (ב"ב קט"ו) יואב האט ביט געלאזט קיין זוהן וויא ער. שטעט ביי איהם געשטארבען, דוד האט געלאזען א זוהן וויא ער איז שטייט ביי איהם וישכב דוד, ער איז ענטשלאפען געוואהרען אבער ער לעבט ווי מיר זאגען דוד מלך ישראל חי וקיים:

אין אזוי וויא אין ספר הקדוש „פלא יועץ" וועט גיברענגט אז דיא וואס זאגען קדיש דארפין וויסען דורכאויס פירוש המילות אין וואס יעדין ווארט בעדייטעט אין דיא כוונה דערפין אין דער וואס ווייסט נישט מיז ער זיך דורכאוס בייא אתלמוד חכם אויסלערנין דיא כוונות אין פירוש פון קדיש זאה וועלען מיר דאה ברענגין דיא איבערזעצונגען אין ערקלערינג אנישט קאן עס גאר קיין טובות פאר דעם נפש ברענגין וועגין קדיש (כפי שנמצא בסידור דרך חיים אבודרהם ושאר ספרים הקדושים לויטן ספר מגן אבות אין תהלים כל בו וואס מיר האפען אז דער יעניגער וואס וועט זאגין קדיש מיט הכוונות ופירושים הללו וועט זיין קדיש ווערין אנגענימען. אין וועט טוהן לעליות נשמת הנפטר כראוי:

פירוש המלות פון קדיש

יִתְגַּדַּל עס זאל געגרייסט ווערען: ויתקדש עס זאל געהייליגט ווערען שמיה רבא, זיין גרויסער נאמען: בעלמא, אין דער וועלט: די ברא, וואס ער האט בעשאפען: כרעותיה, וויא זיין ווילען: וימליך, ער זאל מאכען קעניגען: מלכותיה, זיין קעניגרייך. ויצמח. ער זאל מאכען שפראצען. פורקניה. זיין אויסלייזונג. ויקרב משיחיה. ער זאל דער נעהנטערן זיין משיח: בחייכון אין אייער לעבען: וביומיכון. אין אייערע

ערקלערונג פון קדיש

יִתְגַּדַּל ויתקדש שמי׳ רבא. עס זאל געגרויסט אין געהייליגט ווערין זיין גרויסער נאמין. מיר בעטען. עס זאל קומין דיא צייט ווען עללע וועלין דעם אמת אנערקענין אין דער אייביגער גרויסער נאמין וועט פון דער מענשהייט בכלל געהייליגט ווערין:

שמי׳ רבה יעצט איז גאטס נאמין נישט פאלקאמין (אין השם שלם ואין הכסא שלום) זאל אלזא קומין דיא צייט ווען זיין נאמין זאל פאלקאמין ווערין:

בעלמא די ברא כרעותי. אויף דער וועלט וואס ער האט בעשאפין לויט זיין ווילען. דאמיט בעווייזין מיר אז קיין שום דרויסענדיגע השפעה נור אויסשליסליך דער ווילען פון איינציגען: בורא

בעדייטונג פון קדיש

יִתְגַּדַּל ויתקדש שמיה רבא בעלמא די ברא כרעותיה וימליך מלכותיה.

עס זאל געגרויסט ווערען און געהייליגט ווערען זיין גרויסער נאמען, דאס בעדייט אויף דעם נאמען (ה-ו-י-ה) דער שם ה׳ ו׳ י׳ ה׳ בעדייט (הי-ה) ער איז געוועזן (הו׳) ער איז, (יה-יה) ער וועט זיין, אז ער איז געוועזן איז באוויסט פון יציאת מצרים, וואו עס שטעהט, זה אלי ואנוהו זאגט די גמרא אז יעדער איינציגער האט די גאטהייט געוויזען מיט דיא פינגער אויף

ביא

בית יִשְׂרָאֵל בַּעֲגָלָא וּבִזְמַן קָרִיב וְאִמְרוּ אָמֵן. יְהֵא שְׁמֵהּ רַבָּא מְבָרַךְ לְעָלַם וּלְעָלְמֵי עָלְמַיָּא. יִתְבָּרַךְ וְיִשְׁתַּבַּח וְיִתְפָּאַר וְיִתְרוֹמַם וְיִתְנַשֵּׂא וְיִתְהַדָּר וְיִתְעַלֶּה

פירוש המלות פון קדיש

טעג: ובחיי. און דעם לעבען: דכל בית ישראל. פון אלע יודען: בעגלא. בּאַלד: ובזמן קריב. אין אַ נאָנטע צייט: ואמרו אמן און ענפערט אמן: יהא עס זאָלען זיין: שמה רבא. זיין גראָסער נאָמען: מברך געלויבט: לעלם ולעלמי עלמיא, אויף עוויג און עוויג. יתברך, עס זאָל געלויבט ווערען: ויתרומם הויכגעלויבט ווערען: ויתנשא, הויכדערהויבען ווערען: ויתהדר. בעשיינט

בעדייטונג פון קדיש

ביא קבלת התורה האָבען די יודען געהאַט דיא זכיה צוא רעדען מיט גאָט פנים בפנים כי פנים בפנים דיבר ה' עמכם, אַז ער וועט זיין ווייסען מיר פון די נביאים וואָס מיר האָבען אַ צוזאָג אַזוי וויא אין דער צייט פון אַרויסגאַנג פון מצרים וועל איך איין ווייזען נפלאות. אָבער היינט איז אַ הסתר פנים דער איבערשטער איז פון אונז פאַרבאָרגען. וואו עס שטעהט אין דער תורה ואנכי הסתר אסתיר את פני דאָס הייסט זיין אויבערשטע השפעה איז פון אונז בעהאַלטען. ער זעהט אונז און מיר זעהען איהם ניט. אמת מיר גלויבען און מיר פאַרשטעהן אַז ער איז בורא און משגיח איבעראַל, און אָהן איהם טהוט זיך גאָהר ניט אין ביא אונז איז פיל גלייך דיא אמונה, אָבער ביא דיא וועלכע ווילען ניט גלויבען ווערט דער נאָמען פערשוואַכט וויא עס שטעהט אין פסוק ושמי מחול בגוים דאָס הייסט מיין נאָמען ווערט פערשוואַכט ביא דיא פעלקער וויא מיר זאָגען למה יאמרו הגוים איה נא אלקיהם. וואָרים זאָלען דיא פעלקער זאָגען וואו איז זייער גאָט. דאָס הייסט אַז זיא זעהן דעם חורבן פון כלל ישראל און דעם חורבן פון ארץ ישראל מיינען זיי אז דיא האָסט שוין פון

ערקלערונג פון קדיש

בורא האָט געווירקט ביי דער וועלט. בעשאַפונג די מלאָכים זענין ערשט דעם צווייטען טאָג בעשאַפין. דעריבער הייסט נישט דער ערשטער טאָג יום ראשון נור יום אחד וויל אין דעם טאָג איז גאָט געווען איינאונאיינציג. דאָס קאָן אויך מיינען גאָט האָט די וועלט אַבסאָלוט אָהן שום פעהלער בעשאַפען ווען אָדם הראשון וואָלט נישט שפעטער געזינדיגט וואָלט דאָס שוין געוועזן דיא פולקאָמונע וועלט וואָס בעדאַרף נישט קיין שום תיקון אַזוי אָבער מוז זיך דיא וועלט לייטערין אין רייניגען ביזוואַנין זיא זאָל צוריק ווערין דאָס וואָס זי איז געוועזן אין ערשטען טאָג פון איהר בעשאַפונג דעריבער בעטען מיר עס זאָל געגרויסט אין געהייליגט ווערין דער נאָמין פין אייביגען דיא וועלט זאָל ווערין צוריק פלקאָמין אין פעהרלערלאָז וויא אזו געוועזן בעת איהר אור-בעשאַפונג:

וימליך מלכותי'. אינד עס וועט רעגירין זיין קעניגרייך דער אינטערשיד צווישען מלך אונד מושל איז פאָלגענדער מלך בעדייט מיט דעם ווילען אינד שטימונג פון פאָלק. מושל בעדייט איין אַבסאָלוטער הערשער. יעצט איז דער בורא ית' אַנערקענט אַלס מושל. שפעטער ווען אַלע געשפפע וועלין פאַר איהם דיא קניע בייגען אונד איהם אַלס קעניג גרויסע ערקענען. דאַן ווערד השי"ת דער מלך דער גאַנצען וועלט גענאָנט ווערדען. ער הייסט אויך וממשלתך בכל דור ודור. ביא דיא יעצטיגען געשלעכטער איז השי"ת איין הערשער וויא אויך שטעהט ומושל בכל הגוים. עס ווערד אָבער איינע צייט קומען יכירו וידעו כל יושבי תבל. אין אַלע בעוואָהנער

וְיִתְהַלַּל שְׁמֵיהּ דְּקֻדְשָׁא בְּרִיךְ הוּא לְעֵילָּא (בעשי"ת וּלְעֵילָּא מִכָּל) מִן כָּל
בִּרְכָתָא וְשִׁירָתָא תֻּשְׁבְּחָתָא וְנֶחֱמָתָא דַּאֲמִירָן בְּעָלְמָא וְאִמְרוּ אָמֵן:

פירוש המלות פון קדיש

ווערען. ויתעלה. הויכדערהויבען: ויתהלל געלויבט. שמיה, דער נאָמען: דקודשא. פון זיין הייליגען: בריך הוא געלויבט איז ער: לעילא. העכער: מכל ברכתא פון אלע לויבונג: ושירתא, אין געזאַנג, תושבחתא. רימונג: ונחמתא, און טרייסט א) דאמירן, וואָס יס ווערט געזאָגט: בעלמא. אין דער וועלט, ואמרו אמן אין ענטפערט אמן:

ערקלערונג פון קדיש

בעואַהנער וועלען איהם ערקענענען ויקבלו כולם את עול מלכותיך. והי' ד' למלך על כל הארץ דאַן וועט ער דער מלך כל הארץ זיין. און געבעט פון ראש השנה זאָגען מיר אויך ויבין כל צור כי אתה יצרתו. ויאמר כל אשר נשמה באפו ד' אלוקי ישראל מלך וכו' דעריבער בעטען מיר אין קדיש וימליך מלכותי' עס ווערט קומען דיא צייט ווערט ער אלס מלך (ניכט אלס מושל) אַנערקענט:

בחייכון וביומיכון ובחיי דכל בית ישראל בעגלא ובזמן קריב

ואמרו אמן. ביי אייער לעבין אין אייערע טעג און דאָס לעבען פון גאַנצין יודישען הויז געזינד אין גיך און זאָגט דערויף אָמן. ליעב האָבין דאָס גאַנצע יודישע פאָלק ווי עס איז זיין גאַנצין בעשטאַנדט. דאָס איז דער יסוד פון יודישקייט. מען זאָל נישט בעטין בלויז פאַרין אייגענעם וואיל. נאָר פאַרין וואיל פון גאַנצין יודינטום. דער „אבודרהם" ערקלערט עס אַזוי. די משיחס-צייט איז אַ זעהר שווערע. אַז א תנא דריקט זיך אויס. משיח זאָל קומען אָבער איך ווינש ער מיר נישט צו דערלעבין. זעהר פיעל צרות וועלין דאַן קומען אויף די וועלט. דער נביא דריקט זיך אויס. מה יכלכל יום בואו ווער וועט קענען אויסהאַלסין דעם טאָג פון זיין קומען. אויף עמלקין וועט דאָס ברענגין טויט. אָבער אויף די יודין לעבין דעריבער בעטין מיר: בעגלא ובזמן קריב. באַלד און גיך זאָל זי קומען ווי אונזערע חכמים זאָגען יזכו נגדישנה. אויב מיר וועלין ווערמה זיין וועט אונזער גאולה

בעדייטונג פון קדיש

פון אונז דיא השגחה אין גאַנצען אָבגעטאָהן און אַז זייא זעהן ניט דעם הו' ווילען זייא דעם יהיה געוויס ניט גלויבען:

דער אויבערשטער הייסט מלך מלכי המלכים דער קעניג איבער אַלע קעניגען, דאַרף זיך דאָך אַרויס זעהן זיין מלוכה שטאַרקער פאַר אַלע מלוכות און איבער אונזערע זינד האַלסט די אין דיין מלוכה און ווייזט ניט אַרויס:

ביא יעדער מלוכה ווערט געשיצט איהרע בירגער אפילו אין אַ פרעמדע לאַנד, ביא אַלע מלוכות איז איינגעאָרדענט אַ מורא פון דעם גרעסערען אויף קלענערען, ער מוז איהם עהרע געבען, דיא קלענסטע געזעץ מוז שטרענג אָבגעהיט ווערען:

מיר יודען ווערען געיאָגט און געפּלאָגט חאָטש דיא ביסט מלא כל הארץ כבודו, קיין מורא פאַר דיינע תלמידי חכמים איז ניטא, זאָגאַר עס פעהלט אין גאַנצען דיא יראת שמים, דיא געזעצען פון דער תורה ווערט ניט אָבגעהיט לויט דיין פערבאָט: ווען איז אָבער די אַלע אָרדענונגען ווען עס איז שלום אין לאַנד. אָבער ווען עס איז אַ אויפשטאַנד אין דער מדינה דאַן ווערט

א) אלע טרייסט וועלכע דיא נביאים טרייסטען אונז.
ב) חיים בעדייט אויך געזונד רש"י ביצה כ"ז ע"ב ד"ה ובבע"ח):

יְהֵא שְׁלָמָא רַבָּא מִן שְׁמַיָּא וְחַיִּים עָלֵינוּ וְעַל כָּל יִשְׂרָאֵל וְאִמְרוּ אָמֵן:

פירוש המלות פון קדיש

יְהֵא עס זאָל זיין שלמא רבא, אַ גרויסער שלום: מן שמיא. פון הימעל: וחיים. געזונד און לעבען ב), עלינו, אויף אונז' ועל כל ישראל און אויף אַלע יודען: ואמרו

ערקלערונג פון קדש

גאולה צוגעאיילט ווערין אין אַלע צרות זענען פערבינדען מיט די גאולה. ווערין אויסגעמיטין ווערין:

יְהֵא שמי' רבה מברך לעלם ולעלמי' עלמי'. זיין גרויסען נאָמען זאָל זיין גיבענטש פון אייביג ביז אייביגקייט (אין אלע וועלטין). דאָ ווערט ברייט בעטאָנט דאָס וואָרט „עולם" לעלם ולעלמי עלמיא. ווייל דריי וועלטין זענען פאַרהאַן די איצטיגע וועלט. דאַן ימות המשיח. און צולעצט (אויף תחיית המתים דער עולם התיקון די פולקאָמענע וועלט. עס קען אייך מיינען. מיר לעבין אויף דעם דאָזיגען וועלט איבער אינז איז דער עולם הגלגלים די פלאָנעטין וועלט און איבער דער לעצטער. די מלאָכים-וועלט. און מיר זענען און אלע דריי וועלטין. ווערט גאָטס נאָמען געבענטש. אַלע לויבט זיין גרויסען נאָמען די הימלען דערציילין זיין כבוד פון זיגאויפקאָמען ביז זינאינטערגאַנג איז גאָטס נאָמען געלויבט אין די מלאכים שרפים ואופנים זינגען שטענדיג זיין לויב:

יִתְבָּרֵךְ וישתבח ויתפאר ויתרומם ויתנשא ויתהדר ויתעלה ויתהלל שמי' דקודשא בריך הוא לעלא מן כל ברכתא ושירתא תושבחתא ונחמתא דאמירן בעלמא ואמרו אָמן. עס זאָל ווערין גיבענטש. בערימט. פערהערליכט. דערהויבט. דערהויבין בעגלאַנצט אין געלובט זיין הייליגען נאָמען. דער וואָס איז גיבענטשיר פון אַלע געבענטשע. געלויבטע. בערימטע אין געטרייסטע. כדי דאָס בעסער צו פערשטיין וועלין מיר ברענגען דיא גמרא אין מגילה. ר' חנינא האָט

דער כלל מען שעמט זיך ניט אָפען צו

בעדייטונג פון קדיש

ווערט שוין אַלעס צו בראָכען אין די רעגירונג האָט שוין נאָר אַנאַנדער אויסזעהן ביז אַנדערע מיינען אַז די מלוכה איז שוין אינטערגעגאַנגען אין טוהן וואָס זיי ווילען, דער קלוגער פאַרשטעהט גאַנץ גוט. אַ מלוכה בלייבט מלוכה אין די אויפשטעהר וועלען בעשטראָפט ווערען.

די זעלבע איז ביי דיר רבש"ע אַ אויפשטאַנד. פון פרעמדע נאַציאָהנען און פון אונז יודען אויך, ווי עס שטעהט אין תהלים (יתיצבו מלכי ארץ ורוזנים נוסדו יחד על ה' ועל משיחו) די מלכים פון דער וועלט אין די האַרען שטעלען זיך געגען גאָט אין זיין געזאַלבטען, (ננתקה את מוסרותימו ונשליכה ממנו עבתימו) מיר ווילין צו רייסען זיין פערבינדונג אין אַראָב וואַרפען פון זיינע שטריק. דאָ מיינט מען, די תפילין מיט די ציצית (ספרי) מען וועט ניט אָן טוהן קיין ציצית אין ניט לייגען קיין תפילין, דאָס איז די ערשטע. נאַכהער וועט מען ניט היטען קיין שבת. עסען אום יום כפור, עסען חמץ אום פסח, פרויען וועלען אויפהערען צו היטען זייערע מאָנאַטליכע פליכטען וועלכע די אַלע זאַכען זענען פערבונדין מיט טויט שטראָף, און דעסט גלייכען פיהל אַנדערע פון די האַרבסטע זאַכען טרעט מען מיט די פיס, אין וויא נאָר מען ווערט ניט באַלט בעשטראָפט מיינט מען חלילה אַז די יודישע אמונה איז שוין און גאַנצען אינטערגעגאַנגען. ווער וועט מורא האָבען אין פאָלגען וואָס עס שטעהט אין אינזערע הייליגע ספרים אָדער וואָס די חכמים זאָגען דאָס געוויס ניט. ער איז אַראָב אין גאַנצען דער עול מלכות שמים: זאָגען אין צוא טאָן געגען דעם רצון הבורו

עוֹשֶׂה שָׁלוֹם בִּמְרוֹמָיו הוּא יַעֲשֶׂה שָׁלוֹם עָלֵינוּ וְעַל כָּל יִשְׂרָאֵל וְאִמְרוּ אָמֵן:

פירוש המלות פון קדיש

אמן, און ענטפערט אמן: עושה שלום. דער וואס מאכט שלום: במרומיו. אין זיינע ערהויבענע א) הוא יעשה שלום, ער וועט מאכען שלום: עלינו ועל כל ישראל ואמרו אמן ב):

ערקלערונג פון קדיש

האט געהערט וויא זיינס א תלמוד זאגט ביי שמונה-עשרה: הא׳ הגדול הגבור והנורא האדיר החזק והאמיץ. דאן פרעגט איהם ר׳ חנינא: שוין. גיקענט בעשטימען גאטס גאנצע לויב? משה רבינו האט נישט גיקענט בעשטימען גאטס גאנצע לויב. די כנסת הגדולה אויך נישט אין די-יא? און מען שאצט א קעניגס גאלד אוצר. לויט די ווערטה פון זילבער איז עס נישט בעליידי-גונג? וויפיעל מיר זאלין נישט לויבין אין ריהמען גאט ב״ה האבין מיר אלץ צי ווייניג געזאגט דעריבער איז גלייכער צו שווייגען ווי דוד המלך זאגט „לו דמי׳ תהלה״ פאר גאט מוז אנטשטימט ווערין יעדע לויב. ביא קדיש זאגט מען אויך פערשידינע לויבווערטער פאר גאט דאן קאן מען פרעגין שוין אם דאס אומגאנצין? דעריבער געבען מיר צו. „ברוך הוא לעלמא מן כל ברכתא״ ער איז גצוינטער ווי אלע בענש-ווערטער געלויבטער פון אלע לויב-ווערקער ווי מיר זאגין עס אויף די וועלט:

יְהֵא שלמא רבא מן שמיא. וחיים עלינו ועל כל ישראל ואמרו אמן.

עס זאל זיין גרויסער שלום פין הימעל און לעבין פאר אונז און אלע יודין. אהן שלום איז דאס לעבין קיין לעבין נישט דער מענש בעשטעהט פון מעהרערע גרונדשטאפין. ווי פייער אין וואסער, אין ווען זיי זאלין נישט הארמאנירען נישט לעבין און פריינדשאפט און ווירקען ביינזאמין דאן וואלטין מיר קראנק גיווארין אינזער לעבין וואלט דאן גיוועןן אין סכנה. דעריבער בעטין מיר. עס זאל זיין שלום ביי אינז.

בעדייטונג פון קדיש

הבורא אין זיין תורה. ווייל עס איז היינט א הסתר פנים, די קליגע אבער פארשטעהן אז דאס איז נאר ביז א צייט, אין מיר קאנען אלע טאג גיענטפערט ווערען:

אָט דאס בעטען מיר עס זאל זיך ארויס ווייזען זיין גרויסער נאמען און זיין הייליקייט און זאל מאכען קעניגען זיין קעניגרייך וויא געוועזן. וויא מיר זאגען ולכבוד שמך יקר יתנו ויקבלו כולם את עול מלכותך דאס הייסט אז דיא גאנצע וועלט זאלען צו דיין נאמען געבען עהרע און דיא גאנצע וועלט זאלען אנעמען דיין מלוכה און האבען א עול אויף זיך אב צוא היטען דיינע גיזעצען דאס הייסט זייא זאלען אויף זיך מקבל זיין עול מלכות שמים: בחייכון וביומיכון ובחיי דכל בית ישראל בעגלא ובזמן קריב:

מִיר בעטען דאס זאל געשעהן אין דיא צייט פון דעם לעבען וועלכע שטרעבען דא ביים „דאווענען און אין דעם לעבען פון כלל ישראל און גאר אין דיא טעג. געך און אין א נאנטע צייט, מיר בעטען עס זאל געשען באלד און געך ווייל דער אייבערשטער האט צייט כי אלף שנים בעיניך כו׳. ביא איהם איז טויזענד יאהר וויא איין טאג, מיר האבען אבער קיין צייט ביא אונז איז א טאג א יאהר. מיר יודען האבען א צו זאג אויף דיא גאולה אויף צוויא צייטען אני ה׳ בעתו אחישנה. זאגען די חכמים אויב יודען וועלען זוכה זיין וועט קומען דיא גאולה באלד אויב חלילה זייא וועלען ניט זוכה זיין וועט קומען דיא גאולה צו דער צייט:

אָט

א) פייער מיט וואסער וויא דיא ערטטע בריאה איז אש ומים. אויך אין מצרים ביי מכת ברד.
ב) דער גוף מיט די נשמה שטימען ניט. בעטען מיר זייא זאלען יאה שטימען:

רבנן קדיש הייבט מען אהן בייא יתגדל כו' אין מען זאגט ביז דאמירן בעלמא ואמרו אמן. נאך דעם זאגט מען דאס:

על ישראל ועל רבנן. ועל תלמידיהון ועל כל תלמידי תלמידיהון ועל
כל מאן דעסקין באורייתא די באתרא הדין ודי בכל אתר ואתר: יהא להון

פירוש המלות פון קדיש

על ישראל: אויף די יודען: ועל רבנן. און אויף דיא גרויסע לייט: ועל תלמידיהון און אויף זייערע תלמידים, ועל תלמידי תלמידיהון, און אויף דיא תלמידים פון דיא תלמידים: ועל כל מאן דעסקין באוריתא. און אויף אלע וועלכע זיי בעשעפטיגען זיך מיט דער תורה, דיא באתרא הדין דיא וועלכע זענען דא אויף

ערקלערונג פון קדיש

כדי דאס לעבין זאל קאנען האבין א קיום:

עשה שלום במרומיו הוא יעשה שלום עלינו ועל כל ישראל ואמרו אמן. גאט וואס מאכט שלום אין זיינע הימלישע ספערין ווי די מלאכים זענען זיך פערשיעדען. מלאכים פון ווינד. מלאכים פון פייער. מלאכים פון וואסער דאך זענען זיי אלע בשלום דעם אלמעכטיגען בעשעפער אויך מיר מענשען זענען פערשיעדען. מיר בעדארפין זיך אבער ווי ברידער אייניג זיך בעטראכטין אין מיט אין מחשבה דיענען השי"ת. פונקט ווי אין הימעל צווישען די מלאכים הערשט פרידען. אזוי זאל אויך הערשען שלום ביי כל ישראל. דעם קדיש ענדיגען מיר מיט דער בקשה וועגין שלום ווייל עס גיבט נישט קיין וויכטיגערס ווי שלום. און אונזער בקשה איז דעריבער דאס דער אלמעכטיגער זאל דער שלום גרונד־פעסטיגען אז אלע מענשען זאלין זיך ליעבען. און זיך בעטראכטין פון איין פאטער. אזוי ווי ישעי' הנביא האט אונז דעם שלום שען געשילדערט. אז אפילו די חיות וועלין שלום שליסען אז א וואלף מיט א שעפס וועלין לעבין בייזאמען. און מיר בעטין דעריבער ביים קדיש וועגין שלום. ווייל אונזערע פערשטארבענע בעטין אויך וועגין שלום. אז עס זאל זייער רוה אין קבר נישט געשטערט ווערין. ביז וואנען
עס

בעדייטונג פון קדיש

אט דאס בעטען מיר „בעגלא" בעדייטעם באלד עס זאל באלד קומען די גאולה אפילו היינט ווי די גמרא זאגט ר' יהושע בן לוי האט געפינען אליהו פרעגט ער איהם ווען וועט קומין משיח זאגט ער היינט. פרעגט ער איהם ווידער ער איז דאך ניט געקומען זאגט ער מען מיינט היינט אויב זיי וועלין תשובה טוהן ווי עס שטעהט (היום אם בקולי תשמעו) היינט אויב איהר וועט צו הערען גאט'ס תורה. בעטען מיר ער זאל קומין היינט מיר זאלין זוכה זיין באלד תשובה צו טוהן:

אויב חלילה אז מיר זענין ניט זוכה און ער וועט קומין צו די בעשטימטע צייט בעטען מיר ער זאל קומען וואס פריער אזוי ווי די האסט געטוהן אין מצרים די האסט זייא ארויסגענומען פאר דער צייט ווייל די האסט זיי צוגערעכענט זייערע שווערע ארבייט איז אויסגעקומען צוויי יאהר פאר א יאהר טוא מיט אונז אויך דעם חסד בערעכען אינזערע יסורים אין פאנעגוונג וואס פאר א ווערט מיר האבען, אינזער בלוט גיסט זיך וויא וואסער אומעטום זענען מיר איבעריג, טו לייז טאקע אינז אויס מיר זאלען קומען אין אינזער לאנד וואס פריהער, ענטפערט דער עולם אמן. (יהא שמי' רבה).

והרב הגה"צ ר' נפתלי זילבערבערג שליט"א מווארשא הי' אומר
אז

וּלְכוֹן שְׁלָמָא רַבָּא חִנָּא וְחִסְדָּא וְרַחֲמֵי וְחַיֵּי אֲרִיכֵי וּמְזוֹנֵי רְוִיחֵי וּפוּרְקָנָא מִן קֳדָם אֲבוּהוֹן דִּי בִשְׁמַיָּא וְאַרְעָא וְאִמְרוּ אָמֵן:

יְהֵא שְׁלָמָא רַבָּא מִן שְׁמַיָּא וְחַיִּים טוֹבִים עָלֵינוּ וְעַל כָּל יִשְׂרָאֵל וְאִמְרוּ אָמֵן:
עוֹשֶׂה שָׁלוֹם בִּמְרוֹמָיו הוּא יַעֲשֶׂה שָׁלוֹם עָלֵינוּ וְעַל כָּל יִשְׂרָאֵל וְאִמְרוּ אָמֵן:

פירוש המלות פון קדיש

אָ אָרט: ודיא בכל אתר ואתר. און דיא וועלכע זייא געפינען זיך אין זייערע ערטער: יהא. עס זאל זיין: להון, צוא זייא: ולכון און צו אייך, שלמא רבא. אַ גרויסער שלום: חנא, חן, וחסדא, און גענאַדע: ורחמי, און ערבאַרעמקייט: וחיי אריכי, און לאַנג לעבען: ומזוני רויחא, און פרייע פרנסה: ופורקנא. און אַ אויסלייזונג: מן קדם אבוהון. פון פאָטער: דיא בשמיא. וואָס און הימעל: וארעא. און אויף דער ערד: ואמרו אמן:

ערקלערונג פון קדיש

עס ווערט זיך דערהערין דאָס שאַלען פון שופר און אַלע וועלין אויפשטעהן צים גרויסען טאָג. צום אייביגען טאָג וואָס קיינער אַחוץ גאָט, האָט עס נאָכנישטגעזעהן:

דער גאַנצער כלל ישראל זאָלען זוכה זיין צו די ברכה פון שלום אין חיים, דאָס הייסט עס זאָל זיין שלום. אין זאָלען זוכה זיין צוא לאַנג לעבען אין געזינד (ביצה כ״ז ברש״י ד״ה י׳ ובבע״ח) חיים מיינט מען געזונד אויך:

בעדייטונג פון קדיש

אַז בין יהא שלמא רבא בעטין מיר אויף גאָטס נאָמען, פון יהא שלמא רבא בעטען מיר פאַר די לעבידיגע און פאַר די נשמות פון די מתים:

אין תפלות יהא שלמא רבא דאַרף מען מכוון זיין צו בעטען פאַר די לעבידיגע

און אין תפלות עושה שלום זאָל מען מתפלל זיין אַז די מתים זאָלין אויך זוכה זיין צו די ברכה פון שלום. עס זאָל זיין שלום אין זייער רוה ווייל זייא דאַרפען אויך האָבען שלום וויא עס שטעהט אויף רבי׳ן (סוף כתובות) עס איז אַרויס אַ בת קול עס זאָל זיין שלום אין זיין רוה, דאָ זאָל מען מכוון זיין פאַר אַלע מתים בכלל און פאַר די נשמה פון נפטר בפרט:

סימן ח.

מענין הלימוד בימי אבלו ובימי היארצייט והתפלות והכוונות. וגם בעת נתינות צדקה לטובת הנפטר (וכו יד סעיפים)

טוב ללמוד משניות כי משנ״ה הוא אותיות נשמה וארז״ל שאשר בן יעקב ע״ה עומד בפתח של גיהנם וכל הלומד משנה מצילו וזש״ה מאשר שמנה לחמו. שמנ״ה

סוכת שלום

סי׳ ח׳ וועגען דעם לערנען דאס יאהר פון אבילות און אין דעם טאג פון יארצייט. אין די כוונה וואס מען דארף האבען ביים דאווינען אין צדקה געבין לטובת דער נשמה פון נפטר. איינגעטיילט אין 14 סעיפים.

א) עס איז גלייך צוא לערנין משניות ווייל אין כדרש שטייט דאס אשר

אותיות נשמ״ה ומשנ״ה זהו לחמו (עיי׳ בס׳ שמן אברהם ח״ב אות תל״ז) וההי״ד אם אחרים לומדים משניות עבור א׳ מציל אות׳ נשמה מגיהנם וכשקוראי׳ סדר זרעים יכוון שיהי׳ תיקון להנפטר אשר פגם במאכלות אסורות ובברכות לבטלה וכיוצא וכשקורא סדר מועד יכוון שיהי׳ תיקן להנפטר אשר חטא בחילול שבת ויו״ט וכשקורא סדר נשים יכוין שיהיה תיקון להנפטר מה שפגם בעריות ובשבועות ובנדרים וכשקורא סדר נז יקין יכוון שיהי׳ להנפטר במה שהזיק לחברו וכשקורא סדר קדשים יכוון לתקן נשמתו הקדושה אשר הוציאה הנפטר לחולין ואשר לא הי׳ נזהר בשחיטה בדיקה ולחיוב כרת ולתפלה בלא כוונה וכשקורא ס׳ טהרות יכוין לתקן מה שפגם הנפטר בנדה וקרי ונטילת ידים (מורה באצבע ס׳ ב׳ אות מ״א ומ״ב) והעולם נוהגין ללמוד משניות עפ״י סדר שמו

משניות עפ״י סדר שמו דהיינו אם שמו „דוב״ לומדין הפרק ז׳ דמס׳ נדה המתחלת באות ד׳ ואח״כ לומדין הפרק ב׳ דדמאי המתחלת באות ו׳ ואח״כ לומדין הפרק ה׳ דמס׳ שבת המתחלת באות ב׳ (וקודם הלימוד אומרים (וקודם הלימוד אומרי׳

המשנה כל ישראל יש להם חלק לעוה״ב וכו׳ כמבואר בס׳ זבח ומנחה) ואח״ז לומדי׳ משניות באותי.ת ׳נ׳ש׳מ׳ה כסדר הנ״ל (ועיי׳ בסי׳ בית יעקב להריעב״ץ זל״ה שאסף איש טהור פרקי משניות של כל אותיות א׳ ב׳ (ופלא שאות שי״ן מציין על פרק שנו חכמים (אבות בפ״ו) שאינו משנה כלל רק ברייתא כידוע) רבים עוסקי׳ רק במשניות טהרות והפרק כ״ד ממס׳ כלים הוא מסוגל יותר מפני שיש בו טו״ב משניות וכל משנה מסתיימת לטהר מכולם או טהורה מכולם וסוף הפרק בין מבפנים בין מבחוץ טהור והוא רמז על הנשמה וגם לומדי׳ פרק ז׳ דמס׳ מקוואות מש׳ם דהר״ת של ארבע משניות האחרונות נ׳פל ש׳לשה מ׳קוה ד׳,טביל הוא נ׳ש׳מ׳ה וקבלה מאלי׳

סובת שלום

בן יעקב שטייט ביי דער טיהר פון גיהנם, אין איז מציל די וואָס לערנען משניות, א רמז דערצו געפינט מען אין פסוק מאשר שמנה לחמו, אין דעם וואָרט שמנה איז דאָה די אויתיית נשמ״ה אין משנ״ה, אין אפילו מען דינגט איינעם צו לערנען משניות איז אשר מציל די נשמה וואָס מען לערינט פאַר איהר פון גיהנם, אין אז מען לערינט משניות סדר זרעים זאָל מען מכוון זיין, אַז דאָס לערנען זאָל זיין אַ תיקון אויף דעם וואָס דער נפטר האָט פוגם גיוועזין אין מאכלות אַסורות, און אין ברכות לבטלה, אין אַז ער לערינט סדר מועד. זאָל ער מכוון זיין עס זאָל זיין אַ תיקון וואָס דעם נפטר האָט פוגם גיוועזען אין חילול שבת ויו״ט, און אַז עֶר לערינט סדר נשים. זאָל עֶר מכוון זיין עס זאָל זיין אַ תיקון אויב דעֶר נפטר האָט פוגם גיוועזען אין עריות, אָדער נדרים, פאַלס שווערען אין אַז עֶר לעֶרינט סדר נזיקין זאָל ער מכוון זיין עס זאָל זיין אַ תיקון אויב דער נפטר האָט עמיצען אַ שאָדען געטוהן, אין אז עֶר לערינט סדר קדשים זאָל ער מכוון זיין עס זאָל זיין אַ תיקון וואָס דער נפטר האָט פערשוועכט זיין הייליגע נשמה. אין אויב ער איז ניט נזהר גיוועזען אין די דיני שחיטה ובדיקה. אין געדאַוו ינט אָהן כוונה, אין אויב ער איז ח״ו מחויב געוואָהרען כרת אין אַז ער לערינט סדר טהרות זאָל ער מכוון זיין עס זאָל זיין א תיקון אויב דער נפטר האָט פוגם גיוועזען אין דיני נדה. אָדעֶר נטילת ידים, אָבער די וועלט איז זיך נוהג דאָס מען לעֶרינט פרוהעֶר די משנה כל ישראל יש להם חלק לעוה״ב, אין דעֶר נאָך פרקים משניות וועלכע הייבען זיך אָהן מיט די אותיות פון דעֶם נפטר׳ס נאמען. אין דער נאָך די אויתיות נשמה. וועלכעס בעפינט

זיך

מאלי' הנביא זל"ט שבפרק זה מעלין הנשמה של הנפטר למקומה גם ר"ת מ'ש'נ'ה ה'עלית מ'ן ש'אול נ'פשי והגאון מוה"ר יוסף שאול זצ"ל מלעמבערג הביא שיש ללמוד מס' חגיגה על היאה"צ (עיי' שואל ומשיב מהד"ק ח"ב ס' קפ"ב) ובשם הגאון מהרנ"פ ז"ל נמצא כי הניח בצואתו שבניו ילמדו אתריו מס' „שבת" ביום היא"צ [וכן יסבלו א"ע בעד נשמתו לכה"פ פ"א] ויש שלומדים גם פ"ח דיומא ואחריו משנה הידוע לשם ששה דברים הזבח נזבח ולימוד משניות הוא תיקן גדול יותר מלעבור לפני התיבה ולהתפלל בביהכנ"ט (יוסף דעת יו"ד ס' שצ"ו סעי' ז') ונודע מ"ש בעבודת הקודש דצריכי' להבין עכ"פ פירוש התיבות אף שלא יבין פירוש הענין באמת שאם לא יבין אף התיבות אינו נחשב לימוד כלל, ויש קהלות שיסדו חברה אחת בשמה תקרא תקון הנפש ללמוד ולהתפלל עבור תקון נשמתו של המת תוך יב"ח וביום יאה"צ שלו ואשרי להם (עיי' שו"ת כתב סופר חאו"ח ס' ק"ט) ומנהג הספרדים כשעשיר יש לו יאה"צ לוקח כמו עשרים חכמים ללמוד בביתו כל היום וכל הלילה ובלילה מחלקים את ס' הזוהר ביניהם זה לוקח ל' דפים וכו' בין כולם נגמר ס' הזוהר מה' חומשי תורה ואח"כ מכין לפניהם סעודה ועושים אל מלא רחמים להנפטר ומי שבירך לבעה"ב וביום לומדים כל א' משניות וגמ' כאו"א חפצו ורצונו ושעה ב' אחר התפלה עושים להם סעודה של חלב ואח"כ לומדי' עוד לעת ערב ג' שעות קודם הלילה גומרים את התהלים יחד ומתפללים מנחה ואח"כ עושה להם סעודה גדולה (ס' שערי ירושלים בשצד מנהג הארץ) ויש נוהגי' לומר ד"ת משם הנפטר והבן אומר קדיש [ומאיליו יובן שצריכים לדקדק שלא יהי' אוכלי' ושותי' כסעודת שמחות כמבואר בס' זבח ומנחה] :

ולהלימוד

סוכת שלום

זיך אין דעם זיבעטען פרק פון מקוואות די לעצטע משניות וויל עס איז א קבלה פון אליהו הנביא זכור לטוב, דאס אין זכות פון דעם פרק לערנען איז מען מעלה די נשמה פון גיהנם. ארמז דער צו איז דאָה אין פסוק ה'עלית מ'ן ש'אול נ'פשי איז ראשי תיבות נשמה. אין שואל ומשיב ווערט גיברענגט דאס אין טאג פון יארצייט זאל מען לערנען מסכת חגיגה, אין דער רבי ר' נפתלי ז"ל האט צוואה געלאזט מען זאל לערנען אין זיין יא"צ טאג מסכת שבת, אין לכה"פ איין מאהל טובל זיין מזכה צוא זיין דיא נשמה, טייל מענטשען לערנען אויף דעם אכטען פרק פון מסכת יומא. אין דערנאך דיא משנה אין זבחים לשם ששה דברים הזבח נזבח, דאס לערנען משניות איז אגרעסערע תיקון וויא קדיש זאגען אין אפילו פון דאווינען פארן עמוד. אבער דאס לערנען דארף מען פארשטיין עכ"פ דעם טייטש פון יעדען ווארט, אין אויב נישט הייסט דאס גאהר קיין לערנען נישט עס איז זייער גלייך וואס אין טייל שטעט איז געמאכט א חברה תיקון הנפש. וועלכע לערנען נאך א נפטר פון זייער חברה דאס ערשטע יאהר משניות און אויך דעם יא"צ טאג. אין דאווינען פארן עמוד לטובת דער נשמה פון נפטר. ביי דיא ספרדים איז א מנהג ווער עס האט דיא מיגליכקייט רופט ער אהיים ביז צוויא מנינים תלמודי חכמים אין דעם גאנצען יא"צ מעת לעת לערנען זייא דארט ביי נאכט זוהר הקדוש איינגעטיילט איינער צוואנציג בלאט אין דער צווייטער מעהר אדער ווייניגער. דאס איבער דער יא"צ נאכט לערנען זייא אויס דעם גאנצין זוהר הקדוש אין מען מאכט א אל מלא רחמים דעם נפטר. אין א מי שבירך דעם בעל הבית. אין מען מאכט פאר זייערט וועגען א סעודה. אין ביא טאג, לערנען זייא משניות אין גמרא וויא איינער וויל אין

נאך

ב) **ולהלימוד** הפרק ז׳ דמקוואות הנ״ל מבואר בס׳ מעשה אורג מקואות (פ״ז מ״ב) בזה״ל כשיאמר יש מעלין יכוין להעלות הנשמה למקומה ויש רמז לש״י עולמות וכשיאמר השל״ג יכוין למתק כל דינין תקיפין ושיתהפכו כל עונות לשלג וישמע חכם ויוסף לקח וכשיאמר אלו פסוקי׳ יכוין להסיר כל הבגדים צואים מהנשמה וכשיאמר הדיח יכוין לטבול הנשמה במים חיים ולהדיח כתמיה מכל וכל וכשיאמר נפל יכוין שהוא שם מע״ב שמות כנ״ל ויפוע בכן צדקה לשם הנפטר ויאמר „פזר״ „נתן״ לאביונים ר״ת זה השם לעלות נשמה הנפטר מנפילתא ע״י צדקה וכשיאמר הטבי״ל יכוין יו״ד ה״א וא״ו אפי׳ שם שמחיין בו עצמות ועצמותיך יחליץ אמן כי״ר עיי״ש באריכות יותר ועל אביו ועל אמו ילמוד זה הפרק בכל מוצש״ק אחר הבדלה וגם מקובל מק׳ עליון שטוב ללמוד כ״ד ממסכת כלים שלשה תריסין הן שיש בו י״ז משניות שכל משנה מסתימת טהור מכלום או טהורה מכלום וסוף הפרק מסיים בין בפנים בין בחוץ טהור יעי״ש :

ג) **והנה** מבואר בספרים נוסח תפלה המסודרת לומר על לימוד עבור נשמת הנפטרים שכתבו לומר אחר הלימוד וכן נוהגים רובם ככולם לאמרם אחר הלימוד אבל בספר ילקוט ישראל. כתב שנכון יותר לומר „לפני הלימוד״ כי מכין א״ע עתה ללמוד לעילוי וזכות הנשמה פב״פ כמו כל המצות שצריכין לכוון ולומר לפני עשיית המצוות לשיק״ו ב״ה או לפרש הכוונה כאשר האריך בזה בהקדמות ס׳ דרך פקודיך ובשער התפלה בהקדמה לענין אמירת לשיק״ו ב״ה מכש״כ בענין כזה אשר בודאי לא נוכל לומר כמאמר הגמ׳ סתמא לשמה בשגם שמבואר ביו״ד רמ״ו סעי׳ א ברמ״א בשם תא״ו נתיב ב׳ שיכול אדם להתנות עם חברו שהוא יעסוק בתורה והוא ימציא לו פרנסה ויחלוק עמו בשכר אבל אם כבר עסק בתורת

אינה

סוכת שלום

נאָך דעם דאַווינען מאַכט מען זיי אמילכדיגע סעודה. אין דערנאָך לערנט מען ביז דריי שעה פאַר נאַכט. אין דאמאָלסט זאָגען זייא גאַנץ תהלים בציבור, אין דאַווינען מנחה אין מען מאַכט פאר זייערט וועגען נאָך אמאָהל אַסעודה, טייל זאָגען דיא פסוקים פון אשרי תמימי דרך וואָס הייבען זיך אָהן אַזוי וויא דער נאָמען פון נפטר :

ב) **עס** איז גלייך צוא לערנען דעם גאַנצען ערשטין יאָהר וויא אויך דעם יא״צ טאָג דעם זיבעטען פרק פון מסכת מקוואות, אין מכוון זיין דיא כוונות וועלכע ווערען גיברענגט אין דעם פנים, אויך איז מקובל פון גרויסע צדיקים צוא לערנען דעם פרק כ״ד פון מסכת כלים שלשה תריסין וועלכעס געפינט זיך אין איהם זיבעצין משניות כמנין טו״ב, אין אויך שבת צונאכט׳ס נאָך הבדלה, איז גיט צוא לערנען דעם פרק ד׳ מקוואות :

ג) **עס** ווערט גיברענגט אין פיעל הייליגע ספרים אַ תפלה וועלכע מיר ברנגען דאָה צו זאָגען נאָכ׳ן לערנען משניות אָבער גלייכער איז דאָס פאַר דעם לערנען משניות זאָל מען זאָגען דיא תפילה אַזוי, אין מען זאָגט פאַר יעדען מקיים זיין דיא מצוה יהי רצון אָדער לשם יחוד בפרט אַז מען וויל מזכה זיין אַצווייטען, דאָס הייסט דיא נשמה פון דעם נפטר. מיט דעם לערנען מיז ער פריהער זאָגען אז ער לערינט פאַר דער נשמה איז נישט וועט דאָס גירעכינט ווערען פאַר איהם א׳ן ער וועט נישט קענען איבער געבען וויייל קיין תורה וואָס מען האָט שוין אָבגילערינט קען מען נישט אַוועק שענקען. דרובער זאָל מען דעם יהי רצון זאָגען פרוהער,

לגור

אינה יכול למכור לו חלקו בשביל ממון שיתן לו ע"ש וכן הוא בשלטי הגבורים ב"ק פרק החובל וזה"ל נראה דדוקא מועיל הקנין במצוה שעתיד לעשות אבל לא במצוה שעשה כבר עי"ש מן כל דין נכון לומר יה"ר לפני הלימוד והתפלה:

ד) וזה נוסח היה"ר שמצאתי בספר מלכ"ח לכל מה שילמוד:

יהי רצון מלפניך ה' או"א שיעלה זכות לימוד זה שאני לומד לשם נשמת (פב"פ) ובזכות לימוד זה האל הגדול הגבור והנורא שוכן עד וקדוש שמו שתצרור נשמתו בצרור החיים ותשים מחיצתו במחיצת צדיקים חסידים יסודי עולם העומדי' לפניך ונהנים מזיו אור פניך ותתן לו מהלכים בין העומדים לפניך ותמחול ותסלח ותכפר ותמחה ותעביר כל מה שחטא ועוה ופשע לפניך או עשה דבר שלא ברצונך ואל תזכור לו שום חטא ועון ופשע ועבירה אלא כל המצוות שעשה תזכרם לו לטובה ורוחו תרגיע בחלק היושבים בג"ע ונשמתו תתעדן בטוב הצפון לצדיקים ותשים כבוד מנוחתו ולקץ הימים יעמוד לרגלו וילוה עליו השלום ועל משכבו יבא בשלום כדכתיב יבא שלום ינוחו על משכבותם הוא וכל שוכני עמו ישראל בכלל הרחמים והסליחות והנחמות והישועות ונאמר אמן.

סוכת שלום

אין דאָה ברענגען מיר דעם יהי רצון:

ד) יְהִי רָצוֹן, עס זאָל זיין דער ווילען. מלפניך פאַר דיר, ה' אלקינו ואלקי אבותינו, אונזער גאָט אין גאָט פון אונזערע עלטערען, שיעלה. עס זאָל גירעכינט ווערען, זכות לימוד זה. דער זכות פון דעם וואס איך וועל לערנען, לשם. פון תיקון וועגען, נשמת. דיא נשמה, (פב"פ), ובזכות לימוד זה. אין זכות פון דעם לערנען. האל הגדול הגבור והנורא. בעט איך ביי'א השי"ת וואס איז גרויס שטאַרק אין פורכטיג, שוכן עד. אין רוהט עוויג, וקדוש שמו, אין זיין נאָמען איז גיהייליגט. שתצרור נשמתו. דיא זאָלסט איינזאמלען זיין נשמה. בצרור החיים, אין זאַמעל פונקט פון לעבען. ותשים. אין זאָלסט טהון. מחיצתו. זיין טייל. במחיצת. דער טייל צדיקים. פון דיא צדיקים. חסידים יסודי עולם, אין ערליכע וועלכע דיא וועלט שטייט אוף זייער זכות. אזוי וויא דאס הויז אויף'ן פונדאַמענט העומדים לפניך וואס זייא האָבען זוכה גיוועזען צוא שטיין פאַר דיר, ונהנים מזיו אור פניך. אין זייא האָבען הנאה פון ליכטיגקייט פון דיין פנים. ותתן לו מהלכים. אין דיא זאָלסט דער נשמה אויף געבען איין גאַנג, בין העומדים לפניך, צווישען דיא וואס שטייען פאַר דיר. אין זאָלסט מוחל זיין אין אָפמעקען אלעס וואס ער האָט פאַר דיר געזינדיגט, או עשה דבר שלא כרצונך. אָדער ער האָט געטוהן אַזעלכעס. וואס דיין ווילען איז נישט מסכים דער צוא, ואל תזכור לו שום חטא ועון ופשע ועבירה, אין זאָלסט איהם נישט גידענקען קיין שום זינד, אלא כל המצות שעשה תזכרם לו לטובה, נאַר זאָלסט איהם גידענקען צו גיטען אין זכות פון אלע מצות וואס ער האָט געטוהן, ורוחו תרגיע בחלק היושבים בג"ע. אין זיין גייסט זאָל רוהען אין טייל פון די וואס זיצען אין גן עדן. ונשמתו תתעדן בטוב הצפון לצדיקים, אין זיין נשמה זאָל זיך פערגעניגענען אין דעם גיט'ס וואס איז בעהאַלטען פאַר צדיקים וועגען. ותשים כבוד מנוחתו, אין ער זאָל זוכה זיין צו רוהען אין הערליכקייט, ולקץ הימים. און אין ענדע טעג פון גלות, יעמוד לרגלו

ה) **וישׁ** שלומדים „גמרא" כי ר"ת ג'בריאל מ'יכאל ר'פאל א'וריאל, והמה מלאכי רחמים ואומרים תפלה זו:

יהי רצון מלפניך ה' אלהינו ואלהי אבותינו שעל ידי לימוד גמרא שהוא ר"ת ד' מלאכי רחמים תעלה לפניך ויהי' לתועלת נשמת (פב"פ) שתסלח ותמחול לו כל חטאיו ועונותיו ופשעיו ואותן מלאכי רחמים „גבריאל" „מיכאל" „רפאל" „אוריאל" תשלח לו לפניו שישמרו גופו ונפשו רוחו ונשמתו שלא ישלטו בו מלאכי חבלה ומשחיתים כדכתי' כי מלאכיו יצוה לך לשמרך בכל דרכיך ותקבל נשמתו בשמחה וליהנות מזיו כבודך ויזכה לישב בג"ע עם שאר צדיקי עולם אכי"ר (ס' נר המאור בפתיחה).

ו) **בשו"ת** דודאי השדה סימן ס"ה הביא תפלה שנשלח לו מירושלים עיה"ק מה שיש לומר גם בשבת ויו"ט וזהו.

אנא ה' אל מלא רחמים. אשר בידך נפש

סוכת שלום

לרגלו. זאל ער אויפשטיין צו זיין טייל. וילוה עליו השלום, אין דער פרודען זאל צו איהם בעהצפט זיין, ועל משכבו יבא בשלום, און אין קבר זאל ער זיין רוהעג פרידליך כדכ' יבא שלום ינוחו על משכבותם, די צדיקים זאלען קימען בשלום אין גן עדן אריין אין אויך אין קבר זאלען זיי ליגען בשלום, הוא. דער נפטר. וכל שוכני עמו ישראל, אין די אלע טויטע פון דעם יודישען פאלק, בכלל הרחמים והסליחות, והישועות והנחמות. זאלין זיין אין דער רעכינונג פון אלע הילפצן. ונאמר אמן, אין זאגט אמן:

ה) **טייל** מענטשען לערנען גמרא, ווייל דאסווארט גמרא איז ראשי תיבות פון די פער מלאכי רחמים, גב'ריאל מ'יכאל ר'פאל א'וריאל, אין דער נאך זאגען זיי די תפלה:

יהי רצון. עס זאל זיין ווילען. מלפניך פאר דיר. ה' אלקינו ואלקי אבותינו, על לימוד גמרא דאס אין דעם זכות וואס איך לערין גמרא. שהוא ראשי תיבות ד' מלאכי רחמים. וואס דאס ווארט גמרא איז ראשי תיבות פון דיא נעמין פון דיא פיער מלאכי רחמים. תעלה לפניך. זאל דאס לערנען גירעכינט ווערען פאר דיר. ויהי' לתועלת נשמת. אין עס זאל זיין א טובה פאר דער נשמה פון (פב"פ). שתסלח ותמחול על כל חטאיו ועוונותיו ופשעיו די זאלסט איהם מוחל זיין אלע זינד. ואותך מלאכי רחמים, אין די דאזיגע מלאכי רחמים, ג'בריאל מי'כאל ר'פאל א'וריאל, תשלח לו לפניו. זאלסט שיקען פאר איהם. שישמרו גופו. ונפשו, רוחו. ונשמתו, זיי זאלין אבהיטען זיין קערפער, אין זיין גייסט, אין זיין נשמה, שלא ישלטו בו מלאכי חבלה ומשחיתים, עס זאל אין איהם נישט געוועלטיגען קיין מלאכי חבלה, כדכ' כי מלאכיו יצוה לך לשמרך בכל דרכיו, השי"ת וועט שיקען זיינע מלאכים דיך צו היטען אין אלע דיינע וועגען, ותקבל את נשמתו בשמחה, אין די זאלסט אננעמען זיין נשמה מיט פרייד, וליהנות מזיו כבודך. אין זי זאל הנאה האבען פון שאן פון דיין הערליכקייט ויזכה לישב בג"ע, אין ער זאל זוכה זיין צו זיצען אין גן עדן. עם שאר צדיקי עולם, מיט די רעשט צדיקים פון דער וועלט. אמן כן יהי רצון:

ו) **אין** ספר דודאי השדה ווערט גיברענגט א תפלה פון ירושלים עיר הקודש. וואס מען מעג זאגען אום שבת ויו"ט מיט דעם לשון:

אנא ה', אך בעט דיך גאט וואס די ביסט

נפ״ש כל חי ורוח כל בשר איש והנשמות אשר אתה עשית. יהי׳ נא לרצון לפני כסא כבודך לימוד תורה שזכיתי (לפב״פ) ותפלתי עבורו להעלות נשמתו מעלה מעלה על כנפי השכינה ויקוים בו וילכו מחיל אל חיל וראה אל אלקים בציון יהי׳ נא חסדך ה׳ לנשמתו ויזכה לחזות בנועמך ולבקר בהיכלך ולשבוע מטוביך אשר עין לא ראתה אלהים זולתיך יעשה למחכה לו כדכתי׳ תודיעני אורח חיים שבע שמחות את פניך נעימות בימינך נצח העלה רוחו בג״ע ויהנה ויתענג מטוב הצפון כדכתי׳ מה רב טובך אשר צפנת ליראיך ותפרס עליו סוכת שלומך ותאיר עליו אור השלמה המאיר אור והמצוחצח וישיר שירת דודים בחברת הצדיקים והצדקניות חסידים וחסידות בין הצפרין קדישין שכולם נוגנים כדכתי׳ ראו הליכותיך אלהים

סוכת שלום

ביסט פיהל מיט רחמים. אשר בידך נפש כל חי, וואס אין דיין האנד איז דער גייסט פון אלע לעבידיגע ורוח כל בשר איש, און דער אָטעם פון יעדין קערפער והנשמות אשר אתה עשית. אין די נשמות וואָס די האָסט בעשאַפען, יהי׳ נא לרצון. עס זאָל יעצט זיין בעוויליגט. לפני כסא כבודך. פאַר דיין כסא הכבוד. לימוד תורה, דאָס וואָס איך וועל לערנען, שזכיתי ותפלתי, דער זכות פון מיין לערנען אין דאווינען. עבור, פון וועגען, (פב״פ) להעלות נשמתו, אויף צו ברענגען זיין נשמה. מעלה מעלה, גאָהר הויך, על כנפי השכינה. ויקוים בו. אין עס זאָל אין איהם מקוים ווערין דער פסוק. ולכן מחיל אל חיל יו״אה אל אלקים בציון. והי׳ נא חסדך ה׳, אין דיין חסד זאָל זיין. לנשמתו, צו זיין נשמה. ויזכה לחזות בנועמך, אין ער זאָל זוכה זיין צו זעהן אין דיין זיסקייט ולבקר בהיכלך, אין צו בעזוכען אין דיין פאַלאַץ, ולשבוע מטובך. אין צו זעטיגען זיך פון דיין גיטעס, אשר עין לא ראתה, וואָס קיין אויג האָט נישט גיזעהן, אלקים זולתיך יעשה למחכה לו, וואָס השי״ת וועט האָרכען צו די וואָס האָפען צו איהם, כדכ׳ תודיעני אורח חיים השי״ת וועט מיך מאַכען וויסען דעם וועג צום לעבין, שבע שמחות את פניך אין אָנזעטין מיט פרייד פון דיין פנים, נעימות בימינך נצח, אַ רעכטע אייביגע זיסקייט. העלה רוחו בג״ע, ברענג אויף זיין גייסט אין גן עדן. ויהנה ויתענג מטוב הצפון, אין ער זאָל פערגעניגען האָבען פון בעהאַלטענעם גוט׳ס כדכ׳ מה רב טובך, ווי פיעל גיט׳ס, אשר צפנת ליראיך, וואָס די האָסט בעהאַלטען צו די וואָס האָבען מורא פאַר דיר ותפרוס עליו סוכת שלומיך, אין זאָלסט אויף איהם פערשפרייטען אַבעדעקונג פון דיין פרידען ותאיר עליו אור השלמה המאיר והמצוחצח, אין זאָלסט אויף איהם פערלייכטען ליכטיגע אין לויטערע מלבושים, וישיר שירת דודים, אין ער זאָל זינגען פרייליכער לידער בחברת הצדיקים, אין בעטיילונג פון די צדיקים. (ביי אנ׳קיבה זאָגט מען צדקניות) חסידים וחסידות בין הציפרין קדישין שכולם נוגנים, צווישען די הייליגע מלאָכים וואָס זינגען אין גן עדן, כדכ׳ ראו הליכותיך אלקים הליכות אלי מלכי בקדש, קדמו שרים אחר נוגנים בתוך עלמות תופפות, ותניח נפשו בגן הרוה אין זיין גייסט זאָל רוהען אין דעם זעטיגען גן עדן, כדכ׳ גם צפור מצאה בית ודרור קן לה, די הייליגע מלאכים וואָס זענען אין געשטאַלט פון פויגלען האָבין דאָרט זייער נעסט אשר שתה אפרוחיה את מזבחותיך ה׳ צבאות מלכי ואלקי. בייא דעם הייליגקייט

פון

אלהים הליכות אלי מלכי בקודש קדמו שרים אחר נוגנים בתוך עלמות תופפות ותנוח נפשו בגן הרוה כדכתי' גם צפור מצאה בית ודרור קן לה אשר שתה אפרחיה את מזבחותיך ה' צבאות מלכי ואלהי ויזכה שם לראות זיו וזהר כבודך כדכתי' מלך ביפיו תחזינה עיניך. עיניך תראנה א"ץ מרחקים ואת עצמותיו בקבר תחלץ ותדשן ועפרו הנגער תרוה ותעדן וישאר במנוחה נכונה בחדוה בשמחה ובשלום עד אשר יקיצו ישנו עפר ויעמדו לגורלם ויקוים בו מקרא שכתוב ונחך ה' תמיד והשביע בצחצחות נפשך ועצמותך יחליף והיית כגן רוה וכמוצה מים אשר לא יכזבו מימיו ולקץ הימין תכינהו ותעמידהו בנפש רוח ונשמה יחידה חיה כמ"ש ובנו ממך חרבות עולם מוסדי דור ודור תקומם וקורא לך גודר פרץ משובב נתיבות לשבת עם כל הצדיקים והצדקניות חסידים והחסידות ממתי עמך ישראל אמן:

ז) **ברבינו** בחיי פ' שופטים כתב על פסק כפר לעמך ישראל וז"ל

סיבת שלום

פון השי"ת וואס איז מיין מלך און מיין גאט. ויזכה שם. און ער זאל דארט זוכה זיין, לראות זיו וזוהר כבודיך. צוא זעהן דעם שאהן פון דיין כבוד. כדכ' מלך ביפיו תחזינה עיניך, דיינע אויגען וועלען זוכה זיין צוא זעהן דאס שיינקייט פון השי"ת, עיניך תחזינה ארץ מרחקים, ואת עצמותיו בקבר תחלף ותדשן, און זיינע ביינער זאלען צוא זאמען האלטען זיך אין קבר. ועפרו הנגער תרוה ותעדן. און דיא ערד וואס איז געווארען פון זיין פלייש זאלסט אנזעטין מיט כח. ער זאל אויפשטיין תחית המתים, וישאר במנוחה נכונה בחדוה בשמחה ובשלום. און דער וויל זאל ער אויפשטיין תחית המתים. וישאר במנוחה נכונה בחדוה בשמחה ובשלום, און דערווייל זאל ער פערבלייבען מיט "ארעכטע רוהע אין קבר, עד אשר יקיצו ישינו עפר. ביז עס וועלען ערוואכען דיא אלע טויטע. ויעמדו לגורלם. און זייא וועלען אויפשטיין צוא זייער טייל. ויקוים בו מקרא שכתוב און עס זאל אין איהם מקוים ווערען דאס וואס שטייט און פסוק. ונחך ה' תמיד. השי"ת וועט דיך שטענדיג פיהרען. והשביע בצחצחות נפשך, און ער וועט אנזעטען מיט לויטערקייט דיין גייסט ועצמותיך יחליף, און דיינע ביינער וועט ער שטארקען והיית כגון רוה, און דיא ועסט זיין וויא אזעטיגער גארטען, וכמוצא מים אשר לא יכזבו מימיו. און אזוי וויא אקוואל וואסער וואס זיין וואסער לאזט זיך קיינמאהל נישט אויס, ולקץ הימין תכינהו ותעמידיהו. און צוא דער רעכטער צייט זאלסט איהם אויפשטעלין, בנפש, רוח, נשמה, חי' יחידה מיט אלע פינף מדריגות, כמ"ש ובנו ממך חרבות עולם, מען וועט פון דיר בויען דיא חרבות פון דער וועלט, מוסדי דור ודור תקומם, דיא פונדאמענטין פון אלע דורות וועסטו אויפשטעלען. וקורא לך. און עס וועט צו דיר גערופען ווערען, גודר פרץ . דער פערצוימער פון אויפגעבראכינעם, משובב נתיבות לשבת, ער קערט צוריק דיא בעזעסינע ערטער צוא זיירע ערטער עם כל הצדיקים והצדקניות חסידים וחסידות מיט אלע צדיקים און פרומע לייט, ממתי עמך ישראל, פון דיא טויטע פון דיין פאלק יודען:

ז) **און** רבינו בחיי ווערט גיברענגט, אדרש פון פסיקתא אויף דעם פסוק כפר לעמך ישראל אשר פדית. אז דאס מיינט מען דאס וואס דיא לעבעדיגע לייזען אויס דיא טויטע מיט דעם וואס זייא

וז"ל דרשו בפסיקתא אלו החיים שמתכפרין בממונם אשר פדית אלו המתים שמתכפרין בממונם אשר פדית אלו המתים שמתכפרין בממון החיים (ובודאי צריך ליזהר שלא יהא ממון של גזילה גנבה ואונאה וכדומה) ולמדנו מזה אשר התקדשות שנוהגין החיים להקדישם בעד המתים שיש בהם תועלת להמתים וכ"ש אם הבן מקדיש בעד אביו שהוא זכות לאביו וכו' עי"ש:

ח) **ונכון** לומר קודם נתינת צדקה תפלה קטנה וקצרה המבואר בספר מעבר יבק וזה נוסחה הנני נותן צדקה לשיקוב"ה ושכינתיה בשם כל ישראל ובשביל נשמות אבי (פב"פ) או אמי (פב"פ) למנוחת נשמתו בג"ע ולאחר נתינת הצדקה יאמר התפלה המבוארת למעלה וכן לאחר לימוד משניות יאמר התפלה ואם עשה שניהם למד ועשה צדקה נכלול יחד בתפלתו כמבואר בנוסח התפלה המבוארת מעלה:

ט) **כשנותנים** הצדקה לחיים עבור המתים צריך להודיעם כדי שיתפללו עליהם (מעב"י פכ"א בשפתי רננות) וטוב לומר תהלים ביום הזה בתמניא אפי אותיות שם הנפטר ואותיות הנשמה כי הוא תיקון גדול:

י) **בנתינת** הצדקה טוב לכוין שיהי' למספר מאיזה שמות הרחמים כמו כ"ו (שם הוי"ה הק') מ"ה צ"א כהן ש"י השמות הק' הוי"ה אדנ"י) קי"ב וכדומה כי סימנא מילתא הוא:

יא) **רבים** נוהגים ללמוד גם איזה מזמורי תהלים ואומרי' תמניא אפי

ע"פ

סוכת שלום

זייא זאגען מנדר צדקה פון זייער נשמה וועגען, פון דאנען קען מען זיך ארויס לערנען אז דאס איז אגרויסע טובה פאר דעם נפטר ווען מען איז מקדיש עפיס אויף א דבר טוב פון זיין נשמה וועגען בפרט נאך ווען זיינע קינדער זאגען דיא געבערס איז זיכער א גרויסער זכות פער דער נשמה פון פאטער, אבער דאס געלט דארף זיין ערליך געלט נישט פון קיין גזילה אדער שווינדעל:

ח) **עס איז** גלייך צוא זאגען פאר דעם צדקה געבען דיא תפלה, וועלכע ווערט גיברענגט אין ספר מעבר יבק, הנני נותן צדקה, איך גיב צדקה לשיקוב"ה ושכינתי', אזוי וויא השי"ת האט געבאטען, בשם כל ישראל, אין נאמען פון אלע יודען, ובשביל נשמת אבי, אין פאר דער נשמה פון מיין פאטער (פב"פ) אדער אמי, מיין מוטער (פב"פ) למנוחת בשמתי בג"ע דאס זיין נשמה זאל רוהען אין גן עדן, אין נאך דעם צדקה געבען זאל ער זאגען, דיא תפלה וואס ווערט גיברענגט אין אנהויב סימן, דארט ווערט אויף גיברענגט א תפילה נאך משניות אדער גמרא לערנען אין אויב ער האטביידע געטוהן גילערינט אין צדקה גיגעבען זאל ער זאגען א נוסח וועלכעס דערמאנט ביידע מצות:

ט) **אז** מען גיט צדקה פאר דער נשמה פון דעם נפטר דארפען די ארימע לייט צו זאגען, כדי זיי זאלין בעטין אויף דער נשמה, עס איז גלייך דאס דער געבער אין דער ארימאן זאלין דעם טאג זאגען תהלים אין קאפיטעל אשרי תמימי דרך, פסוקים וועלכע הייבין זיך אהן מיט די אותיות פון דעם נפטר'ס נאמען ווי אויך די אותיות נשמה, דאס איז אגרויסער תיקון פאר דער נשמה:

י) **עס** איז גיט דער סכום פון דער צדקה זאל זיין גלייך ווי עס בעטרעפען די שמות הרחמים:

יא) **עס** איז א מנהג פון ערליכע יודען צו לערנען תורה דעם יא"צ טאג, ווי אויך א גאנץ יאהר עטליכע קאפיטליך תהילים אין דער נאך צו זאגען אין אשרי תמימי דרך די אותיות פון נפטר'ס נאמען, ווייל עס איז נישטא קיין גרעסערע זאך

וואס

עפ״י סדר שמו של הנפטר ולמשל אם שמו הי׳ יעקב אומרים תחלה כל פסוקי׳ המתחילים באות יו״ד ואח״כ בעיני״ן ואח״כ בקופי״ן ואח״כ בביתי״ן ואומרים קדיש אחריהם (כמ״ש בס׳ ויקהל משה) שאין לך דבר מועיל להנפטר להגן מן המזיקן כאמירת קדיש על מזמורי תהלים (מסגרת השלחן ס׳ רכ״א סק״ה וס׳ כף החיים אות כ״ו) ומשבח אני את המנהג של הקהלות הקדושות אשר הרב אב״ד אומר בכל פעם קדיש אחר אמירת תהלים בכל יום עבור הנשמות שמתו בכל שנה ושנה או בשם היא״צ כי הוא תועלת גדול (ועיי׳ קול סופר בהקדמה למשניות) ונודע שאין תועלת הקדיש כי אם כשבא אחר דברי תורה או תפלה אבל לא שיאמר סתם קדיש כעמא דבר (תשובות הגאונים סי׳ צ״ג): יע״ד המזמורי תהלים שאומרים למנוחת הנפש נמצא בשם החיד״א זצ״ל שיש לומר מזמור ט״ז. י״ג כ׳, כ״ג. ל״ד. ספר ד׳ כלו, ק״א. ק״ב. קי״ט, עד קל״ה, קכ״ה עד סוף:

יג) ובליקוטי תפלות (שבתהלים כ״ב) מביא שראוי ונכון הוא לומר לעליות נשמת הנפטרים הפסוקי תהלים בתמני אפי (תהלים קי״ט) הפסוקים מהאותיות בעד נשמת כן מהאותיות א״מ שיהי׳ ר״ת אבי מורי או אמי מורתי ואח״כ מהאותיות ששייך לשם הנפטר למשל אם שמו של הנפטר הי׳ דוב עליו לומר אות ד׳ המתחלת דבקה לעפר נפשי וגו׳ ואות „ו״ ויבאני חסדיך וגו׳ ואות „ב״ במה יזכה נער וגו׳ וכסדר זה לכל שם שירצה ואח״כ האותיות נשמה כנ״ל ג״כ ודבר גדול הוא לומר כן כמו כן ראיתי שם שמביא בשם הס׳ מקור החכמה מהראב״ד מנקלשבורג שצוה לבניו ללמוד בימי השבעה המשניות משמו עם המשנה מאותיות בעד נשמת שזה מרמז על שבעה ימי אבילות וידוע בש״ע יו״ד סי׳ שפ״ד מבואר שאבל כל ז׳ ימים אסור לקרות בתורה נביאים וכתובים משנה גמרא הלכה אגדה אבל מותר לקרות באיוב ובקינות ובדברים הרעים

סוכת שלום

וואָס איז מציל די נשמה פון די מלאכי חבלה ווי קדיש זאָגען נאָך לערנען קאַפיטליך תהלים, עס איז זייער אַ גוטער מנהג דאָס אַלע טאָג זאָגט מען בציבור צעהן קאַפיטליך תהלים אין דער רב זאָגט דער נאָך קדיש פאַר די נשמות פון די וואָס זענען דעם טאָג נפטר געוואָהרען, ווייל דאָס איז זייער אַ גרויסע טובה פאַר די נשמות, אָבער נישט ווי די גראָבע יונגען זאָגען קדיש נאָך דעם תהילים וואָס אַנדערע זאָגען, ווייל דער קדיש האָט נאָך אַ פעולה ווען מען זאָגט נאָך דעם לערנען אָדער דאווינען אין תהילים וואָס מען זאָגט אַליין, אָבער נישט גלאַט קדיש זאָגען, אין דרובער איז זייער גלייך דאָס אַלע וועלכע זאגען קדיש זאָלין אַליין מיט דעם ציבור זאָגען עטליכע קאַפיטליך תהלים, וואָס דאס קען דאָך אפילו אַפראסטע מענטש, אין אַ יונגיל, אין מיט דעם וועט ער זיינע עלטערען די גרעסטע טובה טוהן: דער חיד״א שרייבט דער וואָס וויל אַ טובה טהון זייגע עלטערין אויף דעם עולם האמת דאָס זייער נפש זאָל זיין בערוהיגט זאָל ער זאָגען פאַר זייערט וועגען מזמורי תהילים אין אַזוי אַסדר פרוהער דאָס קאַפיטעל טז, דערנאָך יג. כ. כג. לד. דעם גאַנצען ספר רביעי. דערנאָך קאַפיטעל קיא. קיב, קיט ביז קלה, קמה ביז צום סוף.

יג) אין ספר ליקוטי תפילות ווערט גיברענגט אַז עס איז גלייך צו זאָגען אין קאַפיטעל אשרי תמימי דרך דיא אותיות פון דיא ווערטער בעד נשמת א״מ. דאָס איז ראשי

תיבות

הרעים שבירמי׳ ובהלכות אבילות (ועי׳ בא״ח סי׳ תקנ״ד ס״ב ועי׳ בספר שדי חמד אות כ״ה כתב בשם הרב נוה שלום סי׳ שפ״ד דאע״ג דאבל אסור בת״ת מותר ללמוד בספרי יראה ובספרי מוסר המעוררים לב האדם לשוב אל אבינו שבשמים כי השעה צריכה לכך להיות מדת הדין מתוחה עליו וגדולה תשובה שמב״אר רפואה לו ולכל העולם כי שב אפו ממנו ולא יוסף לדאבה עוד עיי״ש):

יד) **ולאש־** כבר הבאתי לעיל שטוב ללמוד משנית לעליות נשמת הנפטרים כי משניות אותיות נשמה והסה״ק כתבו שהלימוד הפרק כ״ד ממסכת כלים שלושה תריסין הם מסוגל ביותר לעליות נשמת הנפטר וכן הפרק ז׳ דמקוואות מעלין הנשמה של הנפטר למקומו ולכן האבל כל י״ב חודש ילמוד בו לתקן נשמת אביו ואמו וקרוביו ואוהביו וכן ביאהרצייט וכיוצא ועל אביו ואמו ילמוד זה הפרק בכל מוצאי שבת קודש אחר הבדלה בכל י״ב חודש וביאהרצייט בערב קודם המנחה.

מצאתי לנכון להביא הב׳ פרקים משניות הללו במקום הלזה שיהי׳ לכל או״א בנקל ללמדם בכל עת שירצה. וכבר ידוע מהספרים הקדושים שמה טוב ויועיל להעלות הנשמה שיקבע לילך בבוקר ובערב לבית המדרש וללמוד השיעור משניות בהתחברות ולומר קדיש אחר הלימוד וצריך שאותו עת יהי׳ קבוע שלא יעברנו אף אם הוא סבור להרויח הרבה ואם צריך לעשות דבר נחוץ מאוד ילמוד פסוק אחד או הלכה אחת או משנה אחת ואח״כ ישלם חקו כשיש עשרה בשעת הלימוד אומרים אחר הלימוד קדיש דרבנן אף שלא למדו כלם רק מקצתם ואפילו מי שלא למד יוכל לומר קדיש דרבנן וא״א קדיש דרבנן רק על התורה שבע״פ לכן אומרים ברייתא דר״ח בן עקשיא וכו׳ ולכן אם לא הי׳ עשרה בשעת הלימוד ובאו אח״כ אין אומרים קדיש רק צריכים לומר עוד הפעם ברייתא דר״ח בן וכו׳ ואז יכולים לומר קדיש:

טו) **ובענין** האמירת קדיש אחר לימוד או דרוש, עיי׳ במטה אפרים

סוכת שלום

תיבות אבי מורי אָדעֶר אמי מורתי. דערנאָך דיא אותיות פין זייער נאָמען דערנאָך דיא אותיות פון וואָרט נשמה, דער מיט טהוט ער זיינע עֶלטערֶן אַגרויסע טובה נאָך ווערט דאָרט גיברענגט אַז דער טשאָרטקאָוועֶר רב זכרונו לברכה האָט זיינע קינדער צוואָה געלאָזט דאָס זייא זאָלען לערנען אין דער שבעה משניות וועלכעס הייבט זיך אָהן דיא אותיות פון זיין נאָמען אין אותיות בעד שמת, אָבער אין שו״ע ווערט געפסקענט דאָס אַנאָבל ד״ל מאָהר נישט לערנען קיין משניות, גמרא. אגדה, נאָך אַזעלכע זאַכען וואָס זענען עניני אבילות וויא אויך ספרי מוסר וועלכע וועגען דעם מענטש צו תשובה, דאָס אין זכות פין תשובה זאָל זיך השי״ת איבער איהם דערבאַרמען אין אָבטוהן פון איהם זיין צאָרען ער זאָל שוין נישט דארפען טרויעריג זיין:

יד) **אין** וויל מיר האָבען פרוהער גיברענגט פון דיא הייליגע ספרים אַז מיט דעם לערנען משניות איז מען מעלה דיא נשמה פין דיא נפטרים וויל משנה איז דיא אותיות נשמה. אין אממייסטען איז דערצו מסוגל דער פרק כ״ד פין מסכת כלים שלשה תריסין ווי אויך דער זיבטען פרק פין מקוואות דרובער דאַרף אַנאָבל ר״ל אָדער איא״צ צו לערנען דיא פרקים נאָר דער יאָ״צ זאָל לערנען פאַר מנחה אין דער אָבל אַ גאַנץ יאָהר שבת צונאַכט נאָך הבדלה. אין כדי מען זאָל נישט דארפען זוכען ברענגען מיר דאָה דיא צוויא פרקים משניות:

טו) **אויך** איז גלייך צו מאַכען זיך דרויף א״מן

אפרים סי׳ תר״ב ס״ק מ״ג שכ׳ בזה״ל. כשמסיים לדרוש אומר קדיש דרבנן ואפי׳ אם אין שם אבל יאמר מי שאין לו אב ואם. ועי׳ בס׳ קצה המטה על המטא״פ שם ס״ק מ״א שכתב בזה״ל: כ״כ גם בס׳ הגריעב״ץ בדיני ש״ש ע״ש, אך הנה בתשו׳ רמ״א סי׳ קי״ח משמע דהכל תלוי בהקפדת האבות ובקדיש דרבנן ודאי שאין מקפידין כיון שאינו אומר קדיש יתום והא גם בד״מ סי׳ קל״ג מביא דקדיש לאחר עלינו י״ל אפי׳ מי שיש לו או״א ושוב כתב מהר״ם ותשב״ץ דאם מקפידין אין לומר וכש״כ דרבנן דמצינו בגמ׳ סוטה דף מ״ט דעלמא קאי אקדושא דסדר׳ ואמן יהש״ר דאגדת׳ ועי׳ בב״י או״ח סי׳ נ״ה בשם הראב״ד וכן מצאתי בפ״ת יו״ד סי׳ שע״ו סק״ד ובס׳ כרם שלמה שם שמביאים בהדי׳ בשם תשו׳ אבן שוהם סי׳ כ׳ שהעלה לדינא דקדיש דרבנן יכול לומר אף מי שיש לו או״א כמו פריסת שמע המובא באו״ח סי׳ ס״ט יע״ש וכ״נ. מדברי השבו״י ח״ב סי׳ צ״ד וע׳ בשו״ת משיב דברים חיו״ד סי׳ רי״ב ובשו״ת יי״צ ח״ג סי׳ ש״מ ודו״ק עכ״ל:

ויש לומר קודם הלימוד התפלה יהי רצון מלפניך וגו׳ הנמצא לעיל בסימן זה בסעיף ד׳:

סוכת שלום

אַ זמן קבוע דאָס אפילו עס זאל איהם שטײן פיעל געלט צו פערדינען זאל ער דעם שיעור נישט מבטל זײן אין וויא באלד ער איז אנאונס ער מיז תיכף גייען עפיס עלעדיגען. זאל ער חאָטש לערנען איין משנה אין דערנאָך אהיים גייען, אין ווען ער ווערט דיא זאַך עלעדיגען זאל ער צו קאָנטשען אויב ער האָט דיא מעגליכקייט צו לערנען מיט אַ מנין מענטשין אין דערנאָך זאָגען קדיש דרבנן טהיט ער דערמיט זייער אַגרויסע טובה זיינע עלטערן. אין אפילו ביים גאַנצען לערנען איז קיין מנין נישט גיוועזען קען מען אויך זאָגען רבנן קדיש, אין אפילו דער וואָס האָט נישט גילערינט מעג אויך קדיש זאָגען קיין רבנן קדיש זאָגט מען נישט נאָר ווען מען לערינט עפיס אגדתא אַ דרש פון אַ פסוק. דרובער זאָגט מען די ברייתא פון ר׳ חנינא בן עקשיא. אָדער תנא דבי אלי׳ אין נאָך אַ זעלכע אגדתות. אויב ווען מען האָט גילערינט איז קיין מנין נישט גיוועזען. דער נאָך אַז עס קומט אַריין אַ מנין זאל מען נאָך אַ מאָהל זאָגען די אגדתא. אין דער נאָך זאָגען רבנן קדיש: וועגען רבנן קדיש נאָכ׳ן לערנען בחבורה אָדער וואָס איינער זאָגט אַ דרשה ברבים. ברענגט דער מטה אפרים דאָס אויב עס איז נישטא קיין אבל אָדער יא״צ מעג זאָגען איינער וואָס האָט נישט קיין עלטערין חאָטש ער דאַרף היינט קיין קדיש נישט זאָגען. אָבער אַ זעלכער וואָס האָט יאָה עלטערין איז אין דעם אַ מחלוקת צווישען די פוסקים צו ער זאל זאָגען קדיש. נאָר דער תשובות אבן השהם פיהרט אויס להלכה אַז רבנן קדיש מעג מען זאָגען ווייל דער גאַנצער איסור איז נאָר ווייל די עלטערין זענען מקפיד זייערס אַ קינד זאל נישט קיין קדיש זאָגען ווייל עס איז אַ שלעכטער סימן ח״ו דאָס איז נאָר ביי קדיש יתום. אָבער נישט ביי רבנן קדיש:

כלים פרק כד שלשה תריסין הם תריס הכפוף טמא מדרס, ושמשחקין בו בקונפון, טמא טמא מת, ודיצת הערביין טהורה מכלום: **ב** שלש עגלות הם, העשויה כקתדרא, טמאה מדרס, כמטה, טמאה טמא מת, ושל אבנים, טהורה מכלום: **ג** שלש עריבות הן, עריבה משני לוג ועד תשעה קבין שנסדקה. טמאה מדרס

פרק כד **שלשה** תריסין הן. ג' דינים חליקין זה מזה יש בתריסין דהיינו מגינים: **תריס** הכפוף, שמלויין אללנו שמקיפי' את האדם משלש רוחות: **טמא** מדרס, דעשוי לשכיבה ששוכבים עליו במלחמה וכל שכן שטמא' טמא מת, דקיימא לן כל הטמא מדרס, טמא טמא מת: **שמשחקים** **בו** בקומפון, בשדה של עמק המלך באים שנים כל אחד חרבו בידו, ותריס קטן עגול שאינו כפוף בידו השמאלית ולמדין להגן כל אחד במגינו שלא יכהו חבירו וקורין לו אשנרימ'ר בלע"ז: **טמא** טמא מת, וה"ה שטמא טומאת שרץ ונבלה ושאר טומאות כולן, חוץ ממדרס שאינו נעשה אב הטומאה אם שכב עליו זוב או ישב אלא ראשון כמגעו של זב: **ודיצת** הערביין, תריס קטן ביותר שהערביים עושים לדילוג ולשמחה ולשחוק ואינו כלי של תשמיש: **ב** **בקתדרא**, שהיא קלר' ומוקפת משלש רוחות: **טמאה** מדרס, דמיוחדת לישיבה: **כמטה**, שהיא ארוכה ומיוחדת להניח **בה** פרקמטי', והשוכב **בו** אומר יש לו עמוד ונעשה מלאכתנו: **ושל** אבנים, העשויה להוליך בה אבנים טהורה מכלום, לפי שפרולה מתחתיתה נקבים גדולים כמולית רמון. **ג** **שנסדקה** טמאה מדרס, דכיון שנסדקה, ואינה ראויה ללישה, מיחדין אותה

סוכת שלום

שלשה תריסין הם. כלים פרק כ"ד. דרייערליי פאנצערען זענען דא. און יעדער פאנצער האט איין אנדערער דין: תריס הכפוף. א אויסגעבויגענער פאנצער אויב א זב האט איהם אנגעטוהן. טמא מדרס. איז ער טמא. ווייל אין א מלחמה ליגט דער זב אויף דעם פאנצער. ושמשחקין בו בקונפין. און דער פאנצער וואס מען שפילט זיך מיט איהם אין פעלד. צוויי מענטשין גייען אין פעלד און מאכען צווישען זיך א מלחמה און יעדער האלט א פאנצער אין האנד. דער פאנצער: טמא טמא מת. ווערט טמא אז מען רורט אהן א מת אדער א שרץ אדער א נבלה. אבער אז א זב זיצט אויף איהם אדער ער ליגט אויף איהם ווערט ער ניט קיין אב הטומאה נאר א ראשון: ודיצת הערבין. און דער פאנצער וואס די אראבער מאכין זיך צום שפילין ווען זיי זענין פרייליך: טהורה בכלום. איז טהור פון אלעם:

[ב] **שלשה** עגלות הם. דרייערליי וואגענס זענין דאה: העשויה כקתדרא. אז דער וואגען איז געמאכט ווי א שטוהל. קורץ און מיט דריי ווענד ארום: טמאה מדרס. אויב א זב זיצט אויף דעם וואגען ווערט זי טמא פון דעם זב און זי הייסט א אב הטומאה. כמטה, אויב דער וואגען איז געמאכט ווי א בעט לאנג און מען לייגט אין איהר סחורה: טמאה טמא מת. ווערט זי נאר טמא אז מען רורט אהן א מת אדער א שרץ אדער א נבלה. אבער אז א זב זיצט אויף איהר אדער ער ליגט אויף איהר ווערט זי ניט קיין אב הטומאה נאר א ראשון: ושל אבנים, דער וואגען וואס איז גימאכט צו פירען שטיינער: טהורה מכלום. איז טהור פון אלעם:

[ג] **שלש** עריבות הן, דרייערליי מילטערס זענען דא: עריבה משני לוגין עד תשעה קבין. א מילטער וואס אין איהר

מדרס, שלימה. טמאה טמא מת. והבאה במדה. טהורה מכלום. ד שלשה תיבות הן, תיבה שפתחה מצדה. טמאה מדרס, מלמעלן טמאה טמא מת, והבאה במדה, טהורה מכלום: ה שלשה תרבוסין הן. של ספרין טמא מדרס, שאוכלין עליו טמא טמא מת ושל זתים טהור מכלום: ו שלש בססיות הן, שלפני המטה, ושלפני סופרים. טמאה

אותה לישיבה: **טמאה** טמא מת, דכלי תשמיש היא: **הבאה** במדה, שמחזקת ארבעים סאה בלח, שהן כוריים ביבש: **טהורה** מכלום, שמפני כבדה דלא איכה מטלטלת מלאה, ואנדוכיא דשק בעינן. דמיטלטל מלא וריקן: **ד תיבה** שפתחה מצדה. משמשת ישיבה עם מלאכתה. שיכולים להשתמש בה כשהוא יושב בזמן שפתחה מצדה. משא״כ כשפתחה מלמעלן. והבאה במדה דהכינן במתניתין שהיא טהורה מכלום. אלא כיון מיוחדת למדרס קאי דהטמאה מדרס אפילו באה במד׳ לעולם היא טמאה: **ה תרבוסים.** כלים של עור כעין ארגזים: **של ספרים.** מקיזים דם: **טמא** מדרס. גדול הוא וחזי לישיבה. או למזגא עליה: **שאוכלים** עליו, כלי תשמיש הוא: **ושל** זיתים שסוחטין בו הזיתים לא חשיב כלי של תשמישי אדם. **ו בסיסאות.** ואת כנו מתרגמינן וית בסיסיה: דלפקי

סוכת שלום

ביים אריין פון צוויי לוגין ביז ניין קבין: שנסדקה. וואס זי איז צו שפאלטין גיוואהרין: טמאה מדרס, אויב א זב איז גיזעסען אויף איהר ווערט זי טמא: שלמה. אויב דער מילטער, איז גאנץ ניט צו שפאלטען: טמאה טמא מת, ווערט זי נאר טמא אז מען רורט אהן א מת אדער א שרץ אדער א נבילה, אבער אז א זב זיצט אויף איהם אדער ער ליגט אויף איהם ווערט ער ניט קיין אב הטומאה נאר א ראשון. והבאה במדה, אין אויב דער מילטער איז גרויס אז מען קאן אין איהר אריין מעסטען פערציג סאה משקה אדער וואסער וואס דאס איז א מאס וואס גייט אריין זעכציג סאה טריקענע זאכין: טהורה מכלום, איז זי טהור פון אלעם:

[ד] **שלש** תיבות הן, דרייערליי קאסטענס זענין דא: תיבה שפתחה מצדה. א קאסטין וואס די טיר איז ביים זייט אין אויף דעם קאסטען קאן מען זיצען: טמאה מדרס. אויב א זב איז בעזעסען אויף איהר ווערט זי טמא: מלמעלן. אויב די טיר איז פון אויבען: טמאה טמא מת. ווערט זי נאר טמא אז מען רירט אן א מת אדער א שרץ אדער א נבילה. אבער אז א זב זיצט אויף איהם אדער ער ליגט אויף איהם ווערט ער ניט קיין אב הטומאה נאר א ראשון: והבאה במדה. און אויב דער קאסטען איז אזוי גרויס אז מען קאן אין איהר אריין מעסטען פערציג סאה משקה אדער וואסער, וואס דאס איז זעכציג סאה טריקענע: טהורה מכלום. איז זי טהור פון אלעם:

[ה] **שלשה** תרבוסין הן. דרייערליי לעדערנע קאסטענס זענען דא: של ספרין. פון שערער. א פעלדשער האט א לעדערנער קאסטען וואס ער האלט אין איהר זיינע כלים. פארצייטען זענען געוועזן די שערער פעלדשערס אויך ווייל דער קאסטען איז גרויס מען קען אויף איהר זיצען און ליגען: טמאה מדרפ, ווערט זי נאר טמא אז מען רירט אן א מת, אדער א שרץ אדער א נבילה, אבער אז א זב זיצט אויף איהר אדער ער ליגט אויף איהר ווערט ער ניט קיין אב הטומאה נאר א ראשון: ושל זתים טהור מכלום. און די לעדערנע קאסטענ׳ס וואס מען קוועטשט אין איהר אייל בירטען איז זי טהור פון אלעם:

[ו] **שלש** בססיות הן. דרייעליי פיס זענען

טמאה מדרס, ושל דלפקי, טמאה טמא מת, ושל מגדל טהורה מכלום: ז שלש פנקסיות הן, האפיפורין. טמאה מדרס, ושיש בה בית קבול שעוה, טמאה טמא מת, וחלקה. טהורה מכלום: ח שלש מטות הן העשויה לשכיבה, טמאה מדרס, של זגגין טמאה טמא מת, ושל סרגין טהורה מכלום: ט שלש משפלות הן

ושל דלפקי כלי שמשמשי׳ בו ללוהיות ואשישות מאוכלי׳ ומשקים וממנו נוטלי׳ ונותני׳ על השלחן והכסים שלפניו אינו לישיבה. אבל תורת כלי עליו: **ושל** מגדל. אומר של עץ ארמריא״ו בלע״ז: **טהור** מכלום. דלאו כלי הוא ולורתו מוכחת עליו: **ז** ג׳ פנקסיות הן, העשוין לכתו׳ בהן כמו חנוני על פנקסו: **אפיפורין** לוח שמניחי׳ עליו אבק של עפר וכותבים בו חשבונו׳ וגדול הוא וחזי לישיבה: **שיש לה** בית קבול שעוה. לוח שטחין פניו בדונג ורושמין על הדונג בחרט: **וחלקה**, שאין בה שעוה וכותבים עליה בדיו ואין לה בית קבול: **ח** של זגגים. שמניחים עליה כלי זכוכית: סרגין עושי המרכבו׳ בערבי קורין למרכב סורג. וי״מ שמסרגי׳ את השבכות, וטהורה מכלו׳ לפי שאינ׳ משמשי׳ אדם: **ט** משפלות קופות

סוכת שלום

זענען דאָ: שלפני המטה. ־ די פיס [שטאלביק] וואָס שטעהט ביי א בעט דער שטאלביק וואָס שטעהט פאר דעם שרייבער, ווייל מען זיצט א מאָהל אויף דעם שטאלביק: טמאה מדרס. אויב אויף דעם שטאלביק איז געזעסען א זב ווערט דער שטאלביק טמא: ושל דלפקי. און די פיס [שטאלביק] וואָס מען שטעלט אויף איהם כלים אָדער אנדערע זאַכען: טמאה טמא מת. ווערט ער נאָר טמא אַז מען רירט אָן א מת אָדער א שרץ אָדער א נבילה אָבער אַז א זב זיצט אָדער ער ליגט אויף איהם ווערט ער נאָר א ראשון: ושל מגדל. און די פיס וואָס שטעהט אויף איהם א שראַנק: טהורה מכלום, איז זי טהור פון אַלעם:

[ז] **שלש** פנקסיות הן. דרייעלייא ביכער זענען דאָ [פאַרצייטען איז ניט געווען אַזעלכע ביכער ווי היינט נאָר ווי די משנה זאָגט]: האפיפורין, א ברעט מען לייגט אויף איהר זאַמד און מען שרייבט אין דעם זאמד, ווייל דאָס ברעט איז גרויס זיצט מען אויף איהר: טמאה מדרס. אויב אויף דעם ברעט איז געזעסען א זב ווערט דאָס ברעט טמא: שיש בה בית קבול שעוה. אין א ברעט וואָס מען הוילט איהר אויס און אינעווייניג בעקלעבט מען איהר מיט וואקס: טמאה טמא מת. ווערט זי נאָר טמא אַז מען רירט אָן א מת אָדער א שרץ אָדער א נבילה, אָבער אַז א זב זיצט אָדער ער ליגט אויף איהם ווערט ער נאָר א ראשון: וחלקה. און א גלאַטיג ברעט וואָס איז ניט אויסגעהוילט און ניט בעקלעבט מיט וואקס נאָר מען שרייבט אויף איהר מיט טינט: טהורה מכלום. איז זי טהור פון אַלעם:

[ח] **שלש** מטות הן. דרייערליי בעטען זענען דאָ: העשויה לשכיבה. דאָס בעט וואָס איז געמאַכט מען זאָל ליגען אויף איהר: טמאה מדרס. אויב א זב איז אויף איהר געלעגען ווערט די טמא: של זגגין. דאָס בעט וואָס גלעזער לייגען אויף איהר גלאָז: טמאה טמא מת. ווערט זי נאָר טמא אַז מען רירט אָן א מת אָדער א שרץ אָדער א נבילה אָבער אַז א זב זיצט אָדער ער ליגט אויף איהם ווערט ער נאָר א ראשון: ושל סרגים. און דאָס בעט פון די וואָס מאַכען רייטוועגען: טהורה מכלום. איז זי טהור פון אַלעם:

[ט] **שלש** משפלות הן. דרייערליי קויבערס [קאָרזינעס] איז דאָ: של זבל. דער קויבער וואָס מען טראָגט אין איהם מיסט אין די פעלדער: טמאה מדרס.

אויף

הן, של זבל טמאה מדרס. של תבן טמאה טמא מת, והפוחלץ של גמלים טהור מכלום: י שלשה מפצים הן, העשויה לישיבה טמאה מדרס, של צבעין טמא טמא מת. ושל גתות טהור מכלום: יא שלש חמתות ושלש תורמלין הן. המקבלים כשעור טמאין מדרס ושאינן

קופות עשויות להוליך בהם זבלים לשדות: של זבל טמאה מדרס. לפי שראויה לישיבה: והפוחלץ. עשוי כמין מכבר מעשה רשת והנקבים שלו רחבי' יותר ממשפלת של תבן ואינה ראויה אפי' לקבל תבן שנקביה רחבים ביותר וגם אינה ראויה לישיבה שחבלים שלה קשים ואין ראוין לישב עליהן הלכך טהורה מכלום: ומפצים. כמין מחצלאות עשויות מחילף ומסיב וקנה וגומא וכיוצא בהן: ושל צבעים. שהצבעים נותנים עליהם הבגדים:

טמא טמא מת שאינם מיוחדים לישיבה אבל תורת כלים יש להן: ושל גתות. העשויות לכסות בהן ענבים וזיתים. יא חמתות. נאדות של עור. תורמלין. כיסין גדולים של עור שהרועה מניח חפליו לתוכן. המקבלים כשיעור. המפור' למעלי בר"פ כרים. החמת של שבעת קבים. והתורמל של חמשת קבין וכ"ש אם מחזיקי' יותר דאז משמשי' ישיבי' עם מלאכתן. אבל פחות מכאן לא. ושל עור הדג טהורים מכלום. דכל שבא מבריות שבים טהור

סוכת שלום

אויב אַ זב איז אויף איהם געזעסען ווערט ער טמא : של תבן . דער קויבער וואָס מען טראָגט אין אים שטרוי : טמאה טמא מת . ווערט ער נאָר טמא אַז מען רירט אָן אַ מת אָדער אַ שרץ אָדער אַ נבלה אָבער אַז אַ זב זיצט אָדער ער ליגט אויף איהם ווערט ער נאָר אַ ראשון : והפוחלץ של גמלים . אין דער קויבער וואָס איז געמאַכט פון די פעל פון אַ קעמיל טהור מכלום איז טהור פון אַלעם :

וין שלשה מפצים הן, דרײַערלע ראַגאָזשעס איז דאָ : העשויה לישיבה . די ראַגאָזשע וואָס איז געמאַכט צו זיצען אויף איהר : טמאה מדרס . אויב אַ זב זיצט אויף איהר ווערט די טמא : של צבעין . די ראַגאָזשעס וואָס די פאַרבער לייגען אויף איר די געפאַרבטע קליידער : טמאה טמא מת , ווערט נאָר טמא אַז מען רורט אָן אַ מת אָדער אַ שרץ אָדער אַ נבילה אָבער אַז אַ זב זיצט אָדער ער ליגט אויף אים ווערט ער נאָר אַ ראשון : של גתות . אין ראַגאָזעס וואָס מען דעקט מיט זײַ צו ווײַנטרויבען אין אײַל בירטען ווען מען טרעט זײַ אין קעלטער : טהור מכלום . זענען זײַ טהור פון אַלעם :

[יאן שלש חמתות . דרײַערליי לאָגלען פון פעל זענען דאָ, אַ לאָגעל איז אַ גרויסע בײַטעל פון איין פעל און די וואָס גייען אין וועג האַלטען אין די בייטעל געטראַנק צום טרינקען : ושלש תורמלין הן , און דרײַערליי טאַרבעס פון פאַסטוכער זענען דאָ : המקבלים כשיעור . אויב עס גייט אין זײַ אַריין ווי דער שיעור איז. אין לאָגעל גייט אַריין משקה זיבען קבין און אין די טאַרבע גייט אַרײַן פינעף קבין אָדער מעהר : טמאין מדרס . אויב אַ זב איז אויף זיי געזעסען ווערען זײַ טמא : ושאינן כשיעור . אָבער אַז עס גייט ניט אַריין אין זיי ווי דער שיעור איז עס גייט ניט אַריין אין לאָגעל זיבען קבין און אין די טאַרבע גייט ניט אַריין פינף קבין : טמאין טמא מת, זענען זײַ נאָר טמא אַז מען רירט אָן אַ מת אָדער אַ שרץ אָדער אַ נבלה. אָבער אַז אַ זב זיצט אָדער ער ליגט אויף איהם ווערט ער נאָר אַ ראשון : ושל עור הדג , און די בייטעל וואָס איז געמאַכט פון די הויט פון אַ פיש : עס געפינט זיך פישען וועלכע האָבען גראָבע הויט ווי אַ בהמה , טהור מכל"ם. איז טהור פון אַלעם :

ושאין מקבלין כשעור טמאין טמא מת. ושל עור הדג טהור מכלום: **יב** שלשה עורות הן, העשוי לשטיח טמא מדרס. לתכריך הכלים טמא טמא מת. ושל רצועות ושל סנדלים טהורה מכלום: **יג** שלשה סדינין הן. העשוי לשכיבה טמא מדרס לוילון טמא טמא מת. ושל צורו' טהור מכלו': **יד** ג' מטפחות הן. של ידים טמא מדרס, של ספרים, טמאה טמא מת, ושל תכריך (ס"א ל"ג) ושל נבלי בני לוי טהורה מכלום: **טו** ג' פרקלינין הן. של צדי חיה ועוף טמא מדרס

טהור. **יב לשטיח.** לכמוה בארץ ליסב עליו. **לתכריך** הכלים. לכרוך בו את הכלים כגון סכינים ומספרים ומחטים כדי לשמרן: **ושל** רצועות ושל סנדלים. עור העומד לחתוך ממנו רצועות וסנדלי' טהור מכלום דמחוסר מלאכה הוא. אבל רצועות המתוקני' כבר טמאות, כדמוכח במס' כלים פרק י"א. **יג לוילון** טמא טמא מת. העשוי למסך לפני הפתח טמא לפי שהשמש מתעטף בשוליו לפעמים ומתחמם בו. **של** צורות. בגד שהוא ביד רוקס וכו מיני צורות כדי **לראות בו** לעשות כמוהו בבגד אחר. **יד של ידים** טמאה מדרס. לפי שפעמים נותנה על הכסת ויושב עליה. **ושל** תכריך נבלי בני לוי. **שהיו** הלוים כורכים כלי השיר שלהן במטפחת **ודרך** שאר בני אדם לעשות להן תיק של עור ואף הן טהורי'. **טו פרקלינין** צורת יד של עור שנושאים ליידי **עופות** כשתופשים **בידיהן** השיף שקורין **אשפרויו"ר** ואשפרוי"ר וכו יולאים ללוד חיה או **עוף.** טמא מדר' לפי **שכשען**

סוכת שלום

יב **שלשה** עורות הן. דרייערליי פעל איז דא, העשוי לשטוה די פעל וואס איז געמאכט צו פארשפרייטען אויף די ערד צו זיצען אויף איהר: טמא מדרס. אויב א זב זיצט אויף איהר ווערט זי טמא: לתכריך הכלים, די פעל וואס מען וויקעלט אין איר איין כלים: טמא טמא מת. ווערט זי טמא אז מען רורט אן א מת אדער א שרץ אדער א נבלה, אבער אז א זב זיצט אדער ער ליגט אויף איהם ווערט ער נאר א ראשון: ושל רציעות ושל סנדלים. און די פעל וואס מען האלט איר מען זאל איר צו שניידען אויף פאסען אדער אויף שיך: טהור מכלום, איז טהור פון אלעם:

יג **שלשה** סדינין הן, דרייערליי לייליכער זענין דא: העשוי לשכיבה. דאס לייליך וואס איז געמאכט מען זאל ליגען אויף איהם: טמא מדרס, אויב א זב איז אויף איהם געלעגין ווערט דאס לייליך טמא: לוילון, אויב מען האט גימאכט פון לייליך א פארהאנג: טמא מת. ווערט ער טמא. אז מען רירט אהן א מת אדער צ שרץ אדער אנבילה. אבער אז א זב זיצט אדער ער ליגט אויף איהם ווערט ער נאר א ראשון: ושל צורות. אין די לייליכער וואס אויף זיי איז געמאלט צורות: טהור מכלום. זענין טהור:

יד **שלש** מטפחות הן. דרייערליי האנטיכער זענין דא: **של** ידים. די האנטיכער וואס מען ווישט **צו** די הענד: טמאה מדרס, אויב א זב האט געלייגט דאס האנטיך אויף א קישען און האט זיך געלייגט אויף איהם ווערט דאס האנטוך טמא: ושל ספרין. דאס האנטוך וואס מען באדעקט מיט איהם די קליידער ווען מען שערט זיך: טמאה טמא מת. ווערט ער טמא אז מען רורט אהן א מת אדער א שרץ אדער א נבילה. אבער אז א זב זיצט אדער ער ליגט אויף איהם ווערט ער נאר א ראשון: ושל תכריך נבלי בני לוי. אין דאס האנטוך וואס די לוים אדער אנדערע מענטשין וויקלין אין איהם איין זייערע כלי זמר: טהורה מכלום. איז טהור פון אלים:

טו **שלשה** פרקלינין הן. דרייערליי

הנגטשקים

עליו: ושל חגבים. הסולכים ללוד חגבים ונותנים אותו בו. ושל קולים. ללקט קולים ואית דגרסי של קייצים המייבשים פירות הקיץ. כגון העושים גרוגרות ולמוקים בשדה: טז סבכות כפה שנושאות הנשים על ראשן עשויה כעין רשת שיש בה נקבים דקין. של ילדה ראוי ליביב'. הלכך טמא מדרס. של זקנה. מעשיה מוכיחים עליה שאינה ראויה לישיבה. ובתוספתא תניא של זקנה טמאה מדרס שאינה מקפדת עליה ופעמים יושבת עליה. ושל ילדה שמקפדת על כליה אינה יושבת עליה ולכך טמאה טמא מת. ושל יוצאות החוץ. סודר שנותנות הנשים על ראשן כשיוצאות לחוץ. וי"מ יוצאות החוץ. תרגום זונה נפקת ברא. כלומר סבכות של זונות. טהורות. לפי שאינן חשובות כלי. פ"א סבכות שנקרעו ורוב שער האשה יוצא לחוץ שאינן מקבלות רוב שער ראשה של אשה. יז מהוהה. בגד ישן ובלוי. שטלייה כמו שטלאה מלשון טלאי ע"ג טלאי. כלומר שיש הישנה טלאי על החדש. הולכים אחר הבריאה דנין אותה כדין הבריאה. אם טמאה טמאה. ואם טהורה. טהורה. קטנה על הגדול'. בין שתיהן מכוסות. בין שתיהן בריאות

של חגבים. טמא טמא מת ושל (ס"א קולין) קייצין, טהור מכלום: טז שלש סבכות הן. של ילדה. טמאה טומאת מדרס. של זקנה. טמאה טמא מת. ושל יוצאה לחוץ, טהורה מכלום: יז שלש קופות הן מהוהה שטלייה על הבריה, הולכין אחר הבריה קטנה על הגדולה

סוכת שלם

העצטשקים איז דאָ: של צדי חיה ועוף, די העֶנטשקים פון די מענטשין וואָס פאַנגען חיות אין עופות: טמא מדרס, אויב אַ זב איז גיגאַנגען אין די העֶנטשקיס ווערין זיי טמא ווייל אַ מאָל שפּאַרט מען זיך אָן ווען עֶר גייט אין די הענטשקיס: של חגבים, די העֶנטשקעס פון די מענטשין וואָס פאַנגען היישעֶריקען: טמא טמא מת. ווערט טמא אַז מעֶן רורט אָהן אַ מת אָדער אַ שרץ אָדער אַ נבילה אָבעֶר אַז אַ זב גייט אין די העֶנטשקעס ווערין די העֶנטשקעֶס נאָר אַ ראשון: ושל קיצון. אין די העֶנטשקעס פון די מענטשין וואָס רייסען דערנער: טהור מכלום. זענען טהור פון אַלעם:

טז שלש סבכות הן. דרייערליי קאָפּקעס טולעֶנע זענען דאָ: של ילדה. די קאָפּקע פון אַ יונגעֶ אשה: טמאה טומאת מדרס, אויב זי איז אַ זבה ווערט די קאָפּקע טמא ווייל אַ מאָהל זיצט זי אויף איהר: של זקנה. די קאָפּקע פון אַ אַלטע אשה: טמאה טמא מת. ווערט נאָר טמא אַז מעֶן רורט אָהן אַ מת אָדער אַ שרץ אָדער אַ נבילה אָבעֶר אַז אַ זב זיצט אויף איהר אָדער עֶר ליגט אויף איהר ווערט זי ניט קיין אב הטומאה נאָר אַ ראשון: ושל יוצאה לחוץ. אין די קאָפּקעֶ וואס מעֶן טוהט נאָר אָן ווען מעֶן גייט אין גאַס: טהורה מכלום. איז טהור פון אַלעם:

עי' ברע"ב:

יז שלש קופות הן. דרייערליי קויבערס קאָרזינעס זעֶנען דאָ: מהוהה שטלייה על הבריה. אויב ער האָט בעֶצויגען אַלטעֶן צייג אויף אַ קאָרב וואָס איז גימאַכט פון נייעֶם צייג: הולכין אחר הבריה. גייט מעֶן נאָך דעם נייעֶר צייג אויב דער נייעֶר צייג איז טמא איז דער קאָרב טמא. אין אויב דעֶר נייער צייג איז טהור אַפילו דעֶר אַלטעֶר צייג איז טמא איז דער קאָרב טהור: קטנה על הגדולה. אויב עֶר האָט צרויפגעצויגען אַ קליינם קאָרב אויף אַ גרויסען סיי ביידעֶ זענען אַלטעֶ סיי ביידעֶ זענין נייעֶ: הולכין אחר הגדולה. גייט מען נאָך דעֶם גרויסעֶן קאָרב אויב אין דעֶם גרויסען קאָרב איז דא אַ לאָך אַזוי ווי אַ מילגרוים קאן דורך פאַלין איז

בריאות. **הולכים** אחר הגדולה. ואם הגדולה נקובה כמוציא רמון. שהשבירה כזו נטהרה וגם הקטנה המחוברת עמה טהורה אע"פ שהיא שלימה. **אם** הגדולה שלימה. והרי היא מקבלת טומאה אף הקטנה המחוברת עמה טמאה. אף ע"פ שהיא נקובה כמוציא רמון. **הולכים** אחר הפנימיות. אם טמאה הפנימית טמאה החיצונה. ואם הפנימית טהור', החיצונה נמי טהורה. **רש"א** כף מאזנים. לפרושי מלתא דת"ק קאתי. ובכף מאזנים של מתכות טמאה איירי דאם טלאה בתחתית המיחם מבפנים טמא המיחם. ואם טלאה מבחוץ טהור המיחם. **טלייה** על צדה. שהדביק הטלאי על דפנו' המיחם לא בתחתיתו. בין מבחוץ בין מבפנים טהור ומסקנא דכולה פרקין. וטעמא דכולהו טמא מדרס וטמא טמא מת וטהור מכלום, האמורים כאן הוא דכל דבר הראוי לשכיבה והוא שיהי' עשוי לשכיבה או לישיבה או להשען עליו טמא מדרס לבד אם הוא כלי חרס. דאינו מטמא מדרס. דהכי ילפינן מקרא דכתי' (ויקרא ט"ו) ואיש אשר יגע במשכבו הקיש משכבו לו מה הוא שיש לו טהרה במקום. אף משכבו שיש לו טהרה במקום יצא כלי חרס שאין לו טהרה במקום והמפץ העשוי לשכיבה אע"פ שאין לו טהרה במקום מדכתי' (שם י"א) כל כלי אשר יעשה מלאכה בהם במים יובא והאי לאו כלי הוא מ"מ טמא מדרס דמרבינן ליה מקרא דכתיב כל המשכב כל לרבות את המפץ ואין לו טהרה עד שיתחך וישאר ממנו פחות מששה על ששה. וכלי אבנים וכלי גללים וכלי אדמה טהורים מכלום. וכן דבר הבא מן הים טהור. וכלי עץ הבא במדה שמחזיק ארבעים סאה שהם כורים ביבש נמי טהור מכלום לפי שאינו מיטלטל מלא. וכן דבר שאין עליו תורת כלי. או שיש לו תורת כלי. ואינו ממשמשי אדם. אלא משמשי משמשיו טהור. כגון תרכוסין של זתים ומפץ שלגתות וסדין של לוני' דאמרינן במתני' שכן טהורין מכלום. דלא חשיבי כליה של משמשי אדם:

הגדולה הולכין אחר הגדולה. היו שוות. הולכין אחר הפנימית, רש"א כף מאזנים שטלייה על שולי המיחם. מבפנים טמא. מבחוץ טהור. טליה על צדה, בין מבפנים בין מבחוץ טהור:

(ויקרא הקיש משכבו במקום. אף כלי חרס במקום לשכיבה מהרה (שם יעשה במים מדרס כל שיתחך ששה. וכלי מכלום עץ הבא כורים מ"ש כלי. או אלא זתים שכן אדם:

סוכת שלום

דער גרויסער קאָרב טהור. אין דער קלײנער קאָרב איז אויך טהור אַפילו זי איז גאַנץ. אין אויב דער גרויסער קאָרב איז גאַנץ קאָן זי טמא ווערין אַפילו אַז דער קלײנער קאָרב איז געלעכערט אַז אַ מילגרוים קאָן דורך פאַלין, פון דעסטוועגען קאָן דער קלײנער קאָרב אויך טמא ווערין: היו שוות, אויב בײדע קאָרב זענען גלײך: הולכין אחר הפנימית, גײט מען נאָך דעם אינערווײניגסטען קאָרב, אויב דער אינעווײניגסטער קאָרב איז טמא איז דער אויסווײניגסטער אויך טמא דארום ווענד זיך אָן א לאָך פון א מילגרוים קאָן דורך פאַלין ווײל מיט דעם לאָך ווערט זי אויס כלי, ר' שמעון זאָגט: כף מאזנים, א שאָל וואָס מען וועגט אין איהר אין זי קופּער אָדער פון מעש אין איז טמא: שטלייה על שולי המיחם, האָט די שאָל גימאַכט פאַר א לאַטע צו א קעסעל וואָס איז גיוועןגילעכערט דעק: מבפנים, אויב ער האָט געמאַכט די לאַטע פון אינעווייניג: טמא. איז קעסעל טמא: מבחוץ. אויב ער גימאַכט די לאַטע אויסעווײניג: איז דער קעסעל טהור: טלייה על צדה, אויב ער האָט געלײגט די לאַטע בײ זײט פון קעסעל: בין מבפנים. סײ אינעווײניג: בין מבחוץ. סײ פון אויסעווײניג טהור. איז דער קעסעל טהור:

איז פון געווען אין ער לאטע צו דער די דער האָט טהור, צדה, דער פון ניג:

ר"ע מברטנורא

יש מעלין משלימין למ' סאה. **ולא** פוסלין, בג' לוגין שאובין וכלהו מפרש כילד. **הכפור** גשמי'שיורדין נקפים. גליד מים שקפאו על פני הארץ או ע"פ המים. טיט הנורק, טיט רך ורקיק שנעשה כמו רוק: **אבן** הברד כמים. כמים שאובים דאמרי' לקי' פוסלים ולא מעלי'. ואין הלכה כריב"כ והלי' כעדותן של אנשי מידבא שעושין מקוה מן השלג אפי' לכתחלה: **נמצאו** מעלין. שהשלימוהו ולא פוסלין בג' לוגין שאובין שסרי סאה כיא
הרבס

מקואות פרק ז

פרק ז יש מעלין את המקוה ולא פוסלין פוסלין ולא מעלין לא מעלין
ולא

לקוטי צבי

בס' משנה אורג שניא שיש לכוין בלימוד משניות אלו לה עלות הנשמה למזל עניין הנקרא **אי"ה** ויכון ליחוד הכתפין יחוד הזכירה להעלות הנשמה ממקום החשך למקום האור והזכירה אי"ה ויכון **יוד** הי יוד הה יוד הה יוד הי בגימטרי' ק"ל שגי פ' אדני כתר"ן כתפין יוד פ' הי יוד פ' ה"ה **פולא** כתף הימני יוד פו ה"ה יוד פי' הי' עולה כתף שמאלי ונקודות וס' **ייוודדההיה** קמץ ותשעה פתחין **ייוודדההי** שבעה קמץ וג' פתחין ועולין קלע בס' קלעים לכתף ועולין מאתים כמנין יוד פ' הה **ואלו** הם מאתים לנוטרים את פריו ר"ת אלף ב"פ כתף ובורבין אנף ומאתים בסוד **אל אלה אלהי אלהים** אלף אלף למד אלף למד הה. אלף למד הה יוד אנף למד הה יוד מם שהן אלף אלפין דמשמשין לנהר דינור יכוין בשם זה לשבית אש של גיהנם מן הנשמה ובוד אים יודין ההין אלפין ויכון בשם יוד הי.ואו הה משם אים ובוא בעניים ואח"כ יתחיל ללמוד ובשיאמר יש מעלין יכון להעלות הנשמה למקומה בסוד ב"י עלמין דתחות כורסייא והוא עלמו יש מעלין ש"י עלמין ובשיאמר השל"ג יכון למתק כל דינין תקיפין ושיתהפכו כל עונות לשלג וישמע חכם ויוסף לקח ובשיאמר אלו פוסלין יכון להסיר כל הבגדים צואים מהנשמה ובשיאמר **הדיח** יכון לטבול הנשמה במים חיים ולהדית כתמים מכל וכל ובשיאמר נפל יכון בסוף שם מע"ב בשות בנ"ל ויפריש בכאן לצדקה לשם הנפטר ויאמר פזר נתן לאביונים ר"ת זה השם להעלות נשמת הנפטר מנפילתו על ידי הצדקה, ובשיאמר בלשה יכון ביוחד נר"ן התקשרות נפש בנפש **רוח** ברוח נשמה בנשמה ע"י בלשם יחידים הוי"ה אהיה הוים אלהים הייה אדני ויבלהם (עיין ביחוד הוטם יפה) ויכוין בלשה עולה מספר נר שכינה יחוד הנ"ל ויכוין להעלות הנשמה לפני השכינה ובשיאמר מקוה יכוין שם אלף הה יוד הה יסוד דאמא בשם לרור החיים להעלות הנשמה למקומה למינן ניקבין לשכינה ובשיאמר **היטביל** יכוין יוד הא ואו אהוה שם במתיין כו עלאות ועלמותיך יחלוץ אמן כי"ר ועל אביו ואמו ילמוד זה הפרק בכל מש"ק אחר הבדלה ובכל יום כל י"ב חודש וביאהרצייט ובעש"ק קודם המנחה לפת הצורך להחיות נפש כל חי אמן כי"ר:

סוכת שלום

[אן] **יש** מעלין **את** המקוה ולא פוסלין מקואות פ"ז, עס איז דאָ אַ זעלכע זאַכין וואָס זיי ווערין גערעכענט ווי וואסער אוב זיי זענין אין די מקוה זאָל ווערין מיט זיי פערציג סאה וואָס דאָס איז דער שיעור פון מקוה, אין אַז זיי זענין גיוועֶן פרועֶר אין אַ כלי אין דעֶר נאָך זענין זיי אריין געֶקומין אין די מקוה מאַכין זיי ניט פסול די מקוה: פוסלין ולא מעלין. אין עס זויז דאָ וואָס מאַכין פסול די מקוה. אין העלפין ניט עֶס זאָל ווערין אין די מקוה פערציג סאה: לא מעלין ולא פוסלין, אין עס איז דאָ אַ זעֶלכעֶ זאַכין וואָס העֶלפעֶן ניט צו פערציג סאה, אין מאַכין ניט פסול די מקוה: אלו מעלין ולא פוסלין. די זאַכין העלפין צו פערציג סאה אין מאַכין ניט פסול די מקוה: השלג. שניי: והברד. האָגעֶל: והכפור, אין אייז. וואָס ווערט פון דעֶם וואַסער וואָס רינט אראָב פון די דעֶכעֶר: והגליד, אין דאָס אייז וואָס אויף דער ערד אָדער פון אַ טייך: והמלח. אין זאַלץ: והטיט הגריק. איז שיטערע ליים, אמר ר' עקיבא האָט ר' עקיבא געֶזאָגט: היה רבי ישמעאל דן
כנגדי

סרבה יותר מג׳ לוגין ולא נפסל המקו׳ בכך.
ב המים שאובין, בין טמאין בין טהורים:
מי כבשי׳. מים שכבש בהן זתים או מיני
ירקו׳. ומי שלקו׳. מים ששלקו בהן שלקות:
(ד). והתמד קרלני׳
תנים או שמרים שנתן

עליהן מים: עד שלא החמיץ׳
נדון כמי פירות. קורטוב אחד מס״ד
פעמים מעלין, כדמפ׳ כשיש במקום
מים כשרים ונתן בו מי פירות
נפל סאה

ולא פוסלין. אלו מעלין ולא פוסלין. השלג ומי פירות
והברד והכפור והגליד והמלח והטיט הנרוק.

דאס החמיץ בלוג: מ׳ סאה ואחר כך ממנו מים מעורבין ביחד

א״ע היה ר׳ ישמעאל דן כנגדי לומר, השלג אינו מעלה את המקוה, והעידו
מירבא משמו שאמר להם צאו והביאו שלג ועשו מקוה בתחלה, ריב״נ או׳ אבן
כמים כיצד מעלין ולא פוסלין, מקוה שיש בו מ׳ סאה חסר א׳. נפל מהם סאה
והעלהו נמצאו מעלין ולא פוסלין: **ב** אלו פוסלין ולא מעלין. המים בין טמאים
טהורים, ומי כבשים ומי שלקות והתמד עד שלא החמיץ. כיצד פוסלין ולא מעלין. מקוה
שיש בו מ׳ סאה חסר קורטוב. ונפל מהם קורטוב לתוכו לא העלהו. פוסלו בב׳

אנשי הברד לתוכו בין מקוה לוגין אבל

סוכת שלום

בנגדי, ר׳ ישמעאל האט גיקלערט צו
זאגען געגען מיר: השלג אינו מעלה את
המקוה. שניי ווערט ניט גירעכינט צו
פערציג סאה עס זאל ווערין א מקוה:
והעידו אנשי מידבא משמו, די מענטשין
פון שטאדט מידבא האבין עדות געזאגט
פון ר׳ ישמעאל׳ס נאמין: שאמר להם.
אז רבי ישמעאל האט צו זיי געזאגט:
צאו והביאו שלג. גייט ברענגט שניי:
ועשו מקוה בתחילה. און מאכט א נייע
מקוה. רבי יוחנן בן נורי זאגט: אבן
הברד כמים, האגעל וואס איז הארט ווי
שטיין האט דעם דין ווי געשעפט וואסער. דער
שטיין האגעל מאכט פסול א מקוה און ווערט
ניט גערעכינט צו פערציג סאה, כשר צו
מאכען א מקוה: כיצד מעלין ולא פוסלין.
ווי מיינט מען זיי ווערען גרעכינט צו
פערציג סאה און מאכען ניט פסול די
מקוה: שיש בו ארבעים סאה חסר אחת.
א מקוה וואס און איהר איז דא פערציג
סאה און עס פעלט איין סאה, זי האלט
ניין און דרייסיג סאה: נפל מהם סאה
לתוכו והעלהו. און פון די זאכען פון דעם
שניי, אדער פון דעם האגעל. אדער פון
דעם אייז. אדער פון דעם זאלץ, אדער און
דעם שיטערען ליים איז אריין געפאלען

אין די מקוה א סאה איז די מקוה
פערציג סאה: נמצאו מעלין. ווערט
אז די זאכען האט כשר געמאכט
מען קען טובל זיין אין די מקוה:
פוסלין. און אויב איינע פון די
איז געווען אין א כלי פריער איידער
זעגען געקומען אין די מקוה
אין די מקוה איז ניטא קיין פערציג
פון דעסוועגען מאכען זיי ניט
מקוה:

[ב] ואלו פוסלין ולא מעלין, די
מאכען פסול א מקוה און
ניט עס זאל ווערען אין די מקוה
סאה: המים בין טמאים בין
געשעפט וואסער סיי זיי זענען
סיי זענען טהור: ומי כבשים,
וואס מען האט אין זיי
איילבירטען אדער קרויט איגערקעס
שלקות. און וואסער וואס אין זיי
געקאכט געווארען פירות אדער
זאכען: והתמד עד שלא החמיץ.
האט ארויף געגאסען אויף די
אדער אויף דעם שאלעכץ פון די
אדער אויף די הייוועו פון וויין,
וואסער הייסט תמד. אויב די תמד
ניט זויער געווארען. און איז אריין
געווארען

געווארען געפונען די מקוה, ולא זאכען אידער זיי אפילו אז סאה פסול די זאכען העלפען פערציג טהורים. טמא און וואסער איינגעפרעסט: דמי זיי איז אנדערע אז מען קערנער ווייבטרויבען, דאס איז באך געגאסען

יחד סרי כל הסאה של מי פירות שנשארו במקוה משלימים את המקוה. **פעמים אין מעלין**. כדקתני במקוה שיש בו מ' סאה חסר א'. **ג ושנו** את מראיו כשר. דהדחת כלים לא חשיבי שינוי מרא'. **ואין** פוסלי' אותו בשנוי מראה, משום דלבעא לית בי' ממשא: **מוהל** מים היוצאים מן הזית'. **ימתין עד** שירדו גשמי' דלמלאוי בכתף א"א דבחסר עסקינן שהוא נפסל בג' לוגין. **ממלא** בכתף, דמקוה שלם אין השאובים פוסלים אותו לעולם

אבל שאר המשקין ומי פירות. והציר והמורייס והתמד משהחמיץ. פעמים מעלין ופעמים שאינן מעלין. כיצד מקוה שיש בו מ' סאה חסר אחת נפל לתוכו סאה מהם לא העלהו, היו בו מ' סאה נתן סאה ונטל סאה ה"ז כשר: ג הדיח בו סלי זתים וסלי ענבים ושנו את מראיו כשר, ר' יוסי או' מי הצבע פוסלין אותו בשלשה לוגין, ואינן פוסלין אותו בשנוי מראה. נפל לתוכו יין ומוהל ושנו את מראיו פסול, כיצד יעשה ימתין לו עד שירדו גשמי', ויחזרו מראיהן למראה המים, היו בו מ' סאה, ממלא

סוכת שלום

געוואָרען אין אַ מקוה ווערט זי פסול: כיצד פוסלין ולא מעלין. ווי מיינט מען זיי מאַכען פסול די מקוה און העלפען ניט צו די מקוה: מקוה שיש בו ארבעים סאה חסר קורטב. אַ מקוה וואָס אין איהר איז דאָ פערציג סאה ווייניגער אַ קורטב: (דאָס איז אַ פיער אין זעכציגסט חלק פון אַ לוג): ונפל מהם קורטב לתוכו. און פון די זאַכען פון דעם געשעפטען וואַסער אָדער פון די מי כבשים, אָדער פון די מי שלקות, אָדער פון די תמד וואָס איז ניט זויער איז אַריין געפאַלען אין די מקוה אַ קורטב: לא העלוהו, האָבען זיי ניט געמאַכט כשר די מקוה. זיי האָבען ניט דער פילט די מקוה צו פערציג סאה: ופוסלו בשלשה לוגין, די פיער זאַכען פסלין אַנדערש ניט די מקוה סיידען זיי זאָלען זיין דריי לוגין, און אין דער מקוה זאָל ניט זיין קיין פערציג סאה: אבל שאר המשקין, אָבער אַנדערע משקה: ומי פירות. און זאַפט פון פירות: והציר. און דאָס וואַסער וואָס גייט אַרויס פון איינגעזאַלצענע פיש: והמורייס. דאָס פעטס וואָס גייט אַרויס פון איינגעזאַלצענע פיש: והתמד משהחמיץ. אין תמד וואָס איז זויער געוואָרען: פעמים מעלין ופעמים שאינן מעלין. אמאָל העלפען זיי צו דערפילען צו פערציג סאה, און אמאָל העלפען זיי ניט צו דערפילען צו פערציג סאה: כיצד, ווי מיינט מען: מקוה שיש בו ארבעים סאה חסר אחת. אַ מקוה וואָס אין איהר איז דאָ פערציג סאה ווייניגער איינס [ניין און דרייסיג]: נפל לתוכו סאה מהם, און פון די זאַכען פון משקה. אָדער פון מי פירות. אָדער פון ציר. אָדער פון מורייס. אָדער פון זוירע תמד איז אַריין געפאַלען אַ סאה אין די מקוה: לא העלהו. האָבען זיי ניט דערפילט די מקוה צו פערציג סאה: היו בו ארבעים סאה. אויב אין די מקוה איז געווען פערציג סאה כשר וואַסער: נתן סאה. און ער האָט אַריין געגאָסען אַ סאה פון די משקה אָדער פון די מי פירות אָדער פון דעם ציר אָדער פון די מורייס, אָדער פון די זויערע תמד אין די מקוה: ונטל סאה, און ער האָט אויסגעשעפט אַ סאה וואַסער פון די מקוה: הרי זה כשר. איז די מקוה כשר. וואָרום די משקה דערפילט צו פערציג סאה:

[ג] **הדיח** בו כלי זיתים, אז ער האָט אָבגעוואַשען אין די מקוה קערב פון איילבירטען: וסלי ענבים, אָדער קערב פון וויינטרויבען: ושנו את מראיו, און דורך די קערב איז געענדערט געוואָרען

דער

לעולם. ד אין בו מראה מים מ׳ סאה אם אין במקוה מ׳ סאה שיש בהן מראה מים לא יטבול באותו מקוה אפי׳ באותו לד שיש בו מראה מים ואם טבל לא עלתה לו טבילה. ה ונפלה למקום לא פסלוהו. הואיל וכן

נראין כיין ומי פירות אין פוסלים הכל הולך אחר המראה, אע״פ שאין פוסל המקוה ואין במים שיעור לפסול מ״מ כיון שיש כאן ג׳ לוגין כמים חשביכן

ממלא בכתף ונותן לתוכו, עד שיחזרו מראיהן למראי׳ המי׳: ד נפל לתוכו יין או כלן מים ופוסלין

מוהל ושנו מקצת מראיו, אם אין בו מראה מים מ׳ סאה, ה״ז לא יטבול ה ג׳ לוגין מים ונפל לתוכן קרטוב יין, והרי מראיהן כמראה היין. ונפלו למקוה פסלוהו. ג׳ לוגין מים חסר קרטוב ונפל לתוכן קרטוב חלב. והרי מראיהן

סוכת שלום

דער קאָלאָר. פון דעם וואַסער וואָס אין מקוה: כשר. פון דעסטוועגען איז די מקוה כשר. רבי יוסי זאָגט: מי צבע. געפאַרבט וואַסער: פוסלין אותו בשלשה לוגין. אויב עס פאַלט אַריין אין אַ מקוה דריי קוואָרט געפאַרבט וואַסער ווערט די מקוה פסול: ואינן פוסלין אותו בשנוי מראה, אויב די געפאַרבטע וואָס זענען אַריין געפאַלען אין די מקוה האָבען גענענדערט דעם קאָליר פון דעם וואַסער וואָס אין מקוה און אין זיי איז ניטאָ קיין דריי קוואָרט, ווערט ניט פסול די מקוה: נפל לתוכו יין, אויב אין די מקוה איז אַריין געפאַלען וויין: ומוהל, אָדער זאַפט פון אייל בירטען: ושנו את מראיו. און זיי האָבען געענדערט דעם קאָלאָר פון דעם וואַסער וואָס אין מקוה און אין זיי איז ניטאָ קיין דריי קוואָרט: פסול, איז די מקוה פסול: כיצד יעשה, ווי זאָל ער טאָן מיט די מקוה: ימתין לו עד שירדו גשמים, זאָל ער וואַרטען ביז עס וועט גיין רעגען, און עס וועט אַריין רעגענען אין די מקוה: ויחזרו מראיהן למראה מים, און דער קאָלאָר וועט צוריק ווערען וואַסער אַזוי ווי עס איז געוועןן, דאָס איז אַלץ אַז אין די מקוה איז ניט געוועןן פערציג סאה כשר וואַסער: היו בו ארבעים סאה, אָבער אַז אין די מקוה איז געווען פערציג סאה כשר

וואַסער: ממלא בכתף. שעפט וואַסער אין כלים און טראָגט זיי אַקסעל: ונותן לתוכו, און ער גיסט דאָס וואַסער אין מקוה: עד שיחזרו מראיהן למראה המים, ביז דער קאָלאָר וועט צוריק ווערען וואַסער אַזוי איז געוועןן און ער דאַרף ניט אויף רעגען וואַסער:

[ד] נפל לתוכו יין או מוהל. אויב עס איז אַרייַנגעפאַלען אין די מקוה וויין אָדער זאַפט פון אייַלבירטען: ושנו מקצת מראיו. און אַ ביסעל וואַסער אין מקוה איז געענדערט געוואָרען דער קאָליר: אם אין בו מראה מים ארבעים סאה. אויב עס איז ניטאָ אין מקוה פערציג סאה וואַסער וואָס זאָל האָבען דעם קאָליר פון וואַסער: הרי זה לא יטבול בו. טאָר מען ניט טובל זיין אין דער מקוה:

[ה] שלשה לוגין מים, דריי קוואָרט געשעפט וואַסער: ונפל לתוכן קרטוב יין. און עס איז אַריין געגאָסען געוואָרען אַ קרטוב וויין אין די דריי קוואָרט וואַסער: והרי מראיהן כמראה היין. און דער קאָליר פון דעם וואַסער זעהט אויס ווי וויין האָבען זיי דעם דין ווי וויין: ונפלו למקוה. און די דריי קוואָרט וואַסער איז אַריין געפאַלען אין אַ מקוה: לא פסלוהו האָבען זיי ניט פסול געמאַכט די מקוה. ווייל די דריי קוואָרט

וואָס-

המים. ונפלו למקוה לא פסלוהו, ריב"ן או' הכל הולך אחר המראה: ו מקוה שיש בו מ' סאה מכוונות. ירדו שנים וטבלו זה אחר זה, הראשון טהור והשני טמא, ר' יהודה או' אם הי' רגליו של ראשון נוגעות במים, אף השני טהור, הטביל בו את הסגוס והעלהו, מקצתו נוגע במים. טהור. הכר והכסת של עור, כיון שהגביה שפתותיהם מן המים המים שבתוכן שאובים, כיצד יעשה מטבילין ומעלה אותם דרך שוליהם:

הטביל

הלכה כריב"ן: ר השני טמא, דודאי חסר שיעור המקוה בטבילתו של ראשון. אף השני טהור, דאמרי' גוד אחית והוי כאלו המים שעלו הראשון בגופו הן מחוברין למי מקוה ולא נחסר משיעורו כלום. ופירשו בגמ' דמניגה דלא טיהר ר"י אלא במעלות דרבנן כגון שהי' טהור להולין וטבל להיות טהור למעשר או שהי' טהור למעשר וטבל להיות טהור לתרומה. אבל לעלות מטומאה' גמורה לטהרה דברי הכל טמא ואין הלכה כר"י: סגוס. בגד למר עב וקורין לו בערבי אלבורנ"ס ובולע מים הרבה: מקצתו נוגע במים טהור. במקוה שיש בו ארבעים סאה מלומלמות איירי וטבל בו אדם לאחר שהטביל בה הסגוס. טהור האדם הטובל אפי' שנחסר שיעור מקוה בטבילת הסגוס מאחר שמקצת הסגוס. נוגע במים ור' יהודה היא דס"ל אמרינן גוד אחית: המים שבתוכן שאובין חוזרים ופוסלים את המקוה בשלשה לוגים שהרי לא היו בו אלא ארבעים סאה מכוונות ונתחסר כשהגביה שפתותיהן מן המים. ומעלה אותן דרך שוליהן. כדי שלא יפלו המים

סוכת שלום

וואסער זעהט אויס ווי ווין, האָבען זיי דעם דין ווי ווין און דריי קוואָרט ווין מאַכט ניט פסול אַ מקוה: שלשה לוגין מים חסר קרטוב. דריי קוואָרט וואַסער ווייניגער אַ קרטוב: ונפל לתוכן קרטוב חלב, און אַ קרטוב מילך איז אַריין געפאַלין אין די דריי קוואָרט וואַסער: והרי מראיהן כמראה המים. און דער קאָלער פון די דריי קוואָרט וואַסער איז ווי וואַסער: ונפלו למקוה. און די דריי קוואָרט וואַסער איז אַריין גיפאַלין אין א מקוה: לא פסלוהו. האָבין זיי ניט פסול גימאַכט די מקוה. וואָרים מילך מאַכט ניט פסול קיין מקוה. און וואַסער איז דאָך ניט גיוועז דריי קוואָרט: רבי יוחנן בן נורי אומר הכל הולך אחר המראה, מען גייט נאָך דער קאָלער, ווייל דאָס וואַסער איז דריי קוואָרט. און עס זעהט אויס ווי וואַסער. און מילך זעהט מען ניט ווערט די מקוה פסול:

[ו] מקוה שיש בו ארבעים סאה מכוונות. אַ מקוה וואָס אין איהר איז דאָ פערציג סאה כשר וואַסער און מעהר ניט: ירדו שניים וטבלו זה אחר זה. צוויי מענטשין זענין אַראָב גיגאַנגען טובל זיין זיך. און פריהער האָט זיך איינער טובל גיוועז און איז אַרויס גיגאַנגען פון מקוה, און דער נאָך איז אַריין דער אַנדערער און האָט זיך טובל גיוועז: הראשון טהור. דער ערשטער איז טהור: והשני טמא. און דער אַנדערע איז טמא. ווייל דער ערשטער האָט אַרויף גענומען אויף זיך אַ ביסעל וואַסער קומט אויס אַז דער אַנדערער האָט זיך טובל גיוועז אין אַ פסול'ע מקוה. אָבער דער ערשטער האָט דאָך געפונען אַ כשר'ע מקוה. דאַרום איז דער ערשטער טהור און דער צווייטער איז טמא. רבי יהודה זאָגט: אם היו רגליו של ראשון נוגעות במים. אויב דער ערשטער איז נאָך געשטאַנען מיט די פיס אין וואַסער ווען דער צווייטער האָט זיך טובל גיוועז איז דער צווייטער אויך טהור. און אַפילו אַז דער ערשטער האָט נאָר געהאַלטען די פיס אין וואַסער און איז ניט געשטאַנען

מים שבתוכן כמקוה ויפסלו כל מימיו. הטביל בו את המטה שרגליה גבוהות א״א להטבילה כולה כאחת במקוה קטן כזה ושיעורו מלומלם אא״כ רגליה שוקעות בטיט: העבה שאינו צרוק ואין מטבילין בו: שהמים מקדימין, להטביל הרגלים קודם שישקעו בטיט ובמים שומבלו: **שמימיו** מרודדים, שאין המים עמוקי' מחמת שהמקו' רחב והמים מתפשטים בכלו ואע״פ שיש בו מ' סאה אין כל גופו מתכסה במים בב״א **כובש** לגד א' של מקוה. **אפילו** חבילי עלים וקנים. ואע״ג דנראה כמקום אפ״ה הואיל והמים נכנסין ביניהם חלוק וכובש דוקא מפני שהעלים צפים ע״פ המי' וצריך לכבוש עליהם כדי שיכנסו תחת המי'. היה מוליך במיט. מנענע בידיו. כיון שעבר הגל של מים על של מקו' שהמחט מונח בה ולפו מי הגל על המחט. טהורה ולפי שהמחט דקה וקטנה וירא פן תפול דרך להטבילה כן:

הטביל בו את המט' אע״פ שרגליה שוקעו' בטיט העבה טהורה. מפני שהמים מקדימין מקו' שמימיו מרודדין כובש אפי' חבילי עצי' אפי' חבילי קנים, כדי שיתפחו המים ויורד וטובל. מחט שהיא נתונ' על מעלו' המערה, היה מוליך ומביא במים. כיון שעבר עליה הגל טהורה:

שחלקו לא סוי והקנים אבנים המי. ומבי׳ המים הגל. המעלה מונח על ולפי במים

אבל

סוכת שלום

געשטאַנען אויף דעם גרינד. ווייל דאָס איז גלייך ווי דאָס וואַסער ליגט אויף איהם ווי עס וואָלט דאָס גילעגין אין מקוה משום גוד אחית: [זן] הטביל בו את הסגוס והעלהו: אין דער מקוה וואָס איז גיוועֶן ריכטיגע. פערציג סאה וואַסער האָט ער טובל גיוועו אַ וואָלען קלייד אַ גראָבע וואָס זי זאַפט איין פיל וואַסער אין ער האָט איהר אַרויסגענומין פון מקוה: מקצתו נגוע במים. נאָר אַביסעל פון דעם קלייד רורט נאָך אָן אין וואַסער איז אַריין געגאַנגען איינער אין מקוה אין האָט זיך טובל גיוועו: טהור. איז ער טהור: הכר והכסת של עור. אַ לעדערנע ציך פון אַקליין קישען אָדער פון אַגרויס קישען וואָס ער האָט זיי טובל גיוועו אין אַ מקוה וואָס אין איהר איז דאָ ריכטיג פערציג סאה וואַסער: כיון שהגביה שפתותיהם מן המים. אַז ער האָט נאָר אויפגעהויבין דעם ברעג פון די ציכען פון וואַסער איז שוין דאָס וואַסער פון משקה גיוואָרין ווייניגער ווי פערציג סאה: המים שבתוכן שאובין. אין דאָס וואַסער פון די ציכען הייסען ווי געשעפט וואַסער אין אַ כלי

אין אַז דאָס וואַסער פון די ציכען גיסען זיך אַריין צוריק אין מקוה איז דאָ אין מקוה דריי קוואַרט וואַסער אין די מקוה איז ווייניגער ווי פערציג סאה. ווערט דאָך די מקוה פסול: כיצד יעשה. ווי זאָל ער טוהן: מטבילין, איז ער טובל די ציכען אין ווען די ציכין זענין נאָך דאָ אין וואַסער דרייט ער אום די ציכען ווי זאָלין זיין מ ט דעם מויל אַראָפּ. דאָס וואַסער פון מקוה וואָס זענין אַריין געשעפּט גיוואָרין אין די ציכען זאָלין צוריק אַרויס געגאָסען ווערין אין מקוה. ומעלה אותן דרך שוליהן. אין ער ברענגט זיי אַרויף פון מקוה מיט דער דעק אַרויף: עי' תוי״ט:

[ז] הטביל בו את המטה, אויב ער האָט טובל גיוועו אין מקוה אַ בעט. אין ווייל די פיס פון בעט זענין הויך קאָן מען ניט טובל זיין דאָס גאַנצע בעט מיט איין מאָהל אין דעם וואַסער פון מקוה נאָר די פיס שטעקען זיך אַריין אין דעם ליים. וואָס אויף דער דעק פון מקוה: אף על פי שרגליה שוקעת בטיט העבה. אפילו די פיס האָבין זיך אַריין געשטעקט אין געדעכט ליים פון דעסטוועגען:

טהורה

הכ״ב פרקים משניות כסדר א״ב

ברכות ת״ה אות א׳,

אֵין עוֹמְדִין לְהִתְפַּלֵּל אֶלָּא מִתּוֹךְ כּוֹבֶד רֹאשׁ. חֲסִידִים הָרִאשׁוֹנִים הָיוּ שׁוֹהִים שָׁעָה אַחַת וּמִתְפַּלְּלִים כְּדֵי שֶׁיְּכַוְּנוּ אֶת לִבָּם לַמָּקוֹם אֲפִילוּ הַמֶּלֶךְ שׁוֹאֵל בִּשְׁלוֹמוֹ לֹא יְשִׁיבֶנּוּ. וַאֲפִילוּ נָחָשׁ כָּרוּךְ עַל עֲקֵבוֹ לֹא יַפְסִיק הָיָה מַזְכִּירִין גְּבוּרוֹת גשמים

ר״ע מברטנורה

א) אין עומדין. מתוך כובד ראש. הכנעה ומורא דכתיב (תהלים ב׳) עבדו את ה׳ ביראה ועבודה זו תפלה היא: שוהים שעה אחת. במקום שבאו להתפלל: אפילו המלך שואל בשלומו ודוקא מלך ישראל אבל מלך מעכו״ם פוסק שלא יהרגנו: אפי׳ נחש כרוך על עקבו. דוק׳ נחש שרוב פעמי׳

עיקר תוי״ט

א) כובד ראש דרך משל הוא כלומר מפני שראשו הוא עיקר כל האברים וכשמכביד אותו עליו כל האברים נכנעים ויושב בהכנעה. הר״י: (ב) שעה אחת. אע״פ שבהרבה מקומות כשאומר שעה אינו

סוכת שלום

טהורה, איז דאָס בעט טהור: מפני שהמים מקדמין. ווייל די פיס האָבין זיך טובל גיוועזן אין דעם וואַסער איידער זיי זענין אריין גישטעקט גיוואָהרען אין דעם לייב: מקוה שמימיו מרודדין. אַ מקוה וואָס אין איהר איז דאָ פערציג סאָה וואַסער נאָר די מקוה איז ברייט אין לאַנג ניט טיעף אין דאָס וואַסער איז פאַרשפּרייט אויף די גאַנצע מקוה. קאָן מען זיך ניט טובל זיין אין איהר: כובש. זאָל ער צו זאַמין נעמין דאָס וואַסער פון די גאַנצע מקוה אין איין זייט פון די מקוה: אַפילו חבילי עצים. אפילו מיט בינטעליך האָלץ: אפילו חבילי קנים, אפילו מיט בינטעליך שטעקעליך: כדי שיתפחו המים. דאָס וואַסער זאָל אויפגעהויבען ווערין זיי זאָלין ווערין טיעף מען זאָל זיך קאָנען טובל זיין אין איהר: יורד וטובל, אין ער גייט אַראָב אין איז זיך טובל אין דעם וואַסער. מחט שהיא נתונה על מעלת המערה, אַז עס ליגט אַ נאָדיל אויף די טרעפּ פון מקוה: היה מולך ומביא במים, אַז ער האָט בעשאָקילט מיט די הענד דאָס וואַסער. אין ער האָט געשטיפט דאָס וואַסער זיי זאָלין אַרויפגעהן אויף די טרעפּ: כיון שעבר עליה הגל, וויא דאָס וואַסער איז אַרויפגעגאַנגען אויף די טרעפּ אין אַרויף געגאָסען גיוואָרען אויף די נאָדיל: טהורה. איז די נאָדיל טהור:

ברכות פ״ה אות א׳,

אות א: **אין** עומדין להתפלל אלא מתוך כובד ראש. איידער מען שטעלט זיך דאַווינען דאַרף מען זיך באַרעכענין פאַר ווען ער וויל מתפלל זיין מיט הכנעה און יראה: חסידים הראשונים. די פאַר צייטיגי חסידים: היו שוהים שעה ומתפללים וכו׳. פלעגען תמיד פאַר דיא תפלה איין שעה פריר זיך בעדענקען כדי זיי זאָלין קענען דער נאָך מיט כוונה מתפלל זיין: אַפילו המלך וכו׳. בשעת תפלה דאָס הייסט ווען מען שטייט שמונה עשרה אַפילו איין מלך ישראל גריסט אים טאָר מען אים ניט צוריק גרוסען אָבער למלך פון אומות העולם מוז מען צוריק גריסען

גְשָׁמִים בִּתְחִיַּת הַמֵּתִים . וְשׁוֹאֲלִין הַגְּשָׁמִים בְּבִרְכַּת הַשָּׁנִים . וְהַבְדָּלָה בְּחוֹנֵן הַדַּעַת .
רַבִּי עֲקִיבָא אוֹמֵר . אוֹמְרָהּ בְּרָכָה רְבִיעִית בִּפְנֵי עַצְמָהּ . רַבִּי אֱלִיעֶזֶר אוֹמֵר בְּהוֹדָאָה :
ג הָאוֹמֵר עַל קַן צִפּוֹר יַגִּיעוּ רַחֲמֶיךָ וְעַל טוֹב יִזָּכֵר שְׁמֶךָ . מוֹדִים מוֹדִים מְשַׁתְּקִין
אוֹתוֹ . הָעוֹבֵר לִפְנֵי הַתֵּיבָה וְטָעָה יַעֲבוֹר אַחֵר תַּחְתָּיו וְלֹא יְהֵא סַרְבָן בְּאוֹתָהּ שָׁעָה
מנין

ר״ע מברטנורה

אינו נוסך אלא עקרב או הפסק מן הדברים בודאי מסכים ומאיתים פוסק : (ב) מזכירים גבורות גשמים . משיב
הרוח שאינו לשון בקשה אלא לשון הזכרה ושבח. ומפני שהגשמים אחת מגבורותיו של הקב״ה דכתיב (ה)(איוב ה)
עושה גדולות עד אין חקר הנותן מטר על פני ארץ משו״ה קרי להו גבורות גשמים : ושאלה . ותן טל ומטר
לשון בקשה.בברכת השנים.מתוך שהן פרנסה קבעו שאלתן בברכת פרנסה : והבדלה. במוצאי שבת : בחונן הדעת.
שהיא ברכה ראשונה של חול . ובירושלמי אמרו מפני מה תקנו הבדלה בחונן הדעת שאם אין דעה הבדלה
מנין . וכן הלכה : (ג) על קן צפור יגיעו רחמיך . כמו שהגיעו רחמיך על קן צפור ונזהר לא תקח האם על הבנים
כן חוס ורחם עלינו : משתקין אותו . משום שמודה של הקב״ה רחמים והן אינן אלא גזרות מלך על עבדיו
על טוב יזכר שמך . משמע על טובתך נודה לך ועל הרע לא מודה והרי אנו חייבין לברך על הרעה כשם
שמברכין על הטובה : מודים מודים . דמחזי כמקבל עליו שתי רשויות וסתם בירושלמי הכא דהימא בניבור
שבל

עיקר תוי״ט

ר״ל שעה דוקא ולא זמן מועט . הכא אינו כן אלא שעה ממש ומוכח מתנמ׳ . הר״י : (ג) למקום . שתחית
כוונתם כולה ברוממות המקום בלבד ואין הפירוש שיכוונו לאמירת התפלה . דמאי קאמר למקום לתפלה הליל .
הר״י : (ד) לא יפסיק . בדבור דאלו הליכה לא מצינו בשום מקום שנקרא הפסק . הב״י : (ה) (איוב ה) . וכתיב
בורא קצות הארץ כו׳ אין חקר וכתיב מכין הרים בכחו נאזר בגבורה . גמ׳ ריש תענית : (ו) בתחה״מ . דתניא
ולעבדו בכל לבבכם (דברים יא) איזוהי עבודה שבלב הוי אומר זו תפלה וכתיב בתריה ונתתי מטר ארצכם . גמ׳
פ״ק דתענית ותקנו בתחה״מ שכמו שתחה״מ חיים לעולם כך ירידת גשמים חיים לעולם. הר״י.והיינו דאמרינן בגמרא
ששקולה כתחה״מ : (ז) בהודאה . פירוש קודם שיחתום ברכת מודים וטעמו כפני שהודה לשם שזיכה אותו להבין
ולהשכיל בין קודש לחול . הר״מ : (ח) וז״ל רש״י האומר בתפלתו . וטעמייהו דוקא בתפלה שכשאומר בתפלת
שתלים את הדבר ולהכי משתקין אותו . משא״כ דרך דרש או פשט כו׳ . תוי״ט : (ט) ואין הדבר כן שאלו השם
דרך

נְרִיכְן וַוייל עֶס קָאן בְּרֶענְגֶן צוּ סַכָּנוֹת נְפָשׁוֹת (ואפילו נחש וכו׳ לא יפסיק) וָוען אַפִילוּ אַיין נָחָשׁ לִייגְט
זִיךְ אוֹיף דֶעם פוּס בְּשַׁעַת תְּפִלָּה טָאר מֶען נִיט מַפְסִיק זַיין הַיְינוּ בַּייא אַזוֹ אַיין נָחָשׁ וָואס אִיז נִיט
קַיין סַכָּנוֹת נְפָשׁוֹת :

ב (מזכירין וכו׳ המתים) אִין דֶער אַנְדֶרִי בְּרָכָה פוּן דֶר שְׁמוֹנֶה עֶשְׂרֵה דְהַיְינוּ אִין בִּרְכַּת אַתָּה גִבּוֹר
דַארְף מֶען זָאגֶן מַשִּׁיב הָרוּחַ וּמוֹרִיד הַגֶּשֶׁם (ושואלין הגשמים בברכת השנים) אוּנ אִין
דֶר נַיינְטֶר בְּרָכָה זִיא הַייסְט בִּרְכַּת הַשָּׁנִים דָארְט זָאגְט מֶען דִי שְׁאֵלָה וְתֵן טַל וּמָטָר (והבדלה בחונן
הדעת) הַבְדָּלָה דָס מֵיינְט מֶען אַתָּה חוֹנַנְתָּנוּ זָאגְט מֶען אִין בִּרְכַּת אַתָּה חוֹנֵן (רבי עקיבא אומר
אומרה וכו׳ בפני עצמה) רַבִּי עֲקִיבָא זָאגְט מֶען דַארְף זָאגֶן בִּרְכַּת הַבְדָּלָה מִיט אַיין בַּזוּנְדֶרִי בְּרָכָה
(רבי אליעזר אומר בהודאה) רַבִּי אֱלִיעֶזֶר זָאגְט מֶען דַארְף זָאגֶן בִּרְכַּת הַבְדָּלָה אוּנ בִּרְכַּת מוֹדִים
פַר וְעַל כּוּלָּם רוּ הֲלָכָה אִיז אַזוֹ וִוי דֶר עֶרְשְׁטֶר תַּנָּא . אַזוֹ וִוי מִיר זֶענֶן זִיךְ נוֹהֵג :

ג (האומר על קן וכו׳ מודים מודים משתקין אותו) וָוען אֵיינֶר זָאגְט אִין דֶר שְׁמוֹנֶה עֶשְׂרֵה רבש״ע
אַזוֹ וִוי דוּ הָאסְט מַחֲמַת רַחֲמָנוּת אוּנְז גֶעגֶעבְּן אַיין מִצְוָה שִׁלּוּחַ הַקֵּן אַזוֹ זָאלְסְטוּ אוֹיף אוּנְז
אוֹיךְ רַחֲמָנוּת הָאבְּן אוֹדֶר וָוען עֶר זָאגְט מֶען דַארְף דִיר פַר אַלִים גוּטְן לוֹבְּן אוּנ דַאנְקְן אוֹדֶר וָוען
עֶר זָאגְט צְווַיי מָאל מוֹדִים מוֹדִים דַארְף מֶען דֶעם אָן שְׁרַייאַן עֶר זָאל אַזוֹ נִיט זָאגֶן מַחֲמַת עֶס אִיז
אַזוֹ נִיט רֶעכְט צוּ זָאגֶן אַזוֹ וִוי דִי גְמָרָא זָאגְט דֶעם טַעַם (העובר לפני התיבה וטעה וכו׳) אַז דֶער
חַזָּן אִיז זִיךְ טוֹעֶה אוּנ קֶען דִי שְׁמוֹנֶה עֶשְׂרֵה נִיט רֶעכְט זָאגֶן דַארְף זִיךְ תֵּיכֶף אַיין אַנְדֶער שְׁטֶעלִין
פַר דֶעם עַמּוּד (ולא יהא סרבן באותה שעה) אוּנ דֶר אַנְדֶער זָאל תֵּיכֶף צוּ גֵיין מֶען זָאל נִיט מְסָרֵב

בעין הוא מתחיל מתחלת הברכה שטעה בה: ד העובר לפני התיבה לא יענה אחר הכהנים אמן מפני הטירוף. ואם אין שם כהן אלא הוא לא ישא את כפיו ואם הבטחתו שהוא נושא את כפיו וחוזר לתפלתו רשאי: ה המתפלל וטעה סימן רע לו. ואם שליח צבור הוא סימן רע לשולחיו. מפני ששלוחו של אדם כמותו. אמרו עליו על רבי חנינא בן דוסא שהיה מתפלל על החולים ואומר זה חי וזה מת. אמרו לו מנין אתה יודע אמר להם אם שגורה תפלתי בפי יודע אני שהוא מקבל ואם לאו יודע אני שהוא מטרף:

אות שבת פרק ה

ב במה בהמה יוצאה ובמה אינה יוצאה יוצא הגמל באפסר ונאקה בחטם ולובדקים

בפרומביא

י״ע מברטנורה

אבל ביחיד תחנונים הם: ולא יהא כסרבן בלשון שמה. כדרך שאר יורדים לפני התיבה שצריך לסרב פעם ראשונה אבל זה לא יסרב כשאומרים לו לך רד לפי שבנאי הוא שתהא התפלה מופסקת כל כך: (ד) לא יענה אמן אחר הכהנים. בסוף כל ברכה כמו שאר צבור עונים. מפני הטירוף. שלא תטרוף דעתו ויטעה לפי שש״ץ צריך להתחיל ברכה שניה ולהקרות להן מלה במלה ואם יענה אמן לא יוכל לכוין ולחזור לתפלתו מהר ולהתחיל הברכה כראוי שיתחיל: לא ישא את כפיו. שמא לא יוכל לכוין ולחזור לתפלתו להתחיל שים שלום שתהא דעתו מטורפת מאימתא דצבורא: ואם הבטחתו. כלומר אם בטוח הוא שלא תהא דעתו מטורפת מאימת הצבור: (ה) אם שגורה תפלתי. סדורה בפי במרוצה ואיני נכשל בה: שהוא מטורף. שהתפלה מטורף כמו אך טרוף טורף (בראשית מד) פירוש אחר לשון מורפים לו ספלו בפניו כלו׳ התפלה שהתפללו עליו מטורפת ומנודה ממנו ואינה מקובלת:

צנס

עיקר תוי״ט

דרך רחמנות לא צוה לשחוט חיה או עוף כלל אבל היא מצוה מקובלת אין לה טעם. הר״מ: (י) ואם הבטחתו. והטעם כדי שלא תתבטל נשיאת כפים אבל אם יש שם כהן אחר שישא את כפיו לא ישא ש״צ את ידיו ואפי׳ אם הבטחתו. הג״ה. וע״ש: (יא) ששלוחו של אדם כמותו. וילפינן לה מדכתיב ושחטו אותו כל קהל עדת ישראל דודאי לא היו שוחטין כל ישראל אלא שלוחו של אדם כמותו. גמרא:

נאקה

זיין דיא תפלה דער אנדערער חזן דארף אן הייבען מתחלת הברכה וואס יענער איז בייא איר ייטיין גבליבן:

ד (העובר לפני התיבה וכו׳) דער חזן טאר ניט נאך זאגן אמן בייא כהנים דוכנן וויל ער קען זיך טועה זיין אונ וועט ניט רעכט קענן פר די כהנים פיר זאגן ברכת כהנים (ואם אין שם זכו׳) אז עס איז צווישן דעם גאנצן עולם ניט דא קיין אנדרער כהן נאר דר חזן זאל ער ניט דוכענן (ואם הבטחתו וכו׳ רשאי) אבער ווען ער איז ביי זיך זיכער אז ער וועט אן איין טעות קענן נאך דעם דוכנן דיא שמונה עשרה מקיים זיין דעמאלט מעג ער דוכנן:

ה (המתפלל וטעה סימן רע לו) איין טעות אין דר שמונה עשרה איז איין שלעכטער סימן פר אים (ואם שליח כו׳ לשולחיו) אויב ער איז איין חזן איז דאס איין שלעכטער סימן פאר דעם גאנצן ציבור (אמרו עליו על ר׳ חנינא כו׳ אמר לו מנין אתה יודע כו׳) רבי חנינא בן דוסא פלעגט מתפלל זיין ווען קראנקי אונ האט נאך דר תפלה גיזאגט דער וועט לעבן אונ דער וועט שטארבן האט מען אים געפרעגט פון וואנען ער ווייסט דס האט ער געענטפערט אז די תפלה גייט כסדר בלי מכשול אין איך אז די תפלה איז אן גנומען געווארן לרצון אונ אז די תפלה גייט ניט כסדר ווייס איך אז עס איז שלעכט מיט דעם חולה:

בְּפְרוּמְבְּיָא וְסוּס בְּשִׁיר וְכָל בַּעֲלֵי הַשִּׁיר יוֹצְאִין בְּשִׁיר וְנִמְשָׁכִין בְּשִׁיר וּמַזִּין עֲלֵיהֶן וְטוֹבְלִין בִּמְקוֹמָן: ב חֲמוֹר יוֹצֵא בְּמַרְדַּעַת בִּזְמַן שֶׁהִיא קְשׁוּרָה לוֹ. זְכָרִים יוֹצְאִין לְבוּבִין. רְחֵלוֹת יוֹצְאוֹת שְׁחוּזוֹת כְּבוּלוֹת וּכְבוּנוֹת. הָעִזִּים יוֹצְאוֹת צְרוּרוֹת רַבִּי יוֹסֵי אוֹסֵר בְּכֻלָּן חוּץ מִן הָרְחֵלִין הַכְּבוּנוֹת. רַבִּי יְהוּדָה אוֹמֵר עִזִּים יוֹצְאוֹת
צרורות

ר"ע מברטנורה

אות ב במה בהמה יוצאה: לפי שאדם מצווה על שביתת בהמתו בשבת ומידי דמנטרא ביה הבהמה לא הוי
משאוי ומידי דלא מנטרא ביה הבהמה הוי משאוי: אפסר. חבל שקושרים ע"פ הבהמה:
באפסר. בפ"ס מוקי לה בנאקה לבנ' דוקא שצריכה נטירותא יתירתא: בחטם. לוקחים כמין טבעת של ברזל
ונוקבין חוטם הנאקה ומכניסין אותה בתוכה: ולובדקים. חמור הבא ממדינת לוד והם קטנים וחזקים וצריכים
שמירה יותר משאר החמורים הנמצאים בישוב: בפרומביא. רסן של ברזל: בשיר. כמין אצעדה סביב צואר
ונעשה קבועה בו ומכניסין בטבעת החבל ומושכין הבהמה: וכל בעלי השיר. כגון כלבים של ציידים וחיות
קטנות: יוצאים בשיר. כרוך על צוארן החבל הקבוע בשיר: ונמשכין בשיר. ואם רצה מושך הבהמה בחבל
שבשיר: ומזין עליהן במקומן. כמות שהן בצואר הבהמה אם נטמאו במת: וטובלים במקומן. מכניסים בהמה
במים להטביל השיר ואע"ג דקי"ל שכל הכלים המיוחדים לבהמה אין מקבלין טומאה. השיר וכיוצא בו מקבל
טומאה וצריך טבילה הואיל ועבו לאדם שמושך בו את הבהמה ככלי המשוי לתשמיש אדם דמי: (ב) במרדעת.
מין אוכף קטן ומניח אותו על החמור כל היום כולו כדי שיתחמם: בזמן שהיא קשורה לו. מערב שבת.
דגלי דעתיה שהחמור צריך לו לחממו כדאמרי אינשי חמרא אפילו בתקופת תמוז קריר ליה ולאו משוי הוא:
אבל לקשור מרדעת על החמור בשבת אסור לפי שאי אפשר לקשרה לו אלא א"כ סומך עצמו בצדי הבהמה ונמצא
משתמש בבעלי חיים ואם עבר וקשרו אסור לצאת בו: לבובין. בעור שקושרים להם כנגד זכרות שלא יעלו
על הנקבות: שחוזות. שאוחזים אליה שלהן קשורה למעלה כדי שיעלו עליהם זכרים: כבולות. שכובלים אליה שלהן
וקושרים אותה ברגליהן כדי שלא יעלו עליהן זכרים: כבונות. שקושרים בגד סביב הכבשים עד
[illegible]

עיקר תוי"ט

פרק ה (א) נאקה. גמלה נקבה בשראויה למשא. ערוך: (ב) ומזין עליהן. במקומן ולא חיישינן שמא תפול
ההזאה על הבהמה ויפסלו כדתנן במסכת פרה תו' (עי' רש"י יומא דף י"ד) ולפי' הרב שם צ"ל דאשמעינן
דלא חיישינן שמא יכוין להזות על הבהמה ויזה על הכלים ולא ישנה: (ג) וטובלין במקומן. ולא חיישינן שמא
יטבול אותו בלא ריפוי ויהיה מהודק בבהמה והוצץ: (ד) יוצ' והיינו משום דאין עולין על גבי הבהמה בי"ט ור'
בשבת

אות ב (במה בהמה כו') יֶעדֶר יְהוּדִי אִיז אַמְצֻוֶּה עֶר זָאל זַיין בְּהֵמָה נִיט לָאזְין גֵיין מִיט אַיין מַשָּׂא
אוּם שַׁבָּת לִרְשׁוּת הָרַבִּים דָא וְוִי עֶס אִיז נִיט גְמַאכְט קֵיין עֵרוּב רַק עֶס הֵייסְט נִיט
אַיין מַשָּׂא נָאר זֶעלְכֵי זַאכֶן וָואס זֶענֶען גִיט צוּם הִיטֶן מִיט זַייא דִי בְּהֵמָה אוּנ אַזוֹ ווִיא אִין דֶעם פֶּרֶק
שְׁטֵייט (ויוצא הגמל באפסר) אַיין קֶעמֶל מֶעג גֵיין מִיט דִי צוֹים (ונאקה בחטם) אוּנ אַיין מִין קֶעמִיל
נְקֵבָה מֶעג גֵיין מִיט אִיר נָאז רוּנְג (ולובדקים) דָס אִיז אַמִין חֲמוֹר (בפרומביא) מֶעג גֵיין מִיט דֶעם
אַייזֶערְנֶם צַיים (וסוס בשיר) אַיין פֶערְד מֶעג גֵיין מִיט דֶעם הַאלְז בַּאנְד (וכל בעלי השיר יוצאין בשיר)
אוֹיךְ אַלִי דִיא וָואס גֵייעֶן מִיט אַיין הַאלְז בַּאנְד מֶעגֶן דֶערְמִיט גֵיין אוּם שַׁבָּת אוּנ מֶען מֶעג זַייא
אוֹיךְ שְׁלֶעפֶּין בַּיים הַאלְז בַּאנְד (ומזין עליהם) אַז דֶער הַאלְז בַּאנְד אִיז טָמֵא גְוָוארֶן מֶעג מֶען אוֹיף
אִים שְׁפְּרִינְגֶען מֵי חַטָּאת (במקומן) אֲפִילוּ אַזוֹ וִוי עֶר לִיגְט אוֹיף דֶער בְּהֵמָה (וטובלין במקומן) אוֹיךְ
מֶעג מֶען דֶעם הַאלְז בַּאנְד טוֹבֵל זַיין פוּן דֶר טוּמְאָה אֲפִילוּ וָוען עֶר לִיגְט אוֹיף דֶר בְּהֵמָה הַיינוּ עֶר
מֶעג דִי בְּהֵמָה פִירֶן אִין וַואסֶער אַרַיין בִּיז דֶר הַאלְז בַּאנְד אִיז זִיךְ טוֹבֵל. נָאר שְׁפְּרֶענְגֶען אוּנ טוֹבֵל
זַיין טָאר מֶען נִיט אוּם שַׁבָּת:

ב (חמור יוצא במרדעת) אַיין אַייזֶעל מֶעג גֵיין מִיט דֶעם זָאטֶל צוּ רְשׁוּת הָרַבִּים אוּם שַׁבָּת (בזמן
שהיא קשורה לו) וָוען דֶר זָאטֶל אִיז נָאךְ פוּן עֶרֶב שַׁבָּת אָן גְקְנִיפְּט אוּנ פַר בּוּנְדֶן (זכרים
יוצאין לבובין) דִי זְכָרִים פוּן צִיגֶן מֶעגֶן אוּם גֵיין מִיט זַייעֶר פֶאר בַּאנְד כְּפִי הַמִּנְהָג (רחלות יוצאות

צרורות ליבש אבל לא לחלב : ג ובמה אינה יוצאה לא יצא גמל במטולטלת לא עקוד ולא רגול וכן שאר כל הבהמות. לא יקשור גמלים זה בזה וימשוך . אבל מכניס חבלים לתוך ידו וימשוך ובלבד שלא יכרוך ז : ד אין חמור יוצא במרדעת בזמן שאינה קשורה לו . ולא בזוג אף על פי שהוא פקוק . ולא בסולם שבצוארו. ולא ברצועה שברגלו . ואין התרנגולין יוצאין בחוטין . ולא ברצועה שברגליהן . ואין

ר"ע מברטנורה

הזכרים

עולים לשמור אותן שלא ינוקו : צרורות . דדיהן צרורות פעמים ליבש החלב שמהדקים אותן בהגוק ופעמים קושרין להם כיס בדדיהן שלא יטפטף החלב לארץ ויפסד : רבי יוסי אוסר בכולן . דמשאוי הוא : חוץ מן הכבולות · שמירת צמרן שלא יטנף והוי ליה תכשיט : יוצאות צרורות ליבש . רבי יהודה סבירא ליה כת"ק דלאו משאוי היא מיהו ליבש דמהדק שפיר ליכא למגזר דלמא נפיל ואתי לאתויי אבל לחלב דלאו מהדק שפיר אסור דחיישינן דלמא נפל ואתי לאתויי והלכה כת"ק : (ג) מטולטלת . חתיכה של מטלית קשורה בזנבו לסימן או לדבר אחר : עקוד . שקושרים ידיהם עם הרגלים בחבלים שלא יברחו : רגול . שכופפים ידו על זרועו וקושרין : לא יקשור גמלים זה בזה וימשוך . אחד וכולן הולכין שלא יראה כמוליכן לשוק למכרן (ו) : אבל מכניס חבלים לתוך ידו . והוא שלא יהיו ראשי החבלים תלוין ויוצאין מתחת ידו לארץ טפח או יותר כדי שלא יראה כמי שנושא חבלים תלוין בידו : ובלבד שלא יכרוך . לאו לענין שבת קא מיירי המשנה אלא לענין כלאים והכי קאמר מכניס חבלים בידו קנבוס של פשתן וקנבוס של צמר לא יכרוך ע"ג ידו דכי כריך להו הוו כלאים וידו מתחממת במחיתן אסור : (ד) בזוג . כמין פעמון שתולין בצואר הבהמה שמשמיע קול בהליכתה : אע"פ שהוא פקוק . שמוכין דחסום אין העינבל שבו מקשקש להשמיע קול . מפני שנראה כמוליכו למכור בשוק (ח) : בסולם שבצוארו . כמין עול שעושים בצוארו עצים כמין סולם ועשוי כדי שלא יחזור ראשו לחכך מכותיו : ולא ברצועה שברגלו . בהמה שמכה רגליה ע"ג זו בהליכתה עושין לה כמין טבעת של רצועה עבה וקושרים אותה במקום שרגליה מנקשות זו בזו :

עיקר תוי"ט

כתוספין

השבת והלכך דוקא לקשור אסור שסומך עליה אבל ליתן בלא קשירה אין כאן משום לא עולין . הרא"ש (ה) וכבונות . ויעשו זה בכבשות בלבד שצמרן יותר רך מצמר הזכרים . הר"מ : (ו) ואפילו קשורים מע"ש . הר"מ

שלא

שחונות כבולות וכבונות) אוך די שעפילך קענן גיין מיט זייער פאר באנד כפי המנהג (העזים יוצאות צרורות) אוך אלערליא ציגען מעגן גיין מיט זייער פאר באנד (ר׳ יוסי אוסר בכולן חוץ כו׳) ר׳ יוסי אסרת בייא אלי נאר בייא די נקבות פון שעפילך איז ער מתיר זיי זאלן גיין מיט די העמדלך וואס מען קויפט זיי ארום ווען זייא ווערן גבוירן כדי דיא וואל זאל בלייבן ריין (ר׳ יהודה אומר עזים וכו׳) ר׳ יהודה אלט ווי דר ערשטר תנא נאר דעם פעדר באנד וואס מען מאכט די ציגן כדי די מילך זאל ניט אוס רינן דאס אסרת ער אום צו גיין אין רשות הרבים :

ג (ובמה אינה יוצאה) אצונד ווערט שטיין מיט וועלכי זאכן דיא בהמה טאר ניט גיין אין רשות הרבים וויל זיי זענן ניט מיוחד צו דער בהמה (לא יצא גמל במטולטלת וכו׳) דס קעמל טאר ניט גיין מיט איין שמאטי פר בייגן דעם שוואנץ אודר די פיס: (וכן שאר כל הבהמות) אזו אוך אנדרי בהמות טארן ג״כ ניט . (לא יקשור גמלים זה בזה וימשוך) קעמלך וואס זענן איינס מיט דעם אנדרן פר קניפט טאר מען זיי אזו ניט פירן איבר דר גאס . (אבל מכנים חבלים לתוך ידו וימשוך) אבר אז ער נעמט פון יעדן דעם שטריק אין דר האנט אונ שלעפט זיי צו זאמן דאס איז מותר (ובלבד שלא יכרוך) רק אז די שטריק זענן שעטנז טאר ער זיך מיט זיי די הענט ניט ארום וויקלן אפילו אונ איין וואכנדגן טאג :

ד (אין חמור יוצא במרדעת בזמן שאינה קשורה לו) דם אייזל טאר ניט ארוס גיין אונ איין זאטל אז עד איז ניט אן גקניפט גווארן שון פון ערב שבת (ולא בזוג אף על פי שהוא פקוק) גם ניט מיט איין גלעקל אפילו עס איז פאר שטאפט אונ עס קלינגט ניט (ולא בסולם שבצוארו) גם ניט מיט איין לייטרל אוף דעם האלז (ולא ברצועה שברגלו) אוך ניט קיין לעדריל אוף די פיס

הזכרים יוצאין בעגלה שתחת האליה שלהן . ואין הרחלים יוצאות חנונות . ואין העגל יוצא בגימון ולא פרה בעור הקופד . ולא ברצועה שבין קרניה . פרתו של ראב״ע היתה יוצאה ברצועה שבין קרניה שלא ברצון חכמים :

אות ג גיד הנשה נוהג א בארץ ב ובחוצה לארץ. בפני הבית ושלא בפני הבית בחולין ובמוקדשין . ונוהג בבהמה ובחיה בירך של ימין ובירך של שמאל . ואינו נוהג בעוף מפני שאין לו כף . ונוהג בשליל רבי יהודה אומר אינו נוהג בשליל

וחלבו

ר״ע מברטנורה

בחוטין • שעושים להן לסימן שלא יתחלפו בתרנגולין אחרים : ולא ברצו וכו׳ • שקושרין בני רגליהם יחד ברצועה קלרה שלא ידלגו וישברו את הכלים : בעגלה שתחת האליה • כמין עגלה קטנה קושרין תחת האליה של הכבשים שאליתן גדולה שלא תלקה באבנים ובסלעים : חנונות • עץ אחד יש ששמו יוחנן מביאין קיסם ממנו ומניחים לה בחוטמה כדי שתתעטש ויפלו התולעים שבראשה ולזכרים אין צריכין לעשות כן שמתוך שמנגחין זה בזה נופלים התולעים מאליהם : בגימון . כמין עול של גמי נותנים על צואר העגל שיהא למוד לכוף ראשו כשיגדל : בעור הקופד . שרץ שנימיו חדין כמחט וקושרין עורו בדדי הפרה שלא ינקוה השרצים: ולא ברצועה שבין קרניה בין לנוי(ט) בין לשימור אסור דכל במירותא יתירתא משאוי הוא: פרתו של ראב״ע. לא שלו היתה(י) אלא של שכינתו ועל שלא מיחה בה נקראת על שמו :

אות ג גיד הנשה.ובמוקדשים׳ אפילו עולה שכולה כליל מוציא את הגיד (ג) ומשליכו על האפר הצבור במזבח הקרוי תפוח ואינו מקריבו עם הבשר(ד): שאין לו כף • אין לו כף ירך דומה לשל אדם שהוא עגול אלא בבשר מעל הקוליות של עוף ברוחב הוא • ואם נמצא עוף שיש לו כף עגול • גיד הנשה שלו אסור (ה): ונוהג בשליל. בן פקועה תי׳ הנמצא בבהמה ו): רבי יהודה אומר אינו נוהג בשליל . ואין הלכה כר״י : וחלבו של שליל

מותר

עיקר תוי״ט

(ז) שלא יכרוך . בגמ׳ ומילה כדתנן בסוף כלאים התוכף תכיפה א׳ אינה חיבור ומשני ה״ק ובלבד שלא יכרוך ויקשור : (ח) אבל משוי אינו שבעל אגב אפסר . תו׳ : (ט) שצובעה וקולעה לנוי בין קרניה מקרן לקרן ואינו אוחזה בה רש״י דנ״ב : (י) דהיכי קתני פרתו דמשמע חדא והא כמה הוו ליה כו׳ . גמ׳ :

פרק ז (א) גיד . הוא הפנימי . רש״י : (ב) בארץ כו׳. כולהו תנינהו חשוה דאצטריך למתני בחולין ובמוקדשים הר״ב : (ג) משום ממשקה ישראל . ולענין הקרבנות ונסכיהם כתיב. ודרשינן מן המותר לישראל . גמ׳ : (ד) משום הקריבהו נא לפחתך אי אפשר להעלות הירך כשהיא מפורעת . הלכך מעלהו בטו שהיא שלימה ואח״כ חולצו בראש המזבח . גמ׳ : (ה) דברי ר׳ ירמיה אי בתר דידיה אזלינן אי בתר מיניה וקאי בתיקו. ומבעיא ליה נמי בבהמה ולא עגול וקאי נמי בתיקו : (ו) ר״מ לטעמיה דס״ל דאינו ניתר בשחיטת אמו כדאיתא בפ״ד מ״ה הלכך חשוב בהמה בפני עצמו והלבו וגידו אסורים ור״י לטעמיה דאמר ניתר בשחיטת אמו הלכך קרינן ביה בהמה

בבהמת

(ואין התרנגולין יוצאין בחוטין כו׳) אויך די הענר דארפן ניט גיין מיט פעדים אדר לעדרליך אויף די פיס (ואין הזכרים יוצאין בעגלה שתחת האליה שלהן) די זכרים פון די שעפליך טארן נימ גיין מיט איין קליין וועגלי אונטר גבינדן דעם שוואנץ (ואין הרחלים יוצאות חנונות) אונ די נקבות פון דיא שעפליך טארן ניט גיין איין גשטעקט די העלצליך אונ דר נאז צום ניבן (ואין העגל יוצא בגימון) דאס קעלבל דארף ניט גיין אונ דעם קליינם יאך (ולא פרה בעור הקופד וכו׳) אונ דיא קיא טאר ניט גיין אונ דעם פער באנד אונ דעם שטאכל שווין פעל וס מען פער בינד איר די דדים פר די שרצים זאלן ביי איר ניט זייגן (פרתו של ראב״ע וכו׳ שלא ברצון חכמים) די קיא פון ר׳ אלעזר בן עזריה. איז אים גגאנגן מיט איין לעדרל צווישן די הערנר האבן איס די חכמים גוועהרט :

אות ג (גיד הנשה נוהג) דר איסור פון גיד הנשה היינו די שפרינג אדר וס מען טרייבערט בייא דר בהמה איז נוהג (בארץ כו׳) אונ ארץ ישראל אונ אין אלי מדינות (בחולין כו׳) בייא בהמות וס זענן ניט קיין קרבנות אונ ביי קרבנות (בפני הבית) ווען דס בית המקדש איז גוועזן אויך ווען אצונד איז קיין בית המקדש ניט דא (ונוהג בבהמה כו׳) דר איסור איז נוהג בייא איין בהמה אונ ביי איין חיה נימ בייא קיין עוף (בירך כו׳) דר איסור איז אונ דער רעכטר אונ אין דר

חלבו מותר . ואין הטבחין נאמנין על גיד הנשה דברי רבי מאיר וחכמים אומרים נאמנים עליו ועל החלב ח:ב שולח אדם ירך לנכרי שגיד הנשה בתוכו מפני שמקומו ניכר . הנוטל גיד הנשה. צריך שיטול את כלו רבי יהודה אומר כדי לקיים בה מצות נטילה : ג האוכל מגיד הנשה כזית סופג ארבעים אכלו ואין בו כזית חייב . אכל מזה כזית ומזה כזית סופג שמונים רבי יהודה אומר אינו סופג אלא ארבעים :

ירך

ר"ע מברטנורה

(ז) אותרי סירוש אהר ותנגו של גיד כלומר בזמנו של גיד מותר לדברי הכל אלא בישראל קדושים נהגו בו איסור ואין הטבחים נאמנים לומר נטלנוהו מפני שטורח הוא להם לחפש אחריו ואין הלכה כר"מ : (ב) שולח אדם ירך לנכרי וכו' ואין חוששים שמא יראנה ישראל כשמוליהו לו ויחזור ויקנה אותה מן הנכרי ויאכלנה בגיד' כיון דשלימה היא מקומו של גיד הנשה היה ניכר אם נחפש הימנה והלוקח מבין שלא ניטל ונוטלו : שיטול את כולו . יחפש אחריו : לקיים בו מצות נטילה . גוממו (י) מלמעלה ודי :(ג) אכלו ואין בו כזית חייב . משום דבריה הוא וחייב בכל שהוא כאוכל נמלה כל שהוא שחייב : מזה כזית . מירך של ימין כזית וכן מירך של שמאל:אינו סופג אלא ארבעים . דסבר רבי יהודה אינו נוהג אלא בשל ימין דדרים סירך המיוחדת שבירך(יא)ואין הלכה

עיקר תוי"ט

בבהמה תאכלו . הר"ב ועתוי"ט : (ז) ור"י הוא דלר"ס כי היכי דאוסר בגיד אוסר נמי בחלב דביתרא שיטה שייטוי והיינו דבפי' האחר כ' הרב לדברי הכל . אבל בגמ' ליתא רק אוקימתא דלד"ה וכ"פ הר"ם. ועתוי"ט : (ח) החלב. חלב מאן דכר שמיה . ה"ק אין נאמנין עליו ועל החלב והכ"א כו' . גמ' . ובסתם חלב איירי דבחלבו של גיד שרי ר"י לגמרי . תו' : (ט) שולח כו' . ש"מ שמותר בהנאה . ועתוי"ם : (י) ל' תתיכה כמ"ש הר"ב במ"ד פ"ב דכלאים: (יא) ורבנן דפשיט איסוריה בבוליה ירך (הוא וקנוקנותיו ושרשיו נפשטין בכל הירך . והיינו גיד הנשה הפנימי הנמצא בתחלת פריעת הירך רש"י) לאפוקי חיצון דלא . גמרא : (יב) ואע"פ ששומן הגיד בששים אף ע"פ שהוא מדבריהם

ליגקר זייט פון דעם פיס (ונוהג בשליל כו') דר איסור איז נוהג אויך ביא זיין (בן פקועה) היינו א קעלבל וואס מען געפינט אין דר בהמה נאך דר שחיטה (ר' יהודה אומר כו') ר' יהודה זאגט עס איז ניט נוהג ביי איין בן פקועה (והלבו מותר) ארום דס פעטי פון דעם גיד איז מותר רק דר מנהג איז אז מען אהרת דס אויך (ואין הטבחים וכו') די קצבים זענן ניט בגלייבט צו זאגן אז זיי האבן דעם גיד הנשה מנקר געווען גם בדארף מען זייא ניט גלייבן אז זיי האבן דעם חלב פון דר בהמה א"ש נטרייבר(דב רי ר' מאיר) אזו האלט ר' מאיר (וחכמים אומרים) די חכמים זאגן אז די קצבים זענן זוא בגלייבט הן על גיד הנשה והן על חלב :

ב (שולח כו') איין יהודי מעג שיקן איין גוי די זייט פלייש וואס ליגט דרינן דיא גיד הנשה אונ מען בדארף ניט האבן מירא טאמר וועט איין אנדרר יוד אבטינג געבן אז דס איז יודיש פלייש וועט ער עס אפ קיפן ביי דעם גוי אונ דר יוד וועט ניט וויסן אז אונ דעם פלייש ליגט נאך דר גיד הנשה . ווייל דס אורט וויא דער גיד הנשה שטעקט איז לייכט צו דר קענן אוב מען האט אים נאך ניט אוס גטרייבערט (הנוטל) ווער עס איז מנקר איין גיד הנשה דארף ער אכטונג געבן ער זאל אים גאנצלך אר"ס נעמן (ר' יהודה אומר) ר"י זאגט ער בדארף נאר מנקר זיין דיא הויט פון אובן (ודיו) אונ מיט דעם איז ער שון מקיים די מצוה פון נקור הגיד :

ג (האוכל וכו') ווער עס עסט איין כזית פון גיד הנשה תאמשי עס איז אין אים ניט דא קיין כזית איז ער ג"כ חייב מלקות (אבל מזה וכו') ווער עס האט געגעסן איין כזית גיד פון דעם רעכטן פיס און איין כזית פון דעם לינקן דער איז חייב צווייא מאל מלקות (רבי יהודה אומר וכו') רבי יהודה זאגט ער איז ניט חייב נאר איין מאל מלקות :

ד (ורה וכו') אז דס זאטל איז גקאכט געווארן מיט דעם גיד (אם יש בששים וכו') אז עס איז [illegible] דעס

ד ירך שנתבשל בה גיד הנשה אם יש בה בנותן טעם הרי זו אסורה כיצד משערין
אותה כבשר בלפת: ה גיד הנשה שנתבשל עם הגידין בזמן שמכירו בנותן טעם.
ואם לאו כולן אסורין. והרוטב בנותן טעם. וכן חתיכה של נבילה. וכן חתיכה של
דג טמא. שנתבשל עם החתיכות בזמן שמכירן בנותן טעם. ואם לאו כולן אסורות.
והרוטב

ר"ע מברטנורה

הלכה כרבי יהודה: (ד) כבשר בלפת רואין כאילו הירך לפתות והגיד בשר. ואלו היה נותן טעם בבשר כשיעור הגיד בלפתות (כשיעור) הירך. אסור דשיעורים הלכה למשה מסיני וגמירי דבהכי משערים אם יש שאלו היה כרוב או קפלוט היה צריך פחות או יותר. והא מתניתין אדחיא לה ואינה הלכה דקיימא לן אין בגידין בנותן טעם ובין נתבשל ובין נמלח ובין נצלה משליכו ומותר ודווקא בו אבל בשמנו יש בו בנותן טעם: ואם לא ניטל שומנו אסור. במין במינו שאין אדם יכול להבחינו. משערין אותו בששים: (ה) גיד הנשה שנתבשל עם הגידים של היתר: בזמן שמכירו. משליכו לחוץ ואין כאן אלא פליטתו: בנותן טעם. אם יש בגיד של איסור בנותן טעם בכל אלו. כולן אסורים: ואם לאו. שאינו מכירו כולן אסורים דבכל אחד יש לומר זה הוא. ולא בטיל ברובא דבבריה הוא חשיב ובריה לא בטלה: בזמן שמכירו. להתיכה האיסור משערינן בנותן טעם ואם אין בהם כדי לתת טעם בכל היתר. הרי הבשר ניתרות. ואם אין מכירו. כל החתיכות אסורות דכל אחת יש לחוש ולומר טמא זה הוא. ואינה בטלה ברוב שאיל וראויה להתכבד בה לפני האורחים: והרוטב מותר אם אין בחתיכות האיסור כדי לתת טעם ברוטב ובקערה ותתיכות. והלכה למעשה באיסור שנתערב בהיתר. מין בשאינו מינו דאיכא למיקם אטעמא אם תרומה היא שנתערבה בחולין יטעמנה כהן. ואם דבר איסור הוא יטעמנו נחתום נכרי. אם אומר שאין בתערובת טעם התרומה או טעם האיסור. הכל מותר וסמכים רבנן לנחתום נכרי כיון דמלאכתו הוא לא משקר שלא יפסיד אומנתו ואי נתערב מין במינו דליכא למיקם אטעמא או מין בשאינו מינו אין כאן כהן או נכרי שנוכל לסמוך עליו. אם האיסור הוא מחלב ודם נבלות וטרפות שקצים ורמשים ובהמה ועופות ודגים טמאין וכיוצא בזה. משערים אותו בששים. אם יש ששים של היתר כנגד האיסור הכל מותר. ואם לאו הכל אסור. וכן שומן של גיד הנשה משערים אותו כנגד ששים של היתר. אבל כחל שנתבשל עם בשר משערים אותו בששי' וכחל מן המנין מפני שאיסורו מדברי סופרים(יב)· וביצה שיש בה אפרוח שנתבשלה עם שאר ביצים של היתר צריכה ששים ואחת כנגדה(יג). ואם האיסור הוא תרומה וחלה ובכורים. אם הוא מין במינו או מין בשאינו מינו. ואין שם כהן שיטעום משערין אותו במאה של חולין. ואם ערלה וכלאי הכרם משערים אותו במאתים. וכל השעורים הללו משערים בכל מה שבקדרה
ברוטב

עיקר תוי"ט

כדבריהם. הואיל וגיד הנשה בריה בפ"ע החמירו בו כאיסורי תורה. ב"י: (יג) מפני שהיא בריה בפני עצמה עכ"ל
היכר בה והוסיפו בשיעוריה. הר"מ. ור"ל שיש בה אפרוח שהיא בריה. כ"מ ועתוי"ט:

פלייש זא איין טעם גיד איז דם אסור אבר וויא באלד עס איז דא ששים היינו זעכציג מאל
זוי דר איסור וואס איז אריין אין דר קדירה איז דם מאכל מותר ווייל די חכמים האבן משער געוועזן
אז ניט ביי איין שארפי זאך איז שון מער ביי ששים קיין שום טעם ניט דא:

ה (גיד הנשה וכו) אז איין גיד הנשה איז צו זאמן געקאכט געווארן מיט אנדרי גידין כשרי איז דער
דין אזו (בזמן שמכירו וכו) אז ער דר קענט דעם גיד הנשה דארף ער אים ארוס ווארפן אין
די איבריגי גידין זענן אסור (בנותן טעם) היינו ווי באלד עס איז ניט דא קיין ששים (ואם לאו וכו')
אז ער דר קענט ניט דעם גיד הנשה (כולם אסורים כו') זענן אלי גידין אסור (והרוטב) אונ די יוך
(בנותן טעם) ווענט זיך צו עס איז דא ששים (וכן חתיכה וכו) אין אזו איז דר דין אז איין שטיק
טרפה פלייש (וכן דג טמא וכו') אויך איין טמא שטיק פיש ווען זיי ווערן געקאכט מיט כשרי שטיקער
איז אויך אזו דר דין (בזמן שמכירו וכו') ווען ער דר קענט דעם איסור בדארף ער דעם איסור ארוס
נעמן אין דם איבריגי מאכל בדארף מען משער זיין מיט ששים (ואם לאו וכו') אז ער דר קענט ניט
זענן אלי אסור (והרוטב וכו') אין די יוך בין איך אויך משער מיט ששים:

ודרוטב בנותן טעם: ו נוהג בטהורה ואינו נוהג בטמאה. רבי יהודה אומר אף בטמאה אמר רבי יהודה והלא לבני יעקב נאסר גיד הנשה ועדיין בהמה טמאה מותרת להן. אמרו לו בסיני נאמר אלא שנכתב במקומו:

אות ד דם הנדה ובשר המת מטמאין לחין ומטמאין יבשין אבל הזוב והניע והרוק והשרץ והנבלה והשכבת זרע מטמאין לחין ואין מטמאין יבשין. ואם יכולין להשרות ולחזור לכמות שהן מטמאין לחין ומטמאין יבשין. וכמה היא שרייתן

בפושרין

ר"ע מברטנורה

ברוטב ובחתיכות ובתבלין ובקיפה. והוא הדק דק שבשולי הקדרה. וכמו שהוא בא לפנינו משערין ליה: אלא משערינן במאי דבלעה קדרה מן ההיתר. לפי שאף מן האיסור נבלע ונתמעט מכמות שהיה דאמר דאיסורא בלע דאיסור' לא בלע: (ו) ואינו נוהג בטמאה שאם אכל גיד הנשה של טמאה למאן דאמר יש בגידים בנותן טעם לוקה משום טמאה ולא משום גיד. ולמאן דאמר אין בגידים בנותן טעם פטור מכלום. דכסבורה עץ הוא והתורה חייבה עליו. אבל בטמאה אינו נוהג: לבני יעקב נאסר ועדיין טמאה מותרת להן. עד מתן תורה: אמרו לו. פסוק זה שהזכיר עליו בסיני נאמר ועד סיני לא הוזהרו אלא שנכתב במקומו לאחר שנאמר בסיני כשבא לסדר משה את התורה. כתב המקרא הזה על המעשה על כן הוזהרו בני ישראל אחרי כן שלא יאכלו גיד הנשה (לידע מאיזה טעם נאסר להם) ואין הלכה כרבי יהודה:

אות ד דם הנדה מטמאין לחין. דכתיב והדוה בנדתה. מה שזב ממנה טמא כמות' (א) ובשעה שזב לח הוא: ומטמאין יבשים. דכתיב דם יהיה זובה בהווייתו יהא ואע"פ שנתייבש (ב) ובשר המת ומטמא יבש דכתיב או בעצם אדם אדם דומיא דעצם מה עצם יבש אף בשר יבש: והזב. רוק רך שיוצא ע"י נפטע ואני שמעתי ליחה היורדת מן החוטם. ומצטיאת הזב הן והוי אב כמותאה: והשרץ. דכתיב הנוגע בהם במותם כעין מותם דהייעו כשהן לחין כמו שהיו בעת מותם. אבל כל זמן שהשדרה קיימת והעצמות מחוברות בשדרה הואיל וצורתו נכרת כלח הוא נחשב: והנבלה. דכתיב כי ימות כעין מיתה: והש"ז. שצריך שיהא ראוי להזריע: מטמאין לחין ואין מטמאין יבשין. הזב מטמא לח ולא יבש דכתיב רר בשרו את זובו כעין ריר שהוא לח כמו ויורד רירו על זקנו: והניע והרוק. דכתיב וכי ירוק ובשעת שירוק לח הוא: וכמה הוא שרייתן דנימא אי כדלא בכי הכי שישרא לחין הן: בפושרין משת לעת. אבל אי צריכי ספי מים חמים או יותר מזמן מע"ל

יבשין

עיקר תוי"ט

פרק ז (א) לאו כשיעור משהו כמבואר פ"ק דכלים מ"ג: (ב) וה"ה יבש מעיקרא כדמרבינן ליה בגמרא מקרא.

אבל

ו (נוהג וכו) דר איסור איז נאר נוהג ביי זעלכי בהמות וואס זענען טהור אבער ניט ביי טמא בהמות (רבי יהודה אומר וכו) רבי יהודה זאגט אז דר איסור גיד איז דא ביי טמא בהמה ג"כ (אמר רבי יהודא וכו) ווארום ר' יהודא זאגט גיד הנשה איז נאך נאסרת געווארן צו די בני יעקב נאך איידר מען האט די תורה געגעבן חאטשי דעמאלט איז נאך בהמה טמאה מותר געווען (אמרו לו וכו) די אנדרי חכמים זאגן אבער צו אים (בסיני נאמר וכו) נאר דער איסור פון גיד האט זיך אן געהובן ביא מתן תורה (אלא שנכתב וכו) נאר ווייל דער איסור פון גיד קומט דורך דער מעשה פון יעקב אבינו דרום שטייט דער איסור דארט געשריבן אין דר תורה:

א (דם הנדה) בלוט וואס ריגט פון איין אשה ווען זיא איז אנדה (ובשר המת) אונ פלייש פון אמת (מטמאין) זענן מטמא ווער עס רירט זיא אן (לחין) ביא זייא זענן נאך פאכט ביא זייא זענן שון טרוקן (אבל הזוב כו') בלוט אונ שפאיוביץ אודר פאכטקייט פון אטמא וואס הייסט זב (והשרץ) אשרץ (והנבלה) אונ פלייש פון אנבלה (והשכבת זרע) אונ זרע וואס ריגט פון אזכר דיא אלי (מטמאין כו') זענן ניט מטמא נאר ווען עס איז נאס (ואם יכולין כו) נאר אז זיי זענן ניט שטארק פר טריקנט דהיינו אז מען וועט זייא צו ווייקן וועט ניט פעלן דר שיעור וויא אזו זענן געוועזן נאס זענן זייא מטמא אוך טריקן (וכמה כו') דעם שיעור פון ווייקן בין איך מצעד ווען עס זאל געווייקט

כפושרין מעת לעת ר׳ יוסי אומר בשר המת יבש ואינו יכול להשרות ולחזור לכמות
שהיה טהור: ב השרץ שנמצא במבוי מטמא למפרע עד שיאמר בדקתי את המבוי
הזה ולא היה בו שרץ או עד שעת כבוד וכן כתם שנמצא בחלוק מטמא למפרע
עד שיאמר בדקתי את החלוק הזה ולא היה בו כתם. או עד שעת הכבוס ומטמא
בין לח בין יבש ר״ש אומר היבש מטמא למפרע והלח אינו מטמא אלא עד שעה
שיהא יכול לחזור ולהיות לח: ג כל הכתמים הבאין מרקם טהורין ר״י מטמא מפני
שהם גרים וטועין. הבאין מבין העכו״ם טהורין מבין ישראל ומבין הכותים ר׳ מאיר
מטמא

ר״ע מברטנורה

יבש הן: ר׳ יוסי אומר. בשר המת יבש טהורה מלטמא בכזית. אבל מטמא טומאתן רק כמלא תרווד ואין הלכה כר״י: (ב) מטמא למפרע. כל טהרות שנגעו במבוי דמבוי רה״י הוא לענין טומאה וספיקו טמא או עד שעת כבוד. מפני שמחזקת בני ישראל בודקין מבואותיהן בשעת כבודיהן (ג) ואם היה שם שרץ היה רואה אותו: וכן כתם שנמצא בחלוק מטמא למפרע כל טהרות שעשתה האשה מיום כביסה אבל אותן של קודם כבוס לא מפני שמוחזקת בני ישראל בודקות חלוקיהן בשעת כבוסיהן (ד) ז״ב גם מה זה למפרע. עד שעת כבוד דאיכא למימר לאחר כבוד מיד נפל אבל הלח אינו מטמא למפרע אלא עד שעה שנוכל לומר אם נפל בו אותו יום עדיין יכול להיות עכשיו לח אבל עד שעת הכבוד לזמן מרובה לא דהא לח הוא ואי מההיא שעתא נפל היה מתעבד יבש ודוקא בשרץ הוא דפליג ר״ש בין לח ליבש אבל בכתם אפי׳ לח מטמא למפרע עד שעת כיבוס דאימור יבש היה ומים הוא דנפיל עליה אבל בשרץ ליכא למימר הכי דהאי איתא דמי׳ נפיל עליה אמרטיטי אמרטוט (ה) ואין הלכה כר״ש: (ג) הבאים מרקם. שהן נכרים ודמן טהור (ז) ואע״ג דרבנן גזרו על הנכרים שיהיו כזבים לכל דבריהם על כתמיהם לא גזרו: מרקם. בין קדש ובין שור מתרגמי׳ בין רקם ובין חגרא: שהן גרים. ודמן טמא: וטועים. כלומר לא נמיצי כולי הא׳ ואין מגיעי׳ את כתמיהם הלכך חיישינן במא כתמים של אשה נדה הן: הבאים מבין הנכרים טהורים. דלא גזרו רבנן על כתמיהן כיון דדמן ודאי טהור מן התורה: מבין ישראל ומבין הכותים ר״מ מטמא. מתני׳ חסורי מחסרא והכי קתני מבין ישראל ומבין הכותים טמאים דכותים גרי אמת הן ודמן טמא. כתמים הנמצאים בערי ישראל דהיינו במקו׳ גלוי טהורים דלא נחשדו על כתמיהן ואלנוטי מגנעי להו הנמצאים בערי כותים ר׳ מאיר מטמא דכותים נחשדו כל כתמיהן וחכמים מטהרין שלא נחשדו על כתמיהן ומגנעי להו ותלי׳ להאי כתם בדם חיה נכתם

עיקר תוי״ט

(ג) אבל אין חזקתן מתכבד: ועתוי״ט: (ד) ואין חזקתן מתכבס ולאחר הכבוס בודקות והיינו בזוית דהא חזינן דע״י כבוס טוב הולך הכתם בלא כממנים. תו׳ ועי׳ תוי״ט: (ה) פירש בערוך ענין כשהכתם נ״ל שענינו מרוצץ ומרוסס ונקרא בלשון חכמים ג״כ סמרטוט: (ו) להזור. סירכא דלישנא דלעיל נקט אבל להלודהי לא שייך ענין חזור׳ שהרי לא נתייבש. ועתוי״ט: (ז) דהא דתנן מן הרקם המביא גט טובא רקם הוה ועוד אף דברקם ישראל היו הא מצניעין כתמיהם אלא על עו״ג הן ומהורים ור״י מטמא משום שיש שם גרים כו׳ (ח) שלא כו׳. ואף ע״ג דכתמים דרבנן הך טומאה אית להו דסברו דמגופה אתא. ועתוי״ט (ט) אע״ג דברי תו׳ אבית

ווערן קיר און צוואנציג שעה און לעבלק וואבר (ר׳ יוסי אומר) ר״י זאגט (בשר המת כו׳) אז אפילו
פלייש פון א מת איז אוך אזו דר דין.

ב (השרץ כו׳) אשרץ אדר אנגדר דבר טמא אז עס איז געפינן געווארן אין (אמבוי) אשמאלע גאס
אין רשות הרבים דס הייסט מבוי איז דר דין אז אלי קדשים וואס מען האט זיך מיט זייא
כתעסק געווען אין דער מבוי אפילו פון לאנג זענען זייא טמא מספק טאמר ליגט שון דארט דער
שרץ לאנג (וכן כתם כו׳) אין אזו איז דער דין אז איין אשה געפינט אפלעק וואס זיא ווערט
חושדט טמא אלי קדשים וואס זיא האט זיך מתעסק געווען אפילו פון לאנג גייארט אז מען האט
די מבוי בודק געווען אדר אום געקערט אין אזו אז דיא אשה האט פריר בודק געווען איר באנד
נית טמא נאר די קדשים פון נאך דר בדיקה (ומטמא כו׳) עס איז קיין חילוק נית ביא די טומאה
זיין אצונד נאס אודר טריקן (ר״ש אומר) זאגט (היבש כו׳) אז די טומאה איז אצונד טריקן
זיינן דיא קדשים פון לאנג (והלח כו׳) זאגט אז דיא בדיקה איז אצינד טייבט איז נית טמא

מטמא. והחכמים מטהרים מפני שלא נחשדו על כתמיהן: ד כל הכתמים הנמצאים בכל מקום טהורין חוץ מן הנמצאים בחדרים ובסביבות בית הטומאות. של כותים מטמאין באוהל מפני שהם קוברים שם את הנפלים רבי יהודה אומר לא היו קוברין אלא משליכין והחיה גוררתן: ה נאמנים לומר קברנו שם את הנפלים או לא קברנו נאמנים לומר על הבהמה אם בכרה או לא בכרה נאמנים על ציון קברות ואינן

נאמנים

ר"ע מברטנורה

בכתם דלאו דם אשה נדה הוא הוא נמצא במקום גלוי דאינהו נמי מצנעי להו כישראל וכבר נפסקה הלכה דבזמן הזה גזרו על כותים להיות כנכרים לכל דבריהם וכתמיהן טהורים (ט) ככתמי הנכרים :(ד)בכ"מ. מקום ישראל טהורים שמחזקתן אינן מדם נדה דאצנועי מצנעי להו : בית הטומאות. חדר שנשים משתמשות בו בימי נדותן: קוברים שם. לפי שעה (י) כדי שיסלקו אותו לאחר זמן ולפי שאין אנו יודעין אם הסירו אותן אם לאו מטמאים באהל : (ה) נאמנים לומר קברנו. דטומאת מת מידי דאורייתא היא. וכגון שהכהן כותי מוחזק שהתרומה בידו ואוכלה (יא) דליכא למיחש שמא תרומה טמאה היא ובלאו הכי אינן נאמנין דלית להו לפני עור לא תתן מכשול ולא אכפת להם אם אנו חוששין על פיהם : אם בכורה. והוא שראינוהו עובד וגוזז בה (יב) דאי לא דידע דלאו בכור הוא לא עבד אדאורייתא דכתיב לא תעבוד בבכור שורך ולא תגוז בכור צאנך: נאמנים על ציון קברות. לציין מקום הקבר וסומכין עליהן. ואע"ג דמדרבנן הוא כיון דכתיבי זהירין דכתיב

בהא.

עיקר תוי"ט

הן. וישראל הוא דאע"ג דחטא כו' אלא הם אמרו דכתם טמא והם אמרו דכתמיהן טהורין : (י) דאי לאו הכי היאך משתמשים שם בימי טומאתן דהא נזהרים מטומאת מת ונפל כדתנן לק' נאמנים לומר לא קברנו שם הנפלים. ותוי"ט : (יא) מהו דתימא לא בקיאי ביצירה וסברי לאו בן ט' הוא ומיא בעלמא הוא קמ"ל. גמרא וע' תוי"ט

מהו

קדשים פון לאנג נאר פון היר צייט וואס איך בין משער אז פון דער צייט אן איז נאך מעגליך די טומאה זאל ליגן אונ זאל נאך פייכט זיין :

ג (כל הכתמים כו') אלי פלעקן וואס זענען אויף אנאנדער אורט טמא אז זייא זענען פון שטאט רקם זענען זייא טהור ווייל רוב מענטשן פון רקם זענען נכרים אין אכתם פון אגוי איז ניט טמא (ר' יהודה) איז מטמא ווייל ער האלט אז זענען גרים האבין זייא דעם דין ווי איין ישראל אונ זענען ניט נזהר אונ כתמים קענ זיין אז דער כתם איז פון איין אשה נדה (הבאים כו') אכתם וואס קומט פון איין אורט פון נכרים איז טהור אונ פון ישראל איז טמא רק אז מען געפינט אכתם אויף מקום הפקר איז אפילו אויף איין ארט פון ישראל ג"כ טהור ווייל איין ישראל איז נזהר אונ אטמא כתם איז מן הסתם דער כתם טהור (מבין כו') אכתם וואס קומט פון איין אומה כותים די אומה איז געווען גוים אונ האבן זיך מגייר. געווען בפרט אז אין דעם אורט איז דא ישראלים ג"כ דער כתם איז טמא נאר אכתם ווס עס ווערט געפינען אויף אמקום הפקר פון כותים איז (ר' מאיר) אויך מטמא ווייל ער זאגט אז אכותי איז אויך ניט נזהר אין טומאה קען זיין דער כתם איז טמא (וחכמים כו') אין די חכמים זענען מטהר זיי זאגן זיי זענען יוא נזהר ווי אישראל :

ד (כל הכתמים) אלי כתמים ווס ווערן געפינען אין איין אורט פון ישראל זענען טהור ווייל איין ישראל איז נזהר איז בוודאי דער כתם טהור חוץ אבער אויף די ערטער ווס זענען מיוחד צו דער אשה ווען זיא איז אנדה איז דר כתם טמא (של כותים) די ערטער ווס כותים וואנן זענען מטמא אז מען קומט נאר אריין ווייל זייא זענען חשוד אז זייא האבן אנפל בהאלטן לפי שעה דעם נפל בביתם רבי יהודה זאגט זענען ניט חשוד אונ זייער חדר איז טהור :

ה (נאמנים כו') איין כותי אז ער עסט אויף איין אורט תרומה איז ער בגלייבט אויף דעם אורט אז עס איז אזוינר ניט דארטן בגראבן קיין נפל (נאמנים כו') אדר אז איך זעה אז ער טוט

נאמנים לא על הסככות ולא על הפרעות ולא על בית הפרס. זה הכלל דבר שחשודים
בו אין נאמנים עליו

ברכות פ"ב

אות ה היה קורא בתורה. והגיע זמן המקרא אם כיון לבו יצא ואם לאו לא יצא ·
בפרקים שואל מפני הכבוד ומשיב ובאמצע שואל מפני היראה ומשיב
דברי רבי מאיר. רבי יהודה אומר באמצע שואל מפני היראה ומשיב מפני הכבוד
בפרקים שואל מפני הכבוד ומשיב שלום לכל אדם: ג אלו הם בין הפרקים בין
ברכה

ר"ע מברטנורה

וראה פנס אדם ובנה אלא ניח: לא על הסככות · אילן המיסך על הארץ ענפיו מובדלים ידוע ודאי שיש קבר תחת א' מאהלות · ואין ידוע איזה הוא ובא כותי והעיד על א' שזה טהור אינו נאמן לפי שאינו חש על הספק: ולא על הפרעות · אבנים גדולות בולטות מן הגדר וקבר תחת א' מהן ואין אנו יודעים ששם איזו מהן ובא כותי והעיד על מקצתן שהן טהורות אינו נאמן משום דלספיקא לא חייש: בית הפרס. שדה שנחרש בה קבר וכל ק' אמה של סביבות הקבר אוקמינהו רבנן בחזקת טומאה שמא גלגלה המחרישה והוליכה עצם כשעורה מן המת. ופרס ל' דבר פרוס ושבור שהעצמות של מת נפרסו שם ומפי אחרים שמעתי על שם שפרסות בני אדם נמנעים ללכת שם מפני הטומאה: זה הכלל · לאתויי תחומים ויין נסך שאין כותי נאמן לומר ע"ע שהוא שבת דתחומין דרבנן וכותים לא ס"ל וכן אין נאמנים על יין נסך לפי שאין נזהרים ממגע נכרים: וכל הדברים הללו לא נאמרו אלא בדורות הראשונים אבל בזמן הזה הן נכרים לכל דבריהם:

אות ה היה קורא בתורה. פרשת ק"ש והגיע זמן קריאת שמע. אם כיון לבו יצא. האומר מצות צריכות כונה צריך לפרש אם כיון לבו שהיה מתכוין לצאת ידי חובתו והאומר מצות אין צריכות כונה מפרש אם כיון לבו לקרות כנקודתן וכהלכתן לאפוקי קורא להגיה שאינו קורא כנקודתן אלא כדי להבין חסרות ויתרות דבקריאה כזו לא יצא ואנן קי"ל כמאן דאמר מצות צריכות כונה: בפרקים · לקמן במתניתין מפרש מה הם הפרקים: שואל מפני הכבוד. שואל בשלום אדם נכבד שראוי להקדים לו שלום כגון אביו או רבו או שגדול ממנו בחכמה: ומשיב. ואין צריך לומר שמשיב להם שלום אם הקדימו לו: ובאמצע · הפרק שואל מפני היראה אדם שהוא ירא מפניו שמא יהרגהו ואין צ"ל שמשיב לו שלום אבל מפני הכבוד לא: ר' יהודה אומר באמצע · הפרק שואל בשלום מי שהוא ירא ממנו ומשיב שלום למי שמוטל עליו לכבדו · ומשיב שלום לכל אדם. שהקדים לו שלום והלכה כרבי יהודה. ובכל מקום שאסיר להפסיק כך אסור לדבר בלשון הקדש
כמו

עיקר תוי"ט

(יב) כתו דתיכא לא בקיאי בטינוף וזמנין דלא טנוף וסובר דטנוף ופוטרת מבכורה קמ"ל: (יג) ועבדינן היכי דלא ציינו. רש"י

ברכות פרק

אמלאכה מיט אבהמה איז ער בגלייבט צו זאגן אז דיא בהמה איז ניט קיין בכור וואריום עס זאל זיין שקר וואלט ער בעצמו ג"כ ניט עובר געווען (נאמנים כו') גם זענן זייא בגלייבט צוא בצייכנן אקבר וויא ווייט עס איז (ואין נאמנים כו') אונ זענן ניט בגלייבט אויף איין אורט וואס איז מדקדק אז דארט איז זעכר דא אמת אז אויף דעם שטיק ארט איז ניט דא (זה הכלל כו') דר כלל איז אויף דער זאך וואס זענן אליין חשוד עובר צוא זיין זענן זייא ניט בגלייבט עדות צוא זאגן

אות ה פ"ב (היה קורא כו') ווער עס לייענט אין דר תורה פרשת ק"ש אין דר צייט וואס מען איז מחויב קריאת שמע צו לייענן אז ער איז זיך מכוין יוצא צוא זיין חובת ק"ש איז ער יוצא ובאם לאו איז ער ניט יוצא (בפרקים כו') צווישן איין פרק אונ צווישן דעם אנדרן מעג מען שלום געבן צו איין איש מכובד מכל שכן אז מען מעג אים ענפרן (ובאמצע כו') אין מיטן דעם פרק מעג מען געבן שלום צו אזו איינם וום מען דארף פאר אים מורא האבן דהיינו אביו או רבו מכל שכן אז מען מעג אים ענפרן שלום (דברי ר"מ) אזו האלט ר"מ (ר"י אומר) ר"י זאגט (באמצע כו') אין דער מיט פרק מעג ער געבן שלום מפני היראה דהיינו לאביו ולרבו מכל שכן אז ער מעג זייא ענפרן אבר צוא איין אנדרן איש מכובד טאר ער אפילו ניט ענפרן (בפרקים כו') אין צווישן

ברכה ראשונה לשניה בין שניה לשמע בין שמע לוהיה אם שמוע בין והיה אם
שמוע לויאמר בין ויאמר לאמת ויציב רבי יהודה אומר בין ויאמר לאמת ויציב לא
יפסיק. אמר ר' יהושע בן קרחה למה קדמה שמע ב לוהיה אם שמוע אלא כדי
שיקבל עליו עול מלכות שמים תחלה ואחר כך יקבל עליו עול מצות והיה אם
שמוע לויאמר שוהיה אם שמוע נוהג ביום ובלילה ויאמר אינו נוהג אלא ביום:
ג הקורא את שמע ולא השמיע לאזנו יצא ר' יוסי אומר לא יצא. קרא ולא דקדק
ד באותיותיה ר' יוסי אומר יצא ר' יהודה אומר לא יצא. הקורא למפרע לא יצא.

קרא

ר"ע מברטנורה

כמו בשאר לשונות: (ב) בין ויאמר לאמת ויציב לא יפסיק דכתיב וה' אלהים אמת הלכך אין מפסיקין בין ה' אלהיכם לאמת (א) וכן הלכה: והיה אם שמוע נוהג ביום ובלילה. דכתיב בה (דברים יא) ולמדתם אותם את בניכם ותלמוד תורה נוהג בין ביום ובין בלילה: ויאמר אינו נוהג אלא ביום. דאית ביה פרשת ציצית שאינה נוהגת בלילה דכתיב (במדבר טו) וראיתם אותו: (ג) רבי יוסי אומר לא יצא. דכתיב שמע השמע לאזניך מה שאתה מוציא מפיך (ג) ותנא קמא סבר שמע בכל לשון שאתה שומע והלכה כת"ק: ולא דקדק באותיותיה. להוציאן בשפתיו יפה בשתי תיבות שהתיבה השניה מתחלת באות שהתיבה הראשונה נגמרת כגון על לבבך עשב בשדך ואבדתם מהרה אם אינו נותן ריוח ביניהם להפרידם נמצא קורא אותן שתי אותיות כאות אחת: רבי יוסי אומר יצא. והלכה כרבי יוסי מיהו צריך לכתחלה לדקדק באותיותיה וכן יזהר שלא ימית הנד ולא יניד הנח ולא ירפה החזק ולא יחזק הרפה וצריך להתיז זיין של תזכרו (ה) שלא יהא נראה כאומר תשכרו בשי"ן כלומר כדי בחרבו שכר שהרי אין ראוי לשמש את הרב על מנת לקבל פרס: הקורא למפרע. שקדים פסוק שלישי לשני ושני לראשון וכיוצא בזה: לא יצא. דכתיב והיו הדברים בהווייתן יהיו כלומר כמו

שהן

עיקר תוי"ט

פרק ב (א) והואיל ובקרא לא כתיב ויציב נראה דבין אמת לויציב רשאי להפסיק וכ"כ בש"ע סי' ס"ו והתנא דנקט ויציב אשגרת לשון ולסימן בעלמא נקיט. תוי"ט: (ב) למה קדמה שמע. וא"ת תיפוק ליה דקדמה בתורה וי"ל דה"ק למת קדמה אף לפ' ציצית דקדמה לכולן אלא אמרינן אין מוקדם ומאוחר בתורה א"כ היה לנו להקדים והיה שהיא מדברת בלשון רבים. תו'. ומדמשני משום שיקבל עול כו' פריך ליה דא"כ תקדים ויאמר שיש בה ג"כ מעין קבלת על כו' דכתיב אני ה' אלהיכם ולהיות לכם לאלהים:(ג) כלומר כיון דבלשון שמיעה הוציא הכתוב ש"מ שצריך שישמיע לאזניו וכאלו כתיב השמע: (ד) ולא דקדק. ולמדתם שיהיה למודך תם ליתן

ריוח

די פרקים געבן שלום מעג ער נאר דוקא צוא איין איש מכובד אבר ענטפרן מעג ער אפילו צוא
יעדען מענטשן:

ב (אלו הן כו') צווישן די פרקים איז ערשטינס (בין ברכה) צווישן דר ערשטר ברכה אונ צווישן
דער אנדרר (בין שניה כו') צווישן דר אנדרר אונ צווישן שמע (בין שמע כו') צווישן שמע
אונ והיה אם שמוע (בין והיה כו') צווישן והיה אם שמוע לויאמר (בין ויאמר כו') צווישן ויאמר
לאמת ויציב (ר"י אומר) ר"י זאגט (בין ויאמר כו') צווישן ויאמר לאמת טאר מען ניט מפסיק זיין
דען אז מען לאזט אויש אני יי' אלהיכם מוז מען תיכף זאגן אמת (אריב"ק למה קדמה כו') פאר וואס
זאגט מען שמע פר והיה אם שמוע כדי ער זאל אויף זיך מקבל זיין עול מלכות שמים אין דער
נאך עול מצות (והיה אם שמוע כו') מען זאגט פריר והיה אם שמוע וויל דארט שטייט תלמוד
תורה וואס דאס איז נוהג ביי טאג אונ ביי נאכט אונ דער נאך זאגט מען (ויאמר) וואס דארט
שטייט מצות ציצית וואס עס איז נישט נוהג נאר ביי טאג:

ג (הקורא כו' קרא כו' ר"י אומר לא יצא) ווער עס לייענט ק"ש אין זיך שטיל אין זייני אויערן
הערן ניט וואס ער זאגט דר הט ניט יוצא געוועז (ר"י) זאגט אז בדיעבד הט ער יוצא געווען

קרא וטעה יחזור למקום שטעה: ד האומנין קורין בראש האילן או בראש הנדבך
מה שאינן רשאין לעשות כן בתפלה: ה חתן פטור מק"ש בלילה הראשון עד מוצאי
שבת אם לא עשה מעשה. מעשה ברבן גמליאל שקרא בלילה הראשון שנשא
אמרו לו תלמידיו לא למדתנו רבינו שחתן פטור מק"ש בלילה הראשון אמר להם
איני שומע לכם לבטל ממני מלכות שמים אפילו שעה אחת: ו רחץ בלילה
הראשון שמתה אשתו אמרו לו תלמידיו לא למדתנו רבינו שאבל אסור לרחוץ
אמר להם איני כשאר כל אדם איסטנים אני: ז וכשמת טבי עבדו קבל עליו
תנחומין

ר"ע מברטנורה

שהן סדורין בתורה ומיהו אם הקדים פרשה ויאמר לפרשה והיה אם שמוע ופרשה והיה אם שמוע לפרשה שמע נראה דאין זה חשוב למפרע ויוצא שהרי אינן סדורות כן זו לאחר זו בתורה: (ו) יחזור למקום שטעה. אם בין פרק לפרק טעה שאינו יודע באיזה פרק הפסיק ולראש איזה פרק יחזור חוזר להפסק ראשון שהוא בין שמוע. ורמב"ם אומר בהוא ואהבת את ה'(ז). ואם באמצע הפרק טעה שיודע הפרק שפסק בו אבל אינו יודע באיזה מקום מאותו פרק(ח) פסק, חוזר לראש אותו הפרק. היה קורא וכתבתם ואינו יודע אם הוא בוכתבתם של שמע או בוכתבתם של והיה אם שמוע חוזר לוכתבתם של שמע(ט) ואם נסתפק לאחר שהתחיל למען ירבו אינו חוזר שעל הרגל לשונו הוא הולך: (ד) נדבך. שורה של בנין אבנים כמו נדבכים דאבן גלל בעזרא(י) אף על גב דמסתפי דלמא נפלי ולא מצי מכווני לא הצריכום חכמים לרדת דק"ש לא בעי כוונה אלא פסוק ראשון בלבד: מה שאינן רשאין לעשות כן בתפלה. דצלותא רחמי היא ובעי כוונה הילכך יורדין למטה ומתפללין: (ה) חתן. הנושא בתולה פטור מקריאת שמע לילה ראשון מתוך דטריד שמא לא ימצא לה בתולים ואי שמעתי שמתירא שמא יעשה כרות שפכה בבעילתו ופרשה דמצוה היא(יא) ורחמנא אמר ובלכתך בדרך בלכת דידך הוא דמחייבת הא דמצוה פטירה: אם לא בעל עד מ"ש שהם ד' לילות טריד טפי והולך לנו גם כן (יב) ומ לא

עיקר תוי"ט

ריוח בין הדבקים. גמ': (ה) בכל האותיות יש לדקדק: (ו) ורבי יהושע לא קפיד אלא לכתחלה: (ז) משום שצריך להפסיק בין לעולם ועד לואהבת. א"כ זהו הפסוק הראשון שצריך לחזור בו. ומאחר שברור לו שכבר קרא פרשה אחת מק"ש א"א שלא קרא עד לעולם ועד ולכך א"צ להתחיל מתחלת שמע. ב"י: (ח) וגם א"י אם קרא כלום מהפרק אבל מה שברי לו שקרא א"צ שיקרא עוד: (ט) הכי איתא בגמ' אבל בין וקשרתם לוקשרתם אין לטעות דקמא קמץ וטעמו מאריך. ותניין פתוח וטעמו אזלא: (י) בלילה. מדלא תני מלילה כו' י"ל דדוקא בלילות פטור אבל ביום חייב דמסיח דעתו אך י"ל דלכך נקיט בלילה לפי שמן הסתם בלילה הראשון הוא ואי לא פטור עד מ"ש: (יא) והר"מ פי' משום מצות פריה ורביה. ובאלמנה אין טרדא עם המצוה משא"כ בבתולה איתנהו

(קרא כו' ר"י אומר יצא) ווער עס לייענט ק"ש אונ איז ניט מדקדק ער זאל זאגן איטליכם ווארט
וויא מען דארף זאגט ר' יוסי אז ער האט יוא יוצא געווען אונ ר"י האלט אז ער האט ניט יוצא געווען
(הקורא למפרע כו') ווער עס לייענט ק"ש צוריק דהיינו דעם דריטן פסוק פאר דעם אנדערן אונ
דעם אנדערן פאר דעם ערשטן וכדומה דער האט ניט יוצא געווען (קרא וטעה כו') אז ער לייגט
אונ איז זיך אין מיטען ליינן טועה אין ווייסט ניט וויא ער האלט דארף ער אן הייבן פון דעם
אורט וואס ער איז מסופק:

ד (האומנין כו' בתפלה) דיא בעלי מלאכות וואס ארבטן אין דער הייך אויף בוימר אודר אויף
מאווערן מעגין זיי דארט קריאת שמע לייענן אבר דאווינן שמונה עשרה מוזן זיי אראפ גיין:
ה (חתן פטור כו') איין חתן נאך דער חופה איז פטור פון קריאת שמע דיא ערשטי נאכט אונ
אזו אוך דיא ערשטי פיר נעכט אז עס איז נישט געווען קיין זיווג (רבי גמליאל כו' שנשא)
ר' גמליאל האט יוא קריאת שמע גלייענט די ערשטי נאכט נאך דער חופה (אמרו כו' שעה אחת)
האבן די תלמידים אים געפרעגט האכט דוא אונז דען אליין נישט געלערנט אז איין חתן איז פטור
פון קריאת שמע די ערשטי נאכט האט ער גענפערט האטשי איין חתן איז פטור וויל איך דאך נים
מבטל זיין עול מלכות שמים אפילו איין רגע:

תנחומין אמרו לו תלמידיו לא למדתנו רבינו שאין מקבלין תנחומין. על העבדים אמר להם אין טבי עבדי כשאר כל העבדים כשר היה: ח חתן אם רצה לקרות קריאת שמע לילה הראשון קורא ר' שמעון בן גמליאל אומר לא כל הרוצה ליטול את השם יטול:

דמאי פרק ב

אות ו ואלו דברים מתעשרין דמאי בכל מקום הדבילה והתמרים והחרובין האורז והכמון. האורז שבחוצה לארץ כל המשתמש ממנו פטור:

המקבל

ר"ע מברטנורה

לא סליד ואע"פ שלא עשה מעשה חייב בקריאת שמע: (ו) רחץ לילה הראשון שמתה אשתו. ואע"פ שהאבל אסור ברחיצה: אסטניס. אני קר ומפנק לשון נינה (פי) והיכא נצרא אם לא היה רוחץ ואין אסור בימי אבלו אלא רחיצה של תענוג: לא כל הרוצה ליטול את השם יטול. אם לא הוחזק חכם ופרוש בשאר דברים אין זה אלא גאוה שמראה בעצמו שיכול לכוין לבו ואין הלכה כרבן שמעון בן גמליאל. וחזינן לקמא מרבותינו דאמרי דהאידנא כל אדם יקרא קריאת שמע בלילה הראשון שכיון שבדורות הללו אין מכוונים כל כך בשאר ימים אם לא יקרא בלילה ראשון מיחזי יותר כיוהרא שמראה עצמו שהוא מכוין בכל פעם אלא השתא משום שפריך במצוה:

אות ו ואלו דברים: בכל מקום. אפי' בכזיב ולהלן(א) אם לקחן מעם הארץ דנידוע שמארץ ישראל באו דמנכרי שאין דומתן אלא בארץ ישראל: והאורז שבחוצה לארץ כל המשתמש ממנו פטור. אפי' בארץ ישראל דאנכר פטי ולא אתי לאחלופי בארז של א"י אבל שאר דברים הנזכרים במתניתין איכא מינייהו בארץ ישראל דדמו לאותן שבחוצה לארץ אלא דהנהו דחשיבי דדרך לנופלם מתוך חשיבותן למקומות שאין כיוצא בהן בפי

עיקר תוי"ט

איתנהו מרדות בתרי גווני כמ"ש הר"ב: (יב) ל' הערוך לבו קרוב לה כמו כל לשון גסות שבתלמוד ולפי' הא' שלבו קרוב לה ימחול לה אף אם לא ימצאנה בתולה כו' ולפי' הב' כשהוא קרוב לה ישהה בבעילתו ולא יבוש כדי שלא יעשה כרות שפכה. והעיקר בעיני שהוא לשון גסות הרוח. תוי"ט: (יג) מעשה כו'. לאו מעשה לפתור הוא דקמ"ל אם אדם גדול הוא ובטוח בעצמו שיוכל להתכוון והוא ראוי ליטול כו' הרשות בידו. תוס': (יד) רחץ. במים חמים. הר"י חה אסור אפ' במקצת גופו: (טו) ממלת צנת שלג. ונחלף בסמ"ך מפני שהם ממוצא א' נ.השנים: (טז) השם. שם טוב שהוא מדקדק במצות כו':

פרק ב (א) לשון הר"מ בין בארץ ישראל בין בחוצה לארץ וא"כ פירות ארץ ישראל שיצאו לח"ל חייבין בתרומה ובמעשר: (ב) ואין רצונו באלו המינים כל המין אלא חלק ידוע מאותו המין שלא ימצא כמוהו אלא בא"י

ו (רחץ כו' אסטניס אני) ר' גמליאל האט זיך געבאדען דיא ערשטי נאכט ווען דאס ווייב איז אים געשטארבן די תלמידים זאגן צו אים רבינו דוא האסט אונז געלערנט אז איין אבל טאר זיך ניט באדן ער ענפרט זייא דם איז אמת רק איך בין אבער איין שוואכר איידלער מענטש אונ מוז דם באד האבן לרפואה:

ז (וכשמת טבי כו' כשר היה) אז זיין קנעכט טבי איז געשטארבן האט ער מקבל תנחומין געווען האבן דיא תלמידים אים געפרעגט מיר האבן ביי דיר געלערנט אז מען דארף נישט מקבל תנחומין צוא זיין אוף קיין עבדים ער ענפרט זייא טבי עבדי איז נישט וויא אנדרי עבדים ער איז איין איש כשר געווען:

ח (חתן כו' יטול) איין חתן מעג אויף זיך מחמיר זיין ער זאל לייענען קריאת שמע די ערשטי נאכט ר' שמעון בן גמליאל זאגט ניין ניט איטלעכר מעג ווייזן אז ער איז מדקדק במצות רק איין איש מפורסם ביראה:

אות ו דער דין איז דאס וואס וואקסט אונ ארץ ישראל בדארף מען צוא מעשרין אונ מען קופט ביי איין עם הארץ בדארף מען מעשרין מספק ווייל ער איז חשוד אויף מעשר זאגט אצונד די משנה (ואלו דברים כו') די פירות אויף יעדן אורט ווען מען קופט זיי פון איין עם הארץ אפילו

ב הַמְקַבֵּל עָלָיו לִהְיוֹת נֶאֱמָן מְעַשֵּׂר אֶת שֶׁהוּא אוֹכֵל ג וְאֶת שֶׁהוּא מוֹכֵר וְאֶת שֶׁהוּא
לוֹקֵחַ וְאֵינוֹ מִתְאָרֵחַ אֵצֶל עַם הָאָרֶץ . ר׳ יְהוּדָה אוֹמֵר אַף הַמִּתְאָרֵחַ אֵצֶל עַם הָאָרֶץ
נֶאֱמָן . אָמְרוּ לוֹ עַל עַצְמוֹ אֵינוֹ נֶאֱמָן כֵּיצַד יְהֵא נֶאֱמָן עַל שֶׁל אֲחֵרִים : ג הַמְקַבֵּל
עָלָיו לִהְיוֹת חָבֵר ה אֵינוֹ מוֹכֵר לְעַם הָאָרֶץ לַח וְיָבֵשׁ וְאֵינוֹ לוֹקֵחַ מִמֶּנּוּ לַח וְאֵינוֹ
מִתְאָרֵחַ אֵצֶל עַם הָאָרֶץ וְלֹא מְאָרְחוֹ אֶצְלוֹ בִּכְסוּתוֹ . ר׳ יְהוּדָה אוֹמֵר אַף לֹא יְגַדֵּל
בהמה

ר״ע מברטנורה

כפי שפירי דידוע שמארץ ישראל הן(ב):(ב) להיות נאמן על המעשרות ולא יהיו פירותיו דמאי מכאן ואילך :
את שהוא לוקח . על מנת למכור דאלו על מנת לאכול הא תנא רישא מעשר את שהוא אוכל . ואת שהוא מוכר
מפירות קרקעיתיו : על עצמו אינו נאמן. שהרי הוא אוכל דבר שאינו מתוקן (ד)כשהוא מתארח אצל עם הארץ.
ורבי יהודה סבר שאינו מפסיד נאמנותו ואין הלכה כרבי יהודה : (ג) להיות חבר · לענין טהרות דהיינו
שרוצה ויהיו בגדיו ומשקים שלו טהורים ואפי׳ תלמיד חכם אינו נאמן לענין טהרות עד שיקבל עליו דברי
חברות אלא אם כן היה זקן ויושב בישיבה והמקבל עליו דברי חברות צריך להרגיל עצמו שלשים יום ואחר
כך יהיו בגדיו ומשקים שלו טהורים ואין קבלת דברי חברות בפחות משלשה חברים אלא אם כן היה המקבל
ת״ח שאין צריך בפני שלשה ולא עוד(ו) אלא שאחרים מקבלים לפניו : לח ויבש . דאין מוסרים טהרות לעם
הארץ שאסור לגרום טומאה לחולין שבארץ ישראל : ואין לוקח ממנו לח. אבל יבש לוקח ממנו שלא הוכשר לקבל
טומאה כל זמן שלא בא עליו משקה ונאמן עם הארץ לומר הפירות הללו לא הוכשרו (ז)אבל אינו נאמן לומר
הוכשרו אבל לא נטמאו : ולא יתארח אצל עם הארץ . שלא יטמא ויבא ויטמא טהרות : ולא מארחו לעם
הארץ אצלו בכסותו דכסות עם הארץ טומאתו חמורה מטומאת עם הארץ עצמו דחיישינן שמא (זבה) עליהן
ששמשו

עיקר תוי״ט

א״י בלבד וע״כ יתחייב בו דמאי בכל מקום שהוא . הר״מ : (ג) שהוא כו׳ . צריך שיקבל עליו דברים אלו
בשיבואו עדים שקיבל דברים אלה ברבים ושהוא רגיל בהם תמיד הרי זה נאמן . הר״מ : (ד) שאינו נאמן שיאמר
כי מה שאכלתי עמו היה מעושר מפני שהוא נוגע בעדותו . הר״מ : (ה) חבר . נקרא ת״ח וכן יקראו לת״ח
חברים ונקראו בזה השם כי חברתם זה לזה חברה נאמנת כי היא חבורה לשם שמים. הר״מ : (ו) לכאורה בראות
דא״כ דזקן ות״ח דת״ח אע״פ שא״צ בפני ג׳ צריך להרגיל עצמו ל׳ יום. אבל הזקן אין צריך גם לזה אלא כא״א
לו׳ כן עי׳ בכורות ד״ל ועי׳ בתוי״ט : (ז) דהא דאין עם הארץ נאמן לומר שלא נטמאו אע״פ שהוא ישראל וישבו
בתורה ובמצות . לפי שאין בקיאין בדקדוקי טהרות וטמאות הלכך לענין שלא הוכשרו נאמן שאין זה צריך לשום
בקיאות לדקדק . תוי״ט : (ח) היינו אפי׳ עישר את פירותיו לפניו : (ט) והא דתנן לעיל דאין חבר רשאי למכור
לעם

אונ חוץ לָאָרֶץ (מתעשרין) מוז גִימַעֲשָׂרְתְּ וֶוערְן (דמאי מספק) דִי פֵּירוֹת ווָאס זֶענֶען גִימַעֲשָׂרְתְּ גִיוָואָרְן
מִסָּפֵק וֶוערְט אָן גְרִיפְן דְמַאי (הדבלה) פַייגְן (והתמרים) אונ טֵייטְלְן (והחרובין) אונ בָּאקְסֶערְן (האורז
הָרִייז (והכמון) קוּמְל (האורז כו׳) הירזש ווָאס וַואקְסְט אונ חוץ לָאָרֶץ אִיז פָּטוּר פוּן מַעֲשֵׂר
אֲפִילוּ אִין אֶרֶץ יִשְׂרָאֵל :

ג׳ (המקבל עליו כו׳) אַז אֵיין עַם הָאָרֶץ ווִיל אוֹיף זִיךְ מְקַבֵּל זַיין צוּ מְעַשְּׂרִין אִין זַייא זַיין אַנֶאֱמָן
דְרוֹיף (מעשר כו׳) בַּדַארְף עֶר אוֹיף זִיךְ מְקַבֵּל זַיין צוּ מְעַשְּׂרִין ווָאס עֶר ווֶעט עֶסְן אוּן
ווָאס עֶר ווֶעט פַאר קוֹיפְן אִין אֲפִילוּ ווָאס עֶר הָאט גְקוֹיפְט בַּייא אַנְדְרְן צוּא פַאר קוֹיפְן (ואינו כו׳
אונ טָאר נִישְׁט עֶסְן בַּייא אֵיין עַם הָאָרֶץ (ר״י אומר כו׳) ר״י זָאגְט אֲפִילוּ עֶר אַלֵיין עֶסְט בַּייא אֵיין
עַם הָאָרֶץ קֶען עֶר דָאךְ בְּגְלֵייבְּט זַיין קֶעגְן אַנְאַנְדְרְן אַז עֶר הָט אוֹיף זִיךְ מְקַבֵּל גְוֶועזְן (אמרו לו כו׳
דִי חֲכָמִים קְרִיגְן אוֹיף ר״י אונ הָאבְּן אִים גְזָאגְט אַז עֶר אַלֵיין אִיז נִישְׁט נִזְהָר צוּ עֶסְן בַּייא אֵיין עַם
הָאָרֶץ ווִי אַזוֹ זָאל אִיךְ אִים גְלֵייבְּן קֶעגְן אַנְדְרֵי

ד׳ (המקבל עליו כו׳) אַז אֵיינֶר ווִיל אוֹיף זִיךְ מְקַבֵּל זַיין עֶר זָאל הָאבְּן דֶעם דִין ווִיא אַ תַּלְמִיד חָכָם
עֶר זָאל בְּגְלֵייבְּט זַיין עֵדוּת צוּא זָאגְן ווֶעלְכְם עֶס אִיז טָהוֹר אִין מֶען זָאל הָאלְטְן זַיינֶע
קְלֵיידֶר אונ מַשְׁקֶה פַר טָהוֹר פוּן טוּמְאָה (אינו מוכר כו׳) טָאר עֶר נִיט פַר קוֹיפְן קֵיין שׁוּם זַאךְ
אֵיין עַם הָאָרֶץ סַייא דִי זַאךְ אִיז פֵייכְט סַייא טְרִיקְן כְּדֵי דֶר עַם הָאָרֶץ זָאל דִי זַאךְ נִיט מְטַמֵּא זַיין
וואס

בהמה דקה ולא יהא פרוץ בנדרים ובשחוק ולא יהא מטמא למתים ומשמש בבית המדרש אמרו לו לא באו אלו לכלל: ד הנחתומין לא חייבו אותם חכמים להפריש אלא כדי תרומת מעשר וחלה י' החנונים אינן רשאין למכור את הדמאי. כל המשפיעין במדה גסה רשאין למכור את הדמאי. אלו הן המשפיעין במדה גסה כגון הסיטונות יא ומוכרי תבואה: ה רבי מאיר אומר את שדרכו להמדד בגסה ומדדו

ר"ע מברטנורה

אשתו נדה ובגדי עם הארץ מדרס לפרושים אי נמי לכך אמרו לא מארחו אצלו בכסותו דמרגיל עצמו יכול ליזהר מפני מסבת כסותו: אף לא יגדל בהמה דקה. שאסור לגדל בהמה דקה בארץ ישראל שלא ירעו בשדות אחרים: ולא יהא פרוץ בנדרים. שסופו לבא לידי חילול: ולא יהא פרוץ בשחוק דשחוק וקלות ראש מרגילין את האדם לערוה: ומשמש. תלמידי חכמים בביהמ"ד: לא באו אלו לכלל. דאין עניים נוטה לטהרות ואין הלכה כר' יהודה: (ד) הנחתומים. נחתום חבר שלקח תבואה מעם הארץ שהיא דמאי לא חייבו אותו חכמים להפריש אלא כדי תרומת מעשר. שהיא אחד ממאה אבל לא מעשר שני מתוך שבוסרי המלך ונוגביו הונסים אותם בכל שעה ואמרי' להם מכרו בזול לא הכריחו עליהן חכמים כמעשר שני שטרחו מרובה שצריך להעלו בירושלים ודוקא כשמוכר לחבר שלוקח יפרים מעשר שני אבל אם מוכר (ס) לעם הארץ חייב להפריש מעשר שני קודם שימכור: החנונים. שמוכרים מעט מעט בחנות אינן רשאין למכור את הדמאי הואיל והן משתכרים הרבה עליהם מוטל לתקן אי נמי מפני מרגילין למכור להינוקות שלא יאכלו התינוקות דבר שאינו מתוקן: כל המשפיעים. שמוכרים בשפע הרבה ביחד: במדה גסה. לקמן מפרש כמה היא מדה גסה: רשאין למכור את הדמאי. דרך המוכרים הרבה ביחד להוסיף על המדה ולכן נקראו משפיעים שעושין מדה גדושה ומוסיפים על המדות ומשום הכי לא הטילו עליהם לתקנים את הדמאי אלא על הלוקח מהם: סיטונות. הם הסוחרים הגדולים הקונים תבואה מבעל הבית ומוכרים אותם לחנונים במדה גסה: (ה) את שדרכו להמדד בדקה ומדדו בגסה גרסינן בפלה

עיקר תוי"ט

לעם הארץ. אפשר לומר דחבר דהכא לאו דוקא אלא דנאמן למעשרות. ועוד י"ל דאתיא אליבא דכאן דאמר דמותר לגרום טומאה כו': (י) ולקמן בריש פרק ה' מפרש דהכא במוכרים במדה דקה עסקינן ומתרי טעמי דהנונים הוא. תוי"ט: (יא) סיטון. בל' יון חטין ומשום שקונה הרבה הטין ביחד קורא לו סיטון רשב"ם וי"ל זה נקרא כל תגר גדול סיטון: (יב) פי' גירסא המהופך. כל הדברים שדרך בני אדם למכור בגסה מותר לו לכברן דמאי

וואס זיין איז פריער מהור געווען (ואינו כו') אין מאר ניישט קויפן פון איין עם הארץ אויך וואס איז פייכט (ואינו כו') אונ טאר זיך ניט געבן מיט איין עם הארץ ער זאל צו אים קומן לביתו (ולא כו') אין טאר דעם עם הארץ צו זיך ג"כ נישט נעמן (בכסותו) דערמאלט ווען דער עם הארץ גייט אין זיין מלבוש ווייל זיין מלבוש איז טמא (ר' אומר וכו') ר"י זאגט (אף לא כו') אז ער דארף גיזהר זיין ג"כ ער זאל בייא זיך נישט מגדל זיין (בהמה דקה) אזעלכי בהמות וואס זענען רגיל צו פאסן אין פרעמדי פעלדר (ולא כו') אונ זאל ניט מערין נדרים צו טאן (ובשחוק) אונ זאל גיזהר זיין פון הוללות (ולא יהא כו') אונ זאל זיך אפ היטן ניט מטמא צו זיין צו מתים (ומשמש כו') אונ זאל משמש זיין תלמידי חכמים (אמרו לו כו') די חכמים קריגן אויף ר"י אונ האבן אים גזאגט (לא באו כו') אז דיא אלי זאכן בדארף ער אויף זיך ניט מקבל זיין:

ד (הנחתומין כו') אביעקר אז ער איז אהלמיד חכם אז ער קופט תבואה פון איין עם הארץ בדארף ער ניט מעשרין נאר (תרומת מעשר) היינו איינס פון הונדערט וואס דר לוי בדארף געבן פון זיין מעשר דעם כהן (וחלה אונ בדארף ג"כ געמן חלה (החנונים כו') קרעמערס וואס פאר קופן לאחדים טארן ניט פאר קופן פירות פון איין עם הארץ נייערט ער מעשר'ת זייא פריער (כל המשפיעים כו') אבער הורט קרעמערס ווייל ער פאר דינט ווייניג מעג ער פאר קופן אום גמעשר'ת (אלו כו') דיא סוחרים פון האָרט זענען (כגון) דהיינו (הביטונות כו') סוחרים פון ווייטץ אדר פון אנדרי תבואה ובדומה:

יב ומדדו בדקה טפלה דקה לגסה. את שדרכו להמדד בדקה ומדד בגסה טפלה גסה לדקה איזה היא מדה גסה ביבש שלשת קבין. ובלח דינר יד. רבי יוסי אומר סלי תאנים וסלי ענבים וקופות של ירק כל זמן שהוא מוכרן אכסרה פטור

מכשירין פ"א

אות ז זיעת בתים בורות שיחין ומערות טהורה א. זיעת האדם טהורה. שתה מים טמאים והזיע. זיעתו טהורה. בא במים שאובים והזיע. זיעתו טמאה.

נסתפג

ר"ע מברטנורה

טפלה דקה לגסה. ופטור כשהוא מוכר בגסה ולא אמרינן כיון דדרכו למוד בדקה הו"ל כשמודד בגסה: (יג)ובלח דינר. מדהביא בה מה שהיא שוה דינר לפי שלא היתה מדה ידועה אלא שהשער משתנה תמיד לכך שערו בדמים: אכסרה. לא במדה ולא במשקל אלא לפי האומד ספור דהוי כמוכר בגסה ואין הלכה כרבי יוסי: אות ז זיעת בתים טהורה. אינה מכשרת הזרעים לקבל טומאה: זיעתו טמאה. דמחמת המים היא. ודוקא בא במים שאובין. אבל בא במים מחוברים דלא מכשרי. לא דאע"ג דהשתא מיהא תלושים נינהו. לא לרצון נתלשו(ג): (ב)מרחץ טמאה. של מים שאובין: זיעתה טמאה מכשרת את הפירות ומטמאתן(ג): וכו'ה.

כלומר

עיקר תוי"ט

דמאי אע"פ שהוא מודד בדק' וזה שאמר טפלה דקה לגסה. ואם הדבר נמכר מטה שדרך למדוד במדה דקה אינו מותר למוכרו דמאי פי' למדוד במדה גסה שר"מ הולך אחר דבר הנמכר. הר"ש: (יג) דר"מ הולך אחר המדידה היאך היא ולא אחר הדבר הנמכר מה שהוא: (יד) דינר. שיעורו ששה זוזים מכסף ומשקל כל זוז ששת עשר שעורים הר"מ וזוז שכתב ר"ל מעה:

פרק ב (א) בתים כו' טהורה. ואפי' הן טמאים. הר"ם: (ג) וצ"ל דמיירי שלא בא בתוכם לטבול דלא תקשה מתני'

ה (ר"מ אומר) זאגט (את כו') אז אפילו אזאך וואס ער פר קויפט עס הכיד לאהדים אז ער פר קויפט אין הארט הט ער דעם דין ווי אסוחר פון הארט אונ אזו איז פר קערט ג"כ (איזה כו') בכה איז דער שיעור פון הארט (ביבש כו') ביי אטריקני סחורה איז דער שיעור (שלשת קבין) דריא מאסן וואס הייסט קב היינו זעקס קווארט אונזערי (ובלח) אונ ביא פאבטע זאכן איז דר שיעור (דינר) כמה מען פר קויפט פר אבטבע וואש הייסט דינר (ר"י אומר) זאגט (סלי תאנים) פייגן וואס ליגט אסאך אין אקארב (וסלי ענבים) אונ אוך אזו ווין טרויבן (וקופות כו') אדר האפען פון גרין ווארג (כל זמן כו') אז עס ווערט פאר קויפט אן אוואג אין אן אבאם נאר עס ווערט פאר קויפט (אכסרה) לויט מען שאצט אליין אפ (פטור) האט עס דעם דין וויא אין הורט אונ מען איז פטור פריר צוא מעשרין:

אות ז (זיעת וכו') ווייל דער דין איז אז אלערליא זאמן היינו וואס עס שפראצט פון דער ערד וויא באלד עס איז נאך קיין מאל אוף זייא קיין וואסר געקומן אזו קענן זייא נישט טמא ווערן אפילו זייא ריהרן אן איין שרץ אדר אין איין אנדר דבר טמא אזוי שרייבט אונז דא דער תנא וועלכס פייכטקייט עס האט דעם דין מים אונ וועלכס פייכטקייט עס איז נאר אפראכטי שוויים אונ עס האט נים דעם דין מים אונ דאש רעכנט אונז אצונד דער תנא אין דער ערשטי משנה: (זיעת בתים וכו' האדם טהורה) פייכטקייט פון איין הויז אודר פון איין אנדר גבייא האט נישט דעם דין מים (שתה מים וכו' טהורה) ווען איין מענטש האט געטרינקן טמא וואסר אין האט זיך דער פון דער היצט ביז זיין לייב האט געבראכט שוויים דער שוויים האט נים דם דין מים (בא במים וכו' טמאה) ווען איינר האט זיך געבאדן אין וואסר ביז זיין לייב האט געבראכט שוויים דער שוויים האט יא דעם דין מים ווייל עס איז געקומן דורך וואסר (נסתפג וכו' טהורה) ווען ער האט זיך אבר פריר גיט אפ געווישט אין דער נאך איז אן געקומן דער שוויים. דער שוויים האט נישט

דעם

נסתפג ואחר כך הזיעתו. טהורה: ב מרחץ טמאה. זיעתה טמא. וטהורה בכי יותן. הבריכה שבבית. הבית מזיע מחמתה. אם טמאה. זיעת כל הבית שמחמת הבריכה טמאה: ג שני בריכות אחת טהורה ואחת טמאה, המזיע קרוב לטמאה, טמא. קרוב לטהורה, טהור. מחצה למחצה טמא. ברזל טמא שבללו עם ברזל טהור. אם רוב מן הטמא טמא. ואם רוב מן הטהור טהור. מחצה למחצה טמא. גסטריות שישראל ונכרים. מטילין לתוכה. אם רוב מן הטמא טמא. ואם רוב מן הטהור טהור. מחצה למחצה טמא. מי שפיכות שירדו עליהן מי גשמים. אם רוב מן הטמא טמא ואם רוב מן הטהור טהור. מחצה למחצה טמא. אימתי

בזמן

ר״ע מברטנורה

כלומר חיפת מרחץ טהורה כגון מרחץ של מי מעין דלאו מים שאובים נינהו: הרי היא בכי יותן. שהזיעה מכשרת את הפירות: אם טמאה. הבריכה כל זיעה שיזיע הבית מחמתה מכשרת ומטמאה. אבל שלא מחמתה הויא לה זיעת הבית וטהורה: (ג) ברזל טמא. שבא משברי כלים טמאין: שבללו. שטרפו וערבו עם ברזל טהור שבא מן העשת. אם רוב מן הטמא טמא. חכמים גזרו על כלי מתכות שנטמאו ושברן והתיכן ועשה מהן כלי׳ שיחזרו לטומאתן הישנה עד שיזה עלייהו ג׳ וז׳ ויטבילם ויעריב שמשן: גסטריות. כמין קדרות עשויות מהסתין כהם ובלשון ערבי קורין להם גסריא״ס, בישראל ונכרים מטילים לתוכן ושתן של נכרים טמא וגזרו עליהן שיהיו כזבין לכל דבריהן: מי שפיכות. מים שרחצו בהן ושופכים לחוץ ובחזקת טמאין הן: אימתי. שתכשלין מי השפיכות ברוב: בזמן שקדמו. הן ואחר כך רבו עליהם מי גשמים ושהרום. אבל אם קדמו מי

גשמים

עיקר תוי״ט

במתני׳ דרפ״ה: (ג) הר״ש. וק״ל דאף ע״ג דשאובים הם לא מפני כן הן מטמאים אע״פ שמכשירים וצ״ל דשאובים וטמאים הם והר״מ מפרש דמרחץ שזיעתו הוא מן המים שבתוכה ואם היתה המרחץ טמאה זיעתה טמאה

כו׳

דעם דין מים:

ב (מרחץ וכו׳) פייכטקייט פון איין מרחץ הט דעם דין מים אין וויא באלד דאס מרחץ איז טמא געוועזן איז דאס פייכטקייט מטמא ג״כ (הבריכה שבבית) וויא באלד עס איז דא אין איין בעק וואסר אונ דאס בית האט פייכטקייט זאל דער דין אזו וויא באלד אז דאס פייכטקייט קומט פון דעם וואסר הט עס דעם דין מים באם לאו הט עס ניט דעם דין מים אונ אזו ווי עס איז געשטאנען אין דער ערשטער משנה:

ג (שני בריכות וכו׳ טהורה) ווען עס איז דא אין הויז צוויא קוואלן אין אייגער איז טהור איז דער דין אזו וויא באלד דס אורט פון דעם פייכטקייט איז נעהנטר צוא דעם טמא קוואל אודר אפילו גאר גליך צוא ביידי קוואלן איז עס טמא אין וויא באלד עס איז נעהנטר צוא דעם כשרן קוואל איז עס טהור (ברזל וכו׳) אונ אזו איז דער דין אוך וויא באלד מען האט איבר גגאסן צוויי צו בראכני כלים אונ איין כלי איז געוועזן טמא אונ איין כלי איז געוועזן טהור וויא באלד עס איז געוועזן דער רוב אודר אפילו גאר העלפט פון דער כלי טמא איז דיא נייע כלי וואס מען גיסט איבר ג״כ טמא אבער אזו באלד עס איז געוועזן איין רוב פון דער כלי טהור איז דיא נייע כלי ג״כ טהור (גסטריות וכו׳) אזעלכי טעפ וואס יודן אונ ערלים באניצן זיי בשותפות צו עפים איז אוך אזו וויא באלד אז דער רוב אודר אפילו גאר העלפט ניצן ערלים זענן דיא כלים טמא אונ אז דער רוב ניצן יודן זענן זייא טהור (מי שפיכות) אונ אוך ווען מען האט ארוס גגאסן טמא וואסר אוו עס איז אוף זייא גגאנגן רעגן וואסר איז איך נאך דעם רוב (אימתי וכו׳) דאס איז אבר נאר וויא באלד דאס רעגן וואסר איז גפאלן ארוב אוף דעם טמא וואסר אבר וויא באלד דאס טמא

בזמן שקדמו מי שפיכות. אבל אם קדמו מי גשמים. אפילו כל שהן למי שפיכות טמא: ד המטהר את גגו. והמכבס את כסותו. וירדו עליהן גשמים אם רוב מן הטמא טמא. ואם רוב מן הטהור טהור. מחצה למחצה טמא. רבי יהודה אומר אם הוסיפו לנטף טהור: ה עיר שישראל ונכרים דרים בה. והיה בה מרחץ מרחצת בשבת. אם רוב נכרים רוחץ מיד. ואם רוב ישראל ימתין כדי שיחמו החמין. מחצה למחצה ימתין כדי שיחמו החמין. רבי יהודה אומר באמבטי קטנה. אם יש בה רשות רוחץ בה מיד: ו מצא בה ירק נמכר אם רוב נכרים לוקח מיד. ואם רוב ישראל

ר"ע מברטנורה

גשמים. הכי קאמר עליהם מכהו מי שפיכות טמאים: (ד) המטהר את גגו. גרסינן ואית דגרס הטורף. פי' גגו פי' שטח גגו טיט או טיד להשוותו והמים נוטפין עליו כשמטהרן. או כשמהו בטיט, שמתן שוטפין הן ומטמאין. וכן המים שמכבס בהן את כסותו: וירדו עליהן גשמים. בהן מים טהורים והגג או הכסות מנטפים מים אם רוב מן הטהור טהור כגון שבתחלה היה מנטף טפים מעטות בידוע שרוב מן הטהור: אם הוסיפו לנטף. שמתחילים הטפים לירד זו אחר זו יותר מבתחלה. טהור דודאי רבו ואע"פ שאין הכסות עצמו יוסף גדולות ממה שהיו בתחלה ואין הלכה כרבי יודא: (ה) רוחץ בה מיד. למוצאי שבת ואין צריך להמתין כדי שיחמו. דכיון דרוב נכרים. אדעתא דנכרים החמו: אם יש בה רשות. המלכות קרויה רשות מפני שהרשות בידה לעשות כרצונה ולאו דוקא מלך אלא אם יש שם אדם חשוב שיש לו י' עבדים שמחממין לו י' קומקומין של מים בבת אחת. מותר לרחוץ בה מיד. ואף ע"פ שרוב העיר ישראל דאמרינן לשמו של אותו אדם חשוב חוממו: (ו) מצא בה ירק נמכר. ירק שנתלש דבדרך נמכר למ"ש: אם רוב נכרים לוקח מיד. דכיון

דרוב

עיקר תוי"ט

בר: (ד) טמא. שמשקין טמאין שירדו לטהורים מטמאים בכל שהן. תי"ט. וקשה דאדרבה הו"ל קמא קמא בטיל (ועפ"ה דע"ג מ"ח בהר"ב) כו'. כ"מ. ולשון הר"מ טמא. ואולי מפני שמשעה שנפלו בתחלה הוחזקו גם הם בשפיכות שכבר נשכחה נפילת' וכתב הב"ח וא"ת לפ"ז אפי' לא נפלו מי שפיכות נמי וי"ל דרי' יזור אלא כשיש

שם

וואסר איז גפאלן פון אובן אויף דעם רעגן וואסר אפילו דס רעגן וואסר איז ארוב איז אויך טמא:

ד (המטהר גגו וכו' טמא) ווען איינער ריינגט מיט וואסר דעם דאך אדער איין מלבוש פון טומאה אין עס איז בשעת מעשה אויף זיי גפאלן רעגן איז אויך אזו דר דין ווי באלד דס וואסר וואס עס טריפט פון זיי איז דר רוב פון דעם רעגן וואסר איז עס טהור ואם לאו איז עס טמא (ר"י אומר וכו') ר"י איז מיקל אונ זאגט אפילו דאס וואסר טריפט גליך וויא פריר נאר עס גייט לענגער גלייך עס וואלט גוועזן ארוב רעגן וואסר איז ג"כ טהור:

ה (עיר שישראל וכו') איין מרחץ וואס מען הט גהייצט אום שבת איז איין שטאט וואס עס וואנן יודן אונ ערלים וויא באלד דר רוב איז ערלים מעג מען זיך תיכף אום מוצאי שבת דארט באדן אבער אזו באלד דער רוב איז יודן אדר אפילו נאר גלייך וויא ערלים טאר מען זיך נים באדן תיכף אום מוצאי שבת נייערט מען ווארט אביסל שפעט אין דער נאכט אזו וויא הייסר ווערט שטיין ווייל דער דין איז דאס א מלאכה וואס איין גוי טוט פון איוד וועגן טאר מען גינישט קיין הנאה האבן תיכף אום מוצאי שבת ביז ער ווארט אפ דיא צייט דאס למשל ער זאל דיא מלאכה אן הייבן טאן אום מוצאי שבת בייא נאכט וואלט זיא אויך שון גוועזן גנמר גווארן (ר"י אומר באמבטי וכו') ר"י איז מיקל אין זאגט וויא באלד עס איז דא אין מרחץ איין עקקטרא וואן חאם גיוועלטיגער באר זיך דארט איין נכרי איין אדם חשוב מעג ער זיך תיכף באדן אום מוצאי שבת ווייל מען האט בוודאי דיא וואן גיווארעמט פון איין נכרי וועגן

ו (מצא בה כו') אונ אזו איז דער דין וויא באלד איין גוי האט גבראכט אום שבת פירות פון חוץ

לתתים

בִּשְׂרָאֵל יַמְתִּין כְּדֵי שֶׁיָּבוֹאוּ מִמָּקוֹם קָרוֹב ה . מֶחֱצָה לְמֶחֱצָה יַמְתִּין כְּדֵי שֶׁיָּבוֹאוּ מִמָּקוֹם קָרוֹב . וְאִם יֵשׁ בּוֹ רְשׁוּת לוֹקֵחַ מִיָּד : ז מָצָא בָהּ תִּינוֹק מוּשְׁלָךְ . אִם רוֹב נָכְרִים נָכְרִי וְאִם רוֹב יִשְׂרָאֵל יִשְׂרָאֵל . מֶחֱצָה לְמֶחֱצָה יִשְׂרָאֵל . רַבִּי יְהוּדָה אוֹמֵר הוֹלְכִין אַחַר רוֹב הַמַּשְׁלִיכִין : ח מָצָא בָהּ מְצִיאָה אִם רוֹב נָכְרִים אֵינוֹ צָרִיךְ לְהַכְרִיז . וְאִם רוֹב יִשְׂרָאֵל צָרִיךְ לְהַכְרִיז . מֶחֱצָה לְמֶחֱצָה צָרִיךְ לְהַכְרִיז . מָצָא בָהּ פַּת הוֹלְכִין אַחַר רוֹב הַנַּחְתּוֹמִין. ואם היתה פת עיסה הולכים אחר רוב אוכלי פת עיסה רַבִּי יהודה אוֹמֵר אִם הָיְתָה

פת

ר״ע מברטנורה

דרוב נכרים הדעתא דנכרים נתנם : כדי שיבואו ממקום קרוב . ע״ש כשם ירקן והע״ג דשמא הובא ממקום רחוק אין צריך להמתין אלא כדי שילקטו ירק ממקום קרוב שיש בו ירק(ו) ויביאוהו משם שלא אמרו חכמים ולערב ימתין בכדי שיעשו אלא גזרה שמא יאמר לנכרי בשבת לך והבא (ז)וכשרואה שצריך להמתין לערב כדי שיבא בדבר כהוא ולפי׳ ממקום קרוב לא יאמר לנכרי להביאו בשבת : ואם יש שם רשות לוקח מיד . דאדעתא דאדם הבוב רגילין תמיד להביא ולא אדעתא דישראל הביאו : (ז) אם רוב נכרים נכרי . ומותר להאכילו נבלות וטרפות שקצים ורמשים : ואם רוב ישראל ישראל . וחייבים להחזיר לו אבדתו כישראל ורבותא קמ״ל דמוציאין ממון מיד ישראל שזכה בו ולא אמרינן אוקי ממונא אחזקתיה שזכה בו עד דמייתי האיך ראיה שהוא ישראל : מחצה על מחצה ישראל . לענין נזיקין . שאם שורו נגח שור של ישראל משלם חצי נזק בלבד ואינו משלם נזק שלם כדין שור של נכרי שנגח שור של ישראל . דבין תם בין מועד משלם נזק שלם דפני אמר ליה לייתי ראיה דלא ישראל הוא ושקול ולשאר כל הדברים הוי ספק ודנים בו להחמיר מי שהרגו אינו נהרג עליו קדש אשה צריכה גט מספק ואינו כישראל גמור עד שיטבול לשם גרות : אחר רוב המשליכין . היינו אחר הנכרים . ואע״פ שהן מועט . ואפי׳ לא היתה שם אלא נכריה אחת היא השודה להשליך ואין הלכה כרבי יהודה : (ח) רוב נחתומים נכרים . הפת אם רב דפת של נכרים היא מ״מ דברים בגזלו בו ביום : פת עיסה . פת נקיה . פת קיבר . פת בלינה נקיה : אחר רוב אוכלי פת קיבר . אם רובן נכרים הפת

אבורת

עיקר תוי״ט

שם מי שפיכות : (ה) קרוב . כדי שילך ויתלוש ויגמור המלאכה ויחזור לכאן ושיעור התלישה א״צ להזכיר שהיא נעשית בשעה מועטת . הר״ן : (ו) ובפכ״ג דשבת כ״ד אא״כ באו ממקום קרוב פי׳ הר״ב אא״כ נודע בבירור שבאו בתוך התחום כ׳ התו׳ דהתם שאני דאוושי מלתא . ולמ״ש הר״ן כו׳ . י״ל דמקום קרוב דהכא אינו כמקום קרוב דהתם אלא לאפוקי מקום רחוק ולעולם בחוץ לתחום וצריך להמתין עד שיבאו מכנו אבל אין חוששין למקום יותר רחוק מזה . ועתוי״ט : (ז) פי׳ לך ולקוט : (ח) עיסה . נ״ל דפת עיסה היה מנהגם דבעלי בתים אופין בבתיהן יותר מן הנחתומין ולפיכך אין הולכין בו אחר רוב נחתומין וכן בפת קיבר לר״י . ונ״ל דת״ק ור״י לא פליגי דמר כי אתרי׳ כו׳ דבאתריה דת״ק הנחתומים אופים פת קיבר ובאתריה דר״י בעלי בתים (נמי) אופין (גם) פת קיבר . ועתוי״ט : (ט) וזה דלא כדמשמע מלשונו פ״ו דשקלים מ״ג : (י) דעדיין לא ראה פני הבית ולא נתחייב .

הר״ש

התחום וואר קֶען זיי ג״כ ניט עֶסן תֵּיכֶף אום מוֹצָאֵי שַׁבָּת נייערט עס איז אין שְׁטָאט אַרוֹב נָכְרִים אָדֶר עֶר ווארט אף דעם זְמַן וויא עס איז גְשְׁטַאנֶן אין יענער מִשְׁנָה :

ז (מצא וכו׳) וויא באלד מען געפינט איין קינד אין דער גאס און מען דער קענט ניט צו עס איז איין נָכְרִי אודער איין יִשְׂרָאֵל איז אוך אזו דער דין אז מען גייט נאך דעם רוב פון דער שְׁטָאט (ר״י אומר וכו׳) ר״י איז כייקל אין זאגט ביי דעם דין גייט מען ניט נאך דעם רוב נאר דס קינד הט דעם דין נָכְרִי אֲפִילוּ עס איז דא איין רוב יִשְׂרָאֵל ווייל דיא נָכְרִים זענן חָשׁוּד דהיינו קינדר אוועק צו ווארפן :

ח (מצא בה וכו׳) ווען איינר געפינט איין מְצִיאָה בדארף ער ניט זיא געבן נייערט וויא באלד עס איז דא איין רוב יִשְׂרָאֵל איז ער מְחוּיָב צו לאזן בְּצִבּוּר אוס ריפן דיא מְצִיאָה אין אזו איז דער דין איז ביי איין אֲבֵידָה (מצא בה פת וכו׳) אונ אזו אוך איז דער דין ווי באלד ער געפינט ברוים אונ ער איז נִזְהָר פון פת נָכְרִי בדארף מען גיין נאך דעם רוב פון דיא בעקרים אונ אוך אזו אַפְרוים וואס דער הקה איז אז יעדר באקט אין דער היים גייט קען נאך דעם רוב פון דיא וואס

פַּת קִיבָּר הוֹלְכִין אַחַר רוֹב אוֹכְלֵי פַּת קִיבָּר: ט מָצָא בָהּ בָּשָׂר הוֹלְכִין אַחַר רוֹב הַטַּבָּחִים. אִם הָיְתָה מְבוּשָּׁל. הוֹלְכִים אַחַר רוֹב אוֹכְלֵי בָּשָׂר מְבוּשָּׁל: י הַמּוֹצִיא. פֵּירוֹת בַּדֶּרֶךְ. אִם רוֹב מַכְנִיסִין לְבָתֵּיהֶן פָּטוּר, וְלִמְכּוֹר בַּשּׁוּק חַיָּיב. מֶחֱצָה לְמֶחֱצָה דְמַאי. אוֹצָר שֶׁיִּשְׂרָאֵל וְנָכְרִים מְטִילִים לְתוֹכוֹ. אִם רוֹב נָכְרִים וַדַּאי. וְאִם רוֹב יִשְׂרָאֵל דְּמַאי. מֶחֱצָה לְמֶחֱצָה וַדַּאי. דִּבְרֵי רַבִּי מֵאִיר. וַחֲכָמִים אוֹמְרִים אֲפִילוּ כֻּלָּם נָכְרִים וְיִשְׂרָאֵל אֶחָד מֵטִיל לְתוֹכוֹ דְּמַאי יד: יא פֵּירוֹת שְׁנִיָּה שֶׁרָבוּ עַל שֶׁל שְׁלִישִׁית.

ושל

ר"ע מברטנורה

לשיפה. אע"ג דיש לפרש אחר רוב נחתומין אחר רוב אוכלי פת עסה וכו'. אם רובן הנכרי הפת טהור' ואין צריך לעשר ואם רובן עמי הארץ הפת טמאה וצריך לעשר: (ט) הולכין אחר רוב טבחים. אם רוב טבחי ישראל הבשר [מותר] דאין הלכה כרב דאמר בשר שנתעלם מן העין אסור (ט). ורב מיקי מהניתין בעומד ורואה משעה שנשחט עד שנפלה אבל לא ידע מי השוחט: (י) אם רוב מכניסין לבתיהן פטור מלעשר (י) ולמכור בשוק חייב. שרוב מביאין למכור בשוק מן הבית מביאין אותו. וכבר נתחייב. פ"א אם רוב מכניסין לבתיהן פטור לפי שרגילין לעשר קודם שיכניס לבית כדי שיוכלו לאכול מהן דלאחר שהכניסום לבית מיד הוקבעו למעשר הלכך מה שנפל מהם בדרך פטור מן המעשר לפי שהוא בחזקת מעושר אבל (יא) כשמכניסין למכור דרכו להכניסן שלא לפי שיכול לאכול מהן עראי. הלכך הנופל מהן אינו בחזקת מעושר: אם רוב נכרים ודאי. רבי מאיר לטעמיה דסבירא ליה אין קנין לנכרי בא"י להפקיע מן המעשר (יב). ופירות שגדלו בקרקעות של נכרי חייבין במעשר והנכרי שמסתמא דלא עשר הלכך ודאי טבל הן: ואם רוב ישראל דמאי. כדין פירות הנמצאים ביד עם הארץ שצריך להפריש מהן תרומת מעשר ומעשר שני (יג): וחכ"א וכו'. וחכמים ס"ל יש קנין בארץ ישראל להפקיע מן המעשר ואם לא היה ישראל מטיל לתוכו היה הכל פטור מן המעשר. אבל כשיש אפי' ישראל אחד שמטיל לתוכו הכל דמאי בשביל פירותיו של אותו ישראל שהן חייבין והלכה כחכמים: (יא) פירות שנייה שרבו על

שלישית

עיקר תוי"ט

הר"ש: (יא) הר"מ. וצ"ע דמשום דרגילין לעשר יהא בחזקת מעושר ויצא מכלל דמאי ודוחק לומר דטיירי לענין אכסניא ועני ובחבורו כ' פטור מלעשר שעדיין לא נקבע למעשר: (יב) זהו שיטת הרא"ש בלבד והיינו דסיים הר"ש ואפי' יש קנין מ"מ ודאי אינו מעושר הוו: (יג) אבל מעשר ראשון המוציא מחבירו עליו הראיה אבל נראה דהכא אנן אליבא דר"מ קיימים דס"ל דאף מע"ר אסור לזרים צריך להפריש אף מע"ר. א"נ אף לר"מ לא החמירו בדמאי משום דרוב ע"ה מעשרין והשתא ניחא דלא פי' הר"ב ברישא ומחצה למחצה דמאי שצריך להפריש אלא הכא איצטריך לאשמעי' דאף לר"מ א"צ להפריש מע"ר. נ"ל: (יד) דמאי. ולא ידענא טעמא מאי דאפילו ודאי

תרומת

נִיצְן אַזֶעלְכֵי בְּרוֹט וָוס עֶר הָאט גְּפִינֶן (ר"י אומר וכו') ר"י הָאלְט גְּלַייךְ וִוי דֶער עֶרְשְׁטֶער תַּנָּא נָאר אִין דֶעם אוֹרְט פוּן ר"י אִיז דֶער מִנְהָג גְּוֶוען אַז דָאס גְּמֵיינֶע בְּרוֹיט הָאט יֶעדֶר בַּייא זִיךְ גְּבַּאקְן: ט (מצא בה בשר וכו') וִוי בַּאלְד עֶר הָאט גְּפִינֶן פְלֵייש אִיז אוֹיךְ נָאךְ דֶעם רוֹב פוּן דִי יַאטְקֶעס אוּנ וִויא בַּאלְד עֶס אִיז גְּקָאכְט פְלֵייש אִיז דֶער רוֹב פוּן דֶעם וָואס נִיצְן אַזָא פְלֵייש:

י (המוציא פירות וכו') וָוען אֵיינֶער הָאט גְּפוּנֶן פֵּירוֹת אִין עֶר ווייסְט נִיט צִי זַייא זֶענֶען גְּמַעַשְׂרְת צִי נִיט אִיז דֶער דִין אַזוֹ אַז דֶער רוֹב אִיז אַז מֶען הָאלְט אַזֶעלְכֶע פֵּירוֹת אִין דֶער הַיים אוּנ פִירְט זֵיי נִיט פַאר קוֹיפְן בַּדַּארְף מֶען זַייא נִיט מְעַשְׂרִין ווייל אֵיידֶר מֶען הָאט זַייא גְּנוּמֶן לְבֵיתָם הָאט מֶען זַייא בְּוַודַּאי גְּמַעַשְׂרְת אוּנ וִויא בַּאלְד עֶס זֶענֶען אַזֶעלְכֵי פֵּירוֹת וָוס דֶער מִנְהָג אִיז אַז מֶען פִירְט זַייא אוֹיף דֶער גַאס פַאר קוֹיפְן זֶענֶען זַייא גְּעווִיש חַיָּיב בְּמַעֲשֵׂר אִין אַזֶעלְכֵי פֵּירוֹת וָואס דֶער מִנְהָג אִיז אַזוֹ וִוי אַזוֹ אִיז מֶען מְחוּיָּב צוּ מְעַשְׂרִין מִסָּפֵק (אוצר וכו') אַיין סְקַבַּאר פוּן תְּבוּאָה אִין אֶרֶץ יִשְׂרָאֵל וָוס נָכְרִים אוּנ יִשְׂרָאֵל לֵייגְן אַרַיין תְּבוּאָה בְּשׁוּתָּפוּת אָן אַחְשְׁבּוֹן אִיז אוֹיךְ דֶער דִין נָאךְ דֶעם רוֹב וָוען דֶער רוֹב אִיז נָכְרִים אִיז עֶס גְּוִויס חַיָּיב בְּמַעֲשֵׂר אוּנ אַז דֶער רוֹב אִיז יִשְׂרָאֵל אוֹדֶר אֲפִילוּ נָאר הֶעלְפְט בַּדַּארְף מֶען נָאר מְעַשְׂרִין מִסָּפֵק (דברי ר"מ) אַזוֹ זָאגְט ר' מֵאִיר ווייל ר"מ הָאלְט דִיא תְּבוּאָה וָוס עֶס וואקְסְט אִין אֶרֶץ יִשְׂרָאֵל זֶענֶען מְחוּיָּב בְּמַעֲשֵׂר אֲפִילוּ זַייא

ושל שלישית על של רביעית. ושל רביעית על של חמישית. ושל חמישית על של ששית. ושל ששית על של שביעית. ושל שביעית על של מוצאי שביעית הולכין אחר הרוב. מחצה למחצה להחמיר:

תחבי

ר״ע מברטנורה

שלישית. שנה ראשונה ושניה של שמטה נוהג בהן מעשר ראשון ומעשר שני. וכן רביעית וחמישית. אבל שנה שלישית וששית מעשר ראשון ומעשר עני. ושל שביעית. יש בו קדושת שביעי׳ ופטור מן המעשר ולענין כל הנך דיני דקתני דהולכים אחרי הרוב: מחצה למחצה להחמיר. ולענין ספיקא דמעשר שני ומעשר עני מפרים מעשר אחד. ויחלל הפירות על המעות ויחלק הפירות לעניים והמעות יאכל בירושלים ולענין ספיקא דשביעית חייבין במעשר וחייבין בקדושת שביעית בלא לעשות בהן סחורה ומלוגמא וחייבין בביעור:

מצילין

עיקר תוי״ט

תרומה עולה בק״א ות״ם איננה אלא אחד מק׳ נמצא כשיש עוד אפילו מעו״ג אחד נתבטלת ואפילו להרים א״צ דאין כאן גזל השבט דספק הוא והטע״ה: (טו) ד׳ על של ה׳. בכדי ניטו דבשתיהן מע״ש ומהר״ם כ׳ לענ[ין] מעשר מתרם על הישן או להיפך. והה״ל נמי מן הא׳ על הב׳ אלא דהך ד׳ על ה׳ אגב גררא לא רצה לדלג

הב

וואקסן אין דעם רשות נכרי (וחכמים אומרים וכו׳) אונ די חכמים זאגן אז דס וואס וואקסט ביין רשות נכרי איז פטור פון מעשר דרום זאגן זייא אז אפילו דר רוב איז נכרים בדארף מען אוך ניט מעשרין נאר מספק:

ז עס איז ידוע אז ווען יודן זענן געווען אין ארץ ישראל אונ האבן געהאט איגני פעלדר האבן זייא פון אלי תבואות ופירות מעשר געגעבן בכל שנה צווייערליא מעשר, דהיינו מעשר ראשון וואס עס האט געקערט דעם לוי דס האט מען בכל שנה ושנה געמוזט געבין דעם לוי רק דס אנדערליי מעשר דס האט מען ניט אלי יאר אויף איינרליי ארט געגעבן רק דס ערשטי אונ דס אנדרי יאר פון שמיטה האט מען אפ געשייד מעשר שני דאס זעלבגי האט מען ניט בדארף אוועק געבן רק מען האט דאס בדארפט לאזן ברענגען קיין ירושלים עס זאל דארט בקדושה וטהרה פר צערט ווערן. אונ אזו אויך דאס פערדי אונ פופטי יאר פון שמיטה. רק דאס דריטי אונ זעקסטי יאר האט מען אנשטאט מעשר שני זיך געשייד מעשר עני מען האט עס צו טיילט לעניים אביונים אין זייא האבן עס גנומען עבין אוברל בתורת חולין אזו וויא אלי אנדרי תבואה אונ דאס זיבטי יאר דס הייסט שמיטה אלי פירות אונ תבואות וואס האבן געוואקסן אין שמיטה יאר דיא זענן געווען הפקר אונ זענן פטור געווען פון תרומה ומעשר. נמצא לפי זה זאגט דיא משנה איין דין (פירות שני כו׳) אז מעשר שני וואס מען האט אפ געשייד דעם ערשטן אונ דעם אנדרן אודר דעם דריטן אונ פערדן יאר איז פאר מישט געווארן מיט מעשר עני וואס מען האט אפ געשייד דעם דריטן אודר דעם זעקסטן יאר אודר מיט פירות פון שמיטה מען זעהט פון וועלכן יאר דס רוב איז אזו איז מען זיך מיט דעם גאנצן פר מישונג נוהג נאך דעם רוב נאך (מהצה על מחצה להחמיר) באם עס איז אבר גלייך פאר מישט האלב אויף האלב בלייבט דיא זאך אין ספק אונ מען מוז דר מיט נוהג זיין כל החומרות אזו וויא עס שטייט אין ברטנורה ע״ש:

ח (חבית שנשברה) ווען איין פאס וויין איז צו בראכן געווארן אום שבת (מצילין) מעג מען דער פון מציל זיין אזו פיל אז מען בדארף נייטיג צו דיא דרייא סעודות אונ ער מעג צו אנדרי לייט זאגן קומט אונ זייט פאר אייך מציל איין יעדר פון דרייא סעודות אבר ער טאר קיין שוואם ניט נעמען אין דעם וויין דר מיט אום צו שעפן. (אין כו׳) מען קאנ

זאת ח חבית שנשברה מצילין הימנה מזון שלש סעודות ואומר לאחרים בואו והצילו לכם ובלבד שלא יספוג. אין סוחטין את הפירות להוציא מהן משקין ואם יצאו מעצמן אסורים רבי יהודה אומר אם לאוכלים היוצא מהן מותר ואם למשקין היוצא מהן אסור. חלות דבש שרסקן מערב שבת ויצאו מעצמן אסורים ור' אליעזר מתיר: ב כל שבא בחמין מערב שבת שורין אותו בחמין בשבת. וכל שלא בא בחמין מערב שבת מדיחים אותו בחמין בשבת חוץ מן המליח הישן וקולייס האספנין שהדחתן היא גמר מלאכתן: ג שובר אדם את

דחבית.

ר"ע מברטנורה

זאת ח מצילין מזון ג' סעודות ואפילו בכלים הרבה דאלו בכלי אחד אמרינן בפרק כל כתבי דכמה דבעי מציל: לכם. כל א' מזון ג' סעודות: ובלבד שלא יספוג. שלא ישים ספוג לשאוב היין ולחזור ולהספיג ואע"ם פים לספוג בית אחיזה וליכא חשש סחיטה שלא יעשה כדרך שהוא עושה בחול ואפי' ליקח בידו שמן ודבש שהן עבים ונדבקים ולקנח ידו בשפת הכלי אסור שלא יעשה כמעשה חול: אין סוחטין את הפירות. דה"ל מפרק תולדה דדש: אסורין. גזירה שמא יסחוט לכתחלה: ר"י אומר אם לאוכלין. כיון דאוקמן פירות מכונסים היוצא מהן מותר דלא ניחא ליה במה שזבו וליכא למגזר בהו שמא יסחוט ואם למשקין סמ מכונסין דניחא ליה במאי דנפיק מנייהו היוצא מהן אסור גזירה שמא יסחוט ובזיתים וענבים מודה ר"י לחכמים דאע"ג דכונסין לאוכלים היוצא מהן אסור כיון דדרכן לסחיטה קיימי כי אתו לידי משקה יהיב דעתיה עלייהו. ובשאר מיני פירות מודים חכמים לר"י כיון דלאו דרכן לסחיטה: לא נחלקו אלא בתותים ורמונים דר"י יהודה מדמי להו לשאר פירות וחכמים מדמי להו לזיתים וענבים והלכה כר"י (א): חלות דבש. כשהן מרוסקים זב הדבש מעצמו מתוך השעוה ואין דרך לסוחטן הלכך ר"א מתיר וחכמים אוסרים גזרו אטו שמא יסחוט והלכה כר"א(ב): (ב) כל שבא בחמין. שנתבשל: מדיחין. דהדחתו אינה בשולו אבל לא שורין: חוץ מן המליח הישן. דג מליח שעברה עליו שנה משנמלח: וקוליס האספנין. דג שקליפתו דקה והדחתו בחמין הוא גמר בשולו: (ג) שובר אדם את החבית. מפני שהוא מקלקל: (ג) ובלבד שלא יתכוין לעשותה כלי. לעשות לה

עיקר תוי"ט

פרק כב (א) הכי מוכח הסוגיא: (ב) כ"כ הרי"ף בשם גאון: (ג) דאין במקלקל שום איסור. רש"י. וזה תימה דבמ"ג פי"ג דתנן כל המקלקלים פטורים לא תני דמותרין. דהיינו פטורין אבל אסור כדאיתא בגמ' ס"פ י"ג. והר"נ כ' דכיון דבעלמא מקלקל פטור הכא משום צורך שבת שרי לכתחילה. וכ"ע דהכא שרי דוקא בכלי קטן דלא שייך ביה בנין וסתירה אבל בכלי גדול לא. וכלי גדול כל שמחזיק ארבעים סאה כ"מ בב"י והרא"ש מוקי למתניי דהכא בחבית שנשברת ודיבק שבריה בזפת וכ"ה בתו' וטור: (ד) הואיל ואם מירח חייב הלכך חושש אני שמא מירח. ולא השש וגכתפק באם מירח אי חייב אי לא דאין נראת דר"י לאפלוגי

קיין פירות ניט אוס קוועטשן אין דעם זאפט ארוס צו נעמן (ואם כו') אונ ווען דר זאפט איז פון זיך אליין ארוס גרינן טאר מען אים ניט טרינקן (ר' יהודה אומר) רי' זאגט ווען ער האט דיא פירות אהער געבראכט אים זייא צו עסן אזו איז דער טראנק וואס דר פון ארוס גייט מותר אבר ווען ער האט זייא געבראכט פון וועגן דעם געטראנק וואס דרינן איז אזו איז דער געטראנק אסור וואס דער פון ארוס גייט (חלות כו') שטיקר האניג וואקס דיא ער האט צו ריבן אום ערב שבת אונ דער האניג איז פון זיך זעלבסט ארוס גגאנגן דאס איז אסור ר' אליעזר מאכט עס מותר:
ב (כל כו') אלדינג וואס אום ערב שבת איז אין וואַרום וואסר גוועזן דעם מעג מען אויך אום שבת איין ווייקן אונ ווארום וואסר (וכל כו') אבר וואס פר שבת איז נאך ניט אין וואַרום וואסר גוועזן דס מעג מען אפ שווענקן מיט וואַרום וואסר אום שבת אבר ניט איין ווייקן. חוץ אלטר הערינג וואס איז שון לענגר פון איין יאר אונ איין געוויס ארט שפאנישי פיש וואס האט איין דיני האט דס מיט דעם אפ שווענקן מיט וואַרום וואסר ווערן זייא גאר געקאכט דיא טאר מען אפילו ניט אפ שווענקן:

הַחָבִית לֶאֱכוֹל הֵימֶנָּה גְּרוֹגָרוֹת וּבִלְבַד שֶׁלֹּא יִתְכַּוֵּן לַעֲשׂוֹת כְּלִי וְאֵין נוֹקְבִין מְגוּפָה שֶׁל חָבִית דִּבְרֵי רַבִּי יְהוּדָה וַחֲכָמִים מַתִּירִין וְלֹא יִקְבֶנָּה מִצִּדָּהּ וְאִם הָיְתָה נְקוּבָה לֹא יִתֵּן עָלֶיהָ שַׁעֲוָה מִפְּנֵי שֶׁהוּא מְמָרֵחַ אָמַר רַבִּי יְהוּדָה מַעֲשֶׂה בָּא לִפְנֵי רַבָּן יוֹחָנָן בֶּן זַכַּאי בַּעֲרָב וְאָמַר חוֹשְׁשַׁנִי לוֹ מֵחַטָּאת: ד נוֹתְנִין תַּבְשִׁיל לְתוֹךְ הַבּוֹר בִּשְׁבִיל שֶׁיְּהֵא שָׁמוּר וְאֶת הַמַּיִם הַיָּפִים בָּרָעִים בִּשְׁבִיל שֶׁיָּצֹנּוּ וְאֶת הַצּוֹנֵן בַּחַמָּה בִּשְׁבִיל שֶׁיֵּחַמּוּ. מִי שֶׁנָּשְׁרוּ כֵּלָיו בַּדֶּרֶךְ בְּמַיִם מְהַלֵּךְ בָּהֶן וְאֵינוֹ חוֹשֵׁשׁ הִגִּיעַ לֶחָצֵר הַחִיצוֹנָה שׁוֹטְחָן בַּחַמָּה אֲבָל לֹא כְּנֶגֶד הָעָם: ה הָרוֹחֵץ בְּמֵי מְעָרָה וּבְמֵי טְבֶרְיָה וְנִסְתַּפֵּג

אפילו

ר״ע מברטנורה

לא עם גלא: אין נוקבין מגופה. הדבוקה בפי חבית אלא נוטל את כולה דכי נקיב לה מתקן פתחא הוא: רבי יוסי מתיר. דאין דרך פתח חבית בכך והלכה כר׳ יוסי: ולא יקבנה מצדה. כלו׳ הא דשרי ר׳ יוסי להיות נוקב את המגופה לא שרי אלא ליקבה בראש המגופה דלאו אורחא למעבד פתחא התם אלא מצד כל המגופה אבל מצדה זמנין דעביד ליה נקב בצד המגופה משום פתח ואינו רוצה לפתחה למעלה אלא יפלו גרוגרות או עפר בוין: ממרח. ויש כאן משום ממחק: בערב. שם מקום: חוששני לו מחטאת. אם מירח בשוגג (ד) לדבקה בדופני הכלי סביב הנקב: (ד) לתוך הבור. שאין בו מים: שיהא שמור. שלא יסרח מחמת החום וכא קמ״ל דלא חיישינן דלמא אתי לאשוויי גומות שבקרקעית הבור שיהא שוה להושיב שם הקדרה: ואת המים היפים. הכשרים לשתייה: ברעים. בתוך מקוה מים רעים שאינן ראויין לשתייה ומלתא דפשיטא היא משום סיפא נקט לה דתנן ואת הצוננים (בחמה) בשביל שיחמו מהו דתימא נגזור דלמא אתי לאטמוני ברמץ קמ״ל: מי שנשרו כליו. שנפלו במים בשבת: מהלך עמהן ואינו חושש. שמא יחשדו אותו שכבסן (ו): הגיע לחצר החיצונה. הסמוכה למבוא העיר שהוא מקום המשתמר: שוטחן בחמה ליבשן. אבל לא כנגד העם. שיחשדוהו שכבסם ומשום זו דאיה היא שהלכה בידינו כל דבר שאסרו חכמים מפני מראית העין אפילו בחדרי חדרים אסור הלכך אסור לשטחן אפילו שלא כנגד העם: (ס) ונסתפג. וקנח (ח): ואפי׳ בעשר אלונטיאות.

סדינים

עיקר תוי״ט

לאפלוגי את״ק אתא. תוי״ט: (ה) ברעים. כלי מלא מים יפים לתוך מקוה מים רעים. רש״י: (ו) כ״ה בתוס׳ והר״מ בפירושו אבל לא כנגד העם הלכך ה״נ טעמא כפ׳ דקמ״ל דלא חייש להאי חשדא. ומיהו אכוני קשת מ״ש ממשנה דלקמן דלא יביא בידו האלונטית שמא יסחוט. והר״מ בחבורו כ׳ ואין חושש שמא יסחוט ויש לחלק דלא רצו חז״ל להצריכו להסיר בגדיו מעליו משום חשש׳ דשמא יסחוט כי גדול כבוד הבריות ואפי׳ בגד א׳ מבגדיו אל ישנה מפני כן. משא״כ באלונטית שאינן לשום מלבוש אלא מביאם בידו גזרו בהן שלא יביאם

שמא

ג (שובר כו׳) מען מעג צו ברעכן איין פאס פון דארי פייגן כדי צו עסן לכבוד שבת (ובלבד) אבער ער מוז זיך ניט מכוון זיין צו מאכן איין היפש לאך (ואין כו׳) מען טאר ניט דורך לעכרן איין שפונד פון איין פאס נאר ער מוז דיא גאנצי שפונד ארום נעמן דאס זאגט ר״י. אין דיא חכמים זענן מתיר נאר פון אובן אבר ניט אין דער זייט (ואם כו׳) אונ ווען עס איז דא איין לאך הרינן טאר מען קיין וואקס דרוף ניט קלעפן ווייל ער וועט דאס וואקס באשמירייבן עס זאל גלאט זיין אין דם טאר מען אום שבת ניט טון (ר׳ יהודה) זאגט עס איז אזו אזאך אמאל פאר גקומן פר ר׳ יוחנן בן זכאי אין דר שטאט ערב האט ער גזאגט איך מיין ער איז חייב איין קרבן חטאת:

ד (נותנין תבשיל) מען מעג שטעלן אמאכל אין איין גרוב כדי עס זאל ניט פאר דארבן ווערן פון דער הויץ אזו אויך מעג מען שטעלן ריין פריש וואסר אונ איין אנדר ניט פריש וואסר כדי דאס פרישי וואסר זאל קאלט ווערן אונ קאלט וואסר מעג מען שטעלן אקעגן דער זון עס זאל וואורום ווערן (מי שנשרו כו׳) ווען איינם זענן זייני קליידר אונטר וועגנס אין וואסר נפאלן מעג ער אין זייא גיין נאכהיים אונ עס איז ניט צו באזארגן אז מען וועט אים חושד זיין אז ער הט זייא אום שבת גוואשן (הגיע כו׳) ווי ער קומט אבר אויף אזיבר אורט מעג ער זייא

דארט

אֲפִילוּ בְּעֶשֶׂר אֲלוּנְטִיאוֹת לֹא יְבִיאֵם בְּיָדוֹ ט אֲבָל עֲשָׂרָה בְּנֵי אָדָם מִסְתַּפְּגִין בַּאֲלוּנְטִית אַחַת פְּנֵיהֶם יְדֵיהֶם וְרַגְלֵיהֶם וּמְבִיאִין אוֹתָהּ בְּיָדָן : ו סָכִין וּמְמַשְׁמְשִׁין (בִּבְנֵי מֵעַיִם) אֲבָל לֹא מִתְעַמְּלִין וְלֹא מִתְגָּרְדִין . אֵין יוֹרְדִין לְקוֹרְדִּימָא וְאֵין עוֹשִׂין אַפִּיקְטְוִזִין וְאֵין מְעַצְּבִין אֶת הַקָּטָן וְאֵין מַחֲזִירִין אֶת הַשֶּׁבֶר . מִי שֶׁנִּפְרְקָה יָדוֹ וְרַגְלוֹ

ר"ע מברטנורה

סדינים שמקנחים בהן ונסתפג בהן זה אחר זה אע"ג דלא נפישי מיא בכל חד וחד אפילו הכי לא יביאם בידו לתוך ביתו אפי' ע"י עירוב שאין כאן איסו' הוצא' אלא גזירה שמא ישכח ויש זמא כשוחהו אבל י' בנ"א פ"ל ומרובין הם מדכרי אהדדי ואפי' חדא אלונטית לעשרה בני אדם דהשתא נפיש בה מיא אפ"ה מביאין אותה בידם ולא בעינן שמא יסחטוה דהוא' ומרובין הן : פניהם ידיהם ורגליהם . אורחא דמלתא נקט וה"ה לכל גופן ואין הלכה כמשנה זו אלא אפילו אחד מביא בידו אלונטית שנסתפג בה ולא חיישינן שמא יסחוט : (ו) סכין . שמן בבהמ"ק וממשמשין . ביד על כל הגוף להנאה : אבל לא מתעמלין . לשפשף בכח : ולא מתגרדין . במגרדת ודומה לו (איוב ב) ויקח לו חרס להתגרד בו משום דהוי כעובדא דחול : אין יורדין לקורדימא . בקעה מלאה מים ותחתיה טיט כמו דבק ויש בה מקומות שיטבע הרוחץ שם בתוכו טיט וידבק בו ואינו יכול לעלות עד שיתקבלו בני אדם ויעלוהו בקושי גדול וכדוחק. פ"א בקעה במים שלה מחליק והרוחץ שם נופל ובגדיו נשורים במים ואתי לידי סחיטה : אפיקטוזין . להקיא ופירושו אפיק בוי זין כלומר להוציא המזון ממקום בשלו שהיא באצטומכא אפיק מוצ"א סוי מהכבל אלא מתרגמינן כוי נור זיין מזון ודוקא לבתוח משקה שמביאו להקיא הוא שאסור בשבת אבל להכניס אצבע בתוך פיו כדי להקיא מותר . והיכא דאית ליה צערא ואם יקיא יתרפא מותר אפי' ע"י משקה : אין מעצבין את הקטן . לתקני וליישב עצמותיו ותוליות שדרתו משום דמחזי כבונה ולא

עיקר תוי"ט

שמא יסחוט : (ז) במי מערה כו' . כוקמינן בגמרא דכי מערה חמין דומיא דכי טבריא ולת"ק הרוחץ דיעבד דלכתחלה לא ירחוץ בחמין אבל במי טבריא רוחץ לכתחלה ולא תני לה הכא אלא לג"ויי אמי מערה דחמין הן וד"ל חמי האור שהוחמו מע"ש תוס' ועתוי"ט : (ח) והוא מל' מטפחת הספוג דמ"ג פ"ט דכלאים וכת' הר"ן דנסתפג דמשמע דיעבד ל"ד דאפילו לכתחלה מסתפג כדקתני סיפא כו' מסתפגים כו' ולא משמע לחלק בין אדם א' לי' בני אדם אלא לענין הבאה . וכ' עוד ול"ג שמא יבא לידי סחיטה שכיון שכל הרוחצים מסתפגים אם אתה אוסר עליו להסתפג אף אתה אוסרו ברחיצה ואין הדבר עומד כדאיתא בפ' כירה ע"כ . וא"ת והאיך שרינן להסתפג בבגד הא תנן בפכ"א מ"ב היתה עליו לשלשת מקנח' ופי' הר"ב דלא יתן עליה מים משום דשרייתו זהו כבוסו . ומיהו התם כתב הר"ב כו' ומסיק דדוקא בבגד מטונף אמרינן שרייתו הוא כבוסו . ספר התרומה (ט) לא יביאם בידו . שאם נתיר לו להביאם יש להוש שיסחוט כדי להביאו והוא יבש אבל כשנאמר לו כי יהוציא זה הבגד שנסתפג ממקום רחיצתו יניחו שם ולא יחוש לו בין שיהיה יבש או שרוי : (י) ונראה דטעמא כמו שפיר' בלא מתגרדין דהוי כעובדא דחול . והר"מ פס' בר"א . איזה הוא מתעמל זה שדורסין על גופו בכח עד שייגע ויזיע או שילך עד שייגע ויזיע שאסור ליגע את עצמו עד שיזיע בשבת כפני שהיא רפואה : (יא) ובכל שאר הנוסחאות הגי' לקורדימא ופרש"י שם הנהר וכ"ה גי' הר"מ ופי' בור המים ויש בו משיטות לפי שהמים מכונסים בו והנכנס לשם יזיע והזיע' ביום שבת אסורה : (יב) ופרש"י דדמי לרפואה וגזור משום שחיקת סממני :

איטי

דארף אוך צו שפרייטן טריקנן אונ דר זון נאר ניט ווייא מענטשן ווען שבת בדי זאל אים ניט חושד זיין אז ער הט זייא אום שבת גוואשן

ה יתרוחץ כו') ווען איינר באד זיך אין וואסר פון איין הייל אדר אין טבריא אונ האט זיך אפ געטריקנט אפילו מיט צעהן טיכר איינס נאך דם אנדרי טאר ער זייא דאך ניט מיט זיין האנד אהיים ברענגען דען ער קען לייכט פיר געסן אין זייא אום קוועטשן (אבל כו') אבר צעהן מענטשן מעגן זיך אפ טריקנען מיט אטוך איר גאנץ לייב זיין מעגן דאס טוך טראגן אין זייערי הענד ווייל ביא מערר מענטשן ווערט איינר דעם אנדרין דער מאנען מען זאל ניט אום קוועטשן :

ו (סכין כו') מען מעג זיך שמירן מיט פעטקייט דאס לייב זיין מיט דער האנד איין רייבן נאר זיך ניט שטארק צו במיאן אין אך ניט מיט קיין בזעם רייבן (אין כו') מען טאר זיך ניט באדן אין איין לייכיג אודר גליטשיק ארט יאין עושין כו') מען טאר ניט איין געבן קיין

וְהִגְלוֹ לֹא יְטָרְפֵם בְּצוֹנֵן אֲבָל רוֹחֵץ הוּא כְּדַרְכּוֹ וְאִם נִתְרַפָּא נִתְרַפָּא:

אות ט יומא פרק ד׳

טָרַף בַּקַּלְפִּי. וְהֶעֱלָה שְׁנֵי גוֹרָלוֹת. אֶחָד כָּתוּב עָלָיו לַשֵּׁם. וְאֶחָד כָּתוּב עָלָיו לַעֲזָאזֵל הַסְּגָן בִּימִינוֹ וְרֹאשׁ בֵּית אָב מִשְּׂמֹאלוֹ. אִם שֶׁל שֵׁם עָלָה בִּימִינוֹ הַסְּגָן אוֹמֵר לוֹ אִישִׁי כֹּהֵן גָּדוֹל הַגְבַּהּ יְמִינְךָ. וְאִם שֶׁל שֵׁם עָלָה בִּשְׂמֹאלוֹ רֹאשׁ בֵּית אָב אוֹמֵר לוֹ אִישִׁי כֹּהֵן גָּדוֹל הַגְבַּהּ שְׂמֹאלְךָ. נְתָנוֹ עַל שְׁנֵי הַשְּׂעִירִים וְאוֹמֵר לַה׳ חַטָּאת רַבִּי יִשְׁמָעֵאל אוֹמֵר לֹא הָיָה צָרִיךְ לוֹמַר חַטָּאת אֶלָּא לַה׳ וְהֵן עוֹנִין אַחֲרָיו. בָּרוּךְ שֵׁם כְּבוֹד מַלְכוּתוֹ לְעוֹלָם וָעֶד: ב קָשַׁר לָשׁוֹן שֶׁל זְהוֹרִית. בְּרֹאשׁ שָׂעִיר הַמִּשְׁתַּלֵּחַ והעמידו

ר״ע מברטנורה

אלא מפני שאין לאהב זמן אבל ביום נידך שרי: מעלכים. לשון ידיך עלבוני ויעבוני (שם י) ואין מחזירין את השבר. פעם שנשברה ואין הלכה כמשנה זו אלא הלכה מחזירין את השבר בשבת: שנפרקה ידו. אינה כמלא כן הפרק שלו: לא יטרפם. לשון ביצים טרופות בקערה שמשתף (בלוזן) על מקום השבר דמחזי דלרפואה קמכויד:

אות ט טרף] בקלפי. כרך חבף ולקח הגורלות בחפיסה: בקלפי. ממינו לתיבה וקלפי היה שם וגמה בחפיסה כדי שלא יתכוין להכין במחשבתו איזה של שם ויעלנו בימין לפי שסימן יפה הוא כשהיה עולה בימין: והעלה שני גורלות. אחד בימין ואחד בשמאל. והשעירים עומדים אחד לימין ואחד לשמאל ומן גורל שעלה בימין על שעיר של ימין וגורל שעלה בשמאל על שעיר של שמאל: לה׳ חטאת. שם המפורש כמו שמזכיר והוא שם של יו״ד ה״א כמו שהוא נכתב: ר״י אומר לא היה צריך לה׳. ואין הלכה כרבי ישמעאל: והם עונים אחריו. כשמזכיר את השם: (ב) לשון של זהורית. לשון של זכורית. למד לבוע אדום: כנגד בית

עיקרי תוי״ט

פרק ד (ה) איבי. ארונין: (ג) ונקשו של זהורי׳ דאשכחנהו אקרא אם יהיו חטאיכם כשנים כשלג ילבינו. ומ״ש וצבעו

דָרְעָךְ מִיטְל מֶען טָאר קֵיין קִינְד נִים וִויקְלְן, אִים זַיינֶע גְלִידֶר גְלַייךְ צוּ מַאכְן אוּם גְנוּמֶן אוּנ דֶעם גְבְרָאכְטְם מַאגְ. אוּנ וֶוען אֵיין בֵּיין אִיז גְבְרָאכְן טָאר מֶען נִיט צוּ אַנַנְדֶר בִּינְדְן. (מי שנפרקה) וֶוען אֵיינֶער הָט זִיךְ אֵיין הַאנְד אֵידֶר אַפִּיס אוּם גְרֶעוְקְט אִין עֶס אִיז דָר בַּייא קֵיין סַכָּנָה טָאר עֶר זִיךְ קֵיין קַאלְט וַואסֶר נִיט לֵייגְן נָאר עֶר קָען זִיךְ גֵעוְוענְלִיךְ בָּאדְן אִין קַאלְט וַואסֶר תָּאמֶשׁ עֶס אִיז אִים אֵיין רְפוּאָה:

אות ט (טרף בקלפי) דֶר כֹּהֵן גָּדוֹל הָט אוּם יוֹ״כ אַרוֹס גְנוּמֶן צְוַוייא צֶעטְלֶךְ אוּם אֵיין כֵּלִי וָוס הָט גְהֵייסְן קַלְפִּי (אחד כתיב כו) אוֹיף אֵיין צֶעטְל וָואר אוֹיף גְשְׁרִיבְן דָאס ווָארְט (לשם) צוּ זַיין לִיבְן נָאמֶן (ואחד כתוב כו) אוּנ אוֹיף דֶעם אַנְדֶרְן צֶעטְל וָואר גְשְׁרִיבְן דָס ווָארְט (לעזאזל הסגן כו) דֶער ווִיצוּ כֹּהֵן אִיז גְשְׁטַאנְן בַּיים כֹּהֵן גָּדוֹל אִין לִינְקְן דֶר רֶעכְטֶר הַאנְט אוּנ דֶר רֹאשׁ הַמְּמוּנֶה לִינְקְן דֶער לִינְקֶר הַאנְט (אם של כו) בַּאדֶעם צֶעטְל וָואס אִיז דְרוֹיף דֶער שֵׁם הַקּוֹדֶשׁ אִיז גְקוּמֶן אוּנ דֶער רֶעכְטֶר הַאנְט פוּן כֹּהֵן גָּדוֹל (הסגן אומר כו) אַזוֹ זָאגְט דֶער סְגַן הַכֹּהֵן צוּם כֹּהֵן גָּדוֹל מַיין הַאר הֵייבּ אוֹיף דַיין רֶעכְטֶע הַאנְט (ואם של שם כו) וּבְאם דֶר שֵׁם הַקּוֹדֶשׁ אִיז גְקוּמֶן אִין דֶר לִינְקֶר הַאנְט זָאגְט צוּ אִים דֶר רֹאשׁ הַמְּמוּנֶה מַיין הַאר הֵייבּ אוֹיף דַיין לִינְקֶע הַאנְט (נתנם על שני כו) דֶר כֹּהֵן גָּדוֹל הָט דִי צְוַוייא צֶעטְלֶךְ גְלֵייגְט אוֹיף דִי צְוַוייא שֶׁעפְּלֶךְ וָואס דָארְט אִיז גְשְׁטַאנְן (אומר כו) אוּנ הָט גְזָאגְט דָאס אִיז אֵיין קָרְבָּן חַטָּאת צוּ גָאט (ר׳ ישמעאל אומר כו) רַ׳ יִשְׁמָעֵאל זָאגְט עֶר הָאט נִיט גְבֶּארְפְט זָאגְן דָס ווָארְט חַטָּאת נָאר צוּ גָאט (והן עונין כו) אִיבּ זֵיי עֶנְטְפֶרְן דְרוֹיף בָּרוּךְ שֵׁם כְּבוֹד מַלְכוּתוֹ לְעוֹלָם וָעֶד:

והעמידו כנגד בית שלוחו ולנשחט כנגד בית שחיטתו בא לו אצל פרו שניה ,
וסומך שתי ידיו עליו ומתודה . וכך היה אומר אנא השם . עויתי . פשעתי ,
חטאתי לפניך אני וביתי ובני אהרן עם קדושך . אנא השם . כפר נא לעונות
ולפשעים ולחטאים שעויתי ושפשעתי ושחטאתי לפניך אני וביתי ובני אהרן עם
קדושיך . ככתוב בתורת משה עבדך . כי ביום הזה יכפר עליכם לטהר אתכם
מכל חטאתיכם לפני יי תטהרו . והן עונין אחריו ברוך שם כבוד מלכותו לעולם
ועד : ג שחטו ח וקבל במזרק את דמו . ונתנו למי שהוא ממרס ט בו . על
הרובד הרביעי שבהיכל . כדי שלא יקרוש . נטל מחתה ועלה לראש המזבח

ופנה

ר"ע מברטנורה

בית שלוחו . כנגד שער שיוציאו בו : ולנשחט . היה קושר לשון של זהורית (ג) כנגד בית שחיטתו . כלומר
בצוארו . והשתא לא אתי לאחלופי בשעיר המשתלח שזה בראשו וזה בצוארו ואחרוייהו בשאר שעירים לא
מחלפי שאלו לשון של זהורית קשורה בהם ושעירים אחרים אין לשון של זהורית קשורה בהם : עויתי
פשעתי חטאתי . מתני' רבי מאיר היא דיליף מקרא דכתיב (ויקרא טז) והתודה עליו את כל עונות בני
ישראל . ואת כל פשעיהם לכל חטאתם אבל חכמים פליגי עליה ואמרו עונות אלו זדונות (ד) ופשעים
אלו מרדים (ה) . חטאים אלו שגגות (ו) לאחר שהתודה על העונות ועל המרדים חוזר ומתודה על השגגות
בתמיה אלא אומר חטאתי עויתי פשעתי וכן בדוד הוא אומר (תהלים קו) חטאנו עם אבותינו העוינו
והרשענו והלכה כחכמים ומהו זה שאמר משה (שמות ל"ד) נושא עון ופשע וחטאה . כך אמר משה לפני
המקום בשעה שישראל חוטאים ועושים תשובה עשה להם זדונות כשגגות (ז) : (ג) ממרס . מניע ומגלגל
ומערב בו שלא יקרש כשישהה עד שיעשה עבודת הקטורת : על הרובד הרביעי . כל שורה ושורה של
אבני הרצפה קרויה רובד . וא"א לפרש רובד הרביעי שבהיכל שורה רביעית שבתוך ההיכל משפתח ההיכל
ולפנים דהא כתיב (ויקרא טז) וכל אדם לא יהיה באהל מועד וכו' אלא תני רובד רביעי של היכל כלומר

רובד

עיקר תוי"ט

וצבעו אדום . תרגום ותולעת שני . וצבע זהורי . הר"ם : (ג) ובני אהרן . דתרי זימני כתיב
וכפר בעדו ובעד ביתו . קמא לעונותיו ועונות ביתו . ותניין על אחיו הכהנים שכולן קרוין ביתו שנאמר בית
אהרן . וכך הוא יפה להתודות בתחלה עליו . ועל ביתו דמוטב שיבא זכאי ויכפר על החייב . גמרא . ותו מקשי
בגמרא היכי מכפר ליה בפר דלאו דדהו ומשני דרחמנא הפקיר ממונו שלו לכל אחיו הכהנים : (ד) וכה"א
הכרת תכרת הנפש ההיא עונה בה : (ה) וכה"א מלך מואב פשע בי : (ו) וכה"א נפש כי תחטא בשגגה . גמ'
(ז) כ"ה בת"כ ובגמ' אליבא דר"מ והר"ם פיר' דס"ל להכמים דבסידורא לא קא מיירי קרא ולא בא הכתוב אלא
לכלול מיני העונות : (ח) שחטו . נראה דה"נ קרצו ומרק אחר על ידו כמו בתמיד בפ' דלעיל אלא שקצר התנא
בלשונו וסמך אדלעיל דזיל בתר טעמא : (ט) ממרס . והמלה עברית ביחזקאל מ"ו וסמן שלישית ההין לרס

את

ב (קשר לשון כו) דער נאך האט דר כהן גדול אן גקניפט אויף דעם קאפ פון שעיר המשתלח
איין רויט בענדל (והעמידו כו) אונ האט אים גשטעלט לעבן דעם אום גאנג פון
(ולנשחט כו) אונ צו דעם אנדרן שעיר וואס איז מוכן לקרבן האט ער אן גקניפט איין רויט בענדל
אויף דעם האלז (בא לו אצל פרו כו) דער נאך איז ער ווידר גקומן צוא זיין קרבן (וסומך
שתי וכו) אונ האט אויף אים זייני הענד גלייגט אונ מתודה גוועזן (וכך היה כו) אונ האט אזוי
גזאגט (אנא יי כו) איך בעט דיך איבר גאט איך האב ניט גלייך גטאן איך האב גמיטם גזינדיגט
פר דיר (אני וביתי כו) איך אין מייני הויז מענטשן וויא אוך אלי אנדרי כהנים דיין הייליג פאלק
(אנא בשם כו) איך בעט דיך רבש"ע פאר גיב די מוקטאטן אין די זונד (שעויתי כו) וואס איך
אין מיין בני בית אונ אלי אנדרי כהנים דיין הייליג פאלק האבן פר דיר גפעלט פוייזע גרעדן אונ
גזינדיגט (ככתוב בתורת כו) אזו וויא עס שטייט גשריבן אונ דיין הייליגר תורה (כי ביום הזה כו)
אז אין דעם טאג וועט איך פאר געבן אין צו ריינגן איך פון אלי אייערי זונד אז איר וועט זיין

נאך

וּפָנָה גֶחָלִים אֵילָךְ וְאֵילָךְ . וְחוֹתֶה מִן הַמְעוּכָּלוֹת יג הַפְּנִימִיּוֹת וְיָרַד וְהִנִּיחָהּ עַל הָרוֹבֶד הָרְבִיעִי שֶׁבָּעֲזָרָה יג : ד בְּכָל יוֹם הָיָה חוֹתֶה בְּשֶׁל כֶּסֶף וּמְעָרֶה בְּתוֹךְ שֶׁל זָהָב . וְהַיּוֹם חוֹתֶה בְּשֶׁל זָהָב וּבָהּ מַכְנִיס . בְּכָל יוֹם חוֹתֶה בְּשֶׁל אַרְבָּעָה קַבִּין . וּמְעָרֶה בְּתוֹךְ שֶׁל שְׁלֹשֶׁת קַבִּין . וְהַיּוֹם חוֹתֶה בְּשֶׁל שְׁלֹשֶׁת קַבִּין וּבָהּ הָיָה מַכְנִיס רַבִּי יוֹסֵי אוֹמֵר בְּכָל יוֹם חוֹתֶה בְּשֶׁל סְאָה וּמְעָרֶה בְּתוֹךְ שֶׁל שְׁלֹשֶׁת קַבִּין . וְהַיּוֹם חוֹתֶה בְּשֶׁל שְׁלֹשֶׁת קַבִּין וּבָהּ הָיָה מַכְנִיס . בְּכָל יוֹם הָיְתָה כְּבֵדָה וְהַיּוֹם קַלָּה בְּכָל

יום

ר״ע מברטנורה

הרובד רביעי שבעזרה (י) . כשיולא מן ההיכל לעזרה . מונה את הרובדין ומניחו על הרובד הרביעי וכ״ס שעל ספסרס בי . דאלו בתוך ההיכל אי אפשר כדאמרן ויוצא את הגחלים ומניח את המחתה עד שיחשין נספס הקטורת ויתן בתוך הכף ואחר כך יכניס כף ומחתה לפנים : (ד) בכל יום . כשחותה גחלים ממערכה שיש על קטורת להכניס על המזבח הפנימי לקטורת שחרית וערבית חותה בשל כסף ומערה בשל זהב נעשית הגחלים שוחקת הכלי ומחסרתו . והתורה חסה על ממונן של ישראל (יר) : והיום חותה בשל זהב . שלא להטריח על כהן גדול לערות מכלי אל כלי : כבדה . שהיה דופנה עבה : והיום קלה . שהיה

דופנה

עיקר תוי״ט

להם את הסולת ובארכית מתורגם כר״ה אשך דכרים פהרין :(י) ומדנקט בעזרה ש״מ תרתי.הדא דאולם והיכל חדא קדושה . ואולם נמי א״מ מיקרי והוא כברת רבא בגמ׳ ועוד ש״מ דהוין לאולם בכל העזרה לא פרשו בשעת שמקטירין לפני ולפנים כת״ק דספ״ק דכלים כפי׳ הר״ב שם . אבל כפי הנראה מסוגיא דגמרא דהכא דליכא פלוגתא בדבי . ולר״י נמי לא פרשו בין האולם ולמזבח בשעה שמקטיר לפני ולפנים . תוי״ט : (יא) וחותה . לשון עברי הוא לחתות אש מיקוד . הר״מ : (יב) המעוכלות . כמו המאוכלות באל״ף שמתחלף בעי״ן שהם ממוצא א׳ ופירש הר״ב שם הגחלים שבאמצע האש שנתאכלו היטב והן קרובים להיות דשן . ועתוי״ט : (יג) שבעזרה . לעזרה היינו דבין רישא לסיפא דברישא מונח מן ההיכל ולחוץ והכא מונה מירידתו מן הכבש והוא פונה למול ההיכל דאל״ה אלא דהכא נמי ברובד דלעיל מיירי . מ״ש דהכא תנן שבעזרה וברישא תנן שבהיכל ואמרינן תני של היכל . ומיהו בירושל׳ נראה דבהדא רובד מיירי דאמר ארישא כיני מתני׳ על כו׳ שבעזרה : (יד) שנאמר את הכהן ופנו את הבית על מה המה התורה על פכין של כלי חרס שאין להם טהרה במקוה א״כ חסה על ממון הקל

נאך פאר גאם בעטן גריינגט צוא ווערן (והכ׳ עונין כו׳) אונ דער כהן הכהן אונ דר ראש הכמונה

תויא זייא הערן מזכיר זיין דעם שם זאגן זייא ברוך שם כבוד מלכותו לעולם ועד :

ג (שתמו כו׳) נאך דער ווידוי האט ער גשטאכן דעם שטיער אקם אונ האט זיין בלוט גנומן

אין איין שפרענג בעקן (ונתנו כו׳) אונ האט עם איבר גגעבן צוא איינם וואס ער איז

געשטאנן אונ דער עזרה אוף דער פערדר שורה פון דעם פים בודן ער זאל דאס בלוט מישן עס

זאל נים פאר גליוועדט ווערן (נטל מחתה כו׳) אח״כ האט ער גנומן איין פייאר פאן אין איז

געגאנגן אוף דעם מזבח ארוף (ופנה כו׳) דארט האט ער דיא קולן צו שארט הין אונ הער אינ

האט מיט דעם פייאר פאן גנומן מוטרכטי ניט איבר געברענטי קולן (וירד כו׳) אונ איז מיט

דער פייאר פאן אראפ גגאנגן פון מזבח אונ האט דעם שופר אנידר גשטעלט אין דער עזרה

אוף דעם פים בודן אונ דער פערדר שורה :

ד (בבכל כו׳) יעדן טאג פלעגט ער די קולן איין שופלן מיט איין זילברני כלי אין איבר שיטן

אונ איין גילדנר (והיום כו׳) היינטגן טאג יו״כ האט ער תיכף איין גשופלט מיט

דער זילברנר אין גילדני כלי וואס ער איז מיט איר אריין גגאנגן אין קדשי קדשים (בבכל כו׳)

יעדן אנדרן טאג פלעגט ער איין שופלן מיט איין כלי וואס האט גהאלטן פיר מאס אין איבר

שיטן אין איין אנדרי כלי ווס האלט נאר דרייא מאס אונ מיט דער איינגר כלי איז ער מאקי

אריין געגאנגן אין קדשי קדשים (ר׳ יוסי כו׳) זאגט עס איז אזוי (בבכל יום כו׳) יעדן אנדרן טאג

פלעגט ער איין שופלן מיט איין כלי ווס האט געהאלטן איין סאה דאס איז איין ערך פון זעקס

יום הָיְתָה יָדוֹ קְצָרָה. וְהַיּוֹם אֲרוּכָּה בְּכָל יוֹם הָיְתָה זְהָבָהּ יָרוֹק. וְהַיּוֹם אָדוֹם דִּבְרֵי
רַבִּי מְנַחֵם. בְּכָל יוֹם מַקְרִיב פְּרַס בְּשַׁחֲרִית וּפְרַס בֵּין הָעַרְבַּיִם. וְהַיּוֹם מוֹסִיף מְלֹא
חָפְנָיו טז. בְּכָל יוֹם הָיְתָה דַקָּה וְהַיּוֹם דַּקָּה מִן הַדַּקָּה יז: ה בְּכָל יוֹם כֹּהֲנִים עוֹלִין
בְּמִזְרָחוֹ שֶׁל כֶּבֶשׁ. וְיוֹרְדִין בְּמַעֲרָבוֹ. וְהַיּוֹם כֹּהֵן גָּדוֹל עוֹלֶה בְּאֶמְצַע וְיוֹרֵד בְּאֶמְצַע.
רַבִּי יְהוּדָה אוֹמֵר לְעוֹלָם כֹּהֵן גָּדוֹל עוֹלֶה בְּאֶמְצַע וְיוֹרֵד בְּאֶמְצַע. בְּכָל יוֹם כֹּהֵן גָּדוֹל
מְקַדֵּשׁ יָדָיו וְרַגְלָיו מִן הַכִּיּוֹר. וְהַיּוֹם מִן הַקִּיתוֹן שֶׁל זָהָב יט. רַבִּי יְהוּדָה אוֹמֵר לְעוֹלָם
כֹּהֵן גָּדוֹל מְקַדֵּשׁ יָדָיו וְרַגְלָיו מִן הַקִּיתוֹן שֶׁל זָהָב: ו בְּכָל יוֹם הָיָה שָׁם אַרְבַּע מַעֲרָכוֹת

ר"ע מברטנורה

ושנה דק: והיום אדוכה. כדי שתהא זרוע של כ"ג מסייעתו: והיום אדום. מזהב הקרוי זהב פרוים על שם שדומה לדם פרים (טו): פרס. חצי מנה: דקה מן הדקה. דכתיב (ויקרא ט"ז) ומלא חפניו קטורת סמים דקה. ומה תלמוד לומר והלא כבר נאמר (שמות ל') ושחקת ממנה הדק. אלא לומר לך שקטורת של יום הכפורים תהא דקה מן הדקה: (ה) בכל יום עולין במזרחו של כבש. דאמר מר כל פינות שאתה פונה לא יהא אלא דרך ימין שהוא למזרח (יח) שהרי הכבש בדרום לכך עולין במזרחו של כבש בשתוך לפנות לימין: והיום כהן גדול כו'. משום כבודו להראות חשיבותו שהוא כבן בית והולך במקום שהוא חפץ מה שאין שאר כהנים רשאין לעשות: (ו) בכל יום היו שם. במזבח החיצון: ארבע מערכות. של עצים שמבערים עליהם האש. אחת מערכה גדולה שמקריבין עליה התמיד. ואחת מערכה שניה שממנה נוטלים אש למזבח הקטורת ואחת מערכה של קיום האש שלא תכבה מאש אש לעולם. ואחת איברים ופדרים של תמיד של בין הערבים (כ) שלא נתעכלו מבערב ולא נפרסו כל הלילה בורפין אותה במערכה

והיום

עיקר תוי"ט

צ

אהל כר' גמ': (טו) ומצות היום להביא דם הפר לפני ולפנים ולפני הפרוכת ועל מזבח הפנימי: שמכנים לפני ולפנים לבד מפרס של שחרית ושל ערבית הניתן על המזבח הפנימי. רש"י: (טז) מלא חפניו. זו שהיה מכנים לפני ולפנים היה מחזיר עי"כ למכתשת ושוחקה הדק. רש"י: (יח) ב׳כרא ילפינן מים שעשה שלמה על י"ב בקר ג' פונים צפונה וג"פ ימה וג"פ נגבה וג"פ מזרחה. דמונה והולך המקיף את הים ובא לו מצפון למערב וממערב לדרום וכו' דדרך ימין מקיפה: (יט) זהב. דבכל כלי שרת מקדש דכתיב ורחצו

מאם אונ האט יעם איבער גשאטען אין איין אנדערי כלי פון דרייא מאם (והיום כו') אונ היינט אום יו"כ פלעגט ער תיכף איין שופ'לן מיט איין כלי פון דרייא מאם אונ מיט איר איז ער שון מאכן גאנגען אין קדשי קדשים (בבכל יום כו') יעדן אנדרן טאג איז דיא כלי שווער וויל דער דנא איז דיק אין היינט איז זיא גרינג (בבכל יום כו') יעדן אנדערן טאג איז דיא כלי מיט איין קורץ הענטל אונ היינט מיט איין לאנגם (בבכל יום כו') יעדר אנדרן טאג איז דיא כלי פון געל גאלד אונ היינט פון רויטלך גאלד (דברי ר' מנחם בבכל יום כו') יעדן אנדרן טאג האט מען נאר מקריב גוועזן קטורת דיא העלפט פון איין מנה בשחרית אונ דיא אנדרי העלפט בערבית (והיום כו') אונ היינט האט מען הוץ לזה נאך מוסיף גוועזן איין האנד פאל קטורת מקריב צו זיין אין קדש קדשים (בבכל יום כו') יעדן אנדרן טאג האט דאס קטורת גדארפט זיין דין גשטופן אבער היינט עס גמוזט זיין דינר אונ פיינר גקלאפט וויא תמיד:

ה (בבכל יום כו') יעדן אנדרן טאג פלעגן דיא כהנים ארוף גיין צום מזבח אויף דער טרעפ פון מזרח זייט אונ צוריק אראפ אונ מערב זייט אונ היינט אום יו"כ איז דער כהן גדול גאנגען ארויף אונ אראפ אונ דער מיט טרעפ (ר"י אומר) ר"י זאגט (לעולם כו') תמיד האט דר כהן גדול בדארפט וואשן די הענט אונ פיס פון דעם האנד פאס (והיום כו') אונ היינט פון איין גילדן קריגל (ר' יהודה אומר) ר' יהודה זאגט (לעולם כו') דר כה"ג האט זיך תמיד פון איין גילדן קריגל גוואשן הענט אין פיס:

הַיּוֹם חָמֵשׁ כא דִּבְרֵי רַבִּי מֵאִיר. רַבִּי יוֹסֵי אוֹמֵר בְּכָל יוֹם שָׁלֹשׁ וְהַיּוֹם אַרְבַּע. רַבִּי יְהוּדָה אוֹמֵר בְּכָל יוֹם שְׁתַּיִם וְהַיּוֹם שָׁלֹשׁ:

יומא פרק ח אות יוד

יוֹם הַכִּפּוּרִים אָסוּר בַּאֲכִילָה. וּבִשְׁתִיָּה ג וּבִרְחִיצָה. וּבְסִיכָה. וּבִנְעִילַת הַסַּנְדָּל. וּבְתַשְׁמִישׁ הַמִּטָּה. וְהַמֶּלֶךְ ד וְהַכַּלָּה יִרְחֲצוּ אֶת פְּנֵיהֶם. וְהַחַיָּה תִּנְעוֹל אֶת הַסַּנְדָּל. דִּבְרֵי רַבִּי אֱלִיעֶזֶר. וַחֲכָמִים אוֹסְרִין: ב הָאוֹכֵל כְּכוֹתֶבֶת הַגַּסָּה. כָּמוֹהָ. וכגרעינתה

ר״ע מברטנורה

א. ומוסיפין ביה״כ עוד מערכה אחת ליטול ממנה גחלים לקטרת לפני ולפנים: ר״י אומר בכל יום ב׳. דסלקא קראי כתיב (ויקרא ו׳) על מוקדה על המזבח כל הלילה עד הבקר זו מערכה גדולה. (שם) והאש המזבח תוקד בו זו מערכה שניה של קטורת (שם) והאש על המזבח תוקד בו לא תכבה זו מערכה ג׳ של קיום האש. ומערכה רביעית לאברים ופדרים שלא נתעכלו לית ליה לרבי יוסי דסבירא ליה שאברים ופדרים שלא נתעכלו. בצדי מערכה גדולה הם נסדרים: רבי יהודה אומר בכל יום שתים. דלית ליה מערכה שלישית של קיום האש ומקרא שלישי של והאש על המזבח תוקד בו לא תכבה. דריש ליה ר׳ יהודה שמכניס קסמים דקים כדי להבית האש על המערכה הגדולה לא יניח על הרצפה ויעלה כשהם דולקים למזבח. אלא ידלקם בראש המזבח. (כב) והלכה כר״י:

אות י יום הכפורים אסיר באכילה ושתיה אע״ג דבאכילה ושתיה ענוש כרת (א). משום דבעי למתני שאר ענויין הכתובים בתורה דבגה שבתון דאמור אל הכהנים ושבת שבתון דאחרי מות. ובעשור לחודש דבמות הפקודים. ואך בעשור דאמור אל הכהנים. והיתה זאת לכם לחקת עולם דאחרי מות. בכלהו כתוב ענו ועניתם (ב) והני דמתניתן נמי חמשה עגויין נינהו דשתיה ואכילה אחת הן: המלך. צריך שיתראה נאה. דכתיב (ישעיה ל״ג) מלך ביפיו תחזינה עיניך: והכלה. צריכה לנוי כדי לחבבה על בעלה. וכל שלשים יום קרויה כלה: והחיה. יולדת: תנעול מפני הצנה: דברי ר״א. אכלהו קאי אמלך וכלה וחיה והלכה כחכמים: (ב) כותבת. תמרה גסה וכיא פחות מכביצה (ו) ואע״ג דכל שעורי אכילה בכזית היינו משום דכתיב

עיקר תוי״ט

פרק ח (א) לרבות שאר כלי שרת. תו׳. (כ) ונפקא מואש. ורבנן וי״ו לא דרשי. גמ׳: (כא) חמש. נפקא לה מואש אפי׳ למאן דלא דריש וי״ו וי״ו ה״א דריש. גמ׳: (כב) ואיבך נפקא להו מונתנו בני אהרן הכהן אש על המזבח ור״י אי מהתם ה״א קאי ארעא ועביד מפוחא קמל״ן:

פרק ח (א) דכתיב והאבדתי את הנפש ההיא. עינוי שהוא אבידת נפש. ואיזה זה אכילה ושתיה גמ׳ דעו״ד: (ב) דכי כל הנפש אשר לא תעונה לא קחשיב דלא חשיב אלא צוויין אבל האי דלא ציווי לא קחשיב. תוס׳: (ג) באכילה ושתיה. אכילה ושתיה דאקרו עינוי מנלן כתיב הכא תענו וכתיב ויענך וירעיבך ש״מ הרעבון איקרי עינוי. רחיצה. דכתיב כי נשאת כו׳ וכי התענית בכל אשר התענה אבי וכתיב הרום (שמואל ב׳ י״ז) כי אמרו העם רעב ועיף וצמא וכתיב (משלי כה) מים קרים על נפש עיפה ולא כתיב בנפש. ש״מ עיף ברחיצה הוא. סיכה. דכתיב להם וגו׳ וסוך לא סכתי וכתיב שם כי מן היום וגו׳ ולהתענות. תשה״מ. דכתיב אם תענה את בנותי ואם תקח נשים תענה מתשמיש. תקח צרות. גמרא: (ד) והמלך כו׳. דאסורא דיוהכ״פ לאו דאורייתא וקראי אסמכתא בעלמא כמ״ש הר״מ והרא״ש והלכך הקילו בו דהם אמרו והם אמרו וא״נ דאורייתא כיון דלא פירשו בהדיא בקרא קילי כפי דמסרו להכמים והם יכולין להקל ולהתיר כפי שנראה להם. הר״ב: (ה) כמוה וכגרעינתה. פי׳ הכותבת אינה דבוקה לגרעינתה ויש ביניהם חלל וקמ״ל דצריך למעט אותו חלל לשער בכמוה וכגרעינתה בלבד. תו׳ והר״ב: (ו) יש לכוין שאינה פחותה ממנה אלא מעט דכיון דחד אמורא אמר

ב (בכל יום כו׳) יעדן אנדערן טאג איז גוועזן אויף דעם מזבח אויף פיר ערטער פייער גמאכט אונ היינט אויף פינף (דברי ר׳ מאיר) אזו האלט ר׳ מאיר (ר׳ יוסי אומר) ר״י זאגט (בכל כו׳) תמיד איז נאר גוועזן אויף דרייא ערטער אונ היינט אויף פיר (ר׳ יהודא אומר) ר׳ יהודא זאגט תמיד איז גיוועזן נאך צווייא ערלייא פייער אונ היינט דריי ערלייא:

אות יוד (יום הכפורים כו׳) אום יום כפור איז אסור צו עסן אונ צוא טרינקן גם טאר מען זיך ניט באדן אודר מיט פעטקייט צו שמירן (ובנעילת כו׳) דיא שיך טאר מען זיך ניט אן טון (בתשמיש המטה) זיווג איז אויך אסור (והמ״ך וכו׳) איין מלך אודר איין כלה מעגן זיך דאה פנים וואשן (והחיה כו׳) איין קינדפעטארן מעג גיין אונ די שיך (דברי רבי אליעזר) אונ

וּכְגַרְעִינָתָהּ ה. וְהַשּׁוֹתֶה מְלֹא לוּגְמָיו. חַיָּב. כָּל הָאוֹכָלִין מִצְטָרְפִין לִכְכוֹתֶבֶת. וְכָל הַמַּשְׁקִין מִצְטָרְפִין לִמְלֹא לוּגְמָיו. הָאוֹכֵל וְשׁוֹתֶה אֵין מִצְטָרְפִין ט: ג אָכַל וְשָׁתָה בְּהֶעְלֵם אַחַת. אֵינוֹ חַיָּב אֶלָּא חַטָּאת אַחַת. אָכַל וְעָשָׂה מְלָאכָה חַיָּב שְׁתֵּי חַטָּאוֹת. אָכַל אוֹכָלִין שֶׁאֵינָן רְאוּיִין יא לַאֲכִילָה וְשָׁתָה מַשְׁקִין שֶׁאֵינָן רְאוּיִין לִשְׁתִיָּה. וְשָׁתָה צִיר יב. אוֹ מוּרְיָיס פָּטוּר: ד הַתִּינוֹקוֹת אֵין מְעַנִּין אוֹתָן בְּיוֹם הַכִּפּוּרִים. אֲבָל מְחַנְּכִין אוֹתָם. לִפְנֵי שָׁנָה. וְלִפְנֵי שְׁנָתַיִם. בִּשְׁבִיל שֶׁיִּהְיוּ רְגִילִין בְּמִצְוֹת: ה עוּבָּרָה שֶׁהֵרִיחָה

כאבילין

ר״ע מברטנורה

דכתיב בהו אכילה. אבל הכא דלא כתיב אלא אשר לא תעונה. גמירי דבכליר מכותבת לא מיתבא דעתיה והוי מעונה ומיהו ק״ל דחצי בעור אסור מן התורה. אלא שאין חייבין כרת ולא נוקין אלא על כשיעור: כמלא לוגמיו. כל שאלו יסלקנו לצד אחד יהיה אותו הצד בולט ונראה. נקרא מלא לוגמיו ושעור זה באדם בינוני (ז) הוא פחות מרביעית (ח): (ג) אינו חייב אלא חטאת אחת. דמחד קרא נפקי אכילה ושתיה וחד שמא הוא (י) אכל ועשה מלאכה. מתרי קראי נפקי והרי שמות נינהו: (ד) אין מענין אותם. אין חייבין למנוע מהן מאכל: מחנכין. אותן לשעות היה רגיל לאכול בארבע שעות מאכילין אותו בחמש או בשש כפי כח הבן: קודם לשנה. שנה א׳ קודם לפרקו אם התינוק חולה ואם כחו ואינו יכול לסבול קודם לשנתים או שני שנים קודם פרקו אם התינוק בריא. ופרקן הוי התינוקות בת י״ב שנה ויום אחד שאין דרכה להביא סימנים עד זמן זה ואז היא בת עונשין ופרקו של תינוק הוי בן י״ג שנה ויום א׳ וקודם זה אינו בר עונשין: (ה) עוברה שהריחה. העובר (יג) מכיר ריח התבשיל והיא מתאוה לו ואם אינם

אוכלת

עיקר תוי״ט

אמר בגמרא יתירה מכביצה לא מפלגינן מיניה מאן דפליג עליה. הר״ב: (ז) השיעור באדם בינוני הוא פחות מרביעית אבל בשאר אדם הכל לפי גדלו ולפי קטנו ומיהו באבילה לא מפלגינן אלא אפילו לעוג מלך הבשן מחייבים בככותבת וטעמא אמרינן בגמרא דבאכילה קים להו לרבנן דבהכי מיתבא דעתיה. ומיהו כ״ע טובא ועוג כו׳ פורתא. והשתייה בדידיה מיתבא דעתיה בדחבריה לא מיתבא דעתיה. ומש״ה לענין דלאו ביתובא דעתא הוא בשל עולם הן שנוין בבינונית. הר״ב: (ח) לא קאימנא שפיר בהאי פחות כמה הוה בציר מגיה הר״ב: (ט) אין מצטרפין. דאע״ג דתד שמא נינהו כדלקמן הואיל ומשום יתובא דעתה הוא האי לא קמיתבא דעתיה כדאמר בגמ׳: (י) שנאמר ונתת הככף בכל אשר תאוה נפשך כו׳ ביין ובשכר. שכר שתיה הוא דיליף שכר שכר מנזיר וקרייה רחמנא ואכלת דאלו מיין איכא למימר על ידי אנגרון שהוא מין מאכל שנותנין בו יין: (יא) שאינן ראוין. כגון עשבים המרים או שרפים הבאושין. הר״מ: (יב) ציר. כגון ציר כו׳: (יג) כ״כ

רש״י

הָאלט רַבִּי אֱלִיעֶזֶר אוּנ דִי חֲכָמִים אַסָרְן:

ב (האוכל כו׳) וָוער עֶס עֶסְט אַיין שׁוּם מַאֲכָל וָואס אִיז גְרוֹס וִויא אַטֵייטְל (כמוהו) אַזוֹ וִויא זִיא אִיז מִיט אִיר קֶערְל (והשותה כו׳) אוֹדֶר וָוער עֶס טְרִינְקְט אַזוֹ פִיל וִויא פִיל עֶס קֶען אַרַיין אוּנ אַיין זַייט פוּן זַיין מוֹל דָאס עֶס אִיז עֶפִּיס זַיינֶער פוּן אַיין הַאלְבּ קְוַואטִירְל דֶער אִיז חַיָּיב כָּרֵת (וכל המשקין כו׳) אוּנ אַלֵי מַשְׁקוֹת זֶענֶען זִיךְ מְצָרֵף צוּא דֶעם שִׁיעוּר פוּן אַיין הַאלְבּ קְוַואטִירְל אָבֶּר אַיין מַאֲכָל מִיט אַיין מַשְׁקֶה אִיז זִיךְ נִיט מְצָרֵף אוּנ אֲפִילוּ עֶס הָאט נִישְׁט דֶעם שִׁיעוּר אִיז אוֹךְ אָסוּר מִן הַתּוֹרָה:

ג (אכל כו׳) וָוען אַיינֶר הָאט גֶגֶעסְן כְּשִׁיעוּר אוֹדֶר גֶטְרוּנְקְן כְּשִׁיעוּר בְּשׁוֹגֵג אוּם גֶערִין דְהַיְינוּ עֶר הָאט פַאר גֶעסְן צִיא עֶס אִיז יוֹם כִּפּוּר אִיז עֶר גִיט חַיָּיב כָּרֵת נָאר אַיין קָרְבָּן חַטָּאת (אכל כו׳) וָוען עֶר הָאט אָבֶּר גֶיגֶעסְן אוּנ אַיין מְלָאכָה גִיטָאן אִין בֵּיידֵי מִיט אַיין שׁוֹגֵג אִיז עֶר חַיָּיב צְוַוייא קָרְבָּנוֹת (אכל כו׳) וָוען אַיינֶר הָט גִיגֶעסְן מַאֲכָלִים וָואס זֶענִין רָאוּי צוּ עֶסְן דְהַיְינוּ בִּיטֶערֶע קְרֵייטֶר וּכְדוֹמֶה אוּנ אַזֶעלְכֵי מַשְׁקוֹת אִיז עֶר אוֹךְ בְּשׁוֹגֵג פָּטוּר פוּן אַקָארְבָּן אוּנ בְּמֵזִיד אִיז עֶס אָסוּר נָאר פָּטוּר פוּן כָּרֵת:

ד (התינוקות כו׳) דִי קְלֵיינֵי קִינְדֶר דַארְפִין נִישְׁט פַאסְטְן אוּם יוֹם כִּפּוּר (אבל כו׳) נָאר מֶען דַארְף זִיא צוּא גֶיוֵוייגֶן אַיין יָאר אוֹדֶר צְוַוייא יָאר אֵיי זִייא וָוערִין בַּר מִצְוָה צוּ פַאסְטִין

אייננ׳

מאכילין אותה עד שתשוב. חולה מאכילין אותו על פי בקיאין. ואם אין שם בקיאין, מאכילין אותו על פי עצמו. עד שיאמר די: ו מי שאחזו בולמוס. מאכילין אותו אפילו דברים טמאים טו. עד שיאורו עיניו. מי שנשכו כלב שוטה. אין מאכילין אותו מחצר כבד שלו. ורבי מתיא בן חרש. מתיר. ועוד אמר רבי מתיא בן חרש, החושש בגרונו. מטילין לו סם בתוך פיו בשבת. מפני שהוא ספק נפשות. וכל יז ספק נפשות. דוחה את השבת: ז מי שנפלה עליו מפולת. ספק הוא שם יח. ספק אינו שם. ספק חי. ספק מת. ספק עכו"ם ספק ישראל. מפקחין עליו את הגל

ר"ע מברטנורה

אכלה שניהם מסוכנים: ע"פ בקיאים. רופאין מומחין באומנותן: אין שם בקיאין מאכלין אותו ע"פ עצמו. הכי מיפרשא מתניתין בגמרא דר"א דסומכין על דברי בקיאין. בזמן שהחולה אומר אינו צריך (יד) אלא שותק אבל אומר צריך אין שם בקיאין כלל. כלומר אין בקיאותן חשובה לכלום אבל מאכילין אותו ע"פ עצמו. ואע"פ שהבקיאין אומרים אינו צריך: (ו) בולמוס חולי האוחז מחמת רעבון ומסוכן למות וכשמאכילין אותו ניכר בידוע שנתרפא: כלב שוטה. רוח רעה שורה עליו וסימנים שלו פיו פתוח רירו נוטף אזניו סרוחות וזנבו מונח לו בין ירכותיו. ומהלך על צדי ר"ה. וי"א אף נובח ואין קולו נשמע: אין מאכילין אותו מחצר כבד שלו. ואף על פי שנהגו הרופאים ברפואה. אינה רפואה גמורה להתיר לו איסור בשבת שמאה על כך (פז): ור' מתיא בן חרש מתיר. קסבר רפואה גמורה היא ואין הלכה כר' מתיא בן חרש: החושש בשיניו. שמתחיל בשר החניכים להתאכל ומשם הולך להיך ולגרון: מטילין לו סם שהוא שבב לרפואה: וכל ספק נפשות דוחה את השבת. כל לאתויי כגון דספיקא לן דשבת זו לא ימות אלא ספק שאם לא יעשו לו היום שמא ימות לשבת הבאה וכגון דאמדוהו לשתות כס זה לתמניא יומי ויומא קמא שבתא מהו דתימא לעכבינהו עד לאורתא כי היכי דלא ניחול עליה תרי שבתא קמ"ל: (ז) מפקחין עליו. חופרין

עיקר תוי"ט

רש"י. ונ"ל שדקדקו לפרש כן מהני עובדא דאיתנהו בגמרא. ההוא עוברה דארחא להישו להו ואילחשה קרי עליה בטרם אצרך בבטן וגו' ונפיק מינה ר' יוחנן. וההיא עוברה דארחא ולחישו לה ולא אילחשא וקרי עלית זורו רשעים מרחם ונפיק מינה שבתאי אוצר פרי. הא קמן דמצד העובר בא התאוה שהוא מריח ומתאוה שאין בידו לחזור בו. תוי"ט: (יד) ואמרי' תונבא פי' שבות נקיט ליה מחמת הוליו אבל אמר צריך כו'. דלב יודע מרת נפשו ומשום דספק נפשות להקל הלכך כי אמר צריך תלינן בלב יודע ולאו משום תונבא אלא קים ליה בגוויה כפי וכי אמר אינו צריך תלינן בתונבא. תוי"ט: (טו) דברים טמאים. הם הדברים האסורים כשקצים ורמשים ובהמה טמאה וזולתם. הר"מ: (טז) זה אינו מועיל אלא בדרך סגולה ואין עוברין על המצות אלא ברפואה בלבד. ר"ל בדברים המרפאים בטבע והוא דבר אמתי הוציאו מרעת והנסיון הקרוב לאמת אבל להתרפאות בדברים שהם מרפאים בסגולתן אסור כי כחם חלש אינו מצד הדעת ונסיונו רחוק והיא טענה חלושה מן הטוען: (יז) ספק כו'. דכתיב (ויקרא י"ח) אשר יעשה אותם האדם וחי בהם. ולא שימות בהם. ופרש"י אשר

איניגי שעה פרי זייא זאלין גיוואנט זיין מצ"ת צו טאן:

ה (עוברה כו') איין אשה מעוברת אז עס האט איר אום יום כפור איין מאכל פאר שמעקט זיא האט גרוס חשק דער צו מוז מען איר דער פון תיכף געבין ביז זיא איז ברוהיגט (חולה כו') איין קראנקער מעג עסין אז איין רופא מומחה זאגט אז ער מוז עס נייטיג עסין דארף מען שון קיין שום דאקטאר פרעגין נאר אפילו דער דאקטאר זאגט עס איז גישט נייטיג הערט מען נאר דעם קראנקין אונ מען גיט אים אזו פיל צו עסין ביז ער זאגט עס איז גינוג:

ו (מי שאחזו וכו') ווען איינם האט איין קראנקהייט בגרופין וועלכי הייסט בולמוס זיא קומט פון שטארק הונגר ליידן (מאכילין כו') מוז מען אים תיכף עסין געבין אפילו טמא זאכין ביז מען זעהט אז זיין פנים איז אים בעסיר גיווארן (מי שנשכו כו') דעם וואס איין משוגענער הונט האט גיביסן דעם טאר מען נים געבין עסין צוא לעביר הויט פון דעם כבד לרפואה אזו האט מען זיך דערקאלט נוהג גיוועזן וויל דאס איז גישט קיין זיכירי רפואה אונ ר' מתיא בן חרש איז דאס מתיר (ועוד כו') נאך איין דין האט ר' מתיא בן חרש גזאגט (החושש כו') ווער עס

דַּגַל. מְצָאוּהוּ חַי מְפַקְּחִין עָלָיו. וְאִם מֵת יַנִּיחוּהוּ: ח חַטָּאת. וְאָשָׁם וַדַּאי מְכַפְּרִין. מִיתָה וְיוֹם הַכִּפּוּרִים מְכַפְּרִין. עִם הַתְּשׁוּבָה. תְּשׁוּבָה מְכַפֶּרֶת. עַל עֲבֵירוֹת קַלּוֹת. עַל עֲשֵׂה. וְעַל לֹא תַעֲשֶׂה. וְעַל הַחֲמוּרוֹת. הוּא תוֹלֶה. עַד שֶׁיָּבֹא

יום

ר״ע מברטנורה

חוזרין את הגל ומחפשין אחריו ואם בדקו עד חוטמו בין מלמטה למעלה בין מלמעלה למטה ולא מצאו בו נשמה ידוע שהוא מת ושוב אין מפקחין עליו דכתיב (בראשית ז׳) כל אשר נשמת רוח חיים באפיו: מצאוהו חי מפקחין עליו. לא נצרכה אלא שראו בו שא״א שיחיה אלא חיי שעה ומיד הוא מת קמ״ל דמפקחין עליו בשביל אותו חיי שעה: מת אין מפקחין עליו. הא קמ״ל דאפי׳ לדברי האומר מצילין את המת מפני הדליק׳ בהא מודה דאין מפקחין דגבי דליקה התירו לטלטל המת להוציאו דאי לא שרית ליה אתי לכבויי מתוך שאדם בהול על מתו אבל הכא אי לא שרית ליה לפקח את הגל מאי אית ליה למעבד דתהוי אכוה דאורייתא דנשרי הא מקמי הא: (ח) חטאת ואשם ודאי. מכפרים עם התשובה ולא חש התנא להזכירה דמסתמא כשהוא מביא חטאתו ואשמו כבר עשה תשובה שאם לא היה מתחרט לא היה מביא קרבן (כ): אשם ודאי. כגון אשם גזילות אשם מעילות: על עשה ועל לא תעשה. הניתק לעשה תשובה מכפרת אבל לא תעשה שיש בה מלקות. תשובה תולה ויוה״כ מכפר. ומסקנא דמלתא בגמ׳ שאם הזיד בעשה ובלאו שניתק לעשה או שגג בלא תעשה שיש בו מלקות ועשה תשובה אינו זז משם עד שמוחלין לו (כא). ואם הזיד בלאו שיש בו מלקות תשובה תולה ויוה״כ מכפר. ואם שגג בחייבי כריתות ומיתות ב״ד החטאת מכפרת עם התשובה (כב). ואם הזיד בהם תשובה ויוה״כ תולין ויסורין ממרקין. וה״מ כשלא

חלל

עיקר תוי״ט

האדם המצות שיחיה בהם ודאי ולא שייכא בעשייתו לבא לידי ספק מיתה אלמא מחללין על הספק. גמ׳ דפ״ה: (יח) ספק הוא שם. ה״ק ל״מ ספק הוא שם ספק אינו שם דאם איתא דהי הוא מפקחים עליו. אלא אפילו ספק חי ספק מת מפקחין כו׳ וכ׳ התו׳ דה״מ דאין הולכים בפקוח נפש אחר הרוב משום דכתיב וחי בהם ולא שימות בהם שלא יוכל לבא בשום ענין לידי מיתה: (יט) ודאי. דאלו אשם תלוי. אע״ג דכתיב ביה כפרה וכפר עליו הכהן על שגגתו אשר שגג לא מכפר כפרה גמורה אלא תולה להגין עליו מן היסורין עד שיודע לו שודאי חטא ויביא חטאת א״נ הנך אינו אחר מכפרין דתנן במ״ד פ״ו דכריתות חייבי חטאות ואשמות ודאין שעבר עליהן יוה״כ חייבין. אשמות תלויין פטורין. גמ׳: (כ) שזו עיקר התשובה והתשובה היא שיתודה אדם על עונותיו לפני השם ויתנחם על מה שחטא ויקבל עליו שלא ישוב לאותו עון לעולם. אמר בוידוי והפרישה מן העון ומודה ועוזב ירוחם ואמר בחרטה על העון כי אחרי שובי נחמתי (ירמיה ל״א). הר״מ: (כא) דארבעה קראי כתיבי נאמר (ירמיה ג׳) שובו בנים שובבים ארפא משובותיכם למדת שיש עבירה שמתכפרת בתשובה לבדה. ונאמר כי ביום הזה יכפר עליכם למדת שיש עבירה שצריכה יוה״כ. ונאמר ופקדתי בשבט פשעם ובנגעים עונם למדת שיש עבירה שצריכה יסורין ומסתברא הקל לקל והחמור לחמורה ונאמר ונגלה באזני ה׳ צבאות אם יכופר העון הזה לכם עד תמותון. למדנו שיש עבירה שאין עליה כפרה אלא מיתה וזהו חלול השם ופי׳ הר״ב חוטא ומחטיא אחרים. וכדפרש״י. ובגמ׳ משמע דכל שעושה עבירה ואחרים למדין ממנו לנהוג ג״כ קלות בדבר מקרי חילול השם דהיינו מחטיא אחרים. ועתוי״ט: (כב) או שחטא חטא שהוא חייב עליו אשם ודאי והביא אשמו. הר״מ: (כג) אין כו׳. כמו אמרם אין מספיקין בידו לעשות תשובה. ולפיכך לא יעזרהו השם שיעשה בצום כפור מה

שראוי

הָאט צֵיין מִיתוּשׁ אִין הַאלְז מֶעג מְען אִים גֶעבִין כָּל הָרְפוּאוֹת בְּשַׁבָּת ווייל עֶס אִיז אַיין סָפֵק סַכָּנָה אוּנ יֶעדֶער סָפֵק נְפָשׁוֹת אִיז דוֹחֶה שַׁבָּת:

ז (מי שנפלה כו׳) ווען עֶס אִיז אוֹיף אֵיינֶם אַיין מַפּוֹלֶת גִּפַאלִין הַיְינוּ אַמוֹיעֶר אֲפִילוּ עֶס אִיז נָאר אַיין סָפֵק אוֹב עֶר אִיז אוּנְטֶער דֶעם מַפּוֹלֶת אוּנ אֲפִילוּ עֶס אִיז אַיין סָפֵק אוֹב עֶר לֶעבְּט נָאךְ אוּנ אֲפִילוּ עֶס אִיז נָאךְ אַיין סָפֵק אוֹב עֶס אִיז אַיוּד אַף עַל פִּי כֵן מוּז מְען דָאס מַפּוֹלֶת אַוֶועק רָאמִין פוּן סָפֵק וֶועגִין אֲפִילוּ אִים שַׁבָּת (מצאוהו כו׳) דָאס אִיז אָבֶּר נָאר אַז מְען פאר שְׁטֵייט אַז עֶר וֶועט וַיינִיגְסְטִינְס לֶעבִּין חַיֵּי שָׁעָה אָבֶּער אַז מְען פַאר שְׁטֵייט אַז עֶר אִיז זִיכֶר טוֹט מוּז מְען אִים אִיבֶּר שַׁבָּת לָאזְן לִיגְן:

ח אַיין קָרְבָּן חַטָּאת אוּנ אַיין קָרְבָּן אָשָׁם וַדַּאי דָאס אִיז מְכַפֵּר עָוֹן אַז מְען הָט פְרִיעֶר תְּשׁוּבָה גִיטָאן (מיתה כו׳) מִיתָה אוֹדֶר יוֹם כִּפּוּר אִיז אוֹיךְ נִיט מְכַפֵּר נָאר נָאךְ תְּשׁוּבָה טָאן (תשובה כו׳) תְּשׁוּבָה אַלֵיין אִיז מְכַפֵּר אוֹיף גְרִינְגִי עֲבֵירוֹת אוּנ תְּשׁוּבָה אַלֵיין אִיז גַם כֵּן מְכַפֵּר נָאר דֶר חִילּוּק אִיז אַז עֶס אִיז יוֹם כִּפּוּר אוֹיךְ דֶען דְהַיְינוּ אַז מְען הָט עוֹבֵר גִיוֶוען אוֹיף אַיין מִצְוַת

עשה

יום הכפורים ויכפר : ט האומר אחטא ואשוב . אחטא ואשוב . אין מספיקין בידו לעשות תשובה. אחטא ויום הכפורים מכפר . אין יום הכפורים כג מכפר עבירות שבין אדם למקום . יום הכפורים מכפר . עבירות שבין אדם לחבירו . אין יום הכפורים כד מכפר . עד שירצה את חבירו . את זו דרש רבי אליעזר בן עזריה . (ויקרא יג) מכל חטאתיכם לפני יי תטהרו . עבירות שבין אדם למקום יום הכפורים מכפר . עבירות שבין אדם לחבירו. אין יום הכפורים מכפר . עד שירצה את חבירו : אמר רבי עקיבא אשריכם ישראל לפני מי אתם מטהרין . מי מטהר אתכם אביכם שבשמים : שנאמר (יחזקאל ל״ו) וזרקתי כה עליכם מים טהורים וטהרתם . ואומר ירמיה

ר״ע מברטנורה

אלא את השם כלומר שלא חטא והחטיא אחרים . אבל אם חלל את השם אין כפרתו נגמרת עד ביותם כלו׳ זה בזמן שאין שם שעיר המשתלח אבל בזמן שיש שעיר המשתלח הוא מכפר על כל העברות קלות וחמורות חוץ מעבירות שבין אדם לחבירו שאין מתכפר לו עד שירצה את חבירו : (ט) אחטא ואשוב להחטא

עיקר תוי״ט

שראוי לו לעשות כדי שיכפרו לו עונותיו בזותו היום . הר״מ . ולפ״ז נ״אה דהכא נמי בתרי זמני כמו ברישא ילהכי אין מספיקין דאינו פורש . תוי״ט : (כד) אין כו׳ . דכתיב אם יחטא איש לאיש ופללו אלהים . ה״ק ופללו לשון פיוס יפייס לדבירו וריצהו . האלהים ימחול לו ואם לה׳ יחטא איש . מי יתפלל בעדו אם אינו שב מעבירות שבידו . גמ׳ : (כה) שנאמר וזרקתי כו׳ . יש לתמוה דלמה שביק ר״ע מקרא שלפניו לפני ה׳ תטהרו . מפורש יוצא שה׳ מטהר אותנו ולמה ידמה ביד הנביאים הלא לפנינו מאיר ספר התורה הזאת . ועוד י״ל סמוכות המאמרים אהדדי . ובחבורי ישעשועי יוב בס״א הארכתי לדרוש בעזה״י . לישב . דהנה באמת המקרא קשיא הזה אין לו הכרע דאם נפרש דהמאמר מכל המאתיכם נדרש לפניו . א״כ אדרבה מורה להיפוך כי ביום הזה יכפר עליכם לטהר אתכם מכל המאתיכם . וקאי על עבירות שבין אדם לחבירו . ולזאת כיון דהתנא מדהה האי פרושא. ופתם דמה שבין אדם לחבירו אין יוה״כ מכפר . ממתיק בלשונו את זו דרש ראב״ע . דזה דרש וחידש דקרא לדרוש המקרא לאחריו מכל חטאתיכם לפני ה׳ דדוקא מה שהוא בין אדם למקום . אמנם קשה דבאמת מנליה לראב״ע הא דלמא המקרא נדרש לפניו וכפרה לכולם יהיו. לזה בא ר״ע ליישב במאמרו אשריכם כו׳ להוכיח דנדרש לאחריו ואינו מכפר רק על מה שבין אדם למקום וידוקדק עוד. דהתהלה אשריכם כו׳ מפורש בסיום התורה אשריך ישראל מי כמוך כו׳ וגם התואר לפני אביכ״ם שבשמי״ם ג״כ נאמר בתורה הלא הוא אביך ויוקדם דברי הספרא בפרשת קדושים . קדושים תהיו אם אתם מקדישים עצמיכם מעלה אני עליכם כאלו קדשתם אותי ואם אין אתם מקדישים עצמיכם מעלה אני עליכם כאלו לא כו׳ אז אינו אלא אם קדשתם אותי הריני מקודש ואם לאו איני מקודש . ת״ל כי קדוש אני בקדושתי תמיד בין אתם מקדישים בין כו׳ . מעתה עולה שפיר גופת דברי המשנה דבתחלה קאמר. את זו דרש ר״א ב״ע שדורש הכרעת המקרא מכל המאתיכם לפני ה׳ דנדרש לאחריו ומישב ר״ע להכריע דכן ההכרה שלא לדרוש לפניו כמבואר . וזהו אשריכם ישראל דאשר תהלה שהוא לכם לפני מי אתם מטהרים המעלה עליכם כביכול כאלו קדשתם אותי הוא רק מי מטהר אתכם . דמהרה הוא רק לעצמיכם ואם קדשתם עצמיכם מעלה אני עליכם כאלו קדשתם אותי כו׳ והוא רק כמדריגת אהבת הבן וכי קדוש ה׳ בין אתם כו׳ • והשורש תורה כו׳ שאם אין אתם מקדישים איני מקודש . הוא ראש ולענה . ואם חטאת מה תפעל ליוצר האדם : ועולה שפיר אביכם שבשמים . דהוא במדרגת אב כביכול והשמים שמים לה׳ . כמו שנאמר וזרקתי כו׳ וטהרתם שאתם תטהרו וראיה מפורשת עוד מפסוק מקוה ישראל . דקאי לרישא דקרא בירמיה אם עונינו ענו בנו ה׳ עשה למען שמך כי רבו משובותינו לך חטאנו . דבזה שהלכנו שובב בדרכי לבבינו לך חטאנו . אנחנו החוטאים והחסרים ולנפשינו הריעונו ולא לך יוצר האדם , ועי״ז מייעד אותנו מקוה ישראל כו׳ לטהר אותנו . וכיון שכן מוכרח הכרעת הפסוק מכל חטאתיכם לפני ה׳ . דעבירות שבין אדם להבירו אין יום כפור מכפר עד שירצה את חבירו ,
ל׳

עשה אדר מצות לא תעשה וואס עס קומט אוף זייא ניט קיין מלקות (ועל החמורות כו׳) אונ אויף גרויסע עבירות דהיינו אויף אזיני עבירות וואס עס קומט יא מלקות דא איז תשובה מגין פאר יסורים ביז עס קומט יום כפור אונ איז גאר מכפר :

ט (האומר כו׳) דר וואס זאגט איך וויל זינדיגן אונ וועל דער נאך תשובה טאן אז ער זאגט אזוי צוייא מאל לאזט מען אים ניט מן השמים קיין תשובה טאן (אחטא כו׳) דר וואס זאגט איך וועל זינדיגן אונ יום כפור וועט מכפר זיין איז יום כפור ניט מכפר די עבירות וואס דר מענש זינדיגט קעגן השי״ת איז יום כפור מכפר אבר די עבירות וואס דער מענטש זינדיגט קעגין איין

(ידמיה י״ד) מִקְוֵה יִשְׂרָאֵל יְיָ מַה מִקְוֶה מְטַהֵר אֶת הַטְּמֵאִים. אַף הַקָּדוֹשׁ בָּרוּךְ הוּא מְטַהֵר אֶת יִשְׂרָאֵל:

אות שבת פרק יז ב

כָּל הַכֵּלִים נִטָּלִין בְּשַׁבָּת וְדַלְתוֹתֵיהֶן עִמָּהֶן אַף עַל פִּי שֶׁנִּתְפָּרְקוּ בְּשַׁבָּת ׃ שֶׁאֵינָן דּוֹמִין לְדַלְתוֹת הַבַּיִת לְפִי שֶׁאֵינָן מִן הַמּוּכָן: ב נוֹטֵל אָדָם קוּרְנָס לְפַצֵּעַ בּוֹ אֶת הָאֱגוֹזִים וְקֻרְדּוֹם לַחְתּוֹךְ בּוֹ אֶת הַדְּבֵלָה. מְגֵירָה לָגוֹר בָּהּ אֶת הַגְּבִינָה. מַגְרֵיפָה לִגְרוֹף בָּהּ
את

ר״ע מברטנורה

אחמא ואשוב. תרי זמני אין מספיקין בידו וכו׳ שכיון שעבר עבירה ושנה בה. שוב אינו פורש ממנה ׃ לפי שדומה עליו כהיתר:

אות ב כל הכלים. שיש להם דלתות (א) נטלים בשבת ודלתותיהן עמהן ואף ע״פ שנתפרקו הדלתות מן הכלים קודם השבת נטלים בשבת אגב הכלים ואינן דומים לדלתות הבית שאפילו נתפרקו בשבת אין נטלין לפי שדלתות הבית אין מן המוכן כלומר לא נעשו לטלטול: (ב) קורנס. פטיש: הדבילה. לאחר שעשאה עגול היא עבה וקשה צריכה קרדום לחתכה: מגירה. כעין סכין ארוך ויש בו פגימות הרבה ׃
לגרור

עיקר הוי״ט

ל׳ תוי״ט לפי שהדרך הישרה היא שיבור האדם בעצמו לחתקדש ולטהר. ואז כשבא להטהר מסייעין לו וע״ז אמר לפני מי אתם מטהרים ומפני שלפעמים לפי שיצר לב האדם רע עליו לא יוכל להתגבר עליו לבופו ליטהר בתשובה והוא רחום יכפר עון יעוררהו וכימין צדקו יתמכהו לבלתי ידח ממנו נדח. וזהו מי מטהר אתכם ונאמר וזרקתי וזהו בלי התעוררות האדם אלא ברחמיו מטהרם. וע״ע. והשם יתברך ברחמיו יטהרנו מכל טומאותינו ולבית קדשו יקבץ נפוצותינו במהרה בימינו אמן ואמן:
פרק יז (א) וטעמא שאלו מלאכתן להיתר הן ואילו בשאר כלים פליגי לקמן הר״ג: (ג) בשבת ה״ק אע״פ
שנתפרקו

מענטש דעם איז יו״כ נישט מכפר ביז ער איז אים מפייס (אמר רבי עקיבא כו׳) ר׳ עקיבא זאגט גלויבט זענט איר יודן וואס איר ווייסט פר וועמען איר דארפט אייך רייניגן פון עונות און ווער עס העלפט אייך דר ציא אייער פאטער אונ הימל דס איז אזו ווי אין פסוק שטייט (וזרקתי כו׳), איך וועל אויף אייך ריין וואסר שפריצן דס הייסט איך וועל אייך דר ציא העלפן ביז איר וועט מוזן ריין זיין פון עונות אונ ווידער שטייט אין פסוק (מקוה כו׳) אזו ווי איין מקוה איז מטהר טמאים אזו איז הקב״ה מטהר ישראל:

אות ב (כל הכלים נטלין בשבת ודלתותיהן עמהם) אלע כלים וואס זיי זענן מיט טירלעך מעג מען זיי אום שבת טראגן מיט די טירלעך (אף על פי) האטשי (שנתפרקו) זיי זענען פאר שבת אראפ גנומען געווארען פון די כלים מעג מען זיי פארט טראגן אום שבת (שאינן דומין) ווארום זיי זענען ניט גליך (לדלתות הבית) צו דיא טירען פון א שטוב אז זיי זענען אראפ גנומען פון דער שטוב אפילו אום שבת טאר מען זייא פארט ניט מטלטל זיין (לפי שאינן מן המוכן) ווארום די טירן פון א שטוב זענען ניט אן גגרייט דער צו מען זאל זיי מטלטל זיין: ב (נוטל אדם קורנס) א מענטש מעג נעמען אום שבת א האמער (לפצע בו את האגוזים) ער זאל דער מיט ברעכין נוס (וקרדום לחתוך בה את הדבילה) אונ איין האק צו שניידען מיט איר דארע פייגן (מגירה לגרור בה את הגבינה) איין זעג איבר צו זעגין דעם קעז (מגריפה) א קליינע לאפעטקי (לגרוף בה) ארום שארען פייגען פון אפאם (את הרחת) איין ווינט שופיל (ואת המזלג) אונ איין גאפיל מען זאל דער מיט עסין דער לאנגען דעם קינד (את הבוש) אווערק ווים די טייבר שפיגן דר מיט (ואת הכרכר) אונ איין גרויסע נאדיל פון די טייבער (לתחב בו) מען
זאל

את הגרוגרות. את הרחת ואת המזלג לתת עליו לקטן את הכוש ואת הכרכר לתחוב בו. מחט של יד ליטול בו את הקוץ ושל סקאים לפתוח בו את הדלת: ג קנה של זיתים אם יש קשר בראשו מקבל טומאה ואם לאו אינו מקבל טומאה: בין כך ובין כך ניטל בשבת: ד רבי יהודה אומר כל הכלים נטלין חוץ מן המסר הגדול ויתד של מחרישה. כל הכלים נטלין לצורך ושלא לצורך. רבי נחמיה אומר אין נטלין אלא

ר״ע מברטנורא

לגרור בו את הגבינה נהתכה ולחלקה לחלקים שע״י פגימותיו ממהר לחתוך הדבר העב: מגריפה לגרוף בו הגרוגרות מן החבית: רחת. לוח שיש לה בית יד ושתי דפנות וזורין בה החטה; ומזלג. כלי שיש לו ג' שינים ומהפכים בו את הקש בגורן: כוש פלך שטוות בו הנשי' כרכר. פלך ארוך ודומה למחט של סקאין: לתחוב. לאכול בו תותים וכל מיני פרי רך: מחט של יד. מחט קטנה שתופרי' בה בגדי': ליטול בו את הקוץ. שנכנס בבשרו שמותר לטלו בשבת כמו שמותר להפיס מורסא להוציא ממנה ליחה ובלבד שלא יתכוין לעשות לה פה; ושל סקאי' מחט גדול שתופרין בה שקין: לפתוח בו את הדלת. מי שאבדה לו מפתח: [ג] קנה של זיתי'. קנה שעשוי לבדוק הזיתי' במעטן אם נתאסף שמנן בתוכן והגיעו להיות ראויין לבית הבד. אם יש קשר בראשו. כעין פקק בקנה מקבל טומאה לפי שע״י שהוא פקוק בקשר משתייר בו מן השמן הזב מן הזיתים ובודק בו אם הגיע לעצור והוה לי' בית קבול: ואם לאו. שאין בו קשר אע״פ שהוא חלול אין חללו עשוי לקבל כלום (ג) הלכך הוה לי' פשוטי כלי עץ ואינו מקבל טומ': בין כך ובין כך ניטל בשבת. דהא כלי הוא ועשוי להפוך בו את הזיתי' [ד] מסר הגדול. מגרה גדולה שנוסרים בה קורות: ויתד של מחרישה. כלי גדול העשוי כסכין ובו עושין חריץ של תלם המענה והנך קפיד עלייהו ומייחד להו מקום דלא חזו למלאכה אחריתי כל הכלים נטלים לצורך ושלא לצורך. ה״ק כל הכלים שמלאכתן להיתר כגון קערות וכוסות ניטלים לצורך גופו ולצורך מקומו של כלי ושלא לצורך אפילו שאינו צריך לגופו ולמקומו של כלי אלא לטלטלו מחמה לצל או שלא יגנבוהו הגנבים שרי בכלי שמלאכתו להיתר. וכלי שמלאכתו לאסור כגון מדוכו' ורחיים וכיוצא בהן לצורך גופו ולצורך מקומו מותר. מחמה לצל או מפני הגנבים אסור: רבי נחמיה אומר אין נטלים אלא לצורך. מפרש הש״ס לצורך

עיקר תוי״ט

שתחרקו בחול ניטלין בשבת. גמ': (ג) ומכל מקום צודקין בו שמהפכים זיתים לראותן אם

זאל מיט דעם אריינשטעכן אין א פרי און עסין (מחט של יד ליטול בו את הקוץ) א קליינע נאדל מ'זאל דערמיט ארויסנעמען א דרין וואס א מענטש האט זיך פארשטאכן (ושל סקאים) און א זאקנאדל (לפתוח כו') ער זאל עפענען די טיר אז ער האט פארלוירן דעם שליסל:

ג (קנה של זיתים) א שטעקל וואס מ'רירט אויף די איילבערטן אויב ס'איז צייט מען זאל זיי אויספרעסן אז ס'איז דא איין עק אין דם שטעקן אזוי ווי א קנאפ (מקבל טומאה) איז דער שטעקן מקבל טומאה (ואם לאו) און אז נישט איז ער נישט מקבל טומאה (בין כך ובין כך) סיי ער האט א קנאפ און סיי ער האט נישט קען מען אום שבת מטלטל זיין:

ד (רבי יהודה) רבי יהודה זאגט (כל הכלים) אלע כלים מעג מען מטלטל זיין אויסגענומען (המסר הגדול) א גרויסע זעג וואס מען זעגט באלקנס (ויתד) און א שפיץ פון אן אייזן וואס גייט פאר דעם אקער און שניידט ערד (וכל הכלים) אלע כלים וואס מ'מעג נוצן שבת (נטלין לצורך) מעג מען מטלטל זיין אז מ'דארף האבן די כלי אדער דאס ארט פונ'ם כלי (ושלא לצורך) אדער ער דארף נישט די כלי און נישט דאס ארט נאר ער האט מורא מען זאל דאס נישט צוגנבענען מעג ער עס צונעמען פון דעם ארט און אזוי א כלי וואס מען טאר זי נישט נוצן אום שבת אז ער דארף די כלי אדער ס'ארט פון די כלי מעג ער מטלטל זיין אבער מחמת

ער

אלא לצורך: ה כל הכלים הנטלין בשבת שבריהן נטלין. עמהן ובלבד שיהיו עושין מעין מלאכה שברי עריבה לכסות בהן את פי החבית שברי זכוכית לכסות בהן את פי הפך. רבי יהודה אומר ובלבד שיהיו עושין מעין מלאכתן שברי עריבה לצוק לתוכן מקפה ושברי זכוכית לצוק לתוכן שמן: ו האבן שבקרויה אם ממלאין בה ואינה נופלת ממלאין בה ואם לאו אין ממלאין בה. זמורה שהיא קשורה בטפיח

ככלאין

ר"ע מברטנורה

סממים המיוחד לו בלבד ולא לצורך דבר אחר ואפילו לצורך גופו כגון סכין להחתך בו בלבד פרי ולא לחתוך בו את הקערה ואין הלכה כדברי נחמיה: (ה) מעין מלאכה. איזו מלאכה שתהי' ואפילו אינה מעין מלאכתן הראשונה: לצוק לתוכן מקפה. עבה דומיא דעיסה מעורבת במים ולא פליגי אלא כשנשברו בשבת אבל נשברו מערב שבת כ"ע מודו דשרים אפי' אין עושין מעין מלאכתן הראשונה ואין (ד) הלכה כר"י: (ו) האבן שבקרויה. דלעת יבשה וממלאים בה מים ומתוך שהיא קלה אינה שוקעת אלא צפה ונותנין בה אבן להכבידה: אם ממלאין. בקרויה: ואין האבן נופלת. שהדקוק יפה בפי הקרויה הוי כלי: ואם לאו. הוי כבנה אבנים ואין מטלטלים את הקרויה שנעשית בסיס לאבן שעמה: זמורה שהיא קשורה

דכפים

עיקר תוי"ט

נתאסף שמנן בתוכן: (ד) גמ' ובר"פ משמע דכשנתפרקו הדלתות מן הכלי בשבת דשרי יותר לטלטל משנתפרקו בע"ש. כתב התו' דל"ד דהתם אכתי כלי הוא שעדיין עומד למלאכה ראשונה וראוי להתחבר הכסוי עם הכלי אבל הכא לא השיב כלי אלא מחמת שעומד למלאכה אחרת הלכך כשנשבר בשבת אסור מפני דהוי נולד. תוי"ט:

קשורה

ער האט מורא פאר גנבים טאר ער ניט מטלטל זיין דיא כלי גאר אז ער דארף זיא גיצין צו דר זאך וואס עס גיהער:

ה (כל הכלים נטלין בשבת) אלי כלים וום מען מעג זייא אום שבת מטלטל זיין (שבריהן נטלין עמהן) אז זייא זענן צו בראכן גווארן מעג מען דיא שטיקר אוך מטלטל זיין (ובלבד שיהיו עושין מעין מלאכה) אבער מען מוז נאך קענין עפים מיט זייא טאן אנגלייכען פון איין מלאכה (שברי עריבה) די שטיקר פון אמולטער (לכסות בהן את פי החבית) מען זאל קענין דער מיט צו דעקן דאס מול פון איין פאס (שברי זכוכית לכסות בהן את פי הפך) די שטיקר פון אגלאז מען זאל דער מיט קענין צו דעקן דאס מויל פון אקריגיל (רבי יהודה אומר) רבי יהודה זאגט (שיהיו עושין מעין מלאכתן) מען טאר אנדערש ניט דאס שטיקל מטלטל זיין סיידן מען קען מיט זיי טאן אנגלאכעניש פון זייער ערשטר מלאכה אז זייא זענין גאנץ גיוועז (שברי עריבה לצוק לתוכן מקפה) דוא שטיקר טון איין סולטר ארייז צוא גיסן גידעכט גיקעכץ (שברי זכוכית לצוק לתוכן שמן) שטיקר גלאז מען זאל קענין דרינן גיסן אייל:

ו (האבן שבקרויה) דער שטיין וואס מען בינט אן אין אבאהן פלוציר וואס ער איז הול אונ מען שעפט וואסיר דער מיט אונ וייל דער פלוציר איז גרונג שווימט ער פון אובין אונ מען קען ניט מיט אים אן שעפין סיידין מען בונט אים ציא צוא אשטיין כדי ער זאל שווער זיין איז דער דין (אם ממלאין בה) אז מען שעפט וואסיר מיט דער פלוציר (ואינה נופלת) אונ דער שטיין פארט ניט אראפ מחמת ער איז שטארק צוא גיבונדן (ממלאין בה) מעג מען דער מיט שעפין ווארום דער שטיין הייסט אכלי (ואם לאו) אז דר שטיין איז אבר נישט רעכט צו גיבונדין אונ אז מען שעפט אן וואסר פאלט דער שטיין אראפ הייסט ער ניט קיין כלי טאר מען דר מיט ניט אן שעפין (זמורה) אצווייג (שהיא קשורה בטפיח) וואס זיא איז אן גבונדן אין אקרוגיל מען זאל קענין דער לאנגין אן צו שעפין וואסר פון דעם ברונין (ממלאין בה בשבת) מעג מען דר מיט אן שעפין וואסר אום שבת ווארום ער האט גמאכט דיא צווייג פאר אכלי:

ממלאין בה בשבת: ז פקק החלון רבי אליעזר אומר בזמן שהוא קשור ותלוי פוקקין בו ואם לאו אין פוקקין בו. וחכמים אומרים בין כך ובין כך פוקקין בו: ח כל כסויי הכלים שיש להם בית אחיזה נטלים בשבת. אמר רבי יוסי במה דברים אמורים בכסויי הקרקעות אבל בכסויי הכלים בין כך ובין כך נטלים בשבת:

אות ל סוכה פרק ג

לולב א הגזול. והיבש ג פסול. של אשרה. ושל עיר הנדחת פסול. נקטם

ראשו

ר"ע כברטנורה

בטפיח. כלי קטן ששואבין בו מים מן הבור או מן המעין וממלאים בו דליים להכי זמורה כלי: (ז) פקק החלון. כגון לוח ומסך או שאר כל דבר שסותמים בו החלון: ותלוי. שאינו נגרר בארץ: ואם לאו אין פוקקין בו. שאם נגרר על גב קרקע כשהוא סותמו מעל הארץ לסתום בו מחזי כמוסיף על הבנין וסבר ר׳ אליעזר אין מוסיפין על אהל עראי בשבת: בין כך ובין כך. בין קשור בין אינו קשור פוקקין בו הואיל והיה מוכן מאתמול כך דסברי רבנן מוסיפין על אוהל עראי בשבת (ו) והלכה כחכמים: (ח) במה דברים אמורים בכסוי, קרקעות. גמ׳ קאמר דבכסויי כלים כ"ע לא פליגי דשרי אע"ג דלית להו בית אחיזה (ז) ובכסויי קרקעות כגון כסוי של בור ודות לא פליגי דאסור אי לית להו בית אחיזה כי פליגי בכסוי כלים המחוברים לקרקעות מר סבר כקרקעות דמיין ומר סבר לאו כקרקעות דמיין והלכה כחכמים שהמחובר לקרקע הרי הוא כקרקע:

אות ל לולב הגזול פסול. דכתיב ולקחתם לכם משלכם ולאחר יאוש בעלים נמי דשלו הוא שקונה אותו ביאוש מכל מקום הוי מצוה הבאה בעבירה (ג): והיבש פסול. דבעינן הדר (ד) וליכא: של

אשירה

עיקר תוי"ט

(ב) קשורה רשוב לא יבא לתקנה אבל אינה קשורה אע"פ שתקנה מבע"י ויש עליה תורת כלי לא דשמא למחר תהא לו ארוכה יותר מדאי ויקטמנה ונמצא מתקן כלי: (ו) ועיין בפ"י דעירובין מ"ח וי"א: (ז) דהוי כבונה או לאו דמוכח׳ בית אחיזה דילית דלמשקל והדורי עביד. רש"י:

פרק ג (א) לולב. הוא כפת תמרים שבתו׳ והן חריות של דקל כו׳ ולפי שהלולב נאגד עם ההדס והערבה כמ"ש במ"ח הלכך מפרש להו ברישא ואע"ג דפרי עץ הדר ברישא כתיב ועוד דהא מברכין אלולב האיל ובמינו גבוה מכולן הלכך נמי אקדים פירושיה והדר מפרש להו כסדרן בכתוב. ועתוי"ט: (ב) שנאמר והבאתם גזול את הפסח גזול דומיא דפסח כה פסח דלית ליה תקנתא כו׳. בשלמא לפני יאוש וכו׳ אלא משום דהוי מצוה הבאה בעבירה. גמרא. וא"ת לקמן דפסלינן של אשרה כו׳ משום דמכתת שיעוריה תיפוק ליה משום מצוה הבב"ע וי"ל דלא דמי לגזל דמחמת עבירת הגזל באה המצוה שיוצא בה. אבל הגי אתו מחמת עבירת שנעשית בו מי נפיק ביה. תו׳. ומדברי הר"ב למדתי שינויא אחרינא. דהא איכא לאקשויי לכם למ"ל אע"כ משום דמצוה הבב"ע מדברי קבלה ילפינן לה איצטריך קרא דלכם איום ראשון דבדאו׳ הוא. ועתוי"ט: (ג) והיבש.

פי׳

ז (פקק החלון) אזאך וואס מען פאר שטעקט דר מיט אפענעמר דהיינו אברעט אדר אפיר האנג (רבי אליעזר אומר) רבי אליעזר זאגט (בזמן שהוא קשור ותלוי) אז עס איז אין פענצטיר אן געבונדן אונ עס העננט אונ עס שלעפט זיך ניט נאך אויף דר ערד (פוקקין בו) מעג מען אום שבת דער מיט פאר שטעלין (ואם לאו) אבר אז עס העננט ניט אין דער לופטין אונ עס שלעפט זיך אויף דער ערד (אין פוקקין בו) טאר מען דר מיט נישט פר שטעלין דם פענצטיר ווארום אז ער נעכט פון דער ערד אונ פר שטעלט איז גלייך ווי ער איז מוסיף אויף דעם בנין אום שבת אונ די חכמים זאגין (בין כך ובין כך) סייא עס העננט אונ דער לופטין אונ סייא עס שלעפט זיך אויף דער ערד (פוקקין בו) מעג מען אלץ דער מיט פאר שטעלין:

ח (כל כסויי הכלים) אלי דעקין פון כלים (שיש להם בית אחיזה) וואס בייא זייא איז פאר האנד הענטליך וואס מען נעמט אן דר בייא (נטלין בשבת) מעג מען זיי מטלטל זיין אום שבת האט רבי יוסי גזאגט (במה דברים אמורים) דאס איז אנדערש נישט גיזאגט גיווארן אז זיי מוזין האבן הענטליך (בכסוי קרקעות) אזעלכי דעקין וואס מען דעקט צוא אזאך אויף דער ערד דהיינט

אגרוב

ו ראשו. נִפְרְצוּ עָלָיו. פָּסוּל. נִפְרְדוּ עָלָיו כָּשֵׁר. רַבִּי יְהוּדָה אוֹמֵר יַאַגְדֶנּוּ
ט מִלְמַעְלָה. צִינֵי י הַר הַבַּרְזֶל. כְּשֵׁירוֹת. לוּלָב שֶׁיֵּשׁ בּוֹ שְׁלֹשָׁה טְפָחִים כְּדֵי לְנַעֲנֵעַ
בּוֹ. כָּשֵׁר: ב הֲדַס יא הַגָּזוּל. וְהַיָּבֵשׁ. פָּסוּל. שֶׁל אֲשֵׁרָה. וְשֶׁל עִיר הַנִּדַּחַת
פָּסוּל נִקְטַם יב רֹאשׁוֹ. נִפְרְצוּ עָלָיו אוֹ שֶׁהָיוּ עֲנָבָיו מְרוּבּוֹת מֵעָלָיו. פָּסוּל. וְאִם
כיעמן

ר"ע מברטנורה

השירה. אילן הנעבד: ושל עיר הנדחת פסול. דלשרפה קאי ולולב בעי שעור והאי כיון דלשרפה קיימי
אין שעורן (ה) קיים: נקטם ראשו פסול. דלא הוי הדר: נפרצו עליו. ואינן מחוברים אלא ע"י (ז) אגודה:
נפרדו עליו. מחוברים הן בשדרה אלא שלמעלה הן נפרדין לכאן ולכאן כענפי אילן: יאגדנו מלמעלה.
אם נפרדו עליו יאגדנו ביחד עלים עם השדרה כשאר לולבים והך הלכה כר"י: ציני הר ברזל. יש
דקלים שלולבין שלהן עליהן קצרים מאד ואין עולין על אורך השדרה אם הן ארוכין כל כך עד שראשו של
זה מגיע לצד עקרו של זה כשרים: כל לולב שיש בו שלשה טפחים. כנגד אורך ההדס וטפח יותר כדי
לנענע בו דלולב בעי לנענועי כדלקמן: כדי לנענע בו. תני וכדי לנענע בו דהיינו טפח יותר על שלשה
טפחים: (ב) נקטם ראשו פסול. ולית הלכתא כתנא מסייע. אלא כרבי טרפון דאמר לקמן אפילו
שלשתן

עיקר תוי"ט

פי׳ התוס׳ שיהא נפרך בצפורן. והר"א פירש משיכלה מראה ירקות שבו ו׳לבינו פניו. וכן עיקר. כור
(ד) משום דמקשינן כולהו לאתרוג כיון דבחד קרא כתיבי. גמרא: (כ׳בגמ׳. וכתבו התו׳ דנקט ה"מ כדי לפסול
בי"ט שני. אבל בראשון הא כתיב לכם והאי לאו לכם הוא כיון דלשריפה קאי: (ו) נקטם. פי׳ הר"א שנקטם
מהעלין עד שחסר מעט מהשדרה. ובה"ע כתב לא שנקטמו קצת מהעלין העליונים אלא שנקטמו שלשה עלין
העליונים פי׳ עד השדרה והרא"ש פירש דברוב קטימת העלין העליונים מפסל: (ז) ר"ל שנעקרו לגמרי מהשדרה
ואינם מחוברים אלא ע"י אגידה והר"א פי׳ שנחלקו העלין לשנים לארכן כדרך שעושין האומנים לעשות מהן
קופות: (ח) נפרדו. דאע"ג דכתיב כפת ללמדך שיהא כפות כיון שראוי לכפותו אין כפותו מעכבת בו ולא קפיד
קרא אלא על שאינו ראוי לכפותו הר"ב: (ט) יאגדנו. היינו משום דבעינן כפות ממש ולא תלי בפלוגתא דלולב
צריך אגד דהתם היינו לאגדו עם ההדס והערבה והכא שיהיו עליו מחוברין ולא פרודין הר"ב: (י) ציני. דקלים
קשים הגדלים בהרים הר"ב: (יא) הדס. הוא עץ שעליו חופין את עצו כגון שיהיו שלשה עלין או יתר על כן
סמוכין זה לזה בעגול אחד. גמ׳: (יב) נקטם אע"ג דבלולב פי׳ ראש העלין היינו משום דבלולב לעולם העלין למעלה
יוצאין מראש השדרה הלכך ראש העלין נקרא ראשו אבל הדס וערבה אין העלין העליונים יוצאין מראש הבד
אלא

אַגְרוּבּ אָדֶער אַבְּרוּגִין (אבל בכסויי הכלים) אָבֶּר דֶעקִין פוּן כֵּלִים (בין כך ובין כך) סַייא עֶס אִיז
פַאר הַאנְדֶן בַּייא זַייא הֶענְטְלִיךְ אוּנ סַייא נִיט (נטלין בשבת) מֶעג מֶען זַייא כְּטַלְטֵל זַיין אוֹם שַׁבָּת:
אֵ׳ג׳ת ל׳ (לולב הגזול וכו׳) אַ לוּלָב וָואס מֶען הָאט גִיגַזְלְת אִיז פָּסוּל אוּנ מֶען אִיז נִיט יוֹצֵא דֶר מִיט
דִיא מִצְוָה. וָוא אוֹךְ דָאס אַלֶס וָוס דִיא מִשְׁנָה רֶעכִינְט וַוייטֶר הַיְינוּ (היבש) וֶוען עֶר אִיז
פַאר טְרוּקְנְט בִּיז עֶר בְּרֶעקִילְט זִיךְ אוּנ דִיא הֶענְט (של אשירה) וֶוען עֶר אִיז פוּן אַיין בּוֹים וָואס
מֶען הָאט אִים גִידִינְט צוּא עֲבוֹדָה זָרָה (ושל עיר הנדחת) פוּן אַיין בּוֹים וָואס עֶר אִיז גִיוַואקְסֶן
אוּנ דֶער שְׁטָאט וָואס זִיא אִיז אִיבֶּר גִירֶעט גִיוָוארֶן צוּא עֲבוֹדָה זָרָה אוּנ מֶען הָאט זִיא דַן גִיהַיְיסֶן
בִּשְׂרֵיפָה דִיא אַלֵי זַאכִין פַּאסְלִין בַּייא לוּלָב (נקטם ראשו) וֶוען עֶס אִיז אָפּ גִיהַאקְט דִיא שְׁפִּיצִין
פוּן אוֹבִין (נפרצו עליו) אָדֶר וֶוען עֶס אִיז אָפּ גִירִיסֶן דִיא בְּלֶעטִיר פוּן אִיר וָוארְצִיל אִיז אוֹךְ פָּסוּל
(נפרדו עליו) אָבֶּר וִויא בַּאלְד דִיא בְּלֶעטִיר הֶעטְנְגִין אוּנ דֶעכ וָוארְצִיל נָאר זַייא זֶענִין צוּא פְלִיסֶן
אוּנ צוּ שְׁפְּרֵייט אִיז כָּשֵׁר (ר״י אומר וכו׳) רַבִּי יְהוּדָה אִיז מַחְמִיר אוּנ זָאגְט אַז מֶען מוּז פוּן אוֹבִין
צוּא בּוּנְדִין זַייא זָאלִין לִיגִין גְלַייךְ אַזוֹ וִויא דֶער גִידֹל אִיז (ציני הר הברזל כשירות) אַיין לוּלָב וָואס
וַואקְסְט אוֹיף דֶעם אוֹרְט הַר הַבַּרְזֶל הָאטְשִׁי עֶס אִיז אַבִּיסֶר מְשׁוּנֶּה פוּן אַנְדֶרִי לוּלָבִים אִיז אוֹיךְ
כָּשֵׁר (לולב וכו׳) אַיין לוּלָב בַּדַארְף זַיין וַויינִיגְסְטֶנְס דְרַיי טְפָחִים אוּנ אַיין עֶקְסְטִיר טֶפַח עֶר
מִיט אִים קֶענִין בְּאוֹוֶעגִין צוּא הַלֵל (אַזוֹ וִויא וַוייטֶר וֶועט זַיין) הַיְינוּ ס״ה פִיר טְפָחִים:
ב (הדס וכו׳ הנדחת) דִיא אַלִי זֶענִין פָּסוּל בַּייא הֲדַס גַם כְּמוֹ אַזוֹ וִויא בַּייא לוּלָב (או שהיו וכו׳)
אוֹךְ דָאס אִיז בַּייא הֲדַס פָּסוּל וֶוען עֶס אִיז דָא אַבַּאךְ בְּלוּטִין זֶענִין מֶער וִויא דִיא
בלעטיר

ב״עט״ד

מיעוטן כשר . ואין ממעטין ביום טוב : ג ערבה יג גזולה יד . ויבשה . פסולה . של אשירה . ושל עיר הנדחת פסולה . נקטם ראשה . נפרצו עליה . והצפצפה . טו פסולה . כמושה יז ושנשרו מקצת יח עליה . ושל בעל כשירה : ד רבי ישמעאל אומר . שלשה הדסים כ ושתי ערבות כא . לולב אחד . ואתרוג אחד . אפילו שנים קטומים . ואחד אינו קטום . רבי טרפון אומר אפילו שלשתן קטומים כג . רבי עקיבא אומר . כשם שלולב אחד . ואתרוג אחד . כך הדס אחד וערבה אחת :

אתרוג

ר"ע כברטנורה

שלשתן קטמין כשרים : ענביו . פרי יש בו שדומה לענבים : מרובות מעליו פסול . לא שנו אלא שחורות . או מנומרות . אבל ירוקות מינא דהדס הוא וכשר : ואין ממעטין אותם ביום טוב . דה"ל מתקן : (ג) נקטם ראשה פסולה . אף זו אינה הלכה (טו) : נפלצה . מין ערבה ועלה שלה עגול : ושל בעל . שגדלה בשדה ולא בנחל כשרה . לא נאמר ערבי נחל אלא שדבר הכתוב בהווה (יט) : (ד) אפילו שנים קטומין . אהדסים קאי ובגמרא פריך אי קטום פסול והוא מצריך שלשה לבעי כולהו שלמים . ואי קטום כשר לכשר בשלשתן קטומים ומסיק דחזר בו רבי ישמעאל מתחלת דבריו סבי' מצריך שלשה הדסים ומכשיר אפילו ד"ס קטומין (כב) . והוא הדין אי לא מייתי להו כלל דקטומין כמאן דליתנהו דמי : אפילו שלשתן קטומין . דלא

בעי

עיקר תוי"ט

אלא דפעמים ראש הבד היא חלק הלכך ראש דידהו היא ראש הבד ולא ראש העלין ואפילו אם עלה יוצא מראש הבד לא נקרא נקטם עד שיקטם ראש הבד . הרא"ש : (יג) ערבת . הוא מין ידוע הנקרא ערבי נחל על שם ההוה שגדל על נחל וסימניו נתפרשו שעלה שלו משוך כנחל ופיו חלק וקנה שלו אדום : (יד) גזולה כו' . כמו בלולב והא דתני לה כמתני' ד' בבי ולא עריב ותני להו משום דיש בכל א' וא' מה שאין בחבירו הלכך אצטריכו ד' בבי רש"י : (טו) והטעם מבואר לפי שכמו דשמעי' לר"ט בהדס ה"ה והוא הטעם בערבה . תוי"ט : (טז) והצפצפה פסולה . דכתיב קח על מים רבים צפצפה שמו אמר הקב"ה אני אמרתי שיהו ישראל לפני כקח על מים רבים מאי ניהו ערבה והן שמו עצמם כצפצפה אלמא גריעותא דבתוכחות כתיב . גמ' : (יז) כמושה. ה"ה לשאר מינים דכמושין כשרים דהא יבש תנן בהו דפסול הא כמוש כשר . והכי איתא בגמרא בהדיא אלא לגבי ערבה איצטריך ל סד"א כיון דכתיב ערבי נחל כמושה לא קמ"ל . הר"ב : (יח) מקצת . לאשמעינן שנפרצו היינו ברוב וגבי פסולת נקטם נפרצה משום דהוי ברוב וגבי מיעוטא שייך ל' נשרו . הרא"ש : (יט) בלומר ובכלל ערבי נחל הן חוץ מצפצפה דקרא מיעטה בהדיא : (כ) ג' הדסים . דכתיב ענף עץ עבות . ופירש"י ענף חד עץ חד עבות חד : (כא) ושתי ערבות . יליף מדכתיב ערבי נחל שתים : (כב) והא דמכשיר בהדס קטום טפי מלולב וערבה משום דענפיו חופין את עציו ואין קטימתו נראית כל כך רבינו ישעיה ז"ל : (כג) שלשתן קטומים . אפשר דר"ט בעי ג' מדאורייתא אלא דלא קפיד אקטומים או אפשר דר"ט לא נקט ג' לעיכובא אלא פרכא דר"י נקט ולא אתא איהו למימר אלא שאין קטימה פוסלת אבל במנינא אפשר דסבר כר"ע דמכשיר בהדס א'. הר"ב : (כד) הדס אחד . שאינו קטום קאמר ומש"ה לא פריש לה והכי מוכח בגמרא יהי"ט כהוכח דר"י וא"כ אכתי פליגי בלכתחלה

כדלעיל

בלעטליך איז פסול (ואם וכו') אונ אז ער האט דיא בלעטיר אפ גירופן איז כשר (ואין וכו') נאר ער מוז אבר אפ רייסן פאר יום טוב אונ אום יום טוב טאר מען ניט :

ג (ערבה גזולה) בייא ערבה איז אויך פסול דיא אלי וואס בייא לולב אונ הדס . אויך איז בייא ערבה פסול (הצפצפה) דאס איז אויך איין מין ערבה נאר דיא שטעקליך זענין קאלעכדיג אודער (כמושה וכו') ווען דיא בלעטליך זענין פאר וויקלט (שנשרו וכו') אודר עס איז א טייל בלעטליך אפ גירופן . אויף דעם דין קרוגט דיא אנדרי משנה . איז אויך פסול (ושל בעל כשרה) אזעלכי ערבות וואס וואקסין אונ איין פעלד ניט בייא קיין וואסר איז אויף כשר :

ד (ר' יהודה וכו') ר' יהודה זאגט דיא מצוה איז אזו דריי הדסים אונ איין לולב אונ איין אתרוג (אפילו וכו') אצונד האט ר' יהודה חוזר גוועזן אונ האלט בייא איין הדס אזו ווי דר תנא וואס ווייטר שטייט אז הדס איז כשר מיט איין שטעקלי נאר עס מוז זיין גאנץ מיט אלי בלעטלך (רבי טרפון) ר"ט האלט אז עס מוז זיין ביי הדס דריי שטעקלך נאר זיי מעגן זיין אלי בלעטלך אפ גירופן וואורום ר"ט זאגט אז אהדס בדארף ניט זיין הדר (רבי עקיבא) ר' עקיבא האלט אויך ווי דער ערשטר תנא אז עס איז גינוג איין שטעקלי :

ה אתרוג הגזול. והיבש. פסול. של אשרה ושל עיר הנדחת פסול. של ערלה פסול. של תרומה טמאה פסול. של תרומה טהורה כו. לא יטול. ואם נטל כשר. של דמאי. בית שמאי פוסלין ובית הלל מכשירין: של מעשר שני בירושלים לא יטול. ואם נטל כשר: ו עלתה חזזית על רובו. נטלה פטמתו נקלף. נסדק לא. נקב וחסר כל שהוא פסול: עלתה חזזית על מיעוטו לנ. נטל

עוקצו

ר״ע מברטנורה

כפי סדר כהדס וכלכה כר״ס: (ה) של ערלה ושל תרומה טמאה פסול. דאמר קרא (ויקרא כג) ולקחתם לכם שיהיה ראוי לכם (כו): ואם נטל כשר. שהרי יש בה היתר אכילה (כח): ובית הלל מכשירין. דאם חזי לעניים דהכן מאכילין את העניים דמאי: בירושלים כו׳. אבל חוץ לירושלים לא דבעינן לכם שיהא ראוי לכם (כט): (ו) עלתה חזזית. כמין אבעבועות דקות (ל): על רובו. במקום אחד הוא דבעינן רובו אבל בב׳ או בג׳ מקומות. אפילו על מעוטו פסול. ועל חטמו. אפילו כל שהוא פסול. חטם הוא כלומר יותר מבשאר מקומות: פטמתו. הדד שבראשו כמו פטמה של רמון: נקלף פסול. ודוקא שנקלף כולו אבל מקצתו כשר ואית דאמרי איפכא נקלף מקצתו פסול דמחזי כמנומר אבל נקלף כלו כשר והאי נקלף לאו שהוסר הקליפה עד שנראה הלבנונית שבתוכו דהא׳ הוי חסר ופסול אלא שניקלף ממנו גלד דק ואין מראהו ירוק כאשר בתחלה: נקב. מפולש מעבר אל עבר אפי׳ בכל שהוא פסול (לב) ושאינו מפולש ואינו חסר כלום כגון שתחב בו יתד ענה אם הנקב רחב כאיסר פסול. פחות מכאן כשר. והיינו ניקב ולא חסר כ״ש

כשר

עיקר תוי״ט

כדלעיל. תוי״ט: (כס) אתרוג. שנא׳ פרי עץ הדר. ודרשו חכמים הדר באילן משנה לשנה. פרש״י שהאתרוג דר וגדל באילנות ב׳ וג׳ שנים וכשבאין והגמין של עכשיו עדיין דאשתקד קיימי ביה: (ט) אע״ג דגבי תרומה טמאה דרשינן לך שלך תהא להסיק תחת תבשילך. כיון דנטמאת ואסרה הכתוב שייך לידרש לך דידיה גבי שאר הנאות כמו לכם דלולב דלא שייך ביה אכילה. תו׳: (כז) תרומה טהורה. כמ״ד בגמרא מפני שהכשיר לקבל טומאה הר״מ. פירש״י דאמרינן במתניתין מקבלת אשה מיד בנה ומיד בעלה ומחזרת למים שהיו שורין האגודה כדי שלא ייבש וכשנוגעין באתרוג הוכשר לטומאה. ואסור לגרום טומאה לתרומה דכתיב משמרת תרומתי אמר רחמנא עשה לה שימור: (כח) בגמ׳. וז״ל רש״י לכהן וישראל נמי נפיק ביה אם לקחה מכהן הואיל ויכול להאכילו לבן בתו כהן. אבל פדיון אין לו להיות ניתר לאכילת ישראל. והאומר כן רשע הוא: (כט) א״כ צריך לחלק בין היכא שהמקום מעכבתו מלאכול להיכא דגברא לא חזי דהא בתרומה ודמאי פירשו דאע״ג דלדידיה לא חזו הואיל וחזי לכהן ולעני הוי ראוי לכם והכא דלדידיה גופיה חזי בירושלים ואפ״ה חוץ לירושלים פסול. ועתוי״ט: (ל) ז״ל המגיד חזזית הוא כעין גרב הנעשה באתרוג כדמתרגם או ילפת או חזזן ופסול מפני שאינו הדר: (לא) בסדק. יש שפירשו לארכו משני צדדין ומיהו דוקא מלמטה אבל בחוטמו אפילו כל שהוא פסול וכדאמרינן בגמרא גבי חזזית כו׳. ויש מחמירין לפסול כל שהוא סדוק מצד א׳ עד חללו או אפילו אינו מגיע לחללו כל שנסדק רוב הקליפה החיצונה העבה. הר״ב: (לב) פירוש לפירושו אפילו אינו בכאיסר ובכ״ש ר״ל כמות שהוא ולא קאי אחסרון כלל דהא מסיים דסיפא דתנן כשר מיירי באינו מפולש ואינו רחב כאיסר. ושעור כאיסר ר״ל בלא חסרון וקאמר דבאינו מפולש ואינו רחב כאיסר הוא דכשר. הא אף על פי שאינו רחב כאיסר ואין בו חסרון אלא שהוא מפולש פסול. תוי״ט וע״ע: (לג) מעוטו. דוקא באחד כשר אבל כשהם ב׳ חזזות בב׳ מקומות אע״ג דעל מיעוטו

הן

ה (אתרוג וכו׳ הנדחת) דיא אלי זענין בייא אתרוג און פסול (של ערלה) אתרוג פון ערלה דאס איז אסור אזו וויא עס שטייט אין דער תורה. אודר (של תרומה טמאה) אתרוג פון טמא תרומה איז פסול (של וכו׳) אתרוג וואס איז פון כשרי תרומה זאל ער אוך איבר איס ניט קיין ברכה מאכן נאר בדיעבד וויא באלד ער האט דריבר איין ברכה גמאכט האט ער שון דיא מצוה יוצא געווען (של דמאי) אתרוג פון איין עם הארץ וואס דיא רבנים האבן גאסרת צו עסן אום גמעשרת (בית שמאי פוסלין) דעם אתרוג זאגן דיא בית שמאי אז ער איז פסול. אונד דיא בית הלל זאגן ער איז כשר (של מעשר שני) אתרוג וואס איז מעשר שני וואס מען מוז איס עסן אין ירושלים איז דער דין אז אפילו אין ירושלים זאל ער איבר דעם אתרוג ניט קיין ברכה מאכן נאר בדיעבד איז ער יוצא דיא מזוה:

ו (עלתה) ווען עס איז דא אוף דעם אתרוג אפלעק וואס הייסט (חזזית) אונ ער דעקט צו דעם רוב פון דעם אתרוג אודער (נטלה פטמתו) ווען עס איז אפ גרוסן דער פטום דאס

עוקצו יד נקב ולא חסר כל שהוא כשר. אתרוג הכושי פסול. והירוק ככרתי, רבי מאיר מכשיר, ורבי יהודה פוסל: ז שיעור אתרוג הקטן. רבי מאיר אומר כאגוז. רבי יהודה אומר כביצה. ובגדול. כדי שיאחז שנים לו בידו אחת. דברי רבי יהודה. רבי יוסי אומר אפילו אחד לו בשתי ידיו: ח אין אוגדין את הלולב אלא במינו לח. דברי רבי יהודה. רבי מאיר אומר אפילו במשיחה לט. אמר רבי מאיר מעשה באנשי ירושלים שהיו אוגדין את לולביהן בגימוניות של זהב.

אמרו

ר״ע מברטנורה

פסול. דסדיק לקמן שאינו מפולש ולא רחב כאיסר: אתרוג הכושי. שגדל כאן והוא שחור פסול. אבל כושי שגדל בארץ כוש לורחיה הוא וכשר: ורבי יהודה פוסל. והלכה כרבי יהודה. וכל הני פסולים ביום טוב ראשון. אבל ביום טוב שני (לה) עם שאר הימים הכל כשר: (ז) רבי יהודה אומר כביצה. והלכה כרבי יהודה דפחות מכביצה פסול: רבי יוסי אומר אפילו אחד בשתי ידיו. והלכה כרבי יוסי: (ח) בגימוניות של זהב. חוטי זהב כפופין כגימון כמו הלכוף כאגמון (ישעיה נח) ושוכבין האגודה: בימינו היו אוגדים אותו בלמטה. לקיים מצות אגד וזה לנוי בפלאת היה (מ) ורבי יהודה לטעמיה דאמר לולב צריך אגד.

סלק

עיקר תוי״ט

תן פסול. הר״נ: (לד) עוקצו. פירש״י זנבו כמו בעוקצי תאנים: (לה) וטעמא דיו״ט שני דינו כשאר הימים משום דבקיאינן בקביעא דירחא: (לו) שנים. ה״ג רש״י. ופי׳ שני אתרוגים בידו א׳ וטעמא מפ׳ בגמרא דכיון דמצות לולב בימין ואתרוג בשמאל וזימנין דמחלפי ליה כו׳ ואתי להפכינהו מיד ליד ולאחוז האתרוג והלולב בידו עד שיחליף ואי הוי גדול יותר מדאי שמא יפול מיד ואתי לאפסולי שיארע בו נקב. והר״נ מקיים הגי׳ במשניות ישנות. שניהם בידו אחד. כלומר הלולב והאתרוג מטעם הנזכר: (לז) אפי׳ אחד. וטעמא דר״י לא חייש לדלמא משוך להו. ולגי׳ הר״נ אפי׳ בב׳ ידיו כלומר שיאחז שניהם זה בידו א׳ וזה בידו א׳ ולא חייש כו׳: (לח) במינו כו׳ פי׳ לאגוד עם ההדס והערבה כמ״ש גבי נפרדו עליו ושיטתיה דר״י מפ׳ בגמ׳ דיליף לקיחה לקיחה מאגודת אזוב כו׳ מה להלן אגודה אף כאן אגודה הלכך במינו דוקא דאל״ה ה״ל ה׳ מינין ועובר משום בל תוסיף: (לט) במשיחה. ורבנן דברייי׳ דלית להו לקיחה לקיחה וא״צ אגד. ואמרינן בסנהדרין דף פ״ח דאי א״צ אגד לית ביה משום בל תוסיף דאינו חיבור עם השאר והראוי למצוה היא המצות והעודף כמי שאינו: (מ) נמצא אגד העליון לנוי בעלמא

ולא

דאס בעסטע פון אויבן (נקלף) ווען ער איז וואָרן אָפּ געשיילט אודער (נסדק) ווען ער איז געשפּאָלטן (נקב) ווען ער איז גלעכערט אביסל אונ אויף דעם נקב פעהלט עפּיס פון דעם אתרוג דאס אלץ איז פסול (עלתה) אבער ווען דער חזזית איז נאר אויף אשטיקל אורט פון דעם אתרוג אדער (נטל עקצו) ווען עס פעהלט דער ווארצל פון דעם אתרוג פון הינטן אודער (נקב וכו׳) ווען ער איז גלעכערט אונ אויף דעם נקב פעהלט גאר ניט פון דעם אתרוג היינו ער איז געלעכערט מיט איין שטשוואק אונ ער האט אום דעם אתרוג גאר ניט ארוס גנומן דאס אלס איז כשר (אתרוג הכושי) איין אתרוג וואס איז שווארץ איז פסול (והירוק ככרתי) אונ וויא באלד ער איז גרין אזו וויא דאס מין כרתי (ר״מ וכו׳) זאגט ר״מ אז ער איז פסול אונ ר״י זאגט ער איז כשר:

ז (שיעור וכו׳) דער שיעור פון דעם אתרוג וויא גרוס ער מעג זיין אונ קלענער איז מען נישט יוצא (ר״מ וכו׳) זאגט ר״מ אזו וויא א וועלשינע נוס אונ ר׳ יהודה זאגט אז ער מוז זיין אזוי גרוס וויא איין איי (ובגדול) אינ דער שיעור וויא גרוס ער מעג זיין אונ גרעסער איז פסול (כדי וכו׳) ער מעג נאר זיין אזו גרוס ביז ער וועט קענען צוויא אזעלכע אתרוגים נעמן אונ איין האנד איז גרעסער איז פסול (דברי ר׳ יהודה) אזו זאגט ר׳ יהודה (ר׳ יוסי וכו׳) ר׳ יוסי איז מיקל אונ זאגט אפילו ער איז אזו גרוס אז ער מוז אים טראגן מיט ביידי הענט איז אויך כשר:

ח (אין אוגדין את הלולב) דעם לולב טאר מען ניט ארום פלעכטן נאר מיט ניך כ׳, היינו מיט לולב (דברי ר׳ יהודה) אזו האלט ר׳ יהודה (ר״מ אומר) ר׳ מאיר זאגט עס מעג זיין בינדן מיט איין אנדער בענדל (אמר רבי מאיר) אזו זאגט רבי מאיר צוא דיא חכמים וואס קריגן אויף אים

אמרו לו במינו היה אוגדין אותו מלמטה: ט והיכן היו מנענעין. בהודו לה׳ תחלה
וסוף. ובאנא יי הושיעה נא. דברי בית הלל. ובית שמאי אומרים אף באנא
יי הצליחה נא. אמר רבי עקיבא צופה הייתי ברבן גמליאל. ורבי יהושע. שכל
העם היו מנענעין את לולביהן. והן לא נענעו אלא באנא יי הושיעה נא. מי שבא
בדרך ולא היה בידו לולב ליטול לכשיכנס לביתו יטול על שלחנו. לא נטל שחרית.
יטול בין הערבים. שכל היום כשר ללולב: י מי שהיה עבד. או אשה. או קטן
מקרין

ר״ע מברטנורה

עלך. אי אגיד ליה שלא במינו. הוו להו חמשה מינין. ואנן קיימא לן דלולב אין צריך אגד הלכך כשר
הלכה כרבי מאיר: (ט) והיכן היו מנענעין. בשעת מסדר הלל להא דתנין לטול כל לולב שיש בו שלשה
טפחים כדי לנענע אלמא מצוה לנענע והיכן מנענעים: בהודו לה׳ תחלה. תחלת המקרא: וסוף.
המקרא כי לעולם חסדו. ולא דמפרשי תחלה הודו ראשון. וסוף הודו אחרון שבסוף הלל. והכי מפרשה. סוף
וכיצד מנענע מוליך ומביא כדי לעצור רוחות רעות. מעלה ומוריד כדי לעצור טללים רעים והולכה והובאה מנענע
שלשה פעמים (וכן בהעלאה) וכן בשפלה וכן בירידה על כל אחת ואחת שלשה פעמים: והם לא נענעו
אלא באנא ה׳ הושיעה נא בלבד. ואין כך הלכה אלא כדברי ב״ה: יטול על שלחנו. ואם שכח ולא
נטל לולב קודם אכילה יפסיק סעודתו ויטול על שלחנו: (י) מי שהיה עבד. או אשה. או קטן וכו׳. מי
שאינו חייב בדבר. אינו מוציא אחרים ידי חובתו לכך צריך שיענה אחריו מלה במלה. מה שהוא אומר:
וכו׳

עיקר תוי״ט

ולא להכשר מצוה לפיכך אינו תוספת לעבור על בל תוסיף. רש״י: (מא) בגמ׳. ופירש״י במנחות דס״ב מוליך
ומביא לצפון ודרום ומזרח ומערב כדי לעצור רוחות רעות הבאות מארבע רוחות וז״ש לצפון ודרום כו׳. ודאי דלא
בסדרן נקטינהו דהא כל פינות כו׳ לא יהיו אלא לימין כו׳ ובשם מהרי״ל בב״י מזרח דרום מערב צפון. ותוי״ט:
(מב) בהודו כו׳ ובאנא. דכתיב אז ירננו עצי היער. ובתרי׳ הודו לה׳ כי טוב. וכתיב נמי בתריה ואמרו הושיענו
אלהי ישענו. ואיתא במדרש לפי שבר״ה באין לדין ואין יודעין אם יצאו זכאי נתן הקב״ה מצוה זו לישראל
שיהיו שמחים בלולביהם כאדם היוצא מלפני השופט זכאי שהוא שמח. והיינו דכתיב אז ירננו עצי היער
בעצי היער כאשר יצאו מלפני ה׳ זכאין כשבא לשפוט את הארץ ובמה ירננו בהודו ובהושיעה נא כלומר
(מג) אף באנא כו׳. נ״ל דס״ל דאע״ג דגבי ירננו כו׳ לא כתיב אלא ואמרו הושיענו היינו דלא נקט. הרא״ש:
המקרא דאנא הושיעה נא וה״ה לסופו דהצליחה נא הואיל ומקרא א׳ הוא. ולפי שב״ש באו להוסיף אלא תחלת
ב״ה סדרם אחריהם. תוי״ט: (מד) לפי מה דמשמע דר״ג ור״י כב״ה ס״ל. והאך כתב ואין כך הלכה על דברי
וגר׳ שהר״ב

(מעשה) עס האט זיך אמאל געטראפען אז די אנשי ירושלים האבען אויך ארום געבונדען דעם לולב
(בנימונית) מיט גדרייטע גילדנע פעדים (אמרו לו) האבען אים די חכמים געענטפערט פון ירושלים
איז קיין ראיה נים ווארום מען האט פריער פון אונטען ארום געבונדען מיט לולב אונ פון אויבען האט
מען די גילדנע פעדים אויף גילייגט (והיכן וכו׳) אויף וועלכען אירט אונ הלל איז די מצוה מנענע
צו זיין מיט דעם לולב (בהודו וכו׳) ביא דעם גאנצען פסוק הודו (ובאנא וכו) אונ ביי דעם גאנצען
פסוק פון אנא יי הושיעה נא (דברי בית הלל) אזו האלטען די בית הלל (ובית שמאי) אונ די
ב״ש זאגען אז מען בדארף נ״כ מנענע זיין ביי דעם גאנצען פסוק (אנא יי הושיעה נא אמר רבי עקיבא)
אזו זאגט רבי עקיבא (צופה וכו׳) איך האב אכטינג געגעבען ווען רבי עקיבא ורבי יהודה האבען
מתפלל געווען מיט דעם עולם האט דר גאנצער עולם מנענע געווען ביא גאנץ הלל אונ זייא האבען
נישט מנענע געווען נאר ביא דעם פסוק אנא יי הושיעה נא אליין דאס איז נישט ווייא די בית
שמאי אונ נישט ווייא די בית הלל. דוא הלכה איז ווייא די בית הלל (מי שבא) ווען איינער
קומט אום חול המועד צו פארען פון איין וועג אונ האט נישט געהאט אף דעם וועג א לולב
צו בענטשען איז ער דין אז תיכף ווי ער קומט נאר לביתו מוז ער אתרוג בענטשען אונ אתרוג
ער האלט בתוך הסעודה בדארף ער תיכף מפסיק זיין (לא נטל וכו) אונ ווייא באלד ער אפילו
גאר געקין אונ האט תיכף בשחרית נישט גיבענטשט אתרוג קען ער דער נאך בענטשען ער האט
בענטשען

מקרין אותו. עונה אחריהן מה שהן אומרין ותהא לו מארה: אם היה גדול מקרא אותו. עונה אחריו הללויה: יא מקום שנהגו לכפול. יכפול. לפשוט. יפשוט. לברך אחריו יברך אחריו הכל כמנהג המדינה. הלוקח לולב מחבירו בשביעית. נותן לו אתרוג במתנה. לפי שאין רשאי ללוקחו בשביעית: יב בראשונה היה לולב נוטל במקדש שבעה ובמדינה יום אחד. משחרב בית המקדש. התקין רבן

יוחנן

ר"ע מברטנורה

ותהא לו מארה. שלא למד (מה) ׃עונה אחריו הללויה. על כל דבר שהוא אומר שכך היו רגילין לענות אחר מקרא את ההלל על כל דבר ודבר הללויה: (יא) מקום שנהגו לכפול. כל פסוק ופסוק מאודך ולמטה עד סוף ההלל כופלים. לפי שכל אותו הפרק מהודו לה' כי טוב עד אודך כי עניתני. כולו כפול במקרא ומאודך ולמטה אינו כפול לכך נהגו לכפול המקראות הללו. לברך אחריו הכל כמנהג המדינה. אבל ברכת ההלל לפניו (טו) מצוה הוא בכל מקום ואינה תלוי במנהג: הלוקח לולב מחבירו. עם (טז) הארץ: בשביעית. שעם הארץ חשוד על השביעית ואין דמי לולב יכול ליתן לו. לפי שלולב עץ בעלמא ואין בו קדושת שביעית. דמי אתרוג אינו יכול ליתן לו בפירות שביעית שצריכין להתבער כשביעית הן ודמיהן. הלכך צריך שיקח ממנו האתרוג במתנה ולא יתן לו דמיו. שמא לא יבערם עם הארץ בקדושת שביעית: (יב) במקדש שבעה. כדדרשינן לפני ה' אלהיכם שבעת ימים. ולא בגבולין שבעת ימים: ובמדינה. בירושלים שהם היו כגבולים לענין זה: ושיהא יום הנף. של עומר דהיינו יום ט"ז בניסן כלו אסור. ובזמן

שבית

עיקר תוי"ט

שהר"ב גי' אחרת היתה לו אלא כו' בלבד. וכך גרס בירו' הא כהודו לא. ועתוי"ט: (מה) שאלו למד לא היו מקרין אותו כיון שצריך לענות אחריהן כל מה שהוא אומר אבל כשהגדול מקרא אותו והוא עונה אחריו הללויה לא אבר שתבא עליו מארה שדרך הגדול להקרות ואפילו לבקיאים. הר"ב: (טו) גמ' וטעמא איתא במגילה דכ"ח כל המצות כולן מברך עליהן עובר לעשייתן כלישנא והוא עבר לפניהם. ואף דהלל תקנת נביאים הוא וא"כ תקשי היכי מברכינן וצונו. תירץ בגמרא מלא תסור א"נ שאל אביך ויגדך זקניך ויאמרו לך: (טז) והלוקח

חבר

נאכט דעם אנאנצין טאג איז דער זמן פון אתרוג בענטשין׃

י (מי שהיה וכו) ווען איינר איז איין עם הארץ אונ קען בעצמו קיין הלל ניט זאגין איז דער דין אזוי ווען ער הערט אום הלל פון אזעלכי מענטשן וואס זייא זענין פטור פון הלל היינו איין עבד אשה וקטן טוז ער נאך זייא נאך זאגן מלה במלה יעדר ווארט אנדערשט איז ער ניט יוצא (ותהי לו מארה) נאר דיא חכמים שעלטן אים ווייל ער זיך מציא פון אזעלכי וואס זענין בעצמם פטור (אם היה גדול) ווען עס האט אים אבר אגרוסר מענטש וואס איז בעצמו ג"כ מחויב פיר גלייענט הלל איז דער דין (עונה וכו) אז ער בדארף נאר נאך זאגין דם ווארט הללויה אונ איז יוצא דיא מצוה פון הלל׃

יא (מקום שנהגו) אוף דעם אורט וואס דער מנהג איז (לכפול) צו טאפלן דיא פסוקים פון אודך אזו וויא דער מנהג איז אצונד (יכפול) מוז יעדר טאפלן (לפשוט) אז דער מנהג איז צו זאגן גליך נאר איין מאל דעם פסוק (יפשוט) זאל יעדר זאגן נאר איין מאל (לברך אחריו) אונ אז דער מנהג מען זאל בסוף הלל גומר זיין מיט איין ברכה אזו וויא דער איז כעת (יברך אחריו) מוז אוך יעדר גומר זיין מיט איין ברכה (הכל כמנהג המדינה) אונ ביי אלם בדארף מען נאר טואן ווי דער מנהג איז (הלוקח כו') ווען איינר קופט ביי איין עם הארץ איין לולב מיט איין אתרוג (בשביעית) אום שמיטה (נותן וכו) זאגן דיא חכמים אז דער עם הארץ בדארף געבן דעם אתרוג (במתנה) אונ טאר דער פאר קיין געלד נעמן (לפי וכו') ווייל ער טאר ניט פר קופן קיין שום פירות אום שביעית ווייל ציני פירות זענן אלי מוחזק פאר פירות שביעית וואס מען טאר פון זייא קיין הנאה האבן׃

יב בָּרִאשׁוֹנָה הָיָה לוּלָב נִיטָּל בַּמִּקְדָּשׁ שִׁבְעָה וּבַמְּדִינָה יוֹם אֶחָד. מִשֶּׁחָרַב בֵּית הַמִּקְדָּשׁ הִתְקִין רַבִּי יוֹחָנָן בֶּן זַכַּאי שֶׁיְּהֵא לוּלָב נִיטָּל בַּמְּדִינָה שִׁבְעָה זֵכֶר לַמִּקְדָּשׁ. וְשֶׁיְּהֵא יוֹם הָנֵף כֻּלּוֹ אָסוּר: יג יוֹם טוֹב הָרִאשׁוֹן שֶׁל חַג. שֶׁחָל לִהְיוֹת בְּשַׁבָּת. כָּל הָעָם מוֹלִיכִין אֶת לוּלְבֵיהֶם לְבֵית הַכְּנֶסֶת. לְמָחֳרָת מַשְׁכִּימִין וּבָאִין. כָּל אֶחָד וְאֶחָד מַכִּיר אֶת שֶׁלּוֹ וְנוֹטְלוֹ. מִפְּנֵי שֶׁאָמְרוּ חֲכָמִים אֵין אָדָם יוֹצֵא יְדֵי חוֹבָתוֹ בְּיוֹם טוֹב הָרִאשׁוֹן שֶׁל חַג בְּלוּלָבוֹ שֶׁל חֲבֵירוֹ. וּשְׁאָר יְמוֹת הֶחָג. אָדָם יוֹצֵא יְדֵי חוֹבָתוֹ בְּלוּלָבוֹ שֶׁל חֲבֵירוֹ:

יד רַבִּי יוֹסֵי אוֹמֵר יוֹם טוֹב הָרִאשׁוֹן שֶׁל חַג שֶׁחָל לִהְיוֹת בְּשַׁבָּת. וּשְׁכָחוֹ וְהוֹצִיא אֶת

הלולב

ר"ע מברטנורה

בית המקדש קיים משקרב העומר היו אוכלים חדש בו ביום דכתיב (ויקרא כ"ג) עד הביאכם וכשחרב בית המקדש מותר מן התורה משהאיר המזרח דאמרינן כתוב אחד אומר (כה) עד עצם היום הזה. דמשמע משהאיר המזרח וכתוב אחד אומר עד הביאכם. הא כיצד בזמן דאיכא עומר עד הביאכם. בזמן דליכא עומר עד עצם היום. ואסר רבן יוחנן בן זכאי עליהם כל היום משום מהרה יבנה בית המקדש (נא) ויאמרו אשתקד מי לא הוה אכלינן משהאיר המזרח השתא נמי ניכול: (יג) י"ט ראשון וכו'. דאמריך לקמן אין אדם יוצא וכו'. דכתיב ולקחתם לכם ביום הראשון לכם משלכם. ואם נתנו לו חברו במתנה. אפי' על מנת להחזיר בשם מתנה ונוטלו ויוצא בו ואחר כך מחזירו. ואם לא החזירו אגלאי מלתא למפרע דגזול היה בידו מעיקרא ולא יצא ידי חובתו: (יד) פטור מפני שהוציאו ברשות. וכגון בלא יצא ידי חובת נטילה בשעה שהוליכו

לבג

עיקר תוי"ט

חבר דאי ע"ה מי צייתת למחשד לחבירו ואפ"ה קרי ליה חבירו כמ"ש הטעם במ"ב פ"ד דדמאי. תוי"ט: (מח) אתרוג דאתרוג בכלל לולב דקתני וז"ל רש"י חבר שקונה הושענא כולה מע"ה. ונותן לו יבקש ממנו שיתן לו: (מט) זכר למקדש מנין דעבדינן זכר למקדש דאמר קרא ציון היא דורש אין לה מכלל דבעיא דרישה.גמ': (נ) ושיהא כו' משמע שתקנם ביחד והלכך כיון דמייתי הראשונה אגב תני לשניה דעכה: (נא) ומקשים בגמרא דאבבי איממא ביום ט"ז כבר הותר משהאיר המזרח אלא דנבנה קודם ט"ז מחצות אשתרי כו' ומשני דאבני בלילה א"כ סמך לשקיעת החמה ופרש"י דהיא היא מרוב הטרחות שיש בקצירת העומר עד הבאתו כדתנן התם לא יספיקו להקדים למדר קודם הצות: (נב) נטילתו בלבד דוחה שבת. הר"נ. כלומר אבל לא לענין הוצאה. ובגמ' דמ"ד מסקינן

דהבא

יב (בראשונה) פר צייטונס ווען דם ביתהמקדש איז גוועז (היה לולב ניטל) איז מען מחויב גוועזן מצות לולב (במקדש) אונ בית המקדש אליין (שבעה) אלי זיבן טאג (ובמדינה) אונ ירושלים (יום אחד) נאר איין טאג (משחרב וכו') נאר ווען דאס בית המקדש איז (בעונותינו) נעבך חרוב גווארן (התקין וכו') האט רבי יוחנן בן זכאי מתקן גוועז מען זאל אלי טאג אתרוג בענטשן (זכר למקדש) כדי עס זאל זיך יעדר דער מאנען אן דעם בית המקדש אונ מתפלל זיין השם יתברך זאל עס ווידר אוף בואן (ושיהא וכו') גם האט רבן גמליאל מתקן גיוועז אז יעצט ווען דאס בית המקדש איז חרוב גווארן זאל דער גאנצר טאג פון דעם (יום הנף) היינו דעם ערשטר טאג יום טוב פון פסח וואס מען פלעגט בזמן הבית המקדש דעם עומר אוף צוא הייבן אונ מקריב צוא זיין דער טאג זאל אצונד אנאנצין טאג אסור זיין (בחדש) היינו צוא עסן פון די נייאי תבואה וואס זיא איז ערשט גזייאט גווארן אונ יענם יאר נאך פסח:

יג (יום טוב) פארצייטנס ווען דאס בית המקדש איז גוועזן אהיוב דעם ערשטן טאג אתרוג בענטשן אפילו עס איז גפאלן אום שבת זאגט אצונד דר תנא ווען עס האט זיך מזדמן גיוועזן אום שבת (כל העם) האט גמוזט דר גאנצר עולם ברענגן דעם לולב מיט דעם אתרוג אום ערב שבת (למחרת וכו') אונ דעם אנדרן טאג היינו אום שבת פלעגט יעדר קומן צייטליך בקיום צוא זיין די מצוה (כל אחד) אונ יעדר האט גמוזט נעמין זיין אייגנם לולב מיט דעם אתרוג ניט מיט דעם חברים (מפני וכו') ווייל די חכמים האבן גזאגט אזו דעם ערשטן אז מצות אתרוג מען נישט יוצא נאר מיט זיינם אליין נישט מיט דעם חברים:

יום

הלולב לרשות הרבים . פטור : מפני נג שהוציאו ברשות : טו מקבלת אשה בנה מיד בנה ומיד בעלה ומחזירתו למים בשבת . רבי יהודה אומר . בשבת מחזירין ביום טוב מוסיפין . ובמועד מחליפין . קטן היודע לנענע . חייב בלולב :

אות שבת פרק כד ס

מי שהחשיך לו בדרך נותן כיסו לנכרי ואם אין עמו נכרי מניחו על החמור הגיע לחצר

ר״ע מברטנורה

אבל יצא ידי חובת נטילה קודם שהוציאו חייב. דלא טריד מעסקא במצוה לטבותה והיכי משכחת דלא יצא י״ח נטילה קודם שהוציא דהא מדאגבהי׳ נפיק ביה משכחת ליה כגון שהפכו (נד) בכל המצות כולן אין אדם יוצא בה אלא דרך גדולתן שנאמר (שמות כ״ו) עצי שטים עומדים שעומדים דרך גדולתן אי נמי שהוציאו בכלי דלקיחה ע״י דבר אחר דרך בזיון לאו שמה לקיחה. והלכה כר׳ יוסי : (טו) מקבלת אשה . את הלולב ולא אמרינן דמטלטלה מידי דלא חזי לה : ומחזרת למים. שלא יכמושו : בשבת מחזירים. שהרי משם נטלום ביום אבל לא מוסיפים וכ״ש שאין מחליפין : ביום טוב מוסיפין. אבל לא מחליפים לפסוק אלו ולתת שונין מכן דשרח לקתן מנא : ובמועד. גבל המועד מצוה להחליף והלכה כר״י : חייב בלולב . לחנכו מדברי סופרים :

אות סס מי שהחשיך נותן כיסו לעכו״ם . מבעוד יום (א) ואע״ג דשלוחו של ישראל הוא ליטא את כיסו בשבת קים להו לרבנן דאין אדם מעמיד עצמו על ממונו ואי לא שריח ליה אתי לאתויי ד׳ אמות ברה״ר (ב) : ואם אין עמו עכו״ם וכו׳ . הא יש עמו עכו״ם לעכו״ם יהיב ליה מ״מ חמור אתה מצווה על שביתתו עכו״ם אי אתה מצוה על שביתתו וכשמניח כיסו על החמור משתחשך מניחו עליו כשהיא מהלכת כלומר

עיקר תוי״ט

דהכא בגבולין מיירי מדלא קתני להר הבית ומיהו בזמן שבהמ״ק קיים דניטל בשבת ביום הראשון במקדש ובמקומו׳ הסמוכים ששלוחי ב״ד מגיעים שם ויודעים אימתי הוקבע החודש.אבל בזמן שאין בהמ״ק קיים אף על פי שעדיין קבעו על פי הראייה הואיל ואין כאן מקדש שניטל הלולב בו השוו חכמים מדותיהם בכל המקומות כי היכי שלא תהא תורה כשתי תורות :(נג) מפני כו׳ שהיה טרוד במצוה ומחשב ועוסק וממהר לעשותה ומתוך כך טעה ושכח שבת והך מתני׳ דוקא בזמן שבהמ״ק קיים . הר״ן : (נד) וכתבו התוס׳ דסוגיא דהכא ס״ל דמצות א״צ כונה דהא במתניא לרה״ר אין שייך מתכוין לצאת ועוד דאיירי בהולך אצל בקי ללמוד : (נה) מקבלת אשה . דמה״ד הואיל ואשה לאו בת חיובא היא אימא לא תקבל דלגבה אסור טלטול קמ״ל כיון דראוי לנטילת אנשים תורת כלי עליו ומותר בטלטול לכל . גמ׳ : (נו) בשבת . בזמן שהיו נוטלין לולב בשבת . הר״מ :

פרק כד (א) וכ״פ רש״י וי״ל דלקמן גבי מניח כיסו על החמור מפרש הר״ב משתחשך והכא׳ בעינן מבע״י . והרא״ש הקשה דמה צריך לטעם דא״י אי אתה מצוה כו׳ הא ב״ה מתירין מבע״י ע״י קציצת שכר ומסיק דאה״נ דהכא משתחשך מיירי וכ׳ ב״י סי׳ רס״ו דאע״פ שהמעות מוקצין הם במקום פסידא לא גזרו: (ב) ולהכי אי לית ליה לא א״י ולא [illegible] עוד תקנה אחרת שטליבו בעצמו בפחות פחות מד״א אלא שחכמי

יד (יום טוב) וויא באלד עס האט זיך מזדמן גיוועזן דער ערשטער טאג יום טוב אום שבת (היינו בזמן המקדש) אונ ער האט פר געסן אונ איז גגאנגן מביתו אין רשות הרבים אריין דא וויא עס איז נישט קיין עירוב מיט דעם לולב אין דער האנט איז ער פטור פון איין קרבן חטאת (מפני וכו׳) ווייל דס ווס ער הט פאר געסן איז גקומן ווייל ער איז טרוד געווען אין מצות אתרוג :

טו (מקבלת אשה מיד בנה ומיד בעלה) איין אשה מעג נעמן אום שבת דעם לולב פון איר קינד אודער פון איר מאן אונ אים לייגן אונ וואסר ער זאל נישט פאר טריקנט ווערן

(רבי יהודה אומר) רבי יהודה זאגט מען מעג נאר צוריק לייגן אונ דעם וואסר פון פריר (ביום טוב מוסיפין) אונ אום יום ט״ב וואס איז בחול מעג מען ג״כ מוסיף זיין פריש וואסר (ובמועד) אונ אום חול המועד (מחליפין) מעגן אפילו גאר אנדר וואסר נעמן (קטן) אקליינר (היודע לנענע) וואס האט שון שכל אונ פר שטייט שון אז מען בדארף טאן די מצוה פון אתרוג (חייב בלולב) איז מען אים מחויב מחנך צו זיין מיט דער מצוה :

אות ס (מי שהחשיך לו בדרך) ווען איינם איז אום פרייטאג אונטר וועגס פונצטר גווארן אונ

לחצר החיצונה נוטל את הכלים הניטלין בשבת . ושאינם ניטלין בשבת מתיר את החבלים והשקים נופלים מאליהם : ב מתירין פקיעי עמיר לפני בהמה ומפספסין את הכיפין אבל לא את הזירין . אין מרסקין לא את השחת ולא את החרובין ה לפני בהמה בין דקה ובין גסה. רבי יהודה מתיר בחרובין לדקה : ג אין אובסין

ר״ע מברטנורה

כלומר לאחר שעקרה רגליה ליתן לתוך כבדה עקירה וכשרוצה הבהמה לעמוד נוטלו מעלי׳ (ג) ולאחר שתחזור ותעקור רגליה לילך יניחנו עליה כי היכי דלא תעביד הבהמה עקירה והנחה דאי שביק לה למעבד עקירה והנחה והוא מחמר אחריה ומנהיגה נמצא מחמר אחר בהמתו בשבת ואסור אע״פ שאינה משאוי אלא כל דבר דכתיב (שמות כ) לא תעשה מלאכה אתה ובהמתך איזו היא מלאכה שנעשית בין האדם והבהמה הוי אומר זה מחמר : הגיע לחצר החיצונה . מלתא באנפי נפשה היא ולאו בדין כיסו קא מיירי : לחצר החיצונה . של עיר שהוא מקום המשתמר ראשון כשיבא לפרק החמור נוטל בידו מעליו כלים שנטלין בשבת : ושאינם נטלים מתיר את החבלים . של אוכף שהן קשורים והשקין נופלים : (ב) פקיעי עמיר . קשין של שבלים שאגדן (ד) מתירין אותן דכל זמן שהן קשורין לאו אוכלא נינהו ומתירין אותן לשוויינו אוכלא אבל ספסוף לפזרן כדרך שרגילין לפזר עשבים לפני בהמה כדי שתריח ריחן ויהיו יפין לה לאכלן אסיר בפקיעי עמיר דמאחר דלאתעבידו אוכלא בהתר הפקיעין וספסוף אינו אלא לתענוג בעלמא ומטרח בדבר שהוא כבר אוכל לא טרחינן : ומפספסי׳ את הכיפים . ענפים לחים של ארז מפוזרים ובוחשים אותן לפני הבהמה שתריח ריחן דבלאו ספסוף לא הוו אוכלא : אבל לא את הזירין . הן הן פקיעי עמיר אלא שהפקיעין יש להן שני קשרים אחד בראשן וא׳ בסופן והזירין יש להם שלשה קשרים קשר אחד יתר באמצען וקאמר מתירין שאין מפספסים את הזירין ואע״פ שהן דחוקים זה בזה ומתחממים והבהמה קצה בהן אלא מתיר שלש אגודיהן בלבד דהתרת אגודיהן עשוי לכו אוכלא כפקיעין : אין מרסקין את השחת . אין מחתכין עשב של תבואה והיא אספסתא משום דטרחא שלא לצורך הוא : רבי יהודה מתיר בחרובין לבהמה דקה . שבייכים דקום וקשין לה ואין הלכה כר״י : (ג) אין אובסין . (אין) מאכילין אותו על כרחו ותוחבים לו בגרונו וסילום אובסין

עיקר תוי״ט

חכמי המשנה לא רצו לגלות תקנה זו מפני שנא׳ כבוד אלהים הסתר דבר דלמא אתי לאתויי ד״א ברה״ר:(ג)פי׳ קודם שתעמיד דלא תעשה הנחה כמ״ש הר״מ וכ״ע דכשיגיע לפתח ביתו ישלנו מעליו כשהוא מהלך ויזרקם לתוך ביתו כלאחר יד כדי שלא יהא מכנים מרה״ר לרה״י : (ד) ואגד אין בו קשר האסור להתיר בשבת (ה) החרובין . דומיא דשחת דרכיכא ומש״ה אין מחתכין דמטרח באוכל לא מטרחינן : (ו) אין אובסין . לשון הר״מ

ער האט בייא זיך געלט (נותן כיסו) זאל ער זיין בייטל געלד געבן צוא טראגן ‏: עכו״ם (ואם אין עמו) אונ אז עס איז נים פאר האנדן קיין עכו״ם (מניחו וכו׳) זאל ער דאס בייטל לייגן אויף זיין אייזל (הגיע לחצר החיצונה) אז ער איז גקומן צום אוסן ווייניקסטן הויף פון דער שטאט וואס זייני זאכן קענן דארטן גהיט ווערן אונ ער וויל אפ לאדן דאס אייזל (נוטל את הכלים הנטלין) מעג ער אראפ נעמן דיא כלים וואס מען מעג מטלטל זיין אום שבת (ושאינם נטלין) אונ דיא כלים וואס מען טאר נים מטלטל זיין אום שבת (מתיר את החבלים) זאל ער אויף בינדן דיא שטריק פון דעם זאטל (והשקים וכו׳) ווערן דיא זעק זעלברט אראפ פאלן :

ב (מתירין פקיעי עמיר לפני בהמה) מען מעג אויף בונדן בינטליך שטרוי פאר דער בהמה זאל קענין עסין (ומפספסין את הכיפין) אונ מען מעג צו שפרייטן דיא קליינע צווייגן פון בוימר זייא זאלן זייא שמעקן אונ עסן (אבל לא את הזירין) אבר אזעלכע בינטליך וואס אין דרייא ערטר איז גבונדן טאר מען זייא נים פר שפרייטן נאר מען מעג זייא אויף בונדן (אין מרסקין לא את השחת) מען טאר נים צו שניידן קיין גראז (ולא את החרובין) אונ נים קיין באקסערין (לפני בהמה) פר א בהמה (בין דקה) זייא פר א קליינר בהמה אצוג אדר א שאף (ובין גסה) אדר פר א גרויסי בהמה איין אוקס אודר א קיא (רבי יהודה מתיר) ר׳ זאגט מען מעג צו שניידן באקסערין פר א בהמה דקה ווארום טרחת זיא האט דוני צוין קען זיא נים עסן טיים

אובסין את הגמל ולא דורסין אבל מלעיטין ואין ממראין את העגלים אבל מלעיטין ומהלקטין לתרנגולים ונותנין מים למורסן אבל לא גובלים ואין נותנין מים לפני דבורים ולפני יונים שבשובך אבל נותנים לפני אווזין ותרנגולים ולפני יוני הרדיסיות: ד מחתכין את הדלועין לפני הבהמה ואת הנבלה לפני הכלבים. רבי יהודה אומר אם לא היתה נבלה מערב שבת אסורה לפי שאינה מן המוכן: ה מפירין נדרים בשבת ונשאלין לנדרים שהן לצורך השבת. פוקקין את המאור ומודדין

ר"ע מברטנורה

אובסין עושין לה אבוס בתוך מעיה: ולא דורסין. כדורס המאכל לתוך גרונה ומיהו לא הוי כמו אובסין: אבל מלעיטים. שנותן לו המאכל למקום שיכול להחזיר: אין ממראין. מפטמין לשון ומלא מריאים ופי' ממראה שנותן לו המאכל לפנים מבית הבליעה במקום שאינו יכול להחזיר: ומהלקטין לתרנגולים. שנותן המאכל לתוך פיו במקום שיכול להחזיר: אבל לא גובלין. אין לשין אותן במים: אין נותנין מים לפני דבורים. שאין מזונותיהן עליו שיוצאין ואוכלין בשדה ומים מצויין להן באגמים: הרדסיאות. יונים שגדלים בבתים ונקראים הורדסיאות על שם הורדס המלך שהיה מגדל מהן בארמונו: (ד) מחתכין את הדלועים (ח) כתלושים לפני הבהמה ואע"ג דהשתא לאו למאכל בהמה קיימי אלא לאדם: ואת הנבלה. שנתנבלה היום ואע"ג דבין השמשות היתה עומדת לאדם ולא לבהמה: רבי יהודה אומר אם לא היתה נבלה מע"ש אסורה. דכל מידי דחזי לאינש לא מקצה ליה לבהמה ואפילו חולה מערב שבת סובר בתמיה ואין הלכה כרבי יהודה: (ה) מפירין. בעל לאשתו ואב לבתו: ונשאלין. לחכם (י): שהן לצורך השבת. כגון שנדר שלא יאכל היום ואנשאלין דוקא קאי דאלו בעל לא אב מפר בין נדרים שהן לצורך השבת בין נדרים שאינן

עיקר תוי"ט

תו"ם אין מאכילין בהמה חיה ועוף כדרך שהוא מאכיל בחול שמא יבא לידי כתישה או לישה: (ז) מלעיטין. לשון הלעיטני נא: (ח) מאתמול דמחובר כיון דלא לקטו מבע"י אקציניה מדעתי' ב"י: (ט) ותמיהה דהא אף לאדם לא קיימי בה"ש מספק שבת. ובגמרא פסחים דנ"ז קאמר מהך משנה דלר"י מוכן לאדם לא הוי מוכן לבהמה. ופי' התו' דמוכן לאדם היינו שעומדת לאכילת אדם ולא הוקצה שלא יהנה בה אדם אלא שאסורה מחמת איסור שבת והלכך אי לאו דאמרינן מוכן לאדם לא הוי מוכן לכלבים הוי שרי ליתן לכלבים דראוי אפילו חיים כגון עופות, ועתוי"ט: (י) לפי שהנדר תמותר ע"י חכם צריך חקירה על החרטה אם היא מעיקרא ועל הפתח אם פותחין בה לכך תני נשאלין שהחכם שואל בהן אבל הפרה דלאשה הגיהו בלשון הכתוב הפר יפר שא"צ

מען צו שגייד:

ג (אין אובסין את הגמל) מען טאר ניט אריין שטיפן מיט געוואלד דס עסן דעם קעמל אין האלז אריין (ולא דורסין) אונ אויך ניט אן שטופין דאס עסן אין האלז (אבל מלעיטין) אבער מען מעג דס עסן אריין שוטן אין מול אריין אונ דיא קעלבער טאר מען אויך ניט אריין שטיפן דאס עסן אין דעם אורט וויא ער שלונגט אראפ (אבל מלעיטין) אבער מען מעג זייא אן שוטען אין מול אריין (ומהלקטין להתרנגולים) אונ מען מעג אן שוטן דיא הינר אין מול אריין (ונותנים מים למורסן) אונ מען מעג אריין גיסן וואסר אין קלייאין (אבל לא גובלים) אבער מען טאר ניט פאר קנעטין (ואין נותנין מים לפני דבורים) אונ מען טאר ניט געבן וואסר פאר בינן (ולפני יונים) אדר פר דיא טובן (שבשובך) וואס זענין אין טובן שלאק ווארום מען איז ניט מחויב זייא צו געבן עסן אדר טרונקן ווארום זייא קענין זיך אליין גפונן (אבל וכו') אבר מען מעג געבן וואסר פר דיא הינר (ולפני וכו') אונ פר דיא טובן וס מען האלט אין שטוב:

ד (מחתכין את הדלועין) מען מעג צו שניידן פלוציגן פר איין בהמה (ואת הנבלה לפני הכלבים) אונ דיא נבלה מעג מען צו שניידן פר דיא הונט (ר"י אומר) ר"י זאגט (אם לא היתה נבלה) אז זיא איז ניט געווארן אנבליה פון ערב שבת טאר מען זיא ניט געבן פר די הונט (לפי שאינה מן המוכן) ווארום צא איז דר צוא ניט אן גברייט געווארן הייסט זיא מוקצה:

ומודדין את המטלית ואת המקוה. ומעשה בימי אביו של רבי צדוק ובימי אבא שאול בן בטנית שפקקו את המאור בטפיח וקשרו את המקדה בגמי לידע אם יש

פותח

ר"ע מברטנורה

שאין לצורך השבת כיון שאינו יכול להפר אלא ביום שמעו בלבד ונדרים שהן לצורך השבת אפי' היה לו פנאי להשאל עליהם קודם השבת נשאלין עליהם בשבת: פוקקין את המאור. החלון שממנו האורה נכנס סותמין אותו בלוח או בשאר כל דבר שרגילין לסתום בו: ומודדים את המטלית. כגון אם היתה טמאה ונגעה בטהרות מודדין אותה אם יש בה ג' אצבעות על ג' אצבעות לידע אם נטמאו הטהרות אם לאו דמטלית פחותה מג' על ג' אינו לא מיטמאה ולא מטמאה: ואת המקוה. לידע אם יש בה אמה על אמה ברום שלש אמות שאלו מדידות של מצוה הן לפיכך מותר למדוד אותן בשבת: שפקקו את המאור. את החלון וקרוי מאור שממנו האורה נכנסת: בטפיח. פך של חרס: מקדה. כלי חרס: בגמי. להכי נקט גמי שראוי למאכל בהמה ולא מבטל ליה להיות קשר של קיימא: לידע אם יש בגיגית פותח טפח. כמין שביל קטן היה בין שני בתים שלא היה מקורה אלא שגיגית מונחת על גגו והיו חלונות פתוחות מן הבתים אל השביל והיו חוששין שמא ימות מת בבית אחד ותהא הטומאה באה מן החלון אל השביל ומן השביל אל הבית האחר דרך החלון הפתוח לפיכך פקקו את החלון הפתוח לבית שהטומאה בתוכו(יב)בטפיח של חרס וגבו לצד השביל וכלי חרס אינו מיטמא מגבו וחוצץ כי חששו שמא אין בסדק הגיגית פותח טפח ונמצאת שהגיגית מאהלת על השביל והטומאה באה דרך השביל מבית זה לבית זה אחר כך הוצרכו לפתוח החלון ליטול אותו טפיח הפקוק בחלון ובאו לידע אם יש בלגתו סדק של גיגית פותח טפח ואין שם אהל באותו שביל להביא את הטומאה

בהטומאה

עיקר תוי"ט

שא"צ שאלה: (יא) פי' אם היתה מתחלת ג' על ג' ונטמאת שוב אינה מטמאה: (יב) פירוש הפתות כנגד הבית שהטומאה בתוכו. ולכך נתנו הטפיח גבו מול השביל כדי שלא יקבל טומאה מהמת שבבית שהטומאה יוצאה ממנה ומתפשטת תחת הגיגית עד לטפיח ומש"ה לא פירש שפקקו החלון של הבית שהמת בתוכו דמסתמא אותו שחושש פן יתטמא הוא שפוקק ולא אותו שכבר טמא דמאי איכפת ליה. תוי"ט: (יג) וצ"ל שבשני צדי הסדק לא היה ברוחב שום אחד מהן טפח. דאל"ה אכתי יש אהל טפח המביא הטומאה לבית שני. תוי"ט: (יד) וכ' התו' דפקיקה לא בעינן של מצוה כלומר דש"ל מצוה לא מעלה ולא מוריד בפקיקה דדוקא מדידה שאינה איסור כ"כ אלא משום דהוי כעובדא דחול מתני של מצוה אבל פקיקה דמשום תוספת אהל דדמי לבנין ליכא למשריה משום מצוה והאריך התוי"ט ומסיק כללו של דבר מדידה שאינה אלא כעובדא דחול שייך גבה לומר

הואיל

ה (מפירין נדרים) מען מעג אום שבת פר שטערין נדרים היינו דר מאן מעג פר שטערן דעם ווייב אונ אפמער דר טאכטר (ונשאלין לנדרים שהן לצורך השבת) אונ מען מעג גיין צו אחכם לאזן זיך מתיר זיין אזעלכי נדרים וואס מען דארף נייטג לאזן מתיר זיין אום שבת היינו וואס ער הט אנדר גטאן ער זאל הייגט ניט עסן (פוקקין את המאור) מען מעג פאר שטעלין אפענסטר עס זאל ניט אריין שיינן דם לעכטקייט(ומודדין את המטלית)אונ מען מעג מעסטן אטוך וואס איז טמא גווארן אונ האט אן גרירט אין ריינע זאכן מעג מען דם טוך מעסטן אוב עס איז דריי פונגר די לענג אונ דריי פונגר די ברייט קענן די זאכן טמא ווערן אונ אז דם טוך איז ווייניגר פון דרייא טפחים קען זיא ניט טמא ווערן אונ קען ווייטר ניט מטמא זיין (ואת המקוה) אונ מען מעג מעסטן אמקוה אוב זיא איז איין איל ברייט אונ איין איל לאנג אונ דרייא איילן דיא הויך אז מען זאל זיך מעגן אין איר טובלין ווארום וויל דם מעסטן איז אמצוה אונ אמצוה מעג מען דם אום שבת טאן (ומעשה בימי אביו) אונ עס הט זיך גטראפן אמעשה אונ דר צייט פון דעם פאטר רבי צדוק (ובימי) אונ אין די טעג פון (אבא שאול) דר זין פון בטנית (שפקקו את המאור בטפיח) זייא האבן פר שטאפט דם פענסטר מיט איין ערדין קריגל ווארום עס איז גוועזן צווייא הייזר אונ צווישן זייא איז גוועזן אשטאלי שטעשקי אונ אין איטלעכן הויז איז געווען אפענסטער אפין צו דר שטעשקו אונ אויף דיא הייזר איז גוועזן אגילעכרטר בים אונ מען הט ניט גוויסט אוב דם לאך איז גרוס אטפח אדר ניט האבן זיי מורא גהאט טאמר טרעפט זיך אין איין שטוב אמת אונ טאמר איז דם לאך פון דעם בים קלענר פון אטפח מאכט זיא איין אוהל איבר דר שטעשקי

פותח טפח אם לאו ומדבריהם למדנו שפוקקין ומודדין וקושרין בשבת:

אות שבת פרק כא נ

נוטל אדם את בנו והאבן א בידו וכלכלה והאבן בתוכה ומטלטלין ה תרומה טמאה עם הטהורה ועם החולין רבי יהודה אומר אף מעלין את המדומע

באור

ר״ע מברטנורה

שספוכה יוצאת מן השביל דרך סדק שבגגים כלפי מעלה או אין בסדק של גגים פותח טפח ונמצא השביל כאוהל ומביאה את הטומאה מבית לבית. ומדדו מקדה של חרס וקשרה בגמי והושיטוה כלפי מעלה. לראות אם היה בסדק הגגים פותח טפח אם לאו: ומדבריהם למדנו. שפוקקין. וקושרין. ומודדין בשבת. ובלבד שלא יהיה קשר של קיימא. והמדידה תהיה של מצוה. או להתלמד על דבר הוראה:

אות נ נוטל אדם את בנו. בחצר והאבן בידו ולא אמרינן דמטלטל לאבן: כלכלה. סל. והאבן בתוכה. והוא שיהיו פירות בסל (ב) שאם אין בו פירות נעשה בסיס לדבר האסור והכי לטלטלו ולג״ך נמי שיהיו בתוכו פירות שאם ישליכם בארץ יפסדו כגון תותים וענבים וכיוצא בהם אבל אם היו בו פירות כגון אגוזים ושקדים מנער את הפירות והן מוטלים (ג) ופירות המאוסים נמי כגון תותים וענבים אם אפשר לסלקם לצדי הכלכלה ולנער האבן לבדה ולהשליכה אסור לטלטלה עם האבן ומתניתין איירי כגון שנפחת מצדי הכלכלה (ד) אי שוליה והאבן דופן לה שאי אפשר להשתמש בכלכלה בלא האבן: תרומה טמאה עם הטהורה ועם החולין. אגב הטהורה ואגב החולין. אבל טמאה בלא״ה נעשה לאו בר טלטול היא:

הף

עיקר תוי״ט

ותא״ל ושל מצוה היא שרי. ופקיקה שיש בה משום בנין לא שייך לומר גבה דמשום מצוה נתיר ג״כ שאם נתיר יש להתיר אף בלא מצוה וקשירה דלא ניכר בו בין של קיימא לאינה של קיימא ואיכא למיחש לאין מלאכת דאורייתא לא התירוה אלא דוקא במצוה:

פרק כא (א) והאבן בידו. מוקמינן בגמ׳. בתינוק שיש לו געגועין על אביו. פירש״י שאם לא יטלטו יחלה ולג העמידו בילפול שלא בידים במקום סכנה ואע״ג דלאו סכנת נפש גמור׳ היא אלא סכנת חולי. והקשו התו׳ אמאי לא אמרי׳ דנשדייה לאבן כו׳ וי״ל דאם ישליכו יצעק ויבכה. וא״כ תבטל האבן אגב התינוק כדלקמן אגב פירות ואמאי בעינן שיש לו געגועים. וי״ל דא״צ כ״כ טלטול התנוק: (ב) משמע דאפילו במניחו מדעת שרי מפני שנעש׳ בסיס לדבר האסור ולדבר המותר ב״י: (ג) כלומר הפירות והאבן. גמ׳. ולשדינהו לפרי ונשדי לאבן ולינקטנהו. ופרש״י ילקטם מעל הארץ בידיו ויחזירם לכלכל׳ ויטלטל׳: (ד) נמשך לפי׳ הר״ם שהצריך כל הג׳ תנאים ביחד. ודברי׳ תמוהים הן דכיון שהאבן נעשה דופן לכלכלת

מה

יעם דורך רעט אהל אזו דורך דיא פענסטער קומן דיא טומאה אונ דר אנדרר שטוב האבן זייא פר שטאפט דם פענצטר מיט איין ערדין קריגל מיט דעם דנא ארום דם קען פון איבן ניט טמא ווערן אונ עס פר שטעקט פר דר טומאה זיא זאל ניט קומן אין שטוב אריין דר נאך האבן זיי נייטג בדארפט דם קריגל ארום נעמן פון דעם פענצטר האבן זייא געוואלט וויסן אוב דאס לאך פין דער גוט איז גרוס אטפח הייסט דס גאר קיין אהל ניט אז עס זאל ברענגן דיא טומאה אין שטוב ווארום דיא טומאה גיט ארום דורך דר לאך (וקשרו את המקדה בגמי) האבן זיי גנומן איין ערדני כלי וואס איז גרוס אטפח אונ האבן דס ארום גבונדן מיט אגומזיבץ אונ האבן דר לאנגט ארוף מען זאל איבר מעסטן (לידע אם וכו׳) מען זאל וויסן אוב דס לאך פון דר גוט איז גרוס אטפח אודער ניט . אונ דיא מעשה איז געוועז אום שבת זאגט דיא משנה (ומדבריהם למדנו) אונ פון דיא זאכן קענן מיר אס לערנן (שפוקקין) אז מען מעג פאר שטאפן אפענצטער (ומודדין) אונ מען מעג מעסטן (וקושרין) אונ מען מעג צו קניפן אום שבת אבר מען טאר קיין שטארקן קנים ניט מאכן ער זאל זיין אויף אייביג אונ מעסטן טאר מען אויך ניט אנדרשט נאר לשם מצוה:

אות נ (נוטל אדם את בנו) מעג יעדער מענטש טראגן זיין קינד (והאבן בידו) האט ער דס קינד האלט איין שטיין ווס איז מוקצה אונ זיין טאטע איז עס הייסט ניט גליך וויא דר טאטע

טראגט

בְּאֶחָד וּמֵאָה: ב הָאֶבֶן שֶׁעַל פִּי הֶחָבִית מַטָּהּ עַל צִדָּהּ וְהִיא נוֹפֶלֶת הָיְתָה בֵּין הֶחָבִיּוֹת מַגְבִּיהָהּ וּמַטָּהּ עַל צִדָּהּ וְהִיא נוֹפֶלֶת. מָעוֹת שֶׁעַל הַכַּר ח נוֹעֵר אֶת הַכַּר וְהֵן נוֹפְלוֹת. הָיְתָה עָלָיו לִשְׁלֶשֶׁת מְקַנְּחָהּ בִּסְמַרְטוּט. הָיְתָה שֶׁל עוֹר נוֹתְנִין עָלֶיהָ מַיִם עַד

שתכלה

ר״ע מברטנורה

אף מעלין את המדומע באחד ומאה. סאה של תרומה שנפלה במאה סאים של חולין מותר להעלות לסאה של תרומה מהן בשבת ויהיו כולן חולין ומותרים לזרים ולא אמרינן מתקן הוא דתרומה שנפלה בחולין חשבינן לה כאלו מונחת לבדה ואינה מעורבת וכשעולה בא׳ ומאה התרומה עצמה בנפל׳ עולה (ו) הילכך לאו מתקן היא ואין הלכה כר״י: (ב) מטה על צדה. מטה החבית על צדה אם צריך ליטול מן היין והאבן ניטלת ולא יטול אותה בידים: היתה בין החביות. ומתירא שלא תפול האבן על החביות ותשברם מגביה לחבית כולה ומסלקה מבין החביות ושם מטה אותה על צדה: נוער את הכר והן נופלות. כשהוא צריך לכר ואינו צריך למקום הכר אבל אם צריך למקומו מגביה הכר עם המעות שעליו ולא אמרן אלא כששכח המעות על הכר מערב שבת אבל הניחן שם במתכוין נעשה הכר בסיס לדבר האסור (ז) ואסור לטלטלו ולא לנער המעות שעליו: לשלשת. דבר של טנוף כגון רוק או רעי או צואה: מקנחה בסמרטוט. ולא יתן עליה מים. דסתם כר של בגד הוא ובגד שרייתו במים זהו כבוסו: היתה על כר של עור. דלאו בר כבוס הוא נותן עליה מים עד שתכלה והלך בשלמת אבל כבוס ממש לא דהואיל ושאר כלים ובכתות רכים ניכהו

פייך

עיקר תוי״ט

מה צריך עוד לתנאי אחר והכי איתא בגמ׳ והר״מ בחבורו הוזר בו. ועתוי״ט: (ה) ומטלטלין כו׳. מוקים לה נמי בגמרא בפירות דמטנפו דלא אפשר לשדינהו ולמשקלי. והר״מ לצורך גופו כלו׳ שא״צ אלא לתרומה לא למקום הכלכל׳ הלכך כל היכי דמצי למשקל לתרומה לא שרי לי׳ מפי אבל אם הוא צריך למקום הכלכלה מטלטל אותה והא דמוקי נמי בגמ׳ בדצריך לגופו דדוקא כשהטהורה למטה אבל כשהיא למעלה שקיל לה ושביק לטמאה כתבו התו׳ דמיירי כשמונחים הטהורה והטמאה כ״א בפ״ע בכלים קטנים ואותם סלים מונחים בתוך כלי אחר גדול. אבל במונחים זו ע״ג זו בלא שום כלי אין חילוק כי היכא דבריש׳ דמתני׳ באבן שבכלכלה המלאה פירות לא מחלקים בגמרא בין האבן למעלה בין למטה. תוי״ט: (ו) כלו׳ איהו ס״ל הכי: (ז) ה״ה לעיל

בבבא

טְרָאגְט דֶעם שְׁטֵיין (וכלכלה) אוּנ מֶען מֶעג טְרָאגֶן אַקָארְבּ (והאבן בתוכה) אוּנ אוּנְוֶוייניג לִיגְט אֵיין שְׁטֵיין דָס שְׁטוּקְט אַז אִין דֶעם קָארְבּ לִיגְט פֵּירוֹת אוּנ אַז עֶר וֶועט וֶועלֶן אַרוֹס וַוארְפֶן דֶעם שְׁטֵיין וֶועֶן דִיא פֵּירוֹת אוֹיךְ אַרוֹס פַאלֶן אוּנ וֶועלֶן זִיךְ אֵיין רֶעקְטֶן אוֹדֶר דָס שְׁטוּקְט אַז דֶר קָארְבּ אִיז גְלֶעכֶּרְט אוּנ דֶר שְׁטֵיין פַר שְׁטֶעלְט דָס לָאךְ הַייסְט דֶר שְׁטֵיין אַזוֹ וִויא אֵיין וַואנְט פוּן דֶר כֵּלִי (ומטלטלין תרומה טמאה) אוּנ מֶען מֶעג טְרָאגֶן אוּם רֵיינֶע תְּרוּמָה (עם הטהורה) מִיט רֵיינֶע תְּרוּמָה אִין אֵיינֶם (ועם החולין) אָדֶר מִיט חוּלִין אִין אֵיינֶם דָס מֵיינְט מֶען אַזוֹ אַתְּבוּאָה וָוס מֶען הָט אָפּ גְשֵׁייד (ר׳ יהודה אומר) ר״י זָאגְט (אף מעלין את המדומע באחד ומאה) אַז עֶס אִיז אַיין גְפַאלֶן אֵיין מָאס תְּרוּמָה צְוִוישֶׁן הוּנְדֶרְט מָאס חוּלִין נֶעמְט מֶען אַרוֹס אֵיין מָאס אוּנ דִי אִיבְּרִיגֶע הוּנְדֶרְט מֶעג מֶען עֶסִין מֶען מֶעג דָס טָאן אֲפִילוּ אוּם שַׁבָּת:

ב (האבן שעל פי התבית) אֵיין שְׁטֵיין וָוס לִיגְט אוֹיף דֶר לָאךְ פוּן אֵיין פַאס וָואס עַיין אִיז דְרִינֶן אוּנ עֶר דַארְף אָן גֶעמִין וַויין (מטה על צדה) זָאל עֶר דָס פַאס אָן בֵּייגֶן (והיא נופלת) אוּנ דֶר שְׁטֵיין זָאל פוּן זִיךְ זֶעלְבְּרְט אַרָאפּ פַאלֶן אָבֶּר מִיט דִיא הֶענְט טָאר עֶר נִיט אַרָאפּ נֶעמֶען דֶעם שְׁטֵיין (היתה בין החביות) אַז דָס פַאס שְׁטֵייט צְוִוישֶׁן אַנְדֶערֶע פֶעסֶר הָט עֶר מוֹרָא אַז עֶר וֶועט אָן בֵּייגֶן דָס פַאס וֶועט דֶר שְׁטֵיין אַרָאפּ פַאלֶן אוּנ וֶועט צוּ בְּרֶעכֶן דִי אַנְדֶערֶע פֶעסֶר (מגביה) זָאל עֶר זִיא פְרִיאֶר אַרוֹס נֶעמֶען פוּן צְוִוישֶׁן דִיא פֶעסֶר הָאטְשׁוּ דֶער שְׁטֵיין לִיגְט אוֹיף אִיר (ומטה על צדה) אוּנ דֶר נָאךְ זָאל עֶר זִיא אָן בֵּייגֶן (והיא נופלת) אַז עֶס זָאל אַרָאפּ פַאלֶן (מעות שעל הכר) אַז מֶען הָט גְלֵייגְט אוּם עֶרֶב שַׁבָּת גֶעלְט אוֹיף אֵיין קִישֶׁן אוּנ מֶען הָט פַאר גֶעסִין אַרָאפּ צוּ נֶעמִין אוּנ עֶס אִיז גְבְּלִיבֶּן לִיגֶן אוּם שַׁבָּת אוּנ עֶר דַארְף דָס קִישֶׁן (נוער את הכר) זָאל עֶר אָפּ שָׁאקְלֶן דִי קִישֶׁען (והן נופלות) אַז דָאס גֶעלְט זָאל אַרָאפּ פַאלֶן (לשלשת) אַז עֶס לִיגְט אוֹיף דֶעם

שֶׁתִּבְלֶה: ג בֵּית שַׁמַּאי אוֹמְרִים מַגְבִּיהִין מִן הַשֻּׁלְחָן עֲצָמוֹת וּקְלִיפִּין. וּבֵית הִלֵּל אוֹמְרִים נוֹטֵל אֶת הַטַּבְלָה כֻּלָּהּ וּמְנַעֲרָהּ. מַעֲבִירִין מֵעַל הַשֻּׁלְחָן פֵּרוּרִין פָּחוֹת מִכַּזַּיִת; וְשֵׂעָר שֶׁל אֲפוּנִין וְשֵׂעָר שֶׁל עֲדָשִׁים מִפְּנֵי שֶׁהוּא מַאֲכַל בְּהֵמָה. סְפוֹג אִם יֶשׁ לוֹ עוֹר בֵּית אֲחִיזָה מְקַנְּחִין בּוֹ. וְאִם לָאו אֵין מְקַנְּחִין בּוֹ. וַחֲכָמִים אוֹמְרִים בֵּין כָּךְ וּבֵין כָּךְ נִטָּל בְּשַׁבָּת וְאֵינוֹ מְקַבֵּל טוּמְאָה:

סוכה

ר"ע מברטנורה

איך נמי כגון בשורות רכיס ומיהו פרייתן לא זהו כגון: (ג) בית שמאי אומרים מגביהין מעל השלחן עצמות וקליפין. ב"ש קאמר שאין אנו סומכים על מחשבה כמות שהיה שנויה אלא מוחלפת השנויה. בית הלל אומרים מגביהין מעל השלחן עצמות וקליפין ובית שמאי אומרים מסלק את הטבלה כולה ומנערה. כלי הכל לא יטלטל העצמות והקליפין בידים דבית הלל כרבי שמעון ובית שמאי כרבי יהודה מיהו לא כא בית הלל אלא בעצמות וקליפין דחזו למאכל בהמה אע"ג דלא חזו למאכל אדם אבל אי לא חזו אף למאכל בהמה מודו בית הלל דאסורים לטלטל דבכה"ג אפי' ר"ש מודה: מעבירין מעל השלחן פרורים פחות מכזית. וטעמא כדמפרש בסיפא שהן ראויין למאכל בהמה: ושער של אפונין. מרכיפים שהקטניות גדל בהן: עור בית אחיזה. בית אחיזה של עור שאוחזים בו: אין מקנחים בו. כשאוחזו נסחט בין אצבעותיו והוי פסיק רישיה ולא ימות דמודה ביה ר"ש: בין כך ובין כך. בין יש לו בית אחיזה בין אין לו בית אחיזה ניטל בשבת כשהוא נגוב: ואינו מקבל טומאה. דאינו לא כלי עץ ולא בגד ולא שק ולא מתכת 3

סוכה

עיקר תוי"ט

בבבא דהאבן וכן איתא בטור ס"ס ש"ט :(ח) מעות שעל הכר. כתב התוי' לא תקשי תרתי מתני' למה לי. דהת"ם אבן ודאי שרי בשבת שנראה ספי ככיסוי התביות אבל מעות שע"ג הכר אפילו בשבת ת"א דאסור ולמעלה:

קֶשְׁען צוֹאָה אָדֶר אַנְדֶרֶי מְאוּסָה זַאכֶן (מקנחו בסמרטוט) זָאל עֶר אָפּ וַוִישֶׁן מִיט אַשְׁטִיקֶער אָבֶּר נִיט מִיט וַואסֶר וָוארוּם עֶס הֵייסְט גְלֵייךְ וִויא עֶר וַואשְׁט אוּם שַׁבָּת (הויה של עור) אַז דִי קֶישֶׁן אִיז פוּן לֶעדֶער (נותנין עליה מים) מֶעג עֶר גִיסֶען דְרוֹיף וַואסֶר (עד שתכלה) בִּיז דָאס מִקְמֶקִים זָאל אַרָאפּ:

ג (בית שמאי אומרים) דִיא בֵּית שַׁמַּאי זָאגֶן (מגביהין מן השלחן) מֶען מֶעג אוֹיף הֵייבֶּן אוּן אַרָאפּ נֶעמֶען פוּן דֶעם טִישׁ (עצמות וקליפין) בֵּיינֶער אָדֶער שָׁאלוּבֶּץ אוּן דִיא בֵּית הִלֵּל זָאגֶן (נוטל את הטבלה כולה) עֶר זָאל דֶעם טִישׁ אִין גַאנְצֶן אַרָאפּ נֶעמֶען (ומנערה) עֶר זָאל אָפּ שָׁאקְלֶען וְועלְכֶע זַיְיא אַלֵיין אַרָאפּ פַאלֶן אָבֶּר מִיט דִיא הֶענְט טָאר מֶען נִיט אַרָאפּ נֶעמֶען (מעבירין מעל השלחן) מֶען מֶעג אַרָאפּ נֶעמֶען פוּן דֶעם טִישׁ (פרורין) בְּרֶעקְלִיךְ (פחות מכזית) וָואס ס׳אִיז נִיט אִין פוּן אַיין כְּזַיִת (ושער של אפונין) אוּן דִיא שָׁאלוּבֶּץ פוּן אַרְבֶּעס דָאס מֵיינְט מֶען פוּן דִיא קַאוְוינֶיס (ושער של עדשים) אוּן שָׁאלֶעכֶץ פוּן לִינְזֶען (מפני שהוא מאכל בהמה) וַוייל עֶס אִיז רָאוּי צוּ גֶעבֶּען עֶסֶן דֶר בְּהֵמָה (ספוג) אַשְׁוָואם וָואס אִיז אָן גֶעזָאפְּט מִיט וַואסֶר (אם יש לו) אַז עֶס אִיז פַאר הַאנְדֶן דֶר בַּייא (עור בית אחיזה) אַיין שְׁטִיקֶל לֶעדֶר מֶען זָאל דֶער בַּייא אָן נֶעמֶען (מקנחין בו) מֶעג מֶען עֶפֶּיס מִיט דֶר שְׁוָואם אָפּ וִוישֶׁן (ואם לאו) אוּן אַז עֶס אִיז דֶר בַּיי נִיט דָא קֵיין לֶעדֶר (אין מקנחין בו) טָאר מֶען דֶר מִיט נִיט אָפּ וִוישֶׁן וָוארוּם אַז עֶר וֶועט נֶעמֶען דִי שְׁוָואם אוּן דִי הֶענְט וֶועט עֶר דָאס וַואסֶר אוֹיס קְוֶועטְשִׁין אוּן דִי חֲכָמִים זָאגֶן (בין כך ובין כך נטל בשבת) סַייא מִיט אַרְבֶּעגְדִיל סַייא אָן אַרְבֶּעגְדִיל מֶעג מֶען דִיא שְׁוָואם מְטַלְטֵל זַיין אוּם שַׁבָּת אַז זִיא אִיז טְרוּקֶען (ואינו מקבל טומאה) אוּן זִיא קֶען נִיט מְקַבֵּל טוּמְאָה זַיין:

(משנה ט) (סוכה שהוא גבוה כו׳) אַיין סוּכָּה וָוס אִיז הֶעכִיר פוּן צְוַואנְצִיג אֵייכֶן אִיז פָּסוּל ר׳ יְהוּדָה אִיז מַכְשִׁיר (שאינה גבוהה כו׳) אַיין סוּכָּה וָואס אִיז נִידְרִיגֶער פוּן צֶעהִין טְפָחִים

סֻכָּה שֶׁהִיא גְבוֹהָה לְמַעְלָה מֵעֶשְׂרִים אַמָּה. פְּסוּלָה ב. רַבִּי יְהוּדָה מַכְשִׁיר וְשֶׁאֵינָהּ גְּבוֹהָה עֲשָׂרָה טְפָחִים. וְשֶׁאֵין לָהּ שְׁלֹשָׁה דְפָנוֹת. וְשֶׁחַמָּתָהּ מְרֻבָּה מִצִּלָּתָהּ פְּסוּלָה. סֻכָּה יְשָׁנָה. בֵּית שַׁמַּאי פּוֹסְלִין וּבֵית הִלֵּל מַכְשִׁירִין. וְאֵיזוֹ הִיא סֻכָּה יְשָׁנָה. כָּל שֶׁעֲשָׂאָהּ קוֹדֶם לֶחָג שְׁלֹשִׁים יוֹם. אֲבָל אִם עֲשָׂאָהּ לְשֵׁם חַג. אֲפִלּוּ מִתְּחִלַּת הַשָּׁנָה כְּשֵׁרָה: ב הָעוֹשֶׂה סֻכָּתוֹ תַּחַת הָאִילָן. כְּאִלּוּ עֲשָׂאָהּ בְּתוֹךְ הַבַּיִת. סֻכָּה עַל־

גבי

ר"ע מברטנורה

אות ס סוכה שהיא גבוהה למעלה מעשרים אמה פסולה. דסכה דירת עראי בעינן דכתיב (דברים ט"ז) חג הסוכות תעשה לך שבעת ימים. אמרה תורה עשה סוכה לשבעת ימים ולמעלה מעשרים אמה אין אדם עושה דירתו דירת עראי אלא דירת קבע (ג). **ור"י מכשיר.** דסבר סוכה דירת קבע בעינן ואין הלכה כר"י: **ושאינה גבוהה עשרה טפחים פסולה.** דדירה סרוחה היא ואין אדם דר בדירה סרוחה: **ושאין לה ג' דפנות.** דכתיב בסכת בסכת בסכות. שתים חסרים וא' מלא חד לסכך דפירוש סכה סכך פשו להו תלתא לג' דפנות אתיא הלכה למשה מסיני וגרעיה לדופן חדא ואוקמיה אטפח כשאר שתים כהלכתן ושלישית אפי' טפח לפיכך סוכה שיש לה שתי דפנות זו אצל זו עושה דופן ג' שיש בו טפח ומשהו ומעמידו בפחות מג' סמוך לאחד משתי הדפנות שכל פחות מג' כלבוד דמי ונחשב כאלו הוא דופן של ד' טפחים וכמלא רוב דופן שוי והרי יש לסוכה זו ג' דפנות. וצריך לעשות לה צורת פתח (ד) ואם שתי הדפנות הם זו כנגד זו וביניהן מפולש מביא פס שיש בו ד' טפחים ומשהו ומעמידו בפחות מג' סמוך לאחד משתי הדפנות ונחשב כאלו יש בפס זה ז' טפחים שהוא שעור הכשר סוכה לארכה ולרחבה שהסוכה צריכה שתהא ז' על ז' כדי שתהא מחזקת ראשו ורובו ושלחנו. ז' על ז' לראשו ורובו. וטפח על טפח לשלחנו: **וחמתה מרובה מצלתה פסולה.** הא בשוין שהחמה כצל כשירה. ודוקא שהן שוין מלמטה בקרקעית הסוכה. דבידוע שלמעלה בסכך צלתה מרובה מחמתה. דאמרי אינשי כזוזא מלעיל כאיסתרא מלרע (ה): **בית שמאי פוסלין.** דבעי סוכה לשמה. וזו סתם נעשית ואלו תוך שלשים לחג כיון ששואלים בהלכות החג ל' יום קודם לחג סתם העושה סכה לשם חג הוא עושה אבל קודם ל' סתמא לאו לשם חג הוא: **ובית הלל מכשירין.** דלא בעו סוכה לשם חג: (ב) **כאלו עשאה בתוך הבית.** ופסולה. **תחתונה פסולה.** דשני סככין יש לה. וקרא קא פסול סכה שתחת הסכה: **אם אין דיורין בעליונה.** שאינה ראויה לדירה כגון שאין גג התחתונה יכולה לסבול כרים וכסתות של עליונה. ולא נחלקו תנא קמא ור' [illegible] כשאינה יכולה לסבול כלל דבהא כולי עלמא מודו שהתחתונה כשירה בסכך העליונה שהגג שלה אינו

עיקר תוי"ט

פרק א (א) ולמעלה מכ' אין אדם עושה כו' שצריך לעשות יסודותיה ובהיצותיה קבועין. ולא קפיד בבנין קבע שלא לעשותו אפי' למטה מכ' אלא בשיעור שאפשר שיעשה בו דירת עראי תליא מלתא כר"נ: (ב) פסולה. בגמרא פריך מ"ש דבמבוי ריש עירובין תני בכה"ג דהכא ותנן ימעט ומ"ש דהכא תנא פסולה. ומשני סוכה דאוריי' תני פסולה דכל כמה דלא מתקנה היא פסולה מימות משה רבינו ע"ה שנתן מדתו. אבל מבוי דרבנן ועכשיו מתחיל להראות שיעורו מאי פסולות שייך למימר הלכך תני ימעט רש"י. ועיין בתוס' א"ג סוכה כו' עי' גמ': (ג) הלכך אפי' היא גבוהה טי' אלא שהוצין יורדין לתוך י' אע"ג דחמתן של ההוצין מרובה מצלתן ואימא דלא למעוטי קמ"ל. דמשום דירה סרוחה פסולה. כדאיתא בגמ' ד"ד ועתוי"ט. (ד) וגבי פס ד' לא כתב הר"ב צורת הפתח ואפשר דסובר דכשעושה בפס ד' ומשהו לא בעינן צוה"פ הואיל ויש בו הכשר סוכה כשאתה מעמידו בפחות מג' ויש מחלוקת הפוסקים בזה: (ה) פי' הרא"ש ז"ל מטבע נחושת ורחב יותר מזוזא: (ו) דכתיב (דברים טז) חג הסוכות תעשה לך שבעת ימים. סוכה העשוייה לשם חג בעינן וב"ה

אָדֶר אַז זִיא הָט נִיט קֵיין דְרַייא וָוענְט אַז דָס סְכָךְ אִיז אַזוֹ שׁוּטִיר אַז דִיא זוּן שַׁיינְט מֶעהְר אַרַיין וִויא דֶר שָׁאטְין בַּאדֶעקְט אִיז זִיא אוֹיךְ פָּסוּל (סוכה ישנה כו') אַיין אַלְטִי סוּכָּה וָוס אִיז נִיט גְמַאכְט גְוָוארְן פוּן חַג הַסוּכּוֹת וָועגִין פַּסְלֶען דִיא בֵּית שַׁמַּאי אוּנ דִיא בֵּית הִלֵּל זָענִין מַכְשִׁיר (ואיזו היא [illegible]) דִיא וָוס מֶען הָט גְמַאכְט דְרַייסִיג טָאג פַר יוֹ"ט דָא אִיז בְּוַודַאי נִיט גְמַאכְט פוּן יוֹ"ט וָוענְן הָט עֶר זִיא אָבֶּר בְּפֵירוּשׁ גְמַאכְט פוּן חַג הַסוּכּוֹת וָוענְן אֲפִילוּ עֶר הָט זִיא גְמַאכְט בִּתְחִלַּת הַשָּׁנָה אִיז זִיא דָאךְ כָּשֵׁר:

ב. העושה סוכתו כו') וָוער עֶס מַאכְט אַיין סוּכָּה אוּנְטֶר אַיין בּוֹים אִיז גְלַייךְ עֶר וָואלְט גִימַאכְט בַּייא זִיךְ אִין שְׁטוּבּ אוּנְטֶר דֶעם בַּאלְקִין (סוכה על גבי סוכה כו') צְוַוייא סוּכּוֹת וָואס

גגי סוכה. העליונה כשרה והתחתונה פסולה ח רבי יהודה אומר אם אין דיורין בעליונה. התחתונה כשרה: ג פירס עליה סדין מפני החמה. או תחתיה מפני הנשר. או שפירס על גבי הקינוף יג פסולה. אבל פורס הוא. על גבי נקליטי יד המטה: ד הדלה עליה את הגפן. ואת הדלעת. ואת הקיסום. וסכך על גבה
פסולה

ר״ע מברטנורה

גג. ולא הויא סוכה בתחת הסוכה. ואם היא בריאה ויכולה לקבל כרים וכסתות של עליונה. כולי עלמא לא פליגי שהיא פסולה. כי פליגי כשיכולה לקבל על ידי הדחק כגון שגג התחתונה מתנועע ורופף מכרים וכסתות של עליונה תנא קמא סבר דכהכי מקרי סוכה שתחת הסוכה ופסולה. ור״י סבר כיון שאינה מקבלת כרים וכסתות של עליונה אלא על ידי הדחק. אינה חשוב גג ואין זו סוכה שתחת הסוכה (ט). ואין הלכה כר״י: (ג) נשר. שלא יהו עלין וקסמין יורדין על השולחן (י) פ״א שלא ינשרו העלין לאחר שיבשו ותשאר הסוכה חמתה מרובה מצלתה (יא) וסדין דבר המקבל טומאה הוא ופסול לסכך. ודוקא מפני הנשר. אבל לנאותה כשרה. או שפירס על גבי הקינוף. כלומר או אפילו לא פרסו מפני הנשר. אלא לנוי על מטתו ע״ג הקינוף שהן ד׳ קונדסין לד׳ רגלי מטתו שהן גבוהין (יב) ומניח כלונסות מזה לזה על גביהן ופירס סדין עליהם והרחיקוה מן הסכך דהשתא לא מסכך בדבר המקבל טומאה דהא לאו לסכוכי שעביה התם פסולה משום דאינו יושב בסוכה דאהל מפסיק ביניהם: אבל פורס הוא ע״ג מטה שיש לה נקליטון שאינן אלא שנים והן יוצאין באמצע המטה אחת למראשותיה ואחת לרגליה ונותנין מזו לזו (כלונסא ופורש עליו סדין) ומשום דאין לה גג טפח רחב מלמעלה לא קרי אהל: (ד) הדלה עליה. הגביה על גבה: קיסוס. אידר״א בלע״ז והיא נדלה כגפן וכדלעת: פסולה. לפי שאין מסככין במחוברין (טו):
ואם

עיקר תוי״ט

וב״ה מבעיא להו לעשין סוכה בחולו **של מועד**. **וב״ש סברי דאין עושין**. **גמ׳**: (ז) **כאלו כו׳**. דבסכת חמר כתיב ולא תחת חבית ולא תחת האילן במשמע ואילן דומיא דבית דצילתו מרובה כו׳ אף אילן כן אבל כשחמתו מרובה וחבטן ועירבן עם הסכך הכשר. כשר כמו במ״ר. **גמ׳**: (ח) והתחתונה פסולה. דכתוב בסכת תשבו חסר לומר דתרי סוכות הייגו סוכה תחת הסוכה פסולה. **גמ׳**: (ט) ות״ק לטעמיה אזיל דס״ל דירת עראי בעינן ור״י לטעמיה דס״ל דירת קבע בעינן. הר״ב: (י) ולפ״ז מפני החמה להגין על האדם מפני החמה ולא דמי ללנאותה דכשרה דשאני התם דהוי צורך סוכה. ובטל לגבה. מרדכי: (יא) כלומר שהסדין מופרש מכוך ודבוק לתחתית ומונע בזה העליון שלא יוכלו לפול. ולפ״ז מפני החמה שמיבשת הסכך ומתוך זה נעשה חמתה מרובה. תוי׳: (יב) קינוף. ויטו לאבשלום האהל על הגג (שמואל ב׳ י״ז) מתורגם קינופין על אגרא: (יג) ר״ל שהן גבוהין כשעור והיינו י״ט והיא שיטת הפוסקים דסברי דלא חשיב אהל לבטל אהל הסוכה. אלא בגובה עשרה ויש לה גג: (יד) נקליטי. פסוק חור כרפס תרגום על דרגשין דנקליטיהון דדהבא: (טו) דאמר מר באספך
מגרנך

ווענען גמאכט איינע אויף דער אנדערע איז די אייבערשטע כשר און די אונטערשטע איז פסול אפילו דער פים בודין פון דער אייבערשטע סוכה איז ניט גאנץ פעסט איז דאך די אונטערשטע פסול און ר׳ יהודה האלט אז די ברוק פין דער אייבערשטער סוכה איז ניט גאנץ פעסט איז די אונטערשטע אויך כשר:

ג איין סוכה טאר מען נישט בדעקין מיט אזו איין זאך וואס קען מקבל טומאה זיין (פירס עליה כו׳) און אז ער הט אויף נשפרייט פון אויבין אויף דעם סכך איין לייליך עס זאל שיצן אונטער דר זון אדר אונטר דעם סכך כדי עס זאל קיין בלעטליך ניט ארויף פאלן אויף דעם טיש און אפילו ער הט דם לייליך אויף גהאנגן אין דר הויך אויף די דרענגלעך וואס ווענען אויף די פיר עקין פון דעם בעט איז דם אויך פסול ווייל דם איז גאר זיך איין אהל און ווער עס זיצט אויף אזו איין בעט דר זיצט אונטר פסול סכך און ניט אונטר קיין סוכה (אבל פורס כו׳) נאר אז דם בעט האט ניט נאר צוויי דרענגליך איינם צו פוסענס און איינם צו קאפענס אויף די בידע לונגט אין דער לענג איין דרענגיל ווס עס איז ניט ברייט קיין טפח מעג ער אויף דעם אויף שפרייטן איין לייליך און דרונטר שלאפן אין סוכה ווארן אז די דעק פון אויבן איז נישט ברייט קיין טפח איז דאס ניט מבטל דיא סוכה:

בצלה. ואם היה סכוך הרבה מהן. או שקצצן. כשרה. זה הכלל. כל שהוא
יז מקבל טומאה ואין גידולו מן הארץ יח אין מסככין בו. וכל דבר שאינו מקבל
טומאה וגידולו מן הארץ מסככין בו: ה חבילי קש וחבילי עצים. וחבילי זרדין
אין מסככין בהן. וכולן שהתירן כשרות. וכולן כשרות לדפנות: ו מסככין
בנסרים

ר״ע מברטנורה

ואם היה הסכוך הרבה מהם. שהיה הסכך כשר הרבה יותר מהענפים והעלין והפירות. והוא שמבטלן (טז) ועושה הכל סכך כשר ואין צריך בכך דסכך כשר רבה עליהן ומבטלן כשהן מעורבין: או שקצצן. אף לאחר שסכך נמי כשרה והוא שנענעם לאחר קצירה דאי לאו הכי פסול דאמרה תורה (דברים טז) חג הסוכות תעשה ולא מן העשוי. כלומר כשתעשה תהא ראוי לסוכה ולא מן העשוי בפסול שאין ראוי לסוכה ואחר שקצצה כי הא דמכשר לה בקצירה לא הדר עביד לה אבל כשמנענע הוי כעושה וחוזר ומסכך. ומגביה כל אחד לבד ומניחו וחוזר ומגביה את הכרו ומניחו: כל דבר שהוא כו׳ לאפוקי כלי עץ ובגדי צמר ומתכות ואע״פ שגדוליהם מן הארץ אין מסככין בהן שהוא מקבלין טומאה: וגידולו מן הארץ ע׳. דכתיב חג הסוכות (תעשה לך) מגרנך ומיקבך בפסולת גרן ויקב הכתוב מדבר כלומר מן הפסולת של פסולת מגורן ומיקב כגון קשין ומורות שהם עשויה סוכה (יט): (ה) וחבילי זרדין. הן קנין ונעשו להם בהמה תאכלנה. וכשיבשו עומדים להיסק: אין מסככין. כשהן קשורים, לא מפני שהן פסולים אלא לפעמים שאדם בא ומבילתו על כתפו ועולה ומניחה על גבי סכה ליבשה ונמלך עליה לסכוך. והתורה אמרה תעשה ולא העשוי בפסול (כ). והא לא תעשה אפילו נגל (כא). אלא ליבש והוי עשוי בפסול. וכלן. הפסולים שאינם בסכך: כשרים לדפנות. דסכה סכך תעשה ולא דפנות (כב). הלכך סוכות תעשה לך מגרנך סכך תעשה ולא לדפנות: (ו) מסככין בנסרים. דברי ר׳ יהודה. נסרים שיש בהם ארבעה

עיקר תוי״ט

מגרנך ומיקבך בפסולת גורן ויקב הכתוב מדבר. רש״י: (טז) כל לשון חבטה שבגמרא לשון השפלה והמפרש חבטה תלישה או שליפת פועה ראי מדבר הוא מאי מהני ואי תלש הא קתני או שקצצן מכלל דרישא מחוברין. רש״י: (יז) כל שהוא כו׳. נפקא לן בגמרא מהך דמאסף דלקמן בפירוש תי״ב: (יח) ואין כו׳. כגון עורות בהמה שאפילו לא מקבלי טומאה כגון שמחוסרין מלאכה. רש״י. ובגמ׳ פי׳ עוד ראע״ג שהארץ מגדלתן במרעה ופרנסה ונקראו גדולי הארץ לענין מע״ש. גדולו מן הארץ לא מקרי אלא מה שצומח מן הקרקע: (יט) דמגורן ולא גורן עצמו מיקב ולא כו׳ ראלו גורן קשין עם התבואה ויקב האשכלות עם הענבים הו״ל דבר המקבל טומאה. (כ) הלכך גזור רבנן שלא יסככו בחבילים אפילו הוא מטילן לשם סוכת החג גזירה משום חבילים דכל השנה דאיכא פסולא דאורייתא. רש״י: (כא) ראע״ג דלא בעי סוכה לשם חג כב״ה לעיל. לשם סוכה בעינן ולצל הוא דמקריא סוכה שסוככת מן החורב. רש״י: (כב) ודנפקא לן דפנות מבסכת בסכת בסכות. מיתורא דקרא ילפינן

פ (עולה עליה כו׳) אז ער האט אוף אײן כשרי סוכה אריבר גבויט אײן װײנשטאק בוים אדער אײן אנדר סאן בוים װאס ער איז נאך אײנגעװארצלט אונ דער ערד איז דיא סוכה פסול (ואם היה סכוך הרבה מהן) אז דאס כשרי סכך איז אבער מער געװעזן װיא דאס פסלי אונ ער האט בײדי צװײגע גמישט אדר ער האט דיא צװײגן נאך דעם אריבר בויגן אפ געהאקט פון דעם בוים איז דיא סוכה כשר (זה הכלל כו׳) דר כלל איז סכך װאס זאל כשר זײן צו אײן סוכה מוז נאר זײן אײן געװעקס פון דר ערד אוך זאל עס נישט קענן טמא װערין װארום דיא זאך װאס האט אפילו נאר אײן חסרון דהײנו עס איז נישט קײן געװעקס אדער עס קאן מקבל טומאה זײן דיא זאך איז דס סכך פסול:

ה (חבילי קש כו׳) בונדליך שטרוי אדר בונדליך האלץ אדר בונדליך פראפטווגי בײ זמן זײ זענען צו אמן גבונדן װאר מען זײא נים בניצן פר קײן סכך בונדט מען זײ אבר אוף זענען זײ כשר (וכולן כו׳) און אלס װס איז פסול פר סכך איז כשר לדפנות דאס הײסט מען מעג אום דיא װאנט מאכן װענט צו אײן סוכה:

ו (מסככין כו׳) דיא האלץ אז מען מעג לײגן פר סכך ברעטער װס זענען ברײט פון דרײא ביז פיר טפחים אזוי ר׳ מאיר (וחכ׳ כו׳) אז ער האט צו גרעקט די סוכה מיט סכך כשר

בנסרים. דברי רבי יהודה. ורבי מאיר אוסר. נתן עליה נסר יט שהוא רחב ארבעה טפחים. כשרה. ובלבד שלא יישן כה תחתיו: ז תקרה שאין עליה מעזיבה כו. רבי יהודה אומר. בית שמאי אומרים. מפקפק. ונוטל אחת מבינתים. ובית הלל אומרים. מפקפק או נוטל אחת מבינתים כח רבי מאיר אומר. נוטל אחת מבינתים ואין מפקפק: ח המקרה יא סוכתו בשפודין. או בארוכות יב המטה

צם

ר"ע מברטנורה

ארבעה שהוא שעור מקום חשוב דברי הכל פסולה פחות משלשה דברי הכל כשרה דחשיבי כקיים. כי פליגי משלשה ועד ארבעה. רבי יהודה סבר כיון דלית בהו שעור מקום חשוב לא גזרינן שמא ישב תחת הקרת הבית. ורבי מאיר סבר כיון דנפקי מתורת לבוד (כג) גזרינן שמא יאמר מה לי לסכך באלו מה לי לישב תחת תקרת ביתי. והלכה כרבי יהודה: (ז) תקרה. גג העשוי מקורות או נסרים: מעזיבה. טיט או סיד שרגילין ליתן על גבי הקורות והנסרים קרוי מעזיבה: מפקפק. סותר ומנענע כלן. או נוטל אחת מבינתים. ונותן סכך כשר במקומה ורבי יהודה לטעמיה דמכשיר לסכך בנסרים (ל) הילכך בפקפוק סגי ובלא פקפוק אי אפשר משום תעשה ולא מן העשוי: רבי מאיר אומר. לא נחלקו בית שמאי ובית הלל בדבר זה שכלן מודים שצריך ליטול אחת מבינתים ופקפוק אינו מועיל. ורבי מאיר לטעמיה דאמר אין מסככין בנסרים. והלכה כר' יהודה שאמר משום בית הלל: (ח) שפודין אין ראוין לסכך. לפי שאינן גדולי קרקע: (וארוכות) המטה. כלים המקבלים טומאה (לג): אם יש ריוח ביניהן כמותן. לאו דוקא כמותן ממש. ולא יותר דהא מקום שפוד כפרוץ הוא נחשב וכשנותן סכך כשר בין שפוד לשפוד אם אין

ביניהן

עיקר תוי"ט

ילפינן ולא ממשמעותא הלכך תעשה באספך מגרנך אסככה הוא דקאי. רש"י: (כג) שאם הי' אויר במקום אחד מהן לא מצי למימר לבוד חשיבי להיות דומה לתקרה וגזרינן. רש"י: (כד) נתן כו'. לד"ה. וסוכה כשרה כגון דיהבינן אצל הדופן דסכך פסול אינו פסול מן הצד אלא בד"א דאמרינן דופן עקומה. רש"י: (כה) שלא יישן כו'. להכי נקט שינה דאפילו עראי אסור כו' משום דאין קבע לשינה שאין אדם קובע עצמו לשינה שפעמים שאינו אלא מתנמנם מעט ודיו בכך. תוי"ט: (כו) שאין כו'. שאם היה בה מעזיבה לא הוי סגי במפקפק דמעזיבה ועפר סכך פסול נינהו דלאו גדולי קרקע הן. הר"ב: (כז) ודומה לו במקרא ויעזבו את ירושלים עד החומה (נחמיה ג) מלאוה עפר להחזיק החומה: (כח) מפקפק כו'. ה"ק אע"פ שמפקפק אי נוטל אחת מבינתיים אין אי לא לא. גמ': (כט) נוטל כו'. שיטול מבין כל שני נסרים אחד: (ל) פי' שהן מג' עד ד'. אלא דמתוך שהתקרה היתה עשויה בהן כבר שייכא בהו גזירת תקרה בר מפסולי דאוריי' דאית בהו תעשה ולא מן העשוי ומיהו במפקפק או נוטל א' כו' בהד מהני כגי לב"ה דכי היכי דמפיק לה בהכי משום תעולמ"ה מפיק לה נמי מגזירת תקרה. וב"ש ס"ל דנהי דמפקפק מפיק לה מתעולמ"ה לא מפיק לה מגזירת תקרה. וכן לר"מ אליבא דב"ע זו היא שיטת הרי"ף ז"ל: (לא) המקרה כו' כמו שאנו עושין שמסדרין כלונסות תחלה בסכך ונותנין פסל עליהן. רש"י: (לב) בארוכות. לשון הר"מ בארובות בבי"ת. ועתוי"ט: (לג) מוקי לה בגמ' בארוכה וב' כרעים:

כ"כ

רק אין עק ביי דר וואנט הט ער גליינט אין ברעט וואס איז ברייט פיר טפחים איז די סוכה כשר רק אונטר דר ברעט איז פסול צו שלאפן אדר צו עסן:

ז (תקרה כו') איין באלקן וואס עס איז אובין נים איין גישוט-קיין רום זאגט ר"י אז דיא בית שמאי האלטן אז מען מוז די ברעטיר אונטר הייבן אונ אום דיא פאגין נעמן וחוץ לזה דארף מען צווישן יעדר דרייא ברעטר דס מוטעלסטו ארום נעמן אונ כשר סכך לייגן אונ דיא בית הלל האלטן אז מען דארף נים ביידי צו טון רק ענטוועדר די ברעטיר צו שאקלן אדר פון יעדר דריי דס מוטעלסטי ארום צו נעמן מיט סכך כשר צו דר פולן אונ ר' מאיר זאגט אז דיא בית שמאי אונ דיא בית הלל זענין ביידי מודה אז מען מוז נאר דווקא פון יעדר דרייא איינס ארום נעמין אין סכך כשר אריין לייגן אבר צו שאקלן דיא ברעטר העלפט נים:

ח (המקרה כו') ווער עס בדעקט זיין סוכה מיט שטיקר אייזן אודר מיט שטאנגן פון בעטן אז עס איז פון איינם צום אנדרן דא איין ריוח אזו ברייט וויא די שטאנגן זענין איז די סוכה כשר אז ער לייגט אין דער מיט סכך כשר (והחוטט כו') ווען איינר הוילט אוס איין (גדיש) דאס איז איין הארטו אום גידרעשטו תבואה אונ מאכט זיך דארט איין סוכה וואס דם סכך איז מבלא

אם יש ריוח ביניהן כמותן כשרה לה. החוטט בגדיש לעשות בו סוכה אינה סוכה: ט המשלשל דפנות מלמעלה למטה. אם גבוה מן הארץ שלשה טפחים פסולה. מלמטה למעלה. אם גבוה מן הארץ עשרה טפחים כשרה. רבי יוסי אומר כשם שמלמטה למעלה עשרה טפחים. כך מלמעלה למטה עשרה טפחים. הרחיק את הסיכוך מן הדפנות שלשה טפחים פסולה: י בית שנפחת וסיכך על גביו. אם יש מן הכותל לסכוך ארבע אמות פסולה. וכן חצר שהיא מוקפת אכסדרא. סוכה

גדולה

ר"ע מברטנורה

ביניהן אלא כמותן הוי פרוץ כעומד ופסול (לד). אלא ע"כ הריוח שביניהן משהו יותר מכמותן: החוטט בגדיש. נוטל מן העומרים למטה סמוך לארץ ועושה חלל כשיעור סוכה. והסכך נמצא עשוי מאליו. והתורה אמרה תעשה ולא מן העשוי אבל אם היה בו חלל טפח (לה) במשך שבעה עשוי לשם סכך וחטט בו עד שהגביה את החלל לשיעור גובה עשרה (לז) (אין) זו היא עשייתו שהרי אינו מתקן אלא הדפנות ובדפנות לא אמרינן תעשה ולא מן העשוי והרי היא כסוכה פחות מעשרה וחקק בה להשלימה לעשרה: (ט) המשלשל. מוריד. שהתחיל לארוג הדפנות סמוך לסכך ואורג ובא כלפי מטה: שלשה טפחים פסולה. היינו שיעור שיזדקר הגדי בבת אחת ויכנס דאמרן. דבכהאי גוונא אינה מחיצה: כיון שהגיע לעשרה כשרה. ואפי' אינן מגיעות לסכך ומופלגות ממנו הרבה: רבי יוסי אומר כשם שמלמטה למעלה. דיו באריגת עשרה כך מלמעלה למטה ואפילו גבוהות מן הארץ הרבה דסבר מחיצה תלויה מתרת ואין הלכה כרבי יוסי: הרחיק את הסיכוך. לאו בגובה קאמר אלא ברוחב שהניח אויר בין דופן לסכך. באורך הסכך או ברחבה: (י) בית שנפחת. גגו באמצעו והדפנות רחוקות מן הסכך כשר. אם יש מן הכותל לסכך כשר ד' אמות. פסולה פחות מכאן כשרה. דהלכה למשה מסיני דאמרינן דופן עקומה עד ד' אמות ורואים תקרת הבית כאלו נעקם ראש הדופן ובא עד הסכך הכשר (לח) ולא ייםן תחתיה (לט): וכן בחצר שהיא מוקפת אכסדרה. וסכך באוירה של חצר רחוק מכותלי האכסדרה. ואכסדרה הוא מקום מוקף מג' מחיצות (מ):

סוכה

עיקר תוי"ט

(לד) כ"כ הר"מ. ותימא דבמ"ח פ"ק דערובין כתבו דפרוץ כעומד מותר ושם כתב הר"מ שכן בכל התורה. ותירץ המגיד פ"ה דכיון דסכך פסול כפרוץ נחשב הלכך גבי סוכה בעינן שיהיה הכשר טפי פורתא. דאי לא מאחר דכפרוץ הוא הויא ליה למטה חמתה מרובה דזוזא מלעיל כו'. ועתוי"ט בשם הב"י: (לה) כשרת. כשאין בהן בסכך הפסול כשיעור הנזכר במ"י דפסלי בכך: (לו) דאהל היא וכשעשה לשם סוכה או צל. הר"ב: (לז) וכשחוטט בו מלמטה למעלה עד שיגביה כו'. רש"י. ואין להקשות דהרי הסכך דמעיקרא ניטל וליתיה וסכך דהשתא אית ביה תעולמ"ח. דכל דבהדי ככה אפי' סמוך טובא סככה הוי אלא דהשתא קליש ליה מלמטה הלכך שפיר דמי. הר"ב: (לח) ח"ל רש"י ורואין תקרת הבית כאלו הוא הדופן שנעקם למעלה כו': (לט) ולאו מימרא דאפילו

במשהו

פון דר תבואה איז דס ניט קיין סוכה:

ט (המשלשל כו') ווער עס לאזט אראפ נידערן דפנות דיא ווענט פון דער סוכה פון אובן אראפ דהיינו ער הייבט אן צו פלעכטין דיא וואנט נאהונט ביא דעם סכך אונ צוהט דאס גלייך מאל ווייטר אראפ צו דר ערד צוא (אם גבוה כו') אז דיא וואנט איז הוך פון דיא ערד דריי טפחים איז דיא סוכה פסול (מלמטה כו') מאכט ער אבר די ווענט פון הונטן ארויף צעהן טפחים האטשי די וואנט איז נאך ווייט פון דעם סכך איז דיא סוכה כשר: (ר' יוסי אומר) ר"י זאגט אזו וויא פון הונטן ארויף איז מיט צעהן טפחים כשר אזו אוך פון אובן אראפ איז אוך צעהן טפחים כשר אפילו עס איז ווייט פון דער ערד (הרחיק כו') אז ער לאזט איבר איין ריוח פון דער וואנט ביז צו דעם סכך סייא אין דר ברייט סייא אין דר לענג פון דר סוכה איין שיעור פון דריי טפחים איז דיא סוכה פסול:

י (בית כו') איין שטוב ווס דר באלקן אדר דר דאך איז קעגין דר מיט שטוב הויל אן ברעטיר אדר שונדלין אונ ער הט אוף דעם הוילן ארט גלייגט סכך כשר אז דיא ווענט זענין ווייט פון דעם סכך פיר איילן איז פסול ווייניגר איז כשר (וכן חצר כו') אונ אזו איז אוך דר דין בייא

 איין

גדולה שהקיפוה מא בדבר שאין מסככין בו. אם יש תחתיו ארבע אמות פסולה:
יא העושה סוכתו כמין צריף או שסמכה לכותל. רבי אליעזר פוסל מפני שאין לה גג. וחכמים מכשירין: מחצלת קנים גדולה. עשאה לשכיבה מקבלת טומאה, ואין מסככין בה. לסיכוך מסככין בה ואינה מקבלת טומאה. רבי אליעזר אומר אחת קטנה ואחת גדולה עשאה לשכיבה מקבלת טומאה. ואין מסככין בה.

לסיכוך

ר"ע מברטנורה

סוכה גדולה. כל שאלו ינטל הסכך פסול. ישאר בה ז' טפחים על ז' טפחים סכך כשר. א היה סכך גדולה: שהקיפוה בדבר שאין מסככין בו. דוקא מן הצד אמרינן שאין סכך פסול פוסל אלא ארבע אמות משום טעמא דדופן עקומה אבל באמצע הסוכה פוסל בארבעה טפחים ואויר שאין (מב) שם סכך כלל. בין באמצע בין מן הצד פוסל בשלשה טפחים: (יא) כמין צריף. שאין לה גג. וראשי הדפנות נוגעות זו בזו מלמעלה ומתרחבים והולכים מלמטה: או שסמכה. שהטה ראשי הקנים על הכותל והולכים בשפוע למטה לארץ: מפני שאין לה גג. אינו ניכר מהו גג. ומהו כותל. דאהל משופע לאו שמיה אהל. אלא א"כ יש לה גג טפח (מג) והלכה כרבי אליעזר (מד): מחצלת של קנים וכו'. במחצלת קטנה כולי עלמא לא פליגי דסתמא לשכיבה ואין מסככין בה כי פליגי בגדולה תנא קמא סבר סתם גדולה לסיכוך עבידא וסתם קטנה לשכיבה. והכי קאמר מחצלת גדולה סתמא סיכוך ואם פירש שעשאה לשכיבה מקבלת טומאה ואין מסככין בה: ולסיכוך מסככין בה הכי קאמר ומחצלת סתמא לשכיבה ואם פירש עשאה לסיכוך מסככין בה: רבי אליעזר אומר אחת גדולה ואחת קטנה. סתמן לשכיבה. ועשאה לשכיבה דקאמר.

כלומר

עיקר תוי"ט

משהו לא יישן תחתיו. אלא או בד"ט לדעת הטור או בג' טפחים לדעת הראב"ד: (מ) כל חצר שבגמ' לפני הבתים והבתים פתוחים לו. חצר זו מוקפת בתים מתוכה ופתוחין לה סביב מג' רוחותיה ולפני הבתים אכסדראות סביב ואכסדרה פתוחה היא ואין לה דופן לצד החצר ויש עליה תקרה וזה סיכך על גבי כל אוירה של כל חצר שבאמצע הזקף אכסדראות ואין דופן לסוכה א אלא מחיצות הבתים המפסיקות בין בתים לאכסדרה ונמצא תקרת האכסדר' מפסקת סביב בין סכך לדפנות: (מא) שהקיפוה. והצריכא עי' בגמ': (מב) שאין כו' בין בגדולה בין בקטנה קאמר. ועתוי"ט (מג) דהיינו שהגביה מן הקרקע טפח כיון שיש שיעור אוהל בזקיפה הוי אוהל א"כ הוא דסמכה. לכותל שהרחיק ראש הסמוך לכותל טפח מהכותל. ועתוי"ט: (מד) משום דסתם בגמ' דמתניתין

יחידאה

אין פאר הויז וואס עס האט נאר דרייא ווענט און עס האט ניט קיין באלקן אז ער לייגט דם סכך פיר איילן ווייט פון דיא ווענט איז פסול ווייניגר איז כשר (סוכה גדולה כו') איין גרוסי סוכה וואס מען האט ארום גלייגט לעבן די ווענט סכך פסול און אין דער מיט איז דא סכך כשר זיבן טפחים אוף זיבן טפחים איז דארט וויא דם סכך כשר לוגט איין גוטי סוכה נאר באופן אז דם פסול סכך האלט ניט קיין פיר איילן דיא ברייט ביז צו דר וואנט:

יא (העושה וכו') ווער עס מאכט זיין סוכה (כמין צריף) דאס הייסט למשל ער שטעלט אוף צוויי דעכלך איינס קעגן דעם אנדרן און בייגט צו אובן איינס צום אנדרן אדר למשל ער לייגט צו דיא אייבערשטי זייט פון איין דעכל צו איין וואנט ר' אליעזר פסלת אזו איין סוכה וויל דאס איז איין אהל משופע דס איז נאר ניט קיין אהל און דיא חכמים זענן מכשיר דיא הלכה איז אבר וויא ר' אליעזר (מחצלת כו') איין גרוסי ראגעזי אז זיא איז גמאכט גווארן צום אונטערבעטן איז זיא מקבל טומאה און איז ניט ראוי צו סכך (לסיכוך כו') איז זיא אבר גמאכט גווארן צום צו דעקן איז זיא ראוי צו סכך און איז ניט מקבל טומאה ר' אליעזר זאגט סייא איין קליינר סייא איין גרוסי אז זיא איז גמאכט גווארן צום אונטער לייגן איז זיא מקבל טומאה און מען טאר זיא ניט בניצן פר סכך איז זיא אבר גמאכט צום צוא דעקן מעג מען בניצן פר סכך און זיא איז ניט מקבל טומאה:

אות ע (ערבי פסחים) אלי ערב פסח (סמוך למנחה) אז עס קומט אביסל פר דר צייט צו מנחה

לסיכוך . מסככין בה ואינה מה מקבלת טומאה :

פסחים פרקי אות י

ערבי פסחים סמוך למנחה . לא יאכל אדם עד שתחשך ב . ואפילו עני ג שבישראל לא יאכל עד שיסב . ולא יפחתו לו מארבע כוסות של יין . ואפילו מן התמחוי ד : ב מזגו ה לו כוס ראשון . בית שמאי אומרים מברך על היום ואחר כך מברך על היין ובית הלל אומרים מברך על היין ואחר כך על היום : ג הביאו לפניו

ר"ע מברטנורה

כלומר עשויות הן מתחלתן כשמה לשכיבה . הלכך אף הגדולה מקבלת טומאה . ואין מסככין בה . ואם פירסה לסיכוך מסככין בה . ואין הלכה כרבי אליעזר :

אות י ערבי פסחים סמוך למנחה . קודם למנחה מעט . כמו חצי שעה . בתחלת שעה עשירית (א) דתמיד קרב בתשע ומחצה וסוף זמן המנחה וקודם למנחה חצי שעה . הוי בתחלת שעה עשירית : לא יאכל אדם . כדי שיאכל מצה לתאבון משום הדור מצוה . ולאו משום דלא מצי אכיל לחמץ דאסור משש ולמעלה . ומצה נמי הא אמרי' בירושלמי האוכל מצה בערב פסח כבא על ארוסתו בבית חמיו . ולא נצרכה אלא לאסור אוכלין שלא ימלא כרסו מהן : עד שיסב . כדרך בני חורין : ולא יפחתו לו . גבאי צדקה שמפרנסים את העניים . ואפילו הוא מתפרנס מן התמחוי . דהיינו עני שבעניים דתנן במסכת פאה מי שיש לו מזון שתי סעודות לא יטול מן התמחוי : מד' כוסות . כנגד ד' לשונות של גאולה שיש בפרשת וארא . והוצאתי . והצלתי . וגאלתי . ולקחתי : (ב) מברך על היום . בתחלה קידוש היום ואח"כ בפה"ג . שתחלה קדש היום . ואח"כ בא היין וכבר נתקדש לכניסה קודם שבירך על היין . תחלה . וה"ה לקידוש על כסא שהיין גורם לקדוש היום . שאם אין לו יין לא יקדש : (ג) הביאו לפניו . ירקות כדי שיכיר תינוק וישאל . לפי שאין דרך לאכול ירקות קודם סעודה

עיקר תוי"ט

הדרוגה היא דרבי נתן שנאה כך ואיפכא היא דר"א מכשיר וחכמים פוסלים וקי"ל כחכמים : (מה) ואיכה בר דבין דלסכך עבידא אינה מקבלת טומאה אפי' ישכב בה הזב דכל שאומרים לו עמוד ונעשה מלאכתינו מקבל טומאת משכב . תוי"ט :

פרק י (א) מנחה קטנה היא דלא כמ"ד ומ"ק דשבת . דהכא טעמא משום הידור מצות ומני ברכי שתחשך . דאז זמן אכילת מצה כדתניא בתוספתא . הפסח ומצה ומרור מצותן משתחשך : (ב) עד וטעמא משום דכתיב ואכלו את הבשר בלילה הזה ואינך איתקשו לפסח . תו' : (ג) ואפי' עני . דס"ד דהסיבה עני לאו חשיבה הסיבה דאין לו על מה להסב וי"מ דאדלעיל קאי עד שתחשך ואפילו עני כו' פי' שלא אכל כמה ימים לא יאכל עד שתחשך : (ד) מן התמחוי . גמרא פשיטא לא נצרכה אלא אפי' לר"ע דאמר עשה שבתך חול ואל תצטרך לבריות . הכא משום פרסומי ניסא מודה : (ה) מזגו . ויאתו ביין מסכתי תרומות ואשתו בחמרא בפנגית : (ו) אבל חזרת שגאו לעיל דמכלל דתגן מטבל בחזרת ש"מ שהביאו ואלו היתה בכלל והבאה והדרוסת כמו

היינו דהיא שעה פאר נאכט (לא יאכל כו') טאר מען נים עסן קיין שום מאכל (ואפילו עני כו') אפילו ער איז איין ארומאן אונ האט שון ניט געגעסן כמה ימים טאר ער דאך נים עסן ביז ער זעצט זיך צום סדר (ולא יפחתו כו') דיא גבאים פון צדקה זאלן ניט טיינר געבן יעדן עני פון ארבע כוסות (ואפילו מן התמחוי) אונ אפילו ער איז געבנד איין אביון קדוקא אז ער ווערט מתפרנס פון דר פושקע של צדקה וס היסט תמחוי היינו אזוי ...טאג נעמט ער צוויא סעודות מוז ער אויך האבן ארבע כוסות :

ב (מזגו לו) דר אן הייב פון דעם סדר ניסט מען אן דעם ערשטן כוס אונ מען מאכט קידוש (בית שמאי אומרים) דיא בית שמאי האלטן אז דר סדר פון קידוש איז סיא שבת סיא יום טוב (מברך כו') מען זאל מאכן פריער דיא ברכה אויף קדושת היום היינו אשר קדשנו אודר אשר בחר בנו (ואחר כך כו') אונ דר נאך איבר דעם וויין (ובית הלל אומרים כו') אונ דיא בית הלל זאגן מען ברענגט פריער מאכן צבורכה איבר דעם וויין אזו וויא מיר זענן זיך נוהג :

ג (הביאו לפניו כו') דר נאך ברענגט מען צום סדר (חזרת) היינו ערפס (מטבל כו') עסט ער [illegible] ברכה .

לפניו. מטבל בחזרת. עד שמגיע לפרפרת הפת. הביאו לפניו מצה. וחזרת. וחרוסת. ושני תבשילין ט אף על פי שאין חרוסת מצוה. רבי אליעזר בר צדוק אומר. מצוה יא. ובמקדש היו מביאים לפניו גופו של פסח: ד מזגו לו כוס שני. וכאן הבן שואל אביו ואם אין דעת בבן. אביו מלמדו. מה נשתנה הלילה הזה מכל הלילות. שבכל הלילות אנו אוכלין חמץ ומצה הלילה הזה כלו מצה. שבכל הלילות אנו אוכלין שאר ירקות. הלילה הזה מרור יג. שבכל הלילות אנו אוכלין בשר צלי שלוק ומבושל. הלילה הזה כלו צלי. שבכל הלילות אנו מטבילין טו פעם אחת. הלילה הזה שתי פעמים. ולפי דעתו של בן אביו מלמדו. מתחיל בגנות ומסיים בשבח. ודורש מארמי אובד אבי. עד שיגמור כל הפרשה כלה.

ויבן

ר"ע מברטנורה

כשהוא מטבל בחזרת. לאו דוקא חזרת. דהטבול ראשון זה הוי בשאר ירקות אלא אם אין לו שאר ירקות מטבל בחזרת בתחלה בשאר ירקות. ולכן מטבל ח כל. ולפי שכל אכילתן ע"י טבול היא. קרי לאכילה טבול. ומיהו טבול זה לאו בחרוסת כיון דמקמי דאתי לפרק הביאו לפניו מצה וחזרת וחרוסת. מכלל דעדיין לא טבלו (ו): עד שמגיע לפרפר את הפת. לאכילת מצה. והא קמ"ל שאין אכילת חזרת מפסקת בין אכילת ירקות לאכילת מצה. דקודם מגיע לאותו חזרת של מצוה שמברך עליו על אכילת מרור. אוכל מצה תחלה. כדכתיב (במדבר ט') על מצות ומרורים. מצה ברישא. והדר מרורים אחריהם. משהם מתאנים ולוזים בפנים ושקדים וכמה מיני פירות ומשימין בה תפוחים (ז) ודכין הכל במדוכה ומערבין בחומץ ונותנין עליה תבלין קנה וקנמון כמין פתילות דקות ארוכות זכר לתבן ותבין שהטיח עבה זכר לטיט (ח): שאין חרוסת מצוה. אלא לרפואה לבטל קפא החזרת ברע וקרי לגוף כחרם: רבי אלעזר ברבי צדוק אומר מצוה. זכר לתפוח שהיו יולדות שם בניהם בלא עצב (י). חכך [illegible] יש (ר) וכאן תנן שואל. בכל הספרים אין כתוב וכאן אלא וכן כמו כן בנות צלפחד דוברות (במדבר כ"ז) כלומר ודין הוא שכאן שכתוב כוס שני יהיה הבן שואל מה נשתנה (יב): הלילה הזה כלו צלי. כזמן שבית המקדש קיים היה הבן שואל כך: מתחיל בגנות. מתחילה עובדי עכו"ם היו אבותינו

עיקר תוי"ט

כשהוא [illegible] מטבל חזרת בתריתא והדר ותני חזרת דברישא לא פסיקא ליה. ועתוי"ט: (ז) משמע דאף לת"ק משימין בה תפוחים על כל [illegible] מדלא כללינהו בהדי תאנים ולוזים וכו' ועתוי"ט: (ח) ולכך נקרא תרופת מל' ודם בגמרא דקי"ג: (ט) ושני תבשילין. רב יוסף אמר צריך ב' מיני בשר א' זכר לפסח וא' זכר לחגיגה: (י) שלא יכירו בהן מצרים דכתיב תחת התפוח עוררתיך. רש"י: (יא) מצוה. וטעמא שאין מברכין עליו אף על פי שהוא מצוה לפי שהוא בטל למרור. טור: (יב) עכשיו מוזגין כוס שני קודם אכילה. רש"י: (יג) מרור. הא ולא אמר כולו מרור משום דאכלינן שאר ירקי בטבול ראשון. תו': (יד) כולו צלי. פסקי לה בפ' א"ד כבן תימא דאמר חגיגה הבאה עם הפסח ה"ה כפסח ואינה נאכלת אלא צלי. תו': (טו) אנו מטבילין. פריך בגמ' הכי

ירקות אונ פאר דער נאך ניט עסן (עד שמגיע) ביז ער עסט פריהר דעם קצת מצה (הביאו לפניו) דר נאך ברענגט מען אים מצה (וחזרת) היינו מרור אונ חרוסת (ושני תבשילין) אונ צווייא מיני תבשיל היינו אזרוע אונ אאיי (אע"פ כו') האטשע חרוסת אליין איז נישט קיין מצוה דארף מען דאך זיין ווייל עס זאל דעם מרור אביסל פאר לינדערן צום עסן (ר"א כו') ר"א זאגט אז חרוסת איז א מצוה אויף זכר יציאת פון מצרים (ובמקדש) ווען דאס בית המקדש איז גיוועזן (היו מביאין כו') האט מען דעמאלט גיבראכט דעם קרבן פסח:

ד (מזגו לו כו') דר נאך גיסט מען אן דעם אנדערן כוס (וכאן כו') אונ דאס קינד הייבט אן צו פרעגן מה נשתנה הלילה הזה שתי פעמים די ווייטער פון [illegible] בקאנט פון דר הגדה (עלפי דעת כו') אונ נאך דעם דעת פון דעם קינד אזוי בדארף איהם דר פאטער לערנען אונ געבן צו פר שטיין די ניסים פון מצרים (מתחיל בגנות) די הגדה הייבט מען אן צו זאגן פונם שבח [illegible] (מתחלה עובדי ע"ז כו') דאס איז [illegible] צום שבח

רַבָּן גַּמְלִיאֵל הָיָה אוֹמֵר. כָּל שֶׁלֹּא אָמַר טז. שְׁלשָׁה דְבָרִים אֵלּוּ בַּפֶּסַח לֹא יָצָא יז [illegible] חוֹבָתוֹ. וְאֵלּוּ הֵן. פֶּסַח. מַצָּה. וּמָרוֹר. פֶּסַח עַל שׁוּם שֶׁפָּסַח הַמָּקוֹם עַל בָּתֵּי אֲבוֹתֵינוּ בְּמִצְרַיִם. מַצָּה. עַל שׁוּם שֶׁנִּגְאֲלוּ יח אֲבוֹתֵינוּ מִמִּצְרַיִם. מָרוֹר עַל שׁוּם שֶׁמֵּרְרוּ הַמִּצְרִיִּים אֶת חַיֵּי אֲבוֹתֵינוּ בְּמִצְרַיִם. בְּכָל דּוֹר וָדוֹר חַיָּב אָדָם לִרְאוֹת אֶת עַצְמוֹ. כְּאִלּוּ הוּא יָצָא מִמִּצְרַיִם. שֶׁנֶּאֱמַר (שמות יג) וְהִגַּדְתָּ לְבִנְךָ בַּיּוֹם הַהוּא לֵאמֹר בַּעֲבוּר זֶה עָשָׂה יְיָ לִי בְּצֵאתִי מִמִּצְרָיִם. לְפִיכָךְ אֲנַחְנוּ חַיָּבִין לְהוֹדוֹת יט לְהַלֵּל לְשַׁבֵּחַ לְפָאֵר לְרוֹמֵם לְהַדֵּר לְבָרֵךְ לְעַלֵּה וּלְקַלֵּס. לְמִי שֶׁעָשָׂה לַאֲבוֹתֵינוּ וְלָנוּ אֶת כָּל הַנִּסִּים הָאֵלּוּ. הוֹצִיאָנוּ מֵעַבְדוּת לְחֵרוּת. מִיָּגוֹן לְשִׂמְחָה מֵאֵבֶל לְיוֹם טוֹב וּמֵאֲפֵלָה לְאוֹר גָּדוֹל מִשִּׁעְבּוּד לִגְאֻלָּה וְנֹאמַר לְפָנָיו הַלְלוּיָהּ: ו עַד הֵיכָן הוּא אוֹמֵר. בֵּית שַׁמַּאי אוֹמְרִים כ. עַד אֵם הַבָּנִים שְׂמֵחָה וּבֵית הִלֵּל אוֹמְרִים עַד חַלָּמִישׁ לְמַעְיְנוֹ מָיִם וְחוֹתֵם בִּגְאֻלָּה. רַבִּי טַרְפוֹן אוֹמֵר. אֲשֶׁר גְּאָלָנוּ. וְגָאַל אֶת אֲבוֹתֵינוּ מִמִּצְרַיִם. וְלֹא הָיָה חוֹתֵם. רַבִּי עֲקִיבָא אוֹמֵר. כֵּן יְיָ אֱלֹהֵינוּ וֵאלֹהֵי אֲבוֹתֵינוּ יַגִּיעֵנוּ לְמוֹעֲדִים ולרגלים

ר״ע מברטנורה

אבותינו ועבדים היינו: ומסיים בשבח. שקרבנו המקום לעבודתו ונאל [illegible] מצרים: (ה) כל שלא אמר ג׳ דברים אלו. שלא פירש טעמן של שלשה דברים הללו: (ו) וחותם בגאולה. כלומר מסיים את ההגדה בברכת גאולה ולא סירס הגא קמא לריליחי׳ היאך מברכין אותה. ואתו ר׳ טרפון ור׳ עקיבא לפרושי למלתיה ר׳ טרפון אומר פותח בה בברוך ואינו חותם בברוך מידי דהוה אברכת הפירות וברכת המזון

עיקר תוי״ט

דהכי קתני שבכל הלילות א״א מטבילין אפילו פ״א דאטו כולי יומי לא סגי דלא [illegible] הדא זימנא: (טז) כל שלא אמר. דכתיב ואמרתם זבח פסח הוא. פי׳ באמירה שצ״ל פסח זה שאנו אוכלים ואינך איתקשו לפסח וצ״ל גמי [illegible] זו מרור זה: (יז) לא יצא. כלומר לא יצא י״ח כראוי אבל לא יצא כלל לא קאמר. ועתוי״ט: (יח) על שום [illegible] נגאלו. ל׳ הר״מ על שום שלא הספיק בצקת של אבותינו להחמיץ עד שנגלה עליהם הקב״ה וגאלם שנאמר ויאפו את הבצק וה״ג הרא״ש במשנה כו׳ וכ׳ הר״ן ולא יכלו להתמהמה שאלו יכלו כו׳ היו מחמיצין אותו דפסח מצרים לא נהג אלא לילה ויום כו׳ החמיצו עריסותיהם לצורך מהר שלא הוזהרו בב״י אלא מתוך שלא היה להם פנאי אפאוהו מצה וזכר לאיתו הגאולה נצטוו באכילת מצה. ועתוי״ט: (יט) להודות כו׳. כ׳ התוס׳ י״א ז׳ הודאות ולא יותר כנגד ז׳ רקיעים. ויש לי לקיים גי׳ הכס״ דט׳ הוו. דז׳ רקיעים לז׳ כוכבי לכת ושמיני למזלות ותשיעי המקיף ומסבב בכח בוראו יתברך בכל יום ממזרח למערב הפך תנועתם שממערב למזרח והוא הנקרא רקיע חיומי כו׳ ונקרא ערבות ובעשירי הוא אומר למי שעשה כו׳ שהוא רוכב ערבות ית׳ זכרו לנצח נצחים: (כ) בש״א כו׳ נ״ל דב״ע סברי רוב הלל אחר מה״ני וכדתניא כו׳ וקסברי ב״ש דיש למהר ולא לומר קודם המזון רק מזמור א׳ וב״ה סברי כיון דבמזמור הראשון לא נזכר קריעת ים סוף צריך שיאמר גם השני שיש בו הזכרת קריעת ים סוף כיון שאומר אחר כך ברכת הגאולה כי לא נושעו ישראל מיד מצרים עד שנקרע הים ונטבעו המצרים

האָבּן אונזערי עלטערן גדינט צו ע״ז (ומסיים בשבח) אונ מסיים איז מען מיט שבח פון יודן (היינו שקרבנו המקום לעבודתו) אז השי״ת הט אונז פון דעם גלות אום גליזט אונ האט אונז גמאכט גנעהנן אים צו דינן (ודורש) אונ מען זאגט ווייטר פון (מארמי אובד אבי כו׳) ביז ונאמר לפניו הללויה אזו וויא עס איז מסודר בהגדה:

ה (רבן גמליאל כו׳) די גאנצי משנה שטייט אונ דר הגדה איז ניט נייטג צו פר טייטשן:

ז (עד היכן כו׳) ווען ער הייבט אן הלל ביז וואנן זאל ער זאגן ער זאל דר נאך מאכן דיא ברכה אשר גאלנו (בית שמאי אומרים) דיא ב״ש זאגן ער זאל זאגן ביז אם הבנים שמחה (ובית הלל אומרים כו׳) אונ דיא ב״ה זאגן ביז חלמיש למעינו מים (וחותם בגאולה) אונ דער נאך זאגט מען דיא ברכה אשר גאלנו אזו וויא ר׳ טרפון זאגט (ר׳ עקיבא אומר) ר׳ עקיבא

 זאגט

וְלִרְגָלִים אֲחֵרִים הַבָּאִים לִקְרָאתֵנוּ לְשָׁלוֹם. שְׂמֵחִים בְּבִנְיַן עִירֶךָ וְשָׂשִׂים בַּעֲבוֹדָתֶךָ. וְנֹאכַל שָׁם מִן הַזְּבָחִים וּמִן הַפְּסָחִים כו' עַד בָּרוּךְ אַתָּה יְיָ גָּאַל יִשְׂרָאֵל: ז מָזְגוּ לוֹ כוֹס שְׁלִישִׁי מְבָרֵךְ עַל מְזוֹנוֹ. רְבִיעִי גּוֹמֵר עָלָיו אֶת הַהַלֵּל. וְאוֹמֵר עָלָיו בִּרְכַּת הַשִּׁיר. בֵּין הַכּוֹסוֹת כג הַלָּלוּ אִם רוֹצֶה לִשְׁתּוֹת יִשְׁתֶּה. בֵּין שְׁלִישִׁי לִרְבִיעִי לֹא יִשְׁתֶּה: ח אֵין מַפְטִירִין אַחַר הַפֶּסַח אֲפִיקוֹמָן. יָשְׁנוּ מִקְצָתָן יֹאכְלוּ כו. כּוּלָּן לֹא יֹאכֵלוּ. רַבִּי יוסי

ר"ע מברטנורה

פסחים ואגדה הודאה היא. ולר"ע חותמין בה בברוך לפי שמוסיף בה דבר רצוי ובקשה כן יגיענו וכו' והנכס כל' מקומות:(ז) ברכת השיר. יש דאמרי נשמת כל חי (כא). ויש דאמרי יהללוך ה' כל מעשיך (כב) ונהגו למעבדינהו לתרוייהו: בין שלישי לרביעי לא ישתה. שלא ישתכר ושוב לא יוכל לגמור את ההלל ואם תאמר כבר משתכר הוא שהרי שתה כל רצונו בתוך הסעודה. יין שבתוך המזון אינו משכר (כד) ושל אחר המזון משכר: (ח) מפטירין. אני שמעתי לשון יפטירו בשפה (תהלים כ"ב) כלומר פותחין ואומרים ורבותי פירשו לשון נפטר מחבירו כשנפטרין מן הסעודה אין מסיימין אותה באפיקומן. באפיקו מנייכו כלומר הוציאו כליכם מכאן ונלך ונאכל בבית אחר לא פת ולא שום דבר גזרה דלמא אתי למיכל מן הפסח בשני מקומות אבל לאכול דברים אחרים במקומו הראשון שרי ובלבד שלא יעקרו מחבורה זו להמנות עם חבורה אחרת. ואית דגמרא מאן דפירש אין מפטירין אחר הפסח אפיקומן אפיקו מיני מתיקה דלאחר שאכלו את הפסח אין נפטרין מן הסעודה באכילת מיני מתיקה ופירות שרגילין לאכול לקנוח סעודה ואפי' במקומן שלא יאבד טעם הפסח מפיו וכן עיקר. ובזמן הזה שאין מקריבין פסח אין מפטירין אחר מצה אפיקומן. שצריך שיאכל כזית מצה באחרונה בזמן שאין פסח (כה) ואחר אותה מצה אין נפטרין ממנה באכילת דבר אחר: ישנו כלם לא יאכלו. אם התחילו לאכול פסחיהן וישנו כלן שוב לא יאכלו דהוה כאוכל בשני מקומות דמאחר

עיקר תוי"ט

מצרים ושם נאמר ויושע: (כא) וקראו ברכת השיר לפי שבשבתות אומר אותו אחר פסוקי דזמרה. תוי"ט: (כב) כלומר ברכת השבח דגומרין בו בא"י מלך מהולל בתשבחות. רשב"ם: (כג) בין הכוסות. בין ב' ראשונים לב' אחרונים רשב"ם: (כד) וכ' ב"י דאפ"ל דאף בין הא' לב' לא ישתה כדי שלא ישתכר וימנע מעשות הסדר וקריאת ההגדה והא דנקט בין ג' לד' ולא ביאר בין א' לב' משום דמלתא דלא שכיחא היא להיות אדם שותה כ"כ קודם אכילה. והר"ב כ' דיין שלפני המזון אינו משכר וכ"כ רשב"ם: (כה) משום דעבידי זכר לפסח בזמן שבהמ"ק קיים. רשב"ם. ולא בעי רתנא דמתניתין דאשמעינן כו' כיון דלא נפיש טעמא בקל יכול עבוריה טעם מצת. אבל פסח דנפיש טעמיה ולא מצי עבוריה ה"א לית לן בה קמ"ל. גמרא: (כו) יאכלו. פי' אותן שישנו

* אונט מען זאל מוסיף זיין אין דער מיט ברכה דיא ווייטער (כן ה' אלהינו כו') אזו וויא אונז זענען זיך נוהג:

ז (מזגו לו) נאך דעם עסן גיסט מען אן דעם דריטן כוס (מברך על מזונו) אונ מען בענטשט איבר אים (רביעי כו') דער נאך גיסט מען אן דעם כוס רביעי אונ מען איז גומר דעם הלל פון וואנן מען איז פריר געבליבן שטיין (ואומר עליו) אונ מען זאגט ג"כ (ברכת השיר) היינו נשמת אונ יהללוך אזו ווי דר מנהג איז (בין הכוסות כו') נאך די ערשטי צוויא כוסות היינו ביים עסן איז ער וויל נאך טרינקן (בין שלישי כו') אבר נאך דעם דריטן כוס מכש"כ נאך אלי ארבע כוסות טאר ער שון מער נישט טרינקן:

ח (אין מפטירין כו') פאר ציימנס נאך דעם אז מען האט אפ געגעסן דעם קרבן פסח איז אסור געווען צו זאגן (אחר הפסח) נאך דעם אז מען האט אפ גיגעסן דעם קרבן פסח אפיקומן דאס איז טייטש מען זאל נאך געבין פירות צוא עסין ווייל נאך דעם קרבן פסח טאר מען שון נישט עסין קיין שום זאך אונ אזו איז דער דין אצינד ג"כ נאך דעם כזית מצה וואס מען עסט צום סוף סעודה טאר מען שון נישט עסן ווייל דער כזית מצה איז במקום קרבן פסח (ישנו מקצתן כו') דיא חברה וואס האבן געגעסן בצאמן דעם קר צום סוף סעודה אז זענען אטייל פון דער חברה אנגשלאפ

יוסי אומר. נתנמנמו יאכלו נרדמו לא יאכלו: ט הפסח אחר חצות. מטמא את הידים. הפיגול כט והנותר מטמאין את הידים. ברך ברכת הפסח י. פטר את של זבח. ברך את של זבח לא פטר את של פסח. דברי רבי ישמעאל רבי עקיבא אומר לא זו פוטרות זו ולא זו פוטרות זו:

חלה פרק ב

פירות חוצה לארץ. שנכנסו לארץ. חייבים בחלה. יצאו מכאן לשם רבי אליעזר מחייב

ר"ע מברטנורה

דאמר שינה הסיחו דעתם מלאכול עוד. ותניא ליה כאכילת בני מקימות ותומרת בעלמא הוא והוא
הדין נמי למלה בזמן הזה: ר"י אומר נהנמנמו יאכלו. ארישא קאי דאמר הנא קמא ישנו מקלתן יאכלו
ואתא ר"י למימר הני מילי אם נתנמנמו שלא נשקעו בשינ' (כז) אבל אם נרדמו מקלתן לא יאכלו אלו הנרדמים
לכשיעורו משנתם. והלכה כר"י: (ט) הפסח אחר חצות מטמא את הידים. דהא נותר הוא מחצות ואילך
ורבנן גזרו על הנותר שיטמא את הידים כדי שלא יתעצלו באכילתו ומנלן דפסח לאחר חצות הוי נותר
דכתיב בפסח (שמות י"ב) ואכלו את הבשר בלילה הזה וכתיב התם ועברתי בארץ מצרים בלילה הזה מה להלן
עד חצות אף כאן עד חצות: ברכת הפסח. אשר קדשנו במצותיו וצונו לאכול הפסח. ברכת הזבח אשר
קדשנו במצותיו וצונו לאכול הזבח. וזבח האמור כאן. הוא חגיגת יום ארבעה עשר והלכה כרבי עקיבא:
אות פ פירות חוצה לארץ שנכנסו לארץ חייבין בחלה דכתיב (במד' ט"ו) הארץ אשר אני מביא אתכם
שמה. שמה אתם חייבים בין בפירות הארץ בין בפירות חוצה לארץ: מכאן לשם. מארץ
ישראל

עיקר תוי"ט

ישנו יאכלו לכשיקיצו. הר"ב: (כז) כגון דקרי ליה ועני ולא ידע לאהדורי סברא וכי מדכרי ליה מדכר. גמרא
ועתוי"ט: (כח) ובגמר' דמתני' ראב"ע היא דס"ל דכה"ת אינו נאכל אלא עד חצות כדיליף להו מקראי דאליה
אלא מגזירת הכמים כו' לא הוי נותר. ועתוי"ט: (כט) הפגול. משום חשדי כהונה שלא יפגלוהו ברצון להפסיד
את הבעלים גזרו עליו טומאה. גמרא: (ל) ברכת הפסח. כ"ע ס"ל דמתנה א' דפסח בשפיכה הוא ששומד על
היסוד או בקרוב ושופך בנחת כו' ומתנות דשאר קרבנות בזריקה מרחוק כו' ובה"פ דר"י סבר זריקה בכלל שפיכה
ואם נתן הנזרקים בשפיכה יצא. ואין שפיכה בכלל זריקה ואם נתן הפסח בזריקה לא יצא. ולפיכך ברכת
הפסח פוטרת ושל זבח אינה פוטרת ור"ע סבר דנזרקים בשפיכה ג"כ לא יצא ולפיכך לא זו פוטרת כו'. גמ':
פרק ב (א) אר"י אימתי. כתב הר"מ וכבר בארנו כי בכ"מ שאמר ר"י אימתי שהוא מבאר למי שקדם לו ואינו
בא לחלק והר"ש כ' דבפ"ק דגיטין מוכח דפליגי. וע"ש בתו' דהא דמוכח מיניה דר"י דאמר
אימתי

מען זייא דער נאך עסן (כולן כו') אז דיא גאנצי חברה איז אבער אנשלאפן גווארן טארן זייא
דער נאך נישט עסן (ר' יוסי אומר) ר' יוסי זאגט אפילו אטייל פון דער חברה מעגן עסן אז
זייא האבן נאר גדרימלט נישט אז זייא זענן שטארק אנשלאפן גווארן:

ט(הפסח כו') דעם קרבן פסח טאר מען נישט עסן נאך חצות לילה אז מען האט נחר גיוועזן
אז דם וואס עס איז גיבליבן נאך חצות דאס הייסט נותר זאל טמא זיין דיא הענט
וואס רירן עס אן (הפיגול והנותר כו') אונ אז אוך זענן טמא אנדרי קדשים אז זענן גווארן
פיגול אודר נותר. פיגול הייסט אז דער כהן האט גהאט אפסולי מחשבה ווען ער הט ביי דעם
קרבן איין עבודה גטון היינו מען זאל דעם קרבן עסן ניט אין דער געצייט וויא דער דין
איז (ברך כו') אז ער האט פריר געגעסן דעם פסח אונ האט גמאכט א ברכה לאכול הפסח איז ער
שון פטור פון א ברכה ווען ער עסט דעם קרבן זבח דעם קרבן איז אוך אחוב געמען צו ברענגען
ערב פסח אונ ביי דער נאכט צוא עסן (ברך כו') אבער דיא ברכה פון קרבן זבח היינו לאכול
הזבח פטורת ניט דעם קרבן פסח: (דברי כו') אזו האלט ר"י (ר' עקיבא אומר) ר' עקיבא זאגט
(לא וכו') אז אפילו דיא ברכה פון קרבן פסח פטורת אוך נישט פון קרבן זבח:

אות פ (פירות) היינו תבואה (חוצה לארץ שנכנסו לארץ) אז זייא קומן קיין ארץ ישראל (חייבים
בחלה) זענן זייא חייב בחלה מן התורה (יצאו מכאן) אז דיא תבואה וואס

טוכם

מְחַיֵּב וְרַבִּי עֲקִיבָא פּוֹטֵר : ב עֲפַר חוּצָה לָאָרֶץ. שֶׁבָּא בִסְפִינָה לָאָרֶץ. חַיֶּבֶת בְּמַעַשְׂרוֹת. וּבִשְׁבִיעִית. אָמַר רַבִּי יְהוּדָה אֵימָתַי ? בִּזְמַן שֶׁהַסְּפִינָה גוֹשֶׁשֶׁת. עִיסָּה שֶׁנִּילוֹשָׁה בְּמֵי פֵּירוֹת. חַיֶּבֶת בַּחַלָּה. וְנֶאֱכֶלֶת בְּיָדַיִם מְסוֹאָבוֹת : ג הָאִשָּׁה יוֹשֶׁבֶת וְקוֹצָה חַלָּתָהּ עֲרוּמָּה. מִפְּנֵי שֶׁהִיא יְכוֹלָה לְכַסּוֹת עַצְמָהּ. אֲבָל לֹא הָאִישׁ. מִי שֶׁאֵינוֹ יָכוֹל לַעֲשׂוֹת עִיסָּתוֹ בְּטָהֳרָה יַעֲשֶׂנָּה קַבִּין וְאַל יַעֲשֶׂנָּה בְטוּמְאָה. וְרַבִּי עֲקִיבָא אוֹמֵר יַעֲשֶׂנָּה בְטוּמְאָה וְאַל יַעֲשֶׂנָּה קַבִּין. שֶׁכְּשֵׁם שֶׁהוּא קוֹרֵא לִטְהוֹרָה כָּךְ

הוא

ר"ע מברטנורה

פירות חוצה לארץ. רבי אליעזר מחייב. דכתיב (שם) והיה באכלכם מלחם הארץ בין שאתם אוכ"ל פירותיו בארץ בין שאתם אוכלים אותו בחוצה לארץ הואיל ובאתם כ..ן הוא חייב בחלה : ורבי עקיבא פוטר. דהכא משמע ליה מעיסה. שמה באתם חייבים ואין אתם חייבים בחוצה לארץ. אף ע"פ שאתם אוכלים מלחם הארץ. והלכה כרבי עקיבא : (ב) עפר חוצה לארץ הבא בספינה לארץ. בספינה נקובה מיירי ורבנן דמה סותמין את הנקב שאין המים נכנסים בה : חייבת במעשרות. אם זרע וצמחו ה...יס בעפר בתוך הספינה. והר"ש שמפרש הואיל להארץ הוא הואיל והיא נקובה הזרע יונק מלחות מפרש של ארץ ישראל : אימתי בזמן שהספינה גוששת. נוגעת בגובהי העפר כלומר שהיא דבוקה בארץ : עיסה שנילושה במי פירות חייבת בחלה. בירושלמי מוכיח קצת שאין הלכה כסתם משנה זו. ופירוש שנילושה במי פירות פטורה מחלה הכי אין ללוש עיסה שיש בה שיעור חלה במי ביצים או במי פירות לבדם בלא תערובת מים הואיל ולא אתברר הלכה אי חייבת בחלה או פטורה : ונאכלת בידים מסואבות. שאין אוכל מוכשר לקבל טומאה עד שיבואו עליו מים או אחד משבעה משקין (מה) שלא הוכשר לקבל טומאה אין הידים מסואבות פוסלות אותה : (ג) וקוצה חלתה ערומה. מברכת חלה ...רכת על הפרשתה והוא שפניה של מטה טוחות בקרקע וכו' ערותה מכוסה, והיינו דאין בהם משום ערוה לענין ברכה אבל ה איש אינו יכול לברך ערום שאי אפשר לו להיות ערותו שנוגעים הביצים והגיד : מי שאינו יכול לעשות עיסתו בטהר'. כגון שהוא טמא ואין שם מרגעים שהוא שיטבול בהן (ג). יעשנה קבין. יעשה כל עיסתו קב קב כדי שלא שתחייב בחלה ויצטרך להפריש בטומאה : יעשנה בטומאה. דהכי עדיף טפי משום שיפטור עיסתו מן החלה ולא יהיה בה חלק לשם (ג). ואין הלכה

עיקר תוי"ט

...בי שבא לרלוק ברייתא היא ולא משנתינו : (נ) ופי' הר"ש כ...ו' ברחוק ד' מילין כ"ש הר"ם וכ' דהיינו דוק.. לפניו אבל לאחריו אין כמריחין אותו כלל אפי' בשיעור מועט. אבל בחבורו אינו מחלק כלל בין לפניו ולאחריו

...קוּמְט פוּן אֶרֶץ יִשְׂרָאֵל (לשם) קֵיין חוּץ לָאָרֶץ אִיז (ר' אליעזר מחייב בחלה ג"כ מן התורה ור' עקיבא פוטר) פְּטוּרָה :

ב (עפר) עֶרְד פוּן חוּץ לָאָרֶץ (שבא בספינה) וָואס אִיז גְקוּמֶן אִין אֵיין גְרֵעבְּרְטִי שִׁיף (לארץ) קֵיין אֶרֶץ יִשְׂרָאֵל (חייבת במעשרות) וָואס בְּוָאקְסְט עֶרְד הָאט אִין דֶער שִׁיף גְשְׁפְּרָאצְט דַאמָן וֶוערְן מְחוּיָב בְּמַעֲשֵׂר (ובשביעית) אוּנ עֶס אִיז נוֹהֵג בַּייא זַייא ג"כ דֶער דִין שְׁמִיטָּה (אמר ר' יהודה) זָאגְט ר' יְהוּדָה (אימתי) וֶוען אִיז אַזוֹי דֶער דִין (בזמן) אַז דִיא שִׁיף אִיז גְגַאנְגֶן אִין אַזוֹ אַצְייט (גוששת) אַז זִיא הָאט גְזוּנְקֶן אוּנ אָן גְרִירְט דִיא עֶרְד (עסה) אֵיין טֵייג (שנלושה) וָואס זִיא אִיז גְקְנֶעטְן (בִמי פירות) כ"ט מַשְׁקֶה פוּן פֵּירוֹת (חייבת) אִיז חַיָּיב בְּחַלָּה (ונאכלת) אוּנ מֶען מֶעג זִיא עֶסֶן (בידים מסואבות) מִיט טָמֵא הֶענְט הַיְינוּ דִיא מַשְׁקֶה הָט נִיט דֶעם דִין מַיִם אַז צוּא זָאל מְקַבֵּל טוּמְאָה זַיין :

ג (האשה כו') אֵיין אִשָּׁה וֶוען זִיא זִיצְט מֶעג זִיא גֶעבֶּן חַלָּה אִין אַבְרָכָה מַאכֶן אֲפִילוּ וֶוען אִיר גוּף אִיז נַאקֶט (אבל כו') אָבֶּר אֵיין זָכָר טָאר נִיט קֵיין בְּרָכָה מַאכֶן וֶוען עֶר אִיז נַאקֶט (מי שאינו וכו') וֶוען אֵיינֶר אִיז טָמֵא אוּנ ווִיל קְנֶעטְן זַיין טֵייג בְּטָהֳרָה אִיז דֶער דִין (יעשנה קבין) זָאל עֶר פַר קְנֶעטְן בִּיסְלֶךְ ווַייס עֶס זָאל נִיט זַיין דֶער שִׁיעוּר פוּן חִיוּב חַלָּה (ואל וכו') אוּנ עֶר

הוּא קוֹרֵא לִטְמֵאָה. לְזוּ קוֹרֵא חַלָּה. בְּשֵׁם. וּלְזוּ קוֹרֵא חַלָּה בְּשֵׁם. אֲבָל קַבַּיִים אֵין לָהֶם חֵלֶק בְּשֵׁם: ד הָעוֹשֶׂה עִיסָּתוֹ קַבִּים. וְנָגְעוּ זֶה בָּזֶה פְּטוּרִים מִן הַחַלָּה עַד שֶׁיִּשּׁוֹכוּ. רַבִּי אֱלִיעֶזֶר אוֹמֵר אַף הָרוֹדֶה וְנוֹתֵן לַסַּל. הַסַּל מְצָרְפָן ד לַחַלָּה: ה הַמַּפְרִישׁ חַלָּתוֹ קֶמַח אֵינָהּ חַלָּה. וְגָזֵל בְּיַד כֹּהֵן. הָעִיסָּה עַצְמָהּ חַיֶּיבֶת בְּחַלָּה. וְהַקֶּמַח אִם

יש

ר"ע מברטנורה

הלכה כרבי עקיבא: (ד) קבים. קב קב בפני עצמו: ונגעו זה בזה. אין הנגיעה מצטרפת להתחייב בחלה: עד שישוכו. שיתדבקו זה בזה כל כך שאם בא להפרידם נתלש מזו לזו: אף הרודה ונותן לסל. הרודה הלחם מן התנור לאחר שנאפו ונותנם בסל: הסל מצרפן לחלה ואע"פ שאין נושכות והלכה כרבי אליעזר. והא דפליגי רבנן נשיכה ורבי אליעזר נגיעה הני מילי לצרף שני עיסות יחד שאין בכל אחת כשיעור אבל לענין לתרום (מן) המוקף אף נגיעה לא בעי רק שיהיו סמוכין זה לזה. ובגלוי סרקין דאמר רבי אליעזר עושין פתות מכבלה באמצע כדי לתרום מן המוקף אלמא בעינן נגיעה לענין מוקף טהורה וטמאה שאני מפני שהוא דבר שמקפיד על תערובתו אין הכלי מצרף: (ה) אינה חלה. דראשית עריסותיכם כתיב: וגזל ביד כהן. וצריך להחזירה לבעלים שאם תאמר בידו יהיו סבורים שעיסתו פטורה (ה): העיסה עצמה. שהפריש ממנה קמח חייבת בחלה: והקמח. הבא ליד כהן בתורת חלה: אם יש בו כשיעור. חמשת רבעים קמח חייבת. בחלה ואסורה לזרים כל הקמח הבא ליד כהן. וחומרא בעלמא הוא. לפי שרא

סבא

עיקר תוי"ט

ולאחריו וכפרש"י חולין דקל"ג: (ג) כ"פ הר"ש ואין לשמים חלק בה ואית ספרים דגרים בשלשתן לשם: (ד) טעמא מפורש בברייתא הביאה הרי"ף בפ' א"ע דכתיב (במדבר טו) והיה באכלכם מלחם הארץ חלת תרימו ופי' הר"נ אלמא דזמנין דלא מחייב מעיס' ומחייב בתר הכי דהוי לחם והיינו ע"י צירוף סל: (ה) גמרא בפ"ב דקדושין דמ"ו. ופריך ותהוי תרומה ויחזור ויתרום. מי לא תנן (דמאי פ"ה מ"י) נוטל מן הנקוב על הנקוב תרומה

ויחזור

זאל ניט קנעטן אסאך אונ איינם כדי ער זאל ניט האבין חלה טמאה ורבי עקיבא זאגט (יעשנה וכו׳) עס איז חשובר ער זאל פאר קנעטין אסאך דאס טייג זאל קומן צו חיוב חלה אפילו זיא ווערט זיין טמא איי ער זאל דאס טייג פטרין פון חלה (בשם וכו׳) אזו זאגט רבי עקיבא דעם טעם ווייל אזו וויא מען גיט אנאמן חלה צו טהור טייג אזו הייסט עס חלה ביי טמא טייג (אבל וכו׳) אבער איין טייג וואס האט ניט דער שיעור חלה דאס האט ניט קיין שום נאמן חלה:

ד (העושה כו׳) ווען ער מאכט זיין טייג פון קליינע מאסן מעל וואס האט ניט דעם שיעור חלה (ונגעו כו׳) אונ דער נאך האבן זיך דיא שטוקקע טייג איינם אונ אנדרן אן גרירט (פטורים כו׳) פון דעסט וועגן זענען זייא ניט חשוב וויא איין טייג אונ זייא זענען פטור פון חלה (עד שישוכו) ביז ערט אז זייא האבן זיך שטארק צוא זאמן גנומן ביז וויא באלד מען זאל זייא צוא שיידן וואלט זיך מיט גריסן פון איינם צום אנדרן דעמאלט איז עס גליך וויא איין טייג אונ זייא זענען מחויב בחלה (ר׳ אליעזר אומר) ר׳ אליעזר זאגט (אף הרודה כו׳) אפילו עס איז אפ גבאקן איטלכם שטוקל טייג בזונדר נאר ווען ער נעמט זייא פון דעם אובן לייגט ער זייא צו זאמן אין איין קובער איז דער קובער זייא מצרף גליך זייא וואלטן געווען פון איין טייג אונ זענען מחויב בחלה:

ה (המפריש וכו׳) ווען איינר שייד אפ מעל פון חלה (אינה חלה) האט דאס מעל ניט דעם דין חלה (וגזל כו׳) אונ ביי דעם כהן וואס האט גנומן דאס מעל איז עס וויא גזל אונ מוז צוריק אפ געבן דעם בעל הבית (העיסה עצמה) אונ דאס טייג וואס מען הט דער פון גנומן דאס מעל פר חלה (חייבת בחלה) איז מחויב צוא געבן נאך אמאל חלה (והקמח) אונ דאס מעל וואס דער כהן האט גנומן בתורת חלה איז דער דין (אם יש כו׳) אז עס איז אין אים אליין דא א שיעור וואס איז מחויב בחלה (חייבת בחלה) איז מען מחויב דער פון חלה צו נעמן (ואסורה לזרים) אונ דס גאנצי מעל איז אסור צו איין זר היינו צו איין ישראל ווייל עס איז גקומן צום

כהן

יש בו כשעור חייבת בחלה ואסורה לזרים דברי רבי יהושע. אמרו לו מעשה וקפשה זקן זר. אמר להם אף הוא קלקל לעצמו. ותיקן לאחרים ו: ו חמשת רבעים קמח חייבים בחלה. הם ושאורן. וסובן. ומורסנן. חמשת רבעים חייבין. ניטל מורסנן מתוכן. וחזר לתוכן הרי אלו פטורין: ז שעור החלה אחד מעשרים וארבעה. העושה עיסה לעצמו. והעושה למשתה בנו. אחד מעשרים וארבעה. נחתום שהוא עושה למכור בשוק. וכן האשה שהיא עושה למכור בשוק. אחד מארבעים

ושמונה

ר"ע מברטנורה

שבא ליד כהן שלא יאמרו ראינו זה אוכל חלות: וקפשה זקן זר. חפשה זקן זר ואכלה: קלקל לעצמו. דאכלה ואיענש: ותיקן לאחרים. שאחרים אוכלין ותולין בו ומוצאים פתח להתיר לפי שראוהו שאכל: (ו) חמשת רבעים של קב חייבין בחלה דכתיב (במדבר טו) ראשית עריסותיכם ועסת מדבר היתה עמר לגלגלת והעומר עשירית האיפה הוא. האיפה שלש סאין. והסאה ששה קבין. הרי י"ח קבין באיפה. והקב ד' לוגין הרי ע"ב לוגין עשירית ע'. ז' לוגין. ועשירית שני לוגין הוא ביצה וחומש ביצה שהלוג הוא ששה ביצים. כשבאו לירושלים והוסיפו שתות על המדות נמצאו ו' לוגין הם ה'. ולוג השביעי (נ"ל ולוג הוא) חמשה בצים. שכל ששה נעשים חמשה. וביצה וחומש ביצה נעשים ביצה. נמצא העומר שהיה במדבר שבעה לוגים וביצה וחומש ביצה. נעשה בירושלים ששה לוגים. כשבאו לצפורי והוסיפו שתות על המדות של ירושלים נעשו הששה לוגין חמשה: והיינו חמשת רבעים קמח ונקראו הלוגין רביעים לפי שהלוג הוא רובע הקב. שהקב ד' לוגין: הן ושאורן. השאור שנותנין לתוכן. וסובין הוא הדק: מורסנן. הוא הגס כלן מצטרפין עם הקמח להשלים השעור שכן עני אוכל פתו בעיסה מעורבת עם סובן ומורסנן: ניטל מורסנן מתוכן וחזר לתוכן הרי אלו פטורים. שאין דרך עיסה להחזיר מורסן לתוכה לאחר שנטל ממנה: (ז) אחד מכ"ד. לפי שבעל הבית עיסתו מועטת ובפחות מאחד מכ"ד אין בה כדי מתנה. והתורה אמרה תתנו שיהא בו כדי נתינה: והעושה למשתה בנו. אף על פי שעושה עיסה מרובה לא פליג בעיסת בעל הבית.

נחתום

עיקר תוי"ט

ויחזור ויתרום: ומשני הא אוקימנא בתרי מני (חד נקוב וחד לא) צאית בחד מנא לא צאית כגון חלת קמח על קמח: (ו) ותיקן לאחרים. שהאחרים העושין כן ע"פ הוראתו הרי הם שוגגין ולא מזידין שזקן זה לא קטל

קניא

בהן בתורת חלה (דברי) אזו זאגט ר"י (אמרו לו) האבן דיא חכמים גזאגט צו (ר"י מעשה) עס האט זיך אמאל גטראפן (וקפשה זר) אז איין זקן ישראל האט אים גחאפט דאס מעל וואס עס איז שון גקומן צום כהן בתורת חלה אונ האט עס געגעסן פון דער מעשה ווייזט אום אז עס איז ניט אסור צו איין ישראל (אמר להם) האט זיא ר"י געענפערט פון דער מעשה איז קיין ראיה ניט וויל (אף הוא וכו') דער זקן האט אוך גנומן באיסור (ותיקן לאחרים) אונ האט נאך מער איין עבירה גטאן וואס אנדרי מענטשן האבן דורך אים געגעסן:

ו (חמשת רבעים) דער שיעור פון דעם טייג וואס איז מחויב בחלה איז פינף מאסן וואס דיא מאס ווערט אין דער תורה אן גרופן לוג אונ צוא דעם שיעור איז זיך מצרף (הם) דאס מעל אליין (ושאורן) אונ דאס זויער טייג (וסובן) אונ דיני קלייאן וואס גייט מיט דעם מעל (ומורסנן) אונ דיא גראבי קלייאן (חמשת רבעים) אז עס איז דא צוא זאמן דיא פינף מאס וואס איז דער שיעור חלה (חייבין) איז מען מחויב חלה צוא נעמן (נטל כו') אז מען האט פריר דיא גראבי קליען אוועק גנומן פון מעל (וחזר לתוכן) דער נאך האט ער עס צוריק גלייגט (פטורין) ווען דיא מורסנן פטור פון חלה היינו זייא זענן זיך ניט מצרף צום שיעור חלה:

ז (שיעור חלה) דער שיעור פון חלה כמה מען זאל אראפ נעמן איז (אחד כו') איין פיר אונ צוואנציגסט טייל פון דיא מאסן וואס אובן איז געשטאנן דאס איז אבר נאר (העושה כו') מען אייער פאר קנעט אטייג (לעצמו) זיך אליין (והעושה) אדר ער פאר קנעט (למשתה

בנו

ושמונה. נטמאת עיסתה שוגגה. או אנוסה. אחד מארבעים ושמונה [illegible]
מזידה. אחד מעשרים וארבעה. כדי שלא יהא חוטא נשכר: ח רבי אליעזר אומר
נטלת מן הטהור על הטמא. כיצד עיסה טהורה ועיסה טמאה. נוטל כדי חלה
מעיסה שלא הורם ז חלתה. ונותן פחות מכביצה באמצע כדי שיטול מן המוקף.
וחכמים אוסרין:

אות   פרה פ"ט

צלוחית שנפל להוכה מים כל שהן. רבי אליעזר אומר יזה שתי הזיות וחכמים פוסלין
ירד

ר"ע מברטנורה

נחתום העושה למכור בשוק. עיסתו מרובה, ובאחד ממ"ח יש בה כדי מתנה וכן האשה העושה למכור
אף על פי שעיסתה מעיסה לא סלוג בפת העשוי למכור: נטמאת. הו"ל ולשריפה עומדת א' ממ"ח:
(ח) נטלת מן הטהור על הטמא. ולא חיישינן שמא יגעו זה בזה: נוטל כדי חלה. שעור חלה שצריך
ליטול מן הטהור והטמא נוטל מאותה עיסה הטהורה שלא הורמה חלתה: ונותן פחות מכביצה באמצע. בין
הטמאה והטהורה דפחות מכביצה אינו מטמא (ח) ומניח החלה על אותו פחות מכביצה המחבר בין הטמאה
הטהורה שאין החלה מקבל טומאה בכך: כדי שיטול מן המוקף. שתהיה הטמאה מחוברת לטהורה ע"י אותו
פחות מכביצה וכאלו הטמאה וטהורה עיסה אחת: וחכמים אוסרין: ליטול מן הטהורה על הטמאה דחיישינן
שמא יגע זו בזו אלא נוטל מן הטהור לעצמו ומן הטמא לעצמו. והלכה כחכמים:
אות צ צלוחית כלי שנותנים בו המים המקודשים לאחר שהטליך האפר לתוכן קרוי צלוחית. והכלי שנותנים
בו

עיקר תוי"ט

גיא באגמא דזה אלא חכם היה שכן זקבלשון הקודש הכם כבאבות בההורה פני זקן: (ז) שלא. כדי
הפריש מן החיוב על החיוב. הר"ש: (ח) כלומר אע"פ שהיא פוחת מכביצה הרי היא מקבל טומאה וכדתנן
ברפ"ב דטהרות ושם אאריך בזה בס"ד. וע"ש:
פרק ט (א) דהא אין כאן פסולים אלא כ"ש וס"ל אין בילה וקש' איך אפשר שלא יוכל לחלוק הכ"ש לב'. תו' ז
פוסלין

בנו) ווען איין סעודת תרומה פון זיין זון דעמאלט איז דער שיעור (אחד כו') אבער (נחתום [illegible]
ווען איין בעקר פאר קנעט טייג (למכור בשוק) צוא פאר קויפן אויף דער גאס (וכן) אודר א[illegible]
אשה קנעט צוא פאר קויפן איז דער שיעור (אחד כו') איין אכט אונ פערציגסטל פון דיא פ[illegible]
מאכן (נטמאת כו') וויא באלד דאס טייג איז טמא געווארן (שוגגה) בשוגג (או אנוסה) אודר דורך
איין אונס איז אויך גינוג דער שיעור (אחד כו') איין אכט אונ פערציגסטל טייל (נטמאת) אז דאס
טייג איז אבער טמא געווארן (מזידה) במזיד היינו מיט כוונה איז דער שיעור (אחד כו') איין פיר
אונ צוואנציגסטל טייל (כדי כו') כדי דער חוטא היינו וואס האט מיט כוונה מטמא געווען זאל דורך
דער עבירה ניט מרויח זיין:

ח (ר' אלעזר אומר) ר' אליעזר זאגט (נטלת) מען מעג אפ שיידן חלה (מן הטהור) פון דעם טייג
וואס איז טהור (על הטמא) ווענן דעם טייג וואס איז טמא (כיצד) וויא אזו זאל ער טאן
זייא זאלן הייסן וויא איין טייג אונ זייא זאלן זיך נישט אן רירן כדי דער טהור טייג זאל ניט טמא
ווערן (נוטל כדי חלה) ער זאל נעמן דעם שיעור חלה (מעסה) פון דעם טהור טייג (שלא כו') וואס
מען האט נאך פון איר קיין חלה אפ געשייד (ונותן) אונ פון דר חלה זאל ער געבן (פחות מכביצה)
א קליין שטיקל טייג וואס איז קלענר וויא איין איי (באמצע) אונ דער מיט צווישן דיא צוויא
טייגן טהור מיט דעם טמא (כדי כו') היינו דאס שטיקל טייג אונ זייא מצרף גלייך זייא וואלטן
[illegible] אסרן נאר מען זאל נעמן באזונדר חלה פון ד
[illegible]עם טייג וואס איז טהור:

☙ . יָרַד לְתוֹכָהּ טַל רַבִּי אֱלִיעֶזֶר אוֹמֵר יִנְּתְנֶנָּה בַחַמָּה וְהַטַּל עוֹלֶה . וַחֲכָמִים פּוֹסְלִין : . נָפַל לְתוֹכָהּ מַשְׁקִין . וּמֵי פֵירוֹת יְעָרֶה וְצָרִיךְ לְנַגֵּב . דְּיוֹ . קוּמוֹס . וְקַנְקַנְתּוֹם . וְכָל דָּבָר שֶׁהוּא רוֹשֵׁם . יְעָרֶה וְאֵינוֹ צָרִיךְ לְנַגֵּב : ב נָפַל לְתוֹכָהּ שְׁקָצִים וּרְמָשִׂים . וְנִתְבַּקְּעוּ אוֹ שֶׁנִּשְׁתַּנּוּ מַרְאֵיהֶם . פְּסוּלִין . חִפּוּשִׁית בֵּין כָּךְ וּבֵין כָּךְ פּוֹסֶלֶת . מִפְּנֵי שֶׁהִיא כִּשְׁפוֹפֶרֶת . רַבִּי שִׁמְעוֹן וְרַבִּי אֱלִיעֶזֶר בֶּן יַעֲקֹב אוֹמְרִים . הַדִּירָה .

והתכנה

ר"ע מברטנורה

ס שנפל כדי לקדשן קודם שיתנו בה האפר . קודם שיתנו : מים כל שהן . שאינן כשרין להזאה : יזה ב' . שלא מזה אחת שמא אין כאן מן הכשרים אבל כי מזה ב' א"א דליכא בחדא מינייהו מן הכשרים (א) . והזאה אינה צריכה שיעור : וחכמים פוסלין . דקסברי הזאה צריכה שיעור ואין מצטרפין הזאות . והלכה כחכמים ורמב"ם פי' יזה ב' הזאות ויטילם חוץ לכלי וישאר השאר מי חטאת כשרים ותליא הוא בעיני דבפרק כל הזבחים בגמרא (ד' פ') משמע כמו שפרשתי : ינתנה בחמה והטל עולה ; שדרך הטל לעלות כנגד החמה וכן הוא אומר (שמות ט"ז) ויהי בבקר ותעל שכבת הטל . ואין הלכה כרבי אליעזר : יערה . מריק מה שבתוך הכלי ואינו כשר להניח בו מי חטאת עד שינגב מן המשקים ומי פירות : יערה . ואינו צריך לנגב . דאם ליחה דנשאר ממנו בכלי היה רשומו ניכר : (ב) ונתבקעו . שנשתהו בתוך המים זמן מרובה עד שנתבקעו או אפילו לא נתבקעו אלא שנשתנו מראה המים פסולין : חפושית . שולטת בתוכה : בין כך ובין כך . בין נתבקעה בין לא נתבקעה . מפני שהיא כשפופרת של קנה חלולה ומים נכנסים בצד זה ויוצאים מצד זה ומתערב עמהם לחלוחית שבקרבה : דירה . תולעת שבנסרין : כת"י

פין

עיקר תוי"ט

(א) פוסלין . דס"ל הזאה צריכה שיעור . בגמ' . תוי"ט ועיין תוי"ט : (ג) פוסלין . דס"ל דאינו עושה א"א נון הפירות . תוי"ט : (ד) דיו . ביבש איירי דוקא דא"כ הר"ש . ולהכי א"צ לנגב דלאו משקין נינהו וסגי בהערה דאין נשאר ממנו כלום ואפי' נשאר אין מתערב במים . מהר"ש . ול"נ דשייך בלח

א (צלוחית כו' שתי הזיות כו') בפי התורה קאן קיין טמא נית אנדערש ניט טהור ווערן ביז מען שפרענגט אויף אים מי חטאת אזו הייסט דאס מים קדושים וואס מען ווארפט אריין אין זיא (אפר) א"ש פון דר פרה אדומה . די כלי וואס אין איז דא דאס מים מקודשים מיט דעם א"ש הייסט צלוחית . און אז עס איז אין דעם צלוחית אריין געפאלן ציין דעם מינעיר אנדער וואסר האלט ר' אליעזר אז דאס מי חטאת איז כשר נאר מען מוז צוויא מאל שפרענגן . דיא חכמים אבר פסלן שון נאר דאס מי חטאת (ירד לתוכה טל כו' וחכמים פוסלין) אז עס איז אין דעם מים מי חטאת אריין געפאלן טוי זאגט ר' אליעזר אז ער זאל דיא כלי אנידר לייגן אוף דער זון אזו וועט דיא טוי פון זיך צוגיין ארויס גיין פון דעם וואסר און דיא חכמים פסלן (נפל לתוכה כו') אז עס איז אריין געפאלן איין משקה אודר זאפט פון פירות מוז ער דאס גאנצי מי חטאת אויס גיסן פון דער כלי אונ מאר קען מען ניט אריין טון ביז ער לאזט דיא כלי צוא ווישן נאך אויס טרוקנן (דיו כו') אונ אז עס איז אריין געפאלן טינט אודר גופא אודער וויטריאל אודר וועלכי אנדרי זאך וואס עס בלייבט דער פון איין רושם מוז ער אויך דאס מי חטאת אויס גיסן נאר דיא כלי דארף ער ניט טרוקנן ווישן :

ב (נפל לתוכה כו') אז עס איז דארט אריין געפאלן פון וועלכן מין שרץ אונ עס האט דארט אזו לאנג געלייגט ביז עס איז אויף געשפרונגן אודר דיא מראה פון דעם וואסר איז דער נאך געביטן געווארן איז דס מי חטאת פסול (חפושית) איין שווארץ ווערימל וואס הייסט חפושית דס פסלת תמיד ווייל דער גאנצר קערפר פון דעם ווערמל איז הול וויא איין רעריל אונ דאס מי חטאת גייט דורך דעם ווערמל ווערט עס פרמישט מיט דעם לחלוחית פון דעם ווערמל (ר' שמעון כו') ר"ש ור"א זאגן, אז עס פאלט אריין איין [illegible] אודר איין [illegible] נאך נים [illegible]

התאנה שבתבואה. כשרים. מפני שאין בהם ליחה: ג שתתה מהן בהמה או חיה
פוסלין. כל העופות פוסלין ו חוץ מן היונה מפני שהיא מוצצת. כל השרצים אינם
פוסלין חוץ מן החולדה מפני שהיא מלקקת. רבן גמליאל אומר אף הנחש מפני
שהוא מקיאה רבי אליעזר אומר אף העכבר: ד החושב ז על מי חטאת לשתות
רבי אליעזר אומר פסול רבי יהושע אומר כשיטה אמר רבי יוסי במה דברים אמורים
במים שאינם מקודשים. אבל במים המקודשין רבי אליעזר אומר כשיטה רבי
יהושע אומר כשישתה ואם גרגר כשר: ה מי חטאת שנפסלו לא יגבלם בטיט
שלא יעשם תקלה לאחרים. רבי יהודה אומר. בטלו. פרה ששתתה מי חטאת ח

בשרה

ר״ע מברטנורה

כן תלושה כשו הגדל בתבואה: כשרים אפילו נתבקעו ואין בו ליחה: (ג) שתתה מהן בהמה או חיה פסולים. מפני ששוקה שכשותין התחל והמים והרוק שבפיהן מתערבין (ו): מוצצת. ואין המוצץ שבפיה חוזר לפיה: מלקקת. לוקקת בלשונה ומתערב הרוק שבלשונה עם המים: אף הנחש מפני שהוא מקיא. וכן הלכה. ואין הלכה כרבי אליעזר: (ד) החושב על מי חטאת לשתות רבי אליעזר פוסל. ופוסלו ליה במחשבה כשיטה החשיבה לשתות או ליקח מהם מים לשתות. אבל במחשבה גרידא לא פסל: במים שאינן מקודשין. שמלאן כדי ליתן בהן את האפר ועדיין לא ניתן: רבי אליעזר אומר כשיטה. והכא לא פסיל להו במחשבה דכיון דמים קדושין הן אמלוכי ממליך ותחלה הם מחשבתו הלכך לא פסל רבי אליעזר עד שיטה ו רבי יהושע אומר כשישתה. כשהוא מגביה שבפיו חוזר ומתערב עם המים ופוסל להו: ואם גרגר. לשון גרגרת. כלומר שלא שתה כדרך השותים אלא שפך המים בגרונו (ח) כשרה דליכא משקה פיו במים. והלכה כר׳ יהושע כחבריה: (ה) שלא יעשם תקלה לאחרים שיגעו בהם ויטמאו: בטלו. מי חטאת בכנו: ר׳ יהודה אומר

נפש

עיקר תוי״ט

פלה ריעתה תנן תאין צריך לנגב תוא כמ״ש הר״ב: (ס) ר״ל דאפילו לר״א דמ״א דהתם כ״ש והכא טובא. תוי״ט
(ו) היונות ששנו יהיום פסולין. דארישא קאי. ובשרצים דקתני אינם נרם פוסלין דקאי אשרצים וב״ח כר״מ:
(ז) החושב. נ״ל דט׳ שאומר דבמחשבה לא מתני כמו בשלא לשמן וכמו המחשב לשנות יד: (ח) שלא הרבית

פיו

אין תבואה דאס איז כשר ווייל עס האט אין זיך ניט קיין פייכטקייט:

ג (שתתה כו׳) אז עס האט פון דעם מי חטאת געטרונקען איין בהמה אודער א חיה איז עס פסול אבער
אלי עופות פסלן אוס נעמען אויס טויב ווייל זיא זייגט ווען זיא טרינקט אונ לאזט ניט צוריק
פון דעם מויל (כל השרצים) אונ אויך אלי שרצים פסלן ניט הוץ איין קאצע ווייל זיא לעקט מיט
דער צונג ווען זיא טרינקט רבן גמליאל זאגט אז איין נחש פסלט אויך ווייל זיא ברעכט ווען זיא
טרינקט ר׳ אליעזר זאגט איין עכבר פסלט:

ד (החושב כו׳) ווען ער האט גידאכט במחשבה אוף מי חטאת צוא טרינקען דער פון זאגט ר״א אז
עס איז שון דר מיט פסול ר׳ יהושע זאגט עס ווערט במחשבה ניט פסול נאר ערשט
ווען ער בייגט אן דיא כלי צום טרינקן (אמר רבי יוסי כו׳) ר״י זאגט ווען איז דיא פלוגתא פון
ר״א ור׳ יהושע אזו וויא מיר האבן אויבן גזאגט נאר ביא אזו איין מי חטאת וואס עס איז נאך
ניט מקודש דהיינו ווען האט נאך אש ניט אריין גיטאן אבר ביא מים מקודש האלט ר״א
אז עס ווערט ערשט פסול דעמאלט ווען ער בייגט אן צום טרינקן אונ ר׳ יהושע זאגט ערשט
דעמאלט ווען ער טרינקט גיט וויא דער דרך איז צו טרינקן נר ער טוט אין האלז אריין
איז עס כשר:

ה (מי חטאת כו׳) מי חטאת וואס עס איז פסול געווארן טאר מען ניט דער מיט ליים קנעטן כדי
אנדרי מענטשן זאלן ניט מיינען כשר ווערן דהיינו זיא זאלן ניט טמא ווערן רבי יהודה זאגט

דאס

בשרה טמא , טמאת לגת . רבי יהודה אומר בטלו במעיה יא : ו מי חטאת ואפר חטאת . לא יעבירם בנהר ובספינה יב . ולא ישיטם על פני המים ולא יעמוד בצד זה ויזרקם לצד זה . אבל עובר הוא במים עד צוארו . עובר הוא הטהור לחטאת ובידיו כלי ריקם הטהור לחטאת . ובמים שאינם מקודשין : ז אפר כשר שנתערב באפר מקלה . הולכין אחר הרוב (ליטמא) ואין מקדשין בו . רבי אליעזר אומר מקדשין בכולן : ח מי חטאת שנפסלו . מטמאין את הטהור לתרומה . בידיו ובגופו ובגופו

ר"ע מברטנורה

נפלו בהם . ואין לא מטמאי טומאת מגע : טמא לגת . אם שתאה בתוך מעט לגת של מים אלו . מכשא פי מכבי נתבטלו במעיה : רבי יהודה אומר . בטלו במעיה ואפילו שתה בתוך מעט לגת בגרס מעת . ואין הלכה כר' יהודה בתרווייהו : (ו) מי חטאת , במקודשין איירי אבל מים שאינן מקודשין שרי , כדקתני סיפא : אפר חטאת . אפילו אפר עצמו בלא מים לא יעבירם בנהר ובספינה דגזור משום מכניס פנים כאדם אחד ספים מעביר מי חטאת ואפר חטאת בספינה בירדן ונמצא כזית מת תחוב בקרקעיתה של ספינה (יג) : ולא ישיטם על פני המים . דדמי לספינה . וכן לא יעמוד בצד זה של נהר ויזרק לצד השני דגם זה דמי קצת לספינה : אבל עובר הוא . ברגליו (יד) : במים עם מי חטאת בידו (טו) : עובר הוא הטהור לחטאת . בין בספינה בין שט על פני המים ואינו חושש . וכן נושא בידו או משים על פני המים כלי טהור שאין לתת בו מי חטאת כשהוא ריקם או שיש בו מים שעדיין לא נתקדשו באפר פרה . שלא גזרו אלא על המים המקודשים ועל האפר בלבד לא על האדם והכלים הטהורים (ומים שאינן מקודשין) : (ז) אפר כשר . אפר פרה הכשר לטהרה שנתערב באפר מקלה . באפר כירה : הולכים אחר הרוב לטמא . אבל רוב אפר פרה מטמא אם רוב אפר מקלה אינו מטמא (יח) : ואין מקדשין בו . ואפי' רוב אפר חטאת אין מקדשין בו הואיל ונתערב בו אפר כירה ואפי' כל שהוא : ר"א מקדשין בכולן . דסבר ר"א לא בטיל איסורא ברובא ואע"פ דליכא פורתא מאפר חטאת ואין הלכה כר"א : (ח) מי חטאת שנפסלו . כגון שנעשו מלאכה

עיקר תוי"ט

ער להכית . תוי"ט והר"ם : (ט) שנפסלו כו' . בספרי יליף להו : (י) בשרה כו' . אבל אדם וכלים לא . והאין מטמאין אלא טומאה קלה לטמא אוכלין ומשקין : (יא) בטלו . ואפילו טומאה קלה לא מטמאין דתני משקה סרוח . גמ' ועתוי"ט : (יב) ובספינה . כלו' וכשהוא בספינה : (יג) האהילו עליו ונטמאו . רש"י : (יד) תנם על הגשר פותר דבארעא סמיכתא הוא ואדם המעבירו הולך כל שעה ברגליו ואינו דומה לספינה . רש"י : (טו) או אפר הפרה . ור"ם

דאס מי חטאת ווערט בטל אין ליים אזו עס איז שוין ניט מטמא (פרה כו) איין בהמה [...] האט געטרונקען מי חטאת אונ מהאט זיא בתוך מעת לעת געשאכטען איז איר פלייש טמא ר' יהודה זאגט עס איז בטל געווארן אין איר איינגעווייד אונ עס איז ניט מטמא :

ו (מי חטאת כו) מי חטאת אונ אויך דאס אש אליין פון דער פרה אדומה טאר מען ניט טראגען איבער אין שיף דורך אין וואסער אויך ניט לאזען דורך שווימען אויף איין אנדרי זאך אויף אין וואסער אויך אז ער שטייט אויף דער זייט וואסער טאר ער עס ניט אריבער ווארפען אויף דער אנדערער זייט (אבל עובר כו) ער אליין מעג דורך גיין דורך וואסער תאמי ער האלט מי חטאת אונ דער האנט (עובר כו) דער וואס איז טהור למי חטאת ער אליין מעג דורך גיין דורך אין וואסער אפילו אין איין שיף אפילו ער האט אין דער האנט דיא ליידיגי כלי וואס מען וויל אין איר אריין געבען מי חטאת אונ אפילו אונ דער כלי איז שוין דא דאס וואסער וואס מען וויל אין זיא אריין ליינען דאס אש :

ז (אפר כו) כשר אש פון דער פרה אדומה אז עס איז פאר מישט געוואהן מיט איין אנדרי סין אש ניט מען נאך דעם רוב לענין טומאה דהיינו אז דאס רוב איז פון פרה אדומה איז עס מטמא ובאם לאו איז עס ניט מטמא רק אפילו דאס רוב איז פון פרה אדומה טאר מען דאך מיט ניט מקדש זיין ר"א . זאגט מיט דעם טאגען פר מישונג מעג מען מקדש זיין :

וְאֶת הַטָּהוֹר לְחַטָּאת לֹא בְּיָדָיו וְלֹא בְּגוּפוֹ. נִטְמְאוּ מְטַמְּאִים אֶת הַטָּהוֹר לִתְרוּמָה בְּיָדָיו וּבְגוּפוֹ. וְאֶת הַטָּהוֹר לְחַטָּאת. בְּיָדָיו אֲבָל לֹא בְּגוּפוֹ: יח אֵפֶר כָּשֵׁר שֶׁנְּתָנוֹ עַל גַּבֵּי הַמַּיִם שֶׁאֵינָן רְאוּיִן לְקַדֵּשׁ. מְטַמְּאִין אֶת הַטָּהוֹר לִתְרוּמָה בְּיָדָיו וּבְגוּפוֹ. וְאֶת הַטָּהוֹר ע"א אֶת יְדֵי הַטָּהוֹר לִתְרוּמָה וְאֶת יְדֵי הַטָּהוֹר) יח לְחַטָּאת לֹא בְּיָדָיו וְלֹא בְּגוּפוֹ:

משנה נדרים פ"ח א

קוֹנָם יַיִן (ויין שֶׁאֵינִי טוֹעֵם) שֶׁאֲנִי טוֹעֵם הַיּוֹם אֵינוֹ אָסוּר אֶלָּא עַד שֶׁתֶּחְשַׁךְ. שַׁבָּת זוֹ אָסוּר בְּכָל הַשַּׁבָּת. (וְשַׁבָּת שֶׁעָבְרָה ע"א לְשֶׁעָבַר) חוֹדֶשׁ זֶה אָסוּר בְּכָל הַחוֹדֶשׁ

וראש

ר"ע מברטנורה

טהורין אלא מחמת מעלה וכיון דאתו מן הדברים הפוסלים מי חטאת: מטמאין את האדם הטהור לתרומה בין שנגע בהן בידיו בין שנגע בהן בגופו דכמי חטאת כשרים חשיבי ומטמאה זו דרבנן הוא דמדאורייתא כיון שנפסלו טהרה היא אלא שמטמאין מדבריהם ומשום הכי תני מטמאין את האדם הטהור לתרומה דמשמע דוקא לתרומה אבל לא לחולין: ואת הטהור לחטאת לא בידיו. כלומר אין מטמאין הטהור לחטאת בין נגע בהן בידיו בין נגע בהן בגופו דכמי חטאת כשרים חשיבי ונהי דטעונה מי חטאת שיש בהן כדי הזאה לא מגע בהן מטמא לכל מילי לחטאת מיהא טהור (יז): נטמאו מטמאים. את הטהור לתרומה. כמי חטאת כשרים אבל את הטהור לחטאת מטמאים אותו אם נגע בידיו דכיון דנטמאו לא גריעי. משאר אוכלים ומשקים טמאים דמטמאים את הידים וקי"ל דבטהרת מי חטאת מי שנטמאו ידיו נטמא גופו: (יח) אפר כשר שנתנו על גבי המים שאינם ראוים לקדש הוי דינא כדין מי חטאת שנפסלו: מטמאין את הטהור לתרומה בידיו ובגופו. כדין כל שאר מי חטאת הכשרים ואין מטמאין הטהור לחטאת שאין מי החטאת מטמאין הנוגע בהן אלא לשאר טומאות לא לטהרת מי חטאת:

משנה ח קונם יין. עד שתחשך. שכן דרך לשון בני אדם כשאומרים היום ר"ל לומר עד השלמת היום: שבת זו. היה עומד באמצע השבוע אסור שבת זו אסור בכל השבוע. והשבת שעברה.

וחסור

עיקר תוי"ט

הר"ש: (טז) מגע אבל מטמא במשא. גמרא: (יז) ר"ל לקחת המילוי ולקדש ולהזות. הר"ש: (יח) פירוש שצריך להטביל ידיו. אבל לא בידיו כלומר לא נטמא גופו לא לתרומה ולא לחטאת בין שנגע בידיו בין בגופו. דלענין זה לא חשיבי כמשקי' טמאים הר"ש:

פרק ח (א) וכלומר שהם כ' ימים ר"ח ונמצא שהיום הראשון נמנה לחדש הזה שעליו נדר אע"פ מותר בו ראשונ

קרי

(מי יטמאות) מֵי חַטָּאת וואס אִיז פָּסוּל גְוָוארֶן אִיז כְּטָמֵא אַזוֹ אַיינֶם וואס עֶר אִיז טָהוֹר לִתְרוּמָה סיא ער האט אן גירירט מיט זייני הענט סיא מיט זיין גוף אונ אזו איינער וואס ער איז טָהוֹר לְחַטָּאת איז עס ניט כְּטָמֵא אז ער האט אן גירירט מיט דיא הענט אונ אויך ניט אז ער האט אן גירירט מיט זיין גוף (נטמאו כו) אז דאס מֵי חַטָּאת איז טָמֵא גווארן איז עס מְטַמֵּא דער וואס איז טָהוֹר לִתְרוּמָה אז ער רירט אן מיט דיא הענט אודר מיט דעם גוף אין דעם וואס ער איז טָהוֹר לְחַטָּאת איז עס מְטַמֵּא אז ער רירט אן מיט דיא הענט אבער ניט אז ער רירט אן מיט דעם גוף:

יח (אפר כשר כו) אֵפֶר כָּשֵׁר פון דער פָּרָה אֲדוּמָּה וואס מען האט עס גיגעבן אויף וואסר וואס עס איז ניכט רָאוּי לְקַדֵּשׁ דאס האט דעם איינעם דין וויא מֵי חַטָּאת וואס איז פָּסוּל ודהיינו מְטַמֵּא אין טָהוֹר לִתְרוּמָה בְּיָדָיו וּבְגוּפוֹ אונ איין טָהוֹר לְחַטָּאת איז עס ניכט מְטַמֵּא ניט בְּיָדָיו אונ ניט בְּגוּפוֹ:

משנה א (קונם) ווען איינר זאגט דאס וואורט קונם דס איז א לשון נדר (יין שאיני טועם) וואס ניט פר זוכן קיין שום וויין (היום) היינטגן טאג (אינו כו) איז אויף אים ניט אָסוּר כי

ועלכנר

וראש חודש להבא. שנה זו אסור בכל השנה וראש השנה לעתיד לבא: שבוע זו אסור בכל השבוע. ושביעית שעברה (ע״א לשעבר). ואם אמר יום אחד שבת אחת. חודש א׳. שנה אחת. שבוע אחד. אסור. מיום ליום: ב עד הפסח. אסור עד שיגיע. עד שיהא. אסור עד שיצא. עד לפני הפסח רבי מאיר אומר

אסור

ר״ע מברטנורה

ולאסור נמי ביום ר״ה כי סוף כלל השבוע שעבר: חדש זה אסור בכל החדש. אם עומד באמצע החדש ואמר חדש זה אסור עד תשלום החודש ויום ר״ח חדש לבא ומותר ביום ר״ח כי אינו נמנה עם החדש שבא ואפי׳ סיים ר״ח ביום שלשים לחדש שעבר(א) וכן שנה זו אם עומד באמצע השנה ואמר שנה זו אסור עד תשלום השנה ומותר בר״ה שאינו נמנה עם השנה העתידה לבא. ושבוע זה. היה עומד באמצע השבוע ואמר שבוע זה אסור עד תשלום השמטה והשביעית בכלל שמטה שעברה. אם אמר יום אחד וכו׳. אם עמד באמצע היום ואומר יום א׳. אסור עד למחר כעת הזאת וכן אם עומד באמצע לחודש ואמר חדש עלי אסור עד ל׳ לחדש כעת. וכן בשנה וכן בשמטה. וכן אם אמר קונם עלי יין יום סתם(ג) או שבת או חדש או שנה סתם אע״פ שלא אמר יום אחד שבת אחד חדש אחד דינו מעת לעת. והאומר קונם עלי יין היום אע״פ שהוא אומר כשהתחיל צריך שלא לחכם גזירה כשאמר היום שלא יבא להתיר כשאמר יום סתם דמיחליף ליה בין יום להיום או בין שנה זו לשנה סתם וכן כ״ס: (ב) עד הפסח. אסור עד שיגיע דנלפין כמי אדם עד ולא עד בכלל: עד שיהא אסור עד שיצא: דמשמע כל זמן שהוא הווה: עד לפני הפסח רבי מאיר אומר אסור עד שיגיע. דלא מפליג ליום נספים לספיקא (ו) ודבר המבורר לקרות פני הפסח קאמר וסיים עד שיגיע ור׳ יוסי סבר מפליג

ליום

עיקר תוי״ט

יקרי ליה ר״ה ירחא ובנדרים הלך אחר לשון ב״א: (ב) לע״ל. ולהכי קרי ליה לע״ל לפי שהוא נמנה לימים ולתשרי ם הנכנסים שהוא זמן אחר ולח״ק לעתיד ולא קאמר להבא· רש״י: (ג) הוא איבעיא בגמ׳ ולא איפשטא כו׳: (ד) היינו לאסורא לחוד משום דספיקא לחומרא אבל ללקות לא דלא ודאי סלקין על הספק: (ה) אסור כו׳. כשיגיע מותר הל״ל למיתני אלא משום דבסיפא שייך למתני אסור נקט ברישא נמי אסור. הרא״ש: (ו) דיש במשמעות זה הל׳ ג׳ ענינים איכא למימר עד פני ימים הראשונים דהיינו עד שיגיע והכא למימר עד פני ימים האחרונים ויהיה מותר בימים האחרונים והכא למימר עד פני פסח והיינו עד שיצא. הרא״ש

רביין

יעלכער האט נאר ביז עס ווערט פערגאנגען אזוי ווי באלד ער זאגט (שבת זו) דאס איז טייטש דיא וואך היינט מיט דעם ווארט קונם (אסור כו׳) איז אויף אים אסור נאר דיא גאנצע וואך וואס ער מוז דעם נדר (והשבת שעברה) אונד דר שבת וואס קומט איז אויך אויף אים אסור וויל שבת געהער נאך צו דר וואך וואס איז אריבער אדר ווען ער זאגט דם ווארט קונם מיט (חודש זה אסור) איז אויף אים אסור דעם גאנצן חודש (ור״ח להבא) אונ דר טאג פון ר״ח אליין וואס עס קומט איז ער מותר אונ אפילו עס איז צווי טאג ר״ח איז ער מותר אונ ביידי טעג אונ ווי באלד ער זאגט (שנה זו אסור כו׳) איז אויף אים אסור א גאנץ יאר (ור״ה לעתיד לבא) אונ ר״ה אליין געהער שון צום אנדרן יאר אודר (שבוע זו) אין דר שמטה (אסור כו׳) איז אויף אים אסור דיא גאנצי שמטה (ושביעית לשעבר) אונ שמטה אליין וואס עס קומט געהער אויך צוא דער שמטה וואס איז געווען אונ ער איז אויך אסור (ואם אמר) אונ אז ער זאגט בעדר דאס לשון אחד היינו (יום אחד) איין איין טאג (שנה אחת) איין יאר (שבת אחת) איין וואך אודר (חודש אחד) איין חודש (ושנה אחת) איין יאר (שבוע אחת) איין שמטה (אסור) איז דער דין אז עס איז אויף אים אסור (מיום ליום) פון טאג צו טאג היינו קדשל ווען ער זאגט יום אחד איז ער ניט מותר ווען עס ווערט פערגאנגען אזו וויא אובן איז געשטאנן נאר ער איז אסור איין גאנצן מעת לעת וייל אזו איז דיא טייטש פון דעם ווארט אחד אודר אחת איין פאלן איין גאנצן מעת לעת אונ אזו איז דער דין בייא דיא איבריגי:

ב (עד הפסח כו׳) אז ער זאגט ביז פסח וויא באלד עס קומט פסח איז מותר (עד שיהא כו׳) אז ער זאגט ביז עס ווערט זיין פסח איז אסור ביז נאך פסח (עד לפני פסח) זאגט ער אבר

אסור עד שיגיע. רבי יוסי אומר אסור עד שיצא: ג עד הקציר עד הבציר עד המסיק. אינו אסור אלא עד שיגיע. זה הכלל. כל שזמנו קבוע ח ואמר עד שיגיע. אסור עד שיגיע. אמר עד שיהא. אסור עד שיצא. וכל שאין זמנו קבוע. בין אמר עד שיהא בין אמר עד שיגיע. אינו אסור אלא עד שיגיע: ד עד הקיץ. עד שיהא הקיץ. עד שיתחילו העם להכניס בכלכלות עד שיעבור הקיץ. עד שיקפלו המקצועות י. עד הקציר יא. עד שיתחיל העם לקצור קציר חטין. אבל לא קציר שעורים. הכל לפי מקום נדרו. אם היה בהר. בהר. ואם היה בבקעה. בבקעה:

ר"ע מברטנורה

הם נפסים לאסור בכל מה שיוכל להפסק. והלכה כרבי יוסי: (ג) עד הקציר. של חטים ושעורים עד הבציר של ענבים עד המסיק של זיתים אינו אסור אלא עד שיגיע כולו ואין לקציר ובציר זמן קבוע כדמפרש ומיהו לא שנא אמר עד שיהא לא שנא אמר עד שיגיע (ז) אינו אסור אלא עד שיגיע שכל דבר שאין זמנו קבוע אין בדעת הנודר להכנים טעמא באיסור זמן שאין ידוע ולפיכך אמרינן דודאי עד שיגיע קאמר: (ד) עד הקיץ. עד שיהא הקיץ. בין אמר עד הקיץ. בין אמר עד שיהא הקיץ. אינו אסור אלא עד שיתחילו העם להכניס בכלכלות כלומר שקוצצים תאנים הרבה ומכניסים אותם בסלים: עד שיקפלו המקצועות. שמקצעות שמתייבשים עליהם התאנים לאחר שנתייבשו מקפלין אותן המחצלאות ומניחין אותן לשנה הבאה: הכל לפי מקום נדרו. אם רוב תבואות המקום חטין עד קציר חטים ואם שעורים עד קציר שעורים וכן אם היה נודר בשעת הבדרנ(יג) עד שיגיע זמן הקציר והבציר נהדלות בבקעה שם. עד שיגיע זמן הקציר והבציר

תוספות יו"ט

(ו) ...ין דהתנא אינו אסור אלא עד שיגיע הזה כאלו תנא עד שיהא דהכי משמע לישנא באיזהו לשון שיאמר אינו אסור אלא עד שיגיע. הרא"ש: (ח) קבוע. כלומר שיש להמשכתו זמן קבוע כגון פסח שקבעה בו תורה ז' ימים כי אמר שיהא אסור עד שיצא דכיון דידע זמן המשך אסורו אוסר עצמו בו. הר"ב: (ט) הקיץ. שם לימות החורף אבל היה מפורסם זה השם אצלם על זמן בישול התאנים. הר"ם: (י) שיקפלו. תנא רוב המקצועות. גמרא: (יא) הקציר. ובמקום שיש קציר חטים וקציר שעורים עד שיתחיל קציר דחטים דקציר המיוחד קאמר. הגה': (יג) כלו' שאע"פ שאח"כ ירד לבקעה והגיע קציר של בקעה כיון שעדיין לא הגיע קציר של הר אסור עד

ווען פאר פסח האלט רבי מאיר אז ער איז אסור ביז עס קומט פסח אונ ר' יוסי זאגט אז דער איסור איז חל ביז נאך פסח:

ג (עד הקציר כו') זאגט ער ביז שניט צייט ביז מען רייסט אפ די ווייץ טרויבן מיט די איילבערטן איז ער נים אסור נאר ביז די צייט קומט דער כלל איז אז די זאך האט אין בשטומטע צייט אונ ער זאגט ביז די זאך וועט קומען איז ער נאר אסור ביז די זאך קומט זאגט ער ביז די זאך וועט זיין איז אסור ביז די זאך ענדיגט זיך אונ אז ער זאגט אוף איין זאך וואס זיין צייט איז נים בשטומט סיי ער זאגט ביז די זאך וועט זיין סיי ער זאגט ביז די זאך וועט קומען איז ער נים אסור נאר ביז די זאך קומט:

ד (עד הקיץ כו') אז ער זאגט ביז דער צייט וואס די פייגן ווערן גאנץ פארטיג זיין די צייט הייסט קיץ אדער ער זאגט עס וועט זיין קיץ איז ער אסור ביז עס קומט די צייט וואס דער עולם הייבט אן די פייגן אריין צו נעמען אונ די קוישלך (עד שיעבור הקיץ כו') אז ער זאגט ביז דער קיץ וועט אוועק גיין איז ער אסור ביז עס קומט די צייט וואס מען בראכט שון די גמריקן פייגן אוף דעם אנדערן יאר (עד הקציר כו') זאגט ער ביז שניט צייט איז ער אסור ביז עס קומט דער ווייץ שניט האמש אין זיין געגענד איז אוך דא געוואקסן שניט דר. עיקר ווענט זיך אם אין דעם אורט ווי דער נדר איז געווען אוף דעם אורט איז דאס רוב תבואות געוואקסן איז ער אסור ביז דער געוואקסן שניט (אם היה בהר כו') אז ער איז בשעת נדר געווען אוף איין בארג איז ער

הַעַד הַגְּשָׁמִים. עַד שֶׁיְּהוּ הַגְּשָׁמִים. עַד שֶׁתֵּרֵד רְבִיעָה שְׁנִיָּה יג. רַבָּן שִׁמְעוֹן בֶּן גַּמְלִיאֵל אוֹמֵר עַד שֶׁיַּגִּיעַ זְמַנָּהּ שֶׁל רְבִיעָה. עַד שֶׁיִּפָּסְקוּ גְשָׁמִים. עַד שֶׁיֵּצֵא נִיסָן כֻּלּוֹ, דִּבְרֵי רַבִּי מֵאִיר. רַבִּי יְהוּדָה אוֹמֵר עַד שֶׁיַּעֲבוֹר הַפֶּסַח. קוֹנָם יַיִן שֶׁאֵינִי טוֹעֵם הַשָּׁנָה טו נִתְעַבְּרָה הַשָּׁנָה אָסוּר בָּהּ וּבְעִיבּוּרָהּ. עַד רֹאשׁ חוֹדֶשׁ אֲדָר עַד רֹאשׁ אֲדָר הָרִאשׁוֹן. עַד סוֹף אֲדָר. עַד סוֹף אֲדָר הָרִאשׁוֹן טז. רַבִּי יְהוּדָה אוֹמֵר קוֹנָם יַיִן שֶׁאֵינִי טוֹעֵם. עַד שֶׁיְּהֵא הַפֶּסַח. אֵינוֹ אָסוּר אֶלָּא עַד לֵיל הַפֶּסַח. שֶׁלֹּא נִתְכַּוֵּין זֶה אֶלָּא עַד שָׁעָה שֶׁדֶּרֶךְ יז בְּנֵי אָדָם לִשְׁתּוֹת יַיִן: ו אָמַר קוֹנָם בָּשָׂר שֶׁאֵינִי טוֹעֵם

ר"ע מברטנורה

הגליל של בקעה: (ה) עד הגשמים עד שיהיו גשמים. באיזה לשון מסתיי' לשונות הללו שהוציא מפיו שמר. כיון שהתחילו הגשמים לירד ברביעה שנייה שהיא בשנה המאוחרת בראש חודש כסליו הלכך הנודר עד הגשמים (יד) אסור עד ראש חודש כסליו. אלא א"כ ירדו גשמים בתחלת זמן שהוא בשנה המבכרת בז' במרחשון ובשנה הבינונית בכ"ג בו. וכן הלכה לא כרשב"ג שאומר עד שיגיע זמנה של רביעה: רבי יהודה אומר עד שיעבור הפסח והלכה כרבי יהודה: (ו) לילי הצום. ליל יום כפור שמצוה להרבות בסעודה

עיקר תוי"ט

שיגיע קציר של הר בגמרא: (ת) שניה. דגשמים משמע לת"ק ירידת גשמים וגם משמע ל' רבים. ומיעוט רבים שנים. ולפיכך עד שתרד רביע' שניה ואפילו אמר עד שיהיו לפי שאין זמן קבוע למשך ירידתן ורשב"ג שקל ספי. ואמר עד זמן רביעה ואע"פ שלא ירדו גשמים. הרא"ש: (יד) נ"ל שיש ט"ס וצ"ל עד הגשם וכ"ה גי' הר"מ. וכדאי' בגמרא מחלוקת דא' עד הגשמים אבל אמר עד הגשם עד זמן גשמים קאמר כלו' אף ת"ק מודה שאין נודר עד שתרד אלא עד שיגיע ומיהו לא סגי עד זמן אחרון שהוא ר"ח כסליו אבל כשירדו אפי' בזמן הראשון סגי וכ"פ הכ"מ לדעת הר"מ. אבל בעיקר דין משנתינו לא ביאר הר"ב אימתי זמן ירידת גשמים שכשירדו עבר זמן נדרו. והר"מ בחיבורו כ' כשירדו מכ"ג דמרחשון שהיא הבינונית והר"ב סמך על המסתבר דמסתמא בל' בא הוא על דבר הממוצע. ועתוי"ט: (טו) השנה. נ"ל דרבותא דמתניתין דמתסר בעיבורה לנודר מתחלת השנה איצטריך דאי בנידר מר"ח שבט פשיטא דהשנה עד ר"ח משמע אלא ודאי בנודר מתחלת השנה אתא לאשמעינן דמתסר בעבורה כו' ואפשר דאפי' בנדר שנה אחת סתם אסור בעיבורה כל שקדם נדר לחודש העיבור דמסתמא שנה זו משמע. הר"ן והרא"ש כ' והיינו לומר שאם אמר שנה אחת אסור יג"ח ולא אמרי' לא היתה דעתו על שנה מעוברת אלא כסתם השנים שהן יב"ח אלא בנדרים הלך א"ר לשון ב"א ובין פשוטה ובין מעוברת קרויה שנה: (טז) ויש דגרסי עד סוף אדר עד סוף אדר שני וכן עיקר דלשני האדרים חשיב חד ירחא. דלאידך גיסא ראש וסוף למה לי תדא סגי הרא"ש: (יז) שדרך. דודאי רוצה לשתות ד' כוסות של יין בלילי פסח שכל אדם

אָסוּר בִּיז עֶס הֵייבְּט זִיךְ אָן דֶער שְׁנִיט אוֹיף דִיא בֶּערְג. אוֹב עֶר אִיז גֶוועֶן בִּשְׁעַת נֶדֶר אִין אַיין טָאל אִיז עֶר אָסוּר בִּיז עֶס הֵייבְּט זִיךְ אָן שְׁנִיט אִין דִיא טָאלְן:

ה (עַד הַגְּשָׁמִים) אַז עֶר זָאגְט בִּיז דִיא צֵייט פוּן רֶעגְן אַז״ר בִּיז עֶס וֶועט זַיין רֶעגְן אִיז עֶר אָסוּר בִּיז עֶס קוּמְט דִיא רְבִיעָה שְׁנִיָּה דָאס הֵייסְט בִּיז רֹאשׁ חוֹדֶשׁ כִּסְלֵו אַז עֶס גֵייט פְרִיר נִיט קֵיין רֶעגְן אוּנ ר׳ שִׁמְעוֹן בֶּן גַמְלִיאֵל זָאגְט אֲפִילוּ עֶס גֵייט פְרִיר נִישְׁט קֵיין רֶעגְן אִיז עֶר נִיט אָסוּר נָאר בִּיז עֶס קוּמְט דִי צֵייט וָוס עֶס דַארְף רֶעגְנְן דְהַיְינוּ בִּיז עֶס קוּמְט י״ז חֶשְׁוָון (עַד שֶׁיִּפָּסְקוּ כו׳) אַז עֶר זָאגְט בִּיז דִיא רֶעגְן וֶועלְן אוֹיף הֶערְן זָאגְט ר״מ אַז עֶר אִיז אָסוּר בִּיז עֶס וֶועט אַוֶועק גַאנְץ חוֹדֶשׁ נִיסָן אוּנ ר׳ יְהוּדָה זָאגְט בִּיז נָאךְ פֶּסַח (קוֹנָם יַיִן כו׳) אַז עֶר זָאגְט אִיךְ טוּא אַנֶּדֶר אִיךְ זָאל דָאס יָאר קֵיין וַויין פַר זִיכְן אוּנ אִין דֶעם יָאר אִיז דָא אַיין עִיבּוּר אִיז דֶער עִיבּוּר אוֹיךְ אִין כְּלָל (עַד רֹאשׁ כו׳) אַז עֶר זָאגְט בִּיז עֶס וֶועט זִיךְ אָן הֵייבְּן אֲדָר אִיז עֶר אָסוּר בִּיז עֶס הֵייבְּט זִיךְ אָן אֲדָר רִאשׁוֹן זָאגְט עֶר בִּיז סוֹף אֲדָר אִיז אָסוּר בִּיז סוֹף אֲדָר רִאשׁוֹן ר׳ יְהוּדָה זָאגְט אַז אַיינֶער טוּט אַנֶּדֶר עֶר זָאל נִיט נֶעמֶען קֵיין וַויין בִּיז פֶּסַח אִיז עֶר נָאךְ אָסוּר בִּיז עֶס קוּמְט דִיא עֶרְשְׁטֶע נַאכְט פֶּסַח וָוארוּם עֶר הָט זִיךְ בְּוַדַּאי נִיט מִתְכַּוֵּין גֶעוֶוען נָאר בִּיז דֶר סֵדֶר אִיז פוּן מֶענְטְשְׁן זֵיי זָאלְן טְרִינְקֶען וַויין:

ו (אָמַר קוֹנָם כו׳) זָאגְט אַיינֶער עֶר טוּט אַנֶּדֶר עֶר זָאל נִיט עֶסְן קֵיין פְלֵיישׁ בִּיז יוֹם כִּפּוּר אִיז עֶר נִיט אָסוּר נָאר בִּיז דֶער סְעוּדָה הַמַּפְסֶקֶת וָוארוּם עֶר הָאט זִיךְ בְּוַדַּאי נִיט מִתְכַּוֵּין גֶעוֶועזְ

טועם עד שֶׁיְהֵא הַצּוֹם. אֵינוֹ אָסוּר אֶלָּא עַד לֵילֵי צוֹם · שֶׁלֹּא נִתְכַּוֵּין זֶה אֶלָּא עַד שָׁעָה שֶׁדַּרְךְ בְּנֵי אָדָם לֶאֱכוֹל בָּשָׂר. רַבִּי יוֹסֵי בְּנוֹ אוֹמֵר. קוֹנָם שׁוּם שֶׁאֵינִי טוֹעֵם. עַד שֶׁתְּהֵא שַׁבָּת. אֵינוֹ אָסוּר אֶלָּא עַד לֵיל שַׁבָּת. שֶׁלֹּא נִתְכַּוֵּין זֶה אֶלָּא עַד שָׁעָה שֶׁדַּרְךְ בְּנֵי אָדָם לֶאֱכוֹל שׁוּם: ז הָאוֹמֵר לַחֲבֵירוֹ קוֹנָם שֶׁאֲנִי כ נֶהֱנֶה לָךְ. אִם אִי אַתָּה בָּא וְנוֹטֵל לְבָנֶיךָ כא כּוֹר אֶחָד שֶׁל חִטִּין. וּשְׁתֵּי חָבִיּוֹת שֶׁל יַיִן. הֲרֵי זֶה יָכוֹל לְהָפֵר כב אֶת נִדְרוֹ שֶׁלֹּא עַל פִּי חָכָם. וְיֹאמַר לוֹ כְּלוּם אָמַרְתָּ אֶלָּא מִפְּנֵי כְּבוֹדִי כג. זֶהוּ כְּבוֹדִי. וְכֵן הָאוֹמֵר לַחֲבֵירוֹ קוֹנָם שֶׁאַתָּה נֶהֱנֶה לִי כד אִם אֵין אַתָּה בָּא. וְנוֹתֵן לְבָנַי כּוֹר אֶחָד שֶׁל חִטִּין. וּשְׁתֵּי חָבִיּוֹת שֶׁל יַיִן. רַבִּי מֵאִיר אוֹמֵר אָסוּר עַד שֶׁיִּתֵּן.

וחכמים

ר"ע מברטנורה

בסעודה בערב לוס כפור (יח): קונס סוס סאיני טועס וכו׳. סעזרא תיקן סיהו אוכלים סוס בליל סבת מספי סמרבה הזרע. ואין הלכה לא כרבי יהודה ולא כרבי יוסי בנו אלא כדאמרינן לעיל במתניתין כל סזמנו קבוע אמר עד סיגיע אסור עד סיגיע עד סיהא אסור עד סילא (יס): (ז) זהו כבודי. סאסרכם בני מקבלין

היו

עיקר תוי"ט

אדם שותין. ר"י: (יח) והא עדיפא מקמייתא שהרי אינו מגיע איסורו עד הצום דלילי הצום ל"ד הוא מבערב אלא עד סעודה של לילי הצום קאמר. הר"ן: (יט) וצריך לחלק בין לא נתכוין דהכא שהרי אוכל דס"פ דהכא לא מוכח כמו לקמן. הר"ב ועתוי"ט בשם הרא"ש והרא"ה דהלכה כמותם. וא"צ לחלק לשלא נתכוין כו׳. קונם מה שאני נהנה משלך. הר"ב: (כא) לבניך. דרך כבוד הוא שיקח מתנה לבניו ולא לעצמו: (כ) שאני (כב) להפר. צ"ע דלישנא דהפרה לא שייך אלא בין איש לאשתו ובין אב לבתו. ול"נ דברישא ובסיפא כאן. הרא"ש שייך דוקא ל׳ הפרה משום דהנדר אינו נעקר מעיקרו כנדר גבי הכם משום דמה שאמר הריני כמו שהתקבלתי או זהו כבודי מתקיים הנדר וא"כ עד אותו שעה קם הנדר דומיא דבעל דמיפר להבא. ת"ח: (כג) כבודי. שאתכבד על ידיך בפני הבריות שיראו שאני חשוב בעיניך שאתה רוצה ליתן לי מתנה: זהו כבודי. שאתכבד יותר כשיראו שאתה רוצה ליתן ואני איני רוצה לקבל. הר"ב: (כד) נהנה לי. כלו׳ משלי וכן דרך בני אדם שנודרין ואוסרין הנאתן על מי שלא יהנה אותם וברישא שרוצה שהלה יקבל הנאה ממנו הרי הוא נודר שלא יהנה הוא ממנו אם

לא

צוא אַסִירָן נאר בִּיז אִין דֶער צַייט וואס דֶער דֶרֶךְ אִיז רֶעסְאָרְט פְלֵייש צו עֶסִין (ר"י בנו אומר כו׳) ר"י זאגט ווען אֵיינֶר טוט אַנֶדר עֶר זָאל נִיט עֶסִין קֵיין קְנָאבִיל בִּיז שַׁבָּת אִיז עֶר נָאר אָסוּר בִּיז דֶר עֶרְשְׁטֶע סְעוּדָה פוּן שַׁבָּת ווארום עֶר הָאט זִיךְ בְּוַדַּאי נִיט מְכַוֵּין גִיוֶועֶן נָאר בִּיז אִין דֶער צַייט וואס דֶער דֶרֶךְ אֶרֶץ אִיז צו עֶסִין קְנָאבִּיל דִיא הֲלָכָה אִיז אָבֶּר נִיט וויא ר׳ יְהוּדָה אוּנ נִיט וויא ר׳ יוֹסִי:

(האומר לחברו כו׳) ווען אֵיינֶר זָאגְט צוּם אַנְדֶרֶן אִיךְ טוּא אַנֶדר אִיךְ קָאן פוּן דִיר נִיט נֶהֱנֶה זַיין אַז דוּא וָועסְט דִיר נִיט קוּמֶן נֶעמֶן פוּן מַיינֶע קִינְדֶר וֶועגִין אַקָארְן וַוייץ אָבֶּר צְווַיי פַאס וויין דַארְף עֶר נִיט קֵיין הַתָּרָה פוּן קֵיין חָכָם ווארום עֶר קֶען אִים זָאגֶן דוּא הָאסְט דָס נִיט גִיזָאגְט נָאר פוּן מַיין כָּבוֹד וֶועגִין עֶס אִיז אָבֶּר מֶער כָּבוֹד בַּייא מִיר אַז דוּא ווילְסְט מִיר גֶעבִּין אוּנ אִיךְ וִויל נִיט נֶעמִין (וכן האומר כו׳) אַזוֹ אוֹיךְ וֶוען אֵיינֶר זָאגְט צוּ זַיין חַבֵר אִיךְ טוּא אַנֶדר אַז דוּא זָאלְסְט פוּן מִיר קֵיין שׁוּם הֲנָאָה הָאבֶּן בְּאִם דוּא וֶועסְט נִיט קוּמֶן אוּנ גֶעבִּין צוּ מַיין זִין אַקָארְן וַוייץ אָדֶר צְווֵייא פַאס וויין ר׳ מֵאִיר זָאגְט אַז עֶר אִיז אָסוּר בְּהֲנָאָה בִּיז עֶר גִיט אִים אַזוֹ וויא יֶענֶר הָט פַר לַאנְגְט אוּנ דִיא חֲכָמִים זָאגֶן דֶר דַארְף אוֹיךְ קֵיין הַתָּרָה נִיט פוּן קֵיין חָכָם עֶר דַארְף נָאר זָאגֶן עֶס אִיז בַּייא מִיר אַזוֹ גוּט גְרַייךְ אִיךְ וואלְט עֶס שׁוֹן מְקַבֵּל גִיוֶועֶן (היו מסרבין בו כו׳) אַז מֶען אִיז אֵיינֶם צוּדְרִינְגְלִיךְ גִיוֶועֶן עֶר זָאל נֶעמִין זַיין שְׁוֶועסְטֶירְס טָאכְטֶר אוּנ עֶר הָאט גִיזָאגְט אִיךְ בִּין אָסוּר אוֹיף אִיר בְּנֶדֶר זִיא זָאל פוּן מִיר אֵייבִּיג קֵיין הֲנָאָה הָאבֶּן אַזוֹ אוֹיךְ וֶוען אֵיינֶר וואס הָאט זַיין ווייב גֶט גִיגֶעבִּין הָאט גִיזָאגְט אִיךְ אָסוּר זִי בְּנֶדֶר זָאל פוּן מִיר קֵיין הֲנָאָה נִיט הָאבֶּן

מענין

חכמים אומרים. אף זה יכול להפר את נדרו שלא על פי חכם. ויאמר לו הרי אני כה כאלו (וגו׳ התקבלתי) כו. היו מסרבין בו לישא בת אחותו. ואמר קונם שהיא נהנית לי לעולם וכן המגרש את אשתו ואמר קונם אשתי נהנית לי לעולם. הרי אלו מותרות להנות לו כו. שלא נתכוין זה אלא לשום אישות י. היה מסרב בחברו שיאכל אצלו. אמר קונם לביתך שאיני נכנס. טיפת צונן שאיני טועם לך. מותר ליכנס לביתו. ולשתות ממנו צונן. שלא נתכוין זה לא. אלא לשום אכילה ושתיה:

אות שבת פ״ב

רבי אליעזר אומר תולין את המשמרת ביום טוב ונותנין לתלויה בשבת וחכמים אומרים אין תולין את המשמרת ביום טוב ואין נותנין לתלויה בשבת אבל נותנין

ר״ע מברטנורה

פי׳ מסרבין בו לשאת את בת אחותו. מפצירין בו (כז) בישא את בת אחותו מפני שהיא בת גילו. ומצוה הנושא את בת אחותו עליו הכתוב אומר (ישעיה נח) ומבשרך אל תתעלם אז תקרא וה׳ יענה (כח): שלא נתכוין זה. אלא לשם אכילה ושתיה ומיהו גם באכילה ושתיה רוצה הואיל ולא הוציא מפיו אכילה ושתיה דבנדרים בעינן הוצאה בשפתיו כדכתיב (במדבר ל) ככל היוצא מפיו יעשה. ולא דמי לנושא דאיבות בכלל הנאות איתיה:

פרק ב רבי אליעזר אומר תולין את המשמרת. במשניות בה שמרי יין ומותח את פיה לכל צד בעגול ונעשה כאהל על חלל הכלי ואף ע״ג דעביד אהל שרי בי״ט דס״ל לר״א מכשירי אוכל נפש שאפשר לעשותן מערב יום טוב מותר לעשותן ביו״ט אבל בשבת (הולה) לכתחלה לא אבל אם תלויה היא נותנין לתוכה שמרים ומסננין דאין דרך בורר בכך: אין תולין את המשמרת. דעביד אהל עראי ומחזי כמעשה חול

עיקר תוי״ט

לא יקבל הנאה: (כה) הרי אני. הריני מחזיק לך טובה כאלו התקבלתי ממך. רש״י: (כו) כאלו כו׳. מפרש בגמרא דה״ט משום דלהרווחה דידיה מכוין והא לא איצטריך ודוקא כשהבנים סמוכים על שולחנו דבכה״ג אכוין שלא יצטרך להוציא משלו לצרכן והא לא איצטריך ויכול לומר כן. אבל אין הבנים סמוכים כו׳ הוי איפכא דלהרווחה דידהו מכוין וכל שאביו הם הריני כו׳ התירו הנדר ואלו אמר האב אין בדבריו כלום. דר״נ: (ס) ונקרא סירוב שהוא תרגום מיאון לפי שגם המפציר הוא מסרב וממאן במה שחבירו רוצה כגון הכא שחבירו רוצה שלא ישא בת ארותו וזה המפציר הוא ממאן ברצון זה ורוצה שישאנה: (כח) וה״ה בת אחיו אבל אחותו נקט טפי לפי שמשדלתו בדברים ושכיח שנושא בתה. רשב״ם: (כט) להנות לו. שאר הנאה: (ל) אישות. שנדר שלא תהנה ממני דרך אישות. רש״י: (לא) זה. המסרב בו אלא לאכילה ושתיה המרובה וכי אמר זה קונם לביתך כו׳ לא נתכוין לדור הנאה ממנה אלא לאכילה ושתיה המרובה נתכוין. רש״י:

פרק ב (א) לפ״ז ל׳ שיצלו מל׳ צללו כעופרת. ובדבריהם צללת במים אדירים כלומר שהיין יהיה נגער ויפול וימשוך

זעלן זיא דאך פון איהם נהנה זיין ווארום ער האט זיך ניט מתכוין געוועזן נאר לענין געשואין (היה מסרב בו) ווען איינער איז זיין חבר צו פרידין געוועזן ער זאל ביי איהם עסין אונ דרויף זאגט ער איך נעם אויף מיר קונם איך זאל אין דיין הויז ניט אריין גיין אודר ער זאגט איך טוא אנדר איך זאל קיין טראפין קאלטס ביי דיר ניט גינוסין איז ער מותר אין זיין הויז צו גיין קאלטס צו טרונקין וויבן ער האט מיט דעם נדר ניט מכוין געוועזן נאר לענין אכילה ושתיה אונ אפילו אכילה ושתיה איז אויך מותר ווייל ער האט בשעת נדר מיט דעם מויל גיט מזכיר געוועזן קיין אכילה ושתיה:

משנה ר׳ רבי אליעזר זאגט (תולין את המשמרת) מען מעג אויף הענגין אזייער מיינט מען דא זעקיל וואס מען זייט דרויף הייבן מעג מען ארום הענגן אום יום טוב איבר אבלי די חכמים זיי זאגן זייען אבר אום שבת טאר מען ניט הענגין (ונותנין לתלויה) נאר הענגט פון פר שבת מעג מען אונ אים אריין גיסין היינין עס זאל

נותנין לתלויה ביום טוב: ב נותנין מים על גבי שמרים בשביל שיצלו ומסננין את
היין בסודרין ובכפיפה מצרית ונותנין ביצה במסננת של חרדל ועושין אנומלין
בשבת רבי יהודה אומר בשבת בכוס ביום טוב בלגין ובמועד בחבית. רבי צדוק
אומר הכל לפי האורחין: ג אין שורין את החלתית בפושרין אבל נותן לתוך החומץ:

ואין

ר"ע מברטנורה

הל: ואין נותנין לתלויה בשבת. דהוי תולדת בורר או מרקד והלכה כחכמים: (ב) שמרים מים. בשביל שיצלו
על גבי שמרים הנתונים במשמרת מבעוד יום: כדי שיצלו. פירוש השמרים צלולים ויצא כל היין. פירוש
אחר על גבי שמרים שנשארו בחבית וקולטין טעם היין (א) ומוציאין אותם בשבת ושותים אותן ואין
בזה משום בורר אם היין מפני שקמחים לכרים שמחסרה בו: בסודרין. המיוחדין לכך וליכא למיגזר
דלמא אתי לידי סחיטה ומצרין למלאכה זו והוא שלא יעשה כיון בעודו כמין גומא בפי הכלי כדי שיעמיד סוי
במדרך שלא יעשה כדרך שהוא עושה בחול: ובכפיפה מצרית. של עשויה מעלי הדקל והוא שלא מעשה
סכפיפה גבוהה מקרקעית הכלי שתחתיו טפח שאז יעשה אהל עראי (ג): ונותנים ביצה במסננת. שמסננין
בה חרדל להסתלק שרגילין ליתן ביצה מרופה בדברים שמעורין והם מתלבנים ומזדככים על ידה: אנומלין.
יין ודבש ופלפלין: בלגין. גדול מכוס וקטן מחבית: הכל לפי האורחים. אם יש לו אורחין מרובין עושה
הרבה בין בשבת בין ביום טוב בין במועד והלכה כת"ק שעושין אנומלין בשבת לפי כח אורחין רוצים:
(ג) חלתית. כך שמה בערבי ויש אומרים ועושין לאכלה כשמים סקרים ואין שורין אותה בשבת דמשום
רפואה

עיקר תוי"ט

ומשמע לתוך החומץ: (ג) ורש"י והר"ם . וכ' הר"מ וא"כ אפילו במסנן בסודרין אסור מיהא אבל
ולא ודאי משום שינוי הוא והתם כיון דאיכא שינוי אחרינא דלא עביד גומא ש"ד . ול"ג וא"כ דהל"ל לרש"י
והר"ם שהיו הסודרים מתוחים ונתונים ע"ג הכלי מבע"י ותרע דבכפיפ' ע"ג בתבי מיירי כו' . תוי"ט וע"ע:

שפין

אנו די חכמים זאגין (אין תולין את המשמרת) מען טאר דעם זייער ניט אוף הענגען אום יום
(ואין נותנין לתלויה בשבת) אונ אום שבת טאר מען ניט אריין גיסן קיין הייבין אפילו אין אזו
אייער וואס הענגט פון פר שבת (אבל נותנין לתלויה ביום טוב) אבר אום יום טוב מעג מען
יא אריין גיסן אין אזו אייער וואס הענגט פון פר יום טוב (נותנין מים על גבי שמרים) מען
מעג ארויף גיסן וואסר אויף די הייבין וואס מען הט פר שבת גינומן אונ זיא (בשביל שיצלו)
די הייבין זאלן קלאר ווערן אונ זאל קענין דורך רונן (ומסננין את היין בסודרין) מען מעג דעם
וויין זייען דורך אטוך נאר ער זאל ניט מאכין ווי א גרוב אין דעם טוך ווי ער מאכט אין
דער וואכן (ובכפיפה מצרית) אונ מען קען זייען דורך א קארב וואס מען מאכט פון רוקלעך פון
א טייטל בוים (ונותנין ביצה) אונ מען מעג געבין איין איי (במסננת של חרדל) אין דער זיי
וואס מען זייאט זעניפט ווארום מען פלעגט אריין גיסן א צושלאגן איי אין א זעלכי זאכן ווס זענין
טרוב אונ דורך דעם איי ווערין זיי קלאר גיווארן (ועושין אנומלין בשבת) אונ מען מעג מאכין
אום שבת א גוטראנק פון וויין אונ האניק אונ פעפער (רבי יהודה אומר) רבי יהודה זאגט (בשבת
בכוס) אום שבת טאר מען ניט מאכין דאס גיטראנק נאר וויפל עס קען אריין אין א בעכער
(ביום טוב בלגין) אום יום טוב מעג מען מאכין אין א לאגיל דאס איז גרעסיר פון א בוס (ובמועד
בחבית) אום חול המועד מעג מען מאכין דאס גיטראנק אפילו אין א פאס (רבי צדוק אומר) רבי
צדוק זאגט (הכל לפי האורחים) אז ער האט פיל אורחים מעג ער מאכן פיל משקה אונ אז ער
האט ניט פיל אורחים טאר ער ניט מאכן פיל משקה (אין שורין את החלתית בפושרין) א זו
א [illegible] וואס ווערט אן גירופן חלתית טאר מען ניט איינווייקן אום שבת אונ לעבליך וואסר
(אבל נותן לתוך החומץ) אבר אין עסיג מעג מען דאס יא אריין לייגן (אין שורין את הכרשינין)
מען טאר ניט איינווייקן פאר די הינער ארבעס וואס ווערט אן גירופן כרשינין פאר דען דאס ניט איינווייקן אין וואסר

רש'

אֵין שׁוֹרִין אֶת הַכַּרְשִׁינִין וְלֹא שָׁפִין ג׳ אוֹתָן אֲבָל נוֹתֵן לְתוֹךְ הַכְּבָרָה אוֹ לְתוֹךְ הַכַּלְכָּלָה. אֵין כּוֹבְרִין אֶת הַתֶּבֶן בִּכְבָרָה וְלֹא יִתְּנֶנּוּ עַל גַּבֵּי מָקוֹם גָּבוֹהַּ בִּשְׁבִיל שֶׁיֵּרֵד הַמּוֹץ אֲבָל נוֹטֵל הוּא בִּכְבָרָה וְנוֹתֵן לְתוֹךְ הָאֵבוּס: ד גּוֹרְפִין לִפְנֵי הַפְּטָם וּמְסַלְּקִין לַצְּדָדִין מִפְּנֵי הָרְעִי דִּבְרֵי רַבִּי דוֹסָא וַחֲכָמִים אוֹסְרִין. נוֹטְלִין מִלִּפְנֵי בְהֵמָה זוֹ וְנוֹתְנִין לִפְנֵי בְהֵמָה זוֹ בְּשַׁבָּת: ה הַקַּשׁ שֶׁעַל הַמִּטָּה לֹא יְנַעְנְעֶנּוּ בְּיָדוֹ אֲבָל מְנַעְנְעוֹ בְּגוּפוֹ

בגופו

ר״ע מברטנורה

כדמפרש תו״י: את הכרשינין. ליתן עליהם מים בכלי לברור פסולתן שהפסולת צף למעלה: ולא שפין אותן. ביד להסיר פסולתן דהוה ליה בורר: אבל נותן בתוך הכברה. ואע״פ שהפסולת נופל לנקבים דרך נקבי הכברה ונמצא מתברר מאליו: התבן. שהיו עושים מן הקש שמחתכין אותו במוריגים ונעשה כל זנב השבולת תבן: מוץ. הוא מוקן השבולת העליון ואינו ראוי למאכל בהמה וכוברים אותה בכברה שיפול המוץ: אבל מטל בכברה ונותן לתוך האבוס. ואע״פ שהמוץ נופל מאליו דדבר שאינו מתכוין מותר לר׳ שמעון: (ד) גורפין. גבבת אבוס שלפני השור שמספסים אותו שלא יתערב העפרורים שבאבוס בתבן ובשעורים שנותנים לפניו ויקוץ במאכלו ו״מסלקין מכן שלפניו לצדדים כשהוא רב כדי שלא ידרסנו ברגלו ויתלכלך ברעי: וחכמים אוסרים. ספריוייהו קמי אחד גריפת האבוס ואחד סכן שלפניו לא יסלקנו לצדדים ולא נחלקו רבי דוסא וחכמים אלא באבוס של כלי אבל באבוס של קרקע הכל מודים שאין גורפים דלמא אתי לאשווי גומות ורבנן גזרו אבוס של כלי אטו אבוס של קרקע והלכ׳ כחכמי׳: נוטלין מלפני בהמה זו ונותנים לפני זו. ולא אמרינן בטול דלא חזי הוא אלא ודאי חזי דאין בהמה קצה במאכל הנופל מלפני חברתה חוץ מלפני החמור ונותנים לפני השור וכיוצא בזה אבל לא מלפני השור ומתנים לפני חמור שמאכל השור מאוס בריוק סיגלים מפיו ואין החמור אוכל ממנו: (ה) הקש שעל המטה, שממה לכסות ומוכלס

סוס

עיקר תוי״ם

(ג) שפין כמו מקנחין או כמו״ש תו״ם: (ד) ע׳ יתידות שיש עמודים קבועים בד׳ הפאות של התחתונות והעליונות

דיא פסולת זאלן ארויף שווימן (ולא שפין אותן) אונ מען טאר דיא פסולת נים אפ רייבן מים דיא הענט (אבל נותן הוא) ער מעג דם ארײן לייגן (לתוך הכברה) אין אַרעשוטי (או לתוך הכלכלה) אדער אונ אקארב חאטשי דיא פסולת פאלן ארוס דורך לעכליך (אין כוברין) מען טאר נים זופן (את התבן) דיא שוצקע (בכברה) מים ארעשוטע (ולא יתננו על גבי מקום גבוה) אונ ער טאר עס נים לייגן אוף אהויך אורט (בשביל שירד המוץ) דיא פלאווי זאל אראפ פאלן (אבל נוטל הוא בכברה) אבר ער מעג טראגן מים דער רעשוטי (ונותן לתוך האבוס) אונ ארײן שוטן אין זלוב צביין חאטשי דיא פלאווע זופט זיך אוך בשעת ער טראגט ער איז אבר נים מתכוין דער צו:

ד (גורפין) מען מעג אום שארין דעם שטוב פון דעם זלוב ער זאל זיך נים צו מישן מים דעם גערשטין וואס מען לייגט (כלפני הפטם) פר דעם אוקס וואס מען וויל אים פעטן מאכן (ומסלקין לצדדין) אונ אז עס ליגט פר אים פיל שטרוי מעג ער אוועק רוקן אוף אזייט ער זאל עס נים צו טרעטן אזו זאגט (ר׳ דוסא) אונ די חכמים אסרין (ונוטלין מלפני בהמה זו) מעג מען אום שבת אוועק נעמן דם עסין פון איין בהמה (ונותנין לפני בהמה זו בשבת) אונ קען זאל לייגן אום שבת פר דער אנדערר בהמה:

ה (הקש שעל גבי המטה) דם שטרוי וואס ער דארף דר מים הייצן אונ עס ליגט אוף דעם בעט אונ ער וויל אום שבת זיך דרויף לייגן (לא ינענעו בידו) טאר ער דס נים צו שאקלן מים די הענט ווי קען טום אין דער וואכן (אלא בגופו) נאר מים זיין לייב דהיינו מים דעם אקסיל (ואם היה מאכל בהמה) אז דם שטרוי איז אבר אכאכל פר אבהמה (או שהיה עליו) אדער עס ליגט דרויף (כר) אקישין (או סדין) אדער אליילך וועלכע קען אן אז ער האלט די שטרויא נאר

סן

בגופו ואם היה מאכל בהמה או שהיה עליו כר או סדין מנענע בידו . מכבש של בעלי בתים מתירין אבל לא כובשין וש״ל כובסין לא יגעו בו . רבי יהודה אומר אם היה מותר מערב שבת מתיר את כליו ושומטן (נ״א מתיר את כולו ושומטו) :

אות שבת פכ״ג ש

שואל אדם מחבירו כדי יין וכדי שמן ובלבד שלא יאמר לו הלויני וכן האשה מחברתה ככרות א ואם אינו מאמינו מניח טליתו אצלו ועושה עמו חשבון לאחר שבת וכן ערב פסח בירושלים שחל להיות בשבת ב מניח טליתו אצלו ונוטל

את

ר״ע מברטנורה

סוף ונה לשכב עליו ומגעגע כדי שיהא רך וגף נשכוב עליו : לא ינענעו בידיו דמוקצה היא אבל מנענע בגופו כלכתפיו דטלטול מן הצד הוא ולאו שמיה טלטול : או שהיה עליו כר או סדין . דגלי דעתיה דאקצייה להכינה מעתה מורם כלי עליו : מכבש . שני לוחות שמשימין ביניהם הבגדים לאחר כביסתן ומהדקין הלוח העליון על הבגדים המונחים בלוח התחתון (ד) כדי שיהא קפילן נאה : מתירין . דהיינו לצורך שבת ליטול את הבגדים אבל לא כובשים דהיינו צורך חול . ושל כובסים לא יגע בו . משני שהוא עשוי לתקן בגדים ומהדק מפני והתרתו דומה לסתירה ואין הלכה כרבי יהודה :

בות ש שואל ובלבד שלא יאמר הלויני . דהלואה לזמן מרובה משמע וק״ל שהם הלואה שלשים יום שלכך מפני מעות לכתוב על פנקסו כך וכך הלויתי לפלוני כדי שלא ישכח : מניח טליתו אצלו . אם

סים

עיקר תוי״ט

התלויות מנוקבות מארבע זויותיה ועולה ויורדת בעמודים ובכל מה שהוא רוצה לכבוש מורידה ותוחב יתר בנקב העמוד ואינה יכולה לעלות . רש״י :

פרק כג (א) ככרות . בגמ׳ אמרינן אפילו תימא מתניתין כהלל דמ״ש פ״ח דב״מ. דס״ל דאף בחול אסור להלוות ככר בככר שמא יוקרו חטין ובאות לידי רבית דהכא באתרא דקיץ דמיה . ולפיכך תני וכן באשה לאשמעי׳ דאפי׳ להלל כי קיץ דמיה שרי . ותוי״ט :(ג) בשבת . ולא נזכר מע״ש לקנות רש״י ור״ע לאפוקי :

פון שלאפן ווענן (מנענעו בידו) ביז ער צו שאקלן מיט די הענט (מכבש) אפרעס (של בעלי בתים) וואס בעלי בתים פרעסן די קליידר (מתירין) מעג מען זי אום שבת אויף מאכן מען זאל ארויס נעמן די קליידר פון שבת וועגן (אבל לא כובשין) אבר מען טאר קיין אנדרי קליידר ניט אריין לייגן אום שבת צו פרעסן פון דער וואכן וועגן (ושל כובסין) אבר די פרעס פון די וועשורס (לא יגע בהן) טאר ער ניט אן ריהרן ווארום די פרעסן פון די וועשורס זענען זייער שטארק צו הויף גישלאגן אונ אז ער צו נעמט זי איז גליך ווי ער צו ווארפט אבנין אום שבת (רבי יהודה אומר) רבי יהודה זאגט (אם היה מותר מערב שבת) אז די פרעס איז אום ערב שבת אביסל אויפן גיוועז (מתיר או. כולו ושמוטו) מעג ער אום שבת גאר אויף עפינן :

אות ש (שואל אדם) א מענטש מעג לייאן פון זיין חבר א קריג מיט וויין אדר מיט אייל נאר ער טאר ניט זאגן ער זאל אים לייאן אויף אלאנגי צייט ווארום מאכט וועט דער מלוה אן שרייבן אויף זיין פנקס אונ אזו מעג איין אשה פון איר חברתה לייאן ברויט אונ אז ער וויל ניט גיטרויאן מעג ער אנידר לייגן זיין קלייד פר א משכון אונ נאך שבת זאל ער זיך מאכן א חשבון ווידער מיט אים אונ אזו איז אויך דער דין אונ ערב פסח אין ירושלים אז ערב פסח איז גיפאלן אום שבת אונ איינר וויל מקריב זיין א קרבן פסח אונ האט ניט קיין שעפילי אונ אום שבת טאר מען ניט קויפן מעג ער אנידר לייגן זיין קלייד פר א משכון ביא זיין חבר אונ נעמט א קרבן פסח אונ נאך יום טוב רעכינט ער זיך מיט אים אפ :

ב (ומונה אדם) א מענטש מעג ציילן וויפל אורחים ער האט אונ וויפל גיקוכץ ער וועט קאכן

אבי׳

אֶת פִּסְחוֹ וְעוֹשֶׂה עִמּוֹ חֶשְׁבּוֹן לְאַחַר יוֹם טוֹב : ב מוֹנֶה אָדָם אֶת אוֹרְחָיו וְאֶת
פַּרְפְּרוֹתָיו מִפִּיו אֲבָל לֹא מִן הַכְּתָב וּמַפִּיס עִם בָּנָיו וְעִם בְּנֵי בֵיתוֹ עַל הַשֻּׁלְחָן וּבִלְבַד
שֶׁלֹּא יִתְכַּוֵּן לַעֲשׂוֹת מָנָה גְדוֹלָה כְּנֶגֶד קְטַנָּה מִשּׁוּם קוּבְיָא ט וּמְטִילִין חֲלָשִׁים י עַל
הַקֳּדָשִׁים בְּיוֹם טוֹב יא אֲבָל לֹא עַל הַמָּנוֹת : ג לֹא יִשְׂכּוֹר אָדָם פּוֹעֲלִים בְּשַׁבָּת וְלֹא
יאמר

ר"ע מברטנורה

פים מחמינו ולוקח אותו ומקדישו בשבת דחובות שקבוע להן זמן יכולין להקדיש בשבת (ג) : (ב) פרפרותיו . מיני מעדנים : אבל לא מן הכתב . הכ"כ מע"ש כך וכך אורחים כדי שלא ישכח לא יקרא באותו כתב בשבת גזירה שמא ימחוק (ד) א"נ שמא יקרא בשטרי הדיוטות ואין מותר לקרות בשבת אלא בתורה שבכתב ובתורה שבעל פה לאחר שכתבוה ובפירושיהן אבל בשאר דברים או בספרי חכמות שלא; מדברי נבואה או פירושיהן אסורים : ומפיס . מטיל גורל (ה) לחלק מי יגיע כל מנה ומנה : עם בניו ועם בני ביתו . שהן סמוכין על שלחנו שאין כאן קפידא אבל עם אחר לא דבני חבורה המקפידים זה על זה שאין מוחלין ואינן מוותרים זה לזה עוברים (ו) משום מדה ומשום משקל ומשום מנין משום לווין ופורעין דגזור בהו רבנן שמא יכתבו : ובלבד שלא יתכוין וכו' . מתני' חסורי מחסרא וה"ק מפים אדם עם בניו ועם בני ביתו (ז) על השלחן ואפי' מנה גדולה כנגד מנה קטנה ודוקא עם בניו ועם בני ביתו אבל עם אחר לא ובלבד שלא יתכוין לעשות מנה גדולה כנגד קטנה ואז הוא דבי"ם אסור (ח) ובחול שרי אבל אם נתכוין לעשות מנה גדולה כנגד יה קטנה אפי' בחול אסור משום קוביא דגזל הוא ואסמכתא לא קני והאי אסמכתא היא דסמיך על כי אם יעלה לו הגורל על המנה הגדולה יזכה בה ולפיכך תלה עצמו אף לגורל הקטנה על הספק ואלו ידע [illegible]יה שכן לא היה מתרצה : חלשי' . גורלות כמו חולש על גוים (ישעיה י"ד י"ב) : על הקדשים בי"ם . ..שמחשו בי"ם לחלק אותם בי הכהנים : אבל לא על המנות . של קדשים של אתמול : (ג) לא ישכור
אדם

עיקר תוי"ט

(ג) לאפוקי חובות שאין קבוע להן זמן דאין מקדישין ביו"ט ק"ו בשבת . גמרא : (ד) מן האורחים שיראה שלא הכין כ"צ ויתתרם ויצוה לשמש שלא לקרותם . רש"י : (ה) שכ"ה בתרגום גורלך תפיל בתוכינו פייסך תרמא בינהנא. וצ"ל שעניינו כל' להתחנן לו שתרגם לפייסא ליה שע"י גורל מתפייסין ומתרצין זה לזה לפי שהושוו המדות ואין קנאה ומחלוקת : (ו) כלומר קרובים לבא לידי כך שיעברו משום מדה שע"י שמקפידים זה לזה ורגילים ליקח במדה זה מזה גם בי"ט יעשו כך כו' וכן במשקל ומנין יבואו לידי משקל ומנין מפני קפידתן ומשום לווין ופורעין דלשון הלואה אסור כדלעיל והם שמקפידים יזכירו לשון הלואה לפי שיאמר והשואל אם אזכיר ל' שאלה משמע דהדרה בעיניה לכך אומר ל' הלואה . רו' : (ז) משום דכיון דהכל של בע"ה ליכא קפידא כלל : (ח) סירכא דלישנא דגמרא לעיל בבני חבורה כו' ומשום לווין ופורעין בי"ט (דבביצה הם שנויין) אבל הכא בשבת היא : (ט) קוביא . שם נופל על כל מיני שחוק שיקח אדם ממון חבירו בהסכמת אותו השחוק : (י) חלשים . מין מן הגורלות : (יא) בי"ט . הר"ב בשם הר"מ כ' שהטעם כדי להבב את המצו' . ובכיפא כ' אבל לא על המנות של
חול

אבער נאר מיט דעם מויל מעג ער ציילן . אז ער האט אום ערב שבת אן גישריבן ווי פיל געסט אדער גקעכץ ער וועט האבן טאר ער אום שבת פון דעם כתב ניט לייאנן ווארום טאמער וועט אים עפים ניט גפעלין וועט ער אפ מעקן אונ ער מעג גורל ווארפין מיט זייני קינדער אונ מיט זיין הויז גזונד איבר דעם טיש וועלכם חלק צו איטליכן גיהער ווארום איינר אוף דעם אנדרין איז ניט מקפיד זיין אז איינר האט אגרעסר חלק אבר מיט פרעמדי טאר מען קיין גורל ניט ווארפן מחמת זיי זענין יוא מקפיד אז וועמן עס קומט אן אגרעסיר חלק וועלין זיי מוזן צו טיילן די חלקים זאלן זיין גליך ווי עס גליך ווי מען מעסט אום שבת אונ דס ווס אובין שטייט אז מען טאר ניט גורל ווארפן מיט אפרעמדין אונ יום טוב איז משמע אבר אין דער וואכן מעג מען ווען איז דס ער זאל לייגן אגרוס חלק אקעגין אגרוס חלק אבר אז ער איז מתכוין צו לייגן אגרוס חלק מיט אקלענר חלק דס טאר מען אפילו אין דער וואבין אוך ניט ווארום דאס הייסט נישפילט אונ ווערפיל אונ עס איז גזל גמור ווארום דעם ווס גיפאלט דס קלענרי חלק איז בוודאי ניט מוחל דעם אנדרן אונ דס ווס ער האט זיך פרייער יוא פר לאזט אוף דעם גורל ווארום ער האט גימיינט אז אים וועט אן קומן דאס גרעסערי חלק אום זוסט וואלט ער זיך פרייער אוך ניט פאר
לאזט אויף דעם גורל

ולא יאמר אדם לחבירו לשכור לו פועלים. אין מחשיכין יד על התחום לשכור פועלים ולהביא פירות אבל מחשיך הוא לשמור ומביא פירות בידו. כלל אמר אבא שאול כל שאני זכאי באמירתו רשאי אני להחשיך עליו: ד מחשיכין על התחום לפקח על עסקי כלה ועל עסקי המת להביא לו ארון ותכריכין גוי שהביא חלילין בשבת לא יספוד בהן ישראל אלא אם כן באו ממקום קרוב עשו לו ארון וחפרו לו

ר״ע מברטנורה

אדם פועלים. דכתיב (ישעיה נ״ח) ממצוא חפציך ודבר דבר (יב): ולא יאמר אדם לחבירו כו׳. לדיוקא נקטיה (יג) לא יאמר לחברו שכור לי פועלים אבל אומר לו הנראה שתעמוד עמי לערב כלומר עכשיו נראה אם אבא אלי לכשתחשך ואע״ם שניהם יודעים שעל מנת לשכרו לפעולתו הוא מזהירו כיון דלא מפרש ליה בדיבורו בהדיא שרי דקי״ל דבור אסור הרהור מותר: אין מחשיכין על התחום. לקרב עצמו בשבת עד סוף התחום ולהחשיך שם שיהא קרוב למקום פועלים או לפרדס להביא פירות דכל דבר שאסור לעשותו בשבת אסור להחשיך עליו אבל מחשיך הוא להיות קרוב לצאת ולשמור פירותיו דזה דבר המותר בשבת לשמור פירותיו: ומביא פירות בידו. הואיל ועיקר מחשבתו לא היתה לכך: כלל אמר אבא שאול. אתנא קמא פליג דאסר כל החשכה ולא מפליג בין החשכה של מצוה להחשכה של רשות ואתא איהו ואמר דהחשכה של מצוה שריא (טו) שכשם שמותר לומר לחבירו בשבת תהיה מזומן לילך לאחר חשיכה להביא ארון ותכריכים למת כך מותר להחשיך על התחום כדי שיהיה מזומן לאחר חשיכה להביא ארון ותכריכים וסיפא דתנן מחשיכים על התחום (לפקח) על עסקי כלה ועל עסקי המת אבא שאול היא והלכה כמותו: (ד לפקח על עסקי כלה. לעיין ולחקור בצרכי הכלה: חלילין. כלי נגון חלולין שקולן מעורר הבכי: לא יספוד בהן ישראל. קנסא הוא משום דמוכחא מלתא שבשביל ישראל הובאו (טז): אלא א״כ (באו ממקום קרוב אלא א״כ) נודע לו בבירור שבלי

עיקר תוי״ט

של קדשים של אתמול כיון דהיה אפשר למעבד מאתמול אבל הר״א והר״מ פי׳ דבבכר קדשים אפי׳ דאתמול מתיר בי״ט משום חבוב מצוה דהואיל ומצוה יש לו מה לי דאתמול מה לי דהיום. ומנות ר״ל של חולין. ועתוי״ט: (יב) וכתיב לעיל מניה אם תשיב משבת רגלך וגו׳ מעשות דרכיך ממצוא וגו׳: (יג) דאי לגופיה פשיטא מ״ש הוא ומ״ש חבירו גמרא ופרש״י דהא ישראל כמותו הוא ולא מצי לאגריניהו והשולחו עובר משום ולפני עור כו׳ וחק׳ בתו׳ ונימא אלמחר קאי ותי׳ דא״כ מאי אריא חבירו אפילו הוא נמי לא מצי למימר אשכור למחר: (יד) אין מחשיכין. שהרי נמצא הלוכו בשבת לעשות חפציו הר״מ: (טו) כדאיתא בגמרא משדכין על התינוקות וכו׳ אמר קרא ממצוא חפצך ודבר דבר חפציך אסור חפצי שמים מותר: (טז) דאין דרך להביא חלילין אלא בשביל מת. רש״י. והר״ב לא פי׳ עד אימתי לא יספוד בהן גו׳ שדעתו דבכדי שיבואו והיינו דתנן אלא אם כן באו ממקום קרוב ומשתמע כי באו ממקום קרוב יש בו שעור זה קודם שיספוד שאין מספידין מיד משתחשך. וכ״כ הר״ב דהחילוק בין חלילין לארון וקבר. דארון וקבר במקום פרהסיא הן מן הסתם ואוושא מלתא טובא וגנאי הוא למת אבל חלילין מסתמא בצנעא מובאים ואח״כ דארון וקבר שנעשו בצנעא דשרי בכדי שיעשו וחלילין שהובאו בפרהסיא

ג (לא ישכור אדם) אמענטש טאר ניט דינגען קיין פּועלים אום שבּת אונ טאר ניט זאגען צו זיין חבר ער זאל פון זיינט וועגען דינגען פּועלים מען טאר ניט אום שבּת גיין ביז דעם סוף תּחום עס זאל אים נאהענטער זיין צו די פּועלים אדר צום גערטנער אונ ער זאל ברענגען די פּירות אהיים אבר ער מעג דארט היטען די פּירות אונ דער נאך אהיים אויך ברענגען ווארום זיין כּוונה איז דאך נאך גיוועזן צו היטען די פּירות אכלל האט אבּא שאול גיזאגט אלי זאכען וואס איך מעג דעם חבר זאגען איך זאל טאן נאך שבּת קען איך אליין אויך ווארטען אונ סוף תּחום ביז שבּתות צו נאכט אונ זאל דאס טאן:

ד (מחשיכין על התחום) מען מעג אום שבּת ווארטען אונ סוף פון תּחום ביז עס ווערט נאכט ער זאל קויפען דיא זאכען וואס מען דארף פון אכּלה וועגען אונ פון וועגען א מת ער זאל ברענגען איין ארון אונ תּכריכין איין גוי וואס ער האט גיבּראכט פייפליך מען זאל מיט זייא בּקלאגין א מת טאר אישראל מיט זייא ניט בּקלאגין סיידין אז מען ווייסט אז ער האט זיי גיבּראכט פון אנאהענט ארט וואס איז ניט חוץ לתּחום אז איין איינו ישׂראל האט גימאכט אום שבּת פון איין

יז קבר יקבר בו ישראל יח ואם בשביל ישראל לא יקבר בו עולמית: ה עושין כל צרכי המת סכין ומדיחין אותו ובלבד שלא יזיז בו אבר. שומטין את הכר מתחתיו ומטילין אותו על החול בשביל שימתין. קושרין את הלחי לא שיעלה אלא שלא יוסיף וכן קורה שנשברה סומכין אותה בספסל או בארוכות כב המטה לא שתעלה אלא שלא תוסיף: אין מעמצין כג את המת בשבת ולא בחול עם יציאת הנפש והמעמץ עם יציאת הנפש הרי זה שופך דמים:

תפלת

ר"ע מברטנורה

שלא מטי. ...(יח) ...מחוץ לתחום: ארון. לפני שיקבר בו עכו"ם או למכור: (ה) ...ין נפטן. ומדיחין במים ופוקק נקביו (יט). סותמין נקביו העליונים והתחתונים כנגד או בסום דבר כדי שלא תכנס בהם הרוח ויתפח. ובלבד שלא יזיז בו אבר. שלא יטלטל ויגביה לא ידו (ולא רגלו) ולא ליתי עיניו שאסור לטלטל המת או אבר מאבריו אע"פ שמותר ליגע בו וכן כל מוקצה (כ) מותר בנגיעה ואסור בטלטול וביצה שנולדה בשבת או ביום טוב אסורה אפילו בנגיעה שמפני כדוריתה נגיעתה זו טלטולה: ושומטים את הכר מתחתיו. וכמאן מוטל על החול אבל לא מטלטלין להניחו על החול דהא תנא רישא ובלבד שלא יזיז בו אבריו: בשביל שימתין. שלא יסריח (כא) מחמת חום הסדינים והכרים: קושרים את הלחי. של מת שהיה פיו הולך ונפתח: ולא שתעלה. להדבק מה שנפתח דהיינו מזיז אבר אלא שלא תוסיף להפתח: סומכים אותה בספסל. שהרי תורת כלי עליו: לא שתעלה. דהוה ליה בונה: אין מעמצין את עיניו בשבת אפי' לאחר יציאת הנפש דהוה ליה מזיז אבר: שופך דמים. שבדבר מועט מקרב מיתתו:

תפלת

עיקר תוי"ט

בתוספתא אסורין עולמית אלא דמשנתינו דברה בהווה להא כדאיתא ולהא כדאיתא ועתוי"ט: (יז) רש"י ותק בתו' דהלא עכ"ז הביאם דרך ר"ה ומה לי ארו"ק שנעשה בשבת ומ"ל חלילין שהובאו דרך רה"ר וי"ל דהביאת ממקום קרוב לא מהני כ"כ הבאתו. ולשיטת הר"נ צריך להמתין עד כדי שיביאו מרה"ר ממקום שבאו: (יח) יקבר בו'. מיד וא"צ להמתין בכדי שיעשה ולרש"י טעמא כדאיתא בגמרא דמוקים לה בעומד באתרי' פרש"י שאין דרך ישראל ליקבר שם דודאי לא נעשה בשביל ישראל וארון מוקי במוטל על קברו של א"י באסרטיא. ולהר"נ מיירי דהדבר ידוע שעשה לו לעצמו א"צ הוכחה מתוך המעשה אלא שיהא נודע שעשאו לעצמו: (יט) לישנא דברייתא בגמרא הוא: (כ) וא"ת דבפי"ח ס"ב דדוחין לתרנגולת אבל לא מטלטלין ואמאי דוחין שנמצא שמטלטל מקצתו והגמ' אסרינן אפי' לזוז מקצתו. ונראה דלעיל משום צער בעלי חיים נגעו ודוקא בשצריכין לכך אבל בשאין צריכין לכך לא. הר"נ: (כא) ועניינו כאן שיתחלחל כמו בר"פ לא יחפור מתוגא קשה לכותל: (כב) בארוכות. בב"ח גרסינן במ"ת פ"ק דסוכה והם הלוחות שבצדדי המטה שהם ארוכין: (כג) אין מעמצין. כמו עוצם עיניו והל' מתהפך כמו כבש כשב:

חמנחת

אנדערין אינו ישראל וועגין איין ארון אדער ער הט גיגראבן פון וועגין אינו ישראל אקבר מעג מען דארט בגראבן אישראל אז ער הט נגראבן פון אישראל וועגן טאר מען נים בגראבן אישראל:

ה (עושין כל צרכי) מען מעג טון אלי זאכן וואס מען דארף פ ן אמת וועגן מעג מען אים שמירן מיט אייל אונ מען שווענקט אים מיט וואסר נאר ער זאל אים נים אוף רירן איין אבר

מען מעג אפיר שלעפין דזא קושין פון אונטר אום ער זאל בלייבן ליגין אוף דעם זאמד ער זאל קעניגן לוגין אונ נים פר שטונקן ווערן מחמת ער ליגט אוף בעט גיוואנט מען מעג אים די קונבאקין ציא צו בונדן אז דס טיל האט זיך געפינט מען טאר אזו שטארק נים בונדן דס טייל צו נוטן ווערין ווארום מען טאר דאך אים קיין אבר נים רירן נייארט עס זאל זיך וייטר נים עפינן אונ אזוי אוך אין דער דין אבאלקין האט זיך איין גיבויגין אונ אן נית הבין זיך צו ברעכן מעג מען אים אונטר שטעלין אין אונטר שפארין מיט אבאנק אדער מיט ברעטליך פון אבעט נים דר צאלוק זאל זיך העבר אוף הייבן נאר ער זאל זיך וייטר נים ברעכין מען טאר נים אום שבת אמת די אויגן צו מאכן אונ דער וואס מאכט דעם מת צו די אויגן איי די נשמה גייט ארום הייסט גלייך ער מארגיט אים אונ פר גיסט בלוט ווארום מיט דעם וואס ער מאכט אים צו דיא אויגן דער געהנט ער אים דעם טויט:

פפלם

תְּפִלַּת הַשַּׁחַר עַד חֲצוֹת. רַבִּי יְהוּדָה אוֹמֵר עַד אַרְבַּע שָׁעוֹת. תְּפִלַּת הַמִּנְחָה א עַד הָעֶרֶב ב. רַבִּי יְהוּדָה אוֹמֵר עַד פְּלַג הַמִּנְחָה. תְּפִלַּת הָעֶרֶב אֵין לָהּ קֶבַע וְשֶׁל מוּסָפִין כָּל הַיּוֹם ג. רַבִּי יְהוּדָה אוֹמֵר עַד שֶׁבַע שָׁעוֹת: ב רַבִּי נְחוּנְיָא בֶּן הַקָּנָה הָיָה מִתְפַּלֵּל בִּכְנִיסָתוֹ לְבֵית הַמִּדְרָשׁ וּבִיצִיאָתוֹ תְּפִלָּה קְצָרָה אָמְרוּ לוֹ מַה מָּקוֹם לִתְפִלָּה זוֹ אָמַר לָהֶם בִּכְנִיסָתִי אֲנִי מִתְפַּלֵּל שֶׁלֹּא תֶאֱרַע תַּקָּלָה עַל יָדִי וּבִיצִיאָתִי אֲנִי

נותן

ר״ע מברטנורה

תפלת השחר עד חצות. שכן תמיד של שחר קרב עד חצות לרבנן ולרבי יהודה אינו קרב אלא עד ארבע שעות ביום וצד ארבע שעות היינו עד סוף שעה רביעית שהוא שליש היום בזמן שהיום י״ב שעות וכן זמנה לעולם עד סוף שליש היום לפי אורך הימים וקוצרן כדכתבינן לעיל גבי ק״ש. והלכה כר׳ יהודה: תפלת המנח׳ עד הערב. עד שתחשך: עד פלג המנחה. זמן מנחה קטנה היא מתשעה שעות ומחצה עד הלילה שהם שתי שעות ומחצה נמצא פלג המנחה שהוא חצי שעור זה בשעה רביע ופסק ההלכה בזה דעבד כמר עבד ודעבד כמר עבד והרוצה לעשות כדברי חכמי׳ ולהתפלל תפלת המנחה עד הערב יעשה ובלבד שלא יתפלל ערבית בזמן זה שכיון שמחשיב אותו יום לענין שמתפלל בו מנחה אינו יכול להחשיבו לילה ולהתפלל בו ערבית ואם בא לעשות כדברי ר׳ יהודה שלא להתפלל מנחה אלא עד פלג המנחה שהוא שעה ורביע קודם הלילה עושה ומשם ואילך יוכל להתפלל ערבית: אין לה קבע. זמנה כל הלילה והא דתני אין לה קבע ולא קתני זמנה כל הלילה לאשמועינן דתפלת ערבית רשות לפי שהיא כנגד הקטרת איברים ופדרים שקרבים כל הלילה והנך רשות נינהו שכיון שנזרק הדם נרצה הקרבן אע״פ שנטמאו אברים ופדרים או שאבדו ומיהו האידנא קבלוה עליהם כחובה: ושל מוספין כל היום. אם איחרה אחר שבע יצא אבל נקרא פושע וכן הלכה: (ב) מה מקום. כלומר מה טיבה: שלא תארע תקלה. שלא יבא מכשול על ידי כדמפרש בברייתא שלא אכשל בדבר הלכה וישמחו חבירי שכי רעה שתבא ע״י שאגרום

עיקר תוי״ט

פרק ד (א) המנחה. הרמב״ן בפ׳ בא כתב שמנחה מל׳ מנוחת השמש והשקט אורו הגדול כדמתרגמינן למנח יומא והן מנחה גדולה ומנחה קטנה שהזכירו חכמים: (ב) עד הערב. שכן תמיד של בין הערבים קרב והולך עד הערב. ור״י סבר שקרב והולך עד פלג המנחה: (ג) כל היום. דתחלתה מיד אחר תמיד של שחר משא״כ מנחה דתחלתה לאחר שש ומחצה כדאי׳ רפ״ה דפסחים. ומ״מ כיון דמנחה תדיר הקדימה מתני׳: (ד) שבע שעות. התוס׳ ל״ג לה והעידו שהיא רק ברייתא ורבי לא שנאה במתני׳ דלא ס״ל כותיה אבל בשל שחר ס״ל

א, ת (תפלת השחר) דער זמן ביז וואנען מען מעג מתפלל זיין אין דער פריא איז (עד חצות) ביז אין האלבן טאג היינו ביז צוועליף (ר״י וכו׳) ר״י זאגט (עד ארבע שעות) ביז פיר שעה אויף דעם טאג היינו איין שליש פון דעם טאג אונ די משנה שמועסט באם אז דר טאג מיט דר נאכט זענען גלייך אזו איז א שליש פיר שעה (תפלת המנחה) דער זמן פון מנחה ביז מען מעג מתפלל זיין איז (עד הערב) ביז נאכט (ר״י אומר) ר״י זאגט (עד פלג וכו׳) נאר ביז אין דער העלפט זמן פון מנחה קטנה היינו פינף פערטיל שעה פאר נאכט (תפלת הערב) דער זמן פון תפלת מעריב (אין וכו׳) האט ניט קיין גבול היינו אגאנצי נאכט (ושל מוספים) אונ פון תפלת מוסף איז (כל היום) אגאנצי טאג:

ב, ר׳ נחוניא וכו׳) ר״נ האט מתפלל געוועזן (בכניסתו) ווען ער איז אריין גיגאנגען אין בית המדרש (וביציאתו) אונ ווען ער איז אוועק גיגאנגען (תפלה קצרה) איין תפלה בקיצור (אמרו וכו׳) האבן די חכמים גיפרעגט (מה מקום וכו׳) וואס פר איין תפלה ער איז מתפלל (אמר להם) האט ער זיי גיענפרט (בכניסתי כו׳) ווען איך קום אין בית המדרש בין איך מתפלל (שלא תארע כו׳) עס זאל מיך ניט טרעפן קיין שום מכשול אונ איין דבר הלכה (וביציאתו) אונ ווען איך בין אהיים גיגאנגן (אני וכו׳) האב איך אפ גיגעבן איין שבח צו השי״ת (על חלקי) וואס ער האט גיגעבן מיר טייל אונ דער תורה:

יוֹתֵן הוֹדָיָה עַל חֶלְקִי: ג רַבָּן גַּמְלִיאֵל אוֹמֵר בְּכָל יוֹם מִתְפַּלֵּל אָדָם שְׁמוֹנֶה עֶשְׂרֵה: רַבִּי יְהוֹשֻׁעַ אוֹמֵר מֵעֵין שְׁמוֹנֶה עֶשְׂרֵה. רַבִּי עֲקִיבָא אוֹמֵר אִם שְׁגוּרָה תְּפִלָּתוֹ בְּפִיו יִתְפַּלֵּל שְׁמוֹנֶה עֶשְׂרֵה וְאִם לָאו מֵעֵין י"ח: ד ר"א אוֹמֵר הָעוֹשֶׂה תְּפִלָּתוֹ קֶבַע אֵין תְּפִלָּתוֹ תַּחֲנוּנִים. רַבִּי יְהוֹשֻׁעַ אוֹמֵר הַמְהַלֵּךְ בִּמְקוֹם סַכָּנָה מִתְפַּלֵּל תְּפִלָּה קְצָרָה אוֹמֵר הוֹשַׁע הַשֵּׁם אֶת עַמְּךָ אֶת שְׁאֵרִית יִשְׂרָאֵל בְּכָל פָּרָשַׁת הָעִבּוּר יִהְיוּ צָרְכֵיהֶם לְפָנֶיךָ בא"י שׁוֹמֵעַ תְּפִלָּה: ה הָיָה רוֹכֵב עַל הַחֲמוֹר יֵרֵד וְאִם אֵינוֹ יָכוֹל לֵירֵד יַחֲזִיר

את

ר"ע מברטנורא

שאגרוס להם ביטנבי (ה): אבי נותי הודיה על חלקי. מודה על הטובה שחלק לי ששם חלקי מיושבי ביהמ"ד ושתי תפלות הללו בכניסתו לביהמ"ד וביציאתו חובה על כל איש ואיש לאומרן דהכי אמרינן בגמ' בכניסתו מה הוא אומר וביציאתו מהו אומר משמע דחובה למימרינהו (ו): [ג] מעין שמונה עשרה. אית דמפרשי בגמ' שאומר מכל ברכה וברכה מן האמצעיות בקוצר (ח) וחותם על כל אחת ואחת ואית דא' הביננו ה' אלהינו לדעת דרכיך שהיא ברכה אחת שיש בה מעין כל הברכות האמצעיות של שמונה עשרה וחותם ברוך אתה ה' שומע תפלה: שגורה בפיו. שהוא למד ורגיל בה (ט) והלכה כר' עקיבא שמי שאין תפלתו שגורה בפיו או בשעת הדחק מתפלל אדם שלש ראשונות ושלש אחרונות והביננו באמצע שהיא מעין כל האמצעיות חוץ מימות הגשמים שאינו מתפלל הביננו מפני שצריך לומר שאלה בברכת השנים וחוץ ממוצאי שבתות וי"ט שצ"ל הבדלה בחונן הדעת: [ד] העושה תפלתו קבע שתפ' דומה עליו כמשאוי וצ' קבע אומר חוק קבוע עלי להתפלל וצריך אני לצאת ממנה: מתפלל תפלה קצרה ומה היא תפלה קצרה שאומר הושע ה' את עמך וכו': בכל פר' העבור. אפי' בשעה שהן פורשים לעבירה יהיו צרכיהם גלוים לפניך לרחם עליהם. פרשה לשון פרישה. העבור של עבירה. ואין הל' כר' יהושע אלא התפלה שמתפללי' במקום סכנה היא צרכי עמך מרובי' וכו' ומתפלל אדם אותה כשהוא מהלך ואינו מתפלל לא ג' ראשונות ולא ג' אחרונות וכשיעבור מקום הס' ותתישב דעתו צריך לחזור ולהתפלל תפלה כתקנה אם לא עברה עונתה [ה] הי' רוכב על החמור ירד. ואין הל' כסתם משנה זו אלא בין יש לו בין אין לו מי שיאחז חמורו לא ירד מפני שאין דעתו מיושבת עליו כשהוא יורד: יחזיר את פניו. לצד ירושלים

צ"קר תויו"ט

ס"ל כתחיה: (ה) אבל הכשלון בד"ת לא חשיב לי' רעה כיון שחבריו רבו עליו והרי הלכה כרבים ולא יבא מזה שום כשלון. אבל רש"י חשיב בתרתי: (ו ולא אמרינן מה הי' אומר דהי' סבור למ"ש רבי נחוניא בן הקנה ואז יהי' רשות בידינו אבל אמר מה אומר ר"ל כשיכנס לבהכ"נ מה חייב לומר. הר"מ: (ז) שמונה עשרה, ואע"פ שהן י"ט ביבנה תקנוה לאחר זמן בימי ר"ג ואלו י"ח אנשי כנה"ג תקנום: (ח) כגון אתה חונן לאדם דעת בא"י חונן הדעת, סלח לנו אבינו ברוך אתה ד' חנון המרבה לסלוח וכן כולם חוץ מג' ראשונות וג' אחרונות שלא יוסיף ולא יגרע בהם. הר"מ: (ט) ובס"פ דלקמן פי' סדורה בפי במרוצה ובערוך מפר' מלשון

ג (ר"ג אומר) ר"ג זאָגט (בכל יום) אַלע טאָג (מתפלל) באַדאַרף מען מִתְפַּלֵּל זיין (שמונה עשרה)

אַלע י"ח בְּרָכוֹת (רי"א) ר"י זאָגט. (מעין י"ח) מ'באַדאַרף נִיט מִתְפַּלֵּל זיין נאָר איין בְּרָכָה וואָס איז כּוֹלֵל אַלע י"ח בְּרָכוֹת (רע"א) ר"ע זאָגט (אם שגורה) אַז ר'איז רָגִיל אין אַלע בְּרָכוֹת (יתפלל) איז ער מְחוּיָב מִתְפַּלֵּל זיין אַלע י"ח בְּרָכוֹת (ואם לאו) באם ר'איז נִישְׁט רָגִיל אין אַלע י"ח בְּרָכוֹת מעין י"ח) איז גענוג איין בְּרָכָה וואָס איז כּוֹלֵל אַלע בְּרָכוֹת:

ד (העושה תפלתו) אַז מען מאַכט די תְּפִלָּה אַ (קבע) הַיְינוּ גְלַייך מ'פַּטֶרְט פון זיך אַראָפּ אַן עול (אין) איז זיין תְּפִלָּה נִישְׁט גערעכנט קיין תַּחֲנוּנִים פאַר השי"ת (ר"י אומר) ר"י זאָגט (המהלך) אַז מ'איז אויפן וועג און ס'איז נִישְׁט מֶעגְלִיךְ מִתְפַּלֵּל צו זיין די גאַנְצֶע שְׁמוֹנֶה עֶשְׂרֵה (אומר כו') זאָל ער מִתְפַּלֵּל זיין די תְּפִלָּה (שומע כו'):

ה (היה רוכב) ווען איינער רייט אויף אַן אייזל און עס איז געקומען זְמַן תְּפִלָּה (ירד) איז ער מְחוּיָב אַראָפּצוּגיין (ואם) באם ער קאן נִיט בְּשׁוּם אוֹפֶן אַראָפּ גיין (יחזיר כו') זאָל ער

ווענדן

את פניו ואם אינו יכול להחזיר את פניו יכוין את לבו כנגד בית קדשי הקדשים:
ו היה יושב יב בספינה. או בקרון או באסדא. יכוין את לבו כנגד בית קדשי
הקדשים: ז רבי אלעזר בן עזריה אומר אין תפלת המוספין אלא בחבר עיר
יג והחכמים אומרים בחבר עיר ושלא בחבר עיר רבי יהודה אומר משמו כל מקום
שיש חבר עיר היחיד פטור מתפלת המוספין:

מקואות פרק ז

אלו ארבע משניות הם אותיות נשמה והם מסוגלין לנשמה:

נ נפל לתוכו יין. או מוהל ושנו מקצת מראיו. אם אין בו מראה מים מ' סאה
הרי זה לא יטבול בו:

נה

ר"ע מברטנורה

(י) שנאמר (מלכים א' ח') והתפללו אליך דרך ארצם (יא) יכוין את לבו כנגד בית קדשי הקדשים. שנא' (שם) והתפללו אל המקום הזה: (ו) באסדא. עצים הרבה קשורים ומהודקים יחד ומשיטים אותם בנהר ובני אדם הולכים עליהם ובלשון מקרא קרויין רפסודות: (ז) אין. תפלת המוספים אלא בחבר עיר. בחבורת העיר כלומר בצבור ולא ביחיד: בחבר עיר ושלא בחבר עיר. בין בצבור בין ביחיד: ר' יהודה אומר משמו של ראב"ע ואיכא בין ת"ק לר"י יחיד הדר בעיר שאין שם עשרה לת"ק אליבא דרבי אליעזר דאמר לא תקנוה אלא בחבר עיר יחיד זה פטור ולר"י אין יחיד פטור אלא כשהיה במקום עשרה שש"צ פוטרו. והלכה כחכמים:

(א) אם אין בו מראה מים מ' סאה. אם אין במקוה מ' סאה שיש בהן מראה מים: לא יטבול בתוכו מקום [illegible] כתוכו

עיקר תוי"ט

נבלתם למאכל שתרגומו משגרא לטיבל: (י) ולא תימא נגד ירושלים לחוד אלא כנגד ירושלים וכנגד בהמ"ק וכנגד בית קדשי קדשים: (יא) אגב רהיטא לא דק דהל"ל והתפללו אליך דרך העיר (מלכים א' ח) והך קרא דרך ארצם קאי להעומדים בח"ל ומיהו פרש"י במהג"י לצד ירוש' משום דתנא בא"י קאי. תוי"ט: (יב) היה יושב ולא תנן יחזיר את פניו. דאפי' לעמוד א"צ אלא יושב ויתפלל דבקרון א"א לעמוד מפני שמתנועע לכאן ולכאן והך טעמא שייך נמי בספינה. טור וב"י סי' צ"ד (יג) בחבר עיר. דס"ל דכיון שאי בה אלא שבת שאין בה תחנונים כמו בי"ח וגם אין אנו מתפללים אותה כנגד התחנונים של חול כמו שמתפללין תפלת יוצר או תפלת מנחה דיש הצבור בלבד יתפללו אותה. הר"י:

(א) לא פסלוהו. והוא שלא שינו מראה המקוה. הרא"ש: (ב) כלומר ואין הלכה כמותו והר"מ פסק [illegible] דסגוס

ווענדין דם פנים צו דער זייט פון ירושלים אונ מתפלל זיין (ואם כו') אונ אז ער קען דם אוך ניט טואן (יכוין לבו כו') זאל ער עכ"פ כוונין זיין דם הארץ אונ דער תפלה (כנגד כו') קעגין דער קדשי קדשים:

ו (היה יושב) אז מען זיצט (בספינה) אין איין שיף (בקרון) אונ איין וואגן (באסדא) איין ארט שוף איז אוך דער דין (יכוין כו'):

ז (ר"א בן עזריה אומר) ר"א בן עזריה זאגט (אין תפלת כו') די תפלה פון מוסף טאר מען ניט מתפלל זיין (אלא) נאר (בחבר עיר) היינו בציבור (וחכמים) די חכמים זאגין (בין כו') הן בציבור והן ביחוד מעג מען מתפלל זיין (ר"י אומר) ר"י זאגט (משמו) פון ר"א בן עזריה ווענין ניט אזו ווי דער ערשטיר תנא נאר אין אזו איין ארט וואס עס איז ניט דא איין ציבור איז איין יחיד אויך מחויב מתפלל צו זיין:

דיזע פיר משנות הייבן זיך אן מיט אותיות נשמה אין זיי זענין מסוגל צו דער נשמה:

נ (נפל לתוכו) אז עס איז אריין גיפאלן אין איין מקוה (יין) וויין (או מוהל) אדר איין זאפט (ושינו) אונ עס איז גוואורין דורך פר ענדורט (מקצת מראיו) אטייל וואסר פון זיין מראה איז דר דין (אם אין כו') אז עס איז ניט איבר גיבליבן אין דר מקוה (מראה מים) א מראה פון וואסר (מ' סאה) דאס איז דער שיעור פון אכשרי מקוה היינו עס איז צו מישט גוואורן דם גאנצי וואסר

שְׁלשָׁה לוּגִין מַיִם וְנָפַל לְתוֹכוֹ קָרְטוֹב יַיִן וַהֲרֵי מַרְאֵיהֶן כְּמַרְאֵה הַיַּיִן וְנָפְלוּ לְמִקְוֶה לֹא פְסָלוּהוּ א ג׳ לוּגִין מַיִם חָסֵר קָרְטוֹב וְנָפַל לְתוֹכָן קָרְטוֹב חָלָב. וַהֲרֵי מַרְאֵיהֶן כְּמַרְאֵה הַמַּיִם. וְנָפְלוּ לְמִקְוֶה לֹא פְסָלוּהוּ. ר׳ בֶּן נוּרִי אוֹמֵר הַכֹּל הוֹלֵךְ אַחַר הַמַּרְאֶה

מִקְוֶה שֶׁיֵּשׁ בּוֹ מ׳ סְאָה מְכֻוָּנוֹת. יָרְדוּ בוֹ וְטָבְלוּ זֶה אַחַר זֶה הָרִאשׁוֹן טָהוֹר וְהַשֵּׁנִי טָמֵא. ר׳ אוֹמֵר אִם הָיוּ רַגְלָיו שֶׁל רִאשׁוֹן נוֹגְעוֹת בַּמַּיִם אַף הַשֵּׁנִי טָהוֹר. הִטְבִּיל בּוֹ אֶת הַסָּגוֹס וְהֶעֱלָהוּ מִקְצָתוֹ נוֹגֵעַ בַּמַּיִם טָהוֹר. הַכַּר וְהַכֶּסֶת שֶׁל

ר"ע מברטנורה

בסוף רד מים מן פרלאה מים ולא פסל לא עלתה לו טבילה: (ח) ונפלו למקוה לא פסלוהו דהא כולהו ואין נראין כיין ומי פירות אין פוסלין בשלש לוגין: הכל הולך אחר המראה. אע"ג שאין כאן שלג פוסל במקוה ואין במים שיעור ג׳ לוגין לפסול מ"מ כיון שיש כאן ג׳ לוגין בנראין כמים חשבינן להו כאלו כלן מ ם שאובין ואין כל׳ כריכין: (ו) השני טמא. דודאי חסר שיעור המקוה בטבילתו של ראשון: אף השני טהור דאמרי׳ גוד אחית והוי כאלו המים שבעלה הראשון נגוב. כן מתפרשין לפי הסוגיא אלא שהפר מפירשו בלום ופירשו בגמרא (דחגיגה דף י"ט) דלא טיהר ר"י אלא במעלות דרבנן. כגון מסיה טהור לחולין ומכל לביום טהור למעשר או בכי׳ טהור למעשר. ומכל לסיום טהור לתרומה. אבל לגלות מטומאה גמורה לטהרם ונוי בכל ממא ואין הלכה כר"י: סגוס בגד למר עב. וקורין לו בערבי אלברנ"ס ובלע"ז פים הלבה: מקלהו נוגע במים טהור. במקוה שיש בו מ׳ סאה מצומצמות איירי והכל בו אדם אחר שהטביל בו את הסגוס: טהור. הלא הטביל את"ם שנחסר שיעור מקוה בטבילת הסגוס מלהכ שמקצת הסגוס נוגע במים. ור"י סוא דס"ל דאמרי׳ גוד אחית (ג) המי׳ שבתוכן שאובים והחרבן ופוסלים המקוה בג׳ לוגין בהכי לא כיון לא מ׳ סאה מכוונ׳ ומתחסר כשהגבי׳ שבתוכן מן המים: ומעלה אותו דרך פיהו. כדי שלא

עיקר תוי"ט

עוד

הסגום: (ג) שאובין. דהוי צריך שיבואו בהם המים: (ד) לפי שכשהכלי במקוה לא נשאבו וכשמעלהו נתהפך

און עס איז ניט גבליבן אשיעור מקוה ריין וואסר (הרי כו) פאר קען זיך אין דר מקוה ניט טובלין זייז (שלשה) ווען עס ליגט דריי (לוגין מים) דהיינו ערך איין קאם וואסר דס איז אשיעור וואס אפילו פסלה מקוה גאר אפסולה (ונפל לתוכו) און עס איז איין זיי אריין גפאלין (קורטוב יין) איין קורטוב וויין דס איז איין קליין טראפ וואס הייסט קורטוב (והרי מראיהן כו׳) און זייער מראה איז גוועזן ווי די מראה פון דעם וויין (ונפלו למקוה) דער נאך ווען די אריין גפאלין אין איין מקוה (לא פסלוהו) האבן זיי דער מיט די מקוה ניט גפסלת (ג׳ לוגין מים כו׳) ווי גאר עס איז דא דריי לוגין וואסר ווייניגר איין קורטוב (ונפל לתוכן) און עס איז אין די אריין גפאלן קורטוב חלב) א קורטוב מילך (והרי מראיהן כו׳) און זייער מראה איז גבליבן ווי דער מראה פון וואסר (ונפלו למקוה) דער נאך ווען זיא אריין גפאלן אין איין מקוה (לא פסלוהו) האבן זיא דער מיט די מקוה ג"כ ניט גפסלת ר׳ בן נורי זאגט (הכל הולך כו׳) אז דא פעלט יא וויל מען דארף זיין ביי אלים נאך דר מראה נאך דרום איז דא גרעכינט גליך דס גאנצי וואסר איז פסולה (מקוה שיש בו כו׳) איין מקוה וואס האלט אקראם פערציג סאה אונ עס האבן זיך אין איר גטובלת צוויי מענטשן איינר נאך דעם אנדרין איז דער דין (הראשון טהור כו׳) דער וואס האט זיך צום ערשטן גיטובילת איז טהור אונ דר אנדרר איז טמא וויל ביי דעם אנדרן האט שון גיפעלט פון דער מקוה דס וואסר וואס דער ערשטר האט אוף זיין לייב גיטראגן מיט דר טבילה (ר׳ אומר) ר׳ זאגט (אם כו׳) אז דר ערשטיר האט נאך גיהאלטן די פוס אין וואסר דעמאלט ווען דער אנדרר האט זיך גיטובלת איז דער אנדרר ג"כ טהור די הלכה בלייבט ניט ווי ר׳ נאך איין דין זאגט (הטביל בו כו׳) ווער האט זיך גיטובלת אונ דער מקוה וואס האט נאר אקאראט מ׳ סאה איין

עוד כיון שהגביה שפתותיהם מן המים המים שבתוכן שאובין ג ביצד יעשה מטביל
ומעלה אותם דרך שוליהם :

ה המטביל בו את המטה אף על פי שרגליה שוקעות בטיט העבה טהורה מפני
שהמים מקדמין . מקוה שמימיו מרודדין כובש אפילו חבילי קנים כדי
שיתפו המים יורד וטובל . מחט שהיא נתונה על מעלת המערה היה מוליך
ומביא במים כיון שעבר עליה הגל טהורה :

ר״ע מברטנורה

אלא ימלו כשיר שבתוכן למקוה ויטבלו כל מימיו (ד) : (ז) הטביל בו את המטה. ברגליה גבוהות ואי אפשר להטבילה כולה כאחת במקוה קטן. כזה שמיעוטו מלומלם אלא כל רגלה שוקעות בטיט העבה שאינו נרוק ואין מטבילין בו (ה) : שהמים מקדמין. להטביל הרגלים קודם שישקעו בטיט (ו). ובמים היטבלו : שמימיו מרודדים. שאין המים עמוקים מחמת שהמקום רחב והמים מתפשטים בכלי ואע״פ שיש מ׳ סאה אין כל גופו מתכסה במים בבת אחת (ז) : כובש. לצד אחד של מקוה אפילו חבילי עצים וקנים. ואע״פ דנראה כמקוה שחלקו אפ״ה הואיל והמים נכנסין ביניהן (ח) לא הוי חלוק וכובש דנקים מפני שהעצים והקנים צפים ע״פ המים. וצריך לכבוש עליהם אבנים כדי שיכנסו תחת המים : והיה מוליך ומביא במים. מונעת המים בידיו (י). כיון שעבר הגל של מים על המעלה של מקוה שהמחט מונח בה ולפי מי הגל כל המחט טהור. ולפי שהמחט דקה וקטנה, וירא פן תפול במים. דרך להטבילה כן:

עיקר תוי״ט

והאף הדך שוליו תו לא מיקרי מים שבתוכו שאינן מתקבלין בתוכו : (ה) כלומר בטיט לבדו אבל כשהמים צפים עיג מטבילין בו : (ו) וקשה דמ״מ מאי מהני הא אז לא היתה המטה כולה במים ואנן בעינן כולה בבת אחת ולשון הרא״ש קדמו המים ונגעו ברגלי כו׳ ואותן המים מחוברים למקוה הלכך לא הוי הציצה כדתנן ספ״ח האוחז באדם כו׳ אם הדיח ידיו טהורים : (ז) כדילפינן בספרא. ועתוי״ט : (ח) וקשה דא״כ מאי אפילו הא דוקא עצים וקנים. אבל לשון הר״ש לא מיבעיא אבנים אלא אפילו עצים וקנים . שהמים ביניהם לא חשיב הפסק ומצטרפין המים שביניהם למ׳ סאה ובלבד שלא יחלקו כל המקוה שאע״פ שהמים שבין דנצרים מחברין אין זה חבור כו׳ וכ״ש באבנים ועתוי״ט : (ט) שיתפחו . כלומר שיעלו כמין תבות ויהיו עמוקים מצד א׳ וטובל בהם . הר״ש : (י) ולא הוי כמהוה מקוה ע״י דבר המקבל טומאה מ״ד אטובל את הכלי בידיו בתוך המקוה אם הדיחן טהורים דה״נ עיקר המקוה במקומו והגל לא נתלש לגמרי. ועיין תוי״ט:

וואלין קליד וואס זאפט אן וואסר אונ דער נאך האט זיך אין איר גיטובלת איין טמא מענטש אין אוך אזו דער דין אז דם קליד האט נאך אן גירירט דם וואסר דעמאלט ווען דער מענטש האט זיך גטובלת איז ער טהור (הכר) איין איבר בעט (והכסת) איין קישן (של עור) פון פעל אונ ער טובלת זיי פון זייער טומאה איז דער דין (כיון כו׳) אז ער האט זיי גאר אוף גהויבן פון דר מקוה האט דם וואסר וואס איז דא זוג זיי דעם דין פון (מים שאובין) אזו וויא אן גישעפט וואסיר וואס דער דין איז אז ... פארש פון אזא וואסר אונ אמקוה דרייא ליגן וואס לוג איז האבן כיר שון אובין גישריבן . די מקוה פסול (כיצד יעשה) ווי אזו זאל ער טואן ער זאל מיט זיי די מקוה ניט פסלין (מטביכן כו׳) ער זאל זיי טובלין אונ זיי אוף הייבן ביי די עקין פון דעם בגד אז דם וואסר וואס איז אין דער מיט בגד זאל זיך ניט צוריק גיבן אונ דער מקוה :

ח (המטביל כו׳) אז ער האט גיטובילת אין דער מקוה איין טמא בעט וואס האט לאנגי פיס האטשי עס איז ניט מיגליך אז דם בעט זאל שטיין אין גאנצין אין וואסר נייארט ער שטעקט איין די פיס פון דער מטה אונ דעם דרקין ליים וואס איז אונטר דעם וואסיר דער צו איז פארט טהור (מפני כו׳) ווייל די פיס רירן פריער אן אין וואסיר איי זיי שטעקין זיך איין אונ ליים אזו גלייך ווי דם גא... בעט שטייט אין וואסר (מקוה שמימיו כו׳) איין מקוה וואס דער חלל איז ברייט אונ זיא איז ניט טיף קען זאל זיך קעגין טובל זיין (כובש כו׳) מעג ער אריין לעצין אין דער מקוה שטיקר האלץ אדר טראפטינים כדי דאס וואסר זאל העכיר ווערין אונ מען מעג זיך טובלן (מחט כו׳) א שפא נאדיל וואס ליגט אוף דער טרעפ פון דער מקוה (היה כו׳) אז ער האט גשפיפט אונ וואסר ביז עס איז איבר איר אריבר גגאנגי אבישל וואסר איז זיא טהור :

תפלה על הנפטר אחר הלימוד:

אנא יי מלא רחמים אשר בידך נפש כל חי ורוח כל בשר איש יהיה נא לרצון לפניך תורתנו ותפלתנו בעבור נשמת (פלוני או פלונית) תגמול נא עמה בחסדך הגדול לפתוח לה שערי רחמים וחסד ושערי גן עדן ותקבל אותה באהבה ובחבה ושלח לה מלאכיך הקדושים והטהורים להוליכה ולהושיבה תחת עץ החיים אצל נשמת הצדיקים והצדקניות חסידים וחסידות להנות מזיו שכינתך להשביעה מטובך הצפון לצדיקים. והגוף ינוח בקבר במנוחה נכונה בחדוה ובשמחה ושלום כדכתיב יבא שלום ינוחו על משכבותם הולך נכוחו, וכתיב יעלזו חסידים בכבוד ירננו על משכבותם, וכתיב אם תשכב לא תפחד ושכבת וערבה שנתך. ותשמור אותו (לנקבה אותה) מחבוט הקבר ומרמה ותולעה ותסלח ותמחול לו על כל פשעיו (לנקבה לה על כל פשעיה) כי אדם אין צדיק בארץ אשר יעשה טוב

ולא

סוכת שלום

א תפלה אויף א נפטר נאכ׳ן לערנין משניות:

אנא ה׳ מלא רחמים. איך בעט דיך גאָט וואָס די ביסט פיעל מיט רחמים, **אשר** בידך נפש כל חי, וואָס אין דיין האנד איז דאָס נפש פון יעדין לעבעדיגען. ורוח כל בשר איש. אין דער גייסט פון יעדין פלייש: יהי׳ נאָ לפניך, זאָל זיין פאר דיר געוויליגט תורתינו ותפלותינו. אינזער תורה לערנין אין אינזער גיבעט. בעבור נשמת (פב״ב) פיר דער נשמה פון יענעם מענטש: וגמול נא עמה בחסדך הגדול, אין די זאָלסט איהר בעצאָהלין מיט דיינע גרויסע חסדים: לפתוח לה, איהר צו עפינען די שערי רחמים וחסד, ושערי גן עדן, ותקבל אותה באהבה וחיבה, אין די זאָלסט זיי אָננעמין מיט ליבשאַפט: ושלח לה מלאכיך הקדושים והטהורים, אין שיק איהר דיינע הייליגע מלאָכים: להוליכה ולהושיבה תחת עץ החיים, זיי צו פירען אין זעצין אינטער דעם עץ החיים: אצל נשמת הצדיקים והצדקניות, חסידים וחסידות, ביי די נשמות פון אַלע גרויסע ליידט: ליהנות מזיו שכינתך, פערגעניגען צו האָבין פון ליכטיגען פון דער שכינה: להשביעה מטובך הצפון לצדיקים אָנצוזעטין מיט דעם גיט׳ס וואָס די האָסט בעהאַלטין צו די צדיקים, והגוף ינוח במנוחה נכונה, אין דער גוף זאָל ליגען בכנוחה אין קבר, בחדוה ובשמחה ושלום,

מיט

ולא יחטא וזכור לו זכיותיו וצדקותיו אשר עשה (לנקבה לה זכיותיה וצדקותיה אשר עשתה) ותשפיע לו מנשמתו לדשן עצמותיו (לנקבה לה מנשמתה לדשן עצמותיה) בקבר מרב טוב הצפון לצדיקים דכתיב מה רב טובך אשר צפנת ליראיך וכתיב שומר כל עצמותיו אחת מהנה לא נשברה וישכון (לנקבה ותשכון) בטח בדד ושאנן מפחד רעה ואל יראה (לנקבה תראה) פני גיהנם ונשמתו (לנקבה ונשמתה) תהא צרורה בצרור החיים ולהחיותו (לנקבה ולהחיותה) בתחית המתים עם כל מתי עמך ישראל ברחמים אמן:

ואח"כ אומרים קדיש דרבנן ובשבת ויו"ט יש לומר התפ"ה אנא ה' אל מלא רחמים. הנמצא לעיל בסימן זה סעיף ד.

סיכת שלום

מיט פרייד אין פריידין כדכ׳ יבא שלום ינוחו על משכבותם, זיי זאלין קומין מיט פרייד ליגען אויף זייערע גילעגערס: הולך נכוחו, דער וואס גייט ביי זיין לעבין אין גלייכין וועג, וכתיב יעלזו חסידים בכבוד, די חסידים זאלין זיך הערליך פרייען, ירננו על משכבותם, זיי זאלין זינגען אויף זייערע גילעגערס: וכתיב אם אשכב לא תפחד, אז די וועסט ליגען אין קבר וועסטו קיין מורא נישט האבין: ושכבת וערבה שנתיך אויב די וועסט ליגען וועסטו האבין א זיסען שלאף ותשמור אותו (צו א נקיבה זאגט מען אותה) אין די זאלסט איהם אבהיטען, מחיבוט הקבר. פון דעם צער וואס דער מענטש שטייט אויס אין קבר. ומרמה ותולעה, פון פארשידינע ווערים. ותסלח לו על כל פשעיו אין די זאלסט איהם מוחל זיין אלע זינד, כי אדם אין צדיק בארץ, ווייל עס געפינט זיך נישט אזוי א צדיק אויף גאר דער וועלט, אשר יעשה טוב ולא יחטא, ער זאל טיען גיט'ס אין קיין שום זינד נישט טוהן. וזכור לו יציאותיו וצדקותיו אשר עשה. אין גידענק איהם זיינע גיטע מעשים אין צדקות וואס ער האט געטוהן. ותשפיע לו מנשמתו לדשן עצמותיו בקבר. אין די זאלסט מעהר פערשאפין פון זיין נשמה אז זיינע ביינער זאלין בערוהיגט זיין אין קבר: מרב טוב הצפון לצדיקים, פון פיעל גיטס וואס איז בעהאלטין צו די צדיקים אויף יענער וועלט דכתיב מה רב טובך אשר צפנת ליראיך, אזוי ווי אין פסוק שטייט ווי פיל גיט'ס האסטו בעשאפען אין בעהאלטען פאר די צדיקים וואס פארכטען זיך פאר דיר, וכתיב שומר כל עצמותיו אחת מהנה לא נשברה, אין עס שטייט השי"ת היט די ביינער פון די צדיקים איינער אפילו זאל נישט צו ברעכין ווערין: וישכון בטח, אין ער זאל רוהען זיכער. בדד ושאנן, אליין אין פרידליך: מפחד רעה, פון דער מורא פון גיהנם: ואל יראה פני גיהנם. אין ער זאל נישט זעהן דאס גיהנם: ונשמתו תהא צרורה בצרור החיים, אין זיין נשמה זאל זיין צו זאמין גענומין צווישען די צדיקים וואס ווערין גערופען נאכ'ן טויט אויך לעבידיגע: ולהחיותו בתחית המתים. אין ער זאל לעבידיג ווערין ווען עס וועט זיין תחית המתים. עם כל מתו עמך ישראל ברחמים, מיט אלע טויטע פון דיין פאלק יודין. אמן:

און שבת ויו"ט זאגט מען די תפלה, אנא ה' אל מלא רחמים. וועלכע ווערט גיברענגט אין דעם סימן סעיף ד'. אין דער נאך זאגט מען רבנן קדיש:

בעמערקונג.

פאר וואס די וואס האבין עלטערין גייען ארויס צו יזכור דער טעם איז אזוי ווי אין יזכור בעווייסט אז עס איז נאך א וועלט אזוי ווי דאה אבער קיין לעבדיג אויג האט דאס נים ניזעהן. אין אז עס איז דא באן וואס האבין גירעדט מיט צדיקים מתים פרעזענדליך

סימן ט.

מענין העמדת המצבה (וכו יו"ד סעיפים):

א) במתני' שקלים פ"ב מ"ה מותר המת בונין לו נפש על קברו, וכ' בבנ"י שם וז"ל יש ליתן טעם מה תועלת יש בזה וגם למה נקרא נפש עפי"ם דאיתא בכתבי האר"י ז"ל סוד של ז' ימי אבילות משום דז' מקיפין יש לאדם והם נשארים בבית האבל, רק בכל יום הולך מקיף א' עד שביום הז' אזלו כל הז' מקיפין על הקבר ושומרים אותו מהחיצונים והם בסוד נפש וז"ש נפשו עליו תאבל ולכן בונים שם מצבה שישארו שם המקיפין ומטעם זה נקרא המצבה נפש ולדעתי' יש להעמיד המצבה תיכף אחר השבוע וני"ש:

ב) בספר שארית ישראל בהקדמה כתב וז"ל הנה ארז"ל ירושלמי שקלים פ"ב תניא רשב"ג אומר אין עושין נפשות לצדיקים דבריהם הם זכרונם גם מאמר דר' נתן במשנה מותר המת בונין

לו

סוכת שלום

פרעזענדליך איז דאך דא א זעלכע וואס ווילין ניט גלויבין. זאגט מען יזכור דוקא ווען דער גאנצער עולם איז דא אין שוהל, איינצוהלאנצין אין אינזערע קינדער א דור נאך א דור, דעם אמת פון אמונה אין די אויבינע העלט, אין אז אין שוהל וועלין זיין די וואס האבין עלטערין. אין ניט זאגען קיין יזכור. וועלין זאך זיי מיינען אז זיי זאגען ניט ווייל זיי גלויבין ניט, בפרט עס טרעפט אלטע האבען עלטערין אין יונגע ניט, וועלין די געווים מיינען אז זיי זאגען ניט ווייל זיי גלויבען ניט. נאך א טעם איז דא ווייל פון קנאה קאן קומין צו א עין הרע. דערפאר געהען זיי ארויס, אבער מען טאר ניט ארויס גיין ביז מען זאל אויס הערין די ברכות פון די הפטרה:

סימן ט. דער ענין וואס מען שטעלט א מצבה אין דאס איז איינגעטיילט אין צעהן סעיפים:

א) אין מסכת שקלים שטייט מותר המת אויב מען האט צו זאמען גענומען לצורכי קבורה פאר אנארימען בר מינן וועגען אין עס איז נאך איבער געבליבען, בונין לו נפש על קברו. בויעט מען פאר איהם א מצבה אויף זיין קבר, זאגען דארט די מפורשים, פאר וואס רופט מען א מצבת נפש, ווייל בייא דעם מענטש איז פערהאנדען זיבען הייליגע מקיפים ואין דאמאלסט ווען ער שטארבט בלייבין זייא אין דעם ארט וויא ער איז געשטארבען, אין יעדין טאג פון דיא שבעה גייעט אוועק אייגער פון דיא מקיפים צום קבר ער זאל דעם נפטר אבהיטען פון דיא חיצונים ביז דעם זיבעטין טאג זענען אלע זיבען מקיפים דאה בייא קבר, אזוי וויא עס שטייט נפשו עליו תאבל זיין נפש דאס זענען דיא זיבען הייליגע מקיפים טרויערין אויף איהם. אין דרובער שטעלט מען א מצבה זייא זאלען האבען א מקום מיוחד צוא רוהען, אין דורך דעם הייסט דיא מצבה נפש, ווייל זיא ווערט געמאכט צוליעב דעם נפש. אין דרובער איז גלייך תיכף נאך דער שבעה צוא שטעלען אמצבה:

ב) אין ס' שארית ישראל ווערט גיברענגט דרובער רופט מען דיא מצבה נפש. ווייל פון דיא דרייא גייסטליכע זאכען וועלכע זענען אין מענטש, נפש, רוח, נשמה, גייט דיא נשמה אין גן עדן אריין. אין דער רוח בלייבט אויף דעם ארט וויא דער מענטש האט גילערינט אין גדאווינט אין דער נפש רוהט אויף דעם קבר. חוץ

שבת

לו נפש על קברו כו׳ והנה ענין קריאת שם נפש לציון המת היא ע״פ המבואר בזוה״ק וכתבי מרן האריז״ל אשר מג׳ חלקי הנשמה שהם נכ״ן תשאר הנפש לחופף תמיד על קברה זולת בשבתות ובמועדים ובזמנים ידועים שמסתלקת למעלה להתעדן ולכבודה למען צמצם מקום משכנה מציינים את הקבר או בונים עליו בית ורוחו מתלבש בתורתו ועבודתו במקום אשר עבד עבודתו בחיים חייתו והנשמה היא העושה למעלה להתענג מזיו אלקי׳ ולילך מחיל אל חיל והנה התנאים הקדושים רמזו לנו במתק לשונם ר״נ אומר בונה לו נפש על קברו כידוע המבואר בזוה״ק אשר בבקשת החי על קבר המת אזיל הנפש ומודיע לרוח ועי״ז מגיע לה תוספות אור בסוד המתפלל על חברו הוא נענה תחלה וזה בונה לו נפש על קברו ועי״ז קאמר רשב״ג דלצדיקים אין עושין נפשות ואיזה טובה קמ״ל כי דבריהם הקדושים אשר רוחם מתלבש בהם הם הם זכרונם ועי׳ דבריהם יוכל לפעול כל טוב בלא הודעת הנפש לרוח והמשכיל יבין את כל אלה ע״ש

ג) **בס׳** עיקרי הד״ט חיו״ד סי׳ ל״ה אות י״ט מביא בשם האריז״ל בשער המצות פ׳ ויחי שהעמדת המצבה הוא צורך גדול ואפשר דמה שאמרו חז״ל בירושלמי שקלים אין עושין נפשות לצדיקים דבריהם הם זכרונם גם הוא יודה לשום לצדיקים איזה אבן על קברם ודוקא בנין מפואר אין עושין להם ע״ש:

ד) **בשו״ת** חיים שאל ס׳ ע״א אות ד בשם שער המצות מהר״ש וויטאל פ׳ ויחי שהמצבה הוא תיקון לנפש ע״ש:

ה) **בספר** מעבר יבק אמרי נועם פ׳ מ׳ כתב כי הציון לקברי הצדיקים יועיל לצורך החיים כי בראותם ציון אדם חשוב מעוררים לבקש רחמים על קברו עבור החיים והמתים דודאי ניחא להו לצדיקים דאיתקרו

סוכת שלום

שבת ויו״ט דאמאלסט האט דאס נפש אויך אנעלי׳ אין גן עדן אריין, אין אז מען קומט בעטען אפען קבר גייט דאס נפש אין איז מודיע דעם רוח, אין דער רוח דער נשמה, אין דערפאר האט דער נפש אויך אנעלי׳ אזוי וויא דיא חכמים ז״ל האבען געזאגט איינער וואס בעט פאר דעם צווייטען ווערט ער נאך פריהער געהאלפען אין דרובער ווערט מען אנאבל אדער אמצבה דערמיט אב צוא דאנקען דעם נפש אין מען רופט דאס אויך נפש, אבער דיא צדיקים פלעגט מען נישט שטעלען קיין נפש. ווייל זייער קדושה שטעקט אין דיא דברי תורה וואס זייא האבען געזאגט, אין אז מען דערמאנט זייערע דברי תורה ווערען זייא נתעלה אין זענען זיך משתדל אויף דעם דער מאנער א טובה צוא טהון:

ג) **אין** עקרי הד״ט ווערט געברענגט חאטש אין ירושלמי שטייט אז צדיקים מאכט מען נישט קיין נפש, דאס מיינט מען נאהר גרויסע בנינים אבער אשטיינערנע מצבה צוא אגיוועלעכען אהל דארף מען מאכען בייא צדיקים אויך, ווייל דער האריז״ל האט געזאגט אז דאס שטעלען אמצבה איז אנייטיגע זאך:

ד) **אין** ספר חיים שאל ווערט געברענגט פאר׳ן מהר״ש וויטאל. אז די מצבה איז א תיקון פאר דעם נפש:

ה) **אין** מעבר יבק ווערט געברענגט אז ציון וואס מען מאכט אויף קברי הצדיקים. איז א טובה פאר די לעבעדיגע אין פאר די טויטע, דיא לעבעדיגע וועלכע זעהן דעם אהל פון א צדיק דערמאנען זיי זיך צו בעטען רחמים אויף די לעבעדיגע אין אויף אנדערע יודישע מתים. אין פאר די צדיקים איז דאס אויך א טובה ווייל דורך זיי קען מען דאך קומען בעטין אין דאס פאר זיי

דאיתיקרו בהו אינשי ועוד כי בזה גורמים זכות דחשיבי למבעי רחמי לכולו דרא ועוד דאגביה מבקשים רחמים על שכבי עמו ישראל ובפ׳ מ״א כתב וז״ל והנה מהר״י קארו פסק בס׳ שמ״ח שאבן שנותנין על הקבר נקרא צורך קבורה ע״כ ראוי והגון לבנים שיציינו מקום אביהם ויבנו לו נפש על קברו וזה יהי׳ בכלל ג״כ מכבדם במותם:

ו) **במנחת** אהרן שם פ״ה כתב דע״כ קראו במשנת שקלים ציון הקבר נפש דאמרו בונין לו נפש על קברו כי קברם של צדיקים נעלם למעלה ולכן מסיימן מקום הקבר ומציינין אותן כי קבר הגוף למטה מצויין עם קבר והנפש למעלה:

ז) **כ׳** חבית לחם יהודא סי׳ שע״ו בשם לחם הפנים שכ׳ בשם מענה לשון המנהג פשט ברוב המקומות שאין עומדין מצבה אלא לאחר י״ב חדשים:

ח) **כתב** בצוואת הגאון הקדוש מוהר״ר נפתלי כ״ץ זצוק״ל וז״ל נכון שלא לחקוק על המצבה שבחים יתרים כי נפרעים מן המתים ומן הספדנים, ולדעתי תואר חסיד אסור לכתוב על שום אדם כי אין אנו יודעים בדור הזה מי הוא זה ואיזה הוא המתחסד עם קונו נוסף על החיוב ובימי חכמי התלמוד שהיו כולם חסידים ואנשי מעשה ארז״ל כל מקום שנאמר מעשה בחסיד א׳ או ר׳ יהודא בן בבא או ר׳ יהודא בר אלעאי הרי שבכל הדור ההוא לא בחרו אלא לאלו לקרותם בשם

סוכת שלום

זײ א זכות אויף אין שו״ע ווערט גיפ׳סקנט אז די מצבה הײנט הײסט צורכי קבורה. דרובער דארפען קינדער זעהן צו שטעלין זײערע עלטערין א מצבה דאס איז בכלל מכבדם במותם:

ו) **אין** מנחת אהרן ווערט גיברענגט. דרובער ווערט די מצבה גערופען נפש, ווײל דער נפש האט אין גן עדן א בעזינדער ארט. דרובער דארף מען דעם גוף אויך מאכין א בעזינדער ארט ער זאל זײן גלײך ווי דער נפש אין גן עדן:

ז) **אין** ספר בית לחם יהודא ווערט גיברענגט אז דער מנהג איז צו שטעלין א מצבה הערשט נאך דעם יאהר:

ח) **דער** הײליגער גאון ר׳ נפתלי כ״ץ שרײבט אין זײן צוואה דאס מען זאל ניט אויף דער מצבה שרײבין קײן גרעסערע שבחים ווי דער נפטר האט באמת גיהאט. ווײל מען ווערט דער נאך געצאלט פון איהם אין פון די ליגענטי שרײבער׳ס, איבער הויפט דעם טיטול חסיד טאהר מען אויף קײן מענטש נישט שרייבין. ווײל אפילו צווישען די תנאים וועלכע זענען גיוועזען קדושי עליון האט מען נישט גערופען חסיד נאר רבי יהודה ברבי אלעאי אין ר׳ יהודה בן בבא. וואס אויף דעם ווערט גיברעגגט אין כתבי האריז״ל אז דער נאמין יהודה האט זיי מזכה גיוועזען מיט דעם טיטול חסיד אזוי ווי דוד המלך ע״ה האט מרמז גיוועזען אין תהילים, כ״י הפל׳ה ה׳ חסי׳ד ל׳ו. איז סוף פון די ווערטער דער נאמין יהודה אין ווען נישט דעם רמז וואלטען זיי אויך נישט גיוועזין גערופען געווארען מיט דעם טיטול חסיד. וואס זאלין מיר נאך זאגען אז אלואי וואלטען מיר קײן רשעים ח״ו נישט געהײסען. אין אפילו א מענטש וואס איז טאקע ווערט מען זאל איהם רופען חסיד. אין מען רופט איהם נישט מאכט מען איהם נישט קאליע ווײל השי״ת ווײסט דאך דעם אמת, אבער דער וואס איז נישט ווערט גערופען צו ווערין חסיד אין מען רופט איהם יאה הג״ר טוהט מען אין אויך זיך אגרויסער רעה ח״ו דרובער

בשם החסיד ואף על אלו הובא בכתבים שזה השם של יהודה דוקא הוא מוגלת לשם חסיד כי על זה רמז דהע"ה ברוח הקודש כי הפל"י 'ה' חסי"ד ל"ו ס"ת יהודה ולולא שנרמז ע"ז השם ברוח הקודש לקרות חסיד אפשר שלא הי' קוראים בשם חסיד אף לא לו בשגם שהי' מפורסים בחסידות א"כ מה יעשו איזובי קיר כמוני היום אשר א"א להעמיד משפטי הדת על תילם ולכן נ"ל שזה השם חסיד הס מלהזכיר על שום אדם כי אם הוא באמת חסיד ואין אנו קוראים אותו בזה השם אין אנו פוגמים בזה כלום לזה. הנפש הלא הקב"ה יודע ועד ולהיפך כשאנו קוראים ומשבחין ומפארים אותו בזה השם אנו פוגמים וגורמים רעה לו ולא טובה לו ולנו ע"כ יותר טוב בשב ואל תעשה וה' רגלי חסידיו ישמור וגומל לאיש כמפעלו:

ט) **בתולדות** מנחם ובשם שו"ת מהר"ב שי"ק זצ"ל יו"ד סי' קע"א כתב בדבר אותן הכותבין על המצבה (וה"ה באגרת שכותב וכדומה) מספר השנים למספר הנוצרי' עוברי' על איסור דאורייתא שהרי כתיב (משפטים) ושם אלהי' אחרי' לא תזכירו; ואמרו חז"ל דאסור לומר לחברו המתין לי בצד ע"א פלוני וכן כאן כיון דע"י המנין עולה על הזכרון מחשבה נראה דאסור והוא ג"כ בכלל לא ישמע על פיך:

יוד) **ובענין** לכתוב בהמציבה בלשון המדינה ועיין במאספי הבאר חלק שני כרך ראשון במדור בירור הלכה שבשם באר חדש בסי' י' הבאתי בזה דעת האוסרים ומצוה למחות בזה להראשי חדשים העושים כזה. וכ"כ בשו"ת שערי צדק ליו"ם סי' קצ"ט ובשו"ת פרי השדה חלק א' סי' ג' יעיי"ש ודו"ק:

סימן י.

מענין היארצייט (וכו י' סעיפים):

א) **המנהג** בכל העולם שעושין יא"צ על פטירת אביו ואמו ר"ל לפי שכל שנה עולה הנשמה למדרגה יותר גדולה לכך צריך לידון אותה מחדש

סוכת שלום

דרובער זאל יעדער אהנזאגצן אז מען זאל אויף זיין מצבה קיין גרויסע שבחים נישט אויפשרייבען:

ט) **און** תולדות מנחם ווערט גיברענגט אז מען טאהר נישט אויף קלאפין אויף דער מצבה די נישט יודישע דאטע ווייל עס איז דאה דערביי אנ'איסור פון ושם ע"א לא תזכירו:

י) **און** וועגען די וועלכע קלאפען אויס אויף זייערע עלטערינס מצבה נישט יודישע שריפט איז דאס אגרויסע עבירה און ווער עס האט כח דאס צו פארווערין דארף ווערין מיט אלע מיגליכקייט. און חוץ דעם איסור סהוט ער דערמיט אהן זיינע עלטערין אגרויסע בושה אויף יענער וועלט. און איידער א נישט יודישע מצבה איז פיעל גלייכער גאר קיין מצבה נישט צו מאכין:

סימן יוד. וועגין יארצייט. דאס איז איינגעטיילט אין י סעיפים:

דער מנהג פון יארצייט ווערט גיברענגט אין ספר איזור אליהו דרייל די נשמה גייט אלע יאהר אין דעם טאג אויף אין א גרעסערן עולם דארף געמשפט ווערין איידער זי גייט אויף יענעם הויכע עולם ארייז. האטש זי איז שוין אבגעקומ איהר עונש פרוהער. ווייל עס איז דא א זעלכע גרינגע עבירות וואס אין דער נידריגער מדריגה וואס די נשמה איז פרוהער

חודש שיש עבירות שבעולם התחתון אינו נחשב לחטא אבל בעולם העליון נחשב לחטא ע"ד וסביביו נשערה מאד לכך צריך בכל שנה ושנה להתפלל עבורו (אזור אליהו פרשת בהעלותך בשם הרב הקדוש מור"ר יעקב טנאראל זצוק"ל):

ב) בליקוטי מהר"ן דכמו בכל שנה ושנה יש ראש השנה שאז עיקר כל התיקונים וממנה נמשכים על שנה כולה כן בכל התחלת השנה של נפש שהוא ביום היא"צ צריכי' לעשות תיקונים ומה שמעלים אותם הוא בחי' תחיית המתים (עיי' לקוטי הלכות או"ח הל' ח' אות ט'):

ג) בענין אם מת אביו ביום ראשון דר"ח כסליו שנחשב יום ל' לחשוון אז אם השנה ראשונה שאחריו חשוון חסר ואינו רק כ"ט יום אז נקבע היא"צ שלו בכ"ט ואף בשנים הבאות שאירע לפעמים חשוון מלא ור"ח כסליו ב' ימים אעפ"כ יעשה היא"צ שלו בכ"ט חשוון כאשר קבע בשנה ראשונ' מ"מ אע"פ שקביעות שלו בכ"ט חשוון אם למחרתו ביום א' דר"ח כסליו אין שם אבלים יש לו להחמיר על עצמו לומר קדיש ולהתפלל גם היום אבל אם יש שם אבלים יכולים לדחותו אבל אם השנה ראשונה ג"כ חשוון מלא אז יש לקבוע היא"צ בשנה ראשונה ביום א' דר"ח ולכן אף בשנים הבאות שלפעמים חשוון חסר ואין ר"ח כסליו רק יום א' יש לקבוע ביום ר"ח ובשנים שחשוון מלא יש לו לעשות היא"צ ביום א' דר"ח

סוכת שלום

פרוהער גיוועזין האט מען דאס נישט גירעכינט פאר קיין עבירה, אין יעצט אין דעם העכערין עולם צווישען גרעסערע צדיקים ווערט דאס יאָה גירעכינט. דרובער דארף מען אלע יאָהר פאר איהר מתפלל צו זיין:

ב) און ספר ליקוטי מוהר"ן ווערט גיברענגט אזוי ווי אין יאָהר איז דאָ א ראש השנה וואָס דאמאָלסט ווערין גימאכט תיקונים אויף דעם גאנצען יאָהר, אזוי דעם טאָג פון יאָרצייט דארף דאָס נפש פון נפטר א תיקון אין מיט דעם דאווינען אין לערנין אין קדיש זאָגען איז מען מעלה דאָס נפש. בבחינת תחיית המתים:

ג) אויב זיינע עלטערין זענין נפטר גיוואָרען דעם ערשטין טאָג פון ר"ח כסליו. וואָס עס ווערט גירעכינט דער דרייסיגסטער טאָג פון חשון. אין דאָס אנדערע יאָהר איז חדש חשוון נאָר ביין אין צוואָנציג טאָג. דארף ער מאכין יא"צ שטענדיג ביין אין צוואָנציג טאָג אין חשוון. אפילו א יאָהר וואָס חשון איז דרייסיג טאָג ווייל דאָס ערשטע יאָהר האָט ער אזוי קובע גיוועזין פינדעסט וועגין אויב דער צווייטער טאָג איז נישטאָ קיין חיובים דארף ער אויף דעם צווייטען טאָג וואָס איז ר"ח כסליו זאָגען קדיש אין דאווינען פאר'ן עמוד. אָבער אז עס איז דאָה אנדערע חיובים קענין זיי איהם מדחה זיין. אָבער אז דאָס ערשטע יאָהר איז אויף חשון דרייסיג טאָג אין ער איז קובע יא"צ ר"ח דארף ער שטענדיג האלטין יא"צ ר"ח אפילו א יאָהר וואָס חשוון איז ביין אין צוואָנציג טאָג איז דאָך ר"ח נאָר איין טאָג, אין א יאָהר וואָס ר"ח איז צוויי טאָג זאָל ער האלטען יא"צ דעם ערשטין טאָג ר"ח, ווייל אזוי האָט ער קובע גיוועזין דאָס ערשטע יאָהר. איינער וואָס איז נפטר גיוואָרין אום ר"ח כסליו וועלכער איז איין טאָג, אין אין דעם ערשטין יאָהר וואָס ער דארף קובע זיין יא"צ איז כסליו צוויי טעג ר"ח. זאָל ער שטענדיג מאכין יא"צ דעם צווייטען טאָג ר"ח ווייל דער צווייטער טאָג ר"ח איז דער עיקר דאָס זעלבע איז ביי ר"ח טבת וואָס גיפאלט א מאָהל צוויי טאָג אין א מאָהל איין טאָג

דר"ח יכדרך שקבע שנה ראשונה ואם
מת בשנה שלא היה כסליו רק יום א' ר"ח
ומת בר"ח ובשנה שאחריו כסליו שני
ימים ר"ח יש לו לעשות היא"צ ביום ב'
בלבד שעיקר ר"ח הוא וכן הדין בר"ח טבת
שלפעמים יום א' ופעמים שני ימים ואין
הולכין אחר מנין ימי החנוכה ולכן אם
מת ביום ודחנוכה יום א' דר"ח טבת
אעפ"כ קבועת היא"צ בשנה שאחריו שר"ח
טבת רק יום א' מכ"מ צריך לקבוע היא"צ
למנין ימי החודש שהוא כ"ט כסליו אעפ"י
שאינו רק יום ה' למנין חנוכה וכן אם מת
ביום דר"ח שהוא ז' דחנוכה ובשנה שאחריה
ר"ח טבת רק יום א' לבד אז היא"צ בר"ח
אעפ"י שהוא עתה ו' דחנוכה וכן אם מת
ביום ח' של חנוכה שהוא ב' טבת של
שנה זו היא"צ בשנה שאחריה ג"כ ב'
טבת אעפ"י שאז יהי' ז' של חנוכה וכן
להיפך אם בשנת המיתה ר"ח טבת רק
יום א' ובשנה שאחריה ב' ימים על הדרך
הזה ואם מת ביום א' דר"ח אדר שני
יש לקבוע היא"צ א' דר"ח בין בראשון
בין בשני מטה אפרים שער ג':

ד) בספר אלף המגן עה"ת בפסוק
וישא יעקב וז"ל כשנושאים
את האדם למעלה ליתן לו עקב רב שהוא
ביום היא"צ שבכל שנה אז רגליו מדקדקי'
עמו על עבירות קלות שדש בעקביו ז"א
לאחר שנושא יעקב כאמור בעבור רגליו
חוזר ארצה מאי תקנתי' בני קדם הבנים
צריך שיצאו קדם ביום היא"צ להציל מדין
ולהעלותו ע"י תורה ומעש"ט עי"ש באריכות
נעימי נאימיו ותפלה שיסד לומר ביום ההוא
וזה מה שנאמר ולא יומתו אבות על בנים
כלומר כי האבות לא ימותו מיתת הנפש
ע"י הבנים שיצלו את האבות יע"ש:

ה) ובהקדמ' פרשת מרדכי לס' תולדות
יצחק כתב לפרש נר ה'
נשמת אדם חפש כל חדרי בטן שפרי
הבטן יוצאי צאצאי האדם הן הם המעלים
את

סוכת שלום

טאָג. אין מען זאָל זיך נישט טועה זיין
צו קיקען אויף די טעג פון חנוכה. ווייל
אויף די טעג פון חנוכה. ווייל אויב
ר"ח טבת איז צוויי טאָג אין ער איז
נפטר גיוואָרין דאָס זעקסטע ליכטעל. אין
דאָס אַנדערע יאָהר איז ר"ח טבת נאָר
איין טאָג קומט דאָך קובע צו זיין יא"צ
דעם ניין אין צוואָנציגסטען טאָג פון
כסליו איז דאָך הערשט דאָס פינפטע
ליכטעל, איינער וואָס איז נפטר גיוואָרין
דעם ערשטין טאָג פון ר"ח אָדר שני
אין דאָס צווייטע יאָהר איז נישט קיין
עיבור פינדעסט וועגען האָט ער יא"צ
דעם ערשטען טאָג ר"ח:

ד) דער מגן האָלף שרייבט וישא יעקב
דאָס איז אַ רמז אַז מען דערהייכט
דעם מענטש אַלע יאָהר דעם יא"צ טאָג.
דאַמאָלסט, רגליו, איז מען מדקדק אַפילו
אויף אַ זעלכע קליינע עבירות וואָס ער
האָט גיטרעטין מיט די? פיס, ארצה, אין
ער קען דורך זיי צוריק גייען אין דער
נידריגער מדריגה די תקנה דערצו איז,
בני קדם. זיינע קינדער זאָלין זיך
פעדערין אין בעטין פאַר איהם, מציל איהם
צוא זיין, אין דורך זייער לערנין אין
מעשים טובים זאָלין זיי איהם מעלה זיין
אין אַ הויכע מדריגה דאָס איז אויך דער
פשט ולא יומתו אבות דער נפש פון די
אבות זאָל נישט געטייט ווערין דאָס
גיהער על בנים אויף די קינדער זיי זאָלין
דאָס פועל זיין מיט זייערע גוטע מעשים:

ה) דער פרשת מרדכי טייטשט נר ה'
נשמת אדם. ווען השי"ת
דערלייכט די נשמה פון מענטש אין יא"צ
טאָג. חופש, זוכט ער דאַמאָלסט נאָך חדרי
חדרים זיינע קינדער וואָס ער האָט איבער
געלאָזט צו זיי גייען אין גיטען וועג,
דרובער דאַרפען זיי דאַמאָלסט מעהר
געוואָהרענט

את נשמתו ממדרגה למדרגה במעלות קדושים וטהורים בזוהר הרקיע מזהירים ויאמר שנשמת אדם הוא הנר הנפקד ביד ה' לפקוד לה כצדקתה הנה הוא חופש כל חדרי בטן שהקב"ה חופש ובורק בחדרי בטנו אשר הניח אחריו לברכה אם הליכותם בקודש בעקבות אבותיהם אשר סללו לפניהם ונכון) .

ו) **הנה** במי שיש לו יאצ"ט בימי חנוכה אם אמנם כבר מבואר בפוסקים שמי שיש לו יארצ"ט בחנוכה לא יחשוב לפי ימי החנוכה כי אם לפי ימי החודש הנה זה נאמר דווקא בימים האחרונים של חנוכה דלפעמים ר"ח טבת יום א' והוי יום ו' דחנוכה א' טבת ויום ז' בטבת ויום ח' ג' טבת ולפעמים ר"ח ב' ימים (דהיינו ו' ויום ז' דחנוכה) ואז הוי יום ז' דחנוכה א' טבת ויום ח' ב' טבת לכן כדי שלא נטעה אין למנות לימי החנוכה רק צריכים למנות לימי החודש אבל כשהיאצ"ט חל בימים הראשונים של חנוכה (כמו בנ"ד) דהוי לעולם ביום כ"ו בכסלו אין לטעות כלל :

ז) **ובענין** אם נתרחק יום הקבורה ג' ימים שיש לעשות היאצ"ט שנה ראשונה ביוה"ק הנה כן סתם ג"כ במוטא"פ בדיני קדיש שער ג' ס"ה וכ"מ הגאון מליסא ז"ל בסידור דה"ח ובקש"ע סי' רכ"א ע"ש (ועי' שו"ת לבושי מרדכי מהדו"ת חיו"ד סי' קמ"ח) ובשו"ת מהרש"ם ח"ג סי' ר"ה פוסק דאף בנתרחקה הקבורה כמה ימים עושין היא"צ ביום המיתה כמ"ש בתשובה כנ"ח סוס"י מ"ד לדחות דברי המ"ב והש"ך ושכן נמנו וגמרו האחרונים וכן נפו הלכה למעשה וכן מרן ז"ל עצמו באל"מ שם העתיק להלכה דברי הכנ"ח ע"ש :

ח) **ובמי** שיש לו ספק ושכח אם היאצ"ט הוא בכ"א או בכ"ג בחודש הנה בספר דגל אפרים (סי' מ"ז) פסק דהיאצ"ט העיקרי ינהוג ביום כ"ג לחודש בתענית ונר נשמה וקדיש אם אין שם אבילים אחרים יאמר גם ביום כ"א אבל בין ביום כ"א ויום כ"ג האבלים האחרים יוכלו לדחותו דבכל יום ויום יוכלו לומר לו אייתי ראי' דיום זה היאצ"ט ואין ספק מוציא מידי וודאי אבל הוא לעצמו צריך להשתדל לומר בב' הימים קדיש במקום שלא יצטרך לדחות האבלים האחרים היינו שיעשה מנין לעצמו ע"ש אריכות דברים בזה וסיים שג"כ בשו"ת ח"ס או"ח (סי' קס"א וקס"ב) הביא שאלה

סוכת שלום

געווארינט זיין אין זייערע מעשים ווי שטענדיג דער מיט טוהען זיי זיך אין זייערע עלטערין די גרעסטע טובה:

ו) **וואס** מיר שרייבין אין סימן א' סעיף ג' זאל מען נישט רעכינען דעם יא"צ טאג לויט די טעג פון חנוכה דאס איז נאר די לעצטע חנוכה טעג ווייל דאמאלסט מאכט זיך שינויים ווען עס פאלט ר"ח טבת אין אנ'אנדערען טאג. אבער די ערשטע חנוכה טעג פאר ר"ח קען מען יאה רעכינען פאר א סימן :

ז) **און** דאס וואס מיר שרייבין וועגין די ערטער וואס מען לאזט נישט קובר זיין ביז דריי טאג. איז די ערשטע יא"צ גלייך צו רעכינען פון יום הקבורה. איז דרונען אגרויס מחלוקת צווישען די אחרונים. אין דער מהרש"ם ברענגט אז להלכה דארף מען דארט אויך אפילו די ערשטע יא"צ רעכינען פון יום המיתה. אין אזוי איז זיך די וועלט נוהג :

ח) **וועגין** דעם וואס מיר האבין פרוהער געשריבין איינער וואס האט פערגעסין וועלכין טאג ער האט יא"צ דעם איין'אונצוואנציגסטען טאג אדער דריי אינצוואנציגסטען זאל האלטען יא"צ דעם דריי אינצוואנציגסטען טאג. איז אויב

שאלה זו ופסק דאם שיש לו עוד אחים שיודעים היום יאצ"ט די שיאמר קדיש ביום ראשון ואם אין לו אחים אז יאמר קדיש בב' הימים ותענית דאלו ביום הראשון ויום שלאחריו יוסף בלימוד ועבודת ד' שזה טוב מכל הקרבנות ואם כבר התענה ביום ידוע ועתה שכח ישאל על נדרו ביום השני ותפס לעיקר היאצ"ט ביום הראשון אף הוא סיים דעיקר היאצ"ט הוא ביום השני דהיינו בנ"ד ביום כ"ג ושכן פסק חותנו במהרש"ם (סי' שצ"ז):

ט) **ובסוף** הענין הנ"ל אעתיק בדבר מה שנשאלתי מה"ה ר' יצחק ליטוואק נ"י מפה ביסקיביץ בדבר שהוא אומר קדיש (על אמו מרת הדסה ע"ה שבקו חיי בב' לחודש תמוז תרפ"ז) ופגע לו היאצ"ט של אביו (מוהר"ר משה אהרן ע"ה) ביום ג' דחוה"מ פסח אם רשאי להתפלל לפני התיבה כדרכו שהוא מתפלל תמיד ביום היאצ"ט לפני התיבה אחר שבחוה"מ אסור לאבל להתפלל כנ"ל ואחר שיצאתי לחפש בספרי צדיקים מצאתי ראיתי רב אחד שכתוב בס' מכ"ח בסופו להתיר בזה לפי מש"כ בפ"ת יו"ד (סי' שע"ו סק"ח) בשם מאיר נתיבים להקיל לאבל בתוך יב"ח להתפלל בשבוי"ט לפני התיבה. אם כבר רגיל ואחזק בכך מקודם ע"ש ואפשר דטעמו כמש"כ בס"ח מובא בט"ז הנ"ל דמי שרגיל ומוחזק במצוה ויעזוב אותה יענש ע"ש ובתשו' מחנ"ח ח"ב או"ח סי' ל"ה ואית בזה משום כבוד שמים והכל חייבים בכבודו ית"ש ולפי טעם זה אם כבר מוחזק מקדם להתפלל לפני התיבה ביום היארצ"ט שלו היו אפשר להקל גם בשבת אבל ביאה"צ ראשון לא:

סימן יא.

מענין השבת שקודם היארצייט (וכו ח' סעיפים)

א) **בשערי** אפרים כתב נוהגים שמי שיש לו יא"צ בשבת עולה למפטיר בנביא וכן אם יש לו יא"צ בשבוע שאחריו הוא המפטיר בשבת שלפניו, וכ"כ

סוכת שלום

אויב ער האט די מעגליכקייט צו מאכן בעזונדער ער זאל נישט מסיג גבול זיין אנדערע אבילים זאל ער דאווענען אין קדיש זאגן דעם איינצוואנציגסטען אויך פסקענט דער חתם סופר דאס אויב ער האט ברודער וועלכי ווייסן יאה דעם יא"צ טאג זאל ער נאר קדיש זאגן דעם איינאינצוואנציגסטען טאג:

ט) **איינער** וואס איז אנ'אבל ר"ל נאך זיין מוטער, און ער האט חוה"מ יא"צ נאך זיין פאטער וועלכעס ער דאווענט שוין עטליכע יאהר פאר'ן עמוד, האט מיך איינער א ביסקוויצער בעה"ב געפרעגט און נאך אריין קלערין אין אלטונג געבן אין ספרי אחרונים האב איך איהם מתיר געווען ווייל דאס איז א מצוה אין דער ספר חסידים ברענגט אז דער וואס איז געוואהנט צו טוהן א מצוה און הערט אויף ווערט ער געשטראפט, און אפשר וואלט מען אויך געקענט מתיר זיין איינעם וואס איז א מוחזק צו דאווענען יא"צ ער זאל מעגען אום שבת דאווענען חאטש ער איז אנ'אבל, אבער דאס ערשטע יאהר האט ער דאך נישט קיין חזקה טאהר ער נישט דאווענען:

סימן יא עניני שבת פאר דער יא"צ און דאס איז איינגעטיילט אין אכט סעיפים:

א) **און** שערי אפרים ווערט געברענגט אז

ב) **וכ"כ** בס' אורחות חיים סי' רפ"ב אות ט"ו כ' בשם ספר מעשה אברהם דף קמ"ד יא"צ שחל בשבת המנהג לקרות הפטרה בשבת הקודם וכן לענין הקדיש מתחיל בשבת עד יום יא"צ (ועי' בברכ"י או"ח סי' רפ"ד).

ג) **ואם** נמצא בתוך השבוע שיהי' יאהרצייט לאחד ביום א' ולאחד ביום ב' מה לעשות לענין עליות המפטיר בשבת שלפניו אם שוים או שייך דין קדומה. הנה בברכ"י או"ח סי' רפ"ד בדבר מנהג לעלות למפטיר מסיק מי שי"ל קדומה מצד מקרהו הוא הקודם. אבל לענ"ד קשה לומר כן דא"כ מי שבנערותו התח"ל להיות מפטיר על מיתת או"א במקום שמתפלל שמה עד שבעים שנה לא יזכה שום איש בהמפטיר הזה. זה דבר תימה. דבוה יתבטל המנהג לעלות למפטיר בשבת שקודם היא"צ כמובן (ועי' בשבות יעקב ח"ב אע"ז סי' קכ"ט א' נעשה ב"מ באמצע השבוע. וא' נעשה ב"מ ביום השבת עצמו כיון דנהוג עלמא לעשות ב"מ בשבת ראשון אין להם דין קדימה ויטילו גורל ע"ש ויש מזה לדון מנ"ד וע' מג"א סי' קל"ב סק"ב ד"ה מ"ש וכו' שניהם שוים ביום השבת).

ד) **בזכור** לאברהם אבל אות ק' שכתב בשם הרב שלמי' דק"ץ וז"ל ואנכי הצעיר קבלתי לומר קדיש בשבת שלפני השבוע שחל להיות יום מיתת או"א בה לפי שעיקר העליה של הנשמות העולות מדרגה הוא בשבת שלפניהם כמ"ש בזוהר ע"ש (ונראה דמטעם זה הוא המנהג דמי שיש לו יא"צ בתוך השבוע אז הוא מתפלל מוסף לפני התיבה בשבת שלפניו).

ה) **ובס'** מעשה יחיאל (ברכה) כתב בשם האריז"ל דשבת שלפני היא"צ טוב להתפלל מוסף (ועיין בשו"ת מצפה ארי' מהדו"ת הנקרא בית אב"י חאו"ח סי' ל"ג) וכן מעריב במוש"ק והספרדים אומרים גם הקדיש בשב"ק.

ו) **בטעמי** המנהגים (ח"ק ד') הביא שבזידיטשוב המנהג להתפלל בשבת שקודם היאהר"צ פסוקי דזמרה ע"ש שמזמרי' הקליפות ויש נוהגים לקבל שבת ולומר הקדיש אחר מזמור שיר ליום השבת כי הוא מלוות נשמות ועיי"ש.

בס'

סוכת שלום

אז דער וואס האט יא"צ שבת אדער אפילו אין מיט'ן דער וואך איז שבת עולה צו מפטיר:

ב) **און** ספר אורחות חיים איז ער נאך מעהר מוסיף דאס ער מעג אנהייבין קדיש צו זאגען שבת ביז דעם טאג וואס ער האט יא"צ:

ג) **און** ווי באלד עס איז דאה צוויי יא"צ איינער האט זינטאג יא"צ אין דער צווייטער מאנטיג אדער אנ'אנדערין טאג זענין זיי גלייכע חיובים צום מפטיר אין מען מאכט צווישען זיי א גורל:

ד) **און** זכור לאברהם ווערט גיברענגט אז עס איז מקובל דאס שבת דערפעהר פאר דער יא"צ זאל מען זאגין קדיש ווייל דער עיקר עלי' פון די נשמות איז אום שבת. פון דעם נעמט זיך דער מנהג אז ווער עס קען דאווינען פאר'ן עמוד דאווינט מוסף דעם שבת פון דער וואך וואס ער האט יארצייט:

ה) **און** ספר מעשה יחיאל ווערט אויך גיברענגט פון האריז"ל אז שבת פאר דער יא"צ איז גלייך דער וואס קען דאווינען פאר'ן עמוד ער זאל דאווינען מוסף. אין אויך שבת צו נאכט'ס מעריב. אין די ספרדים זאגען אויך קדיש דעם גאנצען שבת:

ו) **און** ספר טעמי המנהגים ווערט גיברענגט דאס דעם שבת פאר דער יאהר צייט זאל מען דאווינען פאר'ן עמוד פסוקי דזמרה. אין טייל מענטשין זענין זיך נוהג צו דאווינען קבלת שבת פאר'ן

עמוד

ז) בס' לדוד אמת מאזולאי כתב דאם בשבת א' יש לב' בנ"א צורך להפטיר שפטירת אב או אם בשבוע שאחרי' מי שיש לו בשבוע פטירת אב קודם לפטירת אם. ואירע דשבת אחד ת"ח וצ"ה הת"ח הי' לו פטירת אמו והע"ה פטירת אבא הע"ה קודם ואין משגיחים בזה כי מי שיש לו יאהר"צ של אביו קודם. גם אם מי שנפטר אמו כבר החזיק כמה שנים בשבת זה לומר הפט'ה ומי שמת אביו הי' אשתקד ועדיין לא אמר הפטורה כי' שנה זו ראשונה אין בזה חזקה ומי שנפטר אביו קודם לומר הפטרה (ועי' בפנים מאורות ת"ב סי' ק"ט).

ח) בס' גאולת ישראל כ, בשם הרה"ק ר"מ מקאריץ (אות קט"ז) דאם ח' היאהר"צ באמצע שבוע יש לומר תפלת אל מלא רחמים בשבת שלפניו אף כשחל ביום ב' יעי"ש.

סימן יב.

מענין הדלקת הנרות ביום היאר צייט (וכו ס"ו סעיפים)

א) נוהגין להדליק ביום היא"צ נר שהוא זכר לנשמת המת ולרמז שכן הגוף מת והנפש חי והיא נקראת נר כמ"ש נר אלקים נשמת אדם ולעורר האמונה בהשארת הנפש ויש טעמים נר יא"צ במ"ש כתובות ק"ג שרבי צוה נר יהי' דלוק במקומו (עי' תולדות מנחם סי' ה').

ב) ויש אומרים דהוא כמו שמצינו במדר"ל למה

סוכת שלום

עמוד אין צו זאגען דעם קדיש נאך מזמור שיר ליום השבת:

ז) און ספר לדוד אמת ווערט געברענגט. אז אויב צווי מענטשן האבין יא"צ אין שבת אדער די וואך דער נאך. איינער נאך דעם פאטער אין דער צווייטער נאך דער מוטער איז דער וואס האט יא"צ נאכ'ן פאטער מיין חיוב צום מפטיר אפילו דער וואס האט יא"צ נאך דער מוטער איז את"ח אין דער וואס האט יא"צ נאכ'ן פאטער איז א ע"ה. אין אפילו דער פון דער מוטער האט שוין א חזקה פון עטליכע יאהר צו האבין מפטיר. אין דער פון דעם פאטער איז הערשט דאס ערשטע מאהל ווייל ביי דעם גייט נישט אהן דער דין חזקה נאר דער וואס האט יא"צ נאכ'ן פאטער איז מעהר חיוב ווי דער וואס האט יא"צ נאך א מוטער. עולה צו זיין מפטיר:

ח) און ספר גאולת ישראל ווערט געברענגט פאר ר"מ קארצער זצ"ל, אז דער וואס האט יא"צ אפילו מאנטיג אדער דאנערשטיג וואס דאמאלסט איז דאך קריאת התורה פונדעסט וועגין זאל מען מאכין א אל מלא רחמים שבת דערפעהר:

סימן יב. וועגין יא"צ ליכט אנצינדין אין עם איז געטיילט אין פינפצעהן סעיפים:

א) דער מנהג וואס מען צינדט אהן א יאהר צייט ליכט ווייל עס איז א זכר אז האטש דער גוף איז אין קבר אבער די נשמה שאהנט אין גן עדן. דער פון ווערט אין דעם מענטש. איינגעפלאנצט די אמונה אין השארת הנפש. אין אזוי געפונען מיר דאס רבי' האט געהייסין אויך נאך זיין פטירת אנצינדען ליכט:

ב) און תשובת כנף רננה ווערט געברענגט אז דער טעם איז פונקט אזוי ווי די פרויען זענין מחויב אנצינדען ליכט שבת

למה נשים חייבות בהדלקת נר של שבת מפני שחוה כיבתה נשמתו של אדם לפיכך ניתן לה מצוה זו לתיקון החטא והנה חכז"ל דרשו מפני הרעה נאסף הצדיק בעון הדור ולא בחטאו מת ואנו גרמנו הסתלקותו וכביית נרו ע"כ מדליקין נר ביום זה שעי"ז יתוקן מה שפגמנו בנרו (עיי' ס' נפש טובה ובשו"ת כנף רננה יו"ד ח"ב סי' ל"ו).

ג) **בנר** יא"צ אין משתמשין ומניחין אותו מן הצד כמו נר של מצוה ואסור להדליק ממנו אף שאר נרות (עיי' שערי תשובה או"ח סי' קנ"ד סק"כ).

ד) **ואם** אחד שכח להדליק וכבר עבר היום אז יתן לעני מחיר הנר (עיי' תשובה מהרי"א יו"ד סימן שס"ו).

ה) **ואם** יש לו יא"צ בשבת ושכח להדליק בע"ש אין לומר בשבת לעכו"ם להדליק ולא כמ"ש בקיצר שלה (עיין שו"ת שואל ומשיב מהדו' ו' סי' ל"ג) אבל בין השמשות מותר לומר לעכו"ם שידליק מאחר שהעולם נזהרים בו חשובים לצורך גדול (מג"א ס' רס"א סק"ו בשם מרש"ל):

ו) **ובי"ט** ג"כ אין להדליק נר יא"צ בעצמו ומי שיש לו יא"צ ביו"ט שחל להיות אחר השבת טוב שידליק עוד בע"ש או כשיש לו יא"צ ביום ב' ידליק לפני יו"ט ואם יכבה אפשר להדליק ע"י נכרי (שו"ת אמרי אש או"ח ס' מ') ואם לא נמצא נכרי מותר לישראל להדליק הנר יא"צ של או"א שלא למנוע משמחת יו"ט דהבן מצטער כשאינו מדליק (שו"ת כת"ס או"ח סי' ס"ה) וכשמדליק בביהכנ"ס בוודאי מותר בלי שום חשש (מסגרת השלחן שעל הקצש"ע סי' צ"ח סק"ה ועיי' שו"ת דודאי השדה סימן טוב):

ז) **לנר** יא"צ אין לוקחין רק של שמן או של שעוה וטעם דשעו"ה שהוא ר"ת „הקיצו" „ורננו" „שוכני" „עפר" וגם המיחדים

סוכת שלום

שבת ווייל חוה האָט געבראַנגט דער צו אַז אדם הראשון זאָל שטאַרבען. אַזוי גלייבּין מיר אַז דער נפטר איז נישט געשטאָרבען דורך זיינע זינד נאָר אין די זינד פון דיא לעבעדיגע דרוּבער איז מען דאָס מתקן מיט דעם אָנצינדין דאָס יא"צ ליכט:

ג) **מיט** אַ יא"צ ליכט טאָהר מען נישט ניצען קיין אנדערע זאַכין חוץ לערנין אין דאַווינען. אַפילו אָנצינדען אַנ'אַנדער ליכט פון דעם יא"צ ליכט טאָהר מען אויך נישט:

ד) **איינער** וואָס האָט פערגעסין אָנצינדין אַ יא"צ ליכט אין עס איז שוין אַרובער דער טאָג זאָל ער דאָס געלד פון דעם ליכט אַוועק געבין אַנ'אָרימאַן:

ה) **איינער** וואָס האָט יא"צ שבת אין ער האָט פערגעסין אָנצוצינדין אַ יא"צ ליכט אויב ער האָט זיך דערמאַנט בין השמשות מעג ער נאָך זאָגען אַנ'ערל ער זאָל אָנציגדין אין אויב ער האָט זיך הערשט אום שבת דער מאַנט טאָהר ער נישט זאָגען קיין ערל ער זאָל אָנצינדין:

ו) **איינער** וואס ציגד אָהן אין דער היים אַ יא"צ ליכט טאָהר ער אום יו"ט נישט אָהן צינדין. נאָר ערב יו"ט אַפילו יו"ט איז זינטיג זאָל ער אָנצינדין פרייטיג אין אויב עס איז אויס געלאָשען געוואָרען מעג ער זאָגען אַנ'ערל ער זאָל עס אום יו"ט אָנצינדין ווייל דער שטייגער איז אַז אַ קונד האָט עגמת נפש אויב ער צינד נישט אָהן קיין יא"צ ליכט, אין יו"ט איז דאָך אַ מצוה צו זיין פריילִיך. אָבער אין בית המדרש מעג מען אָנצינדין אום יוט אַ יא"צ ליכט:

ז) **עס** איז זייער גלייך צו נעמין אַ וועקסין ליכט ווייל וואַקס איז אויף לשון קודש שעוה. דאָס איז ראשי תיבות ה'קיצו ו'ירננו ש'וכני ע'פר. אין ה'מיחדים שמך

"המיחדים שמן ערב ובוקר" לזאת דולק
הנר ערב ובוקר (אמרי נועם) ושמן הוא
אותיות נשמה אבל אין לוקחין נר של חלב
(שו"ת נד אלעזר סי' צ"ח) ועי' בשו"ת
מהר"ם שי"ק סי' פ"ג באו"ח מש"כ לענין
נפש בביהכ"נ שבזה"ז מותר ע"ש:

ח) **ואם** יש להדליק בנר של גאז או
עלעקטאר צ"ע כי אפשר צריך
להיות לו היכר (ועי' ילקוט יוסף ח"ד סי'
קפ"ה ובס' נר לשושנים אות ל"ח):

ט) **ומדקדקים** ליקח נר חדש ולא
מה שנשאר מדבר אחר
אף לא מנר של יוהכ"פ אם לא שהתנה
כן תחלה (מטה אפרים סי' תרכ"ד):

י) **מי** שיש לו יא"צ בחודש אדר ,ידלקו
נר יא"צ בראשון (כשהוא שנה
מעוברת) ובשני יתנו נר לתפלה ועשיר
ידליק גם בשני (אשל אברהם או"ח
סי' תקס"ח).

יא) **כש"י בר** היום והנר יא"צ עדיין
דולק אין מכבין אותו
אלא מניחי' דולק עד תומו ואם כבה
אחר היאה"צ אין חיוב עוד להדליק
שנית ונותני' הנשאר לביהכנ"ס ולביהמד"ר
או מדליקין אותו בביתו לצורך הלימוד אבל
אין משתמשין בו לדבר חול כיון שהוקצה
למצוה קצת (רב תבונה סי' ח"י ועי'
מג"א סי' תקי"ד ס"ק ז'):

יב) **על** נר יא"צ אין לברך במוצש"ק
בורא מאורי האש (קהלת שלמה
אות ד'):

יג) **והגה"ק** מרן החת"ס זצ"ל הי' נוהג
להדליק ביום היא"צ גם
הנרות שלפני העמוד (לקוטי חב"ח ח"ב
במנהגיו):

יד) **בספר** תפארת יעקב (תצוה) מביא
שם מא' שהלך בבוקר
לביהכנ"ס ובאת נגדו אשה א' ונתנה לו
גרות

סוכת שלום

ש'מן ע'רב ו'בוקר. דרובער דארף דאס
ליכט לייכטען אגאנצט מיט א טאג. אויך
בוימעלנע לעמפליך ווייל שמנה איז דאס
ווארט נשמה. אין אינזער צייט איז דער
מהר"מ שוין מתיר אויך נאפט לעמפליך:

ח) **צי** מען איז יוצא מיט א גאזאווע
לעמפיל אדער עלעקטעריצנע
איז דאה אגרויסער קלער:

ט) **דער** מנהג איז צו נעמען א נייע
ליכט נישט קיין איבער
געבליבענע אפילו עס איז געבליבען פון
יום הקדוש. צייטען ער האט זיך אויסגענומען
ערב יוה"כ אז דאס וואס עס וועט איבער
בלייבען זאל זיין אויף א יא"צ ליכט:

י) **דער** וואס האט יא"צ אדר. דאס עיבור
יאהר זאל ער דעם ערשטען
אדר אנצינדען א יא"צ ליכט. אין דעם
צווייטען אדער זאל ער אריין שטעלין
א ליכטיל אין עמוד ביים דאווינען אבער
אז ער איז רייך איז גלייך דאס ער זאל
דעם אנדערין אדר אויך שטעלין א יא"צ
ליכט:

יא) **אז** דאס ליכט ברענט מעהר ווי
א מעל"ע טאהר מען עס נישט
אויסלעשען נאר אדער עס זאל זיך אין
גאנצען אויסברענין. אדער ער זאל עס
שענקין אין בית המדרש אריין. אדער ער
אליין זאל דער ביי לערנין אפילו אין
דער היים. אבער קיין פראסטע זאכין
טארין דער ביי נישט ניצען:

יב) **ביי** א יא"צ ליכט טאהר מען שבת
צו נאכט'ס נישט מאכין קיין
בורא מאורי האש:

יג) **דער** הייליגער גאון דער מחבר
פון חתם סופר פלעגט אין
טאג פון יאה"צ אנצינדין אויך די ליכט פון
פאר'ן עמוד:

יד) **און** ספר תפארת יעקב ווערט גיברענגט
א וואונדערליכע מעשה. איינער איז
געגאנגען אין בית מדרש אריין האט איהם
א

נרות שידליק אותן כי יש לה היום יאה"צ ולקח האיש הנרות ונתנם בבגדו ושכח אח"כ להדליק אותן ובלילה אח"כ ראה בחלום אשה יא' מתה שהיתה מתרעמת עליו למה לא הדליק הנרות בביהכנ"ס שנתנה לו בתה להדליק ויקץ בפחד ועמד ממטתו ולבש עצמו והלך לביהכנ"ס עם הנרות והדליקן והוא מעשה נפלאה ומזה נראה גודל התיקן להנשמה בנותני' נרות לביהכנ"ס:

טו) בס' משפט צדק על תהלים (בהקדמה מענין תפלות ובקשות) כתב בזה"ל קדושת נרות של מצוה חביב מאוד לפני הקב"ה וכו' נר הדליק לדבו' מצוה יש בו גדולה נפלאה דאילו היינו זוכים ברוח הקודש היינו מבינים ומשיגים הרבה דברי עתידות ע"י הדלקת נר שהנר של מצוה הוא מתנבא כמו נביא ע"פ ה' ומנר של מצוה נמשך אז קדושה עליונה ומעורר למעלה הדלקת בוצינין קדישין וכו' וכתב בספרים שבשעת התפלת ידליק נר במקום שמתפלל כדי לגרש הסט"א כי סגולת הנר לגרש הסט"א וגורם להרבות הקדושה נ"ר דלו"ק בגימטריא השכינ"ה וזה פלאי וכשמדליק מנר של מצוה אל ישתמש בו דבר בזיון כלל כיון שנשתמש בו קדושה. ובס' מעבר יבק כ' הנרות שמדליקין בביהכנ"ס הם דבר שבקדושה עד מאוד והם מוסיפים אור והארה בנרות של מעלה דבוצינין מתדלקין ונהרין נהרין וכו' ע"כ הירא את ה' יאחוז במצוה זו של הדלקת נרות של מצוה הן בביהכנ"ס ובהמ"ד ערב ובוקר והן בשבתות וי"ט כי ענין נרות רם ונשא מאוד ואחד המרבה וכו' ובלבד שיכון לבו וכו'. ובתשו' הרמ"ע סי' פ"ט דאין לחייב את הבעל להדליק נר תמיד במיתת אשתו אף שחייב בקבורה דהדלקת נר אינו אלא מנהג וכו':

סוכת שלום

אנ'אשה געגעבין יא"צ ליכט אנצוצינדין. אין ער האט זיי אריין געלייגט אין דער קעשינע אין קומענדיג אין בית המדרש אריין האט ער פערגעסין אין די ליכט גישט אנגעצינדין. ביי נאכט איז די נפטרת געקומען צו איהם אין האט איהם אויפגיוועקט ער זאל גיין אנצינדין די ליכט פון דעם קען מען זעהן אז דאס איז א גרויסע טובה פאר'ן בר מינן, וואס מען גיט ליכט אין בית המדרש אריין:

טו) אין ספר משפט צדק אויף תהילים ווערט גיברענגט אז דער ענין פון אנצינדין ליכט אין בית המדרש. ביים דאווינען אדער לערנין איז זייער אגרויסער זאך עס פערטרייבט די טומאה אין מעהרט די קדושה אין ווען מיר וואלטין זוכה גיוועזין צו רוח הקודש וואלטין מיר גיקענט וויסין נביאות פון די ליכט. די ווערטער נר דלוק בעטרעפען פונקט ווי דאס ווארט השכינה. אין אז ער צינד אהן א לעכט פון א ליכט פון א מצוה טאהר מען מיט דעם צווייטען ליכט אויף נישט טוהן קיין מבוזה'דיגע זאך. דרובער ווער עס איז א חרד לדבר ה' זאל האלטין די מצוה ער זאל אנצינדין ליכט פאר'ן עמוד אין דער פריא אין אויף דער נאכט שבת אין יו"ט אין דער וואכין. ווייל דאס איז זייער אגרויסע מצוה. אמאן איז נישט מחויב אויפצו שטעלין קיין יא"צ ליכט נאך זיין ווייב. ווייל דאס איז נאר א מנהג:

סימן ג.

מענין התנהגות יום היארצייט ובשארי ענינים (וכו ו' סעיפים):

א) **ביום** היא"צ כשמזכיר את או"א צריך שיאמר הכ"מ (עלי יבא כל דבר רע הראוי לבא על נפשו) כמו שאומרים בשנה ראשונה מפני שבכל יאצ"ט הולך הנשמה ממדריגה למדריגה ויש עלי' דין ומשפט אם ראוי למדרגה עליונה (יוסף את אחיו מערכת א' אות כ"ג ושו"ת דודאי השדה ס' מ"ג):

ב) **ואם** יום זה שיקרה בשב"ק או ביו"ט אין לובשין טלית של שבת (באה"ט יו"ד ס' שצ"ה סוף אות ג'):

ג) **אסור** לאכול בסעודה בלילה שביום המחרת מת אביו ואמו (רמ"א יו"ד ס' שצ"א ס"ג) והיינו דווקא בסעודת חתונה שיש שם מזמורי חתן וכלה ויש בה שמחה אבל בסעודת ברית מילה פדיון הבן וסיום מס' מותר (פת"ש שם ס"ק ח"י) ויש אומרים דרק בשנה הראשונה אסור ולא בשאר שנים (כרם שלמה) אבל המנהג לאסור בכל השנים (ביאורי מהרא"ם סי' כ"ד):

ד) **ואין** לאכול בלילה זה (לפי שיתענה למחר) יותר מכפי שרגיל לאכול בכל לילות (אשל אברהם או"ח סי' תקס"ח ועיי' שו"ת הד"ר מהדו"ת סי' ד') ויש אוכלי' רק מאכלי חלב (נר יוסף סי' ח"י):

ה) **אחר** התענית אין לקדש הלבנה זולת אם טועם מידי קודם אבל עם הצבור יכול לקדש דברוב עם הדרת מלך או"ח סי' תכ"ו ועי"ש בנו"כ:

ו) **מי** שיש לו יא"צ על אמו או על אביו ונעשה אונן בו ביום יש ס"ל דלא יאמר קדיש דפטור מכל המצות והי"ה בזה גועם

סוכת שלום

סימן ג. דאס אויפפיהרינג אין יא"צ טאג אין פערשידענע ענינים. דאס איז איינגעטיילט אין צוואנציג סעיפים:

א) **און** דעם יא"צ טאָג אויב ער דערמאַנט זיינע עלטערין דאַרף ער זאָגען הריני כפרת משכבו. דאָס הייסט אַלעס וואָס ער דאַרף אָבקומען אַנ'עונש נעם איך אויף מיר פונקט ווי מען זאָגט דאָס גאַנצע ערשטע יאָהר. ווייל דעם יא"צ טאָג גייט די נשמה אויף אין אַ העכערע מדריגה ווערט זי דאַמאָלסט געמשפט צו זי איז ווערט דער צו:

ב) **אויב** דער יא"צ טאָג געפאַלט שבת אָדער יו"ט דאַרף מען נישט אָנטועֶן קיין שבת'דיגען טלית:

ג) **די** נאַכט וואָס מען האָט יא"צ טאָהר מען נישט גיין אויף קיין חתונה סעודה. ווייל דאָרט איז זייער אַגרויסע שמחה. אָבער אויף אַ סעודת ברית מילה אדער פדיון הבן אין סיום מסכת. מעָג מען יאָה גייעֶן:

ד) **דער** וואָס פאַסט דעם יא"צ טאָג טאָהר ער נישט די נאַכט דערפעהר עסען אַבעסערע סעודה. אין טייל עֶסין נישט קיין פליישיגס נאָר מילכיגס:

ה) **נאָך** דעם תענית יא"צ אויב עס איז דאָה אַ לבנה זאָל ער פריהער עפיס טועם זיין. אָבער אַז יעֶצט איז דאָס ציבור מחדש לבנה אין אויב ער וועט עפיס טועם זיין וועט ער פערשפעטיגען איז גלייכער ער זאָל מחדש זיין מיטען ציבור, ווייל ברוב עם הדרת מלך:

ו) **אויב** אין יא"צ טאָג איז ער גיוואָרען אַנ'אונן אין דעֶם מת וועט מען הערשט

(נועם מגדים) ויש מתירים לאחר הקבורה (עיי' בהערות בית הלוי ס"ק קפ"א ושו"ת עבודת הגרשוני סי' ס"ב ושו"ת מהר"ץ חיות סי' לו) אבל עמא דבר לילך לביהכנ"ס ולומר קדיש אף קודם קבורת המת (עיי' פת"ש ס' שמ"א סק"ט בשם שו"ת ארבעה טורי אבן ובשו"ת שאל האיש חיו"ד סי' א') אולם זה רק ביום ראשון (היינו במקום שיש פקודה ממושלי הקיר"ה שאין לקבור רק אחר מ"ח שעות) אבל אם הקבורה בו ביום המנהג שאין לומר קדיש וחישב לעשות מצוה ונאנס ולא עשאה מעלה עליו הכ' כאלו עשאה (שו"ת מהר"ם שיק חיו"ד סי' שמ"ב):

ז) ומי שיש לו יא"צ בתוך ז' ימי אבלו ואינו יכול לאסוף מנין בביתו אינו רשאי ללכת לביהכנ"ס להתפלל ולומר קדיש וכן ההולך בדרך ביום היא"צ ואינו יכול להגיע לישוב שיש בו עשרה שיאמר שם קדיש א"צ לבזבז בהוצאת ע"ז ול"א דהוי כנדר כי בוודאי מעיקרא לא הי' בדעתו לנהוג לומר קדיש ביום היא"צ אלא כשהיו בידו רק מחויב לעשות כפי יכלתו וכן אם אין השיירא רוצין להמתין עליו מחויב לפייסן ולהתחנן שימתינו עליו שיאמר קדיש והעושה כן הרי זה מכבד אביו ואמו אבל מ"מ לכתחלה אין לו לצאת לדרך ביום היא"צ או ביום שלפניו כשיודע שיתבטל ע"י מאמירת קדיש אם לא שהשעה דוחקתו והוא קרוב להפסד אם יתרשל מללכת עתה (מטה אפרים שער ג' אות ג'):

ח) וכן מי שדרכו להתפלל לפני העמוד ביום הי"צ אין מדקדקים אם מחמת חולשתו או סיבה אחרת אינו מתפלל אעפ"י שלא התנה מעיקרא אינו עושה בתורת נדר (אלף למטה שם).

ט) ואין למחות באחד שהוא כבד פה להתפלל ולעבור לפני התיבה כשיש לו יא"צ כדי שלא לבייש אותו (שו"ת פרי השדה ח"ז סוף ס' ס"ה) ומכ"ש אם הוא בן גדולים צריכים לכבד גם האבות:

שינוי

לקוטי צבי

הערשט צו קבורה ברענגין דעם צוויטין טאג דארף מען זאגען קדיש פון יא"צ. אבער אז מען איז דעם מת קובר דעם זעלבין טאג דארף מען נישט זאגין קיין קדיש פון יא"צ:

ז) איינער וואס זיצט שבעה ר"ל אין ער האט יא"צ אין ער האט נישט קיין מנין אין דערהיים פינדעסטוועגין טאהר ער נישט גיין אין בית מדרש אריין קדיש זאגען אין אויב איינער גייט אין וועג ווי ער האט נישט קיין מנין איז ער נישט מחויב אויסצוגעבין קיין גאר גרויסע הוצאה ער זאל קומין אין אנ'ארט וואס איז דאה מנין. אבער מען טאהר לכתחילה נישט ארויס גיין א טאג אדער צוויי פאר דעם יא"צ טאג אויב ער וועט נישט קענין אין וועג זאגען קיין קדיש צייטין עס שטייט איהם אגרויסען היזק צו האבין אז ער וועט נישט שוין ארויס פאהרען:

ח) איינער וואס איז זיך נוהג אלע יא"צ צו דאווינען פאר'ן עמוד אין איינמאהל האט זיך געטראפען ער איז שוואך דארף ער זיך נישט מתיר נדר זיין ווייל ער האט נישט אויף זיך גענומין צו דאווינען פאר'ן עמוד בתורת נדר:

ט) איינער וואס איז א שטאמלער האטש אנ'אנדערין טאג קען מען איהם ווערין ער זאל נישט דאווינען פאר'ן עמוד אבער אז ער האט יא"צ איז גלייך מען זאל איהם לאזען דאווינען. אבער אז מען פערשטייט איהם נישט איז גלייכער ער זאל אליין נישט צו גייען דאווינען פאר'ן עמוד:

דאס

י) שינוי מקום בביהכנ"ס כמו ביב"ח איננו נוהג ביום היא"צ ואף ביא"צ הראשון חוזר למקומו שכבר מתחיל שנה אחרת (נועמ"ג):

יא) אם בהזכרת שם הנפטר בלימוד ובתפלה הוא דוקא אחר האב או אחר האם יש בזה דעות חלוקות (עיי' שו"ת דודאי השדה סי' צ"ה ובס' מעגלי צדק פ' במדבר):

יב) אם היא"צ הוא יום שקוראין בתורה אזי חיוב לעלות ונוהגין לקראו שלישי בחול או לאחרון בשבת והקדיש שאחר קריאת התורה שייך לו (מטה אפרים שער ג') אבל נדחה מפני חתן ביום חופתו ומחתן בשבת שלפני החתונה שמזמרין לו (דהיינו שהוא בחור) ומפני נער שנעשה בר מצוה ומסנדק ביום המילה ומחתן אחר החתונה ומבעל שאשתו ילדה והולכת לביהכנ"ס אבל יש לו קדימה מאבי התינוק ביום המילה וממוהל ומכש"כ מי"צ שיהי' לו בשבוע שלאחר השבת ומי שיש לו יא"צ בתוך השבוע דנוהגין לעלות מפטיר בשבת שלפניה (כמו שהבאתי לעיל בס' ו') נדחה מכל אלו הנ"ל זולת ממוהל ביום המילה וגם יש לו קדימה מסנדק ואבי הבן ומכ"ש ממוהל בשבת שלפני המילה (ועיי' בגשם לדודאים סי' ד'):

יג) שני חיובים שוים הולכים אחר כבוד התורה ותלוי בדעת הסגן לדקדק בזה כפי שכלו או יטילו גורל והנשבע שלא לצחוק שום צחוק דאסור להטיל גורלות כמבואר ביו"ד סי' רי"ן סמ"ח יגרול ביא"צ ע"י אחר (קהלת שלמה) ומי שאין לו עירנות אינו דוחה שום חיוב (קיצור שו"ע סי' ע"ח אות י"א) ונודע שהגורל ידבק בו השגחה העליונה (שו"ת חו"י סי' ס"א) והעובר על הגורל כעובר על עשרת הדברות (דברי גאונים כלל כ' דין א') ומותר להטיל גורל בשבת מי יאמר קדיש או שיעלה לס"ת (ועיי' שו"ת מהרי"א י' ס' קמ"ג ושו"ת משיב דברים או"ח סי' נ"ד) ויש לעשות הגורל עפ"י ספר לא ע"י פתקין בית אהרן כלל כ"ה):

יד) הגאון מו' יוסף שאול ז"ל פסק דחזן אינו כאנשי ביהכנ"ס כיון דבשכרו

סוכת שלום

י) דאס ערשטע יאהר איז דער מנהג דאס דער אבל שטייט נישט אויף זיין שטענדיגען ארט אין בית מדרש. אבער דעם יא"צ טאג אפילו דעם ערשטין יא"צ דארף ער נישט משנה זיין דאס שטענדיגע ארט:

יא) צו דאס דערמאנין ביי לערנין דעם נפטר'ס נאמין איז נאר ביי דעם פאטער. אדער דער מוטער'ס נאמין דארף מען אויך דער מאנין איז דאה דרונגען א מחלוקת צווישען די פוסקים אחרונים:

יב) דער וואס האט יא"צ שבת ויו"ט אדער מאנטיג אין דאנערשטיג איז א חיוב עולה לתורה צו זיין שבת ויו"ט קומט איהם אחרון אין ער זאגט דעם קדיש פאר מפטיר. אבער א חתן וואס מען בעזינגט איהם דעם שבת. אין א יונגעל וואס איז געווארין א בר מצוה. אין א סנדק. אין א חתן נאך דער חתונה דעם ערשטין שבת. זענין מעהר חיוב עולה לתורה צו זיין פון דעם בעל יא"צ. אין א זעלכער וואס האט יא"צ אין מיטען דער וואך וואס דער מנהג איז ער זאל שבת עולה זיין צו מפטיר. ווערט אויך נדחה פאר די אלע. חוץ פון א מוהל אין סנדק אין א בעל ברית וואס ער איז מעהר חיוב פון זיי:

יג) צוויא גלייכע חיובים דארפען ווארפען א גורל. דורך א ספר אדער נישט דורך קוויטלעך.

יד) דער שואל ומשיב שרייבט. אז א חזן וואס נעמט געצאהלט פאר דאוונען

דבשכרו הוא בא אין לו משפט קדימה נגד אחר (דברי שאול ס' שע"ו ס"ז):

טו) כ' בס' קהלת שלמה דאבל שיש לו יא"צ בשבת מותר לעלות לתורה דאם לא יעלה יהי' אבילות בפרהסיא (שו"ת דת אש ס' ו'):

טז) בס' נפש כל חי (מאמר אבות על בנים התמרמר מאוד וקורא תגר על אנשים החוטאים שביום היא"צ על או"א באים מעט לביהכנ"ס ומניחין תפילין בין עיניהם וכו' ואח"כ חוזרים לסורם כי לא זו הדרך לקיים כיבוד או"א ואדרבה עושי' עולה כפולה עי"ש (ועי' תקון משה חלק ד' בעניני מתן תורה אות צ"ח):

יז) מי שנטבע בנהר וראו עדים הטביעה ואחר איזה ימים נמצא הנטבע והותרה אשתו היארצייט ביום הטביעה (שו"ת מהרש"ם ח"ב דכ"א):

יח) מי שנסתלק בין השמשות יש ס"ל דצריכי' להחזיק היא"צ ב' ימים (שו"ת שערי צדק חיו"ד ס' קצ"ח) אבל העולם נוהגים לעשות מוקדם דזריזות עדיף (שו"ת כנף רננה או"ח ס' נ"ה ועיי' שו"ת דודאי השדה סי' צ"ח):

יט) מי שמתפלל ערבית ועוד היום גדול ומת אביו בין שהוא בימות החול או בע"ש חשבי' לי' לימא לקבוע היא"צ ביום העבר אף דלענין אבלות אין הדין כן:

כ) מי שאינו יודע היום שמת בו אביו יברור לו איזה יום שירצה אך לא יסיג גבול אחרים בקדשים (באה"ט או"ת ס'

סוכת שלום

דאווינען. און ער דאווינט שטענדיג אין אנאנדער בית מדרש האט ער נישט דעם דין ווי א תושב פון דעם בית מדרש.

טו) אין קהלת שלמה ווערט גיברענגט דאס אן אבל וואס האט יא"צ שבת מעג עולה לתורה זיין ווייל אויב ער וועט נישט עולה זיין וועט עס זיין אבילות בפרהסיא וואס איז אסור אין שבת.

טז) אין ספר נפש כל חי ווערט גיברענגט אז דיא קינדער וועלכע דאווינען נישט קיינמאהל. נאר יא"צ קומען זייא דאווינען און לייגען תפילין איינמאהל אין יאהר. דערנאך לייגען זייא אוועק דאס דאווינען מיט דיא תפילין אויף דעם צווייטען יא"צ טוען זייא נאך דערמיט זייער פאטער א רעה דאס דורך זייא ווערט ער דערמאנט צום שלעכטען ר"ל.

יז) איינער וואס מען האט גיזעהן וויא ער איז ר"ל דערטרונקען געווארען. דערנאך אין עטליכע טעג האט מען איהם הערשט ארויס גענומען פון וואסער. ווערט דער יא"צ גערעכינט דעם טאג וואס ער איז דערטרונקען געווארען.

יח) איינער וואס איז נפטר געווארען בין השמשות איז דיא יא"צ דעם טאג דער פעהר.

יט) איינער וואס האט שוין געהאט געדאווענט מעריב און עס איז נאך טאג און איינער פון זיינע נאהנטע קרובים זענען געשטארבען האטש קיינען אבילות ווערט שוין גירעכינט וויא בייא נאכט. אבער קענען קובע זיין יא"צ ווערט גירעכינט וויא עס איז נאך טאג.

כ) איינער וואס ווייסט נישט ווען זיין פאטער איז געשטארבען זאל ער זיך אויסקלויבען וועלכין טאג ער וויל און האלטען יא"צ גלייכער איז אויב עס איז גיוועזען זומער זאל ער אויסקלויבען ט' תמוז. און אויב עס איז גיוועזען ווינטער זאל ער אויסקלויבען הי' טבת. אבער ער טאר נישט אויסקלויבען דעם זעלבען טאג וואס

פ׳ תקס״ח ס״ק י״ז) ונכון לברר ה׳ טבת יום מיתת אמו ולעשות היארצייט
דהיום קצר ואם יודע שהי׳ בקיץ יברור ט׳ ביחד (ועיי׳ שו״ת תשורת שי ס׳
תמוז (ס׳ מאורי אור) ולא יוכל לברר לו תקפ״ה) :

סימן יד.

סדר הלימוד ביום היארצייט (וכו י״ז כפיפים)

א) הנה מהלימוד ביום הלזה כבר נמצא
בסימן ג׳ בתוך הלימוד לימי
אבלו ומשם תדרשנה רק בפה הנני
להעתיק מה שנוגע ליום היאהרצייט בעצמו :
והיא ממה שמבואר בס׳ יוסף תהלות על
תהלים להגה״ק חידא ז״ל שכתב וז״ל בית
מנוחה סדר לימוד למנ״ח יומא לנפש אדם
זמנו״ח אש״ה מנהג ישראל כי בר מנו״ח
או קרוב מייתות בי עשרה יום הפקודה
יא״צ יום לשנה למעבד ניחא שנפשא איכו
השתא הן בסד״ר דברים אחדי״ם סדר
לימוד תנ״ך משנה גמרא וזהר דברים
שבקדושה אשר יקראהו באמת מתפלת
השחר עד מעלי שמשא ודחמין למבעא
תפלה קודם הלימוד ואחריו נוסח השמים
ירחמו על הנפש מעלנ״א אית לה עלה
יקרא דרושה ואם יהיה הלימוד בלילה לא
ילמוד תנ״ך כמ״ש רבינו האר״י זצ״ל
ודבריו חיים וקיימים ויקבל שכר על
הפרישה אי לזאת ילמדו משנה גמ׳ זוהר
ואחר חצות כל התהלים ואיזה פרק
מהרמב״ם ה׳ מצה״ק ואדרא זוטא קדישא :
ב) תפלה קודם הלימוד. הנה אנחנו באים ללמוד
היום הזה בתורה נביאים וכתובים משנה
גמרא זוהר לתקן את שרשן במקום עליון ואנו

סוכת שלום

וואס ער האט טע וויא יא״צ נאך דער
מוטער. אויך האט ער נישט דאס כח
דאמאלסט מרחה צוא זיין אנדערע חיובים
פון קדיש זאגען אדער דאווינען פארען
עמוד.

סימן יד. דער סדר הלימוד אין דעם יא״צ טאג אין

עס איז גלייך דאמאלסט צו דערציילען
פון דיא מעשים טובים וואס זיינע
עלטערען האבען געטאהן. דאס
איז איינגעטיילט אין זיבענצעהן
סעיפים :

א) דער סדר הלימוד דעם טאג פון יא״צ
ווערט גיברענגט אין סימן ג׳
נאהר דער חידא ברענגט דעם מנהג
הספרדים דאס מען רופט א חיים
א מנין ת״ח אין זייא לערנען משנה גמרא
זוה״ק ביז האלבע נאכט. אין נאך חצות
זאגען זייא גאנץ תהילים. אין לערנען
עטליכע פרקים רמב״ם הלכות
הקרבנות. אין דיא אידרא זוטא
מעשי זוה״ק. אין בייא טאג זענען זייא
פון אויך צוא לערנען תנ״ך אין זייא
מוסיף א תפילה אז אין זכות פון דעם לערנען
זאגען זאל דיא נשמה פון נפטר ניצול ווערען
פון דעם עונש וואס איהר קומט. אין דאס איז
די תפלה.

ב) הנה אנחנו באים ללמוד היום הזה,
מיר קומען דעם היינטיגען טאג
לערנען. בתנ״ך. משנה. גמרא. זוה״ק. לתקן
את שרשן במקום עליון. כדי זייער הויכען
שורש מתקן זיין. ואנו מכוונים. אין מיר
האבען אין זינען. לזכו תנר״ב של פב״מ
מוכה

ואנו מכוונים לזכות נפש רוח ונשמה של פב"פ אשר נפטר לבית עולמו והיום הזה יום פקודתו ויהי רצון מלפניך יהוה אלהינו ואלהי אבותינו שבזכות תורתך הקדושה תתמלא רחמים על נפשו רוחו ונשמתו והיו נכונים ברכם טהרם רחמי צדקתך תמיד גמלם (יכון בש"ר צת"ג) ירונן מדשן ביתך ונחל עדניך תשקם ותשפיע בצחצחות לנר"ן נזכה להיות במחיצת הצדיקים ואנו מכוונים בכל לימודינו ששם יחוד קובה"ו בדחילו ורחימו ליחד שם י"ה מ"ה ביחודא שלים בשם כל ישראל יהי חסדך ה' עלינו שיהיה לימודינו נ"ר לפני כסא כבודך ותעלה עלינו כאילו כוונו בכל הכונות הראויות לכל לימוד כפי בחינתו עזרנו אלהי ישענו על דבר כבוד שמך ותזכנו לעבדך באמת כן יהי רצון אמן. וילמדו סדר זה:

ג) תורה בראשית עד אשר ברא אלהים לעשות נשא פ' ברכת כהנים בהעלותך ויהי בנסוע הארון עד רבבות אלפי ישראל הברכה אין כאל ישורון עד ואתה על במותימו תדרוך:

ד) נביאים שמואל א' (ס' ב') ה' ממית ומחיה עד וירם קרן משיחו ישעיה (ס' נ"ח) הלא פרוס לרעב עד כי פי ה' דיבר:

ה) כתובים משלי. (ס' ט"ו) לאדם מערכי לב עד וה' יכין צעדו. שם (ס' ל"א) אשת חיל כלו (ונדרש על

סוכת שלום

מזכה צוא זיין דיא נשמה פון דעם מענטש וואס איז היינט זיין יא"צ ויהי רצון ה' אלקינו ואלקי אבותי עס זאל בעוועלענדיג ווערען פאר דיר אינזער גאט שבזכות תורתך הקדושה דאס אין זכות פון דיין הייליגער תורה. תתמלא רחמים עליו והיו נכונים זאלסטו דערפילט ווערען רחמנות אויף דעם מענטש. ותשפיע בצחצחות לנר"ן, אין דיא זאלסט מעהרען קדושה צו זיין נשמה. ויזכה להיות במחוצת הצדיקים. אין ער זאל זוכה זיין צו זיין אין דער מחוצה פון דיא צדיקים ואנו מכוונים, אין מיר האבען אין זונען, בכל לימודינו. אין אונזער גאנצען לערנען לשם יחוד קוב"ה עס זאל פאראייניגט ווערען השי"ת נאמען בשם כל ישראל פאר אלע יודען יהי חסדך ה' עלינו דיין חסד זאל אויף אונז זיין שיהא לימודינו נחת רוח לפני כסא כבודך אז אינזער לערנען זאל זיין א נחת רוח ותעלה עלינו כאלו כוונו בכל הכוונות הראיות לכל לימוד כפי בחינתו אין זאלסט אונז רעכינען גלייך וויא מיר וואלטען מכוון גיוועזען אלע כוונות וואס מען דארף דארט יעדען, ענין לערנין מכוון צו זיין עזרינו אלקי ישעתו העלף אונז גאט וואס דיא ביסט אונזער הילף על דבר כבוד שמך פון וועגען עס זאל זיין א כבוד פאר דיין נאמען ותזכינו לעבדך באמת אין זאלסט אונז מזכה זיין אמתדיג דיך צו דינען כן יהי רצון אמן אין דערנאך לערינט מען דעם סדר:

ג) תורה אין חומש בראשית ביז ברא אלקים לעשות חומש במדבר אין דער סדרה נשא דיא פרשה פון ברכת כהנים אין דער סדרה בהעלותך פון ויהי בנסוע ביז רבבות אלפי ישראל אין חומש דברים אין דער סדרה וזאת הברכה פון אין כאל ישורון ביז ואתה על במותימו תדרוך:

ד) נביאים שמואל א' קאפיטעל ב' פון ה' ממית ומחי' ביז וירם קרן משיחו ישעי' קאפיטעל נ"ח פון הלא פרוס לרעב ביז כי פי ה' דיבר.

ה) כתובים משלי קאפיטעל טו פון לאדם מערכי לב ביז וה' יכין צעדו

על התורה ועד"ה על השכינה):

ו) משניות נדרים חלה תמיד ואח"כ זבחים מנחות.

ז) גמרא. ברכות (דט"ז) א"ר אלעזר מ"ד כן אברכך עד יהלל פי שם (דף ט"ב) ר' יוחנן כי הוה מסיים ספרא דאיוב עד ויאכלו וישתו:

ח) שבת (דפ"ט) בשנים בשני מיבעי ליה עד גואלנו מעולם שמך.

סנהדרין (דק"י) אתמר קטן מאימתי בא לעוה"ב עד מלך נאמן מכות (כ"ג) דרש ר' שמלאי תרי"ג מצות עד וצדיק באמונתו יחיה זבחים (דפ"ח) א"ר ענני בר ששון למה נסמכה פ' קרבנות עד בפרהסיא, מנחות (דמ"ג) ת"ר חביבין ישראל שסיבבן הקב"ה במצות עד ויחלצם:

ט) זה"ק ח"א דף רי"ז סוף ע"א ויקרבו עד דף רי"ט ע"א ובהני כתיב עד שמים שם דף רי"ט סוף ע"ב ויחי יעקב עד דף ר"כ ונסו הצללים שם דף ר"נ ע"ב תא חזי כד הוה עאל יעקב עד ויחדו קמי קב"ה שם דף רנ"א וישם בארון במצרים הכי הוא ודאי וקרא אוכח עם סופו:

י) וילמדו אדרא רבא או זוטא ואח"כ ילמדו כל התהלים

ובסוף כל ספר יאמרו התפלה ותקרא לשבויים דרור יאמר נסח זה ותחזק ותרחם על נר"ן של פב"פ ויתן ה' להם ומצאן מנוחה נכונה ובצל שדי יתלוננו ויעלו ויזכו להיות במחיצת הצדיקים ברכם טהרם רחמי צדקתך תמיד גמלם (ויכוין בט"ר צת"ג) וזכות לימוד תורתך הק' וזכות דהמע"ת יגן עליהם לנוח במנוחות שאננות וגם ה' יתן הטוב לזרעו (לקרובו) ובכל אשר יפנה ישכיל וכל אשר יעשה יצליח ותקרא לשבוי דרור וכו' ויאמר קדיש על כל ספר:

אתר

סוכת שלום

צעדו קאפיטעל אין גאנץ אשת חיל.

ו) משניות נדרים חלה תמיד דערנאך זבחים מנחות.

ז) גמרא ברכות דף ט"ז מד"כ אברכך ביז יהלל פי. אין דף יז ר"י כי הוה מסיים ספרא דאיוב ביז ויאכלו וישתו.

ח) שבת דף פט בשני מיבעי ליי ביז גואלינו מעולם שמך סנהדרין דף קי אתמר קטן מאימתי בא לעוה"ב ביז מלך נאמן. מדות דף כג דרש ר"ש תרי"ג מציה ביז וצדיק באמונתו יחי' זבחים דף פח אר"ע ב"ש למה נסמכה פ' קרבנות ביז בפרהסיא מנחית דף מג ת"ר חביבין ישראל שסיבבן הקב"ה במצות ביז ויחלצם.

ט) זוהר בראשית דף ריז סוף ע"א ויקרבי ריז ריט ע"א ובהני כתיב עד שמים ריט סוף ע"ב ויחי יעקב ביז ר"כ ע"א ונסו הצללים ר"נ ע"ב תא חזי כד הוה עאל יעקב בין ויחדי קמי קוב"ה רנ"א וישם בארון במצרים הכי הוא וודאי וקרא אזכח ביז סוף הספר.

י) דערנאך לערינט מען אדרא רבא אדער זוטא אין דערנאך זאגט מען גאנץ תהילם אין נאך יעדען ספ' זאגט מען דעם יהי רצון אין ביי דיא ווערטער ותקרא לשבוים דרור זאגט מען ותחזין ותרחם דיא זאלסט לייטזעליגען אין דערבארימען נר"ן של פב"פ דיא נשמה פין דעם נפטר וואס זיין בעטין פאר איהר יתן ה' להם השי"ת זאל זייא געבען ומצאו מנוחה נכונה זייא זאלען געפינען א רעכטע רוהע ובצל שדי יתלוננו ויעלו ויזכו להיות במחיצת הצדיקים אין זייא זאלען זוכה זיין צו רוהען צווישען דיא צדיקים ברכם טהרם דיא זאלסט בענטשען אין ריין מאכען רחמי צדקתך תמיד גמלם מיט דיין רעכט רחמנות זאלסטו זייא שטענדיג בעצאהלען

דזכות

יא) אחר כל הלימוד יתפלל נסח זה יהי רצון מלפניך יהוה אלהינו ואלהי אבותינו שתקבל ברצון לימוד תורתך הק' שלמדנו היום הזה בתנ"ך משנה גמרא זהר תהלים ז' חלקי לימוד זו מוצקות לנרות וברוב רחמיך תצילנו משבעה עידנין ושעות רעות ובזכות ז' כורתי ברית אבותינו הק' אברהם יצחק ויעקב ע"ה ומשה רבינו ע"ה ואהרן הכהן ע"ה ופנחס ע"ה ודהמע"ה תזכינו לחזור בתשובה ולעבדך באמת ואתה בטובך תשפיע שפע רב לנר"ן של פב"פ והיה למאורות לאור באור החיים ולמען תורתך הק'. והקדישים שאמרנו ואמנים שענינו היום תסתום פי כל המקטרגים עליו ובזכות ז' כורתי ברית תצילם מכל צר ואויב ומקטרג קבל רנת עמך שגבנו טהרנו נורא (ויכוין קרע שטן) ויעמדו מליצי יושר להמשיך על נר"ן שלו ותשכינם במשכנות מבטיחים במנוחת שלום השקט ובטח בזכות תורתך הק' ולמען שמות הקודש וצירופיהם הרמוזים בכל מה שקרינו היום ולמען סתרי תורה אשר קרינו ולנו אנחנו עבדיך תתמלא רחמים עלינו ועל כל ישראל והחזירנו בתשובה שלימה לפניך וקרע

סוכת שלום

הזכות לימוד תורתך הק' אין דער זכות וואס מיר לערנען דיין הייליגע תורה וזכות דוה"מ ע"ה ינן עליהם אין דער זכות פון דעם תהלים וועלכע דהמע"ה האט מתקן געווען זאל אויף זייא מגין זיין לנוח במנוחות שאננות זייא זאלען רוהען מיט א פריידליכע רוהע וגם ה' יתן הטוב לזרעו אין אזוי זאל איך השי"ת געבען גוטעס צו זיין פאמיליע ובכל אשר יפנו יצליח: אין וואו זייא וועלען זיך קערין זאלען זייא באגליקען דערנאך זאגט מען ווייטער דעם יהי רצון ותקרא לשבוים דרור אין מען זאגט קדיש נאך יעדער ספר.

יא) נאך דעם גאנצען לערנען זאגט מען דיא תפלה יהי רצון מלפניך ה' אלקינו ואלקי אבותינו עס זאל זיין דער ווילען פון דיר אונזער גאט אין גאט פון אונזערע עלטערען שתקבל ברצון לימוד תורתך הקדושה דיא זאלסט בעווילגען אונזער לערנען דיא הייליגע תורה שלמדנו היום הזה וואס מיר האבען היינט גילערינט בתנ"ך משנה גמרא זוהר תהלים ז' חלקי לימוד זה דיא דאזיקע זיבען ערלי לימודים מוצקות לנרות זאלען גיסען השפעה אין דער הייליגער מנורה וברוב רחמיך אין דורך דיין פיעל רחמנות תצילנו משבעה עידנין ושעות רעות זאלסטו אונז מציל זיין פון דיא זיבען ערלי שלעכטס וואס זענען שולט ווען עס בייטען זיך דיא זיבען צייטען ובזכות ז' כורתי ברית מאבותינו הקדושים אין איין זכות פון דיא הייליגע זיבען אבות אברהם יצחק יעקב משה רבינו אהרן הכהן פנחס דוד המלך עליהם השלום תזכינו לחזור בתשובה. זאלען מיר זוכה זיין תשובה צו טהון ולעבדך באמת אין דיך אמתדיג דינען ואתה בטובך אין מיט דיין גוטען תשפיע שפע רב, זאלסטו פיעל קדושה משפיע זיין לנר"נ של פב"פ, צו דער נשמה פון דעם נפטר וואס מיר בעטין פאר איהר והי' למאורות, לאור באור החיים. אין ער זאל לייכטען צווישען אללע לעבידיגע צדיקים ולמען תורתיך הקדושה והקדושים שאמרנו אין אין זכות פון דיין הייליגע תורה וואס מיר האבען גילערינט אין דיא קדושים וואס מיר האבען גיזאגט ואמנים שאנינו היום אין דיא אמנ'ס וואס מיר האבען היינט נאך געזאגט תסתום פי כל המקטריגים עליו זאלסטו פערמאכען דיא מאלער פון אלע וואס ווילען אויף איהם מקטרג זיין קבל רנת עמך, פערנעם דאס גיבעט פון פאלק שגבינו טהרינו נורא שטארק ריינ ג אונז פארכטינער ויעמדו מליצי יושר להמליץ על נר"נ שלו, אין עס זאלען אויף שטיין גיטע מליצים אויף זיין

וקרע כל המסכים המבדילים בינינו לבינך והאר פניך על מקדשך השמם למען אדני ובא לציון גואל והיה ה׳ למלך על כל הארץ ביום ההוא יהיה ה׳ אחד ושמו אחד כי״ר):

יב) ומהראוי והנכון להזכיר מעשיהם הטובים של הוריו ביום היארצייט וכמש״כ בס׳ דברי אמת פ׳ ואתחנן בפרט ביומא דהלולא של הגאונים והצדיקים מה טוב להרבות בשבחים ובדברי תורתם זכר צדיק לברכה ע״י שזוכרו בא לאדם ברכה יע״ש (וזאת ידוע שבשנה הראשונה בתוך הי״ב חודש אם אומר דבר בשם אביו צריך לומר אבא מרי הריני כפרת משכבו (הכ״מ) ולאחר י״ב חודש יאמר זכרו לחיי עולם הבא (יעי׳ בס׳ מדרש אלי׳ דרוש ז׳). ועיי׳ בספר טעה״מ ח״ב דף כ״א שכ׳ בשם הס׳ מדרש אלי׳ המנהג לספוד ולבכות למת אחר תשלום השנה כי אם הוא רשע וישב בגיהנם י״ב חודש אנו בוכים ומיללים עליו לסייעו להוציאו חוצה משום שהספד שסופדים ומספרים שבחיו שהי׳ בו הוא מסייעו להעלותו מיד והוא דרך משל למי שישב כמה זמן בבור עמוק ולא הי׳ לו רשות לצאת משם וכשנתנו לו רשות אינו יכול לעלות אם לא יתנו לו יד לסייעו וכן אחר י״ב חודש נותן לו רשות לצאת מגיהנם והבכי וההספד הוא כמתפלל עליו לסייעו ע״י הבכי וסיפור שבחיו וכן גבי צדיקים אחר י״ב חודש אז ההספד והבכי׳ וסיפור מעשיו הוא יסייע לו להעלותו למדרגה יותר גדולה שבגן עדן וכו׳ ע״ש וסיים דלאו דוקא אחר י״ב חודש אלא בכל שנה ושנה ביום היארצייט יש לספר שבחיו כדי להעלותו למדרגה יותר גדולה. בס׳

סוכת שלום

זיין נשמה, ותשכונם במשכנות מבטחים. אין זאלסט זייא מאכען רוהען אין אויבערע רוהען. במנוחת שלום. אין א זיכערע רוהע אין שלום. השקט ובטח, אין א פרידליך רוהען בזכות תורתך הקדושה ולמען שמות הקודש וצירופיהם הרמוזים בכל מה שקרינו היום אין זכות פון דיין הייליגער תורה אין דיא הייליגע שמות וואס זענען אין איהר מרומז ולמען סתרי תורה אשר קרינו און אין זכות פון דיא סודות התורה וואס מיר האבען היינט גילערינט. תתמלא רחמים עלינו ועל כל ישראל, זאלסטו דערפיעלט ווערען מיט רחמים אויף אונז דיינע דינער אין דיינע אלע יורען והחוירין בתשובה שלימה לפניך אין זאלסט אונז צוריק קערען צו דיר וקרע כל המסכים המבדילים באזנינו לבינך אין זאלסט צורייסען אלע פארשטעלעכצער וואס זענען א צווישענשייט פון אונז צו דיר והאר פניך על מקדש השמם למען ה׳ אין זא״סט דערלייכטען דיין ווי׳ען אויפצו בויען דיין בית המקדש וואס איז פערוויסט פון וועגען דיין הייליגען נאמען ובא לציון גואל אין משיח זאל קומען והי׳ ה׳ למ״ך על כל הארץ ביום ההוא יהי׳ ה׳ אחד ושמו אחד. אין השי״ת מלוכה זאל פראקלאמירט ווערען אויף דער גאנצער וועלט אז ער איז אייגער אין זיין נאמען איז אליין ווערט גיהערליכט צו ווערען כן יהי רצון אזוי זאל זיין דיין ווילען.

יב) עס איז גלייך דעם יא״צ טאג צו דערציילען דיא גיטע מעשים פון זיינע עלטערין בפרט גאונים וצדיקים וועלכע האבען מחדש גיוועזען דברי תורה אין דעם טאג ווערען זייא נתעלה אין גאהר א הויכע מדריגה אין אויך דער וואס דערציילט זייערע גיטע מעשים ווערט גיבענטשט אזוי וויא עס שטייט זכר צדיק לברכה אין דער וואס דערמאנט א צדיק ער זוכה גיבענטשט צו ווערען אין ספר טעמי המנהגים ווערט גיברענגט א גיטער מנהג

יג) בס' שערי האמונה מביא פירושו בשם הבעש"ט פי' הפסוק מלאכי ג' אז נדברו יראי ה' איש אל רעהו ויקשב ה' וישמע ויכתב ספר זכרון לפניו ליראי ה' ולחושבי שמו לשון נדברו אין לו פי' ואמר הבעש"ט זל"ה מה שהעולם נוהגים להתענות ביא"צ הוא יום שמת בו אביו ואמו היינו משום שביום שמת דנין אותו על קלות שבקלות ובכל יא"צ דנין אותו כך כדי להעלות נשמתו יותר למעלה ואז דנין אותו על חומרות גדולות שלא נהג ע"כ מתעני' ועושים צדקה ביא"צ כדי להעלות נשמת או"א יותר למעלה כי ברא מזכה או"א ואם כבר נזדכך הנשמה מכל וכל שאין שום דבר לדון אותה עליו אז א"א להעלות הנשמה עוד יותר כי א"א להעלותה אם אין דנין אותה מקודם והנשמה המזיקקת מכל וכל א"א להעלות וע"כ מזכירין בעוה"ז זכותו ומעש"ט שלו שעשה בחייו אז יכול לעלות יותר מעלה למעלה וז"פ הפסוק אז נדברו יראי ה' איש אל רעהו כלומר שאיש אל רעהו מדברים זע"ז מיראי ה' ומזכירים מעשיהם הטובים, שעשו בחייהם ויקשב ה' וישמע ויכתב בס' זכרון לפניו ליראי ה' כלומר שנזכרו יראי ה' לפני השי"ת ע"י ספורים ממעשיהם הטובים ומנהגים ודרכיהם בעבודת ה' נקראת חושבי שמו כי צדיקים הן המה המרכבה חושבי שמו נזכרים ג"כ לפני השי"ת בשביל זה שגרמו עלי' לנשמת הצדיקים עכ"ד ודפח"ח:

יד) בס' פרי חיים (על אבות) פירוש וכתר

סוכת שלום

מנהג צו מאכען א הספד דעם יא"צ טאג און צו וויינען אויף דעם נפטר ווייל מיט דעם הספד און געוויין העלפט ער דער נשמה פון נפש עולה צו זיין אין א העכערע מדריגה בפרט דאס ערשטע יאהר איז דאס גאהר א נייטיגע זאך ווייל אויב דער נפטר איז גיוועזען ארשע און איז געמשפט געווארען אין גיהנם דערנאך אז דעם עונש איז ער אבגעקומען און מען גיט איהם רשות ארויס צו גיין איז ער גלייך וויא איינער וואס איז איינגיזעצט אין א טיפען גריב דאס אפילו מען גיט איהם רשות ארויס צו גיין מוז ער בעטין מען זאל איהם ארויף צוהעלפן פון דער טיפעניש און דער הספר מיט דעם געוויין און דאס דערציילט מען זיינע גוטע מעשים צוהט ארויס די נשמה פון גיהנם.

יג) אין ספר שערי האמונה ווערט געזאגט פארן בעש"ט וועגען דער פסוק אז נדברו יראי ה' איש אל רעהו אויב איינער צום צווייטען דערציילט די מעשים טובים פון די צדיקים וואס זייא זענען גיוועזען אמתדיגע יראי ה' ויקשב ה' וישמע הערט דאס השי"ת ויכתב בס' זכרון לפניו ווערען דערמאנט דערמיט פאר השי"ת ליראי ה' דאס הייסט די צדיקים האבען אנעלי' און אויך ולחושבי שמו די וואס האבען גיהערליכט זיין נאמין דאס זענען די וואס דערציילען די מעשים טובים פון די צדיקים וועלכע האבען געדינט השי"ת און זיך מוסר נפש גיוועזין אויף זיין היליגען נאמען ווערען זייא אויך דערמאנט צום גיטען ווייל זייא האבען גורם גיוועזען די טובה פון די צדיקים דאס זייא זאלען האבען אנעלי' ווייל די נשמה האט נישט קיין עלי' ביז מען איז זיא דן אויף איהרע מעשים וואס זיא האט אויף דער וועלט געטוהן און די נשמות וועלכע זענען שוין אין גאנצען געלייטערט האבען גישט קיין עלי' נאר אז מען דערציילט זייערע גוטע מעשים.

יד) און ספר פרי חיים שרייבט דער מחבר אזוי ווי עס איז ידיעה אז די צדיקים זענין א מרכבה צו דער שכינה הקדושה. און זיי זענין תיכף נאך דער פטירה עולה אין א הויכע מדריגה און

חיים הנצחיים

וכתר שם טוב עולה על גביהן היינו ע"י שם טוב שהניח הצדיק בעוה"ז מזכירים תמיד שמו מעשיו ודרכיו ויש לנשמתו עלי' למעלה למעלה בשביל השם טוב אשר א"א עוד לעלות בשביל זכיית התורה ומעש"ט שעשה בחייו רק כשמזכירין בתחנונים מעשיו ודרכיו אז יש לו עלי' וזה ע"י השם טוב שהניח אחריו וזהו וכתר שם טוב עולה על גביהן ודפח"ח:

טו) **בס'** גרסא דינקתא (פ' חקת) כתב לפרש מאחז"ל כשם שהקרבנות מכפרים כך מיתת צדיקים מכפרת דנודע שבזמן שאין ביהמ"ק קיים אז קורין בסדר הקרבנות מעלה אני עליהם כאילו הקריבו וכן במיתת צדיקים אם עושים זכר להם ביום מיתתן (היינו ביום היא"צ) אז מכפרין ג"כ וגדולים צדיקים במיתתן וזהו הכוונה מה הקרבנות מכפרין כך מיתת צדיקים מכפרת לדורות עולם:

טז) **בס'** עשר עטרות (בהסכמות) **הביא בשם** הרה"ק מוהרי"א **מזידיטשוב.** זי"ע כי סגולה גדולה לכל ענינים **להזכיר** שמות הצדיקים ולדבר מהם ויש **להוכיח** כן מגמ' מגילה ט"ו דאר"י **כל האומר** רחב רחב מיד וכו' והנה **מדה טובה** מרובה א"כ על אחת כמה וכמה **לטובה** מועיל ביותר שיחת מעשי **צדיקים** ונפלאותיהם כי ע"ז מכירים **תהלות ה'** ועזוז נוראותיו וספרו עכ"ד:

יז) **בספרי** הבאר (בפתיחת **הבאר חלק** ב') הבאתי איך שדבר **גדול** הוא הסיפורי צדיקים למען ידעו **דור** אחרון לעורר לבבם לאמונת השי"ת **ותוהי"ק** וחכמי' הקדושים והאמתים וכמש"כ **הרמב"ם** (בפה"מ אבות פ"א מי"ד) בח"ד **מחלקי** הדיבורים וז"ל החלק הד' הוא **הנאהב** והוא הדיבר וכו' וכן לשבח **החשובים** ולהודות מעלותיהם כדי שייטבו **מנהגיהם** במיני

סוכת שלום

אין גן עדן פאר זייער תורה וואס זיי האבין גילערינט אין מקיים גיוועזין ביים לעבין. אין דרובער קענין זיי שוין דער נאך נישט מעהר עולה זיין נאר אז מען דער ציילט זייערע גוטע מעשים וואס זיי האבין געטוהן אין מענטשין לערנין זיך פון זיי אב. האבען זיי דורך דעם אנ'עלי' דאס איז דער פשט וכתר שם טוב. אין דער וואס איז בעקאנט מיט א גוטען שם דאס ער איז גיוועזין א ירא שמים. אין מען לערינט זיך פון איהם אב גוטע מעשים עולה על גביהם. האט א גרעסער עלי' פון אלע. ווייל אפילו אין דער צייט וואס דורך דער תורה ומצות וואס ער אליין האט געטוהן קען ער שוין מעהר קיין עלי' נישט האבען קען ער דורך דעם וואס מען דערציילט זיינע מעשים טובים אין מען לערינט זיך דערפין אב יאה האבען אנ'עלי':

טו) **און** ספר גירסא דינקותא ווערט גיברענגט א פשט אויף דער **גמרא** כשם שהקרבנות מכפרין כך **מיתת** צדיקים מכפרת. אזוי ווי אין **דער צייט** וואס דער בית המקדש איז חרוב **אין מען** לערינט די דינים פון קרבנות **אין גלייך** ווי מען איז מקריב א קרבן. **אזוי דעם** יא"צ טאג פון די צדיקים אז מען **דערמאנט** זייערע מעשים טובים איז הקב"ה **מכפר** אויף דעם מענטש גלייך ווי ער וואלט **מקריב** גיוועזין א קרבן:

טז) **און** ספר עשר עטרות ווערט **גיברענגט** אז עס איז אגרויסע **סגולה צו** דערציילין די מעשים טובים פון די **צדיקים** ווייל דורך דעם לויבט מען השי"ת **אין מען** דערקענט זיינע שטארקע **ווינדער:**

יז) **אין** מיין ספר הבאר. **ברענג איך** פון פיעל ספרים **אז עס איז** אגרויסע זאך צו דערציילין די **מעשים** טובים אין מופתים וואס **צדיקים בעווייזין.** ווייל דערמיט ווערט פערשטארקט **די** אמונה

במיני בנ"א וילכו בדרכיהם עיי"ש (בר"ח שפע"ק פי"א מש"כ בשם אחד מהחברים ובשערי תשובה שער ג' סי' קמ"ז עיי"ש ובזי' קמ"ח ובחינך מצוה נ"ז ובבית הבחירה ליומא דף ל"ח ע"ב ובשל"ה שער האותיות אות ובסי' פלא יועץ אות ד' ערך דבר עיי"ש) וכמו שאומרים בשם הרה"ק ר' מענדעלע רומאנאווער זצוקללה"ה כי מעשיות מצדיקים הוא מעשה מרכבה כי הצדיקים הם המרכבה וכן נאמר בשם הרה"ק ר' יעקב יוסף מאוסטרא זצללה"ה ומסדתיך בספירים זו סיפורי צדיקים ועי' בס' צידה לדרך (דף רי"ג) הובא ביוסף לחק תולדות יום ג' וז"ל דע כי בזכרון מאמרי החסידים ומעשיהם תשכיל ותשוב ליוצרך וכו' ע"ש:

סימן טו.

מענין התענית ונתינת התיקון ביום היאר צייט (וכו ל' סעיפים):

א) מקור לתענית זה הוא ממה שמצינו במס' שבועות (דף כ' ע"א) איזה איסר האמור בתורה האומר הרי עלי שלא אוכל בשר ושלא אשתה יין כיום שמת בו אביו" וכו' אסור ופרש"י שקיבל עליו כבר נדר שלא יאכל בשר כיום שמת בו אביו לעולם עי"ש א"כ מזה חזינן שכבר הי' המנהג בימי התנאים להיות מתאבל ביום הזה ולא אכלו בו בשר ויין [ועי' בפי' הרא"ש נדרים (דף י"ב ע"א) שכ' אורחא דמילתא להצטער ביום שמת בו אביו ורבו והר"ן שם (דף י"ד ע"א) כתב בזה"ל יום שמת בו אביו אפי' בלא נדר משום צערי' לא הוי אכיל בהו בשרא ושתו חמרא עי"ש) אבל בית יוסף באו"ח (סוף ס' תקמ"ח) הביא בל"ש הזה מצאתי כתיב מתענין יום המיתה ע"ש א"כ נראה דהי' המנהג להתענות לגמרי ביום שמת בו או"א: בספר

סוכת שלום

אמונה אין השי"ת און אין די צדיקים. אזוי שרייבט דער רמב"ם מיט דעם כח הדיבור איז גוט צו בענוצין צו לויבען די צדיקים אין זייערע גוטע מעשים כדי מענטשין זאלין זיך דערפין אב לערנין זיי זאלין גיין אין גוטען וועג. אין דאס ברענגט דער מענטש צו תשובה. דער רבי ר' מענדילע רימענאָווער זצ"ל האָט געזאָגט אז צו דערציילין די מעשים טובים פון די צדיקים איז גלייך ווי מען וואלט עוסק געוועזין אין מעשה מרכבה ווייל די צדיקים זענין די מרכבה פון השי"ת:

סימן טו וועגען תענית און תיקון געבען דעם יא"צ טאג דאס איז איינגעטיילט אין דרייסיג סעיפים.

א) דער מקור וואס מען פאסט דעם יא"צ טאג געפינט זיך אין מסכת שבועות דארט שמיסט מען אז איינער האָט א נדר געטאָהן ער זאל נישט עסען קיין פלייש און טרינקען קיין וויין אין דעם טאָג וואס זיין פאָטער איז געשטאָרבען זעהט מען דערפון דאס נאך בזמן התנאים איז געוועזען דער טאָג פון יא"צ אטרויער טאָג אין מען האָט נישט קיין פלייש געגעסען און נישט קיין וויין געטרונקען אין אזוי שרייבען בפירוש דער רא"ש אין דער ר"נ דאס דער מנהג איז א מענטש זאל זיך מצער זיין דעם יא"צ טאָג אין נישט עסין קיין פלייש און נישט טרובקען קיין וויין אָבער דער בית יוסף שרייבט בפירוש דאס עס איז א מנהג צו פאסטען אין טאָג וואס מען האָט יא"צ ... אין

ב) **בספר** חסידים (אות רל"א) כ' דגז דוד התענה על שאול כי קראו אבי וגם על יהונתן ואבנר לפי שיש לצום על מיתת אדם חשוב (וכן תלמיד על רבו) ומכ"ש בן על אביו לפי שהאב והבן גוף א' ובאותו יום אירע צרה לאביו לכן בכל שנה כשיגיע אותו יום דין שיצטערו הבנים ע"ש:

ג) **והנה** בענין התענית הלזה יש הרבה דינים אם חל היא"צ ביום שא"א בו תחנון אין מתענין גם בערב חנוכה א"צ להתענות (שו"ת הר הכרמל או"ח סימן יו"ד) ולענין אסרו חג עי' שו"ת שאלת שלום ח"א סימן יו"ד ומאסרו חג פסח עד ר"ח אייר תלי' במנהג (עיי' אשל אברהם או"ח סי' תכ"ט):

ד) **וכן** אם אירע לו ברית מילה של בנו (מג"א ס' תקס"ח סק"י):

ה) **אם** הוא סנדק או מוהל לא ישלימו (שו"ת מהרי"א יו"ד סוף רמ"ג וכ"כ בהגהות חת"ס לאו"ח ס' תקנ"ט ואעפ"י שהי' יכול לכבד המצוה לאחר שאין לו י א"צ כי יש תיקון למת במה שבנו עוסק במצות מילה ע"ש):

ו) **וכמו** כן בפדיון הבן (האב והכהן) לא ישלימו (ועיי' שו"ת פנים מאירות ח"ב ס' צ"ט):

ז) **חתן** בשבעת ימי המשתה לא יתענה (עטז"ק סי' תקנ"ט) אולם נראה דבעי התרה (חכמת שלמה שם סק"ט):

ח) **בסעודת** סיום אסור לאכול ביום היא"צ (ש"ך יו"ד ס' רמ"ו ס"ק כ"ז בשם תשו' מהרי"ל ועיי' שו"ת מהר"ם שיק חיו"ד ס' שס"ז):

ט) **עוברות** ומניקות ביום היא"צ יש להם התרה לענין תענית (דע"ק ס' ת"ב):

י) **אם** שכח ואכל משלים תעניתו וא"צ להתענות יום אחר כיון שהוא יום ידוע.

סוכת שלום

ב) **אין** ספר חסידים ווערט גיברענגט אז מען דארף צו פאסטען דעם יא"צ טאג פון אנאדם חשוב אדער א תלמיד דעם יא"צ פון זיין רבין אכש"כ א זוהן די עלטערענס יא"צ וויל דער זוהן מיט די עלטערען זענען אזוי ווא איין גוף דערויבער דארף ער זיך מצער זיין דעם טאג וואס זייא זענען געשטארבען.

ג) **אז** דער טאג פון יא"צ געפאלט א טאג וואס מען זאגט קיין תחנון נישט אדער ערב חנוכה אין אסרו חג דארף מען נישט פאסטען אבער פון אסרו חג נאך פסח ביז ר"ח אייר ווענד זיך אין א מנהג.

ד) **אבעל** ברית וואס האט יא"צ דארף דעם טאג נישט פאסטען:

ה) **דער** סנדק אין דער מוהל אויב זייא האבען יא"צ דארפען זייא נישט משלים זיין דעם תענית חאטשע מען קאן דאך מכבד זיין אזעלכען וואס האט נישט קיין יא"צ ווייל עס איז אבער א גרויסער תיקון פארן מת אז זיין זוהן איז עוסק אין דער מצות מילה.

ו) **אויב** דער כהן אדער דער פאטער האט יא"צ דעם טאג פון פדיון הבן דארפען זייא נישט משלים זיין דעם תענית.

ז) **א חתן** אין די שבעת ימי משתה דארף נישט פאסטען קיין יא"צ נאר פונדעסטוועגען שרייבט ר' שלמה קלוגער זצ"ל דאס ער דארף זיך מתיר מאכען פאר דרייא מענטשען.

ח) **אויך** א סעודה פון א סיום טאהר מען נישט עסען דעם יא"צ טאג.

ט) **א מעוברת** אדער א זייגערין דארפען זיך מתיר צו זיין זייא זאלען נישט מחויב זיין צו פאסטען.

י) **איינער** וואס האט פארגעסין אין האט טועם געוועזען דעם יא"צ טאג

ידוע ואין לו תשלומין ובמנחה יוכל לומר עננו:

יא) **ואם** שכח את תעניתו וברך על דבר מאכל ויקח את המאכלת בפיו ועד שלא אכל נזכר אין לו לאכול אף ח"ש אלא יאמר בשכמל"ו (ועיי' שו"ת שבט סופר חאו"ח ס' כ"ה):

יב) **אם** חל היא"צ הראשון בע"ש א"צ להשלים אבל אם השלים ביא"צ הראשון בע"ש צריך להשלים בכל פעם בע"ש ורבים מקילים דאם חל היא"צ הראשון בע"ש ולא השלים דא"צ להשלים אח"כ אף כשיחול בחול אבל אנן לא פסקי' כן והכל תלוי האיך קיבל עליו מתחילה. (וע' טו"ז או"ח סי' רע"ט ס"ק ג' ובשו"ת באר שמואל סי' ל"ו ובשו"ת מי באר לר"י שור ס' ס"ג):

יג) **מתענין** יום המיתה ולא יום הקבורה אלא דאם אירע שיום המיתה מרוחק מיום הקבורה יתענה ביום הקבורה בשנה ראשונה ומאז ואילך ביום המיתה (ועיי' שו"ת מנוחת משה ס' קט"ז ואם הני ג' ימים הוא מעל"ע או לאו דווקא (עיי' שו"ת לבושי מרדכי מהדו"ק ס' רכ"ד) ויש נוהגים להתענות גם בשנה הראשונה ביום המיתה אך נוהגי' אבלות עד יום הקבורה אבל אם שנה שמת היא מעוברת יתענה גם בשנה ראשונה ביום המיתה ועיי' תשובת מהרש"ם ח"ג ס' ר"ה אות ח':

יד) **מי** שמת בשנת העיבור באדר ראשון או שני יתענה לעולם בשנת העיבור בחודש שמת בו בראשון או בשני (עיי' מנוחת משה הנ"ל ס' ס"ג) ובשנה פשוטה באדר ולא בשבט (עיי' שו"ת חת"ס א"ח ס' י"ד):

ואם

סוכת שלום

טאג פונדעסטוועגען זאל ער צו פאסטען דיא דעשט טאג ווייל דער תענית געהער נאר צום יא"צ טאג אין מען קען איהם נישט משלים זיין אנאנדערין טאג אין בייא מנחה דארף ער צו זאגען עניני.

יא) **אויב** ער האט געמאכט א ברכה אין שוין גענומען אין מויל אריין אין איידער ער האט אנגעהויבען צו עסען האט ער זיך דערמאנט אין תענית זאל ער זאגען ברוך שם כבוד מלכותו לעולם ועד אין דאס עסין צוריק אויסשפייען:

יב) **אז** דיא ערשטע יא"צ געפאלט פרייטאג דארף מען נישט משלים זיין אין ממילא דערנאך ווען עס וועט געפאלען פרייטאג וועט ער שוין נישט דארפען משלים צו זיין אבער אין דער וואכענס דארף ער משלים זיין נישט אזוי ויא דיא מענטשען וואס זאגען זיך שוין מקיל אין דער וואכענס אויך נישט משלים צו זיין, אין אויב ער האט דעם ערשטען פרייטאגדיגען תענית יא"צ משלים גיוועזען דארף ער שטענדיג אפילו פרייטאג אויך משלים צו זיין.

יג) **פאסטען** דארף מען דעם יום המיתה נישט אין יום הקבורה נאר אין דיא ערטער וואס עס איז פארווערט קובר צו זיין פאר דרייא מעת לעת דארף מען דאס ערשטע יאהר פאסטען דער יום הקבורה אין דערנאך אלע יאהר דעם יום המיתה אין אויב דאס ערשטע יאהר איז גיוועזין אנעיבור דארף מען פאסטען דעם יום המיתה ווייל עס איז דאך שוין איבער געגאנגען צוועלף חדשים פון דער קבורה.

יד) **איינער** וואס שטארבט אין אנעיבור יאהר איז זיין יא"צ אין אנעיבור דעם חדש וואס ער איז געשטארבין און אין א גיוועהנליך יאהר אדר חאטש ער איז נפטר געווארען דעם ערשטען אדר, אין נישט שבט.

איינער

טו) **ואם** מת אביו בחדש אדר דשנה פשוטה נחלקו הפוסקי׳ אם יעשה בשנה מעוברת באד״ר משום זריזין מקדימי׳ למצות כיבוד אב (מהר״י מינץ) או באדר ב׳ דאקדומי פורענותא לא מקדימי׳ (חת״ס) או בשניהם (רמ״א) ואנן קמ״ל להתענות בראשון (ליקוטי הלוי אות קע״ז) ואם יוכל יתענה גם בשני אך אל יסיג גבול אחרים בקדשים (לב חיים ח״ב דף קנ״ז ע״א):

טז) **מי** שמסופק אם מת אביו באד״ר או שני יתענה באדר ב׳ דמוקמי לי׳ אחזקת חי כ״ז שנוכל וכן אם יודע החודש רק שמסופק בכמה בחודש תלינן ביום האחרון של החודש (חכמת אדם):

יז) **ומי** שהי׳ נוהג כמה שנים להתענות ביום היא״צ ואח״ת שכח באיזה יום או בכ״ו או בכ״ז יאמר קדיש בבי׳ הימים ותענית רק ביום א׳ לבד רק שישאל על נדרו (שם ס׳ קס״ב ועי׳ שו״ת חתם סופר ס׳ צ״ט אות י״ג ושו״ת מחנה חיים, או״ח ח״ג ס׳ טו״ב):

יח) **מי** שרגיל להתענות בעשי״ת ואירע לו יא״צ בין ר״ה ליוהכ״פ א״צ להתנות ה׳ ימים לפני ר״ה אבל אם היא״צ לפני ר״ה צריך להתהנות ד׳ ימים חוץ מיום היא״צ מלבד היכא שחל ר״ה ביום. ה׳ דליכא רק ד׳ ימי הסליחות דאז אין צריך להתענות נגדו יום א׳ בשבוע שלפניו ואם היא״צ ביום א׳ דסליחות או בער״ה אפי׳ יש יותר מד׳ ימי סליחות א״צ להתענות נגדו יום אחר משום דימים אלו קבועים לעולם:

תענית

סוכת שלום

טו) **אײנער** וואָס איז געשטאָרבען אָדר אין אַ געוועהנליך יאָהר איז אַמחלוקת צו אַנעיבור יאָהר האָט ער יא״צ דעם ערשטען אדר צו דעם צווײטען אדר דער מנהג איז דעם ערשטען אדר צו פאַסטען אין אנצונדען יא״צ ליכט אין דעם צווײטען נאָר תפלה ליכט אין אַז עס איז נישטא קיין חיובים אויך צו זאָגען קדיש אָבער אַז עס דאָה חיובים צום קדיש ווערט ער נדחה.

טז) **אײנער** וואָס איז מסופק צו זײנע עלטערין זענין נפטר געוואָרין דעם ערשטין אדר צו דעם צווײטין. דאַרף ער האַלטין יא״צ דעם צווײטין אין אַזוי אויך אַז ער איז מסופק וועלכין טאָג זאָל ער מאַכין דעם לעצטין טאָג. ווײל כל זמן ער ווײסט נישט זיכער דאָס ער איז געשטאָרבין רעכינען מיר איהם פאַר לעבידיג:

יז) **אײנער** וואָס איז זיך נוהג צו פאַסטען דעם יא״צ טאָג, אין ער האָט פערגעסין וועלכין טאָג דער יא״צ איז זעקס אין צוואָנציג אין חדש אָדער זיבען אין צוואָנציג זאָל ער זאָגין קדיש ביידע טעג אין פאַסטין דעם ערשטען טאָג אין אויף דעם צווײטען זאָל ער זיך לאָזען מתיר נדר זײן:

יח) **די** וואָס פאַסטין עשרת ימי תשובה אין ווײל די צווײ טעג ר״ה אין ערב יום הקדוש פאַסטין מען נישט אין יום הקדוש איז דאָך סאי ווי אַ חיוב מדאורייתא. פאַסטין זײ אַנדערע פיער טאָג פאַר ר״ה. איז געפאַלין אַ יא״צ עשרת ימי תשובה דאַרף מען דאָך פאַסטין תענית יא״צ פינדעסט וועגין דאַרף ער נישט פאַסטען פאַר ר״ה קײן פינף טעג. אָבער אַז דער יא״צ טאָג איז אין די פיער טעג וואָס ער פאַסט פאַר ר״ה דאַרף ער פאַסטין פיער טאָג חוץ דעם יא״צ טאָג. נאָר אויב ער״ה איז דאָנערשטיג איז דאָך נישטאָ מעהר ווי פיער טעג סליחות. אָבער דער יא״צ איז דעם ערשטין סליחות טאָג אָבער ערב ר״ה אפילו עס איז דאָה מעהר ווי פיער סליחות טעג דאַרף ער נישט צו פאַסטין בעזינדער קײן תענית יא״צ:

און

יט) **תענית** זה הוא מכ"ו תעניתים שצריך אדם להתענות בכל שנה נגד שם הוי' ב"ה (בינת ישכר דרוש א'):

כ) **מי** שהוא איש חלוש ואיננו יכול להתענות יפדה התענית ויחלק המעות לעניים ובלא"ה צריך להרבות בצדקה ביום זה כאשר רמזו בתיבת תענית „תת עני" דזהו העיקר לשמח נפש אביונים וגם בשאר ימים שאינו מתענה יעסוק עכ"פ בתורה ובמצות ובמש"ט לזכות נשמת או"א (קצש"ע ס' רכ"א ס"ו):

כא) **ואם** א' מצוה לבניו שלא יתענה היא"צ שלו אם מחוייבים לקיים הצוואה הנה לטעם לזכות או"א חלקם יכולים למחול ומחוייבים לקיים את דבריה"י אך לטעם דריע מזלא דבן יש מקום עיוני אולם גם להאי טעמא י"ל דניחא הואיל דהבן רוצה להתענות רק מונע מטעם כבוד או"א מגינה עלי' המצוה שלא יאונה עליו כל רע (כעין דכ' פא"ר אם כי הי' טוב לקדש הלבנה קודם יוהכ"פ אבל ההמתנה לכבודה מגינה תיכף) וד"ל (לשון חכמים):

כב) **בחוט** המשולש הביא דאימי' דהכח"ס ז"ל ציותה עליו שלא יתענה ביום היא"צ שלה ונהג לעשות סיום ביום ההוא מצד עד שתאכלנה באיסור תאכלנה בהתר:

כג) **בס'** חסידים מביא מעשה שבא לפני ר' סעדי' גאון באחד שהלך למדה"י עם בנו ונער משרת א' ומת בדרך והשאיר אחריו

סוכת שלום

יט) **און** ספר בינות ישׂשכר ווערט אויסגירעכינט זעקס און צוואַנציג תעניתים וואָס יעדין מענטש דארף אַלע יאָהר פאַסטין קייגען דעם שם הקדוש וועלכער איז בגימטריא זעקס און צוואַנציג. אייגער פון די תעניתים איז תענית יא"צ:

כ) **אַשְׁוואַכֶער** וואָס קען נישט פאַסטען זאל אויס לייזין דעם תענית מיט געלד. אזוי ווי דאס ווארט תענית מאַכט תת, די זאָלסט געבין. עני, דעם אָרימאַן. און ער זאָל דעם גאַנצען טאָג עוסק זיין בתורה ובמעשים טובים דער מיט מזכה צו זיין די נשמה פון זיינע עלטערין:

כא) **עֶם** איז דאָה צוויי טעמים וואָס מען פאַסט דעם יאהר צייט טאָג. איין טעם איז ער זאָל מזכה צו זיין די נשמה פון זיינע עלטערין, און דער צווייטער ווייל דעם טאָג איז דער מענטש אין אַ שלעכט מזל. דרובער אויב איינער לאָזט צוואָה זיינע קינדער זאָלין נישט פאַסטין אין יא"צ טאָג נאָך דעם ערשטען טעם דאַרף ער נישט פאַסטען אָבער נאָך דעם צווייטען טעם קען זיין אויב ער וויל יאָה פאַסטען זאָל ער מעגין. נאָר אויב ער פערזיכערט זיך אין דער מצוה פון כיבוד אָב אַז עס וועט איהם קיין שלעכטץ נישט טרעפין איז איהם השי"ת מציל האָטש ער פאַסט נישט:

כב) **און** ספר חוט המשולש ווערט גיברענגט דאָס דעם גאון און צדיק דער מחבר פון כת"ס האָט זיין מוטער איהם צוואָה געלאָזט ער זאָל נישט פאַסטין אין איהר יא"צ טאָג האָט ער אַלע יאָהר דצמאָלסט געמאַכט אַ סיום:

כג) **און** ספר חסידים ווערט גיברענגט אַ מעשה. דאָס איין מענטש איז אוועק געפאָהרען אין אַ ווייטע מדינה און האָט מיט זיך מיט גענומין זיין זוהן און אַ משרת. אין וועג איז ער געשטאָרבין און ער האָט געהאַט אַגרויסע סומע געלד, און ווייל עס האָט זיי קיינער נישט גיקענט האָט דער משרת געזאָגט דאָס ער איז דער זוהן און איהם קומט דאָס געלד און דער זוהן האָט געזאָגט ער איז אַ משרת נאָר איך בין דער זוהן, זענין זיי געקומין צוא

אחריו מטמון גדול ואח"כ כשבאו לעיר צווח המשרת הנ"ל שהוא הבן והבן צווח שאינו הבן ולי שייך הירושה ויריבון בחזקה ואין מי שהכיר אותם ופסק ר' סעדי' גאון שילכו שניהם למקום קבר המת ויביאו לו כל א' עצם מהמת וכן עשו וצוה הגאון הנ"ל להקיז דם לשניהם וכל אחד יקיז דם לקערה אחרת וכן עשו ואח"כ הניח עצם המת הנ"ל לכל קערה וקערה ומזה נוכח מי הוא הבן כי העצם בלע דם הבן ודם המשרת לא בלע כלל העצם והטעם כי הבן יש לו שייכות עם אביו אף לאחר מותו כי הוא עצם מעצמיו כי מן אביו יש העצמות לזה יש לו שייכות עם הבן תמיד ומזה המעשה מבי' ראי' שיש להתענות יום שמת אביו (יא"צ) כי מזה האיש ראינו בחוש איך יש חיבור ושייכות לאב עם הבן אף לאחר מותו (ועיי' ס' אשכול ענבים סו"פ אחרי ובילקוט יוסף חלק יו"ד ס' רט"ז) :

כד) **בשו"ת** בית היוצר או"ח סוף סי' מ"ה כותב בזה"ל ולענין התענית אני נוהג א"ע כפסק השו"ע ויסודו בגמרא ועל המנהג החסידים חקרתי ושאלתי ונראה שאין להם סמיכה רק מהא שהדור חלש ומובטחים שבוודאי אבותם מוחלים להם ע"כ רובם עושים אז סיום מסכת וכדומה ואני לעצמי נוהג כנ"ל :

כה) **בס'** שערי האמונה (בשם ס' חסד לאברהם) בהקדמה על משניות זרעים כשראו צדיקי הדור התשות כח שבא לעולם והדור חלוש ומתמעט והולך ואין בכחם כלל להתענות ולסגף את גופם ע"כ המציאו עצה לזה בלא התענית ויהי' דבר השוה לכל נפש לקיים ביום היא"צ מצות צדקה והכנסת אורחים בחבורות אנשים יחד לסעודה באחדות וסיעות כמ"ש בס' החיים (לאחי מהר"ל מפראג) דבסעוד' מריעים מקיים הכנסת אורחים דלעניים נקרא בשם צדקה כי מחזיק את לבו ומשיב את נפשו וארז"ל כל המקיים נפש א' מישראל וכו' ע"ש ויש מקומות שנוהגים דבעל היא"צ לאחר התפלה מהנה לאנשים שיתפללו עמו במיני

סוכת שלום

צו ר' סעדי' גאון לדין האט ער געהייסן ברענגען א ביין פון דעם טויטען און ער האט זיי ביידע געהייסן אב צאפין בלוט אין בעזונדערע כלים. דער נאך האט ער אריין געלייגט דעם ביין אין דער כלי וואס איז געווען דעם זוהנ'ס בלוט האט ער ביין דאס בלוט ארייגנעזאפט. אין דאס בלוט פון דעם משרת האט דער ביין נישט איינגעזאפט. דערפון קען מען זעהן אז אפילו נאך דעם וואס דער מענטש שטארבט האט ער נאך א שייכות מיט זיינע לעבידיגע קינדער, דרובער דארפען זיי דעם יא"צ טאג פאסטען כדי א טובה צו טוהן די נשמות פון די עלטערין:

כד) **און** ספר בית היוצר שרייבט דער מחבר. וועגין תענית יא"צ בין איך מיך נוהג אזוי ווי דער דין איז אין שו"ע אין דער מקור פון דער גמרא צו פאסטען. און די חסידים זענין זיך סומך אויף דעם וואס היינטיגע דורות זענין שוואך זעניו די עלטערין זיכער מוחל דעם תענית, און זיי מאכען דאמאלסט א סיום מסכת:

כה) **און** ספר שערי האמונה ווערט גיברענגט. אזוי ווי די צדיקים האבען גיזעהן אז דאס דור איז זייער שוואך און קענין נישט פאסטען. האבען זיי מתקן גיווען א תיקון וואס איז גלייך ווי דער תענית דאס מען זאל דעם טאג מאכין א סעודה פאר ת"ח אדער עכ"פ געבין לעקעך און בראנפען, און דער זכות פון די ברכות און אמן וואס מען זאגט נאך איז א מעלה דעם נפטר'ס נשמה גלייך ווי מען וואלט געפאסט. דרובער רופט מען דעם בראנפען „תיקון":

און

במיני מזונות ויי"ש וקורין להדבר תיקון כי הוא תיקון לנשמת המת כי הברכות ועניית האמן מעלים נשמת המת:

כו) **ובספרי** המאסף הרבני הבאר חלק ד' (סי' קצ"ו) הבאתי שמזה נשתרבב שאפי' עני שבישראל שאין בכוחו לעשות סעודה ביום היא"צ נותן תיקון ובזה הוא מקיים מצות צדקה יע"ש (ועי' בס' טעה"מ) בעניני שמחות שהביא בשם הרה"ק השפאלע זיידע זצ"ל שזה היא צדקה אמיתיות כשנותן אדם לחבירו איזה דבר לשתות יען כי בזה מחזק את לבו ומשיב את נפשו ונודע מחז"ל כל המקיים נפש וגו'. ועי' בס' דרך צדיקי' שמעתי בשם הה"ק ר' יחזקאל מקאזמי' שמתנגד א' ראה עדת החסידים שמפזרין ממון לאכול ולשתות ביחד סעודות ויינות ושאל להם המתנגד אם באמת לש"ש אתם מתכוונים וכי לא טוב היה יותר שתפזרו ממון זה על צדקה לעניים והשיב לו הה"ק ז"ל הנה אברר לכם מן התורה שזה גדול מצדקה שהרי מצינו אצל מעשרות שבשנה ראשונה ושניה אחר שמיטה צריכין להפריש מעשר שני ואח"ז בשנה השלישית צריכין ליתן מעשר עני וכן בשנה הרביעית והחמישית מעשר שני ובששית מעשר עני ומה היתה המעשר שני הרי לא היה רק לאכול ולשתות בירושלים עפ"ק עם ריעים וחבירים כדכתיב (דברים י"ג) אתה ובנך וגו' והלוי וגו' והרי לך שהתוה"ק הכפילה זה והקדים זה למעשר עני ובזה"ז מה שהחסידים מתאספים ביחד לקבל אולפן מן הצדיק ואוכלים ושותים שם ביחד זהו ממש כמו המעשר שני שאכלו בירושלים (והה"ה כשמתאספים ביחד אף שלא אצל רבם משום אהבת ריעים ודיבוק חבירים ולקבל ד"ת וחסידות א' מחבירו שבזה כל חיזוק הדת כעת והוי כנסיה לש"ש והשכינה שורה שם דהוא בבחינת מעשר שני שאכלו בירושלים (מקום עבודת הש"י):

כז) **מספרים** שהרה"צ מו' צבי מזידיטשוב זל"ה שכח פעם א' את היא"צ של אמו ובאה אליו בלילה ואמרה לו בני את הקדיש שלא אמרת אני מוחל לך וגם המשניות שלא למדת ג"כ אני מוחל לך רק מה שלא נתת תיקון להשיב נפש ישראל זה לא אוכל למחול ונבהל ושלח תיכף לאנשי שלומו ללמוד משניות ולא אמר קדיש ונתן להם תיקון ועי' שו"ת הד"ר ח"ב ס' ל"ד בזה:

בספר

סוכת שלום

כו) **אין** מיין ספר הבאר ווערט געבּרענגט פון צדיקים אז דאָס געבּין תיקון דאָס הייסט לעקיך אין בראָנפען דעם יא"צ טאָג, אפילו אַנ'אַנדערין יומא דפגרא וואָס חסידים קומען זיך צו זאמין אין שמיעסין דברי תורה וחסידות איז זייער אַגרויסע זאַך, דאָס איז גלייך ווי מען האָט גיבּרענגט מעשר שני קיין ירושלים אין דער צייט ווען דאָס בית המקדש איז געשטאַנין:

כז) **איינמאָהל** האָט דער רבי ר' הירשעלע זידוטשעווער זצ"ל פאַר געסין צו האַלטען זיין מיטער'ס יא"צ ביי נאַכט איז זי געקומין איהם צו חלום אין געזאָגט. דאָס וואָס האָסט בישט גילערינט קיין משניות, אין נישט געזאָגט קיין קדיש בין איך דיר מוחל נאָר וואָס האָסט קיין תיקון נישט גיגעבען מחי' צו צו זיין די יודישע נפשות וועלכע קענען צו קיין ביסעל בראָנפען נישט קומען קען איך דיר נישט מוחל זיין. ער האָט זיך אויפגעחאַפּט מיט גרויס שרעק אין האָט געהייסען צו זאַמין רופען די חסידים אין ער האָט זיי גיגעבין תיקון:

כח) **בס'** היום (אשר בסוף חלק יעקב אות ע"ד כתב בזה"ל: מה שנוהגין לחלק תיקון ביום היא"צ. בוודאי מי שקים לי' בנפשי' שבידו לעשות טובה להנעדר שפיר דמי וכו' אבל שומר נפשו ירחק מהם ויחלק הכסף לצדקה לת"ח או לעניים. או יזמן ב' עניים לסעודה ויברך בברכת הזימון שהוא חיוב להיא"צ כמ"ש היעב"ץ ובזה יעשה טובה יתירה לאביו וינצל מכמה דברים שאינם כהוגן. ואין היתר אכילה אלא בסעודת מצוה או סיום הש"ס וכדומה. או מסעודה שת"ח מסובין שם יאכלו ענוים וישבעו וע"ז נאמר זה השלחן אשר לפני ה':

כט) **בס'** השדי חמד (מערכת בי"כ אות מ') כתב דמה שאוכלין ושותין ביום היארצייט לפי שהוא תיקון לנשמת המת כמו שאומרים שהברכות ועניות אמן מעלים נשמת המת יע"ש:

ל) **ובדבר** המנהג מפורסים בכמה מדינות שמברכים לבעל היארצייט במלות „מזל טוב" יש לומר שזה מטעם אחר שביום היארצייט איתרע מזלי' לזאת מברכין אותו. שיחוקן מזלו ודו"ק. (ואין להרהר על שום מנהג כי כלם יש להם מקור עיי' בתשובת הרשב"א (סי' ט') דאפילו מנהג שנוהגים הזקנות יש לו יסוד עד משה רבינו ע"ה ועיין בספרי „הבאר" חלק ב' כרך ב' בשערי תשובה לרבים מה שהארכתי שם לחזק המנהג ישראל תורה של הכאת המן בקריאת המגילה והבאתי שם דברי החת"ס יו"ד סי' ק"ז שמנהג אבותינו לשנות איסור תורה הוא אצלינו יע"ש שהארכתי בזה.

סימן טז.

מענין ההשתטחות על הקברים ובו מ' סעיפים

א) **מקור** לילך על הקבר ביום היא"צ נמצא ברש"י יבמות דף קכ"ב בד"ה תלתא רגילי וז"ל בתשובי' הגאונים מצאתי כל הנך ריגלי דאמוראי היינו יום שמת

סוכת שלום

כח) **פינדעסטוועגין** זאל מען נישט גלאט טרונקען בראנפען נאר גידענקען אז דער עיקר איז מען זאל מאכין עריגסט די ברכה אין דער בעל יא"צ זאל נאך זאגען אמן. אין ווי באלד ער האט די מעגליכקייט צו געבין צוויי ארימע ת"ח א סעודה אין ער זאל בענטשין מזומן טהוט ער זיינע עלטערין זייער א גרויסע טובה:

כט) **אזוי** ווערט אויך גיברענגט אין ספר שדי חמד איז דער עיקר וואס מען גיט תיקון אין דער יא"צ טאג ווייל די ברכות אין נאך זאגען אמן איז א תיקון פאר'ן נפטר:

ל) **דער** מנהג איז דאס מען זאגט דעם בעל יא"צ מזל טוב ווייל דעם טאג איז זיין מזל אין א שלעכטער מערכה דרובער ווינשט מען איהם זיין מזל זאל גוט ווערין. אין איך ברענג אין מיין ספר הבאר. דאס מען טאהר נישט מבטל מאכין ח"ו קיין שום יודישען מנהג. איך ברענג דארט דעם טעם פון מנהג וואס מען קלאפט ביי דער מגילה ווען מעי דערמאנט המנ'ען:

סימן טז. וועגין גיין אויפ'ן בית החיים דעם יא"צ טאג. דאס איז איינגעטיילט אין פערציג סעיפים:

א) **דער** מנהג צו גיין אויף קברי אבות אדער קברי צדיקים, געפינט זיך

שמת בו אדם גדול קובעים אותו לכבודו ומדי שנה בשנה כשמגיע אותו יום מתקבצים ת"ח מכל סביביו ובאים על קברו עם שאר העם להושיב שם ישיבה עכ"ל וליכא בהא משום לועג לרש כיון דלכבודו קא עביד לא חיישינן (שו"ת הרדב"ז ס' רכ"ד):

ב) **מהרי"ל** הלכות תענית כתב טעם שרגילין לילך לבית הקברות בתענית משום דבית הקברות מקום מנוחת הצדיקים ומתוך כך הוא מקום קדוש וטהור והתפלה נתקבלה ביותר על אדמת קודש והמשתטח על קברי הצדיקים ומתפלל אל ישים מגמתו נגד המתים השוכבים שם אך יבקש מאת הש"י שיתן אליו רחמים בזכות הצדיקים שוכני עפר (תנצב"ה):

ג) **ועי'** בס' חסידים אות ת"ב כי הנאה יש למתים שאוהביהם הולכים על קבריהם ומבקשים על נשמתן טובה ומטיבים להם באותו עולם וגם כשמבקשים מהם הם מתפללים על החיים ע"ש:

ד) **ועי'** פ"מ א"ח ס' תקפ"א ס"ק ז' וז"ל ובסדר מענה לשון יש תפלות מה שאומרים על הקברים משמע קצת שמבקשים מאת הנפש שימליץ טוב בעדינו ע"ש:

ה) **טעם** למה אנו הולכים להתפלל על המתים כשיש שום צער והא כתיב ודורש אל המתים רק משום דדוקא אל המתים שהולך האדם אל הגוים עע"ז שלעולם נקראים מתים אפילו בחייהם אבל ישראל ואותם הצדיקים עליהם אמר שהע"ה ושבח אני המתים שכבר מתו כלומר שבזמן שכבר מתו ועכשיו הם חיים בג"ע ועוד כי שאר האומות כשהולכים על המתים הולכים בכשופים אבל ישראל הולכים אצל מתיהם בתשובה ותענית וכוונתם שנשמות המתים יתפללו להש"י עליהם והקב"ה

סוכת שלום

זיך אין רש"י יבמות. דאס ווען אגרויסער מאן איז נפטר געווארען האט מען אלע יאהר אין זיין יא"צ צו זאמין גענומען פיעל חכמים אין זיי זענין געגאנגען אויף זיין קבר אין האבען דארט גילערינט אין געדאוונט:

ב) **דער** מהרי"ל שרייבט אטעם פאר וואס מען גייט אין א תענית אויפ'ן בית החיים ווייל דארט איז דאך פערהאנדין שוין אזעלכע וואס זענין זייער עונש אבגעקומין אין זיי זענין צדיקים. איז דאס ארט הייליג אין מסוגל די תפלות זאלין גיהערט ווערין. אבער מען דארף ח"ו נישט אין זינען האבען צו בעטין פון די טויטע נאר אז אין זייער זכות זאל זיך השי"ת דערבארמין אין זאל העלפען פון דער נויט:

ג) **אין** ספר חסידים ווערט גיברענגט אז די מתים האבין הנאה געהאט דערפין וואס זייערע קרובים קומין בעטין אויף זייערע קברים. ווייל דורך דעם וואס זיי בעטען אויף די לעבידיגע ווערין זיי אויך נתעלה אין א העכערע מדרגה אין יענעם עולם:

ד) **דער** פרי מגדים שרייבט פון די תפילות וואס די צדיקים האבין מסדר גיוועזין אין מענה לשון זעהט מען אז מען בעט דאס נפש זאל זיין א מליץ טוב פאר די מתפללים:

ה) **אין** זוה"ק ווערט גיברענגט. דער טעם וואס מען גייט אויף קברי מתים אין אנ'עת צרה. עס שטייט דאך מען טאהר נישט פארשטען צוא דיא טויטע, ווייל צדיקים הייסען לעבידיגע אפילו נאך זייער פטירה לעבין זיי אין גן עדן אין אז מען טוהט תשובה אין מען פאסט. אין מען גייט בעטין אויף זייערע הייליגע קברים זענין זיי גוטע מליצים פאר די לעבידיגע. אבער די כנענים זענין גיגאנגען כישוף טוען מיט די מתים. וועלכע זענין גיוועזין רשעים דאס

והקב"ה חס עליהם (זוהר ויקרא דף ע"א):

ו) **כתב** בדרישות מהר"ש כשהי' הולך על הקבר הי' אומר יהי רצון שתהא מנוחתו של פלוני פה בכבוד וזכותו יעמוד לי ואסור להשען על המצבה (ט"ז ס' שס"ד סק"א):

ז) **בילקוט** שמעוני (דברי הימים ל"ג) וז"ל מה כבוד עשו לו במותו ר' יודא אומר בית ועד בנו למעלה מקברו של חזקיה וכשהי' הולכים שם היו אומרים למדינו וזה ממש אותו המנהג שמביא רש"י וכונת המדרש שהי' אומרים למדינו הוא כמו דאיתא בשבחי האריז"ל שכמה פעמים היו הולכים על קברי התנאים וע"י יחודים הידועים להם היו שואלים מהם ספיקותיהם בעניני התורה וזה שהיו אומרים למדינו ע"י לפי שהיו אומרים לו למדינו והוא מגלה להם ספיקותיהם הלא הוא עדיין עושר בתורה אין בזה משום לועג לרש וכן קדיש הוא דבריו של מת שהם מתפללים עליהם וא"צ להרחיק ד"א (מעבר יבק שפת אמת):

ח) **כתב** בזוהר שמות דף ט"ז סוד שאם לא מתפללים המתים על החיים לא הי' מתקיימים החיים אפי' שעה אחת ובדף קמ"א כתב כי כשהולכים לבית הקברות על המתים שם הם נמצאים ושם היא הנפש ושומעת בצער החיים והוא מודיע הדבר לרוח ואז הרוח מודיע הדבר לנשמ' והנשמה הולכת ומעוררת לאבות העולם:

ט) **וכ'** כי ג' שמות יש לנפש האדם נפש רוח נשמה נפש היא נמצאת אחר המות בבית הקברות עד שהגוף בלה בעפר הנפש הזאת מתגלגלת בעוה"ז להמצא בין החיים ולידע צערם רוח הוא הנכנס בג"ע של מטה ומצטייר שם בצורת גוף שהי' לו בעוה"ז ונהנה מריח בשמים ובשבתות ור"ח ויו"ט עולה לג"ע של מעלה ונהנית משם

סוכת שלום

דאס אפילו ביי זייער לעבין האבען זיי געהייסען טויטע. האס דאס די תורה פערבאטין:

ו) **און** דער מהר"ש פלעגט גיין אויפ'ן בית החיים האט ער געזאגט. יהי רצון דאס דעם נפטר'ס רוהע זאל זיין בכבוד און זיין זכות זאל מיר ביי שטיין. אבער מען טאהר זיך נישט אנלעגען אויף דער מצבה:

ז) **און** ילקוט שמעוני ווערד גיברענגט אז די חכמים האבין געמאכט א בית וועד אויף חזקי' המלך'ס קבר אין זענין דארט געגאנגען פון איהם פרעגין אלע שווערע שאלות וואס זיי האבין געדארפען אזוי ווי דער האריז"ל האט גילערינט זיינע תלמידים שמות מיט זיי אראב צו צוהען די נשמה פון די צדיקים אין ביי זיי לערנען סודות התורה:

ח) **און** זוה"ק ווערט גיברענגט אז ווען נישט וואס די טויטע בעטען אויף דער וועלט וואלטען די מענטשין נישט קיין קיום געהאט אפילו איין שעה. אין אז מען גייט בעטין אויף די קברים וואס דארט רוהען די נפשות פון די נפטרים. גייען די נפשות אין זענין מודיע די רוחות וואס רוהען אין גן עדן התחתון אין די רוחות זענין מודיע די נשמות אין די נשמות די אבות העולם:

ט) **נאך** שרייבט דער זוה"ק. אין מענטש אין פערהאנדין דריי מדריגות נפש. רוח. נשמה. דאס נפש ווען דער מענטש שטארבט עס אויפ'ן קבר ביז דער גוף ווערט פערפויהלט, דער רוח רוהעט אין גן עדן התחתון ביז דער גוף ווערט פערפויהלט און אין שבת ויו"ט האט ער אנעלי' אין גן עדן העליון אריין. אין די נשמה גייט באלד פון גוף ארויס. אין גן העליון אריין נאר אויב דער מענטש איז זינדיג אין מען לאזט די נשמה נישט אריין אין גן עדן העליון. האבין דער נפש, רוח, אויף

משם וחוזרת למקומה וז"ש והרוח תשוב נשמה היא העולה מיד למקומה וכל זמן שחטא האדם ולא זכתה נשמתו לעלות למקומה גם הרוח והנפש אין להם מנוחה כי הולכות לפתח ג"ע ואין פותחין להם עד שהנשמה מוצאת מנוחה ואז כלן שבות למקומן שם:

י) **בספר** שער היחודים דף ה' כתב שהשתטחות על קברי הצדיקים לא כל הימים שוין כי בשבתות וי"ט ור"ח הנפשות עולות לג"ע הארץ ואינם עומדות שם בקבריהם ואינך יכול להשיג לדבר עם א' שאינו שם ושאר כל הימים הם טובים אמנם היותר טובים ומובחרים הם ער"ח ובט"ו לחודש (ועי' זוהר אחרי דף ע' ע"ב ודף ע"א:)

יא) **בספר** מעבר יבק שפת אמת פ"ז כתב אמרו רבנן במס' ברכות קשה רמה למת כמחט בבשר החי רצונם בזה אל סוד החושים השוכנים בגוף ולהיות כי יש לגוף חיות מה בקבר ע"כ מועיל לפייס הנפטר על קברו כדאמרי' בגמרא ובירושלמי דיומא צריך מפייסתיה על קבריה ומימר סרחין עלך ואמרו בזוהר צדיקיא אע"ג דאתפטרו בהאי עלמא לא אסתלקו כי נשאר הרגש בגופם בקבר עם היות נשמתם בישיבה העליונה:

יב) **בספר** אזור אליהו (מטות) כותב על פסוק והנה קמתם תחת אבותיכם מרבית אנשים חטאים כו' וז"ל בס' פענח רזא איתא שא"ל הקב"ה למשה וכי מפני שאלו חטאו אתה מזכיר שוכני עפר לרעה לך לקבריהם ובקש מהם מחילת ומכאן נוהגין לבקש מחילה בקבר למדבר על שוכני עפר לפני העדה ע"כ ואף שכתב המ"א ס' תכ"ו סק"ז דא"צ לבקש מחילה ממנו אלא במקום שביישו כאן כיון שנתביישו בניהם שאמר והנה קמתם תחת אבותיכם הו"ל כאלו עשה בושה בפניהם וצריך לילך על קבר לבקש מחילה:

יג) **בשפתי** רננות פכ"ד כתב וז"ל מנהג החכמים לנענע עצמם בחיים

בעת

סוכת שלום

אויך קיין מנוחה נישט ביז זיי קומען אָב זייער עונש אין די נשמה קומט אויף איהר אָרט:

י) **אין** ספר שער היחודים ווערט געברענגט אז די בעסטע צייט צו גיין אויף קברי הצדיקים איז ערב ר"ח אין פינפצעהן טאָג אין חדש:

יא) **אין** ספר מעבר יבק ווערט געברענגט אז ווען מען זעהט די חז"ל האָבען געהייסען מפייס זיין איינעם וואס ער לעבט שוין נישט איז געדרונגען אז זיי האָבען א הרגש וואָס דער מענטש רעדט אויפ'ן קבר. אין אזוי שטייט בפירוש אין זוה"ק די צדיקים חאָטש זיי זענען נפטר געוואָרין פון דער וועלט אין זייער נשמה רוהט אין גן עדן העליון פינדעסטוועגין האָט זייער גוף אין קבר א הרגשה אז מען קומט בעטין אויף זיין קבר:

יב) **דער** פענח רזא שרייבט אויף דעם פסוק והנה קמתם תחת אבותיכם תרבות אנשים חטאים, השי"ת האָט געזאָגט צו מרע"ה אז זיי האָבין געזאָגט ווי קומסטו מבזה צו זיין זייערע עלטערין גיי אין בעט מחילה אויף זייערע קברים. פון דעם וואקסט דער מנהג דאָס איינער וואָס רעדט אויף א בר מינן גייט ער בעטין מחילה אויף זיין קבר:

יג) **אין** שפתי רננות ווערט געברענגט אזוי ווי די חכמים שאָקלין זיך ביים לעבין בשעת זיי לערנין אין דאווינען אזוי ווי דער פסוק זאָגט כל עצמותי תאמרנה. אזוי נאָך דער פטירה ווען דער מענטש וואָלט געהאט רשות וואָלט ער גיזעהן שבת צו נאכט אין ר"ח. אין יו"ט ווי די מתים אין דער זעלבער צורה וואָס זיי האָבין געהאט ביים לעבין שטיין ביי

דיא

בעת שאומרים שירות ובעסקם בתורה ע״ד כל עצמותי תאמרנה כי הוא שומרת האדם בקבר כדכתיב בשכבך תשמור עליך שכל זמן שהעצמות הם בקבר הנפש נמצאת שם ואלמלי נתן רשות לעין לראות ה׳ רואה בלילה שיוצא השבת ובלילי ר״ח ומועדים כדיוקנאות על הקברות בדיוקנן שהיה בעוה״ז הגוף עם העצמות המודים ומשבחים להקב״ה ובליל ר״ה כל הנפשות משוטטות ומתפללות על דין החיים וזהו סמך למנהג האשכנזים שהולכים ערב ר״ה להתפלל על הקברות:

יד) **באמרי** נועם פט״ו כתב בשם הילקוט רמז שס״ה שהמתים מדיינים זה עם זה אחר מיתתן לפני שופט צדק כי כתוב שם שאמר אבנר לישרא׳ אחר שתפסו ליואב בידיו שהי׳ ישרא׳ מפייסים לפניו שלא יהרוג אותו אחר שהכהו וכמת הי׳ תחת ידו מכח גבורתו כדאמרו אמר רבי ייסא נוח לכל אדם לזוז כותל של שלש מאות אמות מלזוז רגל אחד של אבנר ואז אמר להם מה אעשה שכבה את נרו א״ל תדון עמו לפני דיין האמת השליכו אותו מידו ונפל זה חי וזה מת **א״כ** לטובתו נתכוון דוד בצוותו את שלמה **בנו שלא** ינקהו מן המיתה פן ח״ו **יודיד את שיבתו** ביגון שאולה וטב עביד ליה דלשקול למטפרסיה בהאי עלמא והובא ג״כ באגדת ירושלמי:

טו) **בספר** קב הישר פ׳ ע״א כתב וז״ל ויבא עד חברון פרש״י מלמד שהלך כלב על קברי האבות להתפלל שם שיהי׳ ניצול מעצת מרגלים מכאן נתפשט המנהג יפה שבישראל שאנחנו הולכים על קבר אבות להתפלל ביום שמת בו אביו או אמו ואף אם הוא במקום אחר באותו הפעם ביא״צ ואינו במקום ששוכב שם או״א מ״מ כשהולך על שארי קברי ישראל להתפלל מתעוררים כל הנשמות שבג״ע באותו התפלה וסדנא דארעא חד הוא שהקב״ה גזר כן להיות נפשות הצדיקים מצויין על הקברות לטובות ישראל שיהיו שומעין לתחנות ותפלות ישרא׳ הבאים להתפלל על הקברות:

טז) **בספר** לקוטי עצות אות ע״א כתב כשבאים על קברי אבות כנהוג

סוכת שלום

די קברים אין שאָקלין זיך אין דאַווינען. בפרט ר״ה בעטין זיי דאָס די לעבידיגע זאָלין זוכה בדין זיין. דרובער איז דער מנהג ערב ר״ה צו גיין אויפ׳ן בית החיים:

יד) **דער** אמרי נועם שרייבט. דאָס אויף יענעם עולם ווער עס האָט דער צווייטען אַנ׳עולה געטוהן, רופט זיין נפש דעם צווייטענס נפש לדין פאַר השי״ת דרובער האָט דוד המלך אָנגעזאָגט זיין זוהן שלמה ער זאָל הארגינען שמעי כדי ער זאָל קומין ריין אויף יענער וועלט:

טו) **אין** קב הישר ווערט גיברענגט. ויבא עד חברון. זאָגען די חז״ל אז כלב איז געגאַנגען מתפלל זיין אויף די קברי אבות ער זאָל ניצול ווערין פון דער עצה פון די מרגלים. פון דעם נעמט זיך דער גוטער מנהג צו גיין אויף קברי אבות אין דעם יא״צ טאָג, אין אפילו ער איז נישט אין דער שטאָדט וואָס זיינע עלטערין ליגען אין ער גייט אויפ׳ן בית החיים טוהען די נפשות צו וויסען זייערע עלטערין אין זיי בעטין פאַר זייערע קינדער:

טז) **אין** ליקוטי עצות ווערט גיברענגט אז מען גייט אויף קברי אבות זאָל מען בעטין זייערע שכינים וואס ליגען לעבין זייערע עלטערין אויב די נשמות פון זייערע עלטערין זענין יעצט נישטא ביים קבר זאָלין זיי דיא שכינים זאָגען אז דיא קינדער זענין גיוועזין אויף זייער קבר אין מתפלל

בנהוג טוב לומר ולבקש מהמתים השוכנים סביב לקבר אביו ואמו וכיוצא שיודיעו להם שבא בנם או בתם ובקשו והתחננו על כך וכך כי אולי אביהם ואמם וכיוצא אינם שרויים אז על קברם כלל רק נסתלקו למקום שנפרדו לשם אבל אצל הצדיק אין צריכין לחשוש על זה שמא אינו שם כי מיתת הצדיק הוא רק כמו מי שיוצא מחדר לחדר אחר וסוגר הדלת אחריו שבודאי אם אחד יבא אצל הדלת ויצעוק ויתחנן אבי אבי או רבי רבי מורי וכו׳ בודאי שמוע ישמע דבריו וצעקתו ויעזור ויושיע לו בכל מה דאפשר:

יז) **בשו״ת** יוסף דעת ס׳ שנ״ה כתב שנשאל מהרב מוה״ר צבי הירש הורוויטץ והרב מו״ה ירחמיאל הורוויטץ במה שנתפשט בין ההמון שמי שלא הי׳ על קבר אבותיו עשרים שנה שאסור לבא על קברי אבותיו ושאלו אותו אם נמצא זאת וצחקתי ע״ז והבי׳ ראי׳ מכלב שהלך על קברי אבותינו הקדושים בחברון ועבר זמן רב ממיתת אבותינו הקדושים ואפ״ה נשתטח שם ע״ש אבל נראה שיש לחלק:

יח) **מספרים** בשם הרה״ק ר׳ חיים מצאנז שפ״א הי׳ בעיר פרעמישלא ואמר לאנשיו נתפלל ואחר התפלה נלך על קבר אבי שנקבר שם ואחר התפלה אמר שמעתי אומרים שאם לא הלך על קבר אבותיו עשרה שנים שוב לא ילך ע״כ לא נלך ולא הלך:

יט) **בספר** אור צדיקים כ׳ בשם האריז״ל כי הזמן המובחר לילך על קברי צדיקים הוא בער״ח ובט״ו לחודש שאז הלבנה במלואה ועת רצון הוא למבקשים ומתחננים בקשות ותחנונים וראוי להתפלל וליתן צדקה בעד נשמתם כי גם הוא מתפלל עלינו:

כ) **טעם** המנהג שתולשין עשב או צרור ומשימים על המצבה אינו אלא משום כבוד המת להראות שהוא הי׳ על קברו:

כא) **כתב** בר״מ שיניח ידו על הקבר (באה״ט או״ח סי׳ ר״ח בשם הדרישה):

כב) **בברכי** יוסף סי׳ רכ״ד אות ז׳ כתב שישום יד שמאלו דוקא ולא יד ימינו ויאמר הפסוק ונחך ה׳ תמיד והשביע

סוכת שלום

מתפלל גיוועזין ווייל עס מאכט זיך א מאל דאס די נפשות זענין נישטא ביים קבר:

יז) **אין** שו״ת יוסף דעת ווערט גיברענגט אז מען דארף נישט קוקען אויף דעם וואס מען זאגט אז דער וואס איז נישט גיוועזין צוואנצעג יאהר אויף קברי אבות טאהר שוין מעהר נישט גיין:

יח) **אבער** דער הייליגער צאנזער זצ״ל איז איינמאהל גיוועזין אין פרעמישלא האט ער געזאגט די חסידים דאס מען זאל זיך באלד שטעלין דאווינען ווייל ער וויל גיין אויף זיין פאטער׳ס קבר. אין נאך דעם דאווינען האט ער געזאגט. מען זאגט דאך אז דער וואס איז נישט גיוועזין צעהן יאהר אויף קברי אבות טאהר שוין נישט גיין, דרובער וועל איך נישט גיין אין ער איז אוועק געפאהרען אין נישט גיוועזין אויף זיין פאטער׳ס קבר:

יט) **אין** ספר אור צדיקים ווערט גיברענגט פאר׳ן האריז״ל אז מען גייט אויף קברי צדיקים דארף מען אויך בעטין אין געבין צדקה לטובת זייער נשמה, דאמאלסט וועלין זיי אויף אינז אויך בעטין:

כ) **דאם** וואס מען רייסט אב גרעזלעך אין מען ווארפט אויפ׳ן קבר. איז משום כבוד המת צו וויזען אז מען בעזוכט דאס קבר:

כא) **אז** מען בעזוכט א קבר דארף מען ארויף לייגען די האנד אויפ׳ן קבר:

כב) **דער** ברכי יוסף שרייבט דאס מען זאל

והשביע בצחצחות נפשך ועצמותיך יחליץ והיית כגן רוה וכמוצא מים אשר לא יכזבו מימיו תשכב בשלום עד בא מנחם משמיע שלום, וכשישים ידו יכוין בפסוק הנ"ל שיש בו ט"ו תיבות כמנין קשרי היד :

כג) בס' מעבר יבק שפתי רננות פ' מ"ג כתב שלכך משימים יד על ארץ המת או על הקבר לבקש רחמים על המת לפי שבידו של אדם ט"ו פרקים כמנין ט"ו תיבות שבפסוק יחי' מתיך נבלתי יקימון הקיצו ורננו שוכני עפר כי טל אורות טלך וארץ רפאים תפול ואז יאמרו ונחך ד' תמיד והשביע בצחצחות נפשך ועצמותיך יחליץ והיית כגן רוה וכמוצא מים אשר לא יכזבו מימיו ובנו ממך חרבות עולם מוסדי דור ודור תרומם וקורא לך גדר פרץ משובב נתיבות לשבת שיזכה להעלות נפשות הרשעים מתוך הגיהנם מדי עברו שם וכו' והמבין טעם סמיכת כהן גדול על האברים הנקרבים על גבי המזבח נבון טעם שימת היד על המת או על הקבר :

כד) כתב בס' דבר יום ביומו (אלול) בשם ספה"ק נזהרים שלא לאכול קודם הליכה לבית עלמין ויש נוהגים לטעום קודם הליכה שלא יהיי ח"ו מאלה אשר עליהם נאמר ודורש אל המתים זה המרעיבים א"ע ושנים בביהק"ב אבל מבואר בספה"ק דדוקא טעימא בעלמא אבל לא לסעוד אמנם כשהולך לבי"ע ביום יאהרצייט של אביו או אמו אין לאכול אף דבר מיעוט קודם מבואר בש"ע סי- ת"ב שמצוה להתענות :

כה) מנהג זה לילך על קבר אבות שייך גם בכהנים דא"א להם לילך על הקברים ממש עיי' שו"ת דודאי השדה סי'

סוכת שלום

זאל ארויף לייגען דוקא די לינקע האנד נישט די רעכטע אין זאל זאגען דעם פסוק ונחך ה' תמיד. השי"ת וועט דיך שטענדיג פיהרען. והשביע בצחצחות נפשך. אין וועט דיין נפש אנזעטען מיט לויטערקייט. ועצמותיך יחליץ, אין דיינע ביינער וועט ער שטארקען, והיית כגן רוה. אין די וועסט זיין ווי א זאטער גארטען. וכמוצא מים אשר לא יכזבו מימיו. אין ווי א קוואל וואס זיין וואסער לאזט זיך נישט אויס. תשכב בשלום עד בא מנחם משמיע שלום. די וועסט פרידליך ליגען ביז משיח וועט קומען. אין מען דארף מכוון זיין אז אין דעם פרק איז דאה פינפצעהן ווערטער. פונקט ווי עס איז דאה גלידער אין דער האנד :

כג) אין שפתי רננות ווערט גיברענגט אז דאס וואס מען לייגט ארויף די האנד וואס אין איהר איז דאה פינפצעהן גלידער. איז א קייגען די פינפצעהן ווערטער וואס געפינען זיך אין פסוק יחיו מתוך אין אז דער וואס פערשטייט דעם סוד וואס דער כהן גדול האט אגגילעהנט זיינע העגד אויף די אברים וועלכע מען האט מקריב גיוועזין אויפ'ן מזבח קען פערשטיין דעם סוד וואס מען לייגט ארויף די האנד אויפ'ן קבר :

כד) איידער מען גייט אויפ'ן בית עלמין טאהר מען נישט עסען. נאר ווייל עס איז דאה א חשש איסור אז מען גייט הינגעריג אויפ'ן בית עלמין מען זאל הייסען א דורש אל המתים. דרובער איז דער מנהג עפיס טועם צו זיין. אבער יא"צ. וואס עס איז א מצוה צו פאסטען אדער אנ'אנדערין תענית ציבור מעג מען גיין אפילו מען האט גאהר נישט טועם גיוועזען :

כה) און ספר דודאי השדה ווערט גיברענגט 13 [redacted] אויך כהנים וואס קענין נישט צו גיין צו די קברים נאהנט דארפען אויף- גיין אויף קברי אבות :

און

סי׳ כ״א (ועיי׳ אמרי יושר ס׳ ל״ד):

כו) **מבואר** בכתבי האר״י שאין לילך על קבר א׳ שני פעמים ביום א׳:

כז) **בחיי** אדם כתב דנשים נדות לא יכנסו לבית החיים עד שיטבלו (ועי׳ שו״ת דודאי השדה ס׳ ז׳):

כח) **מקובל** מפי קדושים כשבאים על קברי אבות ובקש המתים מהשוכני סביב סביב לקברו או״א שיודיעו להם שבנם או בתם בא (לקוטי עצות אות ע״ג) וטוב לומר בזה הלשון אני פב״פ אתן כך וכך נרות עבור אותה הנשמה שתלך ותודיע לאו״א פב״פ שבנם או בתם בא לכן (טעמי המנהגים כ״ב) נהוּת הללו נותנים לבהכנ״ס או לבהמד״ר ללמוד אצלם (עיי׳ שו״ת לבושי מרדכי מהדו״ת ס׳ כ״ז):

כט) **והנה** בס׳ זבח ומנחה כתב דצריך הזמנה מאתמול בשעת המנחה אצל מי הולך להשתטח ואנחנו לא שמענו נוהגין כן ואולי לא ראיני אינו ראי׳:

ל) **דרכי** הגדולים לעיי׳ בספרי המחברים ביום היא״צ שלהם (מלבד מה ששייך לסוגי׳ שעוסקים בה או הלכה למעשה) ולהעיר בדבריהם למען יהי׳ שפתי צדיק בקבר דובבות וימליץ טוב בעדו בעולם העליון (יומא דהילולא בהקדמה ושו״ת הד״ר מהדו״ת אות שי״ד ועיי׳ יוסף דעת ס׳ שס״ו סוד״ה אחר ובשו״ת פרי השדה ח״א סי׳ ק״ב):

לא) **ביום** היאהרצייט יש להנשמה השפעה גדולה להפיץ אורה עד להבלא דגרמא שבקבר (תפא״י פ״ב דעדיות אות ע״ו):

לב) **בענין** הרואה קברי ישראל והקורא כתב על גבי המצבה עיי׳ בחיים הנצחיים סימן ד׳:

לג) **בהקדמת** ישמח משה על נ״ך הנקרא תהלה למשה כתב אשר

סוכת שלום

כו) **און** די כתבי האריז״ל שטייט דאָס מען טאָהר נישט גיין אין איין טאָג צוויי מאָהל אויפ׳ן זעלבין קבר:

כז) **דער** חיי אדם פ׳סקענט אז א נדה טאָהר נישט גיין אויפ׳ן בית עלמין ביז נאָך דער טבילה:

כח) **עס** איז מקובל פון קדושים אז מען קומט בעטין אויף קברי אבות זאָל מען זאָגען: איך פב״פ בין מנדר ליכט אין בית מדרש אריין מען זאָל ביי זיי דאווינען אָדער לערנען פאַר דער נשמה וואָס וועט גיין מודיע זיין מיינע עלטערין אז איך בין געקומין מתפלל זיין אויף זייער קבר:

כט) **און** ספר זבח ומנחה ווערט געברענגט. דער וואָס וויל גייען אויפ׳ן בית עלמין דארף א טאָג פריהער ביי מנחה אין זונען האָבען צו וועלכע קברים ער וויל צו מאָרגען׳ס גייען:

ל) **די** גדולים זענין זיך נוהג אז אין דעם טאג פון א מחבר׳ס יא״צ לערנען זיי אין זיין יא״צ אין זיין ספר. דאס איז אגרויסע טובה פאַר דעם נפטר אין ממילא איז דער נפטר אויף זיי מלמד זכות אין עולם העליון:

לא) **און** דעם יא״צ טאָג האָט די נשמה אגרויסע השפעה אין זיי איז אויך משפיע אויף די הבלא דגרמא וואָס רוהעט אין קבר:

לב) **דער** דין אז מען זעהט קברי ישראל וואָס פאַר א ברכה צו מאַכען. אין א סגולה צו דעם וואָס לייענט א כתב פון א מצבה ער זאָל נישט פערגעסין דאָס לערנין ווערט געברענגט אין סימן ד׳:

לג) **און** תהלה למשה ווערט געברענגט אז איינמאָהל איז זיין זוהן שלאָף געווען

אשר הרב הקדוש בעל ישמח משה שלח שני אנשים על הציון של רבינו הקדוש בעל נועם אלימלך להתפלל בעד בנו אמר להשליחים כאשר תבואו לחצר בית החיים תאמרו אנחנו מנדרים פרוטה לצדקה בעד הנשמה אשר תלך ותגיד לנשמת הרב אלימלך כי באנו על הציון שלו להתפלל לה׳ ואז ירוצו כל הנשמות הנמצאים שם בעת ההוא להגיד ולהודיע להרה״ק (כי לא בכל עת שורה נפשו של אדם על קברו) כי שם בעולם האמת דבר יקר הוא אצל נשמת המתים אשר יכולים להשתכר פרוטה שנותנים לתועלת נשמתם ע״כ כל אחד ירצה להקדים למען יזכה הוא במצות הפרוטה ואח״כ תלכו אל קברו להתפלל בעד בני (ע׳ בלקוטי עצות):

לד) בספר זכרון טוב כתב ביום ה׳ כ׳ שבט תרכ״ח קודם הסתלקות של הרב הצדיק הקדוש מהר״י מנעסכיז זצוק״ל עמדתי כשנכנס לפניו הרב המגיד מטריסק זללה״ה ושאלו מרן ז״ל היכן הי׳ מע״כ וענה הייתי על בית עלמין ושאלו מה עשה שם כבודו והשיבו בקשתי את חמי ואת חמי הזקן שילכו אל הבעש״ט זלה״ה ושילכו כולם אל אליהו הנביא שיודיעו להאבות הקדושים מחולשת מר שיתפללו להשי״ת שישלח לכם הרפואה כי העולם צריך לכם וענהו מרן זלה״ה בזה״ל רעכט האט איהר געטון:

לה) בספר אור צדיקים כתב כשהולך על קברי צדיקים לפעמים מרויח שמזדווגות אליו נשמת צדיק אחד ואז הוא מוסיף בתורה וביראה ובמעשים טובים כדמצינו פ״א אירע שמסר האריז״ל יחוד אחד לתלמידו ר׳ חיים וויטאל ז״ל שילך לכפר עכברא כי שם קברת אביי ורבא ולהשתטח על קבריהם והם ימסרו לו סתרי תורה ובהליכתו בדרך ישב על תילא דארעא והי׳ חוזר על היחוד שמסר לו רבו האריז״ל והלך משם לדרכו והלך והשתטח

סוכת שלום

געוועזין ר״ל האט ער געשיקט צוויי מענטשין אויפ׳ן אהל פון רבי׳ן ר׳ אלימלך זצ״ל אין זיי בעפוילין אז צו קומענדיג צום בית החיים זאלין זיי זאגען מיר זענען מנדר צדקה פאר דער נשמה וואס וועט לויפען מודיע זיין דעם רבי׳ן ר׳ אלימלך אז מיר זענין געקומין בעטען אויף זיין אהל. ווייל אין עולם העליון איז טייער א פרוטה צדקה וועלין אלע נשמות לויפען איהם מודיע זיין כדי צו בעקומין דעם זכות פון דער פרוטה צדקה. דער נאך זאלין זיי בעטען:

לד) אין ספר זכרון טוב ווערט געברענגט דאס ווען דער רבי ר׳ יצחק נעסכיזער זצ״ל איז שלאף געוועזען איז איינמאהל אריין געקומין דער טרוסקער מגיד זצ״ל. האט איהם דער רבי ר׳ יצחק געפרעגט ווי ער איז יעצט געוועזען האט ער געענטפערט. דאס ער איז געוועזען אויפ׳ן בית עלמין בעטין זיין שווער אין עלטער שווער זיי זאלין גיין צו דעם בעש״ט אין צו אליהו הנביא זיי זאלין מודיע זיין די אבות זיי זאלין בעטין דער רבי זאל האבען א רפואה שלימה ווייל די וועלט דארף איהם צו האבען. האט איהם דער רבי געענטפערט. רעכט האט איהר געטוהן:

לה) און ספר אור צדיקים ווערט געברענגט אז עס איז א גרויסע טובה אפילו פאר א צדיק צו גיין אויפ׳ן בית ע־מין. אזוי ווי עס ווערט געברענגט פאר׳ן רבי׳ן ר׳ חיים וויטאל. אז איינמאהל האט דער ר״י הקדוש איהם געשיקט אויף דעם קבר פון אביי ורבא אין ער האט איהם מוסר געוועזין שמות הקדושים דארט אין זונען צו האבען כדי די נשמות פון די תנאים זאלין זיי מוסר זיין סתרי תורה. בייענדיג האט ער זיך אנידער גיזעצט אויף

השתטח על קברם וכוון מה שמסר לו רבו והם דברו עמו ומסרו לו סתרי תורה וכשחזר מהם ובא לפני האריז"ל עמד מלפניו ואמר ברוך הבא והושיבו לימינו ושמח עמו שמחה גדולה אמר ר' חיים וויטאל ז"ל אדוני מורי ורבי מה היום מיומים שאדוני עשה לי כל הכבוד הזה לא לחנם הוא. אמר לו חייך לא מפניך קמתי ולא לך אמרתי ברוך הבא אלא לבניהו בן יהודע שנכנס עמך ויהי נפלא בעיני ר' חיים וויטאל ושניהם לא ידעו הסיבה למה נתחבר עמו באותו הפעם נשמת בניהו בן יהודע עד שלאחר שלשה חדשים הלכו שניהם יחד לכפר עכברא ללמוד שם ובאמצע הדרך עמד האריז"ל ואמר רואה אני שבכאן קבור בניהו בן יהודע ע"ה וענה ר' חיים וויטאל חייך רבי שבאותו הפעם שהלכתי להשתטח על ציון אביי ורבא נשבתו קודם לכן בזה המקום ממש וחזרתי על היחוד שמסר לי מורי ורבי כדי שיהיה שגור בפי אמר הקדוש האריז"ל אכן נודע הדבר שמכח היחוד שחזרת על הקבר של אותו הצדיק עוררתו והורדתו נשמתו לתוך גופו ואח"כ נתדבקה נשמתו בך:

לו) **בספר** מגן אברהם להרב הצדיק הקדוש מטריסק זצוק"ל לפורים כתב שמעתי מאדמו"ר הרב הקדוש מוהר"ר מרדכי מטשערנאבל זלה"ה זי"ע שאמר שבעת שהי' בהאניפאליע על קברי הצדיקים הרב המגיד הגדול והרב הקדוש ר' זוסיא והרב הקדוש ר' ליב כהן זללה"ה הריח שמה ריח של ג"ע עכ"ל:

לז) **קברי** צדיקים סגולה בדוקה ומנוסה לכל בר ישראל שהוא בצרה ר"ל

סוכת שלום

אויף [illegible] בערגיל. אין האָט זיך איבער בעחזרת די שמות וואָס דער האריז"ל האָט איהם איבער גיענטפערט אין דער נאָך איז ער גיגאַנגען צו דער מערה פון אביי ורבא. צוריק קומענדיג האָט זיך דער האריז"ל פאַר איהם אויף גישטעלט אין געזאָגט ברוך הבא, אין איהם פיעל כבוד אָנגעטוהן. ר' חיים וויטאַל האָט איהם גיפרעגט וואָס ער טיילט איהם היינט מעהר כבוד ווי אַלע מאָהל האָט ער איהם גיענטפערט נישט דיר גיב איך אַזוי פיהל כבוד נאָר דער נשמה פון בניהו בן יהוידע וועלכע איז מעובר אין דיר. אָבער פון וואַנען האָט זיך גענומין די נשמה צו איהם האָט ער ניט געוויסט. אין אַ צייט דער נאָך איז ר' חיים וויטאַל מיט זיין רבי'ן דער האריז"ל אַ דורך געגאַנגען דורך דעם בערגיל האָט דער האריז"ל געזאָגט אַז דאָה איז דער קבר פון בניהו בן יהוידע. האָט זיך ר' חיים וויטאַל דער מאַנט אין דעם וואָס זיין רבי דאָט איהם געזאָגט מיט אַ צייט צוריק אַז די נשמה פון בניהו בן יהוידע האָט זיך אין איהם בעהעפט אין ער האָט דער ציילט דעם האר"י אַז ער האָט זיך דאַמאָלסט אויף דעם בערגיל איבער געחזרת די שמות הקדושים וואָס ער האָט איהם געהאַט מוסר גיוועזין, האָט דער האריז"ל איהם געזאָגט אַז דורך דעם האָט זיך דאַמאָלסט די הייליגע נשמה אין איהם בעהעפט:

לו) **דער** טרוסקער מגיד זצ"ל האָט דערציילט אַז ווען דער רבי ר' מאָטעלע טשערנאָבלער זצ"ל איז גיוועזין אין האַניפאָלע אויף דעם קבר פון רבי'ן ר' זושא אין די אַנדערע קדושים וועלכע רוהען דאָרט. צוריק וועגס האָט ער געזאָגט דאָס ער האָט דאָרט מרגיש גיוועזין אַ ריח גן עדן:

לז) **עס** איז אַ גרויסע סגולה ווען אַ מענטש איז אין צרה ר"ל אָדער זיינער אַ קרוב זאָל ער גיין בעטין אויף קברי הצדיקים דאָס זיי זאָלין פאַר איהם זיין מליצים טובים אין הימעל דאָס השי"ת זאָל אָבטוהן די צרה פון איהם. אין אַזוי געפינען מיר ביי יעקב אבינו דאָס ער האָט

ר"ל אי שיש לו קרוב שהוא בצרה שילך להתפלל על קברי צדיקים וישפוך שם שיחו על קבר הצדיק ויעתר אליו ד' בקול ישועה ורחמים ועיין בשו"ת מנחת אלעזר (סי' חיי"ם) מה שהאריך בדברי המהרי"ל בה' תענית שהובא בבאה"ט סי' תקפ"א שכ' שהמשתטח על קברי צדיקים אל ישים מגמתו נגד המתים השוכבים שם אך יבקש מאת השי"ת שיתן לו שאלתו בזכות הצדיקים השוכבים שם והוא נ"י האריך בעים רוחו בראיות נכוחות ישרות מש"ס ומזוה"ק שמותר לבקש אל הצדיקים והשוכנים עפר שהם ימליצו טוב בעדינו לפני השי"ת וכן מצינו בס' הישר ביוסף הצדיק ע"ה שהלך על קבר אמו רחל אמנו ובכה ועורר אותה בדבריו בעת שהישמעאלים הוליכוהו למצרים כנודע (ויותר הי"ל להביא ראי' מדברי רז"ל הובא ברש"י ז"ל שם פ' ויחי שאמר יעקב ליוסף דע לך שע"פ הדיבור קברתי שם שתהא לעזר לבניה כשיגלה אותם נבוזראדן ויהיו עוברן דרך שם ותצא רחל מעל קברה ובוכה ומבקשת עליהם רחמים וכו' הרי מכאן ראי' דמי שהוא בצרה והולך על קבר הצדיק מבקש עליו רחמים) ע"ש שכתב ואלמלא זכותם ותפלתם של הנפטרים בשמי מעלה שמתפללים בעד החיים לא היינו מתקיימים כמ"ש בזוה"ק פ' אחרי (הנה בזוהר פ' אחרי לא נמצא שם זה רק הוא בזוה"ק פ' שמות ד' ט"ז ע"ב א"ל שרי קברי אי לאו בעיותא דילן על חיי לא יתקיימון פלגות יומא וכו' ע"ש). וכן אמרו ז"ל במדרש ישראל נמשלו לגפן מה הגפן החיים על המתים וכו' א"כ בודאי צריכין להודיעם שימליצו טוב בעדינו בכל משאלותינו וכו' וסיים שם כיון שמבואר בש"ע ה' ת"ב וה' ר"ה. ויו"כ שיש לילך לבית החיים להתפלל שם ובפרט על קברי הצדיקים וזהו כבוד הצדיקים וכבוד אבותינו הטובים וכן על קברי אבותינו הכשרים ויר"א אף שלא הי' צדיקים מופלגים מ"מ המעיין בס"ח גודל ההנאה שיש למתים כשבאים קרוביהם על קבריהם בודאי הוא בכלל מצות כיבוד או"א מכבדו בחייו ומכבדו במותו וכ"כ בר"ח שטוב להשתטח על קברי הצדיקים שיתפללו בעדו גם שע"י כן כשהולך לביה"ק יזכור יום המיתה ויכנע לבו עכ"ל ע"ש וכן המנהג בכל תפוצות ישראל שהולכים ומתפללים על קברי הצדיקים הקדושים ואינם חוזרים ריקם מבלי ישועה (ועיין בס' סוכת שלום כלל ג' באריכות קצת):

לח) **כתוב** בהקדמה לס' סמיכות משה ובספר ספורים נוראים ד' כ"ב וד' כ"ג סיפורים נוראים מהה"ק והטהור

סוכת שלום

האָט נישט בעגראָבען רחל'ן אין די מערת המכפלה כדי ווען די יודין וועלין פערטריבען ווערין אין גלות זאָלין זיי קענען מתפלל זיין ביי איהר קבר. אין השי"ת זאָל צו זאָגען אין איהר זכות אז ער וועט זיי אויסלייזען אזוי ווערט אויך גיברענגט אין זוהר הקדוש אז ווען נישט די תפילה פון די מתים וואָלטען די לעבידיגע קיין קיום נישט געהאט. אין דער מנחת אלעזר שרייבט אז דאָס איז א גרויסע הנאה די מתים ווען זייערע קרובים קומין מתפלל זיין אויף זייערע קברים. אין דרובער איז א חוב אויף קינדער צו גיין אויף זייערע עלטערינס קברים אין דער מיט זיי מהנה אין מכבד זיין. בפרט נאָך אויף קברי צדיקים דער וואָס גייט בעטען גייט ער נישט צוריק לעהר. נאָר השי"ת העלפט איהם אין זייער זכות:

לח) די גמרא ברענגט אין סנהדרין דאָס איינער וואָס האָט בעקומין א פיבער אין ער האָט גענומין פון דעם קבר פון תנא רב איז ער געהיילט געוואָהרען. אין אזוי

הטהור איש אלקי מהרדו"ב זללה"ה בעיר בעזין וע"ש מ"ש בעת שהי' החולי קדחת בעיר נעזין הי' פשוט ומפורסם בדו"מ שמי שנחלה מחולי זה יטול מעפר הקרקע אשר על גבי קבר הקדוש וצורר בחלוקו ונתרפא מחולי זה תיכומ"י והנה זה מנפלאות הבורא שגם בגשם העפר יש השתנות למהות רוחני מצד עצמות הטהורים הגנוזים בגשם המקום עכ"ל ובאמת לא חדית הוא לן ומצינו ברז"ל במס' סנהדרין (ד' מ"ז ע"ב קברי דרב הוי שקלי מני' עפרא לאישתאבת יומא אתו א"ל לשמואל א"ל יאות עבדין וכו' ע"ש ובפרט שגדולים צדיקים במיתתם יותר מבחייהם ועיין בס"ח סי' תתשכ"ט ובפי' למרן החיד"א ז"ל שם ובס' שה"ג מערכת גדולים אות א' בד"ה ראבי"ן ע"ש והבן ובספרי מחנה אפרים על הלכות ר"ה כתבתי עוד בזה השי"ת יזכני להוציאו לאור בקרב בחיי נחת דקדושה אמן:

לט) מהר"א אזולאי כ' כשהולך להשתטח על קברי צדיקים ישים ידו על הקבר ויאמר פסוק ונחך ה' שיש בו ט"ו תיבות כמנין קשרי היד ואפשר דכוונת הרב הוא שדקדק בלשונו לומר שיש ט"ו תיבות לרמוז דלא פחות מט"ו ומנין קשרי היד היינו עם הדפק ודו"ק.

ובספר ארחות יושר כ' דיקרא מס' אבות ופ' איזהו מקומן כשהולך להשתטח על קברי צדיקים ע"ש וכך אני נוהג לפעמים (ס' עתרת החיים פרק ל"ד):

מ) קברי צדיקים עיין מ"ש הפנים ועיין עוד במדרש קהלת פ' יו"ד ע"פ אם קהה הברזל. א' מתלמידי רשב"י ששכח תלמודו והלך לבית הקברות ובכה שם הרבה וכו' ע"ש ועיין מ"ש הגאון בתפארת ישראל בדרוש אור החיים שבסוף סדר נזיקין סי' ב' שכתב דבעת המולד או בט"ו לחודש או ביאצ"ט אז נאות ללכת על קברי אבות מפני שאז תעוף הנשמה יותר סביב להקבר והעצמות ע"ש ועוד מ"ש במס' עדיות סופ"ב ומקור דבריו הוא מגורי האר"י ז"ל כמ"ש בס' הנהגות אדם להגאון ר"ד או"ה ז"ל בד' כ"ח ע"ש. וכעת בא לידי ספר אבני בית היוצר ומצאתי שם בהקדמה שכ' בשם ס' רמת שמואל חדושי ב"מ על ד' פ"ג ד"ה יומא חד ריש ירחי הוה נגה ולא אתא אליהו ז"ל משום דבכל ריש ירחי נשמות הצדיקים

סוכת שלום

אזוי ווערט גיבּרענגט אין סיפּורים נוראים ווען עס איז אין דער שטאָדט נעזין גיוועזין איין עפּידעמיע ר"ל וועלכער יוד עס איז שלאַף געוואָרען האָט ער גענומען אַ ביסעל ערד פון רבי'ן ר' בער'ס קבר אין איינגעבּינדען אין זיין העמד איז ער תיכף געהיילט געוואָרען. פון דעם זעהן מיר אַז די צדיקים זענין נאָך זייער פּטירה אזוי גרויס דאָס אַפילו זייער ערד איז געהייליגט אין פּועל ישועות:

לט) דער מהר"א אזולאי שרייבּט אַז דער וואָס גייט על קברי צדיקים זאָל ער אַרויף לייגען זיין לינקע האַנד אויפ'ן קבר אין זאָגען דעם פּסוק ונחך ה' וועלכעס איז אין איהם דאָ פינפצעהן ווערטער פונקט ווי די גלידער פון דער האַנד מיט דעם דפק. אין ספר אורחות יושר ווערט גיבּרענגט, אַז איידער מען גייט על קברי צדיקים זאָל מען לערנען דעם פּרק איזהו מקומן ווי אויך מסכת אבות כדי דער מענטש זאָל ווערען ביי זיך אינטער טעניג:

מ) די גרויסע סגולה פון קברי צדיקים. אין מדרש קהלת ווערט גיבּרענגט דאָס איינער פון רשב"י תלמידים האָט פארגעסען דאָס לערנען איז ער געגאַנגען אויפ'ן בית עולם אין האָט גיבּעטען אין זייער נעוויינט השי"ת זאָל איהם העלפען ער

הצדיקים באים לגופם לכך אמר אדאוקמי׳ לאברהם וכו׳ ומה״ט נשתרבב המנהג לילך בכל מולד הלבנה בער״ח לקברי אבות ולבקש רחמים בעד הנשמות בגוף ומנהג ישראל הורה הוא וכ׳ עוד ובשער ההכנה ד׳ ל״א כ׳ שהמחבר הגאון בעל סמיכת חכמים צוה לאשתו שבכל ער״ח תבוא על קברו להתפלל. ובס׳ חמדת אריה על מגילה ד׳ ג׳ כותב טעם למנהג שהולכים על הקברות ביום היאצ״ט וכו׳ ע״ש:

ואסדר פה התפלות כפי שנמצא במענה לשון ולקוטי צבי כל דבר ודבר שיש לומר למי שבא להשתטחות על הקברים. ובתחלה יש לומר אם לא ראה קברים שלשים יום את הברכה „אשר יצר אתכם בדין״. הנמצא לעיל בסימן ה׳ וכן יש לו לומר אתה גבור וגו׳. וכן על כל זה אנחנו חייבים להודות וגו׳ הנמצא ג״כ לעיל בסימן ה׳, ומשם תדרשנה לטובה (אתה גבור וגו׳ ועל כל זה אנחנו צריכים לומר אף אם ראו הקברים בתוך שלשים יום). ובלקוטי צבי הביא שהקפיטליך תהלים שיש לומר על הקברים כפי מנהג בני הרמב״ן ז״ל מטשארנאביל תמצא בתהלים. ויאמר כמו שנרשם כאן: קאפיטיל קז. יט. לג. לד. צח. קג. קד. קמג. קמד: גם הט״ו שיר המעלות: י״ב פעמים קאפיטיל כ. גם אומרים ז׳ פעמים ויהי נועם יושב בסתר וגו׳. עד סוף אנא בכח:

ובשם הריבש״ט זלה״ה נמצא כתוב לומר אלו הקפיטליך תהלים. בערב ר״ה ד. ז. יא. יב. יג. יח. כב. כג. כד. לה. לט. מ. מב. מג. נא. פו. צ. צא. קב. קנ. קמא. קמב. ואח״כ יאמר בתמנ״א אפי הפסוקים המתחילים כשמו ושם שד״י קר״ע שט״ן: ובערב יו״כ יז. כ. כא. כט, ל. לט. מט. נ. נא. פו. צ. צא. צד. קב. קז. קיז. קכד. ואח״כ שמו ושמות שד״י קר״ע שטן בתמניא אפי כנ״ל:

ונוסחא הישנה אשר כתובה בכל התהלים וספרי מענה לשון זהו: כה. לד. ספר רביעי כולו קיא. קיב. מן קיט עד קלח. מן קמה עד סוף התהלים. ואח״כ יאמר המענה לשון כאשר נצב לפניך להלן. ובעת הליכה בהחזרה משם יאמר פ״א רננו צדיקים וכו׳ ואנא בכח וכו׳. ויושב בסתר וכו׳:

ועל ציון הרשב״א ז״ל מפאהרבשט נמצא כתוב על הקלף לומר אלו הקפיטליך תהלים. שיר למעלות אשא עיני וכו׳. ז״פ אנא בכח וכו׳. (ובכל פעם יכוין שם ה׳ היוצא מר״ת אב״ג וכו׳) ג. ד. טז. יז. יח. כ. כא. כב. כג. כה. כז. ל. לא. לג. מ. מא. מב. נא. סט. עא. פו. קכ. קמב. קמג:

א) תפלה שיש לבן לומר על קבר אביו בכל זמן:

שָׁלוֹם עָלֶיךָ אֲדוֹנִי אָבִי וּמוֹרִי הוֹדִי זִיוִי וַהֲדָרִי עָלַי מוּטָל לְכַבֵּד אוֹתְךָ בְּחַיֶּיךָ וּבְמוֹתְךָ כִּי אֲנִי בָּשָׂר מִבְּשָׂרְךָ וְעֶצֶם מֵעַצְמְךָ וּמֵאֵיבָרְךָ וְדָמְךָ

סוכת שלום

איך וועל דאָה מסדר זיין דיא תפלות כפי עס געפינט זיך אין מענה לשון און אין ליקוטי צבי פאַר יעדען מענטש וואָס קימט בעטין אויף קברי אבות, אויב ער איז שוין דרייסיג טאָג נישט געוועזען דאַרף ער זאָגען דיא ברכה, אשר יצר אתכם בדין אַלעס אַזוי וויא עס שטייט אין סימן ה׳, אין דער ליקוטי צבי ברענגט פאַר רבי מאָטאַלע טשערנאָבלער זכרונו לברכה אַז מען זאָל זאָגען די פאָלגענדע קאַפיטלך תהלים. קז. יט. לג. לד. צח. קג. קד. קמג. קמד. דיא פינפצען שיר המעלות׳ן צוועלף מאָהל דאָס קאַפיטל כ׳ זיבען מאָהל ויהי נועם ביז סוף יושב בסתר:

אין פון בעש״ט ז״ל ווערט גיברענגט צו זאָגען די קאַפיטלעך ערב ר״ה. ד. ז. יא. יב. יג. יח. כב. כג. כד. לה. לט מ. מב. מג. נא. פו. צ. צא. קב. קד. קמא. קמב. דערנאָך זאָל מען זאָגען אין אשרי תמימי דרך דיא פסוקים פין דעם מענטשס נאָמען, אין ערב יו״כ זאָל מען זאָגען די קאַפיטלעך יז. כ. כא. כט. ל. לט. מט. נ׳ נא. פו. צ. צא. צד. קב. קז. קיז. קכד. אין דערנאָך אין אשרי תמימי דרך די פסוקים פין דיא אותיות פין זיין נאָמען:

אין אויפן פראָבאָשטשער רבינ׳ס זהל איז דער מנהג צו זאָגין דעם סדר שיר למעלות אשא. זיבען מאָל אנא בכח זיין קאַפיטעל ג. ד. טז. יז. יח. כ. כא. כב. כג. כה. כז. ל. לא. לג. מ. מא. מב. נא. סט. עא. פו. קב. קמב. קמג:

א תפלה וואס איין זוהן זאל זאגין אויף זיין פאטערס קבר:

שלום פריד צו דיר מיין הער פאָטער און מיין לערנער. מיין לויטערקייט און מיין שיינקייט איך בין מחויב דיר כבוד אָהן צו טאָהן ביי דיין לעבין. און נאָך דיין טויט וויל איך בין פלייש פון דיין פלייש און ביין פון דיין ביין. און ביין פון דיינע גלידער און דיין בלוט וויל דיא האָסט גיהאַט איין חלק און מיין בעשאַפינקייט וואָס די כוונה איז גיוועזן צו גוטען דאָס איבער מיין

נשמה

אחרי היותך משותף בבריאתי לעולם הזה בצאתי אשר לטובה היתה הכוונה על נשמתי עור ובשר וגידים בנה. יי חפץ למען צדקו להביאני על פני תבל ארקו אולי אבנה אנכי ממנה להמשיך הגוף אחר הנשמה להיות כל כמינה ולזכותי לרב טוב הצפון אשר שם חלקת מחוקק ספון אך מסבות מטרד בת מי זהב ושאר דברים אשר מסיבות מתהפך וגלגלא דיומא הוא דהדר ואת והב אין אני יכול לעמוד בהאורב היושב בהחדר ובנה עלי ויקף מצידים גדולים גדר מזה ומזה גדר ולא יכולתי לעמוד בו ונרדו נתן ריחו עד שהמלך במסיבו הרעותי את מעשי וקפחתי את פרנסתי וכזאת וכזאת עשיתי ועתה אחרי כל הבא ודאי לנו הסיבה אך לא במרד ובמעל פעלתי פועל והסיבות ידועות ממעשי הגרועות והנה אחרי שובי נחמתי וממעשי לבי שמתי ואחרי הודעי ספקתי על ירך באמור לנפשי לקוב אויבי קראתיך והנה ברכת ברך:

ועתה אדוני אבי ומורי מלפני ומעבדני והורי. לא לנפשי לבד הרעותי אך גם נגדך פשעתי עקב אשר היה לי לזכותך למעלה רמה להעלותך זאת לא זאת השפלה הגבהתי והגבוה השפלתי. ועלי נאמר פשעו בי בנים גדלתי ורוממתי אך אמנם כן עדיין רחמי האב על הבן ואני ואתה נבקש רחמים מרם על רמים וזך וישר פעלו ובהיכלו כבוד אומר כולו שוכן את דכא ושפל רוח. להחיות לב נדכאים והולך שחוח יחנני ויאמר פדעהו מרדת שחת ולא יחסר לחמו ולא ימות לשחת כי רבות מאוד אנחותי מסיבות המונעות: ועל זה דוה לבי וכל אברי מטפחות ומענות אך לישועת יי קויתי. כי נפלתי קמתי ישמע אל ויענה ויאמר סלחתי: ונפשי אשר גנותי גנח וילולי ילל יקח לכפרת חטאתי כהקרבת פרים אילים

סיכת שלום

נשמה איז גיבויט געווארען הויט אין פלייש און אדערין דען גאט האט באגערט פון וועגין זיין גירעכטיקייט מיך צוא ברענגין אויף דער וועלט. פיליכט וועל איך דורך דעם פאר בעסערט ווערין. נאך צו ציהען דעם גוף נאך דער נשמה צוא איהר גלייך צוא זיין. און מיך מזכה צוא זיין צו דעם פיהל פאר בארגינעם גוטס. אזוי איין טייל וואס משה רבינו איז דארט בעהאלטען נייערט פון וועגען דיא טרדות איבער דעם געלד. און אנדערע זאכען וואס דורך זייא ווערט דער מענטש פאר קערט. און דער גלגל פון דעם טאג ווערט פאר קערט איבער דיא וועלטליכע גאב אזוי קען איך ניט באשטיין קעגין דעם יצר הרע וואס ער זיכט אין קאמער פון מיין הארץ. און בויט איבער מיר גרויסי פעסטונג און פאר צאמט מיך פון אלע זייטען און דרום קען איך ניט באשטיין קעגין איהם. און האב פאר ענדערט מיינע ווערקין און דורך דעם איז געווארען אפ נעהאקט מיין פרנסה ווייל איך האב פיהל אזעלכי זאכען גיטאהן און אצונד האב איך מיך ווידער געטראכט און האב מיר גענימען צוא מיין הארץ מיינע שלעכטע ווערק. און נאך דעם האב איך מיך געשלאגען אויף דער זייט און האב מתודה גיוועז און זאג צוא מיין זייל איך האב דיך גירופין צוא פלוכען מיין פיינד

דעם

אילים בחצוצרות וקול חליל והנה הרימותי אל יי ידי גם אתה חלילת לך מחדול מלהתפלל בעדי. באשר עד כאן רחמי האב על הבן ורחמי דאבא אברא דאית ליה להכין אותו לסעדו במשענתו כמו במלבן ממשכבך עמדי נא ואהבה הישנה עוררה נא. וגם עורר את מלאך מולי להתפלל בגללי. וימהר לעשות אותו קמא קמא דמטו יבקש עלי רחמים מהאל הנאמן בברית ואמרי נא אל רחום וחנון ארך אפים נוצר חסד לאלפים ורבון כל הבריות המביט מראשית אחרית. והוא אמר ויהי תוצא הארץ נפש חיה למינה. ואדם אשר בחוץ חכמתו תרונה להוליד בדמותו כצלמו. זה מזה מבונה פרי עץ חיים בשותפות איש ואשה עם השכינה. וכל המניח בן נקראת גויעתו שכיבה. ולא מיתה אחת ממצות יי אלהיו בעשותה והנה נא מצא עבדך חן בעיניך. ותגדל חסדך אשר עשית עמדי להחיות את נפשי ולשום לי שם ושארית בארץ להיות לי לפלטה גדולה. מיד מקטריגי ובעל משפטי לצאת לחפשי: ואנכי לא אוכל להמלט פן תדבקני הרעה ומתי מיתה תיננא. בראתי רעות מולדתי אשר הוא מדוכא ומעונת

ואיני

סוכת שלום

דעם יצר הרע און דיא האסט איהם נאך גיבענטשט דאס דיא האסט איהם אלץ נאך גיגעבען. אצונד מיין הער פאטער מיין לערען מיינסטער מיין לערנער אין מיין ווערקער. ניט צוא מיר אליין האב איך שלעכט גיטאהן נאר אנטקעגען דיר האב איך אויך גיזינדיגט. דען אהן שטאדט וואס איך וואלט דיך גיקענט מזכה זיין אויף צוא ברענגען דיך צוא איין הויכע מעלה. און איך האב דאס ניט גיטאהן נאך מער איך האב דאס נידעריגע הויך גימאכט און דאס הויכע נידעריג גימאכט און אויף מיר איז ווארען גיזאגט. דער פסוק איך האב קינדער דער צוגין און הויך געמאכט און זייא האבען אין מיר ווידער געשפעניגט. נאר פון דעסט וועגין איז נאך דאס רחמנות פון איין פאטער אויף דעם זוהן. אזוי ווע׳לין מיר באנאנד בעטען דער בארימקייט פון גאט וואס ער איז הויך איבער אלע הויכע און זיין ווערק איז לויטער און רעכט פארטיג. און אין זיין פאליש גיבין איהם אלע כבוד. ער רוהט בייא דיא פאר שטויסענע און בייא דיא וואס זענין נידעריג פון גימיט צוא דער נערען דאס הארץ פון דיא פאר שטויסענע און דיא וואס גייען איין גיבויגין. דער גאט זאל זיך איבער מיר דער בארימען און זאל זאגין לייז איהם אויס פון צוא נידערין אין דעם גרוב. און זיין שפייז זאל ניט גימינערט ווערין און זאל ניט שטארבין צוא דעם גרוב דען מיינע זיפצען זענין זייער פיהל פון וועגען דיא זאכען וואס פער מיידען מיך גוטס צוא טאהן. אין דריבער איז מיין הארץ ווייטאג און אלע מיינע גלידער שלאגין זיך און קלאגין גייערט איך האף צוא גאטס הילף. דען ווען איך בין שוין גיפאלין וועל איך ווידער אויף שטיין גאט זאל הערען און זאל מיר ענטפערין און זאגען איך האב דיר פאר געבען. און מיין זייל וואס זיא קרעכצט און קלאגט דאס זאל ער נעמען פאר איין כפרה אויף מיינע זינד גלייך וויא איך וואלט מקריב גיוועען קרבנות פון בהמות און ווידער מיט טרומייטען און פייפין און איך האב אויף גיהויבען מיינע הענד צוא גאט און האב

אים

ואיני יכול לבא להשיג תכלית הכונה אשר יסודו עליו נבנה. לשמור את דרך עץ החיים על כי המלאכה היתה רבים. מסבות המונעות ומטרידות והיום רד מאוד עשר ירידות. והנה אתה מהתם ואנן מהכא נקרא לשוכן את דכא יסיר ממני המונע ידיחנו אל ארץ ציה ושממה ונוע ינוע למען אוכל לעבדו בלבב שלם מעתה ועד עולם. ולמען אשר אצוה את בני ואת ביתי אחרי לדורותם ושמרו דרך יי צדקה ומשפט לעשותם ויאיר יי ויהיל כוכבי שמים ואל יעלני בחצי ימי ואהיה ממתים ירך מחלד ועד זבולא בתרייתא להוי לי שלמא על פני חלד ויבקע כשחר אורי וארוכתי מהרה יצמיח ועל אויבי יריע אף יצריח. שבעתים ישיב אל חיקם. ברוע מעלליהם ובדרכם ויצילני וימלטני ויפלטני מכל צרה וצוקה ועון ואשמה ומכל העומדים עלי להזיקני ומבני אדם הרעים ומעלילות ומכל שעות רעות המתרגשות לבא בעולם ובגלילות ויפתח לבי בתורתו וישם בלבי אהבתו ויראתו ויתנני לחן ולחסד ולרחמים בעיניו ובעיני כל רואיו ויפן לפנות מבלעי

סוכת שלום

איהם גיבעטצ. און דיא זאלסט אויך ניט פאר מיידען פון צוא בעטען פאר מיר וויל אזוי ווייט גייען נאך דיא רחמנות פון איין פאטער איבער זיין זון. און דיא רחמנות וואס איין פאטער גיהער צו האבען איבער זיין זון אין איהם אינטער צוא לצהנין און צוא העלפען איהם איז אלעם וואס מיגליך איז, דרום שטייא אויף פון דיין גילעגער און דער וועק דאס אלטע ליבשאפט. און דער וועק אויך דעם מלאך פון מיין מזל ער זאל בעטין פאר מיר, און זאל איילען צוא טאהן וואס עם צום פריערסטען ער זאל פאר מיר בעטען רחמנות פון דעם גאט וואס ער איז וארהאפטיג מיט זיין זיכערהייט. און זאג איך בעט דיך גאט דער דא איז דער בארמיג און לייט זעליג ער האלט לאנג אויף זיין צארען. ער היט גינאד צוא צוויא טויזנט דורות. דער הער פון אלע באשעפעניש וואס ער לוגט פון דעם אהן פאנג זאך ביז דעם עק דער פין. און האט ביזאגט דיא וועלט זאל זיין און דיא ערד זאל וארויס ציהען אלערלייא לעבעדיגע ליבער, און אויך דער מענטש זאל בעשאפען ווערען וואס אלע ורעלען וויסען און זעהן זיין חכמה און ער זאל געוועגען קינדער אין זיין גישטאלט און זיין פורים איינס פון דעם אנדערען זאל ווערין גיבויעט דורך בהעפטונג פון מאן מיט זיין פרויא מיט דער שכינה דאס דיא שכינה זאל אויף זייא רוען. און איטליכער וואס לאזט איין זון וואס האלט דיא מצות פון גאט. אזוי ווערט זיין טוים גירעכינט וויא ער וואלט נאר ליגין און ניט גישטארבען. האט דיין קנעכט גיפונען חן אין דיינע אוגען און האסט מיר איין גרויסען חסד גיטאהן דאס דיא האסט מיך גימאכט לעבין און האסט מיר גיטאהן איין איבער בלייבונג אויף דער ערד עס זאל מיר זיין צו איין גרויס באשירמונג פון מיין מקטרג און מיין קריגס מאן איך זאל קענען פון איהם פרייא גיין. און איך קען ניט אנטרונען ווערען וויל טאמער וועט מיט באהעפטין דאס ביין דאס איך זאל מוזען צום צווייטען מאהל שטארבין. איך זעה דעם שלעכטין שטאנד פון מיין גיבארינקייט וואס איז צו שטוסין און גיפייניגט. און איך קען ניט קומען און גרייכען צו דער רעכטער כוונה

וואס

מבלעי ומריעי ויחזק ויאמץ ידי לעבוד עבודתו ולעסוק בתורתו ויזמין פרנסתי ופרנסת אנשי ביתי ברוח ובמלוי ובשפע לכל הנאמנים בבריתו ותהא תורתי אומנתי ויתן לי לב טוב וחלק טוב וחבר טוב ונפש שפלה ורוח נמוכה ואל יתחלל בי שמו ואל יעשני שיחה בפי הבריות ואל תהי אחריתי להכרית ותקותי למפח נפש ואל יצריכני לידי מתנת בשר ודם שמתנתם מעוטה וחרפתם מרובה כי אם לידו המלאה הפתוחה הקדושה והרחבה. ויתן חלקי בתורתו עם עושי רצונו בלבב שלם ויזכני לראות ולגדל בנים ובני בנים העוסקים בתורה ובמצות ויהיו ממולאים ומזורזים בתורה בעושר ובכבוד בלי שום מהסור ויזכני לראות בנין ביתו והיכלו ומקדשו ועירו בהודו ותפארתו במהרה בימינו ויפדני וישמרני מכל גזירות קשות ורעות

סוכת שלום

וואס דרוף איז גיבויעט דער רעכטער יסוד צוא היטען דעם וועג פון לעבען. איבער דיא זאכען וואס פאר מיידען און מאכען מיך טרויד פון גאט צוא דינען און דיא צייט איז שוין זייער ווייט פאר לאפען, און אצונד זאלסט איר פון דארטען און איך פון דאנען מיט אנאנדער רופען צוא גאט וואס ער רוהט מיט דעם פאר שטוסינעם דאס ער זאל אפ טוהן פון מיר דעם יצר הרע וואס ער פאר מייד מיך פין גאטס דינסט און זאל איהם פאר שטוסען. און פאר וואגלין צו איין וויסט לאנד פון וועגען איך זאל קענען דינען גאט מיט דעם גאנצען הארץ פון אצונד ביז אייביג. אין פון וועגין איך זאל גיביטען צוא מיינע קינדער און מיין הויז גיזינד וואס וועלין זיין נאך מיר. דאס זייא זאלען היטען דעם וועג פון גאט און טאהן גירעכטיקייט און גירעכט. און מיין תורה זאל זיין מיין ווערק און גיב מיר איין גוט הארץ און אגוטע טייל און אגוטען חבר איין נידעריג און אונטער טעניג גימיט און זיין נאמען זאל דורך מיר ניט פאר שוועכט ווערין און ער זאל מיך טוהן דאס דיא לייט זאלען פון מיר ניט ריידען און מיין לעצט זאל ניט זיין צו פאר שניידען און מיין האפענוג זאל ניט זיין טרויערקייט און ער זאל מיך ניט מאכען באדארפען צוא דעם גאב פון מענטשען ווארום זייער גאב איז ווייניג אין זייער שאנד איז פיהל נייערט צו זיין פולע האנט דיא אפינע דיא הייליגי און דיא ברייטע און ער זאל געבען מיין חלק אין זיין תורה מיט דיא וואס טוען זיין ווילען מיט אגאנץ הארץ און ער זאל מיך מזכה זיין צו זעהן און מגדל זיין קינדער און קינדס קינדער וואס לערנען תורה און זאלען עוסק זיין אין מצות. און זאלען זיין דער פילט און גיפרישט אין דער תורה אין עושר און כבוד און עס זאל זייא קיין שום זאך ניט אפ גיין. און ער זאל מיך מזכה זיין צו זעהן ווי זיין בית המקדש זיין שטאט ירושלים ווערט גיבויעט ווערען מיט זיין שוינקייט באלד אין אונזערע טעג. און זאל מיר העלפין מיט זיין דער בארימקייט און זיינע פיהל גינאד פון אלע לייד און באצווינגעניש און אויף דיא מיין הער פאטער מיין לעריין מיינסטער. גאט זאל דער פילען אלע דיינע גיבעט און דיין גלוסטקייט ארויף צוא ברענגען דיין נשמה אזוי וויא דיין באגער איז. און זאלסט רוען און ווידער אויף שטיין צו דיין גורל אז דאס רעכטע קץ וועט זיין. און מיין זייל זאל לעבען

אין

ורעות ויושיעני ברחמיו וחסדיו המרובים מכל צרה וצוקה וגם אתה אדוני מורי אבי אשר אתה מורשי לבבי ימלא יי כל משאלותיך ותאותיך להעלות נשמתך כחפצך ותנוח ותעמוד לגורלך לקץ הימין וחיתה נפשי בגללך. יבנה על משפטו ארמון:

רבון כל העולמים יהי רצון לפניך יי אלהי הצבאות יושב הכרובים האל המפואר בשבעים ושתים שמות הקדושים המפורשים בנקיות ובטהרה שיהיו פתוחים לפני תמיד שערי תורה והחן והחסד והרחמים ושלום והחכמה והמדע והתבונה וטהרה ונקיות ופרישות ורוח והצלה בכל מעשי ידי ותתנו ברכה בקרב הארץ ותצליח אותי בכל עניני ומעשי ועסקי ותהיה השגחתך עלי תמיד לטובה ולעזר ולסמוך ולהועיל ולאורה בשמש בתקופת תמוז וכלבנה בטהרתה בחצי החודש בכל מקום שאלך ואבא ואצא ואבנם ודברי יהיו רצוים לפניך ומקובלים בעיני הבריות ויהיו מתוקים מדבש ונופת צופים גם בעיני כל אדם מעתה ועד עולם אמן סלה ועד:

רבון כל העולמים סלח לי לכל חטאתי ומחול לי על כל פשעי וכפר לי על כל עונותי: רפאני יי וארפא הושיעני ואושעה כי תהלתי אתה והאר עיני במצותיך ותכניע את כל אויבי ושוטני וסתום פה דוברי רעתי ותצילני מדין קשה ומבעל דין קשה בין שהוא בן ברית ובין שאינו בן ברית והצילני משבי וחרב ומגלות ומחלאים רעים מעצות רעות ומעזי

פנים

סוכת שלום

אין דיין זכות און דאס בית המקדש זאל געבויעט ווערין אויף זיין רעכטין שטאנד:

רבון הער איבער אלע וועלטין עס זאל זיין דער ווילען פון דיר גאט איבער די הירשערען דער דא זיצט איבער דיא כרובים. דער באשיינטער גאט וואס ער ווערט באשיינט מיט צוויא אין זיבעציג שמות דיא הייליגע און ווערין באשיינט מיט ריינקייט. דאס פאר מיר זאל אלע צייט אפין זיין דיא טויערען פון דער תורה חן און חסד און דער בארימקייט און פריד. און דער וויסערונג און באשירמונג און אלע דיא ווערקען פון מיינע הענד. און גיב מיך איין בענטשונג צווישען לאנד. און זאלסט מיך באגליקין אין אלע מיינע זאכען און מיינע ווערקען און גישעפטין און זאלסט אויף מיר אכטונג געבען אלע צייט צו גוטען און צו העלפען און אונטער צו לעהנין און צו לייכטען אין אלע ערטער וואס איך וועל גיין און קומען און אויס גיין אין איין גיין און מייני רייד זאלען פאר דיר זיין באוויליגט. און אהן גינומען אין די אויגען פון לייט. און זייא זאלען זיין אזוי וויא האניק אין דיא אויגען פין אלע מענטשען פון איצונד ביז אייביג אמן סלה ועד:

רבון הער איבער אלע וועלטען פאר גיב צו אלע מיינע זינד און זייא מיר מוחל אויף אלע מיינע מיסטייט. הייל מיך גאט וועל איך זיין גיהיילט. העלף מיר וועל איך זיין גיהאלפען וייל דיא ביסט מיין לוב. און דצו לייכסט מיינע אויגען אין דיינע מצות. און באשערים מיך פון שווערד און פון בייזע קראנקהייט

אין

פצים ומצוות פגים מאדם רע ומחבר רע ומשכן רע ומשטן המשחית ומפגע רע וממקרה רעה ומכל שעות רעות המתרגשות לבא בעולם ומהרהורים רעים ועשה עמי חן וחסד ואברכה את שמך לעולם ועד ואודך כל ימי חיי ובשלום תמלא מספר ימי ובחיים טובים ובשעה טובה ויהיה יום מיתתי כיום לידתי שלא ימצא בי שום חטא ועון ואשמה ורשע ואם המצא ימצא בידי שום דבר פשע תהיה מיתתי כפרה על כל עונותי ותצילני מחבוט הקבר ותנוח נפשי בצרור החיים ונקני ביום הדין וצדקני ביום המשפט והפר עצת רעים מעלי ותטע בלבי עצות טובות ותטיב לי כל החזיונות וכל החלומות שחלמתי אני לעצמי ושחלמו עלי חברי והבא עלי ברכות כהנים ותצליח דרכי ומחשבותי לטובה ותשמע קול תחנתי ותעשה את שאלתי ובקשתי ברחמים בזכות כל צדיקי וחסידי עולם: יהיו לרצון אמרי פי והגיון לבי לפניך יי צורי וגואלי:

ב) וואס מען זאל זאגען אויף זיין מוטערס קבר יעדין צ"ט:

שלום לך אמי מורתי אשר טפחת ורבית אותי מבטן מהריון ומלדה ונצטערת עלי בלי שיעור כפאה וכבכורים והריון ונטפלת בי כל ימיך וכל מחסורי עליך ועל ידך ולמיתי לבי רבנן לאקרויי ולאתנויי הדרכתני

סוכת שלום

און ביידע עצות און בייזון חבר. און פאר דעם שטן. און פאר איין בייזין שכן און פאר בייזע באגעגעניש, זאל מיין טויט פאר געבען אלע מיינע זינד און באשירעם מיך פון חיבוט הקבר. און מיין נשמה זאל רוהען אין דעם בונד פון לעבען און מאך מיך ליידיג אין דעם יום הדין און מאך מיך גירעכט אין דעם טאג פון משפט. און פלאנץ אין מיין הארץ גוטע עצות. און באגיטיג אלע באווייזונג און אלע חלומות חאס מיר האט זיך גיחלמת פאר מיר זעלבערט. אדער וואס מיינע חברים האט זיך גיחלמת אוף מיר. און ברענג אויף מיר די ברכות פון די כהנים. און זאלסט באגליקין מיין וועג און מיינע גידאנקען צו גוטען. און דער הער דאס קול פון מיין גיבעט און טו מיין באגער מיט דער בארימקיים פון וועגען דעם זכות פון אלע צדיקים און חסידים און הייליגע מאנין און ווייבער וואס זענין דא באגראבען די וואס זענען גישטארבען פון וועגען דיין הייליגען נאמען און וועגען דעם זכות פון אלע צדיקים און חסידים וואס זענין אויף דער וועלט זיי זאלען זיין צו ווילען דיא רייד פון מיין מויל און די גידאנקען פון מיין הארץ פאר דיר גאט מיין אוסלייזער.

וואס מען זאגט אויף זיין מוטטערס קבר:

שלום פריד צוא דיר מיין מוטער מיין הערינטע. וואס די האסט מיך דער צויגען און דער וואקסען דיא האסט מיך גיטראגין אינבויך און האסט מיך גיוואונען. און האסט אויף מיר גיהאט פיהל צער אן איין מאס. און אלע דיינע לעבסט טאג האסטו מיט מיר פיהל מיא גיהאט. און אלץ וואס מיר איז אפ גיגאנגען איז גיוועו אויף דיר און דורך דיינע הענט האב איך עס גינומען. און צו גיין אין חדר אריין צוא לערנען האסטו מיך גימאכט טרעטען און צוא גאטס פארכט האסטו מיך גיטאהן ברענגען. און אצונד אז די ביסט גיגאנגען
אין

הדרכתני וליראת שמים הביאתני ואת אשר הלכת בדרך כל הארץ לא נשאר לי כמוך פרגוג רחמן אשר בכל עת לטובתי היה מזומן ועתה כאשר צר לי בראותי אורחי ורבעי ושבילי וזה חלקי מכל עמלי לו נתכנו עלילות מעגלי אמרתי לנפשי אל תדמי לאבד היגיעה שיגעה בי אמי והלכתי שדה בוכים ולבית מרוח הרוחים עד שבאתי אל בית אמי ולחדר הורתי רבתי ושרתי והנה היא לוטה בשמלה ורוחה היא עולה למעלה בגן עדן ואמרתי שלום לך ושלום למנוחתך ולרוחך ולנשמתך מנשים באוהל תבורך ותמיד יאמר עליך קומי אורי כי בא אורך וכבוד יי עליך יזרח כאיתן האזרח. ולא תצטערי לעולם בצרת בניך בקבר מחמת שום צער וחסרון שום דבר ולי אני עבדך יהמו נא עלי רחמיך להתפלל בעדי אל יי ישמע קול תחנוני באמרי אנא נורא קדוש תרבה מחילתך פשעי לסלוח תגלגל מזונותיך ויחנני מזומנים ברחמיו עושה שלום במרומיו: ויספיק לי משמיו בר ולחם ומזון ברחמיו ואל דמעתי אל יחרש בקראי מן המצר כעני ורש יחננו ויאמר פדעהו מרדת שחת ולא יחסר לחמו ולא ימות לשחת ויזכני לראות בנים ובני בנים בתורה ובמצות עוסקים וביראת יי כל היום ולא יהיו

פוסקים

סוכת שלום

אין דעם וועג פון דיא גאנצע וועלט. און צוא דעם טרויער הויז בין איך בין געקומען צוא דעם הויז פון מיין מוטער און צו דער קאמער פון מיין טרויער. זיא איז מיין הארינטע און מיין מיינסטערין און נון זיא איז איין גיוויקילט אין איין קלייד און איהר נשמה גייט ארויף אלע מאהל. און איך טוא זאגען פריד צוא דיר פריד צו דיין רואונג און צו דיין נפש רוח אונ נשמה. זי זאל גיבענטש ווערען מיט דער ברכה וואס זענען גיבענטש גיווארען דיא מוטערס וואס האבען גיוואונט אין גיצעלטען דאס זענין דיא אמהות שרה רבקה רחל לאה. און אלע צייט זאל צו דיר גיזאגט ווערען שטיי אויף און לייכט דען דיין ליכט איז גיקומען און דער כבוד פון גאט זאל אויף דיר שיינען גלייך וויא ביי אברהם אבינו און זאלסט קיין מאהל ניט האבען קיין צער אין קבר פון דעם צער פון דיינע קינדער ווייל עס עס גייט זיי עפעס ניט וואול און צוא מיר דיין קנעכט זאל זיך דער היצען דיין רחמנות דיא זאלסט פאר מיר מתפלל זיין צו גאט. ער זאל הערען דאס קול פון מיין גיבעט אז איך טו זאגין איך בעט דיך פארכטיגער און היליגער גאט דיא זאלסט מערען צוא פאר געבען מיינע זינד. און זאלסט דיינע גוטע מדות קייקלען און זאלסט מיך לאזין לעבען מיט דיין דער בארימקייט דער וואס מאכט שלום אין זיינע הימלען. און מיר גינוגען געבען פון זיינע הימעל קארען און ברוט און שפייז מיט זיין דער בארימקייט. און צו מיינע טרערען זאלסט ניט שווייגען אז איך טוא ריפען צו גאט פון איינגשאפט גלייך וויא איין ארימער און איין עלינדיגער זאל ער מיך לייט זעליגען און זאל זאגען איך האב איהם אוס געלייזט פון צו נידערין אין גריב. און זיין ברויט זאל ניט ווערין גימינערט און זאל ניט שטארבין צוא דעם גריב. און ער זאל מיך מזכה זיין צוא זעהן קינדער און קינדס קינדער וואס זאלען לערנען דיא תורה און טאהן מצות. אגאנצען טאג זאלען זיי ניט אוף הערען פון גאטס

פארכט

עוֹסְקִים וְיִהְיוּ בַּעֲלֵי מִצְוֹת וְשֵׁם טוֹב וְצַדִּיקִים מִכָּל עָוֹן וְאַשְׁמָה מְנוּקִים: וּבְטוּב יְבַלּוּ יְמֵיהֶם עַל בִּרְכֵּי יוֹלְדוּ שִׁלֵּשִׁים וְרִבֵּעִים. וּבְכָל הָאָרֶץ יָצָא קוָּם וְטִבְעָם. וְאַתָּה תֶּחֱזֶה מִכָּל הָעָם: יוֹצְאֵי חֲלָצַי וְאַנְשֵׁי חַיִל יִרְאֵי אֱלֹהִים זוֹכִים לְמַעֲלוֹת גָּבוֹהַ מֵעַל גְּבוֹהִים וְנִשְׁמָתֵךְ תִּשְׁכּוֹן בְּצֵל עֲצֵי עֵדֶן וְאֵצֶל יְשָׁרִים עִם הָאִמָּהוֹת הַקְּדוֹשׁוֹת הַטְּהוֹרוֹת תִּזְכֶּה לַעֲמוֹד לִתְחִיָּה עִם שְׁאָר נָשִׁים שַׁאֲנַנּוֹת וַחֲסִידִים וַחֲסִידוֹת בְּנֵי עֲלִיָּה וְתַעֲמוֹד לְגוֹרָלֵךְ לְקֵץ הַיָּמִין בֵּן יֹאמַר הָאֵל יְיָ אָמֵן:

ג) דאָס זאָל מען זאָגין ווען מען האָט יאָהר צייט נאָך אפאָטער אודער א מוטער.

שָׁלוֹם עָלַיִךְ נְשָׁמָה הַטְּהוֹרָה כְּנֵר מֵאֲבוּקָה הוּדְלְקָה לְהָאִירָה אֵינָהּ מִן הַיְסוֹדוֹת וְלֹא בְהִשְׁתַּלְשְׁלוּת הַשְּׂכָלִים הַנִּפְרָדִים רַק בְּרִיָּה בִּפְנֵי עַצְמָהּ בְּרוּחָנִיּוֹת אֵיבָרִים וְגִידִים שס"ה ורמ"ח וְעֶצֶם נִבְדָּל טָהוֹר וְקָדוֹשׁ מִקַּדְמֵי אֶרֶץ וְלֵאלֹהִים מְשַׁבַּחַת וְסוֹגֶרֶת עוֹמֶדֶת קוֹדֶם הֲוָיַת הָאָדָם כְּאֶחָד מִצְּבָא מָרוֹם נִכְבֶּדֶת כִּי הִיא נִיצוֹץ מִשֵּׁם הַגָּדוֹל שֶׁל אַרְבַּע וְגָדוֹל אוֹרָהּ מְאוֹר הַכִּסֵּא הַרְבֵּה רֶמֶז לְדָבָר נְשָׁמָה בְּמִסְפַּר קָטָן כְּשֵׁם שֶׁל הֲוָיָה חוֹשְׁבְנָא דְּדֵין כְּחוּשְׁבְנָא דְּדֵין יִהְיֶה. וְשָׂם אוֹתָהּ הַבּוֹרֵא בְּגוּף וְחוֹמֶר מִתְנַהֵג עַל פִּי הַטֶּבַע כַּאֲשֶׁר כָּל מַעֲשֵׂה בְרֵאשִׁית הַנִּבְרָאִים בְּשֵׁם אֱלֹהִים בַּיָּמִים שֶׁבַע. זֵכֶר לַדָּבָר

שכן

סוכת שלום

פאָרכט, און זאָלען טאָהן מצות און זאָלען האָבען אגוטען שם און זאָלען זיין צדיקים און פון דעם גאנצען פאָלק וואָס פון מיר קומען ארויס זאָלסטו זעהן פיינע בריות און גאָטס פאָרכטיגע. זיי זאָלען זוכה זיין צו דיא העכסטע מעלות, אין דיין נשמה זאָל רוהן אין דעם שאָטען פון דעם בוים אין גן עדן ביי די רעכט פארטיגע מיט דיא הייליגע און די ריינע מוטערס, און זאָלסט זוכה זיין אוף שטיין צו תחית המתים מיט די איבעריגע שטילע און פרומע'מאנען און ווייבער. און זאָלסט אויף שטיין צוא דיין גורל צום רעכטען עק, אזו זאָל גאָט זאָגין אָמן:

דאס זאל מען זאגען ווען מע האט יאהר צייט נאך דעם פאטער אודער מוטער:

שלום פריד אויף דיר דיא ריינע נשמה וואָס זיא איז וואָרען אָן געצונדען וויא איין ליכט פון איין פלאקער צוא לייכטען. זיא איז ניט פון דיא אונטערשטע באשטפעניש דיא פון פיהר יסודות באשטיין און אויך ניט אראָפ געקומין פון דיא מלאָכים וואָס זענין אייטעל פאר שטאנד אָן איין שום גוף, נייערט זיא איז איין רוחני און איז צו אנאנד גיקניפט גיוועז מיט דרייא הונדערט מיט פינף און זעכציג אָדערען, און צוויי הונדערט מיט אכט און פערציג גלידער. און איז אביזונדער זאך אָפ גישייד אין איז ריין און הייליג. און איז נאָך גיוועזין פאר דיא וועלט און לויבט און בוקט זיך פאר גאָט. איידער זענין באשאפען גיוואָרען איז זיא גיוועזן אזוי וויא איינער פון די מלאָכים פון דעם הימעל און נאָך מער גיערט אז זייא. דען זי איז אשיין פון דעם גרוסען שם פון פיר אותיות. און איר ליכט איז פיהל גרעסער פון דעם ליכט פון דעם

שטול

שכן הטבע כשם אלהים עולה במספרו: להורות שבו בראו ויצרו. ונבראת הנשמה מעולם האצילות בריאה דקה והרוח מעולם הבריאה והנפש מעולם היצירה ישרה וזכה וגופו מעולם העשיה לכן נקרא האדם עולם קטן בנוצרו תושיה ונקראת נשמה לשון נקבה כי משתלשל ממנה נשמות הרבה וכמו שהנר שזור מהרבה חוטין כן היו בנשמת אדם הראשון נשמות חרוטין נצוצות כמו הצינורות של הספירות וכן הדיעות והפרצופין כוכבי מאירות ובחטא אדם נמנע מרשעים אורה ולא נתנה נשמה כזו הקדושה כי אם להשרידים אשר יי קורא כמאמר הכתוב נותן נשמה לעם עליה הם צדיקים המושלים על הארץ ורוחותיה ולהולכים נותן רוח בהמות. ולכן נקרא האדם בשלשה שמות אחד מצעירתו שקראו לו אביו ואמו ואחד שמושך עליו על ידי מעשיו מעצמו. ואחד הוא הנכתב בספר התורה היא נשמת רוח חיים הנותן באדם בתחלת היצירה וברוב חסדי האל בראותה נהנית מזיו השכינה במתנת חנם. ושכר אין לה חלף עבודתו אחרי שמוכרחת בפעולתה כשאר כל בוראי מעלה שבטבעם היא הפעולה בלי רצון ובחירה מזהרים שמירה על כן נתנה לארץ בתוך חומר הגוף העכור לצרף דעת מלאך ומעשה בהמה להיות בעל בחירה מאום ברע ובטוב בחור כדי לזכותה יותר מן המלאכים להרים קרניה כי כן נאה לשלם העוסק באמונה הגוף והנשמה

ירויחו

סוכת שלום

שטול. און דער סימן איז דאס ווארט נשמה באטרעפט אויף קליינעם מספר. דאס מען רעכענט נ פאר פינעף. די ש פאר דריי די מ פאר פיער. די ה פאר פינעף טרעפט עס אן זיבעצען. און דער שם הוי"ה אויף קליינעם מספר טרעפט אויך אן זיבעצען ווארום די ווערט בירעכענט פאר איינס. און דער בעשעפער האט זיא גיטאן אין גוף וואס ער איז גיווארען באשאפען אויס ערד און ליים דאס זיא זאל זיך פירען נאך די מענטשליכע נאטור. גלייך וויא אלע באשעפעניש וואס זענען באשאפען אין ששת ימי בראשית מיט דעם שם אלהים. איין סימן דער צו איז דען דאס ווארט הטבע באטרעפט אזוי פיהל וויא דער שם אלהים. צו ווייזען אז מיט דעם שם האט גאט בעשאפען די טבע. און די נשמה

איז געווארען בעשאפען פון דעם אויבערשטען און איידעלען עולם וואס הייסט עולם האצילות. און דער רוח איז געווארען בעשאפען פון דעם אנדערען עולם וואס הייסט עולם הבריאה. און דער נפש פון דעם דריטען עולם וואס הייסט עולם היצירה און דער גוף איז בעשאפען געווארען פון דעם הינטערשטען עולם וואס הייסט עולם העשיה. דרום אז דער מענטש היט די תורה ווערט ער גירופען קליינע וועלט. און דרום ווערט די נשמה גערופען מיט איין לשון ווי מען רופט איין נקבה. וויל פון איהר זענען נאך געקומען פיהל נשמות אזוי וויא פון אנקבה קומען ארויס דיא קינדער און אזוי וויא אליכט איז גיצויגען כון פיהל פעדים אזוי זענען פיהל נשמות באהעפט געווען אין דער נשמה פון אדם הראשון און אזוי

אויך

ירויחו כולם. וגם לא יוחסר בריאה ישרה כזו מן העולם אשר היא עולה על כל ברואי מטה ומעלה שהם פועלים בטבעם ודרכם. והאדם הוא בעל בחירה בלי הכרח בערכם ומפני כבוד הבורא מענה ומסגף עצמו במורא ובוחר בצער והפסד גופו בזה נכר אפס קצהו ולא סופו גדולת האדון ורוממותו וכבודו והדרו ואדנותו. ולהורות זה שם מדור הנשמות שהם היפך תנועת גופני הטבעי. ברקיע ערבות שהוא גלגל המקיף היפך כל מה שברקיע השביעי ושם צדיקים יושבים ובראשם עטרותיהם אשר נעשו מיגיע כפם ופרי מעשיהם בעונותיהם שרבו יצאו מה שיצאו מנשמות הקדושות. בהרהורי תשובה נשמתו ורוחו בתוכו מקשקשות ואם תצא רוחו ולא תהא מזהירתו ישאר גופני וישוב לאדמתו ביום ההוא אבדו עשתונותיו והרהוריו ויעזוב יראת שדי וצורו: ואחרי אשר הבורא יתברך ידע את האדם ומכאוביו כי דרכיו סוררים לילך שובב. מהשאת פתן חרש אשר לא ישמע לקול מלחשים אשר בידיהו

קדרא

סוכת שלום

אויך די וויסענשאפטען און די גישטאלטען און דיא שטערען וואס לייכטען איז דאס אלץ גיוועזן אין דער נשמה פון אדם הראשון. אבער פון וועגען זיינע זינד איז פון דיא רשעים פאר מיטען געוואָרען זייער ליכט. און אזוי איין הייליגע נשמה ווערט ניט גיגעבען גייערט צו די פרומע לייט וואס טהוען גאָט אָנרופען אזוי וויא עס שטייט אין פסוק נותן נשמה לעם עליה ער גיט איין נשמה צו דעם פאָלק אויף דער ערד מיינט רער פסוק דיא צדיקים גיוועלטיגען איבער דער ערד און אירע קראפטען. און דרום ווערט ער דער מענטש גירופען מיט דריי נעמען. איינעם גיבען אים זיין פאָטער און מוטער אז ער ווערט געבאָרען. און איינעם קריגט ער פון זיך זעלבסט דורך זיינע מעשים ווען ער איז גוט הייסט ער צדיק. ווען ער איז שלעכט הייסט ער רשע. און איין נאָמען שטייט אין דער תורה דאס איז די נשמה רוח חיים דאס מען האָט גיגעבען אין אָדם הראשון בשעת ער איז באשאפען גיוואָרען און דורך דיא פיל גינאָד פון גאָט ווייל ער האָט גיזעהן זי האָט הנאה פון דער לויטערקייט פון דער שכינה אומזיסט דאס זיא האט קיין לוין ניט פאר איר דינסט ווייל זיא איז גיצווינגען גוטס צו טאָן גלייך ווי אלע אויבערשטע באשעפעניש וואס זייער נאטור איז גוטס צו טאָן און האָבען ניט קיין אנדער ווילען און קיין אויס דער ווייל:ג ניט בייז צו טאָן ווייל זיי האָבען ניט קיין יצר הרע. און אויך ווערט אזוי איין רעכטפארטיג באשעפעניש ניט אָפ גיין אויף דער וועלט. ווייל זיי אלע ווערקען זייער ווערק וויא זייער נאטור איז באשאפען געוואָרען אָבער דעם מענטש איז ניט גיצווינגען מיט זיין ווערק נייערט ער דער ווילט זיך אלעמען אויס מיט זיין ווילען גאָט צו דינען. און ער פייניגט און פלאָגט זיך מיט פאָרכט פון וועגען דעם כבוד פון דעם בעשעפער און דער ווילט זיך אויס אין צער און פאר דארבט זיין גוף פון גאָטס וועגען. און דורך דעם ווערט דער קענט עפעס א טייל פון דעם גרויסקייט און הויכקייט און כבוד און שיינקייט און הערשאפט פון דעם הער גאָט. און דאָס צו ווייזען האט גיטאָן דעם וואוינונג פון

די

קדרא רותחא בוחשים לצנן האש המתלקחת ועביד תוך תוך בתוך האלפס שמעשיה רוחשים בחלל הלב היודע לעקל ולקלקל על ידי חמיצת שאור שבעיסה ופתא סעדתא דלבא בלחמו לחם הקלוקל וכל ימיו בו דמיו לעסוק במלחמיו ולצודד נפשות לשחת ונגעו פורחת בקרחת ובגבחת לכן המציא לו רפואה לשאוב מים בששון ממעיני הישועה. ודמיטב לדם דטיבה לעסוק בדברי תורה וחשובה מצות יי אלהיו בעשותו ולתשובה תפלה וצדקה תהא פריעתו ובתריתא עדיפא מקמיתא היטב שאם האדם הניח אחריו זרע אשר דרכו ייטיב הניח אחריו דבר טוב לעשותו נחשב לו כאלו הוא עדיין בחיים חייתו ויכול האדם לזכות למספר הדורות לפניו כמו שהאב זוכה לבניו וזה וזה גורם מותר מעלה להיות נביע ועולה וגורעה יד יי וכונתו בבריאת האדם וצרתו בצדו להבליג שוד על עז להוציא ממעשה חדודים למען אשר פדויי יי אלו דנשמות שהם בסגר בתוך נוף אדמות ישובון ובאו לציון שלמעלה ברנה לקבל שכר טוב כפלים ולהנות מזיו השכינה:

ואת נשמה הטהורה כלבנת הספיר מאירה בעדן גן אלהים היית. וחיית ורבית לישב במעלות קדושים וטהורים צדיקים וחסידים וישרים צרורה תהיי בצרור החיים את יי חי וקים. ומיום אשר מלאו ימיך ושכבת עם אבותיך. לא נחתי ולא שלותי ולא שקטתי להתנחם על

מותך

סוכת שלום

די נשמה וואס זענען דער ווידער פון נאטורליכען גוף. אין דעם הימעל וואס הייסט ערגות. און דארט זיצען די צדיקים און אויף אלע זייערע קעפ זענען זייערע קרוינען וואס זענען געווארען געמאכט פון זייער תורה ומעשים טובים און דורך אונזערע פיהל זינד זענען שוין פיל פון דיא היילינע נשמות אוועק גיגאנגען. דאס זיין נשמה מיט זיין רוח טוע, אין אים קלאפען און טוען אים דער מאנען תשובה צו טאן. ווען אבער זיין נשמה גייט אוועק און דער מאנט אים ניט תשובה צו טאן. אזוי בלייבט נאר דער גוף אליין איבער און קערט ווידער צו זיין ערד. דאס הייסט זייא קענען קילען מיט זייער שטראפען דאס פייער וואס פלאקערט און קאכט אין זיך גלייך איין פאן. אזוי ברענט דער יצר הרע אין מיטען אין זיין הארץ און דורך דעם זויער טייג וואס איז אין דעם טייג און ניט אים עסען דאס גרינגע ברויט דאס ער ווייזט איהם אז עס וועט אים גאנץ גוט זיין און אלע זיינע טעג אין זיין טראכטונג. מיט אים צו שטרייטען. און צו חאפען די נשמות אין גיהנם אריין. און זיין פלאג שפראצט ארויס פון הינטען און פארענט און אויף אלע זייטען דרום דעם האט גאט איהם גיפונען איין רפואה ער זאל שעפען מיט פרייד דאס וואסער פון דער תורה וואס איז דער קוואל פון הילף. און האט זייא באגיטיגט מיט איין גוטע זאך זייא זאלען לערנען תורה. און תשובה צו טאן דאס ער וועט שוין טאן דיא מצות פון גאט. און זאל זיך אפ שיידען צו דיא דרייא זאכען תשובה תפלה און צדקה. און דאס לעצטע איז נאך בעסער ווי דאס ערשטע.

דאס

מותך: כי היית יכול לזבני ומטובך להטיבני ועלי היו כולנה נחשבים
כאלו שיפה דפלג גופי כואבים. כי אני ניצוץ מאורך. ובשר מבשרך.
אך רצון האל הוא לקבל תנחומין שלא יאמרו הרב כמה קשה. ויכל
את אשר עשה: על כן חייב אדם להתנחם. ולומר מדת הדין היתה יד
יי בכם ובאבותיכם. אמנם בהגיע תור סבוב המחברת מדי שנה בשנה.
אזכרה אלהים ואהמיה לומר צאינה וראינה שמא כזל יום או מזל שעה
גרם פנקם לבקר. לפני חוקר הכל וסוקר. ויום זה הגלגל סבב החובה.
אשר אש יצאה מחשבון ולהבה ואכלה בעלי במות וגרמה למפעלות
יי אשר שם שמות: ואמרתי בנפשי קום כי זה היום לבטל בקור פנקם
בפשפוש מעשים. הימים האלה נזכרים ונעשים בתשובה תפלה וצדקה
למען יציץ מחרכא. שוכן את דכא: ויבטל ממני כל עקא וגם כל חלי
וכל מכה ומחשבתי הטובה יצרפה למעשה ויחשבה לי צדקה ולזכותך
למעלה רמה למלאכי איומה ואתה תשא בעדי רנה ותפלה מעלת
כל עלה ונורא עלילה ירים ויגבה מזלי למעלה עד עולם סלה. ויהפוך
אבלי לששון וצהלה ויברכני בכל מיני ברכה והצלחה וטובה וחיים
ושמחה וינחמני בנחמות ציון וירושלים. ואתה תנוח ותעמוד לגורלך
לקץ הימין להתענג בכמה תענוגים רמין אמן:

יערוף

סוכת שלום

דאס ווען איינער לאזט איבער איין פרום
קינד וואס ער באגייטיגט זיין וועג ווערט
עס אים גירעכינט גלייך וויא ער לעבט
נאך. און אמענטש קען מזכה זיין דיא
דורות וואס זענען פאר אים גיוועזען
גלייך וויא איין פאטער קען זיין זוהן
מזכה זיין און איינס מיט דעם
אנדערען דאס מיינט מען אז ער לערענט
תורה און טהוט תשובה תפלה וצדקה און
האט אגוט קינד אויך גילאזען קען איהם
ברענגען צוא אגרויסער מעלה ער זאל
קענען קומען גאנץ הויך. און מען ווייסט
וואויל וואס די כוונה פון גאט איז גיוועזן
וואס ער האט דעם מענטשען באשאפען.
און האט אים זיין צורה דער בייא גיגעבען.
ווארום דוא זאלסט מיך גיקענט מזכה זיין
און מיך צו באגיטיגען פון דיין גוטץ
און אויף מיר זענען גירעכענט אלע לייד.
גלייך וויא די גלידער פון מיין האלבען
גוף טהוט מיר וויא. ווייל איך בין איין
פונק פון דיין ליכט איך בין פלייש פון
דיין פלייש נייערט דער ווילען פון גאט
איז מען זאל זיך לאזען טרייסטען כדי
מען זאל ניט זאגען וויא שווער איז דער
הער וואס ער פאר דארבט אלץ וואס ער
האט באשאפען וואס ער האט גיווערקט
אלע ווערקען און טוט פארכטיגע ווערקען
ער זאל אויף הייבען. מיין מזל גאנץ הויך
ביז אייביג. און זאל פאר קערען מיין
קלאג צו פרייד און לוסט און זאל מיך
בענטשען מיט אלערלייא ברכות און
הצלחה און גוטס און פרייד. און זאל מיך
טרייסטען מיט דיא טרייסטונג פון ציון
און ירושלים. און דו זאלסט רוען און
זאלסט ווידער אויף שטיין צו דיין רעכטען
סוף. צו זעניפטיע דיך מיט אלערלייא
הויכע תענוגים אמן:

יערוף

וואָס מען זאָל זאָגען אויף זיין ברודערס קבר:

יערוף כמטר לקחי תזל כטל אמרתי ובמלקוחי בדרשי בכל אוני וכוחי.

ואומר שלום עליך אתה אחי שלום לרוחך ולנשמתך. והיתה שלימה כניחתך. וארוחת תמיד ארוחתך תהיה מנועם יי אלהי אבותיך ואלהי ישראל יתן את שאלתך ולא תצטער בצרת זרעך ואחריתך. ואני היום יצאתי והיום באתי. אל בית קבורתך. להתפלל על נשמתך תעלה מעלה בצל אל בצל רחום שדי סלה. ואף גם לחלות ולחנן אותך. למהר תפלתך. לפני מלך מלכי המלכים הקדוש ברוך הוא יעזר לי ברוב רחמיו וחסדיו ויתן לי מנוחת שלום ושלוה להיות מעבדיו ועובדיו ויזכני לראות בהתיסד בית מכונו ואתאבק ואנשק ואלחוך עפרות יסודיה בארצו ונחלתו המכונים נגד הארץ העליונה שם אמות ושם אקבר ושם יקבל נשמתי ואהיה דבוק במקימה ואל ישלט בי מלאך המשחית: וירחם עלי ועל יוצאי יריכי ויסד את ביתי לפניו לעולם להיות מעבדיו ויראי שמו לעיני כל העמים ולא יהיה כנעני עוד בבית יי צבאות ויעלני וירוממני מאשפית דלותי ושפלותי כי הוא מרים מאשפות אביון ויכפר לי על כל אשר קצרתי מן מצות עשה ועל מה שעברתי ממצות לא תעשה וישפיע עלי ועל כל ישראל רוח דעת ויראת יי ויתן בכליותי עצה הגונה ונכונה כדי שיהיו כל מעשי וכל מחשבותי וכל מאמרי לעבודתו ויכפר לי על

כל

סוכת שלום

יואם מען זאל זאגען ווען מען קימט איף זיין ברידערס קבר:

יערוף עס זאָל טרופען וויא איין רעגין מייני רייד. עס זאָל רעגינען וויא טוא מיין זאָג און מיין גומען אז איך פאָרשט מיט אלע מיינע קראַפט אין מיין כח און זאָג פריד צוא דיר מיין ברודער פריד צוא דיין רוח און דיין נשמה. אין דיין רוא זאָל זיין גאַנץ און דיין שפייז זאָל אַלע צייט זיין פון דעם זיסקייט פין גאָט דער גאָט פון דייני עלטערין און דער גאָט פון דיא ישראל זאָל געבען דיין גיבעט. דאָס ער זאָל מיר העלפען מיט זיין פיעל דער בארימקייט און זאָל מיר געבען איין רוא מיט פרידען דאָס איך זאָל קענין זיין פון זיינע קנעכט און זיינע דינערס. און זאָל מיך לאָזען זוכה זיין צוא זעהן אז זיין בית המקדש וועט גיגרונד פעסט ווערען און איך וועל מיך באַשטובען און וועל קושען און לעקין דיא ערד פון איהר גרונד אין זיין לאַנד און זיין ארב. דאָרטען וויל איך שטארבען און דאָרטען וועל איך באַגראָבען ווערען און דאָרטען זאָל ער אַנטפאַנגען מיין נשמה און ער זאָל משפיע זיין אויף מיר און אויף אַלע מיינע קינדער און אויף אַלע ישראל איין גימיט פון וויסען שאַפט און דיא פאָרכט פון גאָט. הער צוא גאָט מיין גישרייא פאַר נעם צוא מייני טרערען שווייג ניט שטיל דען איך בין בייא דיא נאָר וויא איין גר און איין וואונער גלייך וויא אַלע מיינע עלטערען דען אונזערע טעג זענען נאָר וויא איין שאָטען אויף דער ערד. אין דיא - מיין

ברודער

כל מה שהעויתי בין במחשבה ובין בדבור ובין במעשה בכליותי בידי וברגלי ובשאר אברי והתלויות בהם. שמעה תפלתי יי ושועתי האזינה אל דמעתי אל תחרש כי גר אנכי עמך תושב ככל אבותי כי צל ימינו עלי ארץ: ואתה אחי אשר נפשך היתה נקשרת בנפשי ורוחך ברוחי חלילה לך מחדול להתפלל בעדי ואל תחשה מהרבות תפלות ובקשות פני מלך רחום וחנון שומע אל אביונים ומאזין חנונים אולי יחום אולי ירחם להקים זרע לאחיך זרע צדיק וכשר חיים וקימים ובתורת יי חפצם ובתורתו יהגו יומם ולילה ושלא ימצא בם שום פסול ושמץ דופי ויהיו בעלי שם טוב ומדות טובות ועוסקי תורתו ומביני סודותיו ומדריכי העם בדרך ישרה עד ביאת הגואל:

אנא מלך מפואר תמלא רחמים על איש העני ונבזה הזה. כי עני ואביון אנכי והזמין לי סליחה ומחילה וכפרה לכל פשעי וחטאתי ותנני לחן ולחסד ולרחמים בעיניך ובעיני כל רואי והמציא לי פרנסתי ופרנסת כל בני ביתי בשופי ברוח ובהתר ובתוספות טובה. וכמו שברכת והבטחת ליעקב איש תם כמו שנאמר כי במקלי עברתי את הירדן הזה ועתה הייתי לשני מחנות כן תברכני ותרחם עלי ותברך אותי ולזרעי עד עולם בתוך עמך ישראל. ובכוחך הגדול ישוב חרון אפך ממני לבל יחר בי ותדינני ברחמים ותשמע את תפלתי ותסלח פשעי ובמי חסדיך תמחה

אותם

סוכת שלום

ברודער וואס דיין לייב איז געוועזן אן געקניפט אין מיין לייב און דיין זעל אין מיין זעל. איז פאר מיטען פון דיר וואס דיא זאלסט וועלען פאר מיידען זיך פון מתפלל צוא זיין פאר מיר. אין זאלסט ניט שווייגען פון צוא מערען תפילות און בקשות פאר דעם דער בארעמיגער און לייט זעליגער גאט וואס ער הערט צוא דיא נוט באדערפטיגע און פאר נעמט דיא געבעט. טאמער וועט ער זיך דער בארמען אויף צוא ריכטען איין זאמען צוא דיין ברודערס קינדער וואס זאלען זיין פרום און רעכט פארטיג זאלען לעבען און זאלען באשטענדיג זיין, און זייער באגער זאל זיין אין גאטס תורה און זאל לערנען טאג און נאכט אין זיין תורה און עס זאל אין זייא ניט געפונען ווערען קיין שום פסול און קיין שאנד פלעק און זאלען האבען איין גוטען שם אונ מדות טובות און זאלען עוסק זיין אין זיין תורה און זאלען פאר שטיין זיינע סודות און זאלען פירען דאס פאלק אין דעם רעכט פארטיגען וועג ביז דער גואל וועט קומען אמן:

אנא איך בעט דיך באשיינטער קיניג זאלסט ווערען דער פילט מיט רחמנות איבער אזוי איין ארומען און פאר שעמטען מענטש. דען איך בין ארום אונ נוט באדערפטיג און גרייט מיר אן סליחה און מחילה און כפרה אויף אלע מיינע זינד אין מיסטייט אונ גיב מיך צוא חן און חסד און רחמים אין דיינ? אויגען און אין דיא אויגען פון אלע וואס זעהען מיך. און שיק מיר צוא מיין פרנסה און דיא פרנסה פון מיין גאנץ

הוז

אותם כאמור אנכי אנכי הוא מוחה פשעיך למעני וחטאתיך לא אזכור אלהים שמע את תפלתי האזינה לאמרי פי. אנא יגדל כוחך וגבורתך להכניע קמי תחתי ולאבד צוררי נפשי ואזבחה באהלך זבחי תרועה ולי אני עבדך תברכני ותצליחני בכל מעשה ידי כי העושר והכבוד מלפניך ובידך לגדל ולחזק לכל ומלא ידינו מברכותיך ועושר מתנת ידיך לעבודתך ואל תשיבנו ריקם מלפניך ועשה שאלתי ובקשתי ברחמים למען זכות הצדיקים והחסידים האלו ולמען זכות כל צדיקי וחסידי עולם :

ה) וואס מען זאל זאגען אויף זיין שוועסטערס קבר.

שלום עליך את אחותי. רעיתי תמתי שלום לרוחך ונשמתך ונפשך. יכפר כל עונך ואשמך בשלום תנוח על משכבך. ואף לא תצטער בצרת קרובך. מנשים שאננות ונשים באהל תבורך ובהיכלך יהיה כולו אומר כבוד לצורך: ועתה באתי נפשי בשאלתי. פתחי לי אחותי רעיתי. פתח כפתחו של היכל. ובאי פני היושב רם ונשא על גבי גלגל השכל. והנני נא פני קונך וצורך בעבור אחיך עצמך ובשרך. כי נסעת את למנוחות. ועזבת אותי לאנחות: בילולים וגנוחות כאת ואחות ונפש חשקי ומחמדי לא עלה בידי לקיים על מלאותם דברי חיים לעשותם

סוכת שלום

הויז געזונד מיט גרינגקייט אין דער ווייטערונג מיט היתר און מיט פיעל גוטס. פאר נעם צוא דיא זאג פון מיין קול און מיר דיין קנעכט זאלסטו מיך בענטשען און זאלסט מיך באגליקען און אלע דיא ווערקען פון מיין האנד דען דאס עשירות און אלדעס גוטס און כבוד קומט פון דיר. און דיין מאכט איז איטליכען גרוס און שטארק צוא מאכען אין דער פול אונזערע הענט פון דיינע ברכות און פון דיע רייכקייט פון דיא גאב פון דיינע הענט צוא דיין דינסט. און זאלסט מיך ניט ווידער קערען ליידיג און טוא מיין באגער און מיין גיבעט מיט דער בארימקייט פון וועגען דעם זכות פון אלע דיא דאזיגע צדיקים און חסידים פון דער וועלט :

ה) וואס מען זאל זאגען אויף זיין שוועסטערס קבר:

שלום פריד אויף דיר די מיין שוועסטער מיין גיטרייע גיזעלען. פריד צוא דיין נפש און רוח אין נשמה. און אלע דיינע זינד און שולד זאל פאר געבען ווערען. מיט פריד זאלסטו רוען אויף דיין גילעגער. און זאלסט אויך קיין צער האבען פון וועגען דיא לייד פון דיינע פריינד דיא זאלסט גיבענטשט ווערען פון דער ברכה וואס זענען ווארען גיבענטשט דיא פרומע ווייבער וואס זענען גיזעסען אין גיצעלטען. און א צונד בין איך גיקומען פאר מיין לייב צוא בעטען. שוועסטער עפען פון מיינט וועגען אין הימעל איין טיר און קים פאר גאט וואס ער זיצט הוך און איז דער הויבען פון פאר שטאנד. און נון אבער א צונד האב

לעשותם מטרדת בגידת הזמן ויתרגו עלו על צוארי והן הנה היו בעוכרי כי הקרה אותם מרי קירי. הוא אלהי צורי. על אשר מעלתי את פיו ולא היו מצותיו עלי חביב. והנני תוהא על הראשונות. על החטאים והעונות. ואת אחותי רעיתי אשר מולידך הולידני ועל ידו לעולם יצאתי על ידינו יחד נשלם כונת בריאת הורי למען יתקיטו על ידו מצות יי אלהינו כאשר צונו ואם ימנעוני הסבות אין אני יכול לזכות האבות. על כן לכי נא ראי את שלום אחיך ואת שלום הצאן טפלי דתלו בי והם בעוני ולחצון והתפללי בעדי אל אל מטעל להשלים על ידי תכלית כונת הבריאה בפועל וימחול ויסלח את כל חטאתי ואת כל עונותי וזדונותי. וירחם עלי ויפתח את לבי בתורתו וייחד לבבי ליראתו. ויפרנסני בכבוד ולא בבזוי בהתר ולא באיסור. בנחת ולא בצער ברוח ולא בצומצום וחסור ויצילני מכל הרהור חטא ועון ומעזי פנים ומפגעים רעים ומן שטן המשחית ומדין של גיהנם ומרוחות רעות ומכל מזיקין ומכל סבה רעה ואמצא חן ושכל טוב בעיניו ובעיני כל רואי ואחסה בסתר כנפיו סלה: מהרי נא עבורי בתפלה ובקשה אל תאחרי אותי בתפלתך ויי יצליח דרכך וישמע קול תחנונך וראה להקים בתפלתך את בית אבינו

על

סוכת שלום

האב איך חרטה אויף דיא פריערדיגע זינד און אום רעכט און דיא מיין שוועסטער מיין גיזעלען דער וואס דיך גיוואונצן. האט מיך אויך גיוואונען און דורך איהם בין איך אויף דער וועלט גיקומען. און דורך אונז ביידע איז גיווארען גאנץ דיא כוונה נאך וואס אונזער פאטער איז באשאפען גיווארען. צון וועגען דורך איהם זאל מקוים ווערען דיא גיבעט פון אונזער גאט וואס ער האט אונז גיבאטען פרו ורבו און וויל דיא טרעפונג פאר מיידען מיך פון גאטס גיבאט צוא האלטען. אזוי קען איך ניט מזכה זיין אונזערע עלטערען. דרום גייא דאך אונג באג דיא פריד פון דיין ברודער און דיא פריד פון דיא שאף דיא קליינע קינדער וואס העגגען אין מיר און זייא זענין אין ארומקייט און באצווינגעניש. און בעט פאר מיר צוא גאט פון דעם הימעל דאס איך זאל קענען גאנץ מאכען מיט מיינע גוטע ווערקין דיא כוונה פון דעם באשאפינקייט וואס איך בין דרויף באשאפען גיווארען. און איך זאל גיפינען חן אין גוט פאר שטאנד אין זיינע אויגין און אין דיא אוגען פון אלע וואס זעהן מיך און זאל ווערען באשיצט אין פאר בארגעניש פון זיינע פליגיל אויף אייביג אייל נאר פון מיינט וועגען מיט גיבעט. האלט מיך ניט אויף מיט דיין גיבעט און גאט זאל באגליקען דיין וועג און זאל צוא הערען דאס קול פון דיין גיבעט. און זעה דיא זאלסט מיט דיין תפלה אויף שטעלען אונזער פאטערס הויז גיזינד אויף זיין שטאנד זאג דאך מיין שוועסטער דאס עס זאל מיר ווערען באגיטיגט פון דיינע וועגען און מיין לייב זאל בלייבען לעבען אין דיין זכות אמן:

על מכונו. אמרי נא אחותי למען את ייטב לי בעבורך וחיתה נפשי בגללך אמן:

ה) כח וויא אנדערע לייט זאלין אויף איין קראנקין מתפלל זיין:

יי יי אל רחום וחנון שמע אל התפלה והתחנון אשר עבדיך לפניך מתפללים עבור החולה המוטל למטה כאלו העלוהו לגרדום לדון חיש קל כאלו נטו ונסו הצללים. הוא הנפש המר אשר כל משכבו נהפך בחליו לא עמד בו טעמו וריחו נמר כל אוכל תתעב נפשו והגיע עד שערי מות חם לבו בקרבו בהגיגו תבער אש ראשו ואבריו כבדים עליו יתנבר במעלליו רואה כאחד את הבית והעליה ושעריו יכת שאיה חלאים רעים ונאמנים סבבוהו הכל נחשב כנגדו כאפס ותוהו לכן אנחנו מצלינן האדנא אקצירא ואמריעא אנא יי הושיעה יי חננהו רפאה נפשו כי חטא לך היה בכסלו ושמור רגלו מלכד כי עליך יעזוב חילך והסיר יי ממנו כל חולי וכל מדוי מצרים הרעים לא ישימם בו ונתנם בכל שונאיו. והולכים לתומם קרואים: כל כלי יוצר עליו לא יצלח וכל לשון תקום אתו למשפט תרשיע וחץ כבודם יפלח ועין יי תהיה אל יראיו למיחלים לחסדו להציל ממות נפשם ולחיותם ברעב ולא תשלם לו כפועל ידו האל המלך היושב על כסא רחמים הבורא עולמו במדת הרחמים ולא החסד והרחמים ומתנהג עם בריאיו במדת רחמים מטה כלפי חסד ורחמים

ו) סוכת שלום

דאס זאגט מען ווען מען איז מתפלל אויף איין קראנקען:

יי גאט דיא דער בארמיגער און לייט זעליגער הער צוא דאס גיבעט וואס דיינע קנעכט בעטען פאר דיר פון וועגען דער וואס ליגט צו בעט גלייך וויא מען האט איהם גיבראכט פאר דעם ריכטער צוא משפטין איהם גיך און באלד גלייך וויא דיא שאטינס וואס אנטלופען גיך. ער איז דער פאר ביטערטער לייב וואס זיין גאנץ גילעגער איז ווארין פאר קערט אין זיין קראנקהייט זיין גישמאק מיט זיין ריח איז ניט גיבליבען שטיין אין איהם אלערלייא עסין ווארג האט זיין לייב פאר איהם ווערדיגט און איז גינרייכט ביז דיא טויערען פון טויט. זיין הארץ איז דער היצט אין איהם און אין זיין גידאנקען ברענט דאס פייער זיין קאפ מיט זיינע גלידער זענען אויף איהם שווער ער איז וואונדרליך אין זיינע ווערקין. ער זעהט אלץ ארום דאס הויז און דעם בודים זעהט ער אז דאס וויסטיקייט האט עס גיטאן שלאגען. בייזע קראנקהייט און ווארהאפטיגע האבין איהם ארום גירונגעלט אלץ וואס ער האט ווערט בייא איהם גירעכינט פאר נישט דרום טוען מיר היינט בעטען פאר דיא קראנקע און שוואכע איך בעט דיך גאט העלף איהם. לייט זעליג איהם הייל זיין לייב ווען ער האט קעגען דיר גיזינדיגט. זייא מיט איהם אין זיינע גידאנקען און היט זיינע מוח פון גישטרויכילט צוא ווערען. דען אויף דיר פאר לאזען זיך דיין פאלק. און גאט זאל פון איהם אפ טאן אלע קראנקהייט און

ורחמים הפודה ומציל המפליא חסדיו להועיל האחד ואין זולתו ומושיע ואין בלתו הגוזר ואומר ויקים נואמו. האחד ואין שני עמו הקרוב לקוראיו עונה לעתות בצרה את יראיו. הוא יתמלא רחמין טבין עלינו ועל כל עמו בית ישראל השרוים בצער ובצרה ובכללם יזכור ויפקוד ויחמול וירחם ויציל ויעזור ויגן ויושיע וירפא פלוני השרוי בצער ובצרה שוכב על ערש דוי ושואל מאת יי אלהיו צדקה וחסד ורחמים וחיים ושלום וחן ומרפא וארוכת ירחמנהו עושהו ויוצרו יחוננהו יסובבנהו יצרנהו כאישון עינו יתוצגהו. ויאמר פדעהו מרדת שחת מצאתי כופר. מלך מלכי המלכים ברחמיו ירחמהו ויקיים בו מקרא שכתוב כי אל רחום יי אלהיך לא ירפך ולא ישחיתך ולא ישכח את ברית אבותיך אשר נשבע להם ונאמר כרחם אב על בנים רחם יי על יראיו חנון ורחום יי ארך אפים וגדל חסד מלך מלכי המלכים ברחמיו יעננהו כדכתיב יענך יי ביום צרה ישגבך שם אלהי יעקב ישלח עזרך מקודש ומציון יסעדך יזכור כל מנחותיך ועולתך ידשנה סלה יתן לך כלבבך וכל עצתך ימלא לא תאונה אליך רע ונגע לא יקרב באהליך כי הוא יצילך מפח יקוש מדבר הוות מלך מלכי המלכים ברחמיו ובחסדיו יסיר ממנו כל חולאים רעים ויפדה נפשו מני שחת וחיתו באור יראה יעתר אל יי וירצהו וירא פניו בתרועה וישוב לאנוש צדקתו פדה נפשו מעבור בשחת וחיתו באור תראה

להשיב

סוכת שלום

און אלע בייזע ווייטאג פון מצרים און דיא וואס גייען אין זייער גאנצקייט און זענען באטריבט: זאל קיין פאר דערבליך אים ניט קענין טאן און דער וואס וועט אוף שטיין קעגען אים צו משפטן זאלסטו אים באשולדיגען אונ דיא פייל זאל צו שפאלטען זייער לעבער אונ גאטס השגחה זאל זיין איבער דיינע פארכטיגער צו דיא וואס האפען צו זיין גינאד צוא באשירמען זייער לייב פון דעם טוט אונ זייא צו דער נערין אין הונגער. אונ דו גאט וואס זיצט אויף דער בארמיגער שטול זאלסטו אים ניט באצאלין אזוי וויא זיינע מעשים. דער וואס האט באשאפען זיין וועלט מיט דער מדה פון דער בארימקייט. אונ ביי אים איז די גינאד אונ דאס דער ; בארעמקייט. וואס ער פיהרט מיט זיינע באשעפענישען.

אונ ער פירט זיך מיט זיינע באשעפעניש מיט דער מדה פון דער בארימקייט דער וואס לייזט אוס אונ באשערימט זיינע וואונדערליכע גינאד באווייזט ער ווען ער וויל איינעם העלפין און קיין אנדערער איז ניט פאר האנדען חוץ אים. און ער קאן העלפין. קיינער ניט ניי ער אליין אונ ניט קיין אנדערער. דער וואס איז גוזר אונ זאגט אונ איז מקיים זיינע רייד. ער איז איינער אונ קיין אנדערער איז ניט פאר האנדען מיט אים דעם וואס איז נאהינט צו די וואס רופען אים אונ ענטפערט צו זיינע פארכיגע צו דער צייט פון לייד. דער גאט זאל ווערן דער פילמי מיט גוטע רחמנות אוף אונז אונ אוף נאר זיין פאלק ישראל. אונ אין זייער כלל זאל ער גידענקין אונ זאל זיך דער בארעמען און באשירמען אונ העלפין אונ

באשיצו

להשיב נפשו מני שחת לאור באור החיים מלך מלכי המלכים ברחמיו ובחסדיו יגזור עליו גזרות טובות ויבטל מעליו כל גזרות קשות ורעות וירפא את מכותיו ואת מכאוביו ויסלח לכל עונותיו ויכפר כל פשעיו ויאריך ימיו ושנותיו ויחדש כנשר נעוריו ויקיים בו מקרא שכתוב ותגזר אומר ויקם לך ועל דרכיך נגה אור כי אורך ימים ושנות חיים ושלום יוסיפו לך. ונאמר כי בי ירבו ימיך ויוסיפו לך שנות חיים ושלום כי חיים הם למוצאיהם ולכל בשרו מרפא אורך ימים אשביעהו ואראהו בישועתי. מלך מלכי המלכים ברחמיו ירפאהו רפואה שלמה וארוכה של חמלה ותנינה לחיים טובים. ולאריכות ימים. חיים של רחמים חיים של השקט ומנוחה חיים של שלום חיים של ברכה כדכתיב כי אורך

ימים

סוכת שלום

באשיצן אונ זאל היילען דעם פלוני בן פלוני וואס ער רוהט אין צער אין לייד וואס ער ליגט אויף זיין קראנקין בעט. אונ בעט פון גאט זיין גאט צדקה אונ חסד אונ דער בארימקייט אונ לעבען אונ פריד אונ חן אונ איין רפואה. זיין באשעפער זאל זיך דער בארעמען איבער איהם אונ זאל איהם לייט זעליגען ער זאל אים ארום רינגלען אין זאל אים היסען וויא דאס שווארץ אפיל פון זיין אויג. ער זאל אים לייט זעליגען אונ זאל זאגין איך האב אים אויס בילייזט פון צויא נידערין אין גרוב איך האב גיפונען פאר אים איין אויסלייזונג. דער קיניג איבער אלע קיניגען מיט זיין רחמנות זאל ער זיך איבער אים דער בארעמען אונ עס זאל מקיים ווערן אין אים דער פסוק וואס שטייט גישריבען דען גאט דיין גאט איז אדער בארמיגער גאט ער ווערט דיך ניט פאר דארבען אונ ווערט נישט פאר געסין אין דעם פאר בונד פון דיינע עלטערין וואס ער האט צוא זייא גישווארין. אונ נאך איז גיווארין גיזאגט אין פסוק גלייך ווי איין פאטער דער בארימט זיך איבער זיינע קינדער אזוי טוט גאט זיך דער בארימען איבער זיינע פארכטיגע. גאט ב"ה איז איין חנון אונ איין דער בארמיגער ער האלט אויף דעם צארין אונ טוט גרויסע גינאד. דער קיניג איבער אלע קיניגען מיט זיין רחמנות זאל ער אים ענטפערין אזוי וויא עס שטייט גישריבען גאט ב"ה ווערט דיר ענטפערען אין דעם טאג פון לייד. דער נאמין פון דעם גאט פון יעקב ווערט דיך שטארקען. ער ווערט שיקען דיין הילף פון דיא היילקייט אונ פון ציון ווערט ער דיך אונטער לעהנין. ער ווערט גידענקין אלע דיינע קרבן מנחות אונ דיינע פעטע קרבן עולות טוט ער גידענקין אויף אייביג. ער ווערט דיר געבען ווי דיין הארץ באגערט אונ אלע דיינע רייד ווערט ער דער פילען. עס ווערט ניט טרעפין צו דיר קיין בייז און קיין פלאג ווערט ניט גינעהנין אין דיין גיצעלט דען ער ווערט דיך מציל זיין פאר איין שטרויכלונג נעץ אונ מארד אונ ברעכעניש. דוא קיניג איבער אלע קיניגען מיט זיין רחמנות אונ זיין גינאד זאל ער פון אים אפ טאן אלע בייזע קראנקייטין אונ זאל אוס לייזען זיין לייב פון דעם גרוב אונ זאל זעהן אין זיין לעשען דאס ליכטיקייט ווידער צו קערין זיין לייב פון דעם גרוב צו לייכטען אין דעם ליכט פון לעבען. דער קיניג איבער

אלע

ימים ושנות חיים ושלום יוסיפו לך. מלך מלכי המלכים ברחמיו יפתח לו שערי אורה שערי ארוכה שערי ברכה שערי גילה שערי דיצה וישועה שערי הרוחה שערי ועד טוב שערי זכיות שערי חיים טובים שערי ישועה שערי כפרה שערי לב שמח שערי מחילה שערי נחמה שערי סליחה שערי עזרה שערי פדות שערי צדקה שערי קוממיות שערי רפואה שלמה שערי תשועה בדכתיב ותשועת צדיקים מיי מעוזם בעת צרה. ואתם ישיני אדמת עפר דלגו על ההרים כעופר עושו גושו חושו ואת יי דרשו מכוחכם שחדו בעדו. יתן ריח נרדו. וחלו נא פני אל יוסיף לו ימים על ימיו ושנים על שניו. ויתן לו כח ואילות ויחלמהו ויבריאהו. וישמרהו ויחייהו יזקין בארץ גזעו עד אשר גאה גאה להעלות שמים

סוכת שלום

אלע קיניגען מיט זיין רחמנות אונ זיינע חסדים זאל ער אויף אים גזור זיין גוטע גזירות אונ זאל מבטל זיין פון אים אלע שווערע אונ בייזע גזירות. אונ זאל היילען זיינע שלעק אונ זיין וויטאג. אונ זאל פאר געבען זיינע זינד מיט זיינע מיסטייט. אונ זאל דער לענגערין זיינע יארין און טעג. אונ עס זאל ווערין באנייעט זיין יוגינט אזוי וויא איין אדליר אונ עס זאל אין אים מקוים ווערין דער פסוק אונ דוא וועסט גזור זיין מיט איין זאג אונ ער וועט מקיים זיין צו דיר אונ אויף דיינע וועגין ווען לייכטען דאס ליכט דען לאנגע טעג אונ לעבעדיגע יארין וועט דיר מערין. אונ נאך איז גיזאגט גיווארין דען דורך מיר וועלין גימערט ווערין דיינע טעג און וועלין דיר מערין לעבעדיגע יארין און פריד. דען זייא זענין לעבען צו דיא וואס גיפינען דיא רייד פון דער תורה אונ צו גאר זיין לייב זענין זייא איין היילונג. מיט לאנגע טעג וועל איך אים זאט מאכין און וועל אים ווייזין אין מיין הילף. דער קיניג איבער אלע קיניגען מיט זיין ורחמנות זאל ער אים היילען אגאנצע רפואה און איין היילונג פון דער בארעמקייט און לייב זעליקייט צו היים טובים און צו לאנגע טעג. איין לעבען פון דער בארומקייט איין לעבין פון שטילקייט און רוה. איין לעבן פון שלום איין לעבן פון ברכה אזוי וויא עס שטייט גישריבען דען לאנגע טעג און יארין פון לעבען און פריד וועט דיר גימערט ווערין דער קיניג איבער אלע קיניגען מיט זיין רחמנות זאל ער אים עפענין דיא טויערין פון ליכט די טויערין פון היילונג די טויערען פון ברכה די טויערין פון פרייד און הילף דיא טויערין פון דער ווייטערונג. טויערין פון אגוט איין זאמלונג. דיא טויערין פון זכיות. דיא טויערין פון חיים טובים. דיא טויערין פון הילף דיא טויערין פון פאר געבונג. דיא טויערין פון אפריילעך הארץ דיא טויערין פון טרייסטונג דיא טויערין פון צדקה דיא טויערין פון הויכקייט דיא טויערין פון רפואה שלימה דיא טויערין פון הילף אזוי ווי עס שטייט גישריבען אין פסוק און דיא הילף פון דיא צדיקים איז פון גאט ער איז זייער שטארק אין דער צייט פון לייד. און איר טויטע וואס שלאפין אין דער ערד. שפרינגט איבער דיא בערג אזוי וויא איין יונגער הירש איילט אייך און גינעהענט און פארשט גאט פון אייער קראפט מיינט מען פון אייערע?

שמים שיאו ויחי עוד לנצח ולא יראה שחת ולא יחסר לחמו ולא ימית לשחת ואל שדי יברך אותו בברכת שמים מעל ומתהום רובצת תחת והפאהו בקרחת ובגבחת ויזכה לראות חבור יהודה ואפרים אחת אל אחת אמן:

ז) וואס מען זאל זאגין אויף קברים פון צדיקים ורבנן:

שלום עליך אדונינו מורנו ורבינו עליך השלום מעתה ועד עולם בשלום תנוח על משכבך: ואף לא תצטער בצרת קרוביך: שכינתך תהיה בעב הענן ובסתר עליון ובצל שדי תתלונן: אשריך וטוב לך שזכית ללכת אחרי בוראך ולהאר נרך והורת לישראל חקים ישרים ומשפטים טובים להצדיק את בני דורך וטוב לכם כי גדול שכרכם מאוד והמלך הגדול והקדוש ברוך הוא יחיש וימהר תחיתכם ועמידתכם עם כל שאר צדיקי וחסידי עולם ולזכותך לעולם שכלו טוב וארוך. אשר בכל דבריו הוא ברוך: ולהתענג בתענוגים מזיו שדי ובהטות. בהררי אפף. ולויתן

ויין

סוכת שלום

אבער מעשים טובים ניט שוחד פאר אים דאס ער זאל אים ווידער געבין זיין געשמאקין ריח און בעט פאר גאט ער זאל אים מערין טעג אויף זיינע טעג און אויך זאל ער מערין יארין אויף זיינע יארין. און זאל אים געבין קראפט און מאכט. און זאל שטארקין און געזונט מאכען און זאל אים היטען און דער נערין און זיין צווייג זאל אלט ווערין אויף דער ערד. ביז ער וועט אזוי הויך ווערין דאס זיין הויך זאל גרייכין ביז דעם הימעל. און זאל דער נאך לעבין אייביג און זאל ניט זעהן דיא גרוב. און זיין ברויט זאל ניט גימינערט ווערין און זאל ניט שטארבין צו דער גרוב. און דער אלמאכטיגער גאט זאל אים בענטשין מיט דעם בענטשונג דעם הימעל פון אויבין: און פון דעם אפ גרונט וואס הויארט אונטען און זאל אים היילען פון אלע זייטען און זאל זוכה זיין צו זעהן וויא די באהעפטונג פון יהודה מיט אפרים וועט ווידער זיין באהעפט איינס מיט דעם אנדערין און וועלין ווערין איין מלוכה אמן:

ז) וואס מען זאל זאגין אויף קברים פון צדיקים ורבנן:

שלום פריד צו דיר אונזער הער ווייזער אונ אונזער לערנער. מיט פריד זאלסטו רוען אויף דיין גילעגער. אוך זאלסטו קיין צער ניט ליידין פון וועגין דיא צרות פון דיינע פריינד. אונ אין דעם פאר באהאלטניש פון דעם אויברשטן זאלסטו איבר נעכטיגן. וואל איז דיר וואס דו האסט זוכה גיוועזן צו גיין נאך דיין באשעפער אונ האסט גילערינט די ישראל רעכט פארטיגע גיזעץ. אונ גוטע משפטים. אונ עס איז אייך גוט דען אייער שכר איז זייער גרויס. אונ דער גרויסער אונ דער הייליגער קיניג ברוך הוא זאל איילין אונ זאל באלד אייך לעבדיג מאכין אונ זאלסט אויף שטיין מיט אלע איבעריגע צדיקים פון דער וועלט. אונ זאל דיך מזכה זיין צו דער וועלט וואס איז אלע צייט גוט אונ זיא בלייבט לאנג אונ צו זעניפטיגן דיך מיט די תענוגים וואס הייסט זיו שדי אונ די

בהמה

ויין חמר שמבראשית המבחר בכל טוב לקבל אלף וכאשר במלאכתה עמלת בעולם הזה לעסוק בדברי תורה. כנגד זה מחיל אל חיל תלך ומישיבה לישיבה מקום מה נורא. וחדושי טעמי תורה תזכה לשמוע מפי השם יתברך ויתעלה. אשר הוא לעתיד ידרוש ויתגלה: ויהי רצון לפני אבינו שבשמים שאזכה בזכותך ובזכות כל שאר הצדיקים והחסידים השוכנים פה: שיכפר לי האל הסלחן על כל חטאתי ועונותי ופשעי כי למען כבודך באתי הנה להלל לשם הגדול והנורא ולהשתטח על קברך לבקש ממך שתתפלל עלי שיצילני מן השוד ומן השבר ומן הבזה ומן הטלטול הקשה ומפחד ובהלה וממיתה משונה ומגונה מן השעות הרעות וישלח ברכה והצלחה בכל מעשה ידי וירפא את תחלואי ויברך את לחמי ומימי ויסיר כל מחלה מקרבי ויצילני מן כל אויב ואורב ולסטים ויתן לי ולכל ישראל מתנה טובה ופרנסה טובה למען זכותכם וצדקתכם ויתן לי חלק טוב ושכר טוב כדי שאזכה לחיי העולם ויבשרני בשורות טובות וישמיעני שמועות טובות ויתן לי אורך ימים ושנות חיים ושלום והשקט ובטח. ואל יאסוף עם חטאים נפשי ועם אנשי דמים חיי. ואל יאספני בחצי ימי וימלא מספר ימי בשיבה טובה ויוסף לי חכמה

ודעת

סוכת שלום

בהמה וואס זיא פאשעט זיך אויף טויזינט בערג דאס איז דער שור הבר. אונ דעם לויתן אונ דעם וויין וואס איז בעשאפין גוואָרין אין אָן הייב בשעת דיא וועלט איז בעשאפען גוואָרין אונ אזוי ווי דוא האסט זיך גמיהט אויף דער דאזיגער וועלט צו לערנין תורה אזוי אויך זאלסטו גיין פון איין חברותה צו דער אנדערי אונ פון איין ישיבה צו דער אנדערע ביז דעם אָרט וואס דער פארכטיגר איז. נייאי טעמים פון דער תורה זאלסטו זוכה זיין צו הערין פון גאט ברוך הוא וואס ער וועט דרשנ'ן אונ אנטפלעקין לעתיד לבא אונ עס זאל זיין ווילן פאר אונזער פאטער פון דעם הימל דאס איך זאל זוכה זיין פון וועגין דיין זכות אונ זכות פון אלע דיא איבריגע צדיקים אונ חסידים וואס רוען דא, אז גאט ברוך הוא זאל מיר פאר געבין אויף אלע מיינע זינד פון אים געבין אָדער מיסט גרייף

דען פון וועגין דיין כבוד בין איך אהער גיקומען צו לובין גאט ב"ה דער גרויסער אונ דער פארכטיגער. אונ צו פאר שפרייטין זיך אויף דיין קבר, צו בעטען פון דיר דוא זאלסט בעטין פאר מיר אז ער זאל מיך מציל זיין פון פאר וויסטונג אונ ברעכניש אונ רויבינג. אונ פאר שווערע פאר וואגלינג. אונ פארכט און דער שרעקניש אונ פון מיתה משונה. אונ פון איין שענדליכן טויט אונ פאר דיא בייזע שעות: אונ ער זאל שיקן ברכה אונ הצלחה אין אלי דיא ווערקין פון מיינע הענט אונ ער זאל היילין מיין קראנקהייט. אונ זאל בענטשין מיין ברויט אונ מיין וואסר. אונ זאל מיך מציל זיין פון אלערלייא פיינד אונ גזלנים אונ זאל געבין צוא מיר אונ צוא אלע ישראל אגוטע מתנה אונ אגוטע פרנסה פון וועגין אייער זכות אונ ער זאל מיר געבין זיין גוטין חלק

און

וְדֵעָה וּבִינָה וְחֵן וָחֶסֶד וְרַחֲמִים לְפָנָיו וְלִפְנֵי כִּסֵּא כְבוֹדוֹ וְלִפְנֵי כָּל הַבְּרִיּוֹת שֶׁרוֹאִין אֶת פָּנָיו. וְיַחֵד לְבָבִי לְאַהֲבָה אוֹתוֹ וּלְיִרְאָה אֶת שְׁמוֹ וְיַטֶּה לְבָבִי לַעֲשׂוֹת רְצוֹנוֹ בְּלֵבָב שָׁלֵם וְיִשְׁמַע קוֹל תַּחֲנוּנַי וְאַל יְשִׁיבֵנִי רֵיקָם מִלְּפָנָיו:

ח) ווען איינער וויל בעטין ער זאָל האָבין קינדער זאָל ער זאָגין דיא תפלה:

יְהִי רָצוֹן מִלְּפָנֶיךָ יְיָ אֱלֹהַי וֵאלֹהֵי אֲבוֹתַי צוּר הָעוֹלָמִים צַדִּיק בְּכָל הַדּוֹרוֹת לְמַעַן שִׁמְךָ הַגָּדוֹל הַנֶּעְלָם מִפָּסוּק יְיָ זְכָרָנוּ יְבָרֵךְ יְבָרֵךְ אֶת בֵּית יִשְׂרָאֵל יְבָרֵךְ אֶת בֵּית אַהֲרֹן שֶׁתִּתֵּן לִי זֶרַע זָכָר רָצוּי וְהָגוּן וְטוֹב וְיָפֶה וּמְתֻקָּן וּמְקֻבָּל וְרָאוּי לִהְיוֹת וּלְהִתְקַיֵּם בְּלִי שׁוּם עָוֹן וְאַשְׁמָה וְתִתֵּן לִי זֶרַע אֲנָשִׁים וּתְבָרְכֵנִי בְּשִׁמְךָ וּתְבָרֵךְ אֶת בֵּיתִי בְּבִרְכָתְךָ וְאֵדַע כִּי שָׁלוֹם אָהֳלִי וְתַשְׁפִּיעַ בּוֹ נֶפֶשׁ רוּחַ וּנְשָׁמָה מִמַּחְצַב טָהוֹר וְקָדוֹשׁ מֵעָלְמָא דִדְכוּרָא וּמִן סִטְרָא דִימִינָא וּתְכוֹנֵן כָּל הֲבָנוֹתָיו כְּדֵי לְהַשְׁלִימוֹ וּלְקַיְּמוֹ וּלְהַעֲמִידוֹ בְּגוּי בְּחֵן וּבְחֶסֶד וּבְרַחֲמִים בְּקַו הַבְּרִיאוּת בְּאֹמֶץ וּבְתוֹקֶף וּבִגְבוּרָה וּתְרַחֵם עָלָיו בְּהֵעָשׂוֹתוֹ בְּהִתְרַקְּמוֹ אֵבָרָיו וְתַצִּיגֵהוּ עַל בֻּרְיוֹ בְּנַפְשׁוֹ בְּרוּחוֹ וּבְנִשְׁמָתוֹ בִּקְרָבָיו וּבְגִידָיו וְלֹא יִהְיֶה בְּאֶחָד מֵאֵבָרָיו לֹא נֶזֶק וְלֹא חִסָּרוֹן לֹא נֶגַע וְלֹא חוֹלִי וְלֹא יֶחְסַר לוֹ כָּל טוּב כָּל יְמֵי חַיָּיו וְיִוָּלֵד בְּמַזָּל טוֹב וּבְשָׁעָה טוֹבָה וּבְרָכָה וְהַצְלָחָה וּתְבָרְכֵנִי אוֹתִי וְאֶת זַרְעִי וְזֶרַע זַרְעִי בְּכָל דָּבָר הַמַּשְׁלִים דַּעְתֵּנוּ:

ושכלנו

סוכת שלום

אונ איין גוטין לוין פון וועגין איך זאָל זוכה זיין צו דעם לעבען פון דעם עולם הבא אונ זאָל מיר גוטע בשורות מבשר זיין אונ זאָל מיר לאָזין הערין גוטע הערונג. אונ זאָל מיר געבין לאַנגע טעג אונ יאָרין פון לעבען אונ דיא שטילקייט אונ זיכערהייט אונ זאָל ניט איין טאָן מיין נשמה מיט די זינדינדיגער אונ מיין לעבן ביא דיא בלוט שולדיגע מענטשין אונ זאָל מיך ניט אוועק נעמין פון דער וועלט אין מיינע האַלבע יאָרען אונ ער זאָל דער פילען די צאָל פון מיינע טעג אין איין גוטע עלטער. אונ זאָל מיר מערין קלוגהייט אונ וויסען שאַפט אונ פאַרשטאַנד אונ לייט זעליקייט אונ גינאָד. אונ דער באַרימקייט פאַר אים אונ פאַר זיין כסא כבוד אונ פאַר אַלע לייט וואָס זעהן מיין פנים. אונ איינציג מיין הארץ גאָט ליב צו האָבען אונ צו פאָרכטען זיך פאַר אים אונ זאָל נייגין מיין האַרץ צוא טאָן זיין ווילען מיט דעם גאַנצען האַרץ אונ זאָל הערין מיין גיבעט אונ זאָל מיך ניט ווידער קערין ליידיג פון פאַר אים:

ח)

ווען איינער וויל בעטין ער זאל האבין קינדר זאל ער זאגין דיא תפלה:

יהי רצון עס זאָל זיין דער ווילין פאַר דיר גאָט מיין גאָט אונ דער גאָט פון מיינע עלטרין. דער באַשעפער פון די וועלטין דער גרעכטער אונ אלי גיבורר פון וועגען דיין גרויסין נאָמען וואָס ער איז פאַר הולין אין דעם פסוק ה׳ זכרנו יברך גאָט זאָל אונז גידענקען אונ זאָל בענטשען יברך את בית ישראל ער זאָל בענטשין דאָס הויז גזונד פון די ישראל. ער זאָל בענטשען דאָס הויז געזונד פון אהרן

ותשכילנו והשגחתני לעשות רצונך ותברכני בברכות שמים מעל ובברכות תהום רובצת תחת ברכות שדים ורחם אנא יי צבאות אלהי ישראל יושב הכרובים תהיינה אזנך קשובות לקול תחנוני השקיפה ממעון קדשך עלי השקפה לטובה ונתת לי זרע אנשים מושפע בנשמה קדושה ויהיה עוסק בתורה ומקיים מצות בישראל ומברכות פיך תברכני ויבורך בית עבדך עם כל בית עמך ישראל לעולם שמעה תפלתי יי לשועתי האזינה וקים בי כונת יצירתך האדם בעולמך כי לשבת אותה אתה בראת ואתה יצרת ונתת לי זרע אנשים קדוש וטהור בנשמה חדשה קדושה וטהורה מן החדר תבוא מדובק בנשמות קדושי עליונים ואתם נשמות הקדושים אשר הייתם בעולם הזה חלו נא פני אל למלאות שאלתי לטובה בזכיתכם ובזכות אשר אני מתאוה להצמיד בן זכר ומטולת בתורה והגון לנביאות שמע קולי יי אלהים וקבל ברחמים וברצון את

תפלתי

סוכת שלום

אהרן בעט איך דיך. דאָס דוא זאָלסט מיר געבען איין זון וואָס זאָל זיין באוויליגט און זאָל זיין רעכט פאַרטיג אין גוט און שיין און זאָל אָן גינימען זיין און זאָל זיין ראוי צו לעבען אונ צוא באשטיין אָן איין שום זונד און שולד און גיב מיר, אלי מיינע קינדער זכ״ז און זאָלסט מיך בענטשין מיט דיין נאָמען און זאָלסט בענטשין מיין הוז גיזונד מיט דיין גדעכעניש און איך זאָל וויסען אז אין מיין גיצעלט איז פריד. און זאָלסט געבין אין דעם קונד איין נפש רוח און נשמה פון איין ריין און הייליג אָרט. און ברייט אָן אלי זיינע אָן ברייטונג כדי ער זאָל זיין גאַנץ און בשטענדיג און אויף צו שטעלען מיינט מען באשאַפען מיט שיינקייט מיט חן און חסד מיט גיזונדקייט מיט שטאַרקייט און פעסטקייט און זאָלסט זיך איבר אים דער באַרמין און זיין בשאַפין ווערין אונ אין צו נויף שטעלין פון זיינע גלידער אונ זאָלסט אים שטעלין אויף זיין קראַפט מיט זיין נפש און רוח אונ נשמה און זיינע גידערים אונ זיין גימעל אונ ער זאָל ניט האָבין אפילו אין איינים פון זיינע גלידער

קיין שאָדין אונ קיין חסרון קיין פלאָג אונ קיין קראַנקהייט אונ ווייל ער וועט לעבין זאָל עס אים ניט אָפ טאָן קיין גוטץ אונ זאָל גבאָרין ווערין אין איין גוט מזל אונ אין אַגוטר צייט אונ ברכה אונ הצלחה אונ זאָלסט בענטשין מיך מיט מיינע קינדר אונ מיינע אייניקליך מיט אַלע זאַכין וואָס מאַכין גאַנץ אונזער וויסען שאַפט אונ אונזער שכל אונ אונזר פאַר שטאַנד צוא טאָן דיין ווילין, אונ זאָלסט מיך בענטשין מיט דיא בענטשונג פון דעם הימל פון אויבין אונ מיט דיא בענטשונג פון דעם אָפ גרונד וואָס ער איז אונטין אונ מיט דיא בענטשונג פון אַלעם גוטס אונ געזונטהייט אונ מיט דיא בענטשונג פון פאָטער אונ מוטער. איך בעט דיך גאָט וואָס ער הערשט איבר אַלע הערשאַפט דער גאָט פון דיא ישראל וואָס ער זיצט איבער דיא כרובים. לאָזין דיינע אויערין פאַר נעמין צוא דעם קול פון מיין גיבעט שיק פון דיין הייליגע וואוינונג אויף מיר צו גוטין אונ זאָלסט מיר געבען לייטעשע קינדער ער זאָל האָבין איין הייליגע נשמה אונ זאָל עוסק בתורה זיין אונ זאָל דיא

מצות

תפלתי בזכות הצדיקים הקדושים הנקברים פה ואל תשיבני ריקם מלפניך ותמלא שאלתי לטובה ואגדלנו ליראת השם כל הימים עד עולם הוא ובניו בקרב כל ישראל אמן:

ט)

אום ערב ראש השנה און ערב יום כפור פאר דעם עסין גייט מען אויף קברי אבות און מען זאגט די תחנות:

צדיקי יסודי עולם יהי רצון שתהא מנוחתכם כבוד וזכות תלמוד תורתכם ומעשיכם הטובים יעמוד לי ולביתי ולכל ישראל הנלוים לי ולכל בית ישראל יהי רצון לפניך אלהי הרחמים והסליחות מלך על כל הארץ שיתגללו רחמיך וחסדיך המרובים על מדותיך ונזכר ונכתב לפניך בזה ראש השנה (ונחתם בזה יום הכפורים) לסליחה ולמחילה ולכפר בו כל חטאתינו ועונותינו ופשעינו ולשנה טובה ומתוקנת לחיים טובים

סוכת שלום

מצות מקיים זיין צווישען די ישראל. אונ זאלסט מיך בענטשין מיט דיא ברכות פון דיין מויל. אונ דאס הויז פון מיר דיין קנעכט מיט אלע הייזער פון דיא ישראל זאלין ווערין גיבענטש אויף אייביג. העור צו גאט מיין גיבעט צוא מיין גישרייא פאר נעם אונ בשטעטיג אין מיר דיין כוונה פון דעם וואס דוא האסט בשאפין דעם מענטשען אוף דיין וועלט. דען דיא האסט בשאפין זיא זאל ווערין בעזעצט מיינט מען איטליכער מענטש זאל האבין קינדער וועט דיא וועלט ווערין בעזעצט אונ זאלסט מיר געבין איין לייטיש קינד איין הייליגס אונ ריין מיט אנאיי הייליגע אונ ריינע נשמה וואס זיא זאל ארויס קומן פון דעם חדר וואס איז בצהעפט מיט אובערשטי הייליגע נשמות. אונ איר הייליגי נשמות וואס איר זייט גיוועזן אויף דער דאזיגער וועלט. בעט איך אייך בעט איר גאט ער זאל דער פילען מיין גיבעט צו גוטין פון וועגין אייער זכות אונ פון וועגין דעם זכות וואס איך גלוסט צו האבען איין זון וואס ער זאל זיין איין זריז אונ דער פילט מיט תורה אונ זאל ווערט זיין צוא נביאות. העור צו מיין קול גאט דער הער אונ פאר נעם מיט דער בארעמקייט אונ מיט ווילין מיין גיבעט פון וועגין דעם זכות די הייליגע צדיקים וואס זענן דא בגראבין. אונ זאלסט מיך ניט ווידער קערין ליידיג פון פאר דיר אונ זאלסט דער פילין מיין גיבעט צו גוטין אונ זאל אים דער ציהן צו גאטס פארכט אלי טעג ביז אייביג ער מיט זיינע קינדער צווישען דיא ישראל אמן:

ט)

אום ערב ראש השנה אונ ערב יום כפור פאר דעם עסין נייט מען אויף קברי אבות אונ מען זאגט דיא תחינות:

צדיקי דיא גירעכטע אונ גרונד פעסטע דער וועלט. עס זאל זיין דער ווילען פון גאט אז אייער רוה זאל זיין מיט כבוד אונ דער זכות פון אייער לערנין אונ אייערי מעשים טובים זאל בייא שטיין צו מיר אונ צו מיין הויז גיזינד צו אלע ישראל וואס זענין בעהעפט

טוֹבִים וּלְשָׁלוֹם לְפַרְנָסָה וּלְכַלְכָּלָה וְשׂוֹבַע וְלִבְרָכָה וְלִשְׁנַת גְּאוּלָּה וִישׁוּעָה וּשְׁנַת בְּרָכָה וְהַצְלָחָה בְּכָל מַעֲשֵׂי יָדֵינוּ וּשְׁנַת רֶוַח וְהַצָּלָה הַשְׁקֵט וּמְנוּחָה מִכָּל פַּחַד וּבֶהָלָה מִכָּל תַּקָּלָה וּגְזֵרָה רָעָה וְשֶׁנִּזְכֶּה לְעוֹשֶׁר וְכָבוֹד וְאַל יִשְׁלוֹט בָּנוּ שָׂטָן וְיֵצֶר הָרָע: וְנִמְצָא חֵן וְשֵׂכֶל טוֹב בְּעֵינֶיךָ וּבְעֵינֵי כָּל רוֹאֵינוּ רַחוּם וְחַנּוּן שׁוֹמֵעַ תְּפִלָּה הֵעָתֵר לָנוּ עַל כָּל זֹאת שֶׁבִּקַּשְׁנוּ לְפָנֶיךָ לְמַעַן רַחֲמֶיךָ וַחֲסָדֶיךָ הַמְרוּבִּים וּלְמַעַן זְכוּת הַצַּדִּיקִים הָאֵלוּ וּזְכוּת כָּל צַדִּיקֵי וַחֲסִידֵי עוֹלָם וְאַל תְּשִׁיבֵנִי רֵיקָם מִלְּפָנֶיךָ כִּי אַתָּה שׁוֹמֵעַ תְּפִלָּה:

רִבּוֹן כָּל הָעוֹלָמִים מֶלֶךְ מַלְכֵי הַמְּלָכִים תִּמְחוֹל וְתִסְלַח עַל כָּל חַטֹּאתַי וַעֲוֹנוֹתַי וּתְכַפֵּר לִי עַל כָּל פְּשָׁעַי וּבְרָא לִי לֵב טוֹב וְתֵן בְּלִבִּי אַהֲבָתְךָ וְיִרְאָתְךָ וְכוֹף אֶת יִצְרִי לְהִשְׁתַּעְבֵּד לָךְ וְתַצִּילֵנִי מִגְּזֵרוֹת רָעוֹת וּמֵהִרְהוּרִים רָעִים וְיֵצֶר הָרָע וְתֵן לִי יֵצֶר טוֹב וְדַבֵּק לִבִּי בְּמִצְוֹתֶיךָ וּפְתַח לִבִּי בְּתוֹרָתֶךָ לַעֲסוֹק בָּהּ וִיהִיֶה יוֹם מִיתָתִי כְּיוֹם לֵידָתִי שֶׁלֹּא יִמָּצֵא בִּי

שום

סוכת שלום

צו מיר אונ צו גאָר דעֶם הויז גיזונד פון דיא ישראל. עס זאָל זיין איין ווילען פאַר דיר דעֶר גאָט פונדעֶר בארימקייט אונ פאַר געבונג. דער קיניג איבער גאָר דעֶר וועֶלט. דאָס דיין דעֶר באַרימקייט מיט דיינע פול חסדים זאָלן זיך קייקלין איבער דיינע מדות. אונ מיר זאָלין פאַר דיר גידאַכט אונ גישריבען ווערין אין דער ראש השנה אונ גחתמת ווערין אין דעם דאָזיגען יום כפור צוא מחילה אונ סליחה אונ צוא פאַר געֶבין אין אים אַלע אונזערעֶ זינד אונ אונזער פאַר קרימקייט אונ אונזער מיסטייט אונ צו איין גוט אונ וואל ברייט יאָר צו חיים טובים אונ צוא פריד צו פרנסה אונ כלכלה צו ברכה אונ צו איין יאָר פון אויס לייזונג אונ צו הילף. אונ צו אַיאָר פון ברכה אונ הצלחה אין אלע ווערק פון אונזערע העֶנט אונ פון דער וויטערונג אונ בשירמונג שטילקייט אונ רוה פון אַלע פאָרכט און דעֶר שרעקיניש פון אַלע שטורזיכלונג און מיר זאָלין זוכה זיין צוא עושר און כבוד און דער שאַן מיט דעם יצר הרע זאָל איבער אונז ניט געוועֶלטיגען אונ מיר זאָלין גיפונין חן אונ גוט פאַר שטאַנד אין דיינעֶ אויגין אונ אין דיא אויגעֶן פון אַלע וואָס זעהן אונז. דער באַרמיגעֶר אונ לייט זעֶליגעֶר וואָס הערט צו גיבעֶט ענטפער אונז אויף דעֶר אַלימעֶן וואָס מיר האָבען גיבעטעֶן פאַר דיר וועֶגין פון דיינפיל דער באַרימקייט אונ דיין גינאָד אונ פון וועגין דעֶם זכות פון דיא דאָזיגעֶ צדיקים אונ דעֶם זכות פון אַלעֶ צדיקים אונ חסידים פון דעֶר וועֶלט און דוא זאָלסט מיך ניט ווידעֶר קערין לידיג פון פאַר דיר דעֶן דוא דעֶר העֶרסט דיא גיבעֶט:

רבון דער הער פון אַלע וועלטעֶן דעֶר קיניג איבער אַלע קיניגען זאָלסט מוחל זיין אונ פאַר געבען אויף אַלעֶ מיינעֶ זינד אונ פאַר קרימקייט אונ זאָלסט מיר פאַר געֶבעֶן אויף אַלעֶ מיינעֶ מיסטייט אונ באַשאַף מיר איין גוט הארץ אונ גיב אין מיין האַרץ דיין ליבשאַפט אונ דיין פאָרכט און צווינג מיין ווילען דיך צו דינעֶן אונ באַשירעם מיך פון בייזע געדאַנקין אונ פון דעֶם יצר הרע אונ גיב מיר דעם יצר טוב אונ באַהעפט מיין האַרץ אין דיינעֶ מצות עֶפין מיין האַרץ אין דיין תורה דאָס איך זאָל זיא לערנין.

שום חטא ועון ותן בי כח לשמור פקודיך ותזכני לראות בביאת משיחך ונקום נקמת דם עבדיך השפוך (וכתבנו בזה ראש השנה) (וחתמנו בזה יום הכפורים) לחיים טובים: ותחדש עלינו שנה טובה ושלח ברכה והצלחה בכל מעשי ידי ותקצוב מזונותי ופרנסתי במלוי וברוח מתחת ידך ולא מתחת ידי בשר ודם: ותזקיף קרננו למעלה ותגביה מזלי: ותנני לחן ולחסד ולרחמים בעיניך ובעיני כל רואי בזכות הצדיקים האלו הקדושים וזכותם ומעשיהם הטובים יגינו ויליצו בעדי ותעשה בקשתי ותמלא שאלתי לטובה ואל תשיבני ריקם מלפניך אמן:

יהי רצון מלפניך יי אלהינו ואלהי אבותינו שתרצנו ותקבלנו בתשובה שלמה לפניך תשמע תפלתי ותעשה בקשתי ויהיו זכיותי מכריע על חובותי ותן בלבי אהבתך ויראתך ותגזור עלי ועל בני ביתי ועל בית ישראל שנת טובה וברכה שנת ישועה ונחמה שנת פרנסה וכלכלה שנת גאולה וישועה שנת עושר וכבוד שנת חיים ושלום שנת חן וחסד ורחמים בעיניך

סוכת שלום

אונ דער טאג פון מיין טויט זאל זיין ווי דער טאג פון מיין גיבארען ווערען דאס אין מיר זאל ניט גיפונען ווערין קיין שום זינד אונ אום רעכט אונ גיב מיר כח צו היטען דיין באפעל אונ זייא מיך מזכה צוא זעהן וויא דיין משיח וועט קומען אונ שרייב אונז אין דעם דאזיגען ראש השנה אונ חתימה אונז אין דעם דאזיגען יום כפור צוא חיים טובים. אונ באנייא אונז איין גוט יאר. אונ שיק איין בענטשונג אונ איין גליק אין אלע ווערק פון מיין האנט אונ זעץ אויס מיין שפייז אונ מיין פרנסה מיט דער פילונג און מיט דער ווייטערניש פון דיין האנט אונ ניט פון דער האנט פון איין בשר ודם אונ ריכט אויף אונזער הערשאפט גאנץ הויך אונ הייב אויף מיין מזל אונ גיב מיך צו חן און גינאד און צו דער בארימקייט אין דיינע אויגין און אין דיא אויגין פון אלע וואס זעהן מיך פון וועגין דעם זכות דיא דאזיגע הייליגע צדיקים און זייער זכות און זייערי מעשים טובים זאלען באשיצען און ממליץ זיין פאר מיר און זאלסט טון מיין באגער אונ זאלסט דער פילען מיין גיבעט צו גוטען און זאלסט מיך ניט ווידער קערין ליידיג פון פאר דיר אמן: יהי עס זאל זיין דער ווילען פון פאר דיר גאט און גאט פון מיינע עלטערין דוא זאלסט מיך באוויליגען אונ זאלסט מיך נאן נעמען מיט איין גאנצער תשובה פאר דיר אונ זאלסט הערין מיין תפלה. אונ זאלסט פאר נעמען מיין באגער אונ מיינע זכיות זאלין איבער וועגין מיינע זינד אונ גיב אין מיין הארץ דיין ליבשאפט אונ דיין פארכט אונ זייא גוזר אויף מיר און אויף מיין הויז גיזינד און אויף גאר דעם הויז גזונד פון אלע מענטשין איין גוטען אונ אגיבענשטען יאר איין יאר פון הילף און טרייסטונג איין יאר פון פרנסה אונ כלכלה. איין יאר פון אויס לייזונג אונ הילף איין יאר פון עושר אונ כבוד. איין יאר פון לעבין אונ פריד. איין יאר פון חן און גינאד אונ דער בארימקייט אין דיינע אויגען אונ פאר גיב צו אלע אונזערע זינד. אונ לאז אינז דער לעבען צו דער גאולה שלמה אין אונזערע טעג אמן

בעיניך ובעיני כל רואינו וסלח ומחל לכל עונותינו ותחננו על הגאולה במהרה בימינו והצילנו מגזרות רעות ומדלות ועניות ומכל מיני פורעניות ומדינה של גיהנם ומחבוט הקבר ומשכן רע ומפגע רע ומקלות ומשפלות ומשמץ ומבושת ושלא יהא בזרענו שום פסול ולא שמץ זדופי והצילנו מדבר ומחרב וממגפה ומרעב ומשבי ומשחית ומכל צרה ויגון ואנחה ותן בלבנו כח לעשות תשובה שלימה לפניך שראויה ומקובלת ומרוצה לפני כסא כבודך ושנזכה לימות המשיח ולחיי העולם הבא ותמלא כל משאלות לבנו לטובה בזכות הצדיקים הקדושים האלו ותקבל ברחמים וברצון את תפלתנו ויהיו לרצון אמרי פי והגיון לבי לפניך יי צורי וגואלי:

יהי רצון מלפניך יי אלהינו ואלהי אבותינו שתהא השנה הזאת הבאה עלינו ועל כל עמך בית ישראל קץ ותכלית לשבי עמך בית ישראל עת סוף לגלותינו ולאבלנו ואחרית טוב לימי עניינו ומרודנו כי משך עלינו השעבוד ואורך עול גלות והננו בכל יום הולכים ודלים ברבות השנים אנו נמעטים ובסגות הזמנים אנו נצערים ואין לנו לא מנהל ולא מחזיק בידינו כאשר אמרת כי מי יחמול עליך ירושלים או מי ינוד לך ומי יסור לשאול לשלום לך או מי יגדור גדר או מי יעמוד בפרץ ואין

עוד

סוכת שלום

אונ' באשירעם אונז פון דלות אונ פון ארימקייט אונ פון אלירלייא פורעניות אונ פאר דעם דין פון גיהנם אונ פון חבוט הקבר אונ פון איין בייזין שכן אונ פאר בייזע באגעגיניש און פון גרינג שאפט אין דיין דינסט אונ פון גידערקייט אונ פון שאנד פלעק אונ פאר שעמט צו ווערין אונ עס זאל ניט זיין אין אונז נים אין אונזערע קינדער קיין שום פסול און קיין שאנד פלעק און לעסטרינג. און זייא אונז מציל פון מארד און שווערד און מגפה און פון הונגער און פון פאר דארבונג און פון אלע לייד און טרויערקייט און זיפצונג און גיב קראפט אין אונזער הארץ ארעכטע תשובה צו טון פאר דיר וואס זאל זיין ווערדיג אונ אן גינומען און נאהענט פאר דיין כסא כבוד. אין מיר זאלען זוכה זיין צו דיא טעג פון משיח און צו דאס לעבען פון עולם הבא און זאלסט דער פילען אלע באגער פון אונזער הארץ צו גוטען אין דעם זכות פון דיא דאזיגע הייליגע. און פאר נעם מיט דער בארימקייט און מיט ווילען אונזער תפילה און זאלען באוויליגט זיין דיא רייד פון מיין מויל און דאס טראכטונג פון מיין הארץ צו פאר דיר גאט מיין באשעפער און מיין אויס לייזער:

יהי רצון עס זאל זיין דער ווילען פאר דיר גאט אונזער גאט און דער גאט פון אונזערע עלטערין. אז דאס יאר וואס ועט קומען זאל זיין אויף אונז צוא גוטען. און אגוטע צייט דען מיר ווערען אלע טאג מער פאר ארימט ווייא מער יארען עס דויערט ווערין מיר אלץ תמניגער. און ווייא פול צייט עס דויערט ווערין מיר גימינערט אזוי ווייא דוא האסט גיזאגט דען ווער וועט זיין דער בארמען

איבער

עוד נביא וחוזה ואין קורא בשמך באמת מתעורר להחזיק בך. כי כולנו כצאן תעינו איש איש לדרכו הרעה פנינו כל גבר אחר בצעו וכל איש אחרי שרירות לבו הרע ולא די לנו בעונות הראשונים כי אם הוספנו עליהם חדשים ולא הזהרנו בכל האזהרות אשר הזהרתנו ולא הוכחנו מכל התוכחות אשר הוכחתנו ומה יש לנו צדקה ולזעוק עוד אל המלך ואתה יי חשבת לצרף סיגנו ולהסיר בדילנו ולשבור את לבנו הזונה ולהתם טומאתינו ממנו על כן הגליתנו וזריתנו. הנה בשאון הגליות הוצללנו וכהתוך כסף בתוך כור נתכנו ולא מקוצר ידך לא הושעתנו ולא מכובד אזנך לא שמעת תפלתינו כי הבדילו עונינו בינינו ואנחנו הרשענו לך יי הצדקה ולנו בושת הפנים. ליי הרחמים והסליחות כי מרדנו בו ולך יי החסד כי אתה תשלם לאיש כמעשהו ואתה יי אלהינו גואל ישראל וקדושו הלעולם תאנף בנו תמשוך אפך לדור ודור חלילה לא לעולם תזנח ולא תוסיף לרצות עוד חלילה כי לא אפסו לנצח חסדיך ולא כלו רחמיך כי המה חדשים לבקרים יחילו בכל עת ובכל רגע ולמען שמך יי עשה עמני כי הוא תהלתך כי נקרא שמך עלינו יי אלהי ישראל ולמען ברית אבותינו אברהם יצחק ויעקב אשר כרת להם כי לא תשכח מפי זרעם ודברי אשר שמתי בפיהם לא ימושו למען עמך

סוכת שלום

איבער דיר ירושלים און וועד וועט דיך באקלאגין. און ווער וועט קומען פרעגין דיר צו פריד און מיר האבען שוין מער ניט קיין נביא און קיינער ער זאל קענען וואס זעהן. און עס איז ניט פאר האנדען קיינער וואס זאל אן רופען דיין נאמין מיט ווארהייט. איטליכע מענטש טוט זיך קערין צו זיין בייזען וועג. נאך דעם ווילען וואס זיין בייז הארץ באגערט. אונ ניט גינוג פאר אונז דיא זינד פון דיא ערשטע. נייערט מיר האבען נאך גימערט נייע זינד און מיר זענין ניט גיוואָרינט גיווארין דאס וואס דוא האסט אונז פאר באטען. און וואס האבין מיר נאך גירעכטיקייט. אונ דוא גאט האסט גיטראכט צוא לייטערין אונזער טונקילקייט און צו ברעכין אונזער פרעמד הארץ אונ אונזער אומריינקייט צום ענד צו מאכען. דריבער האסטו אונז פאר טריבען. און אזוי וויא מען שמעלצט דאס זילבער אין דער טעסט זענין מיר צו סמאלצין גיווארען אין ניט ווייל דיין מאכט איז קורץ דריבער האסטו אונז ניט גיהאלפין ניט מחמת דיינע אויערין זענען צו שווער האסטו ניט צו גיהערט אונזער גיבעט. נייערט אונזערע זינד האבין גימאכט אצווישען שייד צווישען אונז און צווישין דיין הילף אונ דוא ביסט גירעכט איבער דעם אלימען וואס איז גיקומען אויף אונז דען דוא האסט גיטוהן דיא ווארהייט און מיר האבען גיטון בייז. ביא גאט אונזער גאט איז דאס דער בארימקייט און דיא פאר געבונג אז מיר ווידער שפעניגען אין אים! אונ צו דיר גאט איז דאס גינאד דען דוא באצאלסט צו איטליכען מענטשין נאך זיינע ווערקין נאך. אונ דוא גאט אונזער גאט דער אויס לייזער פון דיא ישראל און זיין הייליגער וועסטו דען

עמך ונחלתך אשר נשארנו מעט מהרבה כתורן בראש ההר וכנס על הגבעה ולמען ירושלים עיר קדשך אשר היתה מדבר שממה ויצא מטנה כל הדרה ובית קדשינו ותפארתנו אשר היתה לשריפת אש וראה כי אזלת יד ואפס עצור ועזוב והנה כל הגוים שלוים ושקטים ואביוני עמך דווים וסחופים ומדולדלים יי אלהים צבאות עד מתי לא תרחם את ערי יהודה וירושלים אשר זעמת זה כמה שנים. וראה את עמך ישראל מרודים מאוד פנינו לימין ואין עוזר לשמאל ואין סומך והנה העת והעונה אשר יאתה לך להושיענו אלהינו בושנו במעשינו ונכלמנו בעונינו כי הושחרו פנינו מפני חטאתינו ונכפפה קומתינו מפני אשמתנו ואין לנו פה להשיב ולא מצח להרים ראש ואין לנו על מי להשען כי אם עליך אבינו שבשמים:

רבון כל העולמים עשה פלא להחיים לבל יהיו כמתים היש אמיתך בקבר לזכרון. עוררת אז בפועל עוררנו בלא פועל הלא לנפלאותיך תעש לזכרון: ויהי רצון מלפניך שתהא השנה הזאת הבאה עלינו ועל עמך

סוכת שלום

רען אייביג צערנען אויף אונז וועט דען תלילה דיין צארין זיך ציהען אין אלע גיבירד. דען דיינע חסדים זענין ניט פאר גאנגען אויף אייביג און דיין רחמנות זענין ניט ווארין פאר לענד ווארום אלע מארגין און אלע צייט און אלע רגע ווערין זייא ווידער באנייט. און פון וועגין דיא זיכערהייט פון אונזערע עלטערין. אברהם יצחק ויעקב וואס דיא האסט מיט זייא פאר שניטען. דאס זאל גיט פאר געסין ווערין פון זייערי קינדער זון מיינע רייד וואס איך האב גיטון אין זייצה. מויל זאל ניט ווערין אפ גיטון. פון וועגין דיין פאלק אונ דיין ארב וואס זייא זענין איבער געבליבען ווייניג פון פיל. און פון וועגין דיין הייליגי שטאט ירושלים וואס זיא איז גיווארין וויסט וויא מדבר אונ גאר איהר שיינקייט איז פון איר ארוים גיגאנגין. אונ פאר ברענט גיווארין אין פייער. גאט דער הער איבער דיא הערשארען ווי לאנג גאך ווערסטו זיך גיט דער באהמין איבער דיא שטעט פון יהודה אונ אונ איבער ירושלים וואס דוא האסט גצערינט שוין וויא פיל יאר. אונ זעה דיין פאלק ישראל זענין זייער גיפלאגט. אונ עס איז שוין דיא צייט וואס עס איז רעכט דוא זאלסט אונז העלפין דען עס איז שוין גיווארין שווארץ אונזער פנים פון וועגין אונזערע זינד אונ אונזערע הייך איז גיווארין איין גיבויגען פון וועגין אונזערע שולד. און מיר האבען ניט אויף קיינעם זיך אהן צו לעהנין נאר אויף דיר אונזער פאטער אין הימעל:

רבון הער איבער אלע וועלטין טוא ווינדער צוא דיא לעבידיגע זייא זאלין ניט זיין אזוי וויא דיא טויטע ווארום קען מען דען גידענקין דיין ווארהייט אין קבר. פאר וואר צו דיינע וואונדער מאך אגידעכניש. אונ עס זאל זיין דער ווילען פון דיר אז דאס דאזיגע יאר וואס וועט קימען אויף אונז איין יאר פון באהעלטעניש איין יאר פון בעטשונג. איין יאר פון גוטע גזירות.

איין

עמך בית ישראל שנת אוסם שנת ברכה שנת גזירות טובות שנת דגן ותירוש שנת הצלה והצלחה שנת ויעוד בית מקדשך שנת זול שנת חיים טובים מלפניך טלולה אסומה גשומה אם שחונה שנת ימתיקו מגדים את תנובתם שנת כפרה לכל עונותינו שנת לחמינו ומימינו תברך שנת משא ומתן טוב שנה נבא בגזרה טובת לבית קדשנו שנת שובע שנה פרי בטננו ואדמתינו תברך שנת צאתנו ובואנו תברך שנה קוממיות תוליכנו לארצנו שנה רחמיך יכמרו עלינו שנה שמחים תעלינו לארצנו שנה תפתח לנו אוצרך הטוב שנה אשר לא יצטרכו עמך זה רחמנות זה בתתך ברכה במעשה ידיהם. ויהי רצון מלפניך שלא יעשו לאנשי השרון בתיהם קבריהם: ואתם ישני אדמת עפר קומו נא עמדו נא התעוררו נא חלו נא פני אל רם ונשא ימלא משאלותינו במדה טובה ישועה ורחמים כי רצונו לולא עכוב שאור שבעיסה, יסיר מעלינו שבטו ואימתו אל תבעתנו. ויהי נועם יי אלהינו עלינו ונעשה רצונו בלבב שלם, עוד כל ימי עולם. ובהסיר המניעה תושלם כונת הבריאה ונזכה ליפות המראה והבריאות. ולכל הנחמות הנבאות. ולמראות הצובאות ולחזות בנועם המלך צבאות אמן:

סוכת שלום

איין יאר פון קארען און וויין. איין יאר פון באשירמונג און באגליקונג. איין יאר פון זול. איין יאר פון חיים טובים פון פאר דיר. איין יאר דיא פרוכטין זאלין זיין זיס. איין יאר עס זאל ווערין פאר געבען אלע אונזערע עבירות. איין יאר אונזער ברויט און אונזער וואסער זאל ווערין גיבענטש. איין יאר פון גוט משא ומתן. איין זאט יאר. איין יאר דוא זאלסט בענטשין דיא פרוכט פון אונזער בויך מיט אונזער ערד. איין יאר אז אונזער אויס גיין און אונזער קומען זאלסטו בענטשין. איין יאר דוא זאלסט אונז אויף ברענגען אין בית המקדש אריין פרייליך. איין יאר דוא זאלסט אונז עפינען דיין גוטען אוצר. איין יאר זייא זאלין נים באדארפין איינער דעם רחמנות פון דעם אנדערין דאס דיא זאלסט געבען איין ברכה אין דיא ווערק פון זייערי הענט. אונ עס זאל זיין דער ווילען פון דיר אז דיא לייט וואס וואנין אין טיפע ערטער זאלין ניט ווערין זייערי הייזער זייערע קברים וייל אז דער ווינט וויעט ארויף זאמד אויף זייערע דעכער פאלין איין דיא הייזער אויף דיא מענטשען וואס זענין אינעווייניג. אונ איר טויטע וואס שלאפען אין דער ערד שטייט אויף אונ דער וועקט אייך אונ בעט פאר דעם הויכען אונ גיהויבינעם גאט ער זאל דער פילען אונזער באגער אונ מיר זאלען זוכה זיין צו דיר שיינע גישטאלט אונ גיזונדקייט אונ צו אלע נחמות וואס דיא נביאים האבין גיזאגט אונ צו אלע שיינע גישטאלט אונ צו זעהן אין דיא זיסקייט פון דעם מלך דאס ער איז איבער די אלע הערשארען אמן:

יוד) אום עֶרב יום כפור זאָגט מען דאָס:

אֵל אֱלֹהֵי הָרוּחוֹת לְכָל בָּשָׂר. צַדִּיק יְיָ וּמִשְׁפָּטֶיךָ יָשָׁר. הָאֵל הַגָּדוֹל הַגִּבּוֹר וְהַנּוֹרָא אֲשֶׁר כָּל הַחוֹזֶה מִמֶּנִּי נִבְרָא אַתָּה יָצַרְתָּ עוֹלָמֶךָ מִקֶּדֶם חַסְדְּךָ הַגָּדוֹל לִגְמוֹל לְהָאָדָם לְהֵרָאוֹת לוֹ מָה רַב טוּבְךָ אֲשֶׁר פָּעַלְתָּ לַחוֹסִים בָּךְ וּלְכָל אִישׁ וְאִישׁ מִמְּלַאכְתּוֹ אֲשֶׁר הֵמָּה עוֹשִׂים מֵרֵאשִׁית כְּזֹאת הוֹדַעְתָּ וּמִלְּפָנִים אוֹתָהּ גִּלִּיתָ כִּי שֵׁשֶׁת יָמִים עָשָׂה יְיָ אֶת הַשָּׁמַיִם וְאֶת הָאָרֶץ וּבַיּוֹם הַשְּׁבִיעִי שָׁבַת כִּי שִׁתָּא אַלְפֵי שְׁנִין הֲוֵה עַלְמָא וּבַשְּׁבִיעִי כּוּלּוֹ שַׁבָּת וְהַמּוֹעֲדִים מוֹעֲדֵי יְיָ יִקְרָאוּם כִּי הֵם רוֹמְזִים לְיָמִים הַבָּאִים וּזְמַנֵּי הָעוֹלָם בָּהֶם נִרְמָזִים וְהֵם מַרְאִים עַל דְּבָרִים פְּלָאִים וְרָזִים לְהוֹדִיעַ לִבְנֵי הָאָדָם גְּבוּרוֹתָיו וּכְבוֹד הֲדַר מַלְכוּתוֹ אֲשֶׁר יַעֲשֶׂה בְּאַחֲרִית הַיָּמִים לְסוֹבְלֵי עוֹל יִרְאָתוֹ כִּי יְמֵי הַפֶּסַח הֵם שִׁבְעָה בְּעֵתָּם מוֹרֶה לִישִׁיבָתָם בָּאָרֶץ בָּרִאשׁוֹנָה קָרוֹב לְמִנְיַן וְנוֹשַׁנְתֶּם וְאַחֲרֵיהֶם סְפִירַת שֶׁבַע שַׁבָּתוֹת תְּמִימוֹת שֶׁהֵם כִּשְׁמִיטַּת הַיּוֹבֵל בְּכַמּוּת לְהוֹדִיעַ כִּי אַחַר זֶה בַּעֲוֹן שְׁמִיטָּה אַף יְיָ בָּם יֶחֱרֶה עַד אֲשֶׁר גָּבַר הָאוֹיֵב וְקַעֲקַע. אֶת כָּל הַבִּירָה לָכֵן צִוָּנוּ תְּמִימוֹת תִּהְיֶינָה לְדוֹרוֹת שֶׁלֹּא נִטְעֶה כְּמֶלֶךְ פְּרָם בְּמִנְיָנָא. אַחַר זֶה חַג הַשָּׁבוּעוֹת יוֹם אֶחָד בַּשָּׁנָה רֶמֶז לְבַיִת שֵׁנִי שֶׁהָיָה רַק פְּקִידָא וְעִידָּנָא בְּעָלְמָא וְלֹא כְּהָדֵין חוּשְׁבָּנָא וּמִשָּׁם אֵין מוֹעֵד מֶשֶׁךְ וּזְמַן אָרוֹךְ אוֹת הוּא

על

סוכת שלום

יוד)

אום ערב יום כפור זאגט מען דאס:

אֵל גאָט דער גאָט איבער אלע נשמות פון אלע באשעפעניש דוא גאָט ביסט גירעכט און דיין משפט איז רעכט פארטיג דער גאָט דער גרויסער דער שטארקער און דער פאָרכטיגער וואָס דאָס אַלץ וואָס איז אין דער וועלט איז פון אים, באשאפען גיוואָרען דו האָסט באשאפין דיין וועלט פון אָן פאנג פון וועגען צו באצאָלין דעם מענטשען דיין גרויסען חסד. צו ווייזען איהם ווי גרוס דיין גוטס איז וואָס דו האָסט גיווערקט צוא דיא וואָס באשיצען זיך אין דיר און דאָס האָסטו פון דעם אָן הייב גילאָזט וויסען און פון פריער אָן האָסטו עס אנפלעקט. דען אין זעקס טאָג האט גאָט באשאפען דיא הימעל און ערד. און אין דעם זיבעטין טאָג האָט ער גירועט דאָס באטייט אז זעקס טויזינד יאָר וועט שטיין דיא וועלט אין דאָס זיבענטע טויזינט וועט זיין נאָר שבת. און די ימים טובים ווערין גירופען מועדי ד׳ דיא ימים טובים פון גאָט. און זיי באטייטען אויף דיא טעג וואָס וועלין קומען און דיא צייטען פון דער וועלט ווערין דורך זייא אָנ גיוויזען. דען דיא טעג פון פסח איז זיבען דאָס וויזט דאָס דיא ישראל זענען גיזעסען אין ארץ ישראל צום ערשטען איין לאנגע צייט קרוב צו אכט הונדערט און צוויי און פופציג יאָר און דער נאך ציילט מען גאנצע זיבען וואָכין דאָס זענין אזוי ווי וויפיל שמיטות עס איז פארהאנדען אין איין יובל צו ווייזען אז נאָך דעם איז גאָט אויף זייא ברוגז גיוואָרען איבער די זינד וואָס זיי האָבען

ניט

על גלות הארוך שהימים הראשונים היו טובים מאלה שבמנין שבעים היה מספרם כלה ואחרונים שלא נתגלה עונם לא נתגלה קצם וזמנם. ובהגיע קץ הימין. ביום זכור יי ביתה אשר נתעבר נולא והדמין. ביום ההוא יתקע בשופר גדול לחרותנו ובאו האובדים מארץ אשור ומארץ מצרים נדחינו. ויעלה לפניהם הפורץ והיה יי למלך על כל הארץ ובגשת בני ישראל אל הקודש בזאת יבא אהרן לזה נקרא ראש השנה יום הזכרון. רמז ליום הגאולה אשר נהיה נסבין באיין בידין ואמרין דידן נצח. ותחזור העטרה ליושנה בגבול בנימין בצלצח ואז יהפוך אל עמים שפה ברורה יחד. לקרוא כולם בשם המיוחד. וביום ההוא יהיה יי אחד. לכן באשר ישאלון מלאכי עליון על קביעות יום ראש השנה יאמר אני ואתם נשאל לבית דין הגדול שבציונה בידם לרחקו ולקרבו ולקדשו בזמנו. להורות על גאולתינו ופדות נפשנו כי יש עת לרחק או לקרב על ידי תשובה ומעשה רב. ובעיתה יחישנה. וכל שעתא זמנה ואחריו כל אדם ימשוך בימי תשובה רמז על ימות המשיח וחיי עולם הבא

שאז

סוכת שלום

בים גיגאלטען קיין שמיטה ביז דער פיינד האט זיך גישטארקט נאך דעם איז שבועות נאר איין טאג אין יאר. דאס ווייזט אויף דעם אנדערין בית המקדש וואס ער איז נים גיוועען קיין רעכטע גאולה אונ פון שבועות אן איז איין לאנגע צייט קיין יום טוב ניט. און דיא לייט פון דעם אנדערין גלות איז זייערע זינד ניט ווארין אנטפלעקט. דרום איז זייער סוף פון דעם גלות אויך ניט אנפלעקט גיווארין אונ אז עס וועט קומען דער רעכטער סוף דער טאג וואס גאט וועט גידענקען זיין הויז עס איז גיוואוין פאר וויסט אונ צו בראכין אויף שטיקער דעם זעלביגען טאג וועט מען בלאזין מיט איין גרויסין שופר. אונ עס וועלין קומען דיא וואס זענען פאר לארין אין לאנד פון אשור אונ אונזער פאר שטויסענע אין לאנד מצרים. אונ משיח וועט גיין פאר זייא אונ גאט וועט זיין איין קיניג איבער דער גאנצער וועלט. אונ אז דיא קינדער ישראל וועלען קומען אין בית המקדש אריין וועט אהרן הכהן ווידער קומען דרום הייסט מען ראש השנה יום הזכרון. דאס ווייזט אויף דעם טאג פון דער גאולה דאס מיר וועלין נעמען אין אונזער? הענט איין בפנייע אונ דער בית המקדש וועט ווידער קומען אויף איהר אלטען פלאץ דען דאס בית המקדש וועט ווידער גיבויט ווערין אין דעם חלק פון בנימין אונ דענמאלט וועלין אלי פעלקער אן רופען דעם נאמען פון גאט. אונ אין דעם זעלביגען טאג וועט ניט מער זיין נאר דער איינציגער גאט דרום ווען דיא אויבערשטי מלאכים פרעגין ווען מען זאל מאכען ראש השנה. וועט זייא גיזאגט ווערין פון גאט איך מיט אייך וועלין מיר פרעגין צום גרויסען בית דין וואס זיצט אין ציון. אונ זאל דער מענטש גידענקען אין די עשרת ימי תשובה דאס דא ווייזט אויף די טעג פון משיח אונ די לעב טאג פון עולם הבא וואס דענמאלט וועט דער מענטש רוה האבין אונ קיין שום ווייא טאג אונ טרויערקייט וועט איב

גים

שאז יהיה להאדם מרגוע מטרד ומי זהב. לעשות רצון אלהים אשר אהב. ואל יעכב שום חטא ועון. ולא שום מדוה ועצבון ולא תהיה שום מיתה וכרת ונהיה נקיים כמלאכי השרת והימים האלה נזכרים ונעשים להיות על ידי מנוחה שלימה אל יי נגשים. ולא בלבד לאכול ולשתות ולשמוח. כי אם לזכות נפש ונשמה ורוח הבאים ביום יי הגדול והנורא ולהיות בו בקדושה ובטהרה. ועליו רומז יום הכפורים. שדיניו אחר ימי התשובה נגררים. וגם המתים יחיה אל ברב חסדו לתקן המעות אשר לא היו יכולים לתקן בחייהם מטרדת הזמן וכובדו. ובימי התשובה נאמר דרשו יי בהמצאו. כן בימים ההם כל אחד יעלה לשמים שיאו וכאשר ביום הכפורים העם היושב בה נשוא עון שבין איש לחבירו וכולם בקרוב הלבבות כן יבוא אליהו הנביא לפני בוא יום יי הגדול והנורא והשיב לב בנים על אבות. וכאשר אנו בלובן מוצעפים כן נהיה ביום הגדול כלובשי בדים ושרפים וממנו אנו יוצאים נקיים מחטא כבן שנה לחוג את הסוכות ברננה. רמז שמן היום הגדול נצא נקיים לקבל שכר הרוחני לא יהיה בבית יי צבאות עוד כנעני. וכמו שבחג

זה

סוכת שלום

ניט מעכב זיין און קיין טויט און אָפּשניידונג פון יאָרין וועט ניט זיין און מיר וועלען זיין ריין ווי די מלאָכים. און אין דיא טעג זאָלין מיר גידענקען דאָס מיר זאָלין דורך איין גאַנצע רוה צו גאָט טאָהן גיגעהנען און ניט אַליין צו עסין און טרינקען און זיך צו פרייען. נייערט צו רייניגען דעם נפש און דעם רוח און די נשמה מיט הייליקייט און מיט רייניקייט אין דעם פאָרכטין און גרויסין טאָג פון גאָט. און דרויף וויזט דער יום הכיפורים וואָס זיין משפט גייט נאָך וועדליג דיא עשרת ימי תשובה דאָס דער וואָס טוט תשובה אין דיא עשרת ימי תשובה גייט זיין משפט גוט אַרויס אין דעם טאָג יום הכיפורים. אויך וועט גאָט מיט זיין פיל גינאָד לעבעדיג מאַכען דיא טויטע אַזוי וועט אויך זיין אין די לעבעדיגע טעג דאָס איטליכער וועט ווערין דער הויבען ביז אין הימעל. גלייך ווי אין יום כפור פאַר גיבט איינער דעם אַנדערין וואָס ער האָט אַנטקעגין אים גיזינדיגט. און ווערין פאַר אייניגט מיט זייערע הערצער. אַזוי וועט אויך קומען אליהו הנביא איין טאָג פאַר דעם גרויסען און פאָרכטיגען טאָג פון גאָט און וועט פאַר אייניגען דיא הערצער פון די קינדער מיט זייערע עלטערין. און אַזוי וויא מיר זענין אין יום כיפור באַקלייט אין ווייסען. אַזויא וועלין מיר אויך זיין אין דעם גרויסין טאָג פון גאָט גלייך ווי דיא מלאָכים וואָס זענען אין ווייסין לאַבינט באַקלייט. און פון דעם יום כפור גייען מיר אַרויס ריין פון זינד אַזוי וויא איין קינד פון איין יאָר צו פייערין דעם חג הסוכות מיט גיזאַנג דאָס באַטייט אַז מיר וועלין ריין אַרויס קומען פון דעם גרויסין יום הדין צו נעמען דעם לוין פאַר דער נשמה אין עולם הבא. אַזוי אויך אין דער צייט וואָס דער יום טוב סוכות וויזט דרויף וועט זיין דיא בעסטע שמחה איבער אַלע

דען

זה נאמר שמחה כפולה כן הרמוז בו הוא תכלית המכוון שעל הכל עולה כי אז ירבה לנו טוהר ומתן לישב בסוכה של לויתן. ויום הושענא רבא שהוא גמר הדין ובלול מקודש וחולין רמז לבינונים שנדונים לגיהנם ומצפצפין ועולין. ונגמר דינם ביציאתם מן הגיהנם וכצדיקים גמורים לכל דבריהם נזכרים ומשם יודע יום אחד ליי והיה לעת ערב יהיה אורה. והקהוש ברוך הוא יושב ומגלה לנו סתרי וחידושי תורה על זה רמז יום שמחת תורה להיותינו מחכים לכל הנחמה האמורה ועל כן המועד הזה אינו נקרא חג רק עצרת. ובו מתחילין התורה והוא כולו ליי הוא היוצר הוא הבורא. ובכן יהי רצון מלפניך יי אלהינו ואלהי אבותינו המגיד מראשית אחרית לשום לנו שם ושארית וכאשר זכינו לסדר אותם כן נזכה לראותם ונזכה כולנו מהרה לאורך ולרב טוב באוצרך והנחמות והיעודים טובים במהרה לנו תגלה ותביאנו אל חצרך ונשמחה בך ונגילה וישיני אדמת עפר תקיץ כולם לישב לפניך יי עד עולם ואשר נמצא בו דבר טוב בעתו אף שהכריע עליו חובתו אל תפן אל רשעו ואל חטאתו ואל תשלם לעושה רעה כרעתו כי עמך הסליחה

למען

סוכת שלום

דען דענסמאלט וועט אונז גימערט ווערין גאבין אונ מתנות צו זיצען אין דער סוכה פון לויתן. אונ דער טאג פון הושענא רבה וואס דענסמאלט ווערט שוין פאר שלאסין דער דין. אונ דער טאג איז צו מישט פון הייליג אונ אום הייליג דאס ווייזט אויף דיא מיטיל מעסיגע מענטשען וואס ווערין גימשפט אין גיהנם. אונ טוען שרייען אונ טוען ווידער ארויף גיין פון דעם גיהנם וויא דיא רעכטע צדיקים. אונ גאט ב"ה וועט זיצין אונ וועט אונז מגלה זיין דיא חידושים פון דער תורה אונ דיא סתרי תורה. דרויף בעטייט דער טאג פון שמחת תורה אונ אין דעם טאג הייבט מען אן דיא תורה. אונ ער איז נאר צו גאט דאס ער איז דער באשעפער. אונ דער מיט בעטען מיר דיך גאט אונזער גאט אונ דער גאט פון אונזערע עלטערין וואס ער זאגט פון דעם אן הייב וואס דער סוף דער פון וועט זיין. דאס דיא

זאלסט אונז מאכען איין גוטען שם אונ איין איבער בלייבונג. אונ אזוי וויא מיר האבען זוכה גיוועזן אויס צו רעכענין דיא ימים טובים אין איר סדר מיט אלימען וואס זייא באטייטען אזוי זאלין מיר זוכה זיין אלע דיא זאכען צו זעהן אונ מיר אלע זאלען באלד זוכה זיין צו דיין ליכט אונ צו דעם פול גוטס וואס דוא האסט אין דיין אוצר. אונ גיב זייא גאט גוטע ברכות. פאר גיב צו דיין פאלק ישראל וואס לעבען נאך. אונ צו דיא וואס דיא האסט דער לייזט אונ זייער נשמה איז ארויס גיגאנגען פון זייער לייב אונ אין דעם דאזיגען יום כפור זאלסטו אונז פאר געבען צו רייניגען אונז פון אלע אונזערע זינד. אונ דער זכות פון אלע צדיקים פון דער וועלט וואס זענין פאר בארגין אין זייערי קברים זאלען מאכין פאר שטערין פון אונז אונ פון אלע מענטשען אלע צארין אונ גרים צארען אונ זאלסט דערפילען אונזער

גיבעט

למען תורא. ואתה אל גדול גבור ונורא ונאה לרב למשבק חובין ברברבין ותן להם יי כל ברכיא טבין כפר לעמך ישראל החיים עודנה ואשר פדית יי ויצאה נפשם. מנדנה וביום הכפורים הזה תכפר עלינו לטהר אותנו מכל חטאתינו ולפני יי תטהר כל האדם מחובו ביום הדין גדול הנרמז בו זכור לבני אדם הקדושים אשר בארץ המה איתני ומתו בעטיו של נחש הקדמוני זכותם וזכות כל ישיני חברון וזכות צדיקי עולם האטומים בבית קברון ישבית ממנו ומכל עמך בית ישראל כל אף וחרון ותמלא בקשתינו ברחמים גדולים ונזכה להיות כמלאכי אלהים עולים ולפני ולפנים חונים ומזיו שכינתך נהנים עם כל עמך בית ישראל יוצאי ירך האיתנים יהיו לרצון אמרי פי והגיון לבי לפניך יי צור עולמים:

יהי רצון מלפניך יי אלהי ואלהי אבותי שתהא תפלתינו מרוצה ומקובלת לפניך כקטורת הסמים ותמלא כל משאלות לבנו לטובה בזכות צדיקים הצדיקים והצדקניות החסידים והחסידות הקדושים הנקברים פה ותעשה עמנו לפנים משורת הדין ובזכותם אל תשיבנו ריקם מלפניך ובשלום תנוחו על משכבכם ובצרור החיים תהא נפשיכם צרורה וברשות הקדוש ברוך הוא וברשות כל קדושי המלך ויהי חלקי עמכם בגן עדן אמן:

שלום

סוכת שלום

גיבעט מיט גרויס דער בארימקייט. אונ מיר זאלען זוכה זיין צו זיין וויא דיא מלאכים פון גאט וואס גייען ארויף אונ רוען גאנץ אינעווייניג אונ האבין הנאה פון דער לויטערקייט פון דער שכינה עס זאל זיין צו ווילען דיא רייד פון מיין מויל אונ דאס טראכטונג פון מיין הארץ פאר דיר גאט דער באשעפער פון דיא וועלטין:

ויהי עס זאל זיין איין ווילען פון פאר דיר גאט מיין גאט און דער גאט פון מיינע עלטערין אז אונזער גיבעט זאל זיין באוויליגט אונ אן גינומען פאר דיר אזויא וויא קטורת. אונ זאלסט דער פילען אלע באגער פון אונזער הארץ צו גוטען אין דעם זכות פון אלע צדיקים אונ צידקניות דיא הייליגע וואס זענין דא באהאלטין אונ זאלסט מיט אונז טוען מער וויא דער דין וויזט אויס אונ פון וועגין זייער זכות זאלסט אונז ניט ווידער קערין ליידיג פון פאר דיר. אונ איר זאלט רוען אויף אייער גילעגער מיט פריד אונ אייערע נשמות זאלען זיין איין גיבונדען אין דעם בונד פון לעבען אונ מיט רשות פון הקב"ה אונ רשות פון אלע הייליגע פון דעם קיניג גאט ב"ה אונ מיין טייל זאל זיין מיט אייך אין גן עדן אמן:

צדיקי יסודי עולם נשמות טהורות. יה״ר מלפני אבינו שבשמים שתהי מנוחתכם בכבוד. ותהי נפשכם צרורה בצרור החיים את ה׳ אלהיכם הגדול והנורא.

ויהי נועם. יושב בסתר. שיר למעלות אשא עיני וגו׳ שיר המעלות בשוב ה׳ את שיבת ציון וגו׳ אנא בכח וגו׳: הריני מנדר לצדקה (ח״י זהובים) או (ח״י גדולים) או (ח״י טפלים) עבור נשמת כבוד אדונינו מו״ר הרב הצדיק (פב״פ) והנני מבקש מחילה מכבודו לעורר רוחו ונשמתו הטהורה כמו שהיה אדונינו בחיי חיותו מליץ טוב ומעתיר בעד כלל ישראל. ובמסירת הנפש בעד האנשים הנלוים אליו החפצים להתקרב לעבודת הבורא יתברך שמו. כן גם עתה ימליץ טוב בעדי (פב״פ) שאזכה לעבוד עבודתו באמת ובתמים בלי שום מניעה וקטרוג ח״ו. ולשוב בתשובה שלימה מתוך הרחבות הלב, ויזמין לי ה׳ פרנסתי בריוח ובמנוחה, ויחזק כוחי וגופי בבריאות על נכון, וזוגתי (פב״פ) תחזק כוחה וגופה בבריאות על נכון, (ושאזכה להוליד מסנה בנים חיים וקיימים לעבודתו יתברך שמו). ובני (פב״פ) ובתי (פב״פ) וכל בני ביתי יהיו חיים וקיימים (ונגדלם בחיינו לתורה ולחופה ולמעשים טובים). ויסיר מאתנו כל חולי. וכל המיחושים. וישלח רפואה שלימה לכל מכאובינו ולכל מכותינו. רפואת הנפש ורפואת הגוף (ובפרט לחולה פב״פ) כאמור והסיר ה׳ ממך כל חולי וכל מדוי מצרים הרעים אשר ידעת לא ישימם בך ונתנם בכל שונאיך, ונאמר כל המחלה אשר שמתי במצרים לא אשים עליך כי אני ה׳ רופאך:

אנא ה׳ מלך מלא רחמים. בזכות הצדקה ובזכות הצדיקים אשר הם חיים וקיימים אתנו בעולם הזה ובזכות הצדיק אדונינו מורינו ורבינו (פב״פ) הטמון פה, ובזכות שאר הצדיקים הטמונים פה. שהמה בעולם העליון (בחודש אלול) זכרנו וחתמנו בימים הקדושים הבאים לקראתנו לשלום ותתן לנו חיים ארוכים חיים של שלום חיים של טובה חיים של ברכה חיים של פרנסה חיים של חלוץ עצמות חיים שיש בהם יראת שמים ויראת חטא חיים שאין בהם בושה וכלימה חיים של עושר וכבוד חיים שתהא בנו אהבת תורה ויראת שמים חיים שימלא ה׳ כל משאלות לבנו לטובה ואריכות ימים ושנים ויסתום פי המקטריגים עלינו. ויעמדו מלאכי רחמים ומליצי יושר וימליצו טוב בעדינו בפמליא של מעלה ובפמליא של מטה לכפר על כל חטאתינו ולסלוח על כל עונותינו ולמחול על כל פשעינו. ותקרע גזר דיננו, ותטה לב המלכות ויועציו ושריו עלינו לטובה, ותגזור עלינו גזירות טובות ותשלח ברכה והצלחה בכל מעשה ידינו. והכן פרנסתינו מידך הרחבה והמלאה, ולא יצטרכו עמך ישראל זה לזה ולא לעם אחר. ותן לכל איש ואיש די פרנסתו ולכל גויה וגויה די מחסורה, ותמהר ותחיש לגאלנו ותבנה בית מקדשנו ותפארתנו:

בצבור (ובזכות שלש עשרה מדותיך של רחמים הכתובים בתורתך כמו שנאמר יי יי אל רחום וחנון ארך אפים ורב חסד ואמת נוצר חסד לאלפים נושא עון ופשע וחטאה ונקה שאינן חוזרות ריקם מלפניך): עזרנו יי אלהי ישענו על דבר כבוד שמך והצילנו וכפר על חטאתינו למען שמך, ברוך יי לעולם אמן ואמן:

יא) וואָס מען זאָל זאָגען ווען מען גייט אוועק פון דעם בית עלמין:

שלום עליכם נשמות הטהורות אשר נאצלו מזיו יוצר המאורות הנני הולך לדרכי. ונפשי את יי ברכי. ותפלתי לאל חי. ישמור בי נשמתי ורוחי. אקרא לאלהים ישמע עתירת זוכרי רחמיו ירבה כבוד והוד נשמות השלימים לענוים יוסיף במעלות רמות מזיו נעימיו הקדושים טובבי ומקבלי פני רצוניו חזות זרעם קים ומקימי את מצות צוריטו ירבה חיי ימיהם עד ועידת דבירמו. לנביאיו נגלה צורת חזון אף מראה נצחימו סמיכת לכל הנופלים וזקיפת עמידת דורשימו ובכן נוחו ישרים עד יאמר מלך חייא מרא דארעא ודשמיא עמדו ישרים עמדו לתחיה ואנחנו נבנם לחיים טובים ולשלום עד אשר יקרב הלום צור נאמן ומשיח אלהי יעקב והשיב לב אבות על בנים ולב בנים על אבותם בלי לב עקוב וצדק יהלך לפנינו לפני יי אלהינו. ונהלל ונשבח ונפאר בכל מיני

סוכת שלום

יא)

וואס מען זאל זאגען ווען מען גייט אוועק פון דעם בית עלמין:

שלום פריד אויף אייך רייניגע נשמות וואָס זייא זענען אָפּ גישייד גיוואָרין פון דעם לויטערקייט פון גאָט וואָס האָט באשאפען די ליכט. נון איך גייא אין מיין וועג. אונ מיין לייב טוט לויבען גאָט אונ מיין גיבעט איז צו דעם לעבעדיגען גאָט ער זאָל היטען אין מיר מיין נשמה מיט מיין רוח. איך טוא רופען צו גאָט ער זאָל הערען דאָס גיבעט פון די וואָס דער מאַנען זיין רחמנות צו דיא דעמוטיגע זאָל ער מערין מיט הויכע מעלות פון זיין זיס לויטערקייט אונ די היילגע וואָס רינגלען אים ארום אונ פאַר נעמען זיין גוטען ווילען דיא זאָלען זעהן וויא זייערע קינדער וועלין לעבין אונ וועלין מקיים זיין די מצות פון זיין באשעפער. ער זאל מערין די לעבען פון זייערע טעג ביז זייא וועלען זיך איין זאמלען אין זיין פאַליש ארייַן דאָס איז דער בית המקדש. צו זייני נביאים האָט ער אנטפלעקט דאָס גישטאַלט פון דיא ווייז זאָגונג אויף דאָס גישטאַלט פון שטאַרקייט. ער טוט אונטער האַלטען צו אלי גיפאַלעני. אונ טוט אויף שטעלין אונ אויף ריכטען צוא דיא וואָס פאָרשטען אים. אַ צונד רוהט איר רעכט פאַרטיגע רוהט ביז דער לעבעדיגער קיניג דער הער פון הימעל אונ ערד וועט זאָגען שטייט אויף איר רעכט פאַרטיגע שטייט אויף צום לעבען אונ מיר וועלען גיין צו חיים טובים אונ צו פריד. ביז עס וועט אהער קומען דער וואָרהאַפטיגער שליח אונ דער וואָס איז גיוואָרען גיזאַלבט פון דעם גאָט פון יעקב. אונ ער וועט ווידער קערין דאָס האַרץ פון דיא עלטערען צו דיא קינדער אונ דאָס האַרץ פון דיא קינדער צו זייערי עלטערען אָן איין קרום האַרץ. אונ גירעכטקייט זאל גיין פאַר אונז פאַר גאָט אונזער גאָט אונ מיר זאָלען לויבען אונ רימין מיט אַלערלייא לויב אונ שטאַרקייט אונ שיינקייט

מיני תהלה ועוז ופאר להאל הגדול ברוב גדלו אדיר וחזק ברוב נוראות מחיה מתים במאמרו עושה גדולות עד אין חקר ונפלאות עד אין כספר.
ברוך אתה מחיה המתים:

יב) וויא מען זאל דיא מתים מחילה בעטען:

שלום עליך אתה רוח הקדוש והטהור ושלום לנפשך ולנשמתך בשחקים בהיר מנוחתך תהיה שלימה למעלה ממלאכי רומה ועצמותיך ינוחו בלי רקבון ולא תצטער בקבר בשום עצבון ואני עני וכואב מחולל מפשעים וחטאים שואב באתי הנה למקום קבורתך ולבית משכבך ולפייסך ולדבר על לבך אשר דברתי ופעלתי ועלו על לבי דברים שהם נגד כבודך וזיוך והדרך והודך מודה ועוזב ואומר נעניתי לכם עצמות (פלוני) כי חטאתי ליי אלהי ישראל ולכם וכל מה שפעלתי ודברתי ועשיתי והרהרתי או כל מה אשר התרשלתי מעשות לכבודך היה הכל אצלי כשגגה היוצאת בדעת מוטעת וכל אשר עשיתי שלא
כהוגן

סוכת שלום

שיינקייט צו דעם גאט וואס ער איז גרויס מיט זיין פול אכפערקייט. אונ איז מעכטיג אונ שטארק מיט פול פארכטיקייט. ער מאכט לעבעדיג דיא מתים מיט זיין זאג, ער טוט גרויסי זאכען וואס זענען ניט צו דער פארשטען, אונ טוט וואונדערליכי זאכען וואס האבען גאר קיין צאל ניט גילויבט איז ער וואס מאכט לעבעדיג דיא טויטע:

יב)

וויא מען זאל דיא מתים מחילה בעטען:

שלום פריד אויף דיר הייליגי אונ רייני זייל, אונ פריד צו דיין לייב אונ צו דיין נשמה וואס זיא לייכט אין הימעל. דיין רואונג זאל זיין גאנץ העכער פון דיא הויכע מלאכים אונ דייני ביינער זאלען רוען אן פארפוילונג אונ זאלסט דיך אין קבר ניט מצער זיין מיט קיין שום טרויערקייט. אונ איך ארומער אונ באטריבטער מענטש וואס איז פאר שוועכט פון וועגין דיא זינד אונ מוז ליידען איבער דיא זינד בין איך אהער גיקומען אויף דעם ארט וואס דוא ביסט באגראבען אונ צו דיין גילעגער איבער צו בעטען דיך אויס צו ריידען דיר מיין הארץ. דרויף וואס איך האב גירעט אונ האב גיהאט אין מייני גידאנקען אונ האב גיווערקט אזעלכי זאכען וואס זענין קעגען דיין כבוד אונ דיין שיינקייט הייגט פאקען איך מיך אונ וועל עס ווייטער שוין ניט טון אונ זאג איך האב גירעט קעגין אייך איר ביינער פון דעם (פלוני) דען איך האב גיזינדיגט צו גאט דער גאט פון דיא ישראל אונ צו אייך אונ וואס איך האב גיווערקט אונ גירעט אין גוטען אונ גיטראכט אדער אלץ וואס איך האב גיפוילט צו טון צון דיין כבוד וועגין דאס אלץ איז גיווען וויא איין זאך וואס ווערט גיטון אום גערין וואס גייט ארויס פון איין.
גנארטע

כְּהוֹגֵן אֲנִי מִתְחָרֵט עָלָיו בַּחֲרָטָה גְּמוּרָה חֲרָטָה דִּמְעִיקָּרָא וְהִנְנִי מְבַקֵּשׁ מִמְּךָ וּמִנַּפְשְׁךָ וְרוּחֲךָ וְנִשְׁמָתְךָ עַל כָּל מַה שֶּׁחָטָאתִי וְעָוִיתִי וּפָשַׁעְתִּי לְפָנֶיךָ יִכָּמְרוּ נָא רַחֲמֶיךָ עָלַי וְתַעֲמוֹד מַהֵר בִּתְפִלָּה וּבַקָּשָׁה לִפְנֵי מֶלֶךְ מַלְכֵי הַמְּלָכִים הַקָּדוֹשׁ בָּרוּךְ הוּא יִמְחוֹל לִי בְּרוֹב רַחֲמָיו וַחֲסָדָיו עַל כָּל מַה שֶּׁחָטָאתִי וְעָוִיתִי וּפָשַׁעְתִּי הֵן נֶגְדוֹ הֵן נֶגֶד בְּרִיּוֹתָיו וְיַעֲזוֹר לִי בְּרוֹב רַחֲמָיו וַחֲסָדָיו לִשְׁמוֹר מִצְוֹתָיו וְאַל יַטְרִידֵנִי שׁוּם מַטְרִיד וּמְקַטְרֵג וְעַל מֵי מְנוּחוֹת יְנַהֲלֵנִי וְיַאֲרִיךְ יָמַי וּשְׁנוֹתַי בַּנְּעִימִים וְאַךְ טוֹב וָחֶסֶד יִרְדְּפוּנִי כָּל יְמֵי חַיַּי וְשַׁבְתִּי בְּבֵית יְיָ לְאוֹרֶךְ יָמִים אָמֵן:

סוכת שלום

בינארסטע דיעה אונ אויף דעם אלימען וואס איך האב גיטון ניט וויא רעכט. האב איך דרויף חרטה מיט ארעכטי חרטה אויף דעם אן הייב האב איך אויך חרטה אונ נון איך טוא אויך בעטען פון דיר און פון דיין נפש אונ פון דיין רוח אונ פון דיין נשמה אויף דעם אלימען וואס איך האב גיזינדיגט אונ פאר קרימט אונ גימייסטייט קעגין דיר. עס זאל זיך היצען דיין דער בארעמקייט איבער מיר אונ זאלסט באלד שטיין מיט תפלה אונ בקשה פאר דעם קיניג איבער אלי קיניגען הקב״ה אז ער זאל מיר מוחל זיין מיט דיין פול רחמנות אונ גינאד אויף דעם אלימען וואס איך האב גיזינדיגט אונ פאר קרימט אונ גימיסטייט. סייא עס קעגען אים אונ סייא קעגין זייני באשעפעניש. אונ ער זאל מיר העלפען מיט זיין פול דער בארעמקייט אונ זייני גינאד צו היטען זייני מצות. אונ עס זאל מיך ניט הינדערין קיין שום הינדערער אונ קיין מקטרג אונ בייא דיא רועֶנדיגע וואסער זאל ער מיך פירען. אונ זאל דער לענגערין מיינע יארין און טעג מיט זיסקייט. אונ נייערט גוטס און גינאד זאל מיך נאך יאגען אזוי לאנג וואס איך וועל לעבען און איך זאל זיצען אין גאטס הויז צו לאנגי טעג אמן:

סימן יז.

מענין ההזכרת נשמות (וכו י' סעיפים):

א) יש מקומות נוהגים להזכיר בשבת אחר קריאת התורה קודם שמכניסים הספר תורה לזכור נשמות המתים שנקברו באותו השבוע ולהתפלל עליהם ובמדינתנו נוהגים להזכיר בשבת אחר קריאת התורה למנחה אותן נשמות המתים שיא"צ שלהם יהי' בשבוע שלאחר השבת ולהתפלל עליהם התפלה אל מלא רחמים וגם נוהגים אנו לומר בשבת אחר קריאת התורה דשחרית אב הרחמים להתפלל על נשמות הקדושים שנהרגו על קדושת השם:

ב) **בשבת** שאין אומרים בו צדקתך צדק אין אומרים בו אב הרחמים ומכ"ש שאין מזכירים בו נשמות המתים שנקברו באותו השבוע ולא נשמות המתים של היא"צ וכן בשבת שיש בו חתן אחר החתונה או שיש בו ברית מילה וכן בשבת שמברכים בו את החודש אין אומרים בו אב הרחמים:

ג) **בשבתות** של ימי הספירה וכן בג' שבתות של בין המצרים אומרים אב הרחמים אפילו בשבת שמברכים בו את החודש ואפילו אם יש ברית מילה באותן

סוכת שלום

ער זאל גידענקען זיין לערנען. פון גרויס בצווין איז ער איינגעשלאָפען. האָט מען איהם געזאָגט דאָס ער זאל יעצט יעדען טאָג איבער לערנין דריי מאָהל וועט ער שוין גישט פארגעסין דער גאון אין צדיק דער סמיכת חכמים האָט צוואה געלאָזט זיין ווייב זאל גיין אלע ערב ר"ח בעטען אויף זיין קבר:

סימן יז. דער ענין פון הזכרת נשמות אין דאס איז איינגעטיילט אין צעהן סעיפים:

א) **און** טייל ערטער איז א מנהג אלע שבת אין דער פריא נאָך קריאת התורה מזכיר צו זיין די נשמות פון די וואָס זענען אין דער וואָך געקומען צו קבורה. אין ביי אינז זאָגט מען שחרית אין אב הרחמים וואָס דאָרט איז דער מאָנט די וואָס זענען אומגעקומען אויף קידוש השם. אין ביי מנחה נאָכ'ן ליינען מאכט מען א אל מלא רחמים די נשמות וואָס זייער יא"צ געפאלט די וואָך:

ב) **דעם** שבת וואָס מען זאָגט נישט קיין צדקתך צדק. אָדער עס איז דאָ א חתן אין די שבעת ימי המשתה אָדער א ברית. אָדער מען בענטש ר"ח מאכט מען נישט קיין אל מלא רחמים. ביי מנחה. און אין דער פריא זאָגט מען נישט קיין אב הרחמים:

ג) **און** די שבתים פון דער ספירה אין בין המצרים אפילו מען בענטש ר"ח אָדער עס איז דאָ א ברית פינדעססטוועגין זאָגט מען אב הרחמים. אָבער הזכרת נשמות אין

באותן השבתות ג״כ אומרים אותו אבל נשמות המתים שנקברו באותו השבוע וכן נשמות המתים של היא״צ אין מזכירים בשבתות הספירה ושל בין המצרים שמברכים בהם את החודש ואם חל ראש חודש אייר בשבת אז גם אב הרחמים אין אומרים:

ד) **אם** חל תשעה באב בשבת אע״פ שאין אומרים בו צדקתך צדק אומרים בו אב הרחמים וגם מזכירים בו נשמות המתים:

ה) **המתפללים** בבית אבל תוך השבעה אומרים שם בשבת אב הרחמים וגם צדקתך צדק לפי שאין מדת הדין בשבת:

ו) **אלה** המועדים שמזכירים בהם נשמות המתים ומתפללים עליהם התפלה „יזכור" וסימנך הוא שביום שקוראים בו כל הבכור או עשר תעשר מזכירים בו הנשמות ואלה הם אחרון של פסח יום ב' דשבועות שמיני עצרת דסוכות וגם ביום הכפורים מזכירים השמות לפי שאז זמן כפרה לכל העולם וכן גם לנשמות המתים כדאיתא בספרי כפר לעמך ישרא' אלו החיים אשר פדית אלו המתים מכאן שגם המתים צריכים כפרה:

ז) **בספר** אורחות חיים סי' תרכ״א בהגהות כתב בשם ירושלמי כשם שהקשת יורה החץ כן אם מזכירים נשמת הנפטר לברכה ואומר זצ״ל מוציאים נשמתו מדינם של גיהנם ולכן מזכירים נשמות ביוה״כ ע״ש:

ח) **ולענין** הזכרות נשמות המתים בשנה הראשונה יש בזה דיעות שונות בס' ילקוט ישראל הביא בשם תשובת הרשב״ן או״ח סי' רצ״ב שאין להזכיר בשנה הראשונה כיון שאז נידונים למעלה והוא העיר עליו לבטל דבריו לגמרי הן מצד השכל דאדרבא הזכרת נשמות שאנו מבקשים עליהם רחמים וא״כ בשנה ראשונה מבעי לן טפי לאפושי ברחמי בעדם והן מצד העיון בפוסקים מביא כמה ראיות שאין שום הקפדה וביחוד דכן משמע בשער אפרים יע״ש:

ט) **ועיין** בסידור המנהגים (ח״א בת״א סי' ט') שעשה סמוכין למנהג זה שלא

סוכת שלום

אין אל מלא רחמים זאָגט מען נישט. אין אז ר״ח אייר געפאַלט אום שבת זאָגט מען קיין אב הרחמים אויך נישט:

ד) **אין** תשעה באב געפאַלט אום שבת האָטש מען זאָגט נישט קיין צדקתך צדק פינדעסטוועגען זאָגט מען אב הרחמים און מען מאַכט אַ אל מלא רחמים:

ה) **די** וואָס דאַווינען ביי אַן אָבל אין דער שבעה אום שבת דאַרפען צו זאָגען אָב הרחמים אין דער פרוא און ביי מנחה צדקתך צדק:

ו) **און** די טעג איז מען מזכיר גשמות. אחרון של פסח. דעם צווייטען טאָג שבועות יום כפור. שמיני עצרת:

ז) **אין** ירושלמי שטייט אַזוי ווי די פייל פליהט אַרויס פון בויגען. אַזוי אַז מען דערמאָנט די נשמות און מען זאָגט זכרונו לברכה. צוהט מען זיי אויס פון גיהנם. דרובער זאָגט מען יום כיפור הזכרת נשמות וויל דאַמאָלסט איז אַ זמן כפרה:

ח) **וועגען** הזכרת נשמות דאָס ערשטע יאָהר וואָס דער רשב״ן שרייבט מען זאָל נישט מזכיר זיין. ברענגט דער ילקוט אַ סאַך ראיות דאָס מען דאַרף אפילו דאָס ערשטע יאָהר אויך מזכיר נשמות זיין:

ט) **אין** סדר המנהגים ווערט אָבער געברענגט ראי' פון ירושלמי אז דאָס ערשטע יאהר זאָל מען נישט מזכיר נשמות זיין וויל

שלא להזכיר בשנה ראשונה מירושלמי פ"א דמו"ק וז"ל לא יעורר ולא יספוד את מתו ל' יום קודם לרגל וכפל הלשון „לא יעורר ולא יספוד" להורות בא שלא יזכיר מתו בתוך ל' יום בין המתים שכבר מתו יען דיבכה יותר מדאי ויעורר גם אחרים לבכות יותר מדאי בשבת ויו"ט וגם יען דבשנה הראשונה אומרים קדיש וזוכר אותו בכל יום מה לו להזכירו עוד:

יוד) **בס'** אה"י ח"ג העיר שיש יסוד לזה המנהג שלא להזכיר מזוה"ק פ' נח דף ס"ט בפסוק ויזכר אלקים את נח דאר"א ת"ח בשעתא דדינא שריא בעלמא לא ליבעי' ליה לאינש דידכר שמי' לעילא דהא אי אדכר שמי' ידכרון חובוי וייתון לאשגחא בי' מגלן משונמית דההוא יומא יו"ט דר"ה הוה וקב"ה דנין עלמא כו' ותאמר בתוך עמי אנכי יושבת לא בעינא דידרכנן לו וישגחנן בי' כו' יע"ש ועפי"ז יבין כל מבין דזה הענין דשייך על הכל ביומא דדינא דר"ה הוא שייך ג"כ ממש בשוה לו על נשמת המת בשנה הראשונה וזה סברה אמתית אבל מאחר דיש פוסקים להזכיר והאמת שכן מורה שכל הישר מסיים שם להכריע בזה לצאת ידי כל הדעות שהזכרת נשמות בשנה ראשונה וכן כל התפלות המתפללים עליהם בשנה א' תהיינה בלי הזכרות שמן בפרטיות אלא שהבן יאמר את נשמת אבי מורי שהלך לעולמו כו' ובאופן זה תבא התפלה למקום הראוי לה בלי קטרוג ומצוה לפרסם זאת להתנהג ככה:

סימן ח"י.

מענין תחיית המתים ובלע המות לנצח *) (וכו יו"ד סעיפים):

א) **בספר** התשב"ץ אות תמ"ו כתב וז"ל, הר"ם ז"ל אומר בספר האמונות

*) לאשרנהטעם שהעולם קורין למי שמת לו אב או אם ר"ל „יתום" הוא ורמז שיותם ויבלע המות לנצח (טעה"מ תתרע"ב) לזאת מצאתי לנכון להביא פה איזה דברים מהספה"ק מש"כ על הדבר הלזה:

סוכת שלום

ווייל דער צער איז דאמאלסט נאך זייער גרויס וועט ער זיך נישט קענען איינהאלטין פון געוויין און וועט נאך אנדערע אויך וויינענדיג מאכען אום יו"ט. בפרט אז דאס וואס ער זאגט נישט הייסט גלייך ווי הזכרת נשמות:

י) **אין** ס' אה"י ווערט גיברענגט א ראי' פון זוה"ק אז דאס ערשטע יאהר זאל מען נישט מוזכיר בשמות זיין, נאר ווייל פון א סאך פוסקים ווייזט אויס אז מען דארף יאה מוזכיר נשמות זיין דאס ערשטע יאהר, פס'קענט דער אה"י דאס ער זאל ניט דע. מ.נען קיין נאמען נאר זאל זאגען נשמת אבא מורי. אדער אמי מורתי. ווייל אז ער דערמאנט נישט זייער נאמין קען אויף זיי קיין קיטרוג נישט זיין:

סימן יח. דער ענין התיית המתים וואס דער פאטער אדער מוטער זענען געשטארבען ר"ל רופט מען יתום. דאס איז איינגעטיילט אין צעהן סעיפים.

א) **דער** טעמי המנהגים שרייבט אז דער נאמען יתו.ם, נעמט זיך פון דעם פסוק בלע המות לנצח. דאס הייסט דער טויט

האמונות יש כתוב אחד אומר ובלע המות לנצח משמע שיהא מבולע לעולם וכתיב אחר אומר והנער בן מאה שנה ימות ומשני אותם שמתים עכשיו קודם שיבא משית הם יעמדו בתחיית המתים ועליהם נאמר בלע המות לנצח כי לא ימותו עוד לעולם ועד אבל אותם שחיים בשעת ביאת הגואל עליהם נאמר והנער בן מאה שנה ימות כי ימותו לבסוף אמנם יחי' כל כך דאפילו בן מאה קרוי נער כדכתיב והנער בן מאה שנה ימות:

ב) **ובספר** העולומות כתב בשם ספרים שתהיה התחיה קודם זמן קבוץ הגליות כמו שביאר זה ישעיה באמרו יחיו מתוך וגו' לך עמי בא בחדריך זכר מיד ענין הגאולה באמרו ביום ההוא יפקוד ד' בחרבו הקשה וגו' והיה ביום ההוא יתקע בשופר גדול ושאר פסוקים שנאמרו בזה:

ויברא השי"ת חדשה בארץ להחיות את המתים שכבר מתו מקצתם צדיקים גמורים ומקצתם נביאים ומקצתם חכמי הדורות הנקובים בשמות ונודעים לבני האדם ומהם רשעים מלכים קיסרים וגדולי עולם וגם מן החדשים אשר מתו מזמן קרוב שכל רואיהם יכירים ואלה הקמים בתחיה כולם פה אחד יעידין שד' אחד ושמו אחד ושקר נחלו אבותיהם ומשה אמת ותורתו אמת וכאשר יראו בני האדם הפלא הגדול הזה יטו את לבבם לדברי הקמים ויאמינו בם וזה יום ד' הגדול והנורא שהנביאים נבאו עלינו ע"ש:

ג) **ובספר** דבש לפי מערכת ת' אות כ"ג כתב בשם הרמ"ע ז"ל וז"ל כתוב ויחיו מתיך נבלתו יקימון אמר ר' ייבא סבא בזוהר משפטים כי בדור התחיה מי שלא מת עדיין יכול לשעה קלה לצל זוהמת הנחש וכלם יקומו מיד כי לא תהא מיתתם מסט"א אלא נפילה וקימה הכל מיד המלך העליון ומיתתם בידי שמים ואין בהם מכה ופגימה כלל וזהו שאמר יחיו מתיך שכבר מתו והוטל עליך לקברם בזמנים מתחלפים והרוח שבה אל האלהים צריכים לתחיה גמורה אבל נבלתו לשון יחיד שכלם יבלו בבת אחת במצותו ושלא ע"י שליח ולא תסתלק נשמתם לגמרי קימה הוא להם לא ז"לת אמנם לא ישוו בקימתם כמה שהשוו בנבלתם

סוכת שלום

טויט וועט פערלענד ווערען אויף עוויג. איז יתום ייטש פערלענדין, דער תשב"ץ שר ייבט אז די טויטע וואס ווילען אויפשטיין תחיית המתים וועלין קיינמאהל נישט שטארבען. אבער די וואס ווען נאך דאמאלסט לעבען ווען יאה נאך א לאנגען לעבען שטארבען אין צוריק לעבעדיג ווערען:

ב) **און** ספר העולומות שטייט אז תחיית המתים וועט זיין פאר דער גאולה שלימה, דאמאלסט וועלען לעבעדיג ווערען טייל פון צדיקים גמורים, טייל נביאים, אין א טייל חכמים וועלכע זענען בעוויסט אויף דער וועלט, אין מלכים אין בעויסטע גילעהרטע פון די אומות העולם אפילו רשעים, אויך א זעלכע וואס זענען הערשט געשטארבען אין עס איז דאה מענטשען וואס קענען זיי אין אלע וועלען עדות זאגען אז השי"ת איז איין גאט, אין זיין תורה וואס ער האט גיגעבען דורך משה רבינו איז אמת, אין זיי האבען ביי זייער לעבין געהאט א טעות וואס זיי האבען אנדערע געטער געדינט, פון דעם גרויסע ווינדער וועט די גאנצע מענטשהייט צוריק קערען פון זייער שלעכטען וועג אין גלייבען אין השי"ת אין איהם דינען מיט זייער גאנץ הארץ, דאמאלסט וועט זיין דער יום הגדול וואס די נביאים האבען געזאגט:

ג) **און** ספר דבש לפי ווערט גיברענגט, פון זוה"ק אז די וואס וועלין לעבען

זבגבלתם אלא שכל א׳ יקום ושלמותו בידו נכוה מחופת חבירו :

ד) **ובש״ע** האר״י כתב וז״ל דע כי המצות שאינו יכול לקיימם בעוה״ז כמו קרבנות וכיוצא בזה צריכ ן להתגלגל כל אותן שלא קיימו מצות אלו בימיהם אחר שנבנה ביהמ״ק לקיימם ואל זה רמז ישמעאל בן אלישע כ״ג כשאמר לכשיבנה ביהמ״ק אקריב חטאת שמינה והנה שאר מצות יבום וכיוצא אשר אין יכול האדם לקיים יתעבר בזה דרך עיבור ולא גלגול ואז יקיימנו :

ה) **ובספר** שושנת העמקים (קהלת) כתב בשם מדרש שאם יאמר אדם איך יהי׳ לעתיד איש בגוף ונפש חי לעולם אל תתמה שהרי אליהו שהוא חי וקים לעולם ופי׳ בזה הפסוק יש דבר שיאמר ראה זה דבר חדש הוא שיהי׳ לעתיד אדם חי לעולם והנה זה חדש הוא כי לא נראה כדבר הזה אל תאמר כן כי הנה כבר הי׳ לעולמים והוא אליהו :

ו) **ובאלשיך** פ׳ נשא כתב על מה שכתב במדרש מי עלה שמים זה משה דהנה חניך לא עלה בגוף ונפש רק כאמרו אל רבי ישמעאל שאיברינ נעשו לפידים ועצמותיו כו׳ באופן כי נפרד גופו ממנו ונהפך איכותו לאיכות ממוצע בין הגשמיות והרוחניות ונפשו לבדה עלתה וכן אליהו נתמרק ונזכך חומרו בסערה ונשאר שם מלבוש דק להתלבש בו ברדתו לעתות הצורך ותעל נפשו אך לא אחד מהם עלה כמות שהוא באופן שיוכל לרדת כאשר הי בתחלה וזהו מי עלה שמים וירד משא״כ לזולתו כי לא עלו באופן יוכלו לרדת כאשר היו כי נהפך איכות חומרות :

ז) **בספר** מדרש תלפיות אות י׳ כתב שבתחיית המתים יהי׳ זוכרים כל מה שעברו בזה העולם משום שאמרו חז״ל שעומדים במומיהם כדי שיכירים וכו׳ ומכאן נלמד שיזכרו כל מה שעברו בין אדם לחבירו כדי שיתמה עוד הדברים זוכרם זה לזה מה עבר ביניהם כשהי׳ בעולם :

ובספר

סוכת שלום

לעבן אין דער צייט פון תחיית המתים, וועלין אנידער פאלין אויף דער ערד. אין זייערע שלעכטע נייגונגען וועלין זיך פון זיי אָפּטוהן און זיי וועלין באלד אויפשטיין אויסגעלייטערטע מיט הייליגע נשמות :

ד) **אין** שו״ע האריז״ל, ווערט גיברענגט אז יעדער מענטש מוז מקיים זיין אלע ותרי״ג מצות, און אזוי ווי היינט קענען מיר דאָך נישט מקריב זיין קיין קרבנות וועלין מיר ביים אויפשטיין תחיית המתים אין דעם נייעם בית המקדש מקריב זיין די קרבנות :

ה) **אין** ספר שושנת העמקים ווערט געברענגט. עס זאָל זיך קיין מענטש נישט ווינדערען ווי איז דאָס מעגליך אז מען זאָל אייביג לעבען, וויל מיר זעהן דאָך אליהו הנביא לעבט דאָך אייביג :

ו) **דער** אלשיך שרייבט, חאָטשע חנוך און אליהו הנביא זענען דאָך לעבידיגערהייט געגאַנגען אין הימעל אריין, פינדעסטוועגען איז משה רבינו׳ס מעלה גרעסער פון זיי וויל זענען דאָך פרוהער איבער געאַנדערשט געוואָרען הנוך איז געוואָהרען א פייערדיגער מלאך, און אליהו איז אויך אויסגעטוהן געוואָרען פון דעם קערפּליכען געביי, אָבער משה רבינו האָט זיין קערפּער אזוי אויסגעלייטערט דאָס ער איז מיט דעם זעלבען קערפּער געגאַנגען אין הימעל אריין און מיט דעם זעלבען אראָפּ געקומען :

ז) **אין** מדרש תלפיות ווערט גיברענגט אַז בשעת תחיית המתים וועלין אַלע גידענקען אַפילו די זאַכען וואָס עס איז זיי א דורך געגאַנגען ביים לעבען,

מיט

ח) **ובספר** ברכה משולשת (סוטה פ״ה מ״ב) מי יגלה עפר מעיניך כתבשם הורגלו לומר בזה הלשון על הצדיקים דהרי הם חיים וקיימים וא״צ רק לגילו עפר דהיינו כשיתן להם ב״ב הקב״ה רשות לחזור ולבא לעוה״ז בגוף ונפש כמו שסיפרו בגמרא (שבת קי״ב ע״ב) בההוא קפולאי דר׳ נחמן שאמר כן ר׳ אחי ב״ר יאשי׳ מן הפסוק כי אני ד׳ בפתחי את קברותיכם א״צ רק לפתוח להם וכו׳ ע״ש:

ט) **ובספר** שלחן ארבע בסופו כתב כי בהסתלק האדם מן העולם הזה אל עולם הנשמות משם תתעלה הנשמה להתעדן בצרור החיים הנקרא עולם החיים ונקרא נצח כמו שאמה״כ (תהלים י״ז) תודיעני ארח חיים שובע שמחות את פניך נעימות בימינך נצח ואם היא ראויה לעמוד שם לעולם עומדת שם בלא הפסק וזה שאמרו חז״ל כל מקום שנאמר נצח סלה ועד אין לו הפסק עולמות וכאשר איננה ראויה לעמוד שם הרי הוא חזורות לעולם הזה לתחיית המתים ליטול שכרה עם הגוף בעולם הגופות מדה כנגד מדה ושה״כ (דניאל י״ב) ורבים מישני אדמת עפר יקיצו לא אמר כל ישני אלא בישני והם אותם שאינם ראוין להאריך ימים בצרור החיים חוזרין לתחיית המתים ושם נוטלין שכרן ומתבוננים בהשגתו יתברך ומזדכי׳ בעלוי ההשגה וידיעה עד שראויה לחזור שם ואחר שחוזרין שם משם מתעלם אל העלם הנעלם הוא שכתב (תהלים מ״ח) הוא ינהגנו על מות:

ומה שארז״ל (סנהדרין צ״ב) צדיקים שעתיד הקב״ה להחיות שוב אין חוזרין לעפרן אלא יהי קיימין שנאמר ישעיה ד׳ והיה הנשאר בציון והנותר בירושלים קדוש יאמר לו מה קדוש קיים לעולם אף צדיק שעתיד הקב״ה להחיות לעולם קיים ובמקום אחר דרשו מתים שעתיד הקב״ה להחיות שוב אין חוזרין לעפרן אלא יהי׳ קיימים לעולם ומתעדנין בתוך שבע חופות אין לך להבין שיעמדו הגופות קיימים כבשר ודם ממש בגידים ועצמות כמו שאנו עכשיו אלא שיזכו למעלות הלקיחה וההתהפכות אבל לעפרן לא יחזרו לעולם כי גזירת הכתוב כי עפר אתה ואל עפר תשוב לא היתה אלא מצד החטא הקדמוני וכיון שהחטא נסתלק ובלע המות לנצח ואין מי שיחטיאם כי המקטרג חלף הלך לו הרי הגזירה בטלה ואינם חוזרים לעפרן לעולם ע״כ:

ובספר

סוכת שלום

מיט וועמען זיי זענען געווען גוטע פריינד אין מיט וועמען נישט, כדי זיי זאלין וויסען אז זיי זענין די זעלבע וועלכע האבען דאמאלסט גילעבט אין געשטארבען אין יעצט האט זיי השי״ת צוריק לעבעדיג געמאכט:

ח) **אין** ספר ברכה משמלשת ווערט גיברענגט מיט דעם לשון וואס די משנה זאגט מי יגלה עפר מעיניך, דאס איז געמיינט אז ווען די צדיקים זענין אפילו אין עולם האמת זענען זייערע גופים אויף דער וועלט אויך גאנץ אין עס פעהלט נישט מעהר ווי אויף צו דעקען די ערד פון קבר קענען זיי אויף שטיין לעבעדיג:

ט) **אין** ספר שולחן ארבע ווערט גיברענגט אז דער מענטש גייט אוועק פון דער וועלט אויב ער איז געווען א צדיק, גייט זיין נשמה תיכף אויף אין גן עדן העליון אין איז דארט אייביג נהנה מזיו השכינה, אין דער וואס איז נישט אזוי פיעל ווערט בלייבט זיין נשמה אין א נידערעגירע מדריגה. ביז תחיית המתים אין זי גייט צוריק אין גוף אריין. אין דאמאלסט ווערט זי מיט דעם גוף צוזאמען אויסגעלייטערט ביז זי איז ראוי אויף צו גיין אין גן עהן העליון אריין, אין דאס וואס

די א

י) **ובספר** מדרש אליהו דרוש ג׳ כתב וז״ל הרמב״ם ז״ל באגרת התחייה כ׳ שאותם החיים אשר יקיצו ויקימו מקבריהם יהיו כאנשי עולם הזה בכל דבריהם. ר״ל שיאכלו וישגלו ויולידו ואחרי ימים ארוכים מאד ימותו והראיה שיאכלו וישתו אחר התחיה משום דאמרינן פ׳ חלק א״ר יוחנן מניין לתחיית מתים מן התורה שנאמר ונתתם ממנו תרומת ה׳ לאהרן הכהן. וכי אהרן לעולם קיים שנותנין לו תרומה אלא שעתיד הקב״ה להחיותו וישראל נותנין לו תרומה הרי שיהיו לו אז אכילה ושתיה, וגם מהר״י אברבנאל סובר שבסוף ימותו וילכו הנשמות לקבל שכר מעשיהם על פי הדין והחשבון; ע״כ, וכתב שם ואני המחבר, דעתי נוטה לדעת הגאון בספר האמונות שלא יחזרו למות, והראוים יקומו בגופם אשר להם מקודם כדמותם כצלמם בלי שום שינוי כלל עד שיכיר איש לאביו ולאמו ולבנו ולבתו ולאחיו, וקמים במותיהם, כאומרם ז״ל לפרסם יכולתו יתברך, והקב״ה מרפא להם ויאירו ויזהרו כלם כזוהר הרקיע המאירים וכעצם השמים לטוהר כאדם הראשון יציר כפיו של הקב״ה שעקבו הי׳ מכהה גלגל חמה אחר שחטא וכ״ש מקודם, ויהיו חיים לעולם ויאכלו וישתו ויתענגו באותם הגופם עצמם כדי שיקבלו שכר מעשיהם בגופות עצמן, אשר בהם קבלו העונש ישגו דעת עליון כמלאכי רום ויכירו לבורא העולמות באמיתות כמו שהכירו אדם הראשון, כמו שאמר למלאכי כשטער בו שאמר להם אני ואתם נקלס להקב״ה ובמעשיהם המשובחים יתלבנו ויזדקוק הגופות ויעלו למדרגת משה רבינו ע״ה, בענין אשר נקרא איש האלקים שהיו מושבו בשמים בגוף ובנפש בהיות שכל הגוף נזדכך ונתלבן ונזדקק ג״כ יעלו למדרגה זאת עד שימאסו באכילת הגשמיות ויהיו התעסקותם באלהיות כמלאכי שמים ויקדשו ויעריצו ויפארו תמיד אל קדוש ישראל כי פארם ויזמרו וישרו להקב״ה הם מלמטה והמלאכים מלמעלה בהיותם שוין להם, ובהגיע האלף השביעי שהקב״ה מחדש עולמו אז יפתח להם הקב״ה שערי גן עדן הנעלם מעיני כל חי ויכנסו שם משפחות משפחות וכל אחד יכיר את מקומו מושב מדרגתו ושם יזדקקו עוד הגופים עד שיעלו ממש למדרגת המלאכים כדחז״ל צדיקים שעתיד הקב״ה להחיותם שוב אינן חוזרין לעפרן כו׳ ואחר כל זה אין לנו עסק במסתרים:

ובשם הזוהר פ׳ תולדות כתב וז״ל רב יצחק פתח הדודאים נתנו ריח וכו׳ תנו רבנן לעתיד לבוא הקב״ה מחיה המתים וינער אותם מעפרם שלא יהיו מבנין עפר כמו שהיו מתחילה שנבראו מעפר ממש שאינו מתקיים, הה״ד וייצר ה׳ אלהים את האדם עפר מן האדמה, ובאותה שעה יתנערו מעפר אותו בנין ויעמדו בבנין מקוים להיות להם קיומא הה״ד התנערו מעפר ע״כ, ופי׳ בזה מאמר מס׳ סוטה אמר

סוכת שלום

די גמרא זאָגט אַז די צדיקים וואָס וועלין אויפשטיין תחיית המתים וועלין שוין נישט צוריק קעהרען צו זייער ערד, מיינט מען נישט אַז זיי וועלין זיין בעלי גופים אַזוי זוי היינט. נאָר זייערע גופים וועלין אויך געלייטערט ווערין, ווייל דער שטן דער מקטרג וועט שוין נישט אנרעדען צום שלעכטען:

י) **דער** מדרש אליהו ברענגט. דאָס דער רמב״ם אין דער אַברבנאַל האלטען אַז די וואָס וועלין אויפשטיין תחיית המתים וועלין האָבען אַלע קערפּליכע נייגונגען אַזוי ווי ביים לעבין אין דער היינטיגער צייט. אין דערנאָך וועלין זיי שטאַרבען אין גן עדן אַריין. אָבער דער גאון רבינו סעדי׳ אין האמונות והדיעות שרייבט

אמר רבי אלעזר כל אדם שיש בו גסות הרוח אין עפרו נגער שנאמר הקיצו ורננו שוכני עפר, פירש״י ז״ל נגער מקיץ מתחיית המתים וקשה ולמה לא אמרו בפי׳ אינו קם או אינו חי בתחיית המתים מהו אין עפרו נגער, אלא רצו לרמוז שלעולם יקום בתחיית המתים אבל יקום ביסוד העפר הראשון יסוד רעוע ואין עפרו הראשון נגער ממנו להחיות לעולם, אלא יחזור למות ע״ד והנער בן מאה שנה ימות כדמסיק בגמרא שמדבר באומות העולם, וגם זה שיהיו בם גסות הרוח יהיו כן אבל שארי המתים שיקומו יהיו בכלל בלע המות לנצח. ע״ש:

מאמר זכרון עולם

והיא מהספד מה שאמרתי על אמי זקנתי הצניעה והצדקת הישרה במעשי׳ הטובים והנעימים אוהבת תוי״ש ממשפחת מיוחסת מרת **שיינדיל הינדא** ע״ה (בת ה״ה הר״ר ישראל יחיאל זללה״ה) שנפטרה ביום כ״ח לחודש **טבת** שנת תרע״ט לפ״ק בזאמושטץ יצ״ו ויען שלא הניחה ל״ע שום בנים זכרים (כי מבעלה הראשון ה״ה אא״ז הרב וכו׳ ר׳ חיים זצ״ל בן כ״ק אא״ז הרה״צ המפורסים ר׳ צבי הירש מטאמשוב זצוקללה״ה) לא הולידה רק אמי מורתי הצדקת מרת **חי׳ פריידא** שתחי׳ לאויט״א. ומבעלה השני ה״ה אא״ז המפורסים ר׳ **שלמה פרידלינג** זצ״ל מזאמושטץ לא הולידה כלום לזאת אמרתי אתן לה זכרון עולם בסוף ספרי הלזה:

ובזה התחלתי על הביה״ח לכל חי לומר קודם

סוכת שלום

שרייבט דאָס די וואָס וועלין אויפשטיין תחיית המתים. וועלין שוין קיינמאָהל נישט שטאַרבען נאָר זייערע גופים וועלין זיך פערגעניגענין מיט אַלעם גוטען. אין זיי וועלין אויך בעקומין הויכע הייליגע געדאַנקען צו פערשטיין די סודות התורה דאָס זיי וועלין זיי גלייך ווי אדם הראשון איידער ער האָט געזינדיגט, אין ווען עס וועט קומין דער אלף השביעי. וואָס השי״ת וועט בעניייען די וועלט וועט ער זיי עפינין די טויערין פון גן עדן אין יעדער וועט בעקומין זיין פערדינט אָרט וועדליג זיינע מעשים אויף דער וועלט. אין פון זוה״ק זעהט אויס דאָס די ערליכע יודין וועלין אויפשטיין מיט אַנ׳אַנדערען קערפער נישט פון ערד אַזוי ווי ביז יעצט נאָר אַנ׳איידעלין וואָס וועט נישט שטאַרבען, אָבער די וואָס האַלטען זיך גרויס, וועט דער ערדיגער קערפער זייערע נישט געביטען ווערין נאָר זיי וועלין אויפשטיין מיט דעם אייגענעם קערפער דרובער וועלין זיי נאָר לאַנג לעבין אָבער נאַכהער וועלין זיי מוזען צוריק צו דער ערד, אין אַזוי אויך די אומות העולם וואָס וועלין אויפשטיין תחיית המתים, וועלין אויך צוריק שטאַרבען. אָבער אין די צדיקים וועט מקוים ווערען דער פסוק בלע המות לנצח:

מאמר זכרון עולם.

דאָם איז אַ הספד וועלכעס איך האָב געזאָגט אויף מיין באָבע. די צדיקת שיינדיל הינדא ע״ה, אין וויל זי האָט נישט איבער געלאָזט קיין בן זכר ל״ע, האָב איך בעשטימט אין סוף פון דעם ספר צו שטעלין דעם הספד כדי עס זאָל זיין פאַר איהר אַנ׳עוויגער אַנ׳דעקונג, די

קודם הקבורה הנה איתא בגמרא (שבת דף ק"ה) כל המוריד דמעות על אדם כשר הקב"ה סופרן ומניחן בבית גנזיו והקשו בספרים לאיזה צורך הוא סופרן הלא מאחר שמניחם בבית גנזיו מתי שיצטרך להם ימצא אותם בשלימתן !יד מי ישלט בהם ? ומדאמר שהוא סופרן מוכח מזה שמניח שם גם שארי דמעות אשר בעבור זה הוא צריך לספור אותן לדעת כמה יש מכל מין לבל יתערב אלו באלו ? . ותירץ בספר שרגי נפישא (בקונטרס לקוי המאורות) ע"פ דאמרו חז"ל (במו"ק דף ח'), כד „הדר ספדנא במערבא אמר לבכון עמי כל מרידי לבא" הרי דגם הדמעות שאדם מוריד על עניניו בעת שהוא מוריד על אדם כשר הקב"ה מניחן ג"כ בבית גנזיו ביחד עם הדמעות הללו ולכן הוא סופרן לדעת כמה יש מכל מין ורק מפני שאלו הן חשובות ביותר סופר את אלו מפני חשיבותן או מפני שע"פ רוב הדמעות שאדם מוריד על עניניו הן רבות מאלו שהוא מוריד על מיתת האדם כשר לכן סופר את אלו מפני מעוטן ועכ"פ הן מונחות ביחד בבית גנזיו של הקב"ה יע"ש, לזאת מורי ורבותי היות כעת

אנחנו הנמצאים בפה יש לנו על הרבה הרבה ענינים לבכות כי לכל אחד חסר מה. וביותר מחמת שהימים הללו חיינו תלוים מנגד מחמת המהומת והמלחמות השולט בעירינו (כי באותו יום ממש היו מהומה גדולה מאד בזאמישטץ שקמו חברה אדומים והי' רוצים לקבל המאכט בעיר לידם, ולא גברה כלום רק נהרגו הרבה ובתוכם גם איזה ציוול מענטשין והגם שהיו קשה לילך לחוץ עכ"ז בסכנת נפשות ובמסירת הנפש לוינו אותה על הבית חיים לכל חי והי' גם המון אנשים ונשים כי היתה חביבה בכל עיר) וראה גא כל אחד להוריד דמעות כל מה דאפשרי על זקנתי הצדקת שכל אחד · ואחד מכם יודע שהיתה אשה כשרה וביחד עם דמעותיכם עליו יניח הקב"ה דמעותיכם על שארי ענינים ויקבלו לרצון לפני אדון כל, ומחמת המהומת לא יכלתי ביותר לומר שם אך ביום היארצייט הראשונה שלה בלמדו משניות ברבים בביה"כ הקטן חברה תהילים בזאמישטץ אמרתי עלי' להספידה בדברים הללו:

הנה יש שואלים מה כ"כ יש לנו לבכות

סוכת שלום

גמרא זאָגט אַז דער וואָס לאָזט טרערען אויף דער פטירה פון אַ צדיק צייילט השי"ת אָב די טרערען אין בעהאַלט זיי אין זיינע אוצרות, איז דאָך שווער, אויב ער לייגט זיי אין אבעהאַלטענעם אוצר וואָס דאַרף ער זיי ציילין, נאָר אין ספר שרגי נפישא. שטייט אַ תירוץ ווייל דאַמאָלסט ווען דער מענטש וויינט אויף דער פטירה פון אַ צדיק אין ער דער מאַנט זיך דאַמאָלסט אויף אין זיין ביטערע לאַגע אין וויינט דרויף נעמט השי"ת די טרערען אויף אַריין אין דעם אוצר דרובער דאַרף מען איבער ציילין ווי פיעל טרערען זענען גיוועזען אויף דעם צדיק'ס פטירה, אין אויב דער רוב איז גיוועזען אויף דעם צדיק ווערט

ער אין זכות פון צדיק אויף געהאָלפען, דרובער זאָלט איהר נישט שפּאָרען קיין טרערען אויף דער צדיקת און אין דעם זכות וועלין אייערע טרערען אויף אָנגענומין ווערען. מיין האָב דאַמאָלסט נישט גיקענט זאָגען ווייל עס איז גיוועזען קריגס צו שטאַנד, נאָר אין דעם ערשטען יא"צ טאָג ווען איך האָב גילערינט משניות מיט דער חברה תהילים, האָב איך גיזאָגט. עס איז דאָה מענטשין וועלכע ווינדערען זיך וואָס דאַרף מען וויינען אויף דעם וואָס אַ עלטער מענטש שטאַרבט, ער קען דאָך נישט אייביג לעבען, נאָר די זאַך קען מען פאַרשטיין מיט אַ משל עס זענען פאַרהאַנדין צוויי וועגען איינער דורך דער בצת, וועלכע

לבכות על מות אשה זקנה או איש זקן ושבע ימים, הלא לא לעולם יהי' אדם ? ולהט יש להשיב ע"פ משל ומליצה והיא, היות נוסע שיש לו דרך ליסע מעיר אחת לחברתה דרך המלך (הנקרא שוסע) ויש עוד דרך ישן נושן (הנקרא פוילישער וועג) וכמובן שעל דרך המלך טוב יותר לנסוע מעיר לעיר מעל הדרך הישן הנ"ל כי על דרך הלזה כל אחד יודע ובקי בשם הכפרים, והנה כ"ז אם הוא שלום כתיקונו וכל אחד יש לו רשות ליסע על הדרך החדש (השוסע) וטוב לו זה הדרך מאוד, אך אם ח"ו נפרצה איזה חדשות ר"ל (כמו מלחמה וכדומה) שלא יוכל ליסע בדרך הלזה אז הלא מוכרת ליסע על הדרך הישן נושן (פוילישער וועג) ועל הדרך הלזה צריך להיות בקי ומורגל לידע איך ליסע ולידע שם הכפרים כמובן:

כן מורי ורבותי דרך היהדות הוא ישנה מאוד ואף שיש עתים שקשה לעבור בה ביחוד בימי החום בימי זריחת שמשו של עם ישראל גם הדדך ההוא טוב לעבור בה, אבל בימי החושך שחשך השמש בעדנו והרוחות סוערות עלינו וגשם שוטף עלינו ממעל, אז הלא קשה לעבור בדרכינו הישן, וצריכין אנחנו בקיאים (ופראקטעקאנטין) גדולים שיהי' לנו בדרך הלזה לסעד ולתמיכה ולהדריכנו ולחזקנו בדרך הישן הלזה לבל להטות ממנו ימין ושמאל ומי המה הבקיאים והפראקטיקאנטין הלא הם הזקנים היראים שהיו הולכים בכל ימיהם על זה הדרך הישן נושן הם יכולים להראות לנו איך לילך על הדרך הלזה ולחזק לנו שיש היכולת להתקיים כשהולכים על זה הדרך ומעתה כאשר הזקן הבקי והפראקטעקאנט התחל לנפול ונעדר מן העדה הלא באמת עלינו לדאג ולקונן אוי, אוי. מי יודע אם נוכל להכיר את דרכינו הישן כאשר יהי' נחסר מאתנו הנעדר המורה דרך הישן שלנו, ולזאת גם על מיתת אמי זקנתי הצדקת ע"ה שהיתה זקנה בת שבעים וארבעה שנים ג"כ יש לנו לבכות ולשפוך דמעות שאבדנו זקנה כי"ב שהי' לנו לסעד ולתמוך בדרך הישן הדרך ישראל סבא שמאוד נחוץ כעת לחיזוק כמובן:

וביותר יש לבכות ולקונן לבני משפחתינו ולאנשי עירינו שהיו מכירים בטוב ערכה של אמי זקנתי הצדקת ע"ה ואיך גודל מעלתה ועד כמה הי' היכולת ללמוד ממנה לילך בדרך השם ותוה"ק וכמש"כ בהס' „קול יעקב" פי' הפסוק „לא עליכם כל עוברי דרך הביטו וראו אם יש מכאוב כמכאובי אשר עולל לי". והיא ע"פ לעושר שהי' לו בן רע מאבד הון רב והאב הי' מיצר על עשרו שיירשנו ויכלה ממונו בזמן קצר. מה עשה. עשה בית גדול יפה מאוד ובתוכו כלים יקרים ועל כולם יעשה מקומות נסתרים מעין כל כי אם גילה לאיש סודו ואצר שם כל כסף וזהב ואבר. אל ידע בני מהרה מזה עד ברוב הימים

סוכת שלום

וועלכעס דער מענטש דאַרף מעהר נישט וויסען ווי צו ס צו קויפען אַ רייזע בילעט. אין דער צוג ברענגט איהם שוין אויף זיין אָרט. אין דער צווייטער דורך דעם פוילישען וועג, וועלכעס דער מענטש דאַרף וויסען יעדין שטאָדט ווי ער דאַרף אַ דורך צו פאָהרען אין דורך וועלכעס שטעט לוינט בעסער צו פאָהרען. זעלבסטפערשטענדליך אַז יעדער וויל פאָהרען מיט'ן צוג. אין דרובער איז פון דעם פערגעסען געוואָהרען דער אַלטער וועג. אָבער אַז עס טרעפט קריג צייט וואָס דער צוג איז פערנומען מיט מיליטער אין איינער וואָס דאַרף פאָהרען און וועג אַריין מוז פאָהרען פוילישער וועג מוז ער אָנקומען צו אַ מאַן וועלכער גידענקט נאָך דעם אַלטען פוילישען וועג ער זאָל איהם לערנין דורך וועלכין וועג איז פאַר איהם בעסער צו

אימים אולי בין כו"כ יתחכם וייטיב דרכיו והנה בהמשך הזמן נשרף הבית וכל אשר בו וכל העוברים עליו קוננו ובכו, אך הבדל גדול יש בין המקוננים, כי מי שלא ראה רק תפארת הבית מבחוץ אינו מקונן רק על הפסד בית מפואר כזה אבל האב ואנשי סודו מקוננים ובוכים ביותר לפי שידעו הם גם מהמטמונים היקרים, כך הכשדיים לא ידעו רק תפארת הבית מבחוץ ותמהו עליו הזאת העיר וגו', כלילת יופי משוש כל הארץ והיו ישראל אומרים להם „לא עליכם כל עוברי דרך", אין אתם יודעים שמץ מנהו מה שהי' בפנים הוד ותפארת בלי ערך ואנחנו ב"י מבינים יותר וזהו שיאמר מציון תצא תורה ודבר ד' מירושלים. לכן יאית לבכות ביותר למעבד הספדא להוריד דמעות פלגי מים שכל שפע הקדושה בא משם וסיוע לעבודת הבורא יע"ש ועי' בס' מ"ד (תהלים סי' נ"ס ח"ח). וכן הוא בענין הספד לאמי זקנתי ע"ה אמת שכולם היו יודעין טוב ערכה עכ"ז אנחנו בני משפחתה ובני עירה השכנים אשר היו מכירים ביותר את טוב מזגה ויראתה מפני השם עלינו לבכותה ביותר מכל המכירים הרחוקים כמובן וכנ"ל:

ואני מצידי הנני להמליץ עלי' מה שנראה לפיע"ד לפרש דברי חמדרש (כפרשת חיי שרה וכרש"י כפ' הסכוע) שאיתא וז"ל שכל זמן

. סוכת שלום

צו פאָרען דאָס ער זאָל קומען צו דעם אָרט וואָס ער דארף אין ער זאָל אויך ח"ו נישט אַרײַן פאָהרען אין דעם שלאַכט פעלד. ווײַל דער וואָס ווײַסט נישט דעם פוילישען וועג קען אַ מאָל בלאָנדזין אין עס זאָל איהם דאַכטען דאָס ער פאָרט אין ריכטיגען וועג. דאָס זעלביגע איז בײַם וועג פון יודישקײַט פערצײַטין ווען מיר האָבין געהאַט אינזער לאַנד מיט אינזער פאַרלאַמענט די סנהדרין. האָבין זײ אינז געפיהרט אין אַ אויסגעבלאַנטין וועג אין מיר האָבין גאָר נישט געדאָרפען וויסען נאָר דאָס טוען וואָס די סנהדרין האָבען געהײסען זענין מיר שוין ממילא געקומין צו אינזער תכלית וועלכין מיר האָבין געדאָרפען אָבער הײַנט מיר זענין פערטרובין געוואָרען פון אינזער לאַנד אינזער הײליגער פאַרלאַמענט איז פערמאַכט געוואָרען אין די שונאי הדת האָבין זיך גענומין אינז צו לײגען פערשידינע שטרויכלינגען צו פערשטעלין פאַר אינז דעם אמת'דיגען דרך התורה זײ האָבין אַ פאָרמעלע מלחמה אָנגעהויבען אַ קעגען די שומרי התורה אין זײער חוצפה איז גאָך אַזוי ווײט דערגאַנגען דאָס זײ רופען זיך אויך רבנים אין מאַכען ביכער וועלכין זײ טוהן אַ נאָמין ספר וואָס על פי דין טאָהר זײ זיך נישט געפינען אין קײן יודישע שטיב. אין מען איז זײ מחויב צו פערברענען פון וואַנען קענין מיר וויסען ווען צו פאָלגין דען אַלע שרײען דאָך אַז דער אמת איז בײ זײ. דרובער אין אויך אַזוי אַ צוג אַ סכנה צו פאָהרען אין מען מיז פאָהרען מיט דעם אַלטען יודישען וועג אַזוי ווי דער שולחן ערוך לערינט אינז אין אויך עפיס נוהג צו זײן אַ מדת חסידות מיז מען דאָס פרעגען בײ די אַלטע לײט. וועלכע גידענקען נאָך דעם וועג פון פאַרצײטען אַזוי ווי די יודין האָבין אָנגעהויבען אין גלות צו פאָרען אויפען פראָסטען וועג נאָך דעם ווי די גדולים הפוסקים והגאונים זענין נפטר געוואָהרען. ווײל נאָר אויף זײ קענין מיר זיך סומך זײן דאָס זײ וועלין אינז פיהרען אין אמת'דיגען וועג מיר זאָלין ח"ו נישט פערבלאָנדזין אויף דעם גיפערליכען וועג אין דער פאָזיציע אַרײַן. אין חלילה צו זײן אין דער גרעסטע סכנה מיט דעם גאַנצען יודישקײט אין אַזוי זאָג איך יעצט אויף מײן באָבי וועלכע איז געוועזין בעוויסט מיט

רעב חיים הנצחיים

ומן ששרה קימת הי׳ נר דולק מע״ש לע״ש, וברכה מצויה בעיסתה, וענן קשור על האהל, אשר כל הבא אל תוכו יתמה וכתבו לפרש כוונת המדרש באופנים שונים, ואני אמרתי בזה בעזרת החונן לאדם דעת בהקדם מה שראיתי ושמעתי בשם הגה״ק וכו׳ הרבי ר׳ שמעלקי מניקעלשבורג זצללה״ה לפרש בדרך מוסר ובאופן נחמד דברי הש״ס שבת (דף ל״ד) במשנה בפ״ב שם שלשה דברים צריך אדם לומר ע״ש עם חשיכה (ופי׳ הגמרא בניחותא כדי שיקבלו ממנו בני ביתו) עשרתם, ערבתם, הדליקו את הנר, תני׳ ר׳ חנינא אומר חייב אדם למשמש בגדיו ע״ש עם חשיכה אר״י הלכתא רבתא לשבתא עכ״ל הש״ס, ופי׳ הגה״ק הרבי ר׳ שמעלקי זצ״ל דהנה „אדם״ הוא הנשמה כידוע „ביתו״ הוא החומר הגוף „בני ביתו״ הם אבריו וחושיו „ערב שבת״ הוא עוה״ז „עם חשיכה״ הוא הרגע לפני המיתה והיינו. שצריכה הנשמה לומר בניחותא לחומר כדי שיקבלו ממנו אבריו וחושיו הוי יודעים שכל יום ויום הוא ע״ש ואפשר שהיום הוא יום לפני מיתתי ועוד יותר גרוע מע״ש כי ע״ש בעוד יום ודאי חול אבל אצלי יוכל להיות שעכשיו עם חשיכה עד שאין חשיכה גדולה מזאת שאפשר שהוא רגע אחד לפני מיתתי ומחר יבא דבר מלכו של עולם ליתן דין וחשבון, לכן מבקשה הנשמה, מבני ביתה „עשרתם״ היינו לא פגמתם בעשרת הדברות וקיימתם אותם

סוכת שלום

מיט איהר צדקות. אין זי איז געוועזין א מוסטער מיט איהרע מעשים טובים צו אלע איהרע שכינים אין גוטע פריינד דארפען מיר געוויסט בעווייגען די גרויסע אבידה וועלכע איז פון אינז פערלארען געווארין:

אין איבער הויפט דארפען צו בעווייגען די פטירה פון מיין באבע די צדיקת מיר משפחה אין שטאט לייט וועלכעס מיר האבין געוויסט ווי אבגעהיטען זי האט אלע מצות אין וויפיעל עס האט געווירקט איהר גוטע אויפפיהרנג אויף אויף אינז איהרע נאהנטע צו גייען אין דרך התורה. אזוי ווי דער הייליגער דובנער מגיד זכרונו לברכה שרייבט אין זיין ספר קול יעקב אויף דעם פסוק אין איכה לא אליכם. נישט אויף אייך זאל קומען אזוי א פורענות. כל עוברי דרך. איהר אלע וועלכע גייען דורך דעם וועג אין זעהן דעם חורבן ביהמ״ק הביטו וראו. גיט אכטונג ווערט איהר זעהן. אם יש מכאוב במכאובי. אויב עס איז פערהאנדען אזוי אוועהטאג אזוי ווי מיין וועהטאג. אשר עולל לי. וואס השי״ת האט מיר געטוהן. די זאך איז אונפערשטענדליך וואס דארף מען אזוי גיט אכטונג געבין מען זעהט דאך אין ערשטען בליק אז דאס ביהמ״ק איז חרוב. נאר מען דארף די זאך ערקלערין מיט א משל איינער אגרויסער גביר האט געהאט אנ׳איינציגען זאהן וועלכער האט זיך זייער נישט ארענטליך אויפגעפיהרט ער איז גיוועזען א הילטא גאנצע טעג אין נעכט פערברענגט אין די שענקען. אין קאליע געמאכט גרויסע סומעס געלד דער פאטער איז שוין נישט גיוועזען קיין יונגער מענטש האט איהם זייער באנק געטוהן וואס ער האט ביז א הער דעם זאהן געלאזט קאלע מאכען אזוי פיעל געלד אין נאך מער וואס וועט זיין ווען ער וועט שטארבען אין דער צולאזענער זאהן וועט בעקומין ירושה דאס גרויסע פערמעגין וועלכעס ער האט מיט גרויס מוה אנגעזאמעלט וועט ער דאס אין א קליינע צייט קאליע מאכען אין דערנאך וועט ער דארפען ארום גיין בעטלין, דרובער האט ער זיך מיישב גיוועזין אין צו נויף גערופען זיינע אללע פריינד אין האט זיי געהיים איבער גיגעבין אז

ער

אתם שכל התורה כלולה בהם „עשרתם" העשרת ספירות ולא פגמתם בהם „עשרתם" מה שחטאתם בעון קרי ונפרדו היורדין משם הוי"ה ב"ה כמש"כ התבואות שור ע"פ נודע ספ"ת „עשרתם" הייתם נזהרים לברכך בכל יום מאה ברכות היינו עשר פעמי' עשר ברכות „עשרתם" לא פגמתם בעשרה מאמרו' שבהם נבראו שמים וארץ שהורה בזה שמשל לרשעים שמאבדין את העולם שנברא בעשרה מאמרות, „ערבתם" היינו אף אם אתם קיימתם את כולם מ"מ אתם ערבתם בשב"ל שארי ישראל כי ישראל ערבים זל"ז ע"כ, „הדליקו את הנר" היינו נר שבת העליון ההו רבי חנינא אומר חייב האדם הוא הנשמה למשמש בבגדו היינו בגד הנשמה כנ"ל ערב שבת היינו עוה"ז הנקרא ע"ש כלומר קודם שימות עם חשיכה שמא היום ערב שבת עם חשיכה כנ"ל ויש לחוש שמא ישכח ויצא בעוה"ז בחטא זה ולזה אמר ר"י במתק לשונו „הלכתא רבתא לשבתא" דזהו הלכתא רבתא לשבת העליון והיא דבר נחמד ונעים ומוסר השכל ודפח"ח:

ובזה פרשתי דברי המדרש הנ"ל שהמדרש שבחה לשרה ע"ה שכל זמן ששרה קיימת הי' נר דולק מערב שבת לערב שבת היינו כנ"ל שעוה"ב דומה לשבת ומי שטרח בע"ש יאכל בשבת ושרה אמנו לא הסיחה דעתה אף רגע מלהכין א"ע לעוה"ב ואצלה היה נר דולק מע"ש לע"ש היינו כל ימי השבוע הי' חשבה הדברים „הדליקו את הנר" הנר העליון ודו"ק, כן מה ששבחה שהי' „ברכה מצוי' בעיסתה" י"ל ע"ד „עשרתם" שקיימ' „עשרתם" וכמו שפי' הגה"ק הר"ר שמעלקי הנ"ל כי שרה קיימה הברכות חלה וכדומה כידוע מסה"ק שקיימו כל התורה כולה, כן מה ששבחה לשרה אמנו „בענן קשור על האהל" יש לומר ע"ד „ערבתם" והוא בהקדים מה שהביא בס' מנחת אלימלך בהקדמה בשם מחו' הרה"ק המפורסים ר' יחיאל מאוזרוב זצללה"ה שהי' אומר בשם הגה"ק בעל לקוטי

סוכת שלום

ער וויל מעלים זיין פון זיין זאָהן זיין גרויס פערמעגין ביז ער וועט בעסער ווערין אין וועט צו זאָגין שוין נישט צו שיכורען אין הילטייען זאָלין זיי איהם פון דעם בעהאלטינעם פערמעגין אויסזאָגען. צו דעם צוועק האָט ער אויסגעבאָהט אַ גרויס הויז אין צווישען יעדען באַלקען אַריין געלייגט פערשידינע ווערט זאַכין גאָלד, זילבער. אבנים טובות. אין דאָס איבער גיגעבין בסוד גדול צו זיינע פריינד דאָס ווען דער זאָהן וועט בעסער ווערין זאָלין זיי איהם דערפין אויסזאָגען:

אָבער דאָה איז גישעהן אַנ'אומגליק ר"ל נעמליך עס איז גיוואָרען אַ גרויסע שריפה אין דאָס הויז איז אין גאַנצען פערברענט געוואָרען עס איז נישט איבער געבליבין פון דעם גאנצען פערמעגען קיין פאָדעם. די אלע וועלכע האָבין גיזעהן דאָס גרויסע הויז בעדויערין שטאַרק דאָס אומגליק וואָס דאָס גרויסע אין שענע הויז איז פערברענט געוואָרין. אָבער אנדערשט איז דאָס בעדוירען פון דעם פאָטער מיט זיינע פריינד זיי טרויערין נישט בלויז אויף דעם אויסערליכען גרויסען אין שיינעם הויז נאָר אויף דעם גרויסען מאַיאָנטיק וועלכעס איז אין דעם הויז גיוועזין בעהאַלטין וואָס האָט בעטראָפין פיעל מעהר ווי הונדערטער הייזער. אַזוי אויך די אַלע וועלכי האָבין גיזעהן אויסענווייניגסטען פראַכט אין הערליכקייט פון ביהמ"ק האָבין זייער בעדויערט זיין חורבן. האָבין די יודין זיי געזאָגט לא אליכם כל עוברי דרך. נישט איהר קענט ריכטיג אָבשאַצין די גרויסע אבידה וויל איהר זענט נאָר דורך פאָהרער אין ווייסט נאָר פון די אויסערליכע ווערט זיינע. אָבער

רעד חיים — זכרון עולם — הנצחיים

לקיטי מהרי"ל מיאקלזוו זצ"ל לפרש המשנה דע לפני מי אתה עתיד ליתן דין וחשבון ר"ל שחוץ מזה שכל אדם צריך ליתן דין וחשבון עבורו נוסף לזה יש בני אדם שצריכים ליתן דין וחשבון גם עבור אחרים שלמדו ממנו להקל באיזה דבר מנהג ישראל או מצוה, ולזה יש לומר שבצדק המליצה עליי המדרש על שרה אמנו שהיתה נזהרת מזה שח"ו אל ילמדו ממנה איזה רעות ח"ו וכל חפצה וישעה הי' רק „באהלה" ככודה בת מלך פנימה ולא היו אחרים רואים ממנה מאומה רק שתתי' יושבת „באהלה" וזהו שהמליצה

„וענן קשר על האהל" שהי' כ"פ נזהרת שלא יוכל ללמוד ממנה כי הי' מכוסה „האהלה" כמו בענן שלא הי' יכולים ללמוד ח"ו ממנה כלום וכנ"ל וכדבר „ערבתם" הנ"ל ושפיר הוא המליצה של המדרש בשלשה דברים הנ"ל שהם מכוונים כמו השלשה דברים עשרתם ערבתם הדליקו את הנר בשם הר"ר שמעלקי זצ"ל כנ"ל ודו"ק כי קצרתי באומר:

כן מורי ורבותי. הנני אומר להמליץ על אמי זקנתי הצדקת ע"ה הנ"ל שהיא היתה בתה של שרה (כי אמה הצדקת החסידה המפורסמת היתה נקראת שרה לאה

ע"ת

סוכת שלום

אָבער הביטו. גיט זאָלט איהר אַכטונג געבין אין פערשטיין די גרויסער פערמעגין אין השפעה וועלכעס די וועלט האָט בעקומין פון ביהמ"ק. אין דעמאלט וועט איהר הערשט זעהן דאָס גרויסע אומגליק. וואָס דאָה האָט געטראָפען מיט'ן חורבן ביהמ"ק. דאָס זעלבע קען מען זאָגין וועגין מיין באָבי די צדיקת אזוי ווי די היילגע חכמים זאָגען גדולה מיתת צדיקים. די פטירה פון צדיקים איז גרעסער. משריפת בית אלקינו פין פצרברענונג פין ביהמ"ק ווייל אין ביהמ"ק האָט מען דאָך גיזעהן אויסערליך אויך גרויסע נסים. אָבער דיא צדיקים וועלכע האַלטען זיך נידריג אין בעהאַלטען זיך אויס מיט זייערע מעשים טובים, אזוי ווי אין פסוק שטייט והצנע לכת עם אלקיך דיא זאָלסט בעהאַלטען זיין אין דיין גיין אין השי"ת וועג, אזוי וויא מיין באָבע דיא צדקת איז גיוועזען, אין אָבוואָהל אַלע האָבען געוויסט פין איהר צדקות אָבער מיר פאמיליע אין שכינים וועלכע האָבען זיא נעהנטער גיקענט אין אבגילערינט אַב סעך פין איהרע גוטע מעשים מיר דאַרפין זייער צי בעוויינען דיא גרויסע אַבידה. איך האָב אמאָהל

געטייטשט דעם מדרש אין דער היינטיגער סדרה פרשת חיי שרה, כל זמן ששרת קיימת, דיא גאַנצע צייט וואָס אונזער מוטער שרה האָט גילעבט, הי' נר דולק מע"ש לע"ש, איז גיוועזען אַ נס דאָס ליכט וועלכעס מען האָט אָהנגעצינדען פרייטאָג פערנאַכט האָט עס געלייכט ביז דעם צווייטען פרייטאָג פערנאכט, וברכה מצוי' בעיסתה, אין אין איהר טייג איז אריינגעקומין די ברכה. וענן קשור על האהל. אין אַ גענליכער וואָלקען איז גיוועזין אָנגעקנפט אויף איהר גיצעלט. די מפורשים מאַטערען זיך שטאַרק איבער דעם מדרש. נאָר לענין ההספד קען מען זאָגין אזוי, דיא חז"ל זאָגען אין דער מסכת שבת, שלשה דברים, דריא זאַכען, צריך אדם לומר, דאַרף דער מענטש זאָגען אין אַכט דרויף געבען, ערב שבת עם חשיכה פרייטאָג פאַרעֶנאַכט בניחותא, מיט רוהיגקייט כדי מען זאָל איהם געהאָרכזאַם זיין, עשרתם, ערבתם, הדליקו את הנר, דאָס הייסט צוא האָט איהר אָב געשיידט מעשר, אוּן צו האָט איהר געמאַכט אַנ'עירוב, און ציינדט אָהן דיא ליכט, תניא, מיר האָבען גילערינט. רבי חנינא אָמר חייב אָדם למשמש

בגדיו

ע"ה והרבה רבנים וצדיקים היו אומרים עליי שהיא חסידה וכן כו"כ פעמים שמעתי מוקה ע"ה שגם חותנה הוא אא"ז הרב הצדיק וכו' ר' צבי הירש מטאמאשוב זצ"ל הי' אומר עליי שהיא חסידה והרה"ק ר' הירש ליי דישקוס זצ"ל מקאצק הי' דודה, וסיפר שלא הסיחה דעתה כמעט בכל הימים מאת החיים הנצחיים וכל תענוגי עוה"ז הי' כאין וכאפס חשיב בעיני' ואני בעצמי שמעתי ממנה הרבה פעמים בלילות שהיתה נאנחה מה אני מקבל לי לעוה"ב? מה עשיתי עבור השי"ת באותו יום וקיימה מה שכ' בהקדמת לס' לקוטי סופר לפ' הכתוב (תצא) לא תעשוק שכיר עני ואביון זה הנשמה (ע' בתיקונים אז חבל תחבל שלמת רען דא נשמתא קדישא ועי' תנחומא (פ' משפטים) ביום תתן שכרו של הנפש תתן תפקודי במקום מצות מדי יום ביומו שהוא שברה יען שבאת בגוף העכור ולא תבא עליו השמש שלא תדחה אותה מיום ליום כי עני הוא ואליו לגוף הוא נושא את נפשו יעיי"ש). ומאד היתה ביסורים שלא זכתה לבן זכר והי' מפזרה הון רב לצדיקי הדור שיתפללו בעדה וכמעט לא הי' גאון וצדיק בדורה שלא היתה אצלו וכן היתה כו"כ פעמים אצל הגה"ק רשבבה"ג מסאנז זצ"ל, והיתה נזהרה בברכות במדה מרובה, וכן הי' ענן קשור על אהלה כי אף שהיתה מהנשים העשירות עכ"ז לא היתה הולכת במלבושים יקרים רק תמיד הית' יושבת בביתה ואהלה להכין כל מחסורי הבית בעלה הת"ח ובני' והחסידים והידידים היראים

סוכת שלום

בגדיו ערב שבת עם חשיכה, רבי חנינא זאגט א מענטש איז מחויב צו בעטראכטען זיינע מלבושים פריישאג פאר נאכט, אמר רבי יוסף הלכתא רבתא לשבתא, רב יוסף זאגט עס איז דאה זייער פיהל הלכות פון שבת, האט דער רבי ר' שמעלקא פון ניקלשבורג אזוי געזאגט, אדם, מיינט מען דיא נשמה, ביתו, הייסט דער גוף, בני ביתו, הייסען דיא חושים פון מענטש, ערב שבת, מיינט מען דיא וועלט, עם חשיכה, מיינט מען דיא לעצטע מינוטין פאר דעם מענטשס אויעק גייען פון דער וועלט, דאס הייסט אז דיא נשמה וועלכע ווערט בעצייכענט מיטן נאמען אדם זאגט צום גוף וועלכער ווערט בעצייכנט מיטן נאמען ביתו, ער זאל אלע מיניט וויסען, ערב שבת, דאס הייסט דיא וועלט גייט אוועק, אין אפשר עם חשיכה, איז שוין דיא לעצטע מינוטין וועלכע דיא לעבסט אויף דעם עולם, דרובער בעטראכט דיך, עשרתם, צו האסטו מקיים געווען דיא עשרת הדברות, נאך מיינט מען, עשרתם, צו האסטו נישט פוגם געווען אין דיא עשר ספירות הקדושים, נאך קען מען מיינען, עשרתם, צו האסטו מקיים געוועזען וואס דיא חז"ל זאגען אז יעדען מענטש איז מחויב צוא מאכען הונדערט ברכות אלע טאג, וואס דאס איז צעהן צעהנער, נאך קען מען מיינען, עשרתם, צו האסטו ח"ו נישט פוגם געוועזען אין דיא עשרה מאמרות מיט וועלכע דיא וועלט איז בעשאפען געווארען, אין דיא רשעים מיט זייערע עוונות זענין דיא וועלט מאבד, ערבתם, דאס הייסט אפילו דיא האסט אלעס מקיים געוועזען, ביסטו דאך אנ'ערב פאר אצווייטען אלע יודין זענין ערבים איינער פארן צווייטען דרובער, הדליקו את הנר, זעהט צו טאהן תשובה אין אנצונדען די לעכטיגקייט פון דער הייליגע נשמה, דאס זאגט רבי חנינא חייב אדם דאס הייסט דיא נשמה איז מחויב, למשמש בבגדו, צו בעטראכטען אין אויפמערקזאם צוא מאכען זיין בגד,

דאס

הירואים והת"ח שהיו באים תמיד לבית אא"ז הרה"צ המפורסים ר' צבי הירש מטאמשוב זצ"ל בקאצק ואח"כ אצל אא"ז הרב החסיד המפורסים וכו' ר' שלמה פרידלינג זצ"ל עד שלבטח זכתה לחלקה הגדול באופן היותר נעלה כדאמר רב לר' חייא בש"ס ברכות (דף י"ז) נשים במה זכיין באוקריי' בנייהו לבי כנשתא ובאתנויי גובריהו לבי רבנן כי כל ימי' הי' עוסקת רק לסייע לת"ח וחסידים וכמה רבנים שגדלה מלבד אותי ואחי הרב הגאון החו"ב חסיד ועניו ר' ישראל יחיאל פרידלינג שליט"א הגאבד"ק זאקשעוויק. ולאחותי הרבנית הצניעה מרת פייגא זעלדי מיכלזאהן שתחי'

סוכת שלום

דאָס איז דער נר, ערב שבת עם חשיכה, טאָמער איז שוין די צנדע פון זיין לעבען אויף דער וועלט. שמא ישכח, טאָמער וועט ער פערגעסען תשובה צו טאָהן, ויצא, אין ער וועט אַרויסגיין מיט וועלכען חטא פון דער וועלט וועט ער דערנאָך מוזען ליידען זייער שרעקליכע און אונבעשרייבליכע יסורים, דאָס קען זיין איז אויך די מליצה פון מדרש ביי אונזער מוטער שרה'ס לעבען, הי' נר דולק מערב שבת לערב שבת דאָס הייסט אַז זיא האָט איהר גאַנצען לעבען גידענקט אַז עס איז ערב שבת דיא וועלט איז אַפּאָראיבער געהנדע אין מען דאַרף זעהן דאָס ליכט פון דער נשמה אָנצוצינדען ווען נישט וועט איהר אויס קומין צו זיין אין דער פינסטער ח"ו, אַזוי וויא אין פסוק שטייט ורשעים בחשך ידמו די רשעים פערבלייבען אין דער פינסטערניש דרובער האָט זיך אונזער מוטער שרה שטענדיג אַרום גיזעהן אַז דאָס ליכט זאָל זיין אָנגעצינדען, דאָס צווייטע וברכה הי' מצוי' בעיסה, קען זיין אַז דאָס איז גיוועזין אין זכות פון אָבשיידען תרומה אין מעשר, אין דיא ברכות פון חלה, אַזוי וויא עס שטייט ויתן לו מעשר מכל, און אין זכות פון מעשר קומט דאָך דיא ברכה, אַזוי וויא אין פסוק שטייט, ובחנוני נא בזאת. הש"י זאָגט פרובירט מיך מיט דעם ראָזעגען, הביאו כל המעשר אל בית האוצר, ברענגט דעם מעשר אין אוצר אַריין פון בית המקדש, ויהי' נא טרף בביתי, אין עס זאָל זיך נאָר געפינען ערנעהרונג אין מיין שטיב פאַר דיא כהנים אין עובדי השי"ת. אם לא אפתח לכם את ארובות השמים, אויב איך וועל אייך נישט עפינען דיא פענסטער פון הימעל, והרקותי לכם ברכה עד בלי די, אין איך וועל אייך אויסלעהרען אָהן שיעור ברכות, ווידער וואָס דער מדרש זאָגט ענן קשור על האהלה, אַז אַגעטליכער וואָלקען איז גיוועזען אַרום געהילט אויף איהר גיצעלט, דאָס קען זיין קעגען ערבתם, דאָס הייסט זיא איז שטענדיג גיזעסען אין גיצעלט גלייך וויא עס וואָלט גיוועזען פער הילט דאָס גיצעלט כדי זיא זאָל זיך נישט וויזען פאַר פרעמדע מאַנסלייט ווייל זיא איז גיוועזין אַ יפת תואר כדי זיא זאָל נישט ברענגען מענטשען צוא זינד, אַזוי וויא אין פסוק שטייט כל כבודה בת מלך פנימה, דיא עהרע פון אַ יודישע טאָכטער זיא זאָל זיין אין איהר וואָהנונג, נישט אַרומשפּאַצירען אין עפינטליכע פלעצער אין גערטנער.

דאם זעלבע קען מען זאָגען אויף מיין באַבע דיא צדיקת וואָס איז גיוועזען שרה'ס אַטאָכטער, דען איהר מוטער איז גיוועזין דיא צדיקת מפורסמת שרה לאה וועלכע איז גיוועזין פון אַ משפחה מיוחסת לויטער צדיקים וקדושים אין אַלע האָבען זייער בעווינדערט איהר ערינסקייט, אין זי פלעגט צו טוהן פיהל צדקה אין מעשים טובים, פינדעסטוועגען פלעגט זיא שטענדיג צוא זיפצען וואָס נעם איך מיר מיט אויף יענער

שתחי׳ לאויט״א שהיא אשת חבר לגיסי יקירי רב הגאון המובהק המפורסם בעולם ר׳ צבי יחזקאל מיכלזאהן ראב״ד בק׳ ווארשא, זלש״ב הרב הג׳ החסיד ר׳ צבי שילעוויץ שליט״א אבד״ק שפעריוו שהיה מגודל בימי נעוריו בביתה, וכן הבנים והילדים שבבית אא״ז הרה״ח וכו׳ זצ״ל גדלה ע״ד התורה והחסידות, ואת כל בני משפחתה הקרובים והרחוקים החזיקה תמיד בכל כוחה ומימי לא שמעתי שדברה בגנות חברתה ואדרבא ממש היתה ענוה מאד עד כגדול בקטן יחשובו אצלה, עד שבקיצור הנני אומר עלי׳ „רבות בנות עשו חיל ואת עלית על כלנה״, וע״ד שכתבו הספרים הקדושים (בס׳ יד יוסף בס׳ כלי חמדה) על הכ׳ שאול באלפיו ודוד ברבבותיו שהי׳ לו יותר מלאכים משאול הי׳ רבבות מלאכים שנבראו ממצות שלו ע״כ הי׳ „לבן חיל״ והצליח שהי׳ לו עוזרים וחיילות רבות סביביו לסייע, כן אמי זקנתי ע״ה הרבה חיילות כזה הכינה א״ע והם לבטח ילכו סביבותי׳ ויעלו את נשמתה למעלה מעלה ותהי׳ לנו למליצה טובה בעדינו ובעד כל משפחתינו ותעמוד לגורלה לקץ הימין בתחיית כל מתי ישראל במהרה, ובלע המות לנצח אכי״ר .

כ״ד נכדה הק׳ צבי הירש פרידלינג אב״ד דק״ק ביסקוביץ והגליל בן לבתה היחידה הצדקת המיוחסת מרת חיי פריידא שתחי׳ לאויט״א , בעהמ״ח הספרים „רץ כצבי״ „וקיום העולם״ והעורך והמוציא לאור המאסף וקובץ הרבני „הבאר״ :

סוכת שלום

יענער וועלט, אין וואס האב איך געטהון פאר השי״ת כבוד וועגען דעם היינטיגען טאג טאמער איז שוין ח״ו היינט דער לעצטער אויף דער וועלט, אין מען דארף זעהן אנצינדען דאס לעכט פון דער נשמה כדי דערנאך נישט דארפין טאפין אין דער פינסטער אויף יענער וועלט אין גיהנם ר״ל אין איז אויך שטארק נזהר גיוועזען אין ברכות, אין פלעגט שטענדיג צוא געבען ארימע ת״ח צו עסען אין טרינקען זייא זאלען קענען זיצען אין לערנען, אין זיא איז אויך שטענדיג געזיצען אין שטוב אבוואהל זיא איז געוועזען אגרויסע גבירת׳ע האט זיא זיך נישט פערגינען ארויס צוא גיין אין גארטען אריין געניסען פון דער וועלט, נאר האט זיך זעלבסט איהם געקוקט דיא חסידים וועלכע זענין געקימען צוא איהר שווער ר׳ הירש טאמאשאווער זכרונו לברכה זאלען זיין בעזארגט מיט אלעס וואס זייא האבען געדארפען, אין זיא האט קיינמאהל נישט גירעט קיין שלעכט אויף קיין שום יוד, אויף איהר קען מען זאגען דעם פשט וואס דיא ספרים הקדושים זאגען אויף דעם פסוק הכה שאול באלפיו ודוד ברבבותיו, דאס הייסט שאול וואס ער האט געטאהן טויזענטער מצות האט ער בעשאפען דורך זייא טויזענטער מלאכים וועלכע האבען איהם צוא געהאלפען אין דער מלחמה, אבער דוד האט געטוהן צעהנער טויזענדע מצות האט ער בעשאפען צעהנער טויזענדע מלאכים, דרובער האט ער מעהר מצליח גיוועזען וויא שאול, אזוי מיין באבע דיא צדיקת האט זיך אנגעגרייט צעהנער טויזענדער מחנות הייליגע מלאכים דורך איהרע מעשים טובים וועלכע בעלייכטען דעם וועג פאר איהר נשמה אין וועלען זי ברענגען אין ליכטיגען גן עדן אריין, אין זיא זאל זיין א מליצה ישרה פאר אונז אין איהר גאנצער משפחה, ביז עס וועט מקוים ווערען דער פסוק ובלע המות לנצח אין זיא וועט אויפשטיין תחיית המתים צווישען אלע יודען בקרוב אמן ואמן :

חיים   קונטרס יקרא דחיי   הנצחיים

בשם ד׳ ובעזרתו ית״ש כ״ה כסליו תרפ״ח ווארשא

שוכט״ם לכבוד גיסי יקי״י וחביבי ה״ה הרב הגאון המפורסם חו״פ איש אשכלות רב פועלים לזכות הרבים מוכתר בתהלות ותשבחות וכו׳ וכו׳ כקש״ת מוה״ר צבי הירש פרידלינג שליט״א אבדק״ק ביסקוביץ והגליל.

אחדש״ת באה״ר בטח כבר קבלת מכתב הסכמתי על הספרים היקרים שאתה מדפיס והולך כעת ששלחתי לך זה איזה ימים מקודם ולמען חיבת הקודש ספרך „חיים הנצחיים״ שהבאת שם בסימן א׳ מענין קבלת מעות מיורשי הנפטרים אעתיק לך קונטרס מיוחד בתשובה אחת שכתבתי מענין זה עוד בשנת תרמ״ב בעיר טאמשוב לוב. בזה״ל

בשם ה׳ ובעזרתו ית״ש ט״ו באב שנת תרמ״ב פה טאמשוב פלך לובלין.

כאשר אש המחלוקת להב יצא בעירנו, נגד גבאי החברה קדושה דפה, שדורשים ממון רב בעד מקום קבר, ואדם כי ימות באהל, המת יהי׳ להם ואת הכסף העזבון יחצון, ופעמים רבות אשר בא עי״ז להולנות המת ובזיונות מרובות, וקמו ויסדו חברה קדושה שניה וחדשה, ואותי יום יום ידרושין, שני הצדדים המריבים ומתקוטטים, להגיד להם חות דעתי, ואני צעיר לימים, ואין דרכי להתערב במריבי עם. ותמיד הנני בורח מן המחלוקת ובקהלם לא יחד כבודי לא באתי בסודם אף באמרם לי כי כוונתם לש״ש, עכ״ז כשאני לעצמי אמרתי לחקוק עלי הגליון בעזר צ״ר וקוני, את הנלענ״ד בזה:

ומראש צורים נראה במה שנוטלים ממון רק עבור האנשים אשר הם מתעסקי המת ואשר על ידם לקבורות יובל ובאמת כי יש מקום לדון אם מותרים כלל לקבל מעות עבור זה כי קבורת המת מצוה רבה ועיין ש״ס סוטה מה הקב״ה קובר מתים אף אתה הי׳ קובר מתים ועיין רמב״ן עה״ת פ׳ תצא ע״פ כי קבור תקברנו ואסור ליקח שכר עבור עשיית המצוה דמה אני בחנם, וכבר חקר בזה בשו״ת תשב״ץ גדול ח״ג סימן י״ג וכתב להתיר משום דשכר בטילה שרי בכה״ג והרי הוא כשכר הזאה וקידוש עיי׳ שם באריכות ובאמת שאני תמה על התשב״ץ שכתב לפלפל למצוא הוכחה להתיר בלקיחות השכר קבורה ולדעתי

לדעתי הוא מפורש בירושלמי פ"ב דנזיר סוף הלכה ד' דקאמר על הא דתנן הריני נזיר ע"מ שאהי' שותה יין ומיטמא למתים ה"ז נזיר וקאמר שם דפותחין לו להתיר משום דהוא כתולה נדרו בחייו ופריך ניחא לשתות יין אבל ליטמא למתים מה תליות בחייו איכא ומשני אומנותו להיות קובר מתים בשכר וכל פרנסתו בזה עיי"ש ובפ"מ וכ"כ התוס' בנזיר די"א שם ע"א ומפורש להדיא דמותר ליקח שכר קבורה אף להיות אומנותו בזה, וראיתי בשו"ת שו"מ מהד"ק ח"ב סי' קנ"א שהרגיש על התשב"ץ משו"ס סנהדרין כ"ו סע"ב בהני קבוראי דקברי נפשא ביו"ט ושמתינהו ר"פ ופסלהו לעדות ופרש"י דמשום שכר ממון עוברין על ד"ת והוי להו כרשע דחמס והרי דבחול לא הי' אסור כלל במה שנוטלין שכר עכתו"ד שם, ולדעתי אין מזה הוכחה כלל כי לא מצאתי בשום מקום שהנוטל שכר עבור עשיית המצוה יהי' נפסל לעדות דעד כאן לא שייך לפסול משום רשע דחמס אלא היכא דעובר עבירה בשביל ממון דאז חשיד ג"כ בשביל ממון להעיד בשקר וגם הוי רשע דחמס אבל בעושה מצוה בשביל ממון הרי אינו חשיד לעבור עבירה אדרבא מצוה עביד אלא שאין רצונו לעשות בחנם ונוטל שכר על זה ונהי דאסור לו ליקח שכר עבור מצוה אבל רשע דחמס אינו יען שאם לא יהי' מצוה הרי מגיע לו שכר עבור מלאכתו ולזה אפי' אי נימא דבחול ג"כ אסור ליקח שכר קבורה מ"מ אין לפוסלן לעדות עבור זה ורק בקברו ביו"ט דגוף המלאכה ההיא אסורה ביו"ט והן עברו על ד"ת משום ממון שנטלו הלכך נפסלין לעדות וראי' ברורה מהא דהנוטל שכר להעיד דעדותו בטילין והטעם מבואר בש"ס בכורות כ"ט דאסור ליקח שכר עבור עדות משום מה אני בחנם אף אתם בחנם ואפ"ה לא אמרו אלא דעדותיו שנטל שכר עליהן הן שבטילין אבל לא נפסול לעדות בשביל זה והעדות שהעיד בלא נטילת שכר הן שרירין וקיימין ועיין בתוס' יו"ט שם ובע"כ צ"ל הא דלא נפסול לעדות משום רשע דחמס דכיון שאין בגוף המעשה עבירה אדרבא מצוה קא עביד אף שראוי לו לעשות בחנם אפ"ה כשנוטל שכר עבור זה לא מיקרי רשע דחמס כנלפענ"ד, והנה בגמרא שם בסנהדרין אמרינן דאכשירנהו ר"ה ברי' דר"י וא"ל ר"פ והא רשעים נינהו סברו מצוה קא עבדו והא משמתינן להו סברי כפרה עבדו לן רבנן ועפרש"י שם והא משמתינן להו על העבירה וחוזרין ועוברין ושונין בעבירה ומשני סברי האי דמשמתינן להו משום כפרה היא על שעברנו ולא משום דנהדר בן אלא מותר לחלל יו"ט בשביל המצוה וישב בנידוי משום כפרה, עיי"ש, ואמרתי להסביר הדברים עפי"ד מה דאמרינן בש"ס תענית די"א דהיושב בתענית נקרא חוטא והקשו התוס' דבב"ק משמע דלא נקרא חוטא ותירצו דוודאי הוי חוטא אלא דמ"מ המצוה שהיא עושה בתענית גדול יותר מהעבירה במה שמצער נפשו דוגמא לדבר במתענה תענית חלום בשבת דמצוה להתענות אפ"ה צריך למיתב תענית לתעניתו על שביטל עונג שבת אלא דמ"מ המצוה בתענית חלום גדול יותר מהעבירה במה שמתענה בשבת עיי"ש, וזה ג"כ הסברא בהא דסנהדרין דנהו דעושין עבירה בחילול יו"ט מ"מ המצוה שעושין בהקבורה סוברין שגדול יותר מעבירות החילול יו"ט אלא דכיון שיש עבירה בהחילול יו"ט משמתינן להו לכפרות העבירה כמו דמיתיב תענית לתעניתו על שהתענה ת"ח בשבת וזה נכון מאוד, אמנם זה ניחא אי נימא שלא הי' נוטלין שכר על זה ומצוה קאעבדו אבל לפי מה דפרש"י שהיו נוטלין שכר א"כ האיך נימא דטעו לומר דמצוה קאעבדו בחילול יו"ט הרי בנוטלין שכר לא קא עביד שום מצוה כמוכח מרש"י סוכה כ"ה לענין העוסק במצוה דבכה"ג דנוטל שכר עליה לא מיקרי עוסק במצוה וצ"ל דבאמת

לא היו נוטלין רק שכר מיעוט ובכה"ג מיקרי עדיין עוסק במצוה כמ"ש המג"א בסימן ל"ח סק"ח, עכ"פ ש"מ דאין ליקח רק שכר מיעוט עבור זה וגם היתר התשב"ץ הוא רק משום שכר בטילה והרי אפי' בשכר רפואה מבואר ביו"ד סימן של"ח ס"ג דאסור להעלות בדמיהן יותר מן הראוי ע"ש כש"כ בזה ורוק היטב:

וכל זה אמינא לענין נתינות ממון עבור מתעסקי המת אבל החבורה הנהוגה שגבא' החבורה אשר נעשה שר לסרוחים [עיין כתובות] חורץ משפט ממון עבור מקום הקבורה לא ידעתי כלל עניני עפ"י הדין שיהי' בזה חיוב נתינות ממון כלל ובוודאי מדינא דאם היורשים ירצו לקוברו ברשות השייך ליחיד יכול בעל השדה לעכב עליו ואם יקברהו שם בע"כ אף דהמת גופא לא חטא מידי כי לא לקלים המריץ ומה הו"ל למ עבד, מ"מ גנאי גדול הוא לנפש הנפטר שיהי' נקבר בקבר הגזול ובזה יבואר הא דאמרינן בש"ס ב"ב ד' קי"ב ע"א דילפינן דהבעל יורש אשתו מדכתיב ואלעזר בן אהרן מת ויקברו אותו בגבעת פנחס בנו וכי מנין לו לפנחס דלא הוי לאלעזר מלמד שנשא פנחס אשה ומתה וירשה ופריך דילמא פנחס זבינו זבין גבעה זו ומשני דא"כ שדה חוזרת ביובל ונמצא צדיק קבור בקבר שאינו שלו עיי"ש, ולכאורה יקשה טובא דהרי גם אם נאמר דזבנה פנחס וחוזרת ביובל מ"מ בשעה שקבר לאלעזר שלו הוי והי' לו רשות לקוברו ואי משום דאח"כ חוזרת לבעליה ושייך לאחר ונמצא קבור בשדה אחר א"כ גם לדידן יקשה דאפי' אם היא של פנחס דירשה מאשתו ג"כ אלעזר מיהו נקבר בקרקע שאינו שלו דמה לי אם הוא של בנו או של אחר סוף סוף אינו קנין של אלעזר, ונלפענ"ד עפ"י מה שמצאתי בירושלמי גיטין פרק השולח קנה שדה ביובל ר"א אמר קנה קרקע עד היובל ראב"מ אמר לא קנה קרקע מחיב ראב"מ לר"א על דעתך דאת אמר קנה קרקע יחפור בה בורות שיחין ומערות בתמי' א"ל התורה אמרה ושב לאחוזתו בעינן ע"כ, הנה מבואר דלכ"ע בקנה קרקע בזמן שהיובל נוהג אסור לחפור בה בורות או מערות ולפ"ז ניחא הא דקאמר הש"ס ב"ב הנ"ל דא"כ נמצאת שדה חוזרת ביובל וצדיק קבור בקבר שאינו שלו והיינו דכיון דחוזרת ביובל א"כ לא הי' לו רשות לחפור בה מערות קבורה דהתורה אמרה ושב לאחוזתו בעינן ואפי' אם נאמר דכבר הי' בה מערה חפורה מ"מ לא הי' לו רשות לקוברו שם דהא צריך להחזירו בעינן וכשקבר שם אדם שוב א"א לקבור בה אחר, או להשתמש בו ולא חזרה בעינן וא"כ צדיק קבור בקבר שאינו שלו והיינו דנקבר שם תחילה באיסור במקום שלא היו לו רשות לקוברו ובכה"ג בוודאי גנאי גדול היא לצדיק להיות נקבר במערה גזולה והדברים נפלאים בס"ד, שו"ר מה שנדחק במל"מ פי"א מה' שמיטה ויובל ולדעתי נכון כמ"ש ודו"ק:

אמנם זה ניחא ברשות היחיד כשבעל השדה מעכב מלקוברו בשדהו בחנם בוודאי גנאי לנפש הנפטר להיות נקבר בקבר שאינו שלו אבל אם בעל השדה מרשה לקוברו בשדהו נתינות דמים בזה למה, ועי"ד הזאת אמרתי שונא מתנות יחיה אבל אחר מותו מה יזיק לו אם נקבר במקום הנותן לו במתנה והרי מתקנות יהושיע היו דמת מצוה קונה מקומו ואין בעל השדה יכול לעכב כמבואר (בב"ק דפ"א ע"א), ואסור לטלטלו כלל לקוברו בעיר כדהשיב ר"א ור"י לר"ע כמבואר במס' שמחות פ"ד ובירושלמי אף דמ"מ נקבר בקבר שאינו שלו, ועיין בש"ס עירובין די"ז דמחנה היוצאת לרשות במקום שנהרגין שם נקברין יע"ש דגם ביש להם יורשים וכן פסק הרמב"ם בפ"י מהלכות מלכים ומשמע התם דא"צ לתת דמים לבעל השדה וכש"כ בבית הקברות שבכל עיירי ישראל

ישראל שקנו מתחילה ממעות הקהל ונתייחד לזה שיהי' מקום מוכן לקבורות אדם כי ימות א"כ הכל שותפין בה ובשלו הוא נקבר והרי בביהכנ"ס השייך לאנשי העיר קיי"ל דיכול כל אחד לאסור חלקו ולא חשוב אוסר דבר שאינו שלו כיון דממעות הקהל נבנה מתחילה כמבואר ביו"ד סימן רכ"ה, וה"נ בזה ומי עשה אדונים לאלה ראשי החבורה שיהי' ביה"ק שייך להם מבלי להרשית מקום בחנם, ועי' בשו"ת רמ"ץ חאו"ח סי' י"ד שכ' דאין ראי' מהא דב"ב דאף דראוי להיות נקבר בקבר שלו מ"מ ע"י מתנה נחשב כשלו דהקהל מקנים לכל אף שלא נתן מעות וכבר אמרו הרוצה להנות יהנה וכו' דמתרץ הא דפנחס ע"ש, ועי' עירובין די"ז, סוטה דמ"ה, סנהדרין דמ"ז, ובמס' ד"א זוטא פ"ח, ובתוס' כתובות די"ז ע"א, ובירושלמי ב"ב פ"ה ה"א, נזיר פ"ז ה"א, פ"ט ה"ב:

אכן המנהג הזה לתת מעות עבור הקבורה הי' גם בימים מקדם כי ראיתי בשלטי גבורים (סנהדרין דמ"ו ע"א) שכ' לענין לאסור בהנאה קברי דידן וז"ל דבסתמא כ"א הנקבר זוכה בקרקע הנקבר כי המנהג הוא בגליל זה שכ"א קונה מקום קבורתו וא"כ מקום קבורתו מאן מחי' מאן שביק עכ"ל, ועי' במג"א (סי' קנ"ג סקט"א):

וראיתי אחד מן השרפים ה"ה זקני מאורן של ישראל הגאון הקדוש רבינו חיים בר' בצלאל אחיו של המהר"ל מפראג ז"ל בספר החיים ח"ב פ"ח כתב דכל עני שבישראל צריך שיהי' הקרקע שהוא קבור בתוכו קנוי לו בכסף והטעם שאין רשות לשום משחית להוציא האדם מרשותו ולא נקרא רשותו אלא א"כ אותו הקרקע קנוי לו וכן מצינו באברהם שלא רצה מערת המכפלה רק בכסף מלא ע"ש, אכן י"ל דמאברהם אע"ה אין ראי' דהוא חשש פן אם יקבל זה במתנה יקבור עפרון אח"כ גם מתו ולא רצה להתאחד עמו בקבורה, וכ"כ בשו"ת ח"ס חיו"ד סי' ש"ל דמטעם זה קנה יעקב מעשו הקבר במערת המכפלה שלא יקבור עשו שם עם אבותיו הצדיקים ע"ש, ועוד דבבה"ק הקנוי להקהל ממעות הרי לא שייך זה, ואין זאת בגדר בחנם, רק קנין כל אחד ואחד, ועכ"פ הנה אין שיעור כמה ליתן להנצל מן המשחיתים ויוצאים ידי נתינה גם במעט, אבל אני רואה כי המשחיתים הן הן אלו ראשי החבורה נגעי בני אדם ובהם אין שיעור למעלה וראוי לצעוק על זה צעקה גדולה, וכבר נהג הנשיא ר"ג קלות ראש בעצמו שלא להיות הוצאת המת קשה לקרוביו כמבואר בכתובות דף ח' ע"ב. וכ"כ בשו"ת רמ"ץ חאו"ח סי' י"ד וז"ל אמנם המנהג נכון דידוע דצריך תמיד הוצאות לתיקון ביה"ק וכן צריך כמה הוצאות להחברה קדושה שמתעסקין בקבורות מתים ב"מ לחיזוק הקבורה שיהי' להם מקום מיוחד להתאסף שם לתפלה ולפקח על עסקי בה"ק ונחוץ להם ספרים וכיו"ב וגם הסעודות שעושים בשבתות הקצובים הוא ג"כ לחיזוק החברה ולכל צרכי בה"ק וכבר כתבתי סמך לזה ממשנה פ"ג דר"ה וסעודות גדולות היו עושין להם כדי שיהי' רגילין לבוא וכו' א"כ דעת הקהל מתחלה כשקנו ביה"ק לכל בני העיר שיתנו אח"כ כל אחד לעת קבורתו סך מה כפי ערכו שיהי' לצורכי הוצאות הנ"ל וכו' אך כ"ז שיהי' הנתינות האלה רק לפי דעת הגבאים אנשי ישרי לב בשקל הקודש כדת של תורה ויראת ה' לא במדה גדול ובזרוע וראוי לכל ב"ד שבעירו להשגיח ע"ז וכו' עכ"ל, ועי' בשו"ת ח"ס חיו"ד סי' ש"ל שכ' על דרושת דמים מהח"ק וז"ל, עמדתי מרעיד וכו' מעולם לא שמעתי על אנשי חברה ג"ח דקהלתינו שהעבירו הדרך ושיהי' ח"ו כמכס העומד מאליו וכו' וע"ש בשו"ת ח"ס סי' שכ"ט מה שצעק בצעקה גדולה על מנהג זה וכו'. אבל כמו שנוהגים בקהלות הקטנות שיהי' מכס בלי קצבה וכמוכס העומד מאליו ישתקע הדבר ולא יאמר ולא ניחא להו למיתי ישראל

שיתעסקו

שיתעסקו בם אנשים כמו אלו ותלי״ת בכל מקום שעברתי עמדתי בכח נגדם לבטל מהם מנהגים רעים כאלו וכו׳ ופ״א מתה עשירה א׳ והניחה יתומים גדולים וקטן א׳ ובקשו הח״ק ששה אדומים לסיועת בנין חומת בה״ק, ואמרתי אני עומד בעבור היתום קטן ואינני מניח ליקח שום פרוטה מהעזבון, ואם לא ירצו לקבור המת הנני שוכר אנשים מהחוץ לקבור המת והטרחתי הרבה עמם עד שנתבטל המנהג הרע הזה וככה ראוי לכל מורה בעירו לבטל המנהג, שזה הוא הדרך שכבשוהו לסטים ומוכס״ם וכו׳ ע״ש, ועי׳ בסו״ס בית לחם יהודה בשו״ת לסי׳ שמ״ח שכ׳ לכן נראה שבני העשיר מחיוב ליתן להחברה בעד מקום קבורה בעלמא כשאר אדם עני וכו׳ אבל לא להרבות בהוצאות הקבורה ודאי אין יכולים לכופו וכאשר שעיני ראו ולא זר שכמה מכשולות גדולות יצאו מזה חדא שעוברים החברה על הלנות מתים שהוא אסור מדאורייתא ועוד שכמה מחלוקות גדולות באים מזה לכן יראו הרב או הקהל למחות בחברה גמ״ח שלא יעשו זאת, ולא מקרי גמ״ח ובעני הוי גזל ומי שיש בידו למחות ולא מיחה גדול עונו מנשוא ועתיד ליתן את הדין ע״ש, שוב ראיתי בזה בשו״ת אמרי אש חיו״ד סי׳ קס״ז.

ובשו״ת מחנה חיים ח״ג חיו״ד סי׳ מ״ג נידן ח״ק שדורשים ממון רב, ובשו״ת בית שלמה חיו״ד סי׳ רכ״ז, ובכנף רננה סי׳ ו׳, ומש״כ בס׳ דברי שאול קידושין דף ל״א מהגרי״ש נ״ז מלבוב זצ״ל טעם שטרח א״א ולא רצה לקבור מתו עד שנתן לעפרון כל מה שהי׳ שוה משום שרצה שישול כל שכרו בעוה״ז, ועי׳ במדרש על עפרן חסר וא״ו וכו׳ ובכמה מקומות מצינו כן שרצו לשלם לו בעוה״ז כדי שלא ישאר לו זכרון בעוה״ב ע״ש.

ובשו״ת ח״ס חחו״מ סי׳ ע׳ כ׳: והנה מש״כ כ״ת דאין פתיחת הקבר בלא דמים מנהג ישראל תורה היא וקדמונינו הנהיגו כן שלא יהי׳ צדיק קבור בקבר שאינו שלו וכו׳ מ״מ אם יעלו יותר מהשער הראוי והקצוב מימי קדם או שיקצבו להם לפי המקום והזמן, גזלני ארעא נינהו ואם לא ישמעו ויאזינו ויהי׳ כמוכס העומד מאליו וא״א לכופם מפני אלמותם ע״כ אין כאן חברה לקבורת מתים והוטל הקבורה על כל בני העיר ואסורים במלאכה עד שימצאו מקום שם קבור ומותר ומצוה להמציא מקום קבורות במק״א ולחבר חברה אחרת ואין רשות באלו למחות בעושי מצוה וכו׳ ע״ש. וראיתי בס׳ ברכת הנפש (בתהלים מזמור ק״ד כ״ט) בפי׳ תוסף רוחם וכו׳ ואל עפרם ישובון, ולא כתי׳ ואל עפר כמו בס׳ בראשית ואל עפר תשוב לרמז לחז״ל נמצא צדיק קבור בקבר שאינו שלו ומראה מקום לשו״ת ח״ס חיו״ד סי׳ של״א ע״ש, אבל הכל כנ״ל בשיעור הקצוב ולא בחמס וגזילה.

ועי׳ בס׳ עטרת מנחם אות כ״ב מהה״ק מרימנוב ז״ל: פ״א העוו הגבאים דח״ק שבשביל טענת דמים שתבעו מאת היורשים ולא רצו ליתן להם כמבוקשם הלינו את המת, וכשנודע הדבר לרבינו קללם שלא יבאו לקברות ישראל עד אחר שלשה ימים, ושלא יקברו בקברות אבותם ברימנוב, וכן היה וכו׳ ע״ש. ובאות כ״ג שם באריכות סיפורים נוראים בענין זה.

וראיתי לזקני הגאון שר התורה זצ״ל בחי׳ סדר הדורות בא׳ כ״ג שמביא סיפור נפלא: בימים ההם היה בארץ שנער איש חכם משכיל בכל חכמה ויפ״ת מאד אך עני ורש ושמו רקיון וייצר לו על מחייתו ויועץ ללכת מצרימה אל אשוורש בן ענם מלך מצרים וכו׳ ויתייעץ בחכמתו מה לעשות וישכם בבוקר וילך וישכור שלשים איש גבורי חיל ובני בליעל עם כלי מלחמתם ויוליכם אל מעלת הקבר של מצרים ויושיבם שם ויצום לאמור כה אמר המלך התחזקו והיו לבן חיל ואל תעזבו כל איש מת להקבר פה עד נתנו מאתים כסף, ויעשו כן

כן ויהי לח' חדשים ויאספו עושר רב וכו' ויהי לתקופת השנה לעת צאת המלך אל העיר ויתקבצו כל יושבי מצרים ויאמרו מה הדבר הזה אשר תעשה לעבדיך וכו' כי משפט המלך לקחת מס מן החיים ואתה גם מאת המתים תקח וכו' ונשחתה כל העיר בדבר הזה, ויהי כשמוע המלך ויקצוף מאד כי לא ידע מזה דבר ויאמר מי הוא זה וכו' ויגידו לו וישלח להביא את רקיון ואת אנשיו, ורקיון לקח כאלף ילדים בנים ובנות וילבושם שש משי ורקמה וכו' וימצא רקיון חן וחסד בעיני המלך ועבדיו וכו' ויאמר המלך לא יקרא עוד רקיון כ"א פרעה יהיה שמך אחרי אשר פרעת מס מן מתים וכו' ויתייעצו עם כל יושבי מצרים להמליכו תחת יד המלך ויעשו כן וימלוך רקיון פרעה על מצרים כל השנה לשפוט, את העיר, ואשווירש המלך ישפוט יום א' לשנה בעת אשר יצא להראות וכו', ספר הישר פ' לך עכ"ל:

ובס' כבוד חכמים להגה"צ ר' יהודא ליב ז"ל מק' פינסק כ': המנהג הזה אשר ברוב קהלות ק' הגבאים דג"ח מעריכים את החיים לשלם בעד מקום קבורת המתים הוא איסור גזל, כי המה לוקחים כפי רצונם ואות נפשם ואין קצבה בדבר כמה ליתן העני והעשיר ונראה לעינים שמכבידין על הא' ומקילין על הא' וכו' המה נוטלים ממון חבירו שלא כדין ואחז"ל כל הגוזל את חבירו אפי' פרוטה א' כאלו נוטל את נפשו ולא יוכל לעולם לתקן עד שישיב את הגזילה אשר גזל הן רב או מעט, ולאשר אין בו רוח חיים שמעכבים קבורת המת עד יותן להם משכנות כפי רצונם ולפעמים המה מלינים המת ועוברים על לאו דלא תלין וגורמים צער גדול ועניים להמת בזה וכו' וכו' ע"ש שמביא נוסח התקנות משנת תמ"ג, ושנת תנ"ח מרבני ד"א זי"ע.

שוב ראיתי בס' שדי חמד ה' אבילות אות קס"ה כ'. מנהג בכל תפוצות ישראל ליקח עכ"פ דבר מה בעד אחוזת קבר אף מעני בישראל וכו' ומנהג אבותינו תורה בב"ב נמצא צדיק קבור בקבר שאינו שלו וכו' וכבר כ' כן בס' מעבר יבן בחלק שפת אמת פ"ט וכו' ובשו"ת שו"מ מהד"ג ח"א סי' ר' התמרמר מאד על מעשה שהי' שנתנו היורשים סך עצום דמי קבורה ולא נתרצו והניחו המת בבזיון ועברו על ב"ת ועשה דקבר תקברנו ושהה המת בבזיון שני מעל"ע והרעיש מאד ע"ז וכ' דמה שנהגו ליקח דמ"ק לא נודע מאין באו לזכות ומההיא דנמצא צדיק וכו' אין ראי' וכו' ושדה בוכים שייך לכל בני העיר וכולם שותפים בה ואי משום שיוכלו לקוברו בקבר שאינו לפי כבודו, הרי הם מחוייבים לקוברו בקבר לפי כבודו וכו' והתרה בהם כי רעתם רבה ע"ש, ועי' לדו"ז הגאון האמיחי ז"ל בס' דברי רב משלם ח"א דכ"ז ע"ב בענין מעות קבורה ועי' בס' קול סופר למס' נזיר אות של"ט ובמס' כלים פ"א אות י' דברים נפלאים בזה ומש"כ בס' הכנה דרבה אות ל"א בצואתו לענין מקום קברתו ע"ש.

אבל דעו כי הני חבורתא קדישתא קיימו בשמתא מאתין שנין כי ד' אינה לידי ספר יקר המציאות ושמו כבוד חכמים שחיבור הרב מהר"ז גורציה פינקרלי ובפכ"ז שם כתב דרבנו דד"א נאספו בוועד קרעמניץ בשנת תמ"ג לעשות תקנה בחרם אודות זה ואלה הדברים דברי קדשם מילתא דא כבר אמירה בענין רע שנהגו בו בנ"א לענות שמעכבין קבורת מתים עבור שכר מקום הקבורה שלא כדין ומבזין את כבוד המתים זה גזל של אמת שעושין לעם החיים ועם המתים וכבר נאסר הדבר במנין ועתה פרשנו דברינו וגוזרין בחרם ונידוי ושמתא ובקנס חמשים אדומים מכיס כל מנהיגי הקהלה אשר לא יעמדו על המשמר שלא יעשה עוד מעשה כזה ע"י הגבאים או גבאין הקברנים ושאר עונשים ובנידן זה אנחנו מבטלין ומעקרין ומשרשין את כל התקנות שאסור באיסור גמור לקחת שכר מקום קבורה אפי' מן המופלג שבמופלגים בעשירות יותר מסך

מאה וחמשים זהובים [פוליש העולה לפי המרומה עשרים וחמשה רובל כסף רוסי או קרוב לארבעים ר"כ מעות קיר"ה] ומן סך שלשים זהובים פוליש עד ק"ן זהובים מחויבים לישב המנהיגים עם הגבאים או גבאי הקברנים להעריך עשרו של הנפטר ומצב בניו ורשוש להיורש לצרף לזה את הרב אב"ד וכל מי שיוציא יותר מסך הנ"ל והנהגה הנ"ל אזי רשות להיורש לתבוע אותו לרבני ד"א או לפרנסי ד"א להוציא העודף בכל מיני כפיות שבעולם גם הקנס ואין לשנות בשום ענין שבעולם כי כל המשנה על ענין דברים אלו הנ"ל גזלן גמור והלא אם נתחייב המוריש איזו ממון בטחונם על עזבון המוריש ואת המת לא יעכבו מחמת זה אף רגע [עיין פסקי רקאנטי סימן...] ולא יקחו משכונות רק על סך הנ"ל ותו לא אף פרוטה אחת ע"כ דבריהם.

ושוב בשנת תנ"ח עמדו למנין ביריד יערסלאב בחודש חשון בהתאסף גאוני ארץ המאורות הגדולים אב"ד דד"א וכו' והאלופים רוזנים ראשי ומנהיגי דד"א והכריזו בבתי כנסיות והחזיקו התקנה הנ"ל, וכה דבריהם:

אזנינו הכבד משמוע צעקת הבריות שצועקים חמס וגזל על הענין רע שנהגו בני אדם לענות בו מחדש זה כמת שנים חדשי' מקרוב באו לא שערום אבותינו שבכמה קהלות נשתרבב המנהג הרע והביש ליקח מעות קבורה ברצון איש ואיש בלי קצבה וחמס קם למטה רשע ואין קץ לעונם שגוזלים החיים והמתים והיורשים מתנוגים והולכים ודלים ולא שמים יראת ד' על פניהם לבלתי יחטאו, ואחרון הכביד שמעכבים קבורת המתים להלין קבורתם שלא לכבודו ומבזים ומנוולים המת ועושים רעות שתים שהם הרבה ואינם חשים לא ליקרא דחיי ולא ליקרא דשכבי ומפני הכבוד מעמנו סרחונם בזה בכן על העבר הוכרז פה בחיל בתוך המון חוגג ביומא דשוקא בכל בת"כ כרוז גדול ונורא מאד וצוינו לחקוק אותו בעט בפנקס דד"א למען יהי' למשמרת לעון מזכרת אשר כל שומעיו תסמר שערות ראשו, ולהבא פסקנו בתוקף פסק דין באיסור גמור ככל איסורי דאורייתא ליקח מעות קבורה יותר ממאה וחמשים זהובים אפילו פרוטה אחת אפילו ממופלג שבעשירים וידוע ומפורסם רוב עשרו ומן עניים ובינונים ועשירים קטנים יעיינו להתנהג באימה וביראה ובחסד ויפקחו בענין כמבואר בתקנות דד' ארצות שנעשו שנת תמ"ג לפ"ק, ואינם רשאים להורות שום היתר מהקהל שלוקחים מחמת מסים ונתינות או מחמת מקום מעולה שבקברות ורשות ניתן להיורשים להוציא הגזילה שיקחו מהם יותר מהקצב כנ"ל אפילו בעש"ג ולהציל עצמו בכל מיני הצלות ובקנס מאה אוזמים מכיס כל העובר וק"ו בנו של ק"ו שאסור לעכב את המת יותר מדאי מחמת שום ענין בעולם בעונשים הנ"ל וכו' ע"ש, שהובא הנוסח מתקנות אלו בס' כבוד חכמים מהרב הצדיק החסיד זקן ונשוא פנים המוכיח מו"ה יהודא ליב זצ"ל מק"ק פינסק. ובני החו"ב איש אשכולות מו"ה אברהם חיים שמחה בונם נ"י מזגיערז בהדפיסו הס' עטרת מנחם מהה"ק ציסו"ע מהר"ר מנחם מענדיל זצ"ל מרימנוב, בדפוס בילגורייא תר"ע, הביא שם בהקדמתו בשמי נוסח התקנות הללו, וסיים: ובודאי לא ידעו מזה אנשי ק"ק חמעלניק בלוקחם ארבעה אלפים רו"כ עבור מקום קבר של אא"ז המנוח הר"ר מיכל ז"ל מפיעטרקוב בקיץ תרל"ט, שנפטר במרחץ באסק גליל עירם, והובל שם לקבורה, וגרמו הלנות המת איזה ימים, עד שנסעו בניו לפיעטרקוב להביא מעות כי לא היה בידם סכום כזה, וגם בעת הקמת המצבה שוב קהלו ממון רב וד' יכפר גם הובא נוסח התקנות הללו בס' תקון עולם די"ג (ד' קאלאמעא תרס"א) מגיסי הרה"ג ר' משה יעקב שווערדשארף ז"ל, ואשר הי' לי ימו"מ של הלכה בזה עם גיסו יד"נ הרב הגאון הג' מ' יעקב שור זצ"ל אבד"ק קוטב בעה"ס דברי יעקב.

ורחוב. אז בהיית מגורי בעיר טאמשוב בקיץ תרמ"ב

תרמ״ב, בא לשם הגה״ק מוהר״ר יהושע רוקח זצ״ל הרב מבעלזא ונכסו אליו הבע״ב בצעקת על חמס גבאי הח״ק, אז הזמין הרה״ק את בני הח״ק וגבאיהם, והזהירם על ככה, שלא יהינו עוד לעשות כזאת, לעבור על איסורי תורה וגזל גמור, וגם ציוה לכתוב תקנות חדשות אודות זה בפנקס החברה קדושה, וגם הוא בא עה״ח בפנקס בכתי״ק, להיות לחק לדורות עולם, והובא מזה בס׳ דובר שלום בקונט׳ אהל יהושע אות נ״ג, וגם היה למראה עיניו קונטריסי הנ״ל וקלסי׳.

וראיתי בפנקס עיר מולדתי בילגורייא, ועל השער נא׳ שנעשה בשנת תק״ה, ונרשמו שם תקנות תרבה בשנת תקל״ט וגם תקנה שלא ליקח מבר מינן ר״ל יותר מאדום זהו׳ אחד וחתום שם גאו׳ שמואל הק׳ בהרב המנוח המפורסים מ׳ משה פנחס ז״ל [והוא הגאון בעל שו״ת בית שמואל אחרון, שהיה רב בבילגורייא בימים ההם.

וראיתי בס׳ דבש וחלב פ׳ חיי שכ׳ ויקם השדה וכו׳ וקשה מה בא זה ללמדנו אחרי דכתיב ויקם שדה עפרון וגו׳ וא״ל עפ״מ ששמעתי מכאדמו״ר הרה״ג מהרש״ס ז״ל בשם אביו הגאון בעשו״ת חת״ס זצ״ל (והוא בקצור בשו״ת ח״ס יו״ד) בנדון גביר א׳ שנפטר בכפר א׳ סמוך לק״ק פ״ב בזמן הקיץ והובא שם לקבר ישראל בזמן שהרה״ג ל״ה בביתו והיו הח״ק מבקשים מהיורשים סך רב עבור אחוזת קרקע והי׳ מתעקשים בדבר והחליטו ביניהם לשלש כעת אותו הסך עד עת בא הגאון לביתו ויסמכו עליו וככל היוצא מפיו יעשו, וכן הי׳ כשבא לביתו אזי הגישו לפניהם כ״א טענותיהם, והתחילו היתומים לאמר בתחלה אנחנו מובאים להתגולל לפניו הנשמע כזאת לבקש סך עצום כזה עבור ד״א של אדם הקונות לו בכ״מ, ואף הם הגבאים דח״ק גחש״א השיבו כהלכה הן אמת כמוני כמוהם ידענו זאת ואך אותן היורשים היו מבקשים מאוד לבחור מקום קבורה רק במבחר קברינו אצל הגאון ר׳ משלם טיסמניצר ז״ל וכדומה וכששמע הגאון, אזי יצא דבר מלכות (מאן מלכי רבנן) מלפניו לומר שהאמת אתם והדין עם הח״ק, וראי׳ ממשז״ל רע עין זה עפרון על שלקח ד׳ מאות שקל כסף עבור השדה והמערה ולכאורה יותר הו״ל לדרוש כזאת על עשו דכתי׳ ביעקב בקברי אשר כריתי שהי׳ נוטל כרי של זהב בשביל חלק של עשו לבד (ובאמת מצינו כזאת במדרש תנחומא) ואך התשובה בצדו דשאני עפרן דל״ה יודע מי קבר שם משא״כ עשו דכבר היו מפורסים דאדם וחוה יצורי כפיו של הב״ה קבורים תמן וכן אח״ז אברהם ושרה יצחק ורבקה ולאה המה הקדושים אשר בארץ טמונים שמה אזי כל החפצים לא ישוו בה ואף סגלת מלכים בל יסולה, וע״כ אתם הצדק לבקש סך כזה בשביל מקום קדוש ולפי״ז השמיענו הכ׳ כאן דאולי כשנודע לו אח״כ מי הוא הקבור שם כשנקברו את שרה אזי חזרו מהמכירה לומר מקח טעות הוא, וצכ״א כשקבר אברהם את שרה אשתו, ויקם השדה והמערה וגו׳ ויש להבין ג״כ משז״ל ויקם השדה עפרון תקומה ה״ל שיצא מיד הדיוט ליד מלך ולכאורה צע״ק איזה תקומה ואיזה עלוי שייך לגוף הקרקע ביד מי הוא ולהנ״ל י״ל דכונתם רק על הקדושים אשר בארץ המה שוכני עפר הטמונים שמה הי׳ מתחלה תחת הדיוט וכעת תחת יד אאע״ה ע״ש:

ובספרי מעט צרי פ׳ חיי כתבתי בפסוק וישקול אברהם לעפרן וגו׳ ואחרי כן קבר אברהם את שרה אשתו וגו׳, ראיתי בפי׳ התורה תוצאות חיים שכ׳: כאשר נתארחתי והייתי סומך על שלחן התורני הגביר הקצין ונדיב ר׳ זנוויל פאלק פה אמשטרדם שמעתי מפיו דבר נאה ומתקבל מה שדקדק בסדר הפסוק בתחלה וישקול אברהם לעפרן את הכסף ואח״כ קבר את שרה, למה איחר אברהם מצות קבירת המת עד אחר ששקד את הכסף וכי יעכב עפרן קבורת המת בעוד שלא קיבל עדיין מחיר

השדה

השדה הלא אברהם נשיא אלהים הוא ח"ו שיחשדהו עפרן שישקר אברהם באמונתו ולא ישלם לו דמי שדהו אחר קבורת מתו, אלא ידוע מחז"ל קשה גזל הנאכל אפי' צדיקים גמורים נכשלים בו שהרי אברהם אמר מלבד אשר אכלו הנערים וכו', והנה עפרן אמר ד' מאות שקל כסף ביני ובינך מה הוא ואת מתך קבור, כי ד' מאות מה היא, אמנם עפרן הי' אומר דבריו בדקדוק כסדר זה מפני שהיה חש שיכשל אברהם בגזל הנאכל, וזש"א הפסוק וישמע אברהם פי' וישמע שהוא לשון הבנה, שהוא הבין דעת עפרן, לכן עשה לו רצונו ושקל הכסף תחלה ואח"כ קבר את מתו וזה נמי כונת הרשב"ם שכ' על וישמע הנ"ל די לחכימא ברמיזא, שהי' אברהם חכם והבין הרמז אשר רמז לו עפרן בסדר דבורו אליו עכ"ל, ולדעתי רחוק לחשוד שא"א לא יקיים אח"כ כמו גזל הנאכל, רק י"ל ע"פ דרכו, יען שעפרן רצה שישלם לו מעות עובר לסוחר, היינו קנטרין כרש"י שם, ועי"ז הי' ירא עפרן שאחר הקבורה, אף כי ישלם לו ד' מאות שקל כסף, אבל לא יהי' קנטרין, ולכן דייק שישלם לו מקודם, וזאת הבין אאע"ה מדברי עפרן, ועד"ז ניחא דרשת חז"ל נבהול להון איש רע עין וכו' היינו עדש"כ זקני הגה"ק בפנים יפות חיי, דזאת שקיבל קנטרין הי' לו לחסרון ע"ש וזה ענין נבהל להון, היינו שהי' בהול ומבוהל למהר לקבל התשלומין, כי אולי אם הי' ממתין עד אחר הקבורה לא הי' מקבל קנטרין והי' לו לטובה, כי היה אונאה יותר מפלגא דגם בקרקעות בטל מקח ע"ש בפנים יפות והבן.

וכבר המלצתי בדרך צחות בדבר האיסור לקנות רבנות בממון (עיין בספרי פיגות הבית, בקונט' הר הבית ד"ז)' שהמנהג הרע הזה הוא תולדה מהאבות נזיקין שמקבלים הרבה מעות קבורה, ואיתא (פסחים דפ"ז) אוי לו לרבנות שמקברת את בעליה ועי' יומא דפ"נ לקטלא נפיק והבן.

כל זה הי' לנו בעת אשר הדעת עמדה על תולה עדיין ושומרי הדת רבותינו הקדושים רבני דד"א תקנו לחיזוק הדת והאמת והשלום אהבו, אבל מעת חסרנו אלה חשכו עינינו וכרם התורה עלה בה הפורץ ויפרוץ בה פרצות, באו פריצים וחללוה ואיש כל הישר בעיניו יעשה, ושומע אין לנו ד' ירחם.

ואסיים בתפלה לאל גואלי, רצה נא קול תחנוני אורך ימים תודיעני ושובע שמחות תשביעני תזכני ה' לראות יום יהיה אור הלבנה כאור החמה, ואור החמה יהיה שבעתים, מציון תצא תורה ודבר ה' מירושלים, ואלקינו עולם ועד הוא ינהגו על מות, עולם שאין בו מות, יהי כבוד ד' לעולם ישמח ד' במעשיו אכי"ר עד כאן הוא קונטריסי שכתבתיו אז בהיות משכני בטאמשוב, עם קצת הוספת שרשמתי עתה:

כ"ד גיסך צבי יחזקאל

מיכלזאהן

בועד הרבנים דפה ווארשא.

ואגב אעתיק ג"כ לכבוד גיסי יקירי הרב הגאון שליט"א מה שכתבתי מאז בתשובה מענין לענין באותו ענינים, שיהי' ג"כ תועלת לספרו „חיים הנצחיים" בזה הלשון:

בשם ה' יום ד' בראשית תרפ"ג ווארשא.

לכבוד ידידי המופלג החסיד המפורסם יראת ה' אוצרו מו"ה נחמי' נ"י דארעמבום גבאי דח' בק' פלונסק

ע"ד אשר דרש כ' שארשום לו הסדר שעושין בעת קניית .בה"ק חדש למען ידעו איך להתנהג בעירו, הנה בשו"ת דברי חיים ח"ב חיו"ד סי' קל"ה לש"ב הגה"ק מסאנז זצ"ל נשאל בזה, והשיב שילכו הח"ק על הב"ע, ויסבבו הב"ע, ויאמרו הבקשה שאומרים בשעת סיבוב ביה"ק כתיבה בס' מענה לשון, והחברה יתענו מקודם או יפדו עצמם, וגם כל בני העיר ירבו בצדקה ויקיפו הב"ע ז"פ ויאמרו מקודם הד' מזמורים ראשונים שבתהלים, וגם ויהי נועם בכל הקפה ואנא בכח עכד"ק. והנה סיבוב המקום ואמירת מזמורים מצינו כעין זה בגמ' שבועות ר"פ ידיעת הטומאה גבי הוספות עיר והעזרות ע"ש בפרש"י ד"ה ושתי תודות, ובס' אזור אליהו דף רי"א כ' בזה"ל יש לנו קבלה מהבעש"ט זצ"ל ומשאר צדיקים זצ"ל בעת שמוסיפין על ביה"ק ר"ל צריכין להקיף אותו המקום ז' פעמים ולומר בשעת ההקפות אלו מזמורים (בתהלים ס"ז) למנצח וכו', (ושם צ"א) יושב בסתר, (ושם ק"ב) תפלה לעני, (ושם ק"ג) לדוד ברכי נפשי. (ושם ק"ד) ברכי נפשי. (ושם קכ"א) שיר למעלות, (ובישעי' מ"ב) שירו לד' שיר חדש וגו', ואנא בכח וגו' והוא מבאר שם בטעמים נכונים למה דוקא מזמורים הללו ע"ש, וראיתי בסוף ס' ליקוטי דב האי גאון עם פי' נר ישראל מהמגיד הק' מקאזניץ זצ"ל הובא בזה"ל זאת העתקתי מכ"ק אדמו"ר הרה"מ והוא העתק מהבעש"ט זצל"ה וז"ל הזהב, אם צריכין להוסיף על ביה"ק רח"ל ככה יתנהגו, מקיפים תחלה המקום שרוצה לחוסיף בשבע הקפות עם עשרה אנשים לא פחות בכל הקפה יאמרו בארבעה קרנות מקום ההוספה בתהלים קפיטל ק"ב ק"ג ק"ד ובישעי' קפיטל מ"ב מתחיל שירו לד' שיר חדש, ובכל הקפה יתחילו מצד קרן דרומית מזרחית ותיכף בצד אותו קרן יאמרו בתהלים קפיטל ק"ב, ומאותו קרן יקיפו ויאמרו ויהי נועם דרך הקפה עד שיגיע לקרן מזרחית צפונית, ובצד אותו קרן יאמרו קפיטל ק"ג בתהלים ומאותו קרן יקיפו ויאמרו דרך הקפה ויהי נועם עד שיגיעו לקרן צפונית מערבית. ובצד אותו קרן יאמרו בתהלים ק"ד ומאותו קרן יקיפו ויאמרו דרך הקפה ויהי נועם עד שיגיעו לקרן מערבית דרומית, ובצד אותו קרן יאמרו בישעי' קפיטל מ"ב שירו לד' ובגמר הקפה ראשונה יאמרו אנא בכח ויכוונו השם הראשון בפסוק הראשון וככה יתנהגו בכל הקפה מהשבע הקפות, ואחר גמר כל ההקפות מהשבע הקפות יאמרו אנא בכח ויכוונו שם אחד מהשבע שמות עד שיגמרו הז' שמות בשבע הקפות וכשיתחילו לעשות מחיצות על מקום ההוספה לא יתחילו מרוח צפונית וגם לא יתחילו לקבור ברוח צפונית גם לא יתחילו מכהן, ויה"ר שיבולע המות לנצח בבא"ס עכל"ק.

גם ראיתי שהובא דבר זה בשו"ת מהר"ם שיק חיו"ד סי' שנ"ו, ומוסיף לומר גם פיטום הקטורת המסוגל לעצור המות וכו' ע"ש ובשו"ת שאגת ארי' החדשות סי' י"ז כ' שהרב השואל בעל ס' יד דוד כ' דמרגלא בפומיהו דאנשי כשרוצין לעשות ביה"ק חדש

שאין

שאין גומרין הקנין עד אחר שמת איש אחד וכו׳ וכו׳ והגאון בעל ש״א השיב לו כי דבר זה דברי הבל רק כן ראוי לנהוג שיקנו קרקע לגמרי לביה״ק רק קודם המקח אנשי החברה יגזרו צום על עצמם ביום ב׳ וביום ה׳ ויאמרו סליחות ויבקשו רחמים ע״ש, ועיין בזה בשו״ת דברי יעקב סי׳ י״ג, וראיתי עוד בזה בס׳ זכרון לראשונים דף כ״ה (מגאוני ורבני עיר קאלאמעא) סדר שעשו שם בשנת תרנ״ד בעת שקנו כברת ארץ לקברות בער״ח מרחשון התאספו בני הח״ק ולביהכנ״ס הגדול ויתפללו תפלת הבוקר ואחר שמ״ע אמרו סליחות כתיקן ותיקון עפ״י הסדר הזה (וחושב שם סדר הסליחות) וביום אדר״ח באו לשם עפ״י הזמנות ראשי הקהל אורחים נכבדים להשתתף בחנוכת חביה״ק ה״ה הרבנים הגאונים הסמוכים מעיר סאדוגורי, קיטוב, סטריא, סניאטין, וכל בני העיר אנשים ונשים וטף לאלפים התאספו למקום ביה״ח החדש ולכולם חלקו גליונות נדפסים סדר המנהגים בשעת ההקפות (כמו שכ׳ לעיל) והקפיטל בישעי׳ מ״ב אמרו עד ואין מבלעדי מושיע, ואיש ואיש נדבו לקופת הצדקה ורבים הרימו תרומה כפי נדבת רוחם בסכימים הגונים. האורחים הרבנים הגאונים הנ״ל וגם הה״ג אבד״ק קאלאמעא דרשו דרשות בדברי אגדה ומוסר וראשי הקהל חלקו שם יי״ש ומגדנות, ולעת ערב עשתה חח״ק גומחש״א סעודה גדולה ויבואו ראה״ק והרבנים והביד״צ ויסעדו לבם וישיחו בד״ת וישמחו כל העם ויגילו ברעדה עכ״ל. וקשה עלי להעתיק כל האריכות מס׳ זכרון לראשונים רק העיקר העתקתי, ועי׳ בס׳ טעמי המנהגים ה׳ שמחות דל״ה, ובאין יותר, ומרוב טרדותי העצומים אני מוכרח לסיים בברכה ברכת חיים ושלום לכל בני עירו, ואתם תדעו את אשר לפניכם ויהי נועם ד׳ עליכם ובמעשי ידיכם כברכת ידידו עוז בלונ״ח כה״י וכבר נדפס בשמי בזה בס׳ המאסף שנה ו׳ סי׳ ע״ב באריכות יותר בזה, ועי׳ בס׳ סגולות ישראל דף י״א:

צבי יחזקאל מיכעלזאהן
בועד הרבנים דפה

אמר המחבר כשאני לעצמי „עצמות שאין בהם מוח" מצאתי מקום ללון להעיר ולהוסיף על הקונטרס „יקרא דשכבי" הלזה ממה שמצאתי בספרן של צדיקים הוא בהקדמת ספר המקנה חלק שני (בקונטרס בית ישראל) שכתב וז"ל על דבר אחד באתי כאן לעורר יען שראיתי מכתב מגאון קדוש אחד נ"י שצועק על מנהג שנתחדש לשם שמים להרבות כבוד ת"ח מניחין בר מינן ר"ל כמה ימים (יותר מחוק מלכות) בלא קבורה כדי שיכנו רבנים ורבים מרחוקים ר"ל מכבוד הזה כי בא לבזיון העם מתרחקים להיות בטהרה או נושאי מטה עובדא ידענו ארון אלקים ח"ס נסתלק ביום ה' כ"ה תשרי ת"ר לפ"ק לאחר תפלת שחרית, ובערב באישון לילה אצל נרות דולקים הי' הקבורה ולא מניחין עד עד יום מחרת בודאי הי' באים אלפים לכבודו, ואעתק זוה"ק פ' נשא: תאנא מן דאקרי אדם ונשמתא נפקת מניה ומית אסור למיבת ליה בביתא למעבד ליה לינה על ארעא משום יקרא דהאי גופא דלא יתחזי ביה קלנא דכתיב אדם ביקר בל ילין, אדם דהוא יקר מכל יקרא בל ילין מ"ט משום דאי יעבדון הכי נמשל כבהמות נדמו מה בעירי לא הוו בכללא דאדם ולא אתחזי בהו רוחא קדישא אוף הכא כבעירי גופא בלא רוחא והאי גופא דהו יקרא דכלא לא יתחזו ביה קלנא ותאנא בצניעותא דספרא כל מאן דעביד לינה להאי גופא קדישא בלא רוחא עבור פגימותא בגופא דעלמין דהא בגין דא לא עביד לינה בארעא רצדק ילין בה משום דהאי גופא יקרא אתקרי דיוקנא דמלכא ואי עביד ביה לינה הוי כחד מן בעירי ע"ש ועי' יו"ד סי' שנ"ז יעו"ש. וא"כ או לעניים שכך רואות במה שמעכבים לפעמים הנפטרים בשביל הקטטות ומריבות שהחברה קדושה „בגבורת הזון" יחפצו. השי"ת ישמרנו ויצלנו מעוכרם של זה. ובלע המות הנצח.

המחבר

על אלה אני בוכי'

עיני עיני יורדים מים על פטירת ה"ה

א) אבי מו"ר הרה"ח המופלג בתוי"ש מפורסם לשבח ולתהלה וכו' מוה"ר דוב בעריל (בהר"ר שלמה זצ"ל) פרידלינג זללה"ה שנפטר ביום י"א לחודש אדר שנת תרס"ד לפ"ק בזאמושטץ ע"ה:

תנצב"ה .

ב) אמי זקנתי הצדקת המיוחסת ומפורסמת אשת חיל רודפה צדקה וחסד והמיוחסת מרת שיינדיל הינדא (בהר"ר ישראל יחיאל ז"ל) פרידלינג ע"ה שנפטרה ביום כ"ח לחודש טבת שנת תרע"ט לפ"ק בזאמישטץ ע"ה:

תנצב"ה;

ג) אחותי היקרה הצניעה והחסידה אשת חיל מפורסמת בנפשה יקרה וכו' מרת אסתר פרימשטי (בהר"ר דוב ז"ל) איילבוים ע"ה שנפטרה ביום א' דראש השנה תרפ"ד לפ"ק בזאמושטץ ע"ה.

תנצב"ה

המחבר

מנחת זכרון

לה"ה הורי ידי"נ חביבי ויקירי הרב הגאון המפורסם ר' שלום יצחק לעוויטאן שליט"א הגאבד"ק אוסלי (נארוועגין) לאביו ה"ה הרבני המופלג בתורה וביראת ד' טהורה וכו'. מוה"ר ר' דוד בן ציון בהרב ר' משה זצ"ל לעוויטאן. שנפטר לעולמו ב' ימים לחודש אדר תרע"ג בעיר ווילקי (ליטא):

תנצב"ה

ולאמו ה"ה הצדיקת והחשובה מרת מנוחה עטיל בת הר"ר חיים סופר סת"ם נפטרה כ"ח תמוז תרס"ה בעיר ראגאל (ליטא).

תנצב"ה

לוח תיקון טעות מספר חיים הנצחיים .

דף	שפאלטע	שורה	טעות	תיקון
יוד	—	1	ושמו	ולא
יב	—	10	ומכורעים	ומכוערים
יד	—	11	הופש	תופש
טו	—	18	ולהוקר	ולהוקיר
כב	1	10	ממם	ממש
כב	1	11	גדיו	גדוי
כג	2	17	כהניס מתנה	כהגים מתנה
כג	1	1	בחורדיהם	בהוריהם
כג	2	7	היודיע	הידוע
כג	1	9	ולבכוכה	ולבכותה
כד	1	2	צדיק	צדוק
כד	2	12	יחנון	תחנון
כו	1	6	קאפטיל	קאפיטעל
כט	2	5	העער	הצער
ל	2	1	אנור	אמר
ל	2	10	ועאש	ועאל
לד	1	6	דלחש	בלחש
לט	1	2	כחותא	כחוכא
גג	2	16	יג	י״ב
גג	2	18	יודד	יורד
נה	2	13	וכשאר	והשאר
סד	2	10	כאו״א	כאו״א כפי
סה	1	12	ויפוש	ויפול
פד	1	3	מוחל	מוהל
פה	2	15	כשהגביע	כשהגביה
קעח	1	19	ואיזה	ועצה
קעט	1	14	מסיימין	מסמנין
קפב	2	11	להציל	להצילו
קפב	2	16	שיצלו	שיצילו
קפג	2	9	נפג	נפסק
קצה	1	6	רחמי	רחמם
קצה	1	7	ירונן	ירוון
קצה	1	10	ששם	לשם
קצו	2	4	אוכח	מוכח
קצו	2	13	רחמי	רחמם
רא	1	1	נסח	נוסח
רה	2	10	דהכח״ס	דהכת״ס
רו	22	2	שיתפללו	שיסעדו
רט	1	6	לועז	לועג
ריב	2	5	למטפרסי׳	למטרפסי׳
רטו	1	15	לכן	לכאן
ריח	2	1	ושבתו	ושבתי
רכח	2	3	ויזדקוק	ויזדככו
רכט	2	15	בסוך	בסוף

סוכת שלום. זשארגאָנישע טעות אויסבעסערונגען

דף	שפאלטע	שורה	גרייז	אויסבעסערונג
יח	—	4	ראטירט	ראטעוועט
יט	ב	4	צפרן	עפרון
כז	ב	3	ממר	מזמור
כז	ב	2	נאר איין	נאר אין
כז	ב	20	קינדר	קינדער
לב	א	3	דייער	זייער
לה	א	21	אבגאקיהלט	אבגעקיהלט
לט	א	5	יעדין	יעדער
מג	א	5	אדערן	אנדערען
נו	ב	24	ערלויב	ערלויבט
נז	א	1	גאץ	גאנץ
נח	א	18	איז	אז
ס	ב	1	פאלס	פאלש
סז	א	10	הראום	הרחום
ע	ב	6	דארפען	דארף מען
עב	א	15	וועגען	וועקען
עט	ב	17	ער	על
פג	ב	9	זוירדע	זויערע
קצט	ב	14	אלואי	הלואי
קפח	א	12	צייטען	סיידען
קצ	א	1	אויהפירינג	אופפיהרונג
קצא	ב	1	צייטען	סיידען
קצד	א	1	סע	סיי
〃	ב	9	לצרוען	לערנען
〃	ב	18	לזכו תנר״ב	לזכות נר״ב
קצה	ב	3	ישעתו	ישענו
קצז	ב	19	שאנינו	שעגינו
קצח	א	18	באזנינו	בינינו
〃	ב	5	גאמ־ן	גאמען
רא	ב	5	טא:וואס	טאנ וואס
רכט	ב	16	אנ׳דעקונג	אנ׳דענקונג
רל	ב	5	האב	האב איך
רלב	א	11	אוסגעבלאנטען	אוסגעפלאנטען
〃	ב	7	אין	איז
רלה	א	4	האטלען	האלטען

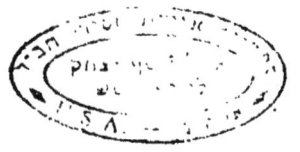

בְּשָׁלוֹם יַחְדָּו אֶשְׁכְּבָה וְאִישָׁן כִּי אַתָּה ה׳ לְבָדָד לָבֶטַח תּוֹשִׁיבֵנִי

אם תשכב לא תפחד ושכבת וערבה שנתך יבוא שלום ינוחו על משכבותם הולך נכחו

יעלזו חסידים בכבוד ירננו על משכבותם ה׳ ממית ומחיה מוריד שאול ויעל׃

לזכר עולם יהי׳ צדיק

גדולה צדיקים במיתתן יותר מבחייהם

על אלה אני בוכיה

עיני עיני יורדה מים על פטירת

אפלאן צו פארצייכענען די יאהרצייט פון טאטי. מאמע.

כבד את אביך ואת אמך וגו׳ מכבדו בחייו ומכבדו במותו (קידושין ל״א) דאי ההוא ברא אזיל באורח מישור ותקון עובדוי ודאי דא אוקיר לאבוי אוקיר לי׳ בהאי עלמא גבי בני נשא אוקיר לי׳ בההוא עלמא גבי קב״ה וקב״ה חיים עליה ואותיב ליה בכורסיא דיקריה ודאי וכו׳ (בזוה״ק סוף פ׳ בחקותי:)